増補新版

資本主義の世界史

1500-2010

ミシェル・ボー

筆宝康之・勝俣誠 訳

藤原書店

Michel BEAUD

HISTOIRE DU CAPITALISME 1500-2010

日本語増補新版への序文――資本主義の歴史について

たった一巻で資本主義の歴史が紹介される！

一九八〇年筆者がこの歴史を執筆した時、まさにこれこそ本書の目的であった。すなわち人間諸社会の長い歴史を根底的に画した数世紀にわたる一つの現象たる資本主義とその諸発展に、一つの全体像を与えることだ。

筆者が本書を書いた時、四十五歳であった。ただ一冊の本で、かくも広い題材を扱うという大胆さが筆者には必要であった。実際これは筆者が版を重ねる中で説明しようとしてきた絶えざる変化にさらされる題材であった。二〇年後の二〇〇〇年、フランス語の第五版のために手を加えた時、筆者は初版のテキストを充分に距離をとって読み直すという作業をあえて行った。この作業によって章を重ねて読者に相違点、ニュアンスあるいは確信などの筆者の反応を伝えることができたのである。そして三〇年後の二〇一〇年のフランス語第六版では、筆者は進行中の変化の骨組みを明らかにするように努めた。

本書は筆者の教育と研究および世界についての考察に深く根ざしたものであるが、明らかにすべての側面を余すことなく扱っているわけでなく、またすべての問題を扱っているわけでもない。多くの点において、本書は示唆し、粗描し、展望づける作業にとどまっている。

しかしながら筆者は、とりわけ日本の読者の寛容さをお願いしたい。日本、さらにより広くアジアについて筆者が記した内容は明らかに不充分である。とりわけ世界の歴史、したがって資本主義の歴史が形成され、書かれて行くのはますますアジアにおいてであるからなおさらのことであろう。この広大で強大な世界の一地域の諸社会、諸文化、政治の諸現実、経済の諸形態の歴史についての必要な知識を得るには、多くの年月が筆者にとって必要であったであろう……。

そして、いくつかの根本的問いに取り組む前に筆者は、藤原書店の店主の藤原氏、ならびにこの翻訳を手がけてくれた同僚の筆宝康之氏と、勝俣誠氏、そして本書の製作に携わったすべての方々に感謝の意を表させていただきたい。

この世紀の転換点にあって、我々はその振幅からして、約束も脅威をもたらすと同時に、また無数の可能性を開くまさに〝世紀の「大反転」〟とも呼ぶべき例外的変化を日々生きている。(1)

これらの変異は数世紀にわたる進化のプロセスの最後を飾るものである。これらは過去数世紀に顕著となり、最近の五〇年において加速化してきた。これらの時期は、今日支配的となっている資本主義という経済的社会的体制の登場、拡張と全般化と、まさにぴったりと対応している。

資本主義は豊かさだけでなく、またこれらの領域をはるかに越えて、感情に訴えてくるニーズをすべての領域に振りまく商品の主たる発生装置として、諸社会と世界の最初の変革推進力となった。

確かに、あらゆる人類史はその変化の歴史である。よりよく生きたいという願望、知の獲得への渇望、力と支配への意志、権力を手にした人々のビジョンと投企は、それに大きく貢献してきて、また今日も貢献している。

しかし、一五〇〇年頃、新しくて従来見たこともない何かが、ヨーロッパで形成され確立していった。人間の基本的論理(生き残り、よりよく生活し、所有し、可能性を有し、交換し、協同し、戦う)に根ざしていながら、しかしまた、これらの基本的論理を更新し、相互に作用しながら乗り越えていく新たな社会論理である。商品、資本、そして今日富裕な諸社会の再生産にとって不可欠なものになった利潤を軸とした、生産と消費の新たな力学である。資本主義とは、絶えざる商品とニーズの創出者であり、活動、雇用、富だけでなく、失業と貧困の増殖作用をも有し、確信と〝創造的破壊〟、成長と恐慌、絶えず革命を行う諸社会の最中で、終わることのない変異に身を置いているのである。

そのうえ資本主義は、態度（利潤の追求、投企、予測）と、未来に向けて投企する構造を作り上げていく決定（投資、確信、信用、新たな活動の開発）とによっても、絶えず方向づけられていないだろうか？　それ以前の諸生産システムは、近未来に向けて、主として過去から学んできた。資本主義では、反対に、ケインズが何回となく繰り返したごとく、現在を決めるのは、未来に対する選択である。

資本主義は、存在し始めてからの最初の数世紀の間、それが一体何であるかは認識できなかった。それほど資本主義は、それ以前の巧妙な商業活動形態とほとんど区別できなかった。十九世紀において、社会主義の展望を資本主義に対置するため、資本主義と命名し、特徴づけを行ったのは、資本主義の敵対者であった。今日まで、資本主義は無数の分析対象となってきただけでなく、また告発と賛美の対象ともなってきた。今日、資本主義が世界で勝利する中で、資本主義は情報と知識からなるニューエコノミーの興隆によって凌駕された、と言い切る人々もいる。実のところ、資本主義はこれらさえ支配下に置いた。資本主義の歴史を手がけること、それはまさにこうした認識から、そしてまた資本主義を対象とする様々な議論との戦いから、歴史を手がけることでもある。

しかし、とりわけそれは、絶えざる変容を遂げている一つの現実の歴史を手がけることである。当初、銀行と商業活動の単なる進んだ形態にしか過ぎなかった資本主義は、製造業（マニュファクチュア）の領域に拡大する。その発達は、石炭、機械化と蒸気機関による十九世紀の初期産業化と切り離すことができない。資本主義は、化学・電気・電話・自動車そして航空機の飛躍的登場をになう石油と第二次産業化によって、新たな躍動の機会を見いだす。さらにこのシステムは、情報、新たなテレコミュニケーションおよびバイオテクノロジー、そしてさらには、研究と科学がますます及ぼすようになる影響力によって、更新されていく。各段階において、形成され、他を再変革していくのは、資本主義の新たな層である。

資本主義の歴史を手がけること、それは従って、これらの層（銀行、商業、第一次・第二次の産業化、金融、テクノサイエンス）の登場と諸発展を追っていくことであり、これらの層は資本主義にとって自ら変容する機会となってきた。進んだ商品経済の最中で生まれた資本主義は、利潤を活動拡大へと自動的に割り当てていくが、資本主義は旧来のマニュファクチュアの最中で生産様式として頭角を現す。産業と共に、生産だけでなく、消費、信用および販売を巻き込むことで、経済システムというステイタスを、そして次に、諸社会に対する影響力増大の象徴として、経済・社会システムというステイタスを得るようになる。

この進化の全過程を通じて、資本主義という現実に対する意識化、その記述、その定義自体が、場所、時期および見解によって様々な表現をされてきた。この意識化は十八世紀の後半において開始され、（とりわけフランスではテュルゴーによって）十九世紀において、産業化、鉄道、都市の貧困、および労働者の闘争によってより強固なものになる。マルクスによる資本の分析は、リカードの分析に根ざし、初期産業資本主義固有、かつ今日までなおこの現実に関する論争を呼んでいるほどかなり幅広い特徴が強く現れている。十九世紀と二十世紀の転換期において、ウェーバーが資本勘定の合理性を前面に押し出し、資本主義の定義を拡大する。それに対して、シュンペーターは企業家、革新、および信用とともに、システムの動的側面を強調する。

現在、この資本主義の特徴は、科学に対する支配力によってさらに強化されていく〝創造的破壊〟、変革、自己変革の能力においてますます強く現出してきている。資本主義は自らにとって外部にある生産活動の諸形態、社会組織の諸様式を破壊する。資本主義は他の諸々の形態を更新させるものの、しばしば自らとの関連によって変容させた形態で更新していく。零細商業、手工業集団あるいは協同組合生産がこれにあたる。階層化によって、もっとも最近の層がそれ以前のものを変革させていく中で、資本主義自体が変容していく。また、新しい諸社会ないし新しい文化に適応しつつ進化していく。資本主義は、新製品、新市場、あるいは新文化を、そして同じ運動を通じて新たなニーズを創出する。資本主義は、購買力の保持者、とりわけ賃金所得者（消費者、預金者、株主としての）をその躍動の中に取り込むことによって不平等を拡大する傾向にあるが、周縁化にのみこまれてしまった持たざる弱者には関心を示さない。

当然ながらこれらの変容は、資本主義の歴史の諸側面である。しかし、過剰な単純化を避けてそれらを提示しなければならない。なぜなら、変容は階層によって不均等であり、時代、国、世界の地域によって異なるからである。五世紀の間を通じて、資本主義は驚くべき地理的拡大をした。その原初形態において、フランスの歴史学者フェルナン・ブローデルが詳細に分析したように、ヨーロッパの一握りの大商業港（ベニス、アントワープ、ジェノヴァ、アムステルダム）から出発し、まずオランダと英国という二つの小国において確立し、次にこれらの国はその影響力を世界に広げていく。資本主義的第一次産業化は、まず英国、次に他のヨーロッパ諸国と米国、そしてその後にロシアと日本によって達成される。さらに、大戦と恐慌、共産主義システムとの競い合い、次にこれらの体制の崩壊に際して、米国は世界の首位に昇りつめる一方、資本主義は、世界のすべての地域において、ほとんどすべての国々において、貿易、金融、国際投資、および多国籍企業の進出を通じて、その世界的次元を強化しつつ、子孫を残してきている。したがって、資本主義の論理の影響がますます強くなっていることは紛れのない事実である。しかしこの論理が姿を顕にするのは、現在の世界のように時間の中の諸形態と各国および地域の著しい多様性を通してである。

そのうえ資本主義は、国家の役割を擁護しつつも自由競争を前提とするリベラリズム、多かれ少なかれ国家の介入が強く出る混合体制、社会的妥協から生まれる体制（フォーディズム型、社会民主型、日本型）、寡占集団によって支配操作される反国家的リベラリズム……といったように、きわめて異なるイデオロギー的・政治的様式に従って変化してきている。各国内でも、これらの様式は繁栄期と恐慌期、社会的・国際的力関係の進展のリズムに従って交代を繰り返してきた。すなわち資本主義の進展は、直線的進展とはほど遠いのである。世界規模ではその進展の複雑性はさらに増していく。

二〇一〇年代に入ってはっきりとしてきたことは、資本主義の発展・危機・変容――およびこれらが諸社会、国々及び世界全体に及ぼす変化――が、これからの三分の一世紀を大きく方向づけていくことである。したがって、今必要なのは、これからいったい何が起ころうとしているのか、じっくりと時間をかけて思考することである。実際、われら人類は、記憶、判断及び決定力、知識、行動、変革および破壊の面での強力な手段を備えており、巨大な責任を負っているのだ。

このことは、われわれが今日、ますます多くの情報を手にしているだけになおさらである。

危機と経済成長、換言すれば資本主義の力学は世界を根本から転換しつつある。第二次世界大戦後、これらの現象は、主として先進工業国（とりわけ北米、西ヨーロッパ及びアジア諸国）での出来事であった。

一九八〇年代末以降、最も高い成長を遂げているのは、「新興国」と呼ばれる南米やアフリカ大陸の諸国とアジアの大国である。すなわち、新しい経済・金融大国が台頭してくる一方、他方では、前世代の経済・金融大国が、旧来の生産及びテクノロジー構造によって身動き出来なくなっていく構造である。そうした国々の金融機関は、将来の革新と創造によってよりも、むしろ投機と収奪を通じて富を蓄積していく。

したがって、現在進行しているのは、地経済学《ゲオエコノミック》的、地政学《ゲオポリティクス》的な構造の変容である。

同時に、一九五〇年代来、環境への脅威は一層拡大している。一九八〇年代以来、人間の活動は大地と生きとし生けるものの、すなわち、地球の生命系の再生産能力を超える収奪、環境破壊及び廃棄を生んでいる。そして、今世紀初めから、これらの荒廃は止まるどころか拡大の一途をたどっている。耕地、淡水、飲料水、魚介類、他の生物、気候、オゾン層、海洋、すべてがその被害を受けている。われわれの地球の豊かさ、美しさ、個性を形成している不可欠かつ脆弱な均衡が危機にさらされている[2]。

人類史上初めて人類の活動が地球全体を危機に追いやり、数百万あるいは数十億の人々が、土地や資源を奪われ、貧困に陥り、生活の根を奪われた一〇億以上の人々がスラムでその日暮らしを強いられている。一〇億以上の人々が飲料水へのアクセスがなく、かつ栄養不足となっている。もし、大胆かつ持続的な政策が講じられないなら、これらの数は来たるべき数十年のうちに倍増することになろう。

そのうえ、われわれは前回よりもさらに強力な、新たな「産業革命」期に突入している。なぜなら、この新しい革命は、超大企業の選択と戦略によってますます支配されるようになった科学の変化と結びついているからだ。こうした科学と技術の進行は、地球の生命系の存続を確保し、尊厳ある生活条件を全人類に保障するという同時代の緊急優先課題に応えることを一義的目的としていない。これらの技術進歩の目的は、これらの企業が最も重視する、購買力のある社会層や階級のための新商品を開発することなのだ。

要するに、われわれは今や例外的かつ決定的な時代、すなわち世界の大反転へと突入したのだ。この現行の大きなうねりは、最悪の事態へと向かっているのだ。

二〇〇〇年代に入って、経済・金融危機が相次いで生じてきた。さらに二〇一〇年代に入ってもこの動きは、老資本主義諸国ではより長びき、新興諸国ではより粗暴な形となって生じるであろう。

われわれは工業、農業や都市での汚染、エネルギー災害（炭化水素と核エネルギー）、基本的資源（水、土地、森、魚）の枯渇、地球規模の脅威（気候、オゾン層、海洋）、飢餓、その他諸々の人的災害に直面している。当然ながら、これらの各分野に対して原因を突き止め、適切な対応を見つけていかなければならない。しかし、そこで忘れてはならないのは、われわれは進行中の大変容とそれから生まれる事態に対して責任を負っているということである。

人類はかつてないほど不平等となっている。自国の問題と指針を失った人類諸社会のさなかで身動きできなくなった国家を通じて、人類は今や根本的選択を迫られている。たとえば、常に更新され、絶えず増加し続ける消費に基づいた社会モデルをわれわれはいつまでも維持できるのだろうか。このモデルは、一〇億から一五億の消費者を通じて、絶えず不満、不安そしてしばしば悲惨さを生みながら、地球の荒廃をすでに引き起こしてきた元凶である。節度、慎ましさ、非破壊的生産技術の発明に基づいたモデルこそ、登場させなければならないのではないか？　貧困国、新興国そして旧来の富裕国は、新しい人類の創出を促進するようなこの新モデルをともに探るべきではないか？

なぜなら、われわれはきわめて重大な地政学的、戦略的選択を迫られているからだ。数千年来、われわれの歴史は、略奪、戦争、征服、帝国や他の多くの支配の体系によって彩られてきた。荒廃した七〇億人あるいは九〇億人の人口に加え、必要資源の先細りによって、紛争の火種は増加の一途をたどり、激化していく。そして、平和の実現のために、二十世紀後半に登場した核抑止力に立脚した政治的手法が充分とは思われない。

現在の世界化された世界にあって、地域間、国際間、大陸間の新たな協力システムに基づいた、平和を再構築する大胆な規模のイニシアティブを今こそ打ち出す時ではないか？

主要国のリーダーと主要な国際機関は、世界の大地域と主要な歴史的文明の代表とともに、地球危機宣言を打ち出すべきだ。生きとし生けるものと糧なき人々を守るための必要な手段をとるべきだ。そして、すべての国、科学者、他の知の保持者、企業、生産者全体、すなわちより公正でより安心でき、より人間的な、一言で言えば、より善い世界の基礎を打ち立てるために、すべての人類が行動をとるよう呼びかけるべきだ。

ミシェル・ボー

ボヴァルにて、二〇一三年六月

日本語版への序文

本書は地味な歴史書であるが、同時に野心的な書でもある。「野心的」というのは、過去五世紀にわたる資本主義の世界経済史を、その弾道の軌跡にそって総体として描き出し、そこから現代史の重要な変化の意義をより包括的にとらえなおそうとする意図をもつからである。「地味である」というのは、本書が一九七九―八〇年に起草され、執筆を開始してから十余年、パリ大学での講義をとおしてその内容を吟味点検してきた成果であることによる。

最初に公刊されてから一五年、本書の読者は主に経済学や社会学、歴史学を学ぶ大学生であり、リセ〔高等学校〕の最終学年で学ぶ高校生であったが、もとより筆者としては、経済と歴史に関心をよせる一般読者にも読んでもらいたいと願う。

世界史の一大絵巻をこえて、本書から読者は歴史分析の主要ないくつかの基本線をひきだすことができるだろう。その全歴史をとおして、資本主義は各国にナショナルな根をもつとともに、国際的／世界的な次元でも発達してきた。それは、企業‐市場のネクサス（連結）のうえに立ち、かつ国家との特権的関係にもとづいて展開した。資本主義は、古代ローマの双面神ヤヌス〔頭の前後に顔があり、年の初めを司る戸口の守護神〕さながら、一方に「競争」、他方には「独占」という二つの顔をもっている。

本書は、近代世界システムの流れのなかに、資本主義の世界経済史の変化をよりよく位置づけることも可能にする。商人資本主義（十五―十六世紀）、マニュファクチュア資本主義（十七―十八世紀）、工業中心資本主義（十九―二十世紀）の時代。そのあとには、工業的、情報的、技術的に高度で複雑となり、地球上の生活と社会のあらゆる分野に全面化する新しい現代資本主義の時代、その二十一世紀の新地平がひらけていく。もしも近代資本主義が、狭い西ヨーロッパの一角からとくに発達をとげたあと、十九―二十世紀に欧州人が住みついた北米大陸からあらたな推進力を獲得したとすれば、今日、より強力な発展のダイナミズムをもつのは、アジアの資本主義であろう。アジアの経済発展において、日本はいま異彩を放つそのパイオニアとなり、二十―二十一世紀の巨大国になりつつある。最後に、もしも資本主義＝世界経済の次元が、長期にわたり貿易、通貨、金融などの国際的諸関係に立脚してきたとすれば、二十世紀をとおして、資本主義の他の三つの次元は強化されてきた、ということができるだろう。第一はその多国籍化であり、第二と第三は、より近年の動きになるが、主として通貨と金融、投資と技術と情報をめぐるその地域統合ないし大陸化とグローバル化の進展である。

だとすれば、今世紀と関連づけて、二十一世紀資本主義の基調はこう予測できるだろう。

――資本主義は、今日よりも一層、複雑にして多様なかたちをとることになるだろう。

――資本主義は、なおそのナショナルな基盤は失わないが、しかしはっきりと感知できるまで強化されていくグローバル化の次元と共存しながら、それは存続するだろう。

――地政学的にみれば、より一層、アジア‐太平洋圏が資本主義＝世界経済の中心になるだろう。

＊

今回、本書の日本語版が刊行されることは、著者にとってまことに大きな名誉である。本書は、一九八一年に初版がフランスで発行されてから、一九八四年に英語版、スペイン語版、イタリア語版がでた。そのあと、中国

（一九八六年）、ギリシア（一九八七年）、ブラジル（一九八七年）、ポルトガル（一九九二年）、そしてオランダ（一九九四年）と、すでに八か国で訳書がでている。とはいえ、今回の日本語版とオランダ語版だけは、あらたに「ベルリンの壁以後」の世界史の大転換を考察した第七章が増補されており、この章はフランス語版と他の諸国版においては未公表である。

日本の読者は、日本の資本主義の記述にさかれた章節が不十分と思うにちがいない。その点の充実と明確化について、本書の翻訳の労をとってくれた著者の旧友で、研究仲間の筆宝康之、勝俣誠の両教授は、しかるべく補強する配慮をして下さった。そのほか、すみずみにいたるまで、このつらい翻訳の労苦をひきうけてくれた両教授にあわせて感謝したい。

私は、まずもって筆宝康之教授に心からお礼の気持ちを申し述べたい。筆宝教授は、著者の現代資本主義に関する分析と要点を、『経済評論』一九八五年十二月号（日本評論社）の誌上で、日本の読者にはじめて紹介してくれた友人である（拙稿「経済システムからみた発展の危機」および筆宝稿「M・ボー理論の世界像と国家概念」同誌所収を参照）。同教授は本書の翻訳企画のイニシアチヴをとり、主要な邦訳部分と全体の統一を担当してくれた。同教授はフランス語によく通じ、パリ第一大学ではアンリ・バルトーリ教授のもとで労働経済学の研鑽をつみ、二年余の在仏留学中には経済政策と社会労働史の日仏比較を試みられた。エコロジーの社会経済思想を模索する建設労働経済の専門家である。われわれは、一九八三年に著者らが企画組織した、パリ大学パンテオン＝ソルボンヌ校での国際シンポジウム「いかなる世界新秩序へむけて？」の折にめぐりあった。以後も、日本とパリで何度か交流し、一九九五年の早春には山形県長井市での日本－EU国際研究会議で旧交を暖めている。

私は、先述の一九八三年パリ国際シンポで知り合いになった勝俣誠教授にもぜひ感謝の心を申し述べたい。南北問題の専門家である勝俣教授は、西アフリカにおける開発問題をとくに深く現地で研究し、その考察を開発経済学の基礎研究に拡大された。著者はかれとフランス、といってもむろんパリで（最近では本年一月に）、のみならず、日本でも（一九八九年に東京と横浜で）何度か再会を果したが、とくに、一九八五年に現代日本研究センターのアン・アンドルーエ夫人により組織された、クレルモン・フェランでの日仏シンポジウムにおける研究交流が意義深い。この会議は、「発展途上国との経済協力――日仏の政策比較」をテーマとし、かれは「新国際分業における日本の位置――依存の力学とアジアNICsの国民経済」を論じて、著者は「フランスと第三世界」を担当した（その両寄稿論文については、*Mondes en dévelopment*, vol. 14, 1986, no. 53 を参照されたい）。

藤原書店の藤原良雄社長には、本書の翻訳と刊行を決断され今日まで忍耐強くその完成を見守って下さった御好意に感謝し、編集担当者の清藤洋氏のご尽力にも謝意を表する。

最後になるが、吉備国際大学社会学部の日南田靜眞教授（世界経済史）からは、有益な御教示を受け、明治学院大学の中山弘正教授（世界経済論）にも助言をいただいた。ともにロシア研究家である両氏にも、お礼を申し述べたい。

かれらの一人ひとりに、そして本書の刊行に協力して下さったすべての方々に、私は深い感謝の気持ちを記して、この序文のむすびとする。

一九九五年五月

パリ第七大学教授　ミシェル・ボー

増補新版　資本主義の世界史／目次

第Ⅲ部　資本主義の世界的「勝利」と大転換

増補新版
資本主義の世界史　1500–2010

著者による文献参照上の注意

本書では、本文を圧縮するために、各論点ごとにいちいちその典拠を示すことはせず、詳細に展開するばあいに限って、主要な参考文献を明示するにとどめた。なお、巻末の参考文献一覧は、厳選したものであるが、熱心な読者がある時期ないしテーマに関して、その考察を深めるのに有益な手だてとなるはずである。

訳者による凡例

一 本書の底本、構成については、第六版への注意書き、及び訳者解説を参照されたい。
二 原書中における引用文は、すべて「　」に入れて示し、長引用文のうち重要なものはその著者と出典文献・番号を略示した。詳細については原注、ないし巻末の参考文献一覧番号により確認されたい。
三 欧米語の論文名は《　》で示し、その収録書を in 以下に示した。
四 邦訳の論文名は「　」で示し、邦訳の書名は『　』で示した。
五 原文《　》中の《　》および大文字表記やイタリック体は〈　〉で括り、原書の強調部分には圏点をつけた。
六 原書で説明が極度に省略されているばあいなど、訳者注を〔　〕で補った。
七 日本、アジア関係ほかで本書の論旨に必要不可欠と思われる史実と論点については、著者の依頼により、訳者が記述を＊の段落末注で補ったところがある。

カリオープに

謝　辞

筆者はまず、パリ第八大学政治経済学系の同僚教授と学生諸君に感謝したい。かれらの専門的研究、かれらが提出してくれた疑問点、さらにかれらによる批判の数々は、筆者の視野をひろげ、本書の考察を深める誘因ともなった。

同じく、必要な文献史料の探索と収集に尽力してくれた、同大学経済統計研究室のマルグリット・ルブラン室長、およびパリ第八大学図書館のマドレーヌ・ジュリアン部長、ならびにご両人を助けあるいは協力してくれた方々にも、感謝のことばを述べたい。さらに筆者は、パトリック・アラール、ドニーズ・バーベイヤー、ジェローム・ブラッサンス、ベルナデット・デュブネイの各氏にも謝意を表明したい。かれらは本書の全原稿ないしその一部を読み、貴重なコメントを寄せて下さった。

さらに筆者は、本書ならびに『歴史の試練に立つ社会主義』の刊行企画を快諾され、両書の執筆を励ましてくれたエディシオン・デュ・スイユ社、わけても同社エドモン・ブラン氏に対して、あつくお礼を申し述べたい。最後に、本書の装丁と印刷を担当されたクリスチーヌ・マファール氏、および本書の制作と普及に関するすべての業務を担当されたクリスチャン・バンス氏に、筆者は深く感謝する。

さらにジャック・ジェネルー（第五版、第六版）、バルバラ・ルゴフ及びマニュエル・ファイ（第五版）、そしてセシル・ヴィドゥコック（本第六版）にも感謝の意を表明したい。

M.B.

はしがき

筆者が本書をかき上げたのは、一九六八年以来教壇に立ったパリ第八大学のヴァンセンヌ校舎が、政府の命令によって取り壊されたその時点であった。

本書は、このヴァンセンヌ校での十二年間の研究と討論に多くを負っている。なにより本書は、教員と学生らとともにすごした政治経済学系の教育研究群での研究と討論によるもので、参加した教員と学生の諸君の名はここで一人ひとり列記するにはあまりに数多い。さらにその完成には、他の学科の同僚——歴史学、社会学、地理学、政治学、あるいは地政学、哲学の専門家諸氏の協力をえたことを記したい。最後に本書は、他の多くの研究仲間、とりわけ危機についてのシンポジウム（一九七五年）、フランスと第三世界（一九七八年）、新しい国内秩序（一九七九年）に関する研究会議での報告と討論に参加した諸君の協力に負うところが大きい。

パリ第八大学のヴァンセンヌ校といえば、いまは亡き二人の存在が忘れられない。そのひとりはニコス・プーランツァス教授であり、彼の研究は、社会諸階級、国家、ファシズム、独裁制と民主主義といったテーマをより深く分析するのを助けてくれた。他のひとりは政治経済学系の学生ジェームス・ベール君である。彼はサルバドールの国家守備隊による拷問で死亡し、その修士論文は本人の欠席のまま審査された。この両人の名は自由のために支払われた代価の意義をわれわれに深く想起させるだろう。

一九八〇年十月　パリ第八大学サン=ドニ校にて

第六版（仏語版）への注意書き（二〇一〇年）

一九七九年から一九八〇年にかけて執筆された本書は、一九八一年「経済と社会」コレクションとしてスイユ社で最初に出版された。そして一九八四年、一九八七年、一九九〇年及び二〇〇〇年に「経済の焦点」シリーズとして新たに出版されていった。

一九八一年版及び一九八四年版は一九七九年から一九八〇年の版で執筆された六章から成り、対象とした時代は一五〇〇―一九八〇年であった。一九七〇年代のパリ第八大学ヴァンセンヌ校での私の経済史の講義に際して準備した資料を、これらの版に盛り込んだ。二〇〇〇年の第五版では、各章の本文は若干の部分的訂正を除いて初版のままとした。ただ、各章末の「まとめ」は、一九八一年の原文をほとんどそのまま使用しながらも（既に指摘した如く）、補足的考察により増強された。

一九八七年のスイユ社の「経済の焦点」シリーズ向けに執筆された第七章は、一九九〇年の第四版で初めて改訂加筆され、一九九四年にオランダ語と日本語版で、二度目の改訂・加筆がなされた。この章は一九九九年の第五版において、大幅に加筆修正された。この章の文献リストは、「6．現在進行中の変化について」のタイトルで、参考文献一覧の中に記載されている。この文献リストの「その他の主要著作」は第七章及び二〇一〇―二〇一〇年を扱った最新テキスト（第八章）に共通している。

最後に一九八一年版の序章と一九九九年に執筆された新序章の二つが、「総序」のタイトルでまとめられている。

本第六版は前版のテキスト全てを収録している。そして二〇〇〇―二〇一〇年期に関する短い分析〔第八章〕が付け加えられている。

この部分を準備するにあたり私の頭の中にあったのは、フェルナン・ブローデルが、歴史家という職業が持つ「かけがえのなさ」を強調して言ったあの言葉である。「われわれは、互いに争うさまざまな力のうちで、どれが勝つことになるのかを知っている。われわれは、将来に影響を及ぼし最終的に未来を左右するような重要な事件を、前もって見抜いている。これは計り知れない特権である！　現在の生活のごちゃごちゃした諸事実の中で、誰がこれほど確実に、永続的なものと束の間のものとを区別できるだろうか。同時代人にとって、残念ながら多くの場合、諸事実は同じ重要さの平面に姿を現す。そして未来を築くような非常に重大な出来事はほとんど物音を立てない。（…）人はめったにその存在に気づかない。[1]」それに更に、出来事と情報の混沌とした絶えざる波がつけ加わってくる。

しかしながら、終わったばかりのこの一〇年の分析を本歴史書に収めることは理に適ったことと思われる。先ず、われわれは現代史の作業を進めることができるだけの資料と研究成果を常に入手することができるからである。次に変化の速度が極めて速くなり、今やこうした作業が世界の知性にとって不可欠となっているからである。そして最後には、資本主義の世界化、世界経済におけるその支配的位置、テクノサイエンスの飛躍的な発展、兵器開発、生活様式の進展からして、世界における諸変化は、当初からの過去二世紀間に比して、この一〇年でより多くがつくり出されてきたからである。

ボヴァル、二〇一〇年一月

総序

初版序文

本書はひとつのつよい確信から生まれた。資本主義の発達が世界各地のさまざまな社会に引き起した激しい変動と大混乱、それらを分析せずに現代という時代を理解することはできない――という確信がそれである。

本書はまた、この資本主義の世界経済史の発展を多次元において把握しようとする配慮から生まれた。経済と政治とイデオロギーの次元、国内／国際／世界の次元、解放と抑圧、破壊と創造……などの次元がそれである。

最後に本書は、これまであまりにもしばしば個別的に研究されてきたが、実は相互に分離できない数々の問題系の総体を展望してみようという野心から生まれた。「資本主義への長期の歩み」と関連づけた経済学の形成、貴族が支配する旧体制《アンシャン・レジーム》に抗する民主主義理念の確立、さらに新しい民主制度を活用した新しい支配階級の興隆、各国資本主義の発達と世界システムの網の目、社会労働運動の強化と労働世界が獲得した諸権利、全世界にわたる資本主義支配の一層の完備と複雑化の増大、階級支配と国家支配の複合的構成、多くの摩擦と手詰りにその徴候を示し、再生しはじめた各種の危機――とりわけて現在の「大いなる世紀末危機」についての総体展望がそれである。

読者は、四世紀にもわたる右の長征の道程を手さぐりでたどることができるだろう。これを要約すれば、スペインの中南米征服《コンキスタドール》からイギリス支配下の平和《パックス・ブリタニカ》へ、ジェノヴァ、アントワープ、アムステルダムの銀行家と貿易商の集団から世界の工場・世界の銀行となったイギリスへ、銀行家と商人中心の活動から産業資本の活動へ、マキャヴェリからマルクスへ、ないし『君主論』から『資本論』へと展開した四世紀の長い歩みがそれである。

ついで、最近の一世紀については、ひとつの目もくらむような螺旋運動が次々とその渦中にわれわれを引き込んでいく。イギリスのヘゲモニーからアメリカのヘゲモニーの確立へ。さらにそこでは、労働運動の前進と勝利が国内的、国際的な新しい状況に直面して、その社会矛盾の爆発が問題化する経過が語られる。そして石炭から石油へ、電力へ、さらに新エネルギーへ、機械化とテイラー・フォーディズムからロボット化と情報・通信技術革命の今日の大転換へ。金融資本の原初形態から階層化された帝国主義的世界システムの複合的配置へ、そして最後に、一連の繁栄と恐慌と大戦争を通りぬけていく一八八五—九三年の「世紀末大不況」から一九七〇—九〇年代の「世紀末大危機」へ、冷戦体制終焉後の「世界史的反転」への展望までが、本書で考察される。

本書と並行してその姉妹編ともいえる別の本*で、筆者はフランス革命と産業革命に直面して、社会主義の思想がいかに形成され、十九世紀の多様な社会労働運動がいかにこの思想をわがものとしたかについて考察し、現実の試練がロシア十月革命からいかに国家集産主義《コレクティヴィスム・デタ》を導き出したかについても解明した。それは今日、「社会主義」の例として引きあいに出される社会経済構成体——東側であれ、西側や第三世界であれ——の性格に関して反省を加えたものであり、また、この二十世紀末にあって、前世紀の教訓と来世紀の恐るべき挑戦をも視野に入れたあるべき社会主義の社会構想《プロジェ》とは何か、それは一体いかなる社会なのかを改めて問いなおす機会ともなろう。

* Michel Beaud, *Le Socialisme à l'épreuve de l'histoire*, 1982.

第五版序文（一九九九年執筆）

一九六八年が終わるや、資本主義について次から次へと出てくる分析、解釈、論争は、これまでの様々な歴史的、制度学派、構造主義からの貢献を超えて、マルクス主義の教理の単純化された確信に対して再考を迫る方向に向かった。

私にとっては、資本主義は、パンテオンの法学部で「体系と構造」（特にA・マーシャルの）や「思想」（とりわけ、H・ドニとA・バレール）の講義を通じて「教えられた」。資本主義は、また私が学生としてあるいは若手教員として読んだマルクス、ウェーバー、シュンペーター、ペルーおよびガルブレイスといった学者の著作によって、教えられたものだった。

これらの分析はすべて、「資本主義／社会主義」という対として使われていた。

マルクスにあっては、十九世紀の多くの改革論者、共産主義者、社会主義者と同様、社会主義の到来は産業資本主義の批判および告発と対となっていた。そして、資本主義の搾取と疎外に対する労働運動の闘いは、「社会主義」という一語で要約される、友愛に満ち、公正で、人間の尊厳を守るもう一つの社会への期待と密接に結びついていた。

一九二〇年以降、「社会主義建設」の現実は、それが「実現可能だった」という理由からは確信を与えつつ、そこから希望の力を奪い社会主義を弱めることによって、社会主義への期待と対照をなしていた。

そして、純真な若者にとって、シュンペーター[1]の本が提起する「資本主義は生き残れるか？　否、私はそうは思わない」と「社会主義は機能するのだろうか？　必ず可能だ[2]」という二つの確信は、戦後、大いに心を打たないはずがなかった。

しかし、戦後期には三つの重要な進展が明らかになった。すなわち、国家の支援のもとでの米国資本主義のさらなる拡大、欧州、アジアおよび他の第三世界地域での、事実上国家という土台に立った[3]「現存社会主義」の拡散、および社会的妥協の様々な形態が制度化された一国資本主義の新たな流れである。この流れは、日本的経営からヨーロッパの社会民主主義的妥協まで、フランス流協約的、法制的仕組みからドイツ流の市場社会経済までを含むものであった。

かくして、資本主義対社会主義の対立は、実に多くの国々の政治論議においてイデオロギー上の重要な争点となったとしても、各国での様々な妥協の成功は、一方ではある種の混乱を生み――しばしば生産構造が資本主義的なままの国々を社会主義的としたりした――、他方では、「第三の道」への信頼性を高めたのである。

「資本主義」という言葉は、複雑な歴史の様々な刻印を担っている。銀行と産業の栄光ある叙事詩、労働世界における労働条件と日々の生活、労働者と組合の闘争と弾圧、歴史研究者と社会科学の分析研究者の著作、イデオロギーと政治上の論争などの刻印である。

このことはまた、ある人々にとっては掲げるべき理想となり、別の人々にとっては破壊すべき体制ともなった。かくして、この言葉は数々の響きを有し、リスクを伴う用語ともなっている。

F・ハイエクのような自由主義者や財界には、資本主義という言葉を使用したり、耳にしたりすることさえ嫌う人々もいる。彼らが好んで使うのは、「市場経済」といった、より包括的な名称である。それとは逆に、〔資本主義を］近代的な諸経済の広範囲をカバーすることができる一般的用語とする向きもある。また、別の人々にあっては、一定の理論的伝統によって精緻化された諸定義に対応する経済社会的分析用語にもなっている。

私自身に関していえば、資本主義という言葉を使い始めた頃は、これらの点についてまったく明確に考えていなかった。私の関心は常に世界、時代の流れ、うまくいっていないこと、そしてなぜそんなことが起こるのか、どうしたら解決できるのかということであった。「資本主義」という言葉こそが、私たちの時代の重要な現実を指し示してくれるようにすぐに思えた。そして、この言葉を知ることによって、根本的なプロセスを明らかにし、問題の所在を明らかにし、その解決策について考察することができるのだ。これこそがこれらの現実を明確に指し示してくれるという限りにおいてかけがえのない言葉なのである。この言葉を拒否してしまっては、今日の世界の重要な側面を考慮することを拒否することになってしまう。

すなわち、この言葉を使うことは生易しいことでないということだ。実際、この言葉が荷うイデオロギー的、政治的負荷は重く、擁護されることもあれば、批判の対象となることもあり、その了解のされ方は予測が不可能である。

私は資本主義は一つの経済システムであると教えられた。私は資本主義を経済の次元だけに還元することはできず、(4)社会的、イデオロギー的、政治的、倫理的次元をも考慮に入れるべきことを理解した。基本的には、「資本主義」として識別できることは、その発達と関連する社会（あるいは諸社会）と国家（あるいは諸国家）と切り離すことができない。このことは私に、直ちに生産様式による分析を疑わせることになった。資本主義の分析を生産様式に還元してしまうことは決してできないのだ。

資本主義は、オランダにせよ、英国にせよ、米国にせよ、日本にせよ、しばしば一国の現実として把握されるため、その発達がもたらす世界の変化を考慮しにくくしている。逆に、I・ウォーラーステインのような現代の研究者は――資本主義がその起源において「点線として」[5] 生じたものとしても――、もろに世界的な一つの現実として提示した。歴史についての研究が本書の初版から私に理解させてくれたのは、資本主義は一国ベースの現実であったが、強力で、ダイナミックな資本主義とは、他の資本主義と共に世界の輪郭を変える作用[6]を持つほど国境をはみ出していく傾向を持った現実であるということだった。

商人資本主義、マニュファクチュア資本主義、産業資本主義、生まれつつあるポスト産業資本主義[7]と、資本主義一般（"le" capitalisme）なるものは歴史の中で変化してきた。資本主義は、各層でそれより旧い層を破壊したり、残存しているものを変化させたり、絶えざるプロセスにおいて、自ら変化したりしつつ重層的に進展してきた。

私たちがぶつかる困難の一つは、私たちの資本主義の解読においては、十九世紀に構築され、二十世紀の三分の二の時代において発展した分析が支配的であることである。これらの分析には、主として産業資本主義の性格が強く出ているため、私たちが進行中の変化を理解し、分析するのを妨げている。もう一つの困難は、この言葉の使用には落とし穴があるということである。すなわち、ある人々は資本主義を不当にもアクターとして語る――アクターとは金融業者、銀行家、大企業のリーダー、あるいはまた中小企業主、賃金生活者、下請け業者、貯蓄家、消費者といった具合である――が、他の人々は一つのシステムとして語る。ところで、選択可能な様々なシステム一式があたかも存在しているかのような考えは、私には偽りと思えるということはいうに及ばず、私はますます資本主義システム一般を語ることに疑念を持つようになっている。十九世紀の産業資本主義の図式化を、余りに長い間にわたって資本主義一般（"le" capitalisme）と見なしてしまってきたのだ。

結局のところ、私は、資本主義とは主として変革と自己変革の諸力を備えた複雑な社会の論理[8]であるという考て十九世紀に主流となり、今日では大部分の諸社会と世界を支配する傾向にあるのである。

実際のところ、人類と世界のきわめて緩慢な進展において、リズム、勢力、および規模の変化が一五〇〇年から開始され、二〇〇〇年代に入ったわれわれの時代にさらに強まっていることを、一体どうして見ないわけにいくだろうか？　この大きな変化の際立ったモーメントとは、大発見〔アメリカ大陸到達〕と最初の植民地化、エネルギーと産業の革命と最初の工業化、世界貿易の発展と少数のヨーロッパ諸国間の世界の分割、輸送、通信情報処理、より最近ではエネルギー産業、情報面での新たな革命、ますます世界規模で活動している超大企業の形成、全世界を覆う通貨と金融機構の発足、生産方法と生活様式の深くかつ絶えざる変革などである。

こうした列挙はまだまだ追加することができるかも知れない。変化の深化、拡大および加速化を促進したこれらの様々な変化の界（champs）の相互作用の重要性を各人は確認することができる。これらの相互作用が様々な界から自生的に生まれたのか、あるいは新しい現実が同じ運動の中で形成され、これらを刺激し、強化を促進したのか、議論することができる。

この新たな現実を作っているものの中には、金銭と交換関係の拡大がある。社会組織の本質的な要素となっていく市場関係の一般化、未来の予測と貨幣計算をベースとした利潤展望を睨みながら、自らの選択を決定し、新たな生産の絶えざる循環プロセスに、実現した利潤を再び投入する企業が存在する。銀行だけでなく、信用、金融会社による、生産的、商品的機能を囲い込んだり、刺激したり、活性化したりする強力な原動力としての投機がある。これらすべての諸力と近代国家間の新しい関係がある。新しい商品の創出のために、技術の可能性と科学的知識をますます合理的に体系化して活用していこうとする現象がある。金持ちと富にアクセスできる人々の、新たなニーズを生み出す能力に関するゲームがある。ますます未来に向かって自らを投影するために、過去から離脱する方向に向かう諸力の全体が存在する。

この強力な運動の幾つかの諸相は、「貸し出し」（テュルゴーと重農主義者）と市場（A・スミス）の分析において垣間見られ、次に、資本（D・リカード、K・マルクス）、資本の責任会社（M・ウェーバー）、企業のイノベーションと創造的破壊（J・シュンペーター）のそれぞれの分析において、よりはっきりと見出される。そして、これらすべては、かなりしっかりと「資本主義」という言葉の中に見出される。この言葉を、あらゆる分野の、そしてあらゆる国々の数えきれない人々が十九世紀末から使用し、われわれはその意味を本書の幾つかの箇所で、さらには第七章の最後の段落の最終的考察を通じて明確にしている。

究極の問いが残る。「共産主義」あるいはより正確にはソヴィエト国家主義の崩壊後、われわれが「資本主義」と命名するこの「新しい現実」は、人類の未来に向かう唯一で、必然的で、避けて通れない道なのだろうか？[9] この現実はそれ自体によって近代、進歩、デモクラシー、偉大な世界を担うものなのだろうか？　要するに人類の道なのだろうか？

われわれはそうは考えない。もしわれわれがそう考えるとしたら、われわれは資本主義を「人類の道」と呼ぶことになってしまう。われわれがそう考えないのは、まずは、人類の歴史には意味があるとか、アプリオリに目的を持つとは考えないからだ。人類の歴史は大小様々な影響力を持った複数の現実を通して、人々が作り上げるものだ。次に、われわれがそう考えていないのは、資本主義はデモクラシーと矛盾する関係を有し、権威主義的体制下でも立派に開花することができるからだ。資本主義は、不平等な力関係を使う（それをしばしば乱用しつつ）市場との両義的諸関係を有する。そして、もっとも競争力のある企業は、独占的地位を求めることによって市場の制約から絶えず逃れようとする。そして、最後には資本主義は金銭を生むことのできるような進歩の形態しか開拓しないため、進歩を歪めるのだ。

かつまた、人間の歴史は前進、後退、行動、抵抗、対決、躍進、反動によって形成される。ところで、資本主義の力学が実に多く引き起こしているこうしたわれわれの時代の諸問題、諸悪、危険、脅威――感知されるのもあれば潜在的なのも存在する――を前にして、多かれ少なかれ近い未来において、アプリオリにもう一つの（あるいは幾つかの）道が開かれることを排除するのはばかげているのではないだろうか。

この資本主義の歴史は一五〇〇年に開始される。「歴史的世界の大きな転換点」と見なすことのできる世紀が登場する、道しるべとなる年である[10]。

ある意味ではこの出発点は、本書のテーマに適合する。要するにこの時から、今日「資本主義」と名づけられるものが形成され、確立していくのだ。

とはいっても、この新しい現実が何もないところから生まれたわけではないことは明らかである。その起源は、人類諸社会の過去に埋もれている。複雑な資本主義的社会論理は、財産と権力、富裕化と交換の数千年にわたる諸論理に深く根ざしている。

今日、真の「世界の大反転[11]」へと向かう変化と加速化のプロセスの発端を形成していると私が考える、この歴史的転換を理解するために、この新しい社会論理の出現と活力を説明することは、とてつもない課題である。歴史的にはヨーロッパで形成された一つの現実の起源を、ヨーロッパ中心主義に陥ることなく語ることができるのか。資本主義のすべての成因――蓄積された富、新しいことに挑戦する諸権力、技術能力――が揃っていながら資本主義が登場しなかった状況、これらすべてに言及したらいいのだろうか。世界の様々な文明において実現された進歩がいかに重要だったかに言及しようとすることで、これらを十五世紀と十六世紀の転換期にあって、ヨーロッパにおける資本主義の誕生の起源あるいは宝庫として登場させるような展望を描く危険はないであろうか。今日でもこれらの問いは私にとってきわめて難題に思え、これらに答えることはおそらくもう一つ別の作品を書くのに値するであろう。

最後に一言。

私が経済を教えていたヴァンセンヌ校で、資本主義とりわけフランス銀行の歴史について作品を世に出していた秀逸な歴史学者ジャン・ブーヴィエは、歴史を教えていた。我々の数ある話し合いの中で、ある時、簡潔でかつ一般向けの資本主義の歴史が必要ではないかと彼に言う機会があった――H・セーの小冊子は私には時代遅れで不充分に見えた――。そして彼こそが唯一、それを試みる力を備えているように思えた。彼は謎に満ちた微笑を浮かべ、頭で何度も否定の身ぶりを示し、かなり長い間の沈黙の後、次のように言った。

「歴史研究者がそのようなことに足を突っ込む危険を冒すことは決してあり得ない」

私は四十三歳だった。私は自分の専門分野の学術的審級も、自分の同僚の反応も、自分自身の限界も気に掛けていなかった。私は敢えてこの危険を冒した。私は当時の無謀さを引き受けているが、二〇年あるいは二五年後も、私がこの危険を冒すことになるかどうか、もはや自信はない。

ミシェル・ボー

ボヴァル、一九九九年

第Ⅰ部　金銀から資本へ

すべての金持に貧民を使役するよう余儀なくさせる秘密……

ヴォルテール

資本主義は西ヨーロッパの商業的貨幣社会のただ中から形成された。しかし、他の多くの商業的貨幣社会は、その創造的かつ破壊的な性格において例外的力量をもつこの新しい社会形式――すなわち資本主義段階にまで発達することなく、そのまま再生産されて他の世界各地に久しく存在してきた点で、西欧社会とは異なっている。

第Ⅰ部においては、十六、十七、十八世紀をへて、十九世紀のイギリスを中枢軸とした産業資本主義にいたる世界経済史の発展の軌跡をたどってみよう。そこでは、社会の諸階級と政府の統治方式の変形とか、ヨーロッパの列強による世界征服の最初の波をおさえるだけではなく、さまざまな省察とそれにともなう議論の数々、さらにはそれらが呼び起す社会思想の論争点の漸進的な展開なども、考察の主要テーマとしてとりあげることにする。

第一章　資本主義への長期の歩み

西欧の封建社会は、十一世紀に完成されたその基本的枠組のもとで実現された。封建領地の内部においては、隷農制・強制労働・賦役の形で生産組織が組み立てられ、当初の封建地代は労働地代の形をとり、領主のために剰余労働が収奪された。領主・貴族は卓絶した財産所有者であり、政治上の特権と裁判権の保有者でもあった。

だが西欧世界の封建社会は成立するとほどなくその崩壊過程を開始した。(1) 自由な賃労働と小農民的所有の発展につれて、封建地代の形態が労働地代から生産物地代へ、さらに貨幣地代へと変遷するかたわらで、商品取引がくり返された。商人の定期市、ギルドの枠内での職人活動の再活性化、都市生活の再興、商人的ブルジョワ階級の形成……このように封建的秩序が崩壊するプロセスで、商人資本主義 capitalisme marchand は各地に根を張っていくが、南欧では、東地中海支配をめぐるオスマン帝国との対抗・競争とレパントの海戦をへて形成された。

この意味で、資本主義への長期の歩みは、地中海と西欧から数世紀にわたる時代展開の上に実現した。この複雑なプロセスをもつ回路には、商人・銀行家的な資本主義の形成、国民的事実の明確化と近代諸国家の骨格の成立、内外貿易の拡大および階梯をなす世界的支配、交通と生産技術の発達、新しい生産様式の導入と人々の新しい精神状態《マンタリテ》の出現といったさまざまな史実がおり込まれている。

この長期の歩みの第一段階は、十六世紀アメリカ大陸での征服と略奪によって区切られ、その第二段階は、十七世紀におけるブルジョワジーの興隆と確立によって画されている。

第1節　植民地の略奪と君主の富（十六世紀）

イスラーム世界と対抗し展開された十字軍遠征は、重要な財宝、とくにテンプル騎士団の財宝を増殖する絶好の機会となっていた。商業・銀行と金融の諸活動は十三、十四世紀イタリアの各共和国で開花し、そのあと市場経済の中心はスペインからオランダに移り、ついでイギリスに波及してそこに世界市場の中心が移動した。印刷機械の発明、冶金術の進歩、水力の活用、鉱山への炭車の導入とともに、十五世紀の後半になると金属加工と織物生産での確実な前進がみられた。最初の大砲と他の火器類が作られ、利用されはじめたのもこの時期のことであった。コロンブスも用いた当時のスペイン・ポルトガルの小型帆船（カラベル船）の建造技術と航海術が改良されはじめたが、これにより新航路の開拓が可能となったのである(2)。

本源的諸資本、より豊かで多彩な商品群、ひしめく帆船群と武器類——ここに、大航海時代の商業の飛躍的発展と地理上の諸発見、そして相つぐ征服のための手段が出そろった。

この同じ運動の中で、さらに封建的社会秩序が解体する同じ基盤の上に、強大な絶対君主らが結集し、征服を試み、婚姻で閨閥《けいばつ》の網を張り、帝国内と王国間の戦争の中で自らを鍛えていった。国民的統一が実現される前夜とはいえ、強化された諸国家は教皇政治から自立した自己の領域を拡大しようとしていた。教会の改革を求めて沸騰したエネルギーは、反法王戦争の好機と化した宗教改革の上に噴出した。中世社会の訓戒教理は公正な価格を説き、貨幣の利子付貸与を禁じていたのだが(3)、その経済倫理は、カルヴァンが商業と利子付貸与の行為を正当化した時点ですでに深刻に動揺していた。そこに「商業的成功を神に選ばれた証しとする(4)」プロテスタントの教理が生まれるのである。

偉大さと富を渇望する絶対君主たち。覇権を求めて抗争する諸国家。金持たらんと勇み立つ成金商人と銀行家の群。——ここに、商業と戦争と征服を活気づけ、略奪をシステム化して奴隷貿易を組織し、浮浪貧民を原生的賃労働へと強制的に追い込み、拘禁使役していく歴史の動力が働いていた。

本源的資本蓄積と絶対王政——この二重のダイナミクスの合流点には、西欧の歴史が「地理上の大発見」と名付けた大航海時代が刻まれている。オスマン・トルコによるコンスタンチノープル陥落（一四五三年）で、欧州の香辛料価格が急上昇して、世界史の大航海時代が開かれたのである。アジアへの新航路開拓競争が新大陸発見をもたらした。一四八七年にバルトロメオ・ディアスが喜望峰をまわり、一四九二年クリストファ・コロンブスはアメリカ大陸を発見し、一四九八年にはヴァスコ・ダ・ガマがアフリカ大陸を迂回してインドに到達した。こうして富の追求をめぐるすさまじい一大争奪戦——商業と略奪の時代の幕が切って落された。

一　アメリカ大陸の金銀

「コロンブスの報告によると、カスティリアの参事院は、住民が自己を防衛できる状態にない国は領有すべしと決定した。彼らをキリスト教に改宗させるという敬虔な意図がこの不当な計画を聖なるものとした。だが実は、財宝をそこから汲み出そうする渇望こそが、この冒険事業に彼らを踏み切らせた真の動機だった。コロンブス以後の〈新世界〉におけるスペインのすべての冒険事業も、これと動機を同じくするように思われる。それは神を冒瀆する黄金欲であったのだ」[5]。（A・スミス『国富論』一七七六年）メキシコの征服者コルテスは、「われらスペイン人は、黄金のみがその薬となる心の病いに悩んでいる」[6]と述べて、この動機を認めている。

一五〇三年、貴金属を満載した最初の財宝船が西インド諸島から到着した。一五一九年、メキシコのアステカ王国の略奪が、そして一五三四年にはペルーのインカ帝国の略奪が始まった。そのペルーでは——

「征服者《コンキスタドール》たちは一三〇万オンスの黄金の山塊を目撃した。彼らは、薄金造りの四頭の巨大なアメリカ・ラクダ（ラマ）の立像と一ダースもある壮大な女性の黄金像をそこに発見した。インカの国王は身代金として黄金を一杯に満した部屋をピサロに提出した。かれの臣下は、かれらの庭に、家と寺院に、黄金製の樹木と花と鳥と動物を所持していたのである。道具類も黄金製だった。その食卓には、長さが二〇フィート、幅が二フィートもあり、指二本分の厚みをもつ銀板が使われていた」[6]。〔H・ヒートン〔34〕〕

公式資料によると、一万八〇〇〇トンの銀と二〇〇トンの金が、一五二一年から一六六〇年にかけて、アメリカ大陸からスペイン王国へ運び去られている。他の資料ではこの数字は二倍にもなるとしている。

クリストファ・コロンブスのごときは、「黄金とはこの地上の最上のものであり、それは魂を天国に運ぶことすらできる」[7]とみていたほどである。一世紀あまりの間に、インディオの民はメキシコでその九〇%もの生命を奪われ、人口は二五〇〇万人から一五〇万人に激減し、ペルーでも住民の九五%が消滅してしまった。ラス・カサスの算定によると、一四九五年と一五〇三年の間に三〇〇万人の先住民がカリブ海の島々から姿を消している。かれらは戦争で虐殺され、カスティリアへ奴隷として送られ、鉱山や他の苦役と拘禁使役によって（あるいは疫病により）生命を奪われたのである。「将来世代のだれが一体、この事実を信じるだろうか。この文章をかいている私自身、わが目でそれを見、しかもよく知っているのに、このようなことが可能であったとは容易に信じえないのだ」[8]。〔A-G・フランク〔33〕〕

砂糖やラム酒や糖蜜をつくるための砂糖キビの生産、黒人奴隷貿易、アメリカ大陸の貴金属の略奪と乱掘は、十六世紀を通じてスペインのための重要な富の源を構成する。スペイン国王は一五五七年、その財政負担を軽減するため、各種の特権付与と引きかえに、専断で借金利子の三分の二をきりつめて、その莫大な対外債務を返済し、戦費につぎ込んだ。冒険家のパトロンであるスペイン貴族や富裕商人らは、これらの金銀でイタリア、フランス、オランダやイギリスの商人から商品を買い上げた[9]。かくして、うねりをなして豊富な貴金属がヨーロッパ市場の貨幣通路をおし広げたが、やがてその波は鎮まっていった。

金銀がより豊富になるにつれて物価は急騰した。西欧世界では、小麦の平均価格が十六世紀の初頭から中期にかけてほとんど上昇しなかったのに、同世紀の後半から世紀末にかけて四倍にもはね上った。スペインにおいても同じく、十六世紀初頭から十七世紀初頭にかけて三ないし四倍に上昇した。小麦価格は、イタリアで一五二〇―九九年に三・三倍、十六世紀の第一および第4・四半期のイギリスでは二・六倍、フランスでは二・二倍となった。貴金属の急激な氾濫は、次第にその「価格革命」への波及のテンポをゆるめていったのだが、それに対して、支払賃金の上昇テンポはよりゆるやかだったから、全体として実質賃金は十六世紀に五〇%も低落している。この結果、大衆の不満は高まり、貧民の反抗が爆発したのである。

賃金と物価のこの乱調子に直面して、君主らは数々の勅令を発している。一五三九年のヴィレル＝コトレの勅令は、フランスの労働者に同盟を禁じた。イギリスの救貧法は十五世紀末から放浪と乞食稼業を禁じたあと、十六世紀中葉に労役場、つまり強制労働の家を創設した[10]。各国の政府は価格騰貴の抑制につとめており、スペインの王権は最高価格令を制定したが成功せず、フランスでは一五五四年、一五六七年と一五七七年の三回にわたる勅令で賃金と物価が凍結された。イギリスでも最高価格令がしかれたが、規制は結局効果がないことが判明し、一五六〇年から賃金は復活祭の折に州判事により毎年改定されることとなった。

二　君主の富と貨幣のパラドックス

以上の動きとともに、貨幣と物価に関する考察と議論が展開する。グレシャムの『為替相場の下落に関する知識』(一五五八年)から、われわれは「悪貨は良貨を駆逐する」という有名なグレシャムの法則を引き出すが、それは十四世紀以来、何回も定式化された考察の結果である。ところがひとつの混乱した議論がこれにからんだ。

その論者は、物価高が小作人とブローカーや輸出商とか、外国人や商人、高利貸らのせいだと告発するだけでなく、貴金属貨幣の中身を改悪する「貨幣の改鋳」のせいでもあると主張した。この議論からは、ロワール河下流アンジェの法学者J・ボダンの分析が今日引きあいに出される。彼は価格騰貴の「主要かつほぼ唯一の原因は、過去四年間には一度たりとも存在しなかったほどの膨大な金銀量にあり、物価上昇の主な原因はつねに商品価格の尺度手段の豊富さにある」[11]と説いたのである。

この説明は、確かに現実の主要な一局面を参照しながら、王侯・領主らの贅沢、戦争の費用、財政上の借金負担といったインフレの諸源泉は問題に付さない利点をもつ弁護論であった。しかしそれらこそ、相つぐ「貨幣の改鋳」を必然化した諸原因をなしていたのだ。この説明は、次第に世間で受け容れられて後の貨幣数量説の大まかな原型を形づくるが、十六世紀の当時にあっては、これとは両立しないもうひとつの有力な見解、すなわち「豊富な貴金属こそ王国の富をなす」とする重金主義思想と共存していたのである。

マキャヴェリはこの思想を、いくぶん挑戦的な形で、「よく組織された政府にあっては、国家は豊かで市民は貧しい」[12]と十六世紀初頭に定式化していた。世のすべての人がこの説を認めなくとも、また他のだれかがのちに国家の富と商人の富の関係を強調したとしても、マキャヴェリは正しく十六世紀の中心問題をずばりと言いあてたのである。すなわち、君主の富をいかに増大させ蓄蔵するかこそが要点だ、と。ここで「君主の富」とは、クロード・ド・セイセルにとってのみならず万人にとっても、金ないし銀に具体化されていた。

初期の動きとして、各国の統治者は公正な判断力にもとづく手段をとり、金銀を王国から流出させせまいとつとめていた。スペインでは十六世紀初頭から死刑をもって金銀の輸出を厳禁し、フランスでは一五〇六年から、また一五四〇年、一五四八年、一五七四年と再三にわたり、正金の流出を禁じた。イギリスでは政府代理人のコントロール下に、貨幣どころか為替手形の取引さえ抑制する対策が、一五四六年と一五七六年に試みられた。とはいえ、そのいずれも成功しなかったのである。[13]

さらに十六世紀の中頃には、他の手段をうながす文書が出まわっていた。たとえば——

「国産可能な部類の製造品の対外輸出は停止する。羊毛、皮革や他の物産の未加工状態での輸出は制限する。輸出しやすい商品の製造にたずさわる国外在住職人は各都市によるコントロール下で受け入れる。これらの商品の税関審査……などの政策によって、わが国の各都市はほどなくかつての富を取り戻せるだろう」[14]。(J‐Y・ルブランシュ『貨幣文書』)

同じような勧めはオリッツによっても、「沢山の工場をつくり、繊維原料の輸出は禁止せよ」[15]と定式化され、J・ボダンもまた同じ政策を、その著書『共和国』(一五七六年)の中で勧告している。

スペイン、フランス、そしてイギリスの君主たちは、この方向に沿った手段をとった。各種マニュファクチュアの創設、新しい生産物への独占権ないし特権の付与、一次産品の輸出禁止などがそれである。国民的統一の形成もまた、当時ようやく始動しかけた単一の全国的市場を構成するひとつの要素となった。

そのように、経済に関するこの時代の支配的思想は、君主の問題関心とぴったりと合致している。君主の富を確保する必要は、君主のためだけでなく、絶えざる戦争に資するためにも欠かせなかったが、その処方箋は簡単である。金輸出の禁止と商品の輸入制限をはかり、金銀の輸入を容易にして、王国にとって不要な物品を輸出しながら貴金属を流出させない方策がそれである。そのどちらも国内生産の保護育成へと向かった。この思想の背後で、国を富ませる思想が発展する。「各個人は民富のわけまえにあずかる構成員であり……すべてのもうかる職業はひとりかれにとってだけでなく、その職業につこうと欲する他の者にとっても有利である」と、ハレスはその『論説』において述べている。

アメリカ大陸からの貴金属が氾濫し、マニュファクチュア生産が発達するにつれて、欧州の各地で商業取引が

図１　16世紀フランスの社会階級と富および価値の循環

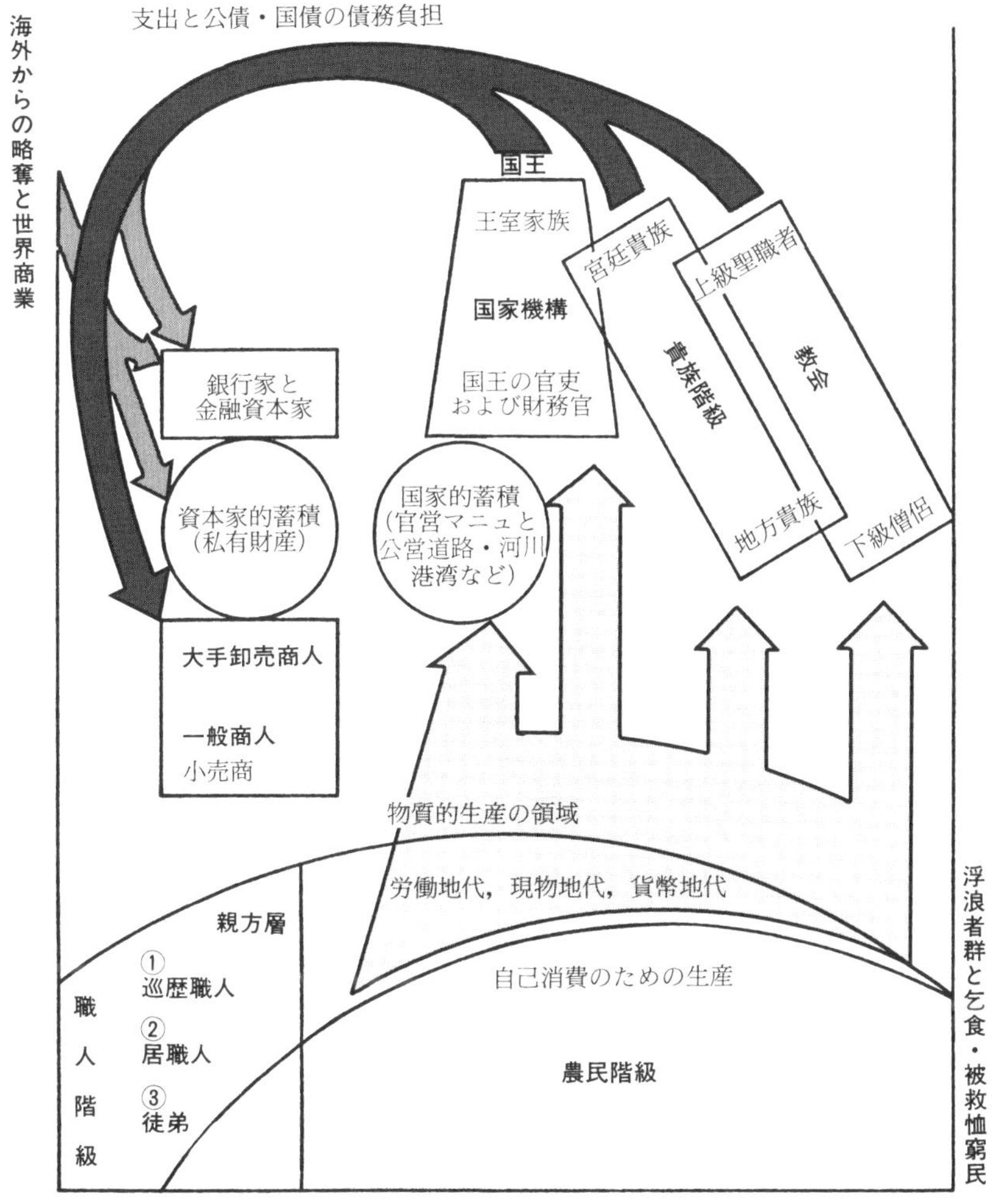

進展した。アメリカ植民地での強制労働（とくに砂糖生産のための）とヨーロッパの狂乱インフレによる実質賃金の低落にともない、追加的経済余剰が引き出された。イギリスでの第一次エンクロージャー運動の開始とともに、労働力は土地から切り離され自由な状態に置かれたが、そこに生まれた浮浪民や乞食の群は〔群羊のように〕狩り込まれ、投獄されてなすにまかされた。その反面で、商人と、銀行家のブルジョワジーは強化される。ヴェニスとフロレンスのあと、アントワープ、ロンドン、リヨンとパリが発達し、いずれも五万人以上、さらには十万人以上の都市住民を擁する都市になった。

これらの初期ブルジョワ階級の思想の一部は宗教改革の中に、他の一部は君主に対抗する諸個人の権利の肯定（La Boëtie, *Le Contr'un*, 1552; Théodore de Bèze, *Du droit du magistrat sur ses sujets*, 1575）の中に確認できる。しかし、その大部分は、エラスムス、ラブレーあるいはモンテーニュの作品が示すユマニストの思想に、別々の形で表現されている。ミケランジェロの芸術とその普遍的精神はこの時代を証言するが、同じ時代のただ中で、ポーランドの天文学者コペルニクスが、「地球は回転しており、それは宇宙の不動の中心ではない」という思想を明言していた。

とはいえ、以上の動きを過大評価してはならない。世人は、太陽と星々が神の定めた不動の秩序にそって地球のまわりを回転している現象を目でたしかめることができ、教会はこの「真実」を疑わぬように配慮していたからである。農民は日々耕し、重税と夫役にうちひしがれていたし、貴族らは狩猟と酒宴に日々を過し、国王は統治と戦争にあけくれていた。この当時、一体誰が「資本」という「新しい神」による世界支配が準備されているなどと考えつくことができただろうか？　その例外的人物としてトマス・モアが一五一六年に『ユートピア』をかいたとき、かれはきっとその時代への予感をもっていたのだろう。モアはその書でポルトガルの航海者ラファエル・ヒスロディをして次のように語らせていた。——「親愛なるモアさん、君にわが思想の核心を率直に申し上げるなら、財産の私有が認められ、誰もが万事を金（貨幣）で評価する所、こうした国々にあっては、公的事象の中に正義と繁栄が支配することはまずほとんど不可能でありましょう……[16]」。

三　古い状況と新しい状況

資本主義がその上に開花する社会構成体についてだけ語るとしても、当時はまだ古いものが支配しつづけていた。人口は本質的に農村に居住し、生産物といっても農産物が中心であり、その交易も相対的に限られており、人口の大半は自給自足状態にあった。労働地代、現物地代ないし貨幣地代が、聖職者と王室や貴族のために農民大衆から徴収されていた。それらの地代は消費に支出され、めぐりめぐって大貿易商人や銀行家の個人資産の蓄積に貢献していくのである。

商業上の交易は主として職人の生産物に関連し、その生産もギルドの決める秩序の規制枠内にあり、しかもそれは農産物のごくわずかな余剰部分と交換関係をもつにすぎなかった。

この小商品生産は、$Ma \rightarrow A \rightarrow Mi$の定式に要約できるだろう。単純商品の生産・販売人はかれが作った商品Maを売った代価として貨幣Aを受け取り、その金で商品Miを買う。そこではMiの消費が目的だ。それとは別に商人連中はブローカーとしてこのプロセスに介入し、転売して商業利潤ΔAを実現するために商品Miを買いとる。こちらの方は、『資本論』の$G—W—G'$にあたり、フランス式表記では$A \rightarrow Mi \rightarrow A'$、（但し$A' = A + \Delta A$）と定式化できる。この旧商業利潤$\Delta A$は手工業職人 artisans ないしギルド職人 compagnons と徒弟 apprentis の剰余労働に由来するか、部分的には農民階級から収奪した地代部分に由来するものである。

生産の資本主義的諸形態には、賃労働をともなうケースも若干はありえたが、それらはなお少数のケースにと

図2　16世紀における世界商業とアメリカの略奪

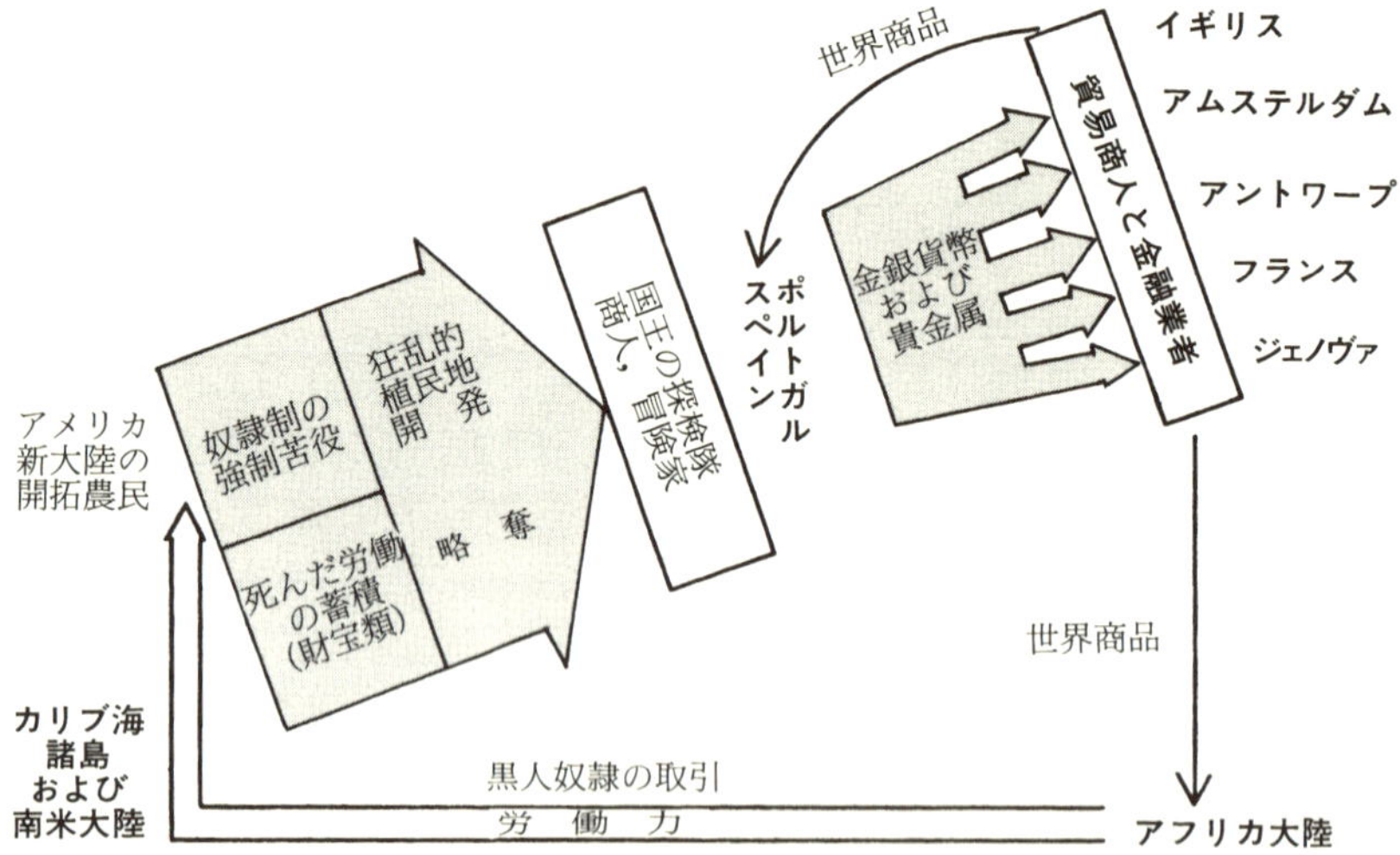

どまった。

資本制生産に先行する蓄積の二大主要形態は次のように定式化できる。

第一　国家的蓄積――（王立マニュファクチュア、王立道路の通行税収入、河川・港湾収入など）

第二　ブルジョワ的蓄積――（個人資産、貨幣、貴金属、不動産商品）

本源的蓄積の主な源泉は、先行する数世紀間と同じく、また他の社会構成体にとってそうであるように、農民の剰余労働にあった。もちろん、これにアメリカ新大陸での先住民収奪と資源略奪もつけ加えねばならない。

というのも、もしここで国際的次元を考慮すると、目新しい現象は遠隔地貿易ではなかったからだ。遠隔地貿易は、貢納的生産様式 mode de production tributaire[17] が支配的となっているすべての社会経済構成体に存在する。しかも一五〇〇年時点では、ヴェニスからの交通路は地中海や東欧世界全体に「直結」し、そこが中継地であったために、地中海の東海岸をこえてインド洋にまで拡大していた。それどころか、F・ブローデルによれば、その交通網は中部ヨーロッパへ、そしてバルト海から北欧のノルウェー方面にまでおよんでいたからである[18]。

新しい現象とは、アメリカ大陸からのおどろくべき略奪であり、これは次の二つの相互に関連しあう富の流れにわけて理解することができる。

――現地で発見された財宝の強奪（貴金属の採掘、および芸術品の制作に体化されて蓄積された過去の労働）

――あらたな価値の生産（金銀鉱山あるいは砂糖キビなどの栽培における強制労働と、植民地奴隷制の苦役による）

先住民族の征服と略奪と絶滅化こそが、十六世紀のヨーロッパ世界に貴金属の氾濫をもたらした現実である。しかし大西洋は旧大陸のはるか彼方に広がり、スペインとポルトガルの王室金庫、商人の金庫、銀行の貸借対照表をとおりぬけて、この金銀がジェノヴァやアントワープやアムステルダムの金融業者の金庫に収まったとき、略奪の血はすっかり「洗い落されて」いた。

この金、つまり君主の金、国家の金（といっても、当時にあって両者は、これら王侯・王室の「金庫」においては区別しえなかったのだが）は、それが所有されたときにはいかに貯蔵されるか？　それが欠乏したときにはいかに調達するのか？　貴金属の王国からの流出を禁ずる静《スタティック》的な世界観から来る蓄財家の資産運用術は、効果のないものだった。いまひとつの方策は重商主義者らが提唱したものだった。彼らは「他国からはより少なく買い、他国にはより多く売る。そのために、より多くより高品質の商品を作るべし」と説いたのである。これは、君主の利益と商人の利益の両立をはかる主張ではないだろうか。

そのように、十六世紀には資本主義の将来の発展が準備されながら成長した。銀行家と商人ブルジョワジーは、巨額の資産とその金貸筋や銀行網をともにフルに活用した。国民国家は征服と支配の手段をほしいままに駆使し、世間の判断は富と富裕化の価値を肯定してこれをうながすものとなった。この意味でのみ、資本主義の第一頁は十六世紀から始まると画期づけることができる[19]（K・マルクス、F・ペルー、A-G・フランク）。しかし、後に「資本主義」と名づけられるものの萌芽にしかすぎなかったものを正しく把握し、それを十六世紀の「商人資本主義」と名付けるためには、産業資本主義というその後の資本主義の発展を認識してはじめて明確になる現代の視点が不可欠となる。

第2節　ブルジョワジーの興隆（十七世紀）

同じように、十七世紀におけるマニュファクチュア生産の発展の中に新しい生産様式を見出すためにも、例外的に鋭い洞察力を必要とするだろう。

当時の人口の九割はまだ浅耕と密な種まき、堆肥の不足を特徴とする農業に依存していた。穀物の収穫量はまだかんばしくなく、まいた種の四―五倍、ときには二―三倍の収穫にすぎないこともあった。休耕地があるために、南欧では耕作可能地の半分、北部では同じくその三分の一の耕地でしか収穫できなかった。刈入れは半円形鎌によってなされたが、家畜は数も少なく、その多くは栄養不良に陥っていた。食事はといえば、スープと黒パンの日々が多く、凶作の年には飢饉が猛威をふるった。

貴族層はその身分と特権に執着した。たとえば一六一四年の三部会にむけて、パリ長官の民事代官アンリ・ド・メスマが「三大秩序とは、職人の兄弟仲間と彼らの母なる自由都市の市民とフランスである[20]」と宣言したとき、貴族らは「実のところわれらの本心として、靴修理屋と靴職人の子供連中が貴族と市民を兄弟仲間と呼ぶことは欲しないし、かれら市民とわれわれ貴族の間には主人と召使の間ほどの違いがこれまで存在してきたのだ[20]」と反論している。

教会も思想の領域で秩序の維持には監視の目を光らせていた。エラスムスの本は一五五九年から禁書となり、いまひとりの偉大なユマニストのジョルダノ・ブルーノは一六〇〇年に異端として火刑に処された。カムパネラは一五九九年から一六二九年まで、二七年間の獄中生活を送っている。一六三二年に『世界の主要な諸システムに関する対話』を発刊したガリレオは、宗教裁判にかけられて、一六三三年にその「誤りと異端の言説」を捨て去る誓いを強制された。

わずかにオランダの北部七州だけが、上記の異端狩り一覧表の外にそっくり取り残されていた。オランダ北部七州の商業は発達して活況を示し、その農法も近代化して、貴族層はほぼ不在にひとしく、中産市民階級《ブルジョワジー》は強力な存在だった。この地の宗教的寛容はつとに有名で、デカルトが一六二五年から身をおちつけた地がまさにこのオランダであった。かれはそこで一六三七年に『方法序説』を、一六四一年に『省察』を執筆し刊行している。一六〇九年にスペインから政治的独立を獲得したこのユトレヒト同盟下の北部七州は、大国スペインに対して当時はまだ小さな比重しかもたない存在だったようにみえる。

一五八〇年から、スペインのハプスブルク帝国はその権威のもとに、イベリア半島の全体をはじめ、全中南米とフィリピンの植民地、ミラノとナポリ王国、サルジニアとシシリー島、これに旧ブルゴーニュ王国の残りを結集して、帝国に統合した。スペイン・ハプスブルク帝国はいとこ関係にあたるオーストリア・ハプスブルク家と同盟し、後者はその遺産相続国にボヘミアとハンガリー王国を加えた。しかし、この広大な領土を手にした帝国に幻想をいだいてはならなかった。一五八八年の「無敵艦隊《アルマダ》」の敗北はこの帝国の衰退の始まりを象徴したからである。ラテン・アメリカから強奪した莫大な金銀の価値額は一五九〇年から減少に転じ、一六五〇年には一五五〇年の半値に減価していた。世界商業の基地だったセビリアでは、最盛期の一六〇〇—〇四年に五五艦船が結集し、二万トンにも達した海運が、一七〇一—一〇年には八艦船、二五〇〇トンへと激減した[21]。支出負担が重くなった戦費は、追加徴税によっても充たせず、国庫財政は赤字に転落した。ところがそれにもかかわらず、スペイン国王はもはやどこにも資金の貸手を見出せなかった。経済活動は減速し、同国の人口は十六世紀末には六〇〇万人におちこみ、スペイン帝国はついに冷酷な衰退の淵に沈むことになった[22]。

その同盟国のオーストリア帝国はといえば、三十年戦争（一六一八—四八年）のたび重なる出兵への対処に忙殺され、一六四八年のウェストファリア平和条約での重大な譲歩を代価として、からくもこの戦争から脱出できたにすぎない。

「資本主義への長旅」が十七世紀に追求される舞台は、かくして東西ハプスブルク帝国が没落したスペインでもオーストリアでもなく、主にオランダとイギリス、およびフランスへと移行したのである。

一　オランダ資本主義と海外植民地の拡大

新しい時代思想に対して門戸をひらき、進取の気性にとむ人材を受け入れた活動的ブルジョワジー、商人と銀行家などのパワーにうながされて、オランダではマニュファクチュア生産と商人資本主義がめざましい発展をみることになる。それは次の三本柱の上に成立した。

第一の柱は、オランダ東インド会社である。

「一六〇二年、六つの商業会議所があつまって東インド会社を結成した。その理事は七三名を数え、すべて商事会社取締役をかねた。共通部門の管理運営は各会議所が任命した〈十七団体〉の手に確保されたが、うち八団体は同会社の共通経費の半額を負担したアムステルダム会議所による任命であった。各商業会議所はそのメンバーの取引について、インドでの購買、金の現送額、受取物産の販売方法などについて決定した。〈十七団体〉は、多数決原則で商船隊の組織、その航行先、貿易品の関税についてとりきめた。この会社は対インドの交易独占権を享受、植民地に海洋囲い込み条項を発動して、イギリス、ポルトガルとフランスにその海域からの退去を強要したのである。この東インド会社は、異教徒との戦争、平和、交易、植民地総督の任命、民事裁判権と刑事裁判権をもつ支店参事会の任命について国王特権を行使した。そしてついには東インド領域内に一万ないし一万二〇〇〇人の陸軍と四〇―六〇の戦艦をもち、毎年ヨーロッパにむけて一〇〇〇万ないし一二〇〇万点の東洋物産を運び、二五―三〇%の配当を与えることになる。その結果、一六七〇年代になると、その取引高は三〇〇〇―一万八〇〇〇フロリン〔ギルダーの略語〕にも上った[23]」。（M・クルーゼ『一般文明史』〔36〕）

第二の柱、それはアムステルダム銀行である。両替商は貨幣を混乱させた責任を告発されていたので、アムステルダム市はこれらを廃絶し、新たにひとつの銀行を設立して一六〇九年、これに両替業務の独占権を与えた。アムステルダム銀行は、すべての預金を現金または三〇〇ギルダー以上の金塊で受取ったが、その安全性から国外からさえ預金が流入した。そこで同銀行は商人に対してどの国の貨幣でも供給し、それはいかなる国からの購入をも可能にしたから外国商人を引きつけたのである。この銀行は同時に支払銀行の役割も兼ねた。それは無料の手形交換により、手形の書替だけで貴金属の操作業務はなく、商人へのすべての支払いをかれの預金限度内で実行した。そのために、同銀行は貨幣価値が安定して預金者には安全な計算貨幣「ギルダー」の略語、「フロリン」の名を冠する「フロリン・バンコ」を使用している。アムステルダム銀行は次第に信用銀行に転じるが、それは戦時のアムステルダム市や東インド会社に前貸融資することから始まった。同行は十七世紀末には民間会社にも融資したが、民間銀行の方は前貸と為替手形の割引を業務として生き残ることができた[24]。

第三の柱は商船隊である。イギリスと同じくオランダは、レヴァント〔地中海東部およびその島と沿岸諸国〕航路やインド航路のために、堅固に建造されて武装された重量艦隊を保有していた。しかし、北欧と西欧の海上航路のためには、軽装長大だが一〇〇―九〇〇トンのかさばった重量船荷の輸送ができる流体型特殊艦船 fluits chip を建造していた。

オランダは迅速な支払でノルウェー産の帆布と板を同国の造船業者よりも有利な価格で入手し、生産を標準化して製材やクレーンなどに造船機械を使用した。「この乗組要員として、オランダ資本はより低賃金の外国人を雇い入れた。というのも、この時代に水夫・船員は労働者の最下層民となっていたからである。乗組員はつらい訓練に服従し、清潔の強制と粗食を余儀なくされていた[25]」（H・ヒートン〔34〕）。しかもただオランダのみが、一六一四年にスペイン、フランス、イギリスおよびスコットランド連合王国より数が多い水夫を雇用していたわけである。

すでに一五四三年ポルトガル人が種子島に来て鉄砲を伝え、一五四九年にはキリスト教が伝来した日本に、そのオランダ船が一六〇〇年にたどりつき、その翌年には中国に到着した。一六二一年に、オランダ西インド会社が設立されたが、アメリカ大陸の海岸に入植の根をおろすことができなかった。中南米のペルナムブコ、スリナムとカラカス（一六三〇年）、そしてクラサオ（一六三二年）には足を踏み入れたが、一六五三年にかの「ブラジル―オランダ帝国」の夢は崩壊した。さらに、一六二六年に建設された「ニューアムステルダム」は、一六六四年イギリスにとって代られて「ニューヨーク」となる。これに反して、一六一九年から一六六三年にかけて、オランダは極東へのルートを支配する。すなわち、バタヴィア（一六一九年）に入植してアンボンのイギリス人を虐殺し（一六二四年）、長崎の出島に入港を許され（一六三八年）、マラッカ海峡に入植した（一六四一年）。さらにオランダは一六五二年に喜望峰をポルトガルから奪うとアデンに進み、アラビア半島の東端マスカットへ、コーチシナへ

（一六六三年）、さらにシンガポールへと進出した。一六四二年には、タスマニアにまでオランダ人が入植している。

重要な東洋物産は食肉保存用の胡椒と香料（一六四八―五〇年の全商品買付額の六六％、一六九八―一七〇〇年は二三％）、ついで織維品（同じ期間に各一四％と五五％）であった[26]。戦争の年ですらこれらをスペインに輸出し、その結果、スペインが獲得した金銀の半分はアムステルダムに環流したほどである。オランダはジャワにおいて砂糖キビの栽培を発達させてこれらを取引し、しかもアフリカや北欧にまで手をのばし、この世界商業取引から豊かな収益を引き出したのである。われわれはこの当時のオランダが、「海洋囲い込み原則 mare clausum」を課した自らの植民地は除外して、なぜあれほどまで「海洋自由の原則 mare liberum」を弁護し、主張しつづけたのか、その理由を以上から理解することができるだろう。

他方において、海運商業大国オランダは国内の加工貿易工業も発達させた。ライデンの羊毛工業、アムステルダムでの絹織物と染色業、ついで製糸業、そしてダイヤモンドなどの宝石切断業である。ロッテルダムにおいては、砂糖の精製、英国製ラシャの仕上げ工程、ビールの醸造、アルコールの蒸留、製塩、タバコとココア、鉛細工仕事があった。このほかに、光学用レンズ研磨業、顕微鏡・置時計・航海用具・海図と地図の作製、すべての外国語の本の印刷など……。こうして、当時のオランダの全人口二五〇万人の半分は、都市に生活していたのである。

ゆたかなブルジョワジーがこれらの産業活動を活性化し、この国を支配した。貿易商人ルイ・トリップは一六七四年に百万フロリン（ギルダー）以上をもつ大金持であり、一六四七年に無一文から出発した絹工場主で商人のジャン・ド・ヌフヴィルは、十七世紀末に八百万フロリンもの資産を残して死んだ。一六七四年には、五六人のブルジョワ中産市民が二〇万以上四〇万フロリン以下の資産を所有し、一四〇人が一〇万以上二〇万フロリン以下の資産を所有するといった分布状態にあった。これらのブルジョワジーは交易取引をリードし、製造業を興し、商業会議所を組織して植民地会社を管理し、ライデン大学を統督した。かれらはアムステルダム銀行から資金を調達して、アムステルダムをひととき世界の一大金融取引市場とした。同時にかれらは、オランダ地方のへゲモニーをその独立七州全体に押し拡げ、強制しようと試みもしたのである。

そこからオレンジ（オラニエ）公家との妥協も辞さない紛争が発生することになる。というのも、オレンジ家は他の伝統的諸州の勢力に支えられ、とくに戦時および国際緊張の時期に支持をうるのに成功していたからである。たとえば、一六一九年の大年金受領者オールデンヴァンベルト公とオレンジ家皇子モーリス・ド・ナッソーとの間の紛争、一六七二年のジャン・ド・ヴィットに対するオレンジ家ギョーム三世の争いがその典型である。

イギリス資本主義およびフランスの保護主義が台頭するにつれて、三度にわたる蘭英戦争（一六五二―五四年、とくに一六六五―六七年と一六七二―七四年）が勃発し、また一六七二年の蘭仏戦争、とりわけ一七〇二―一四年のいわゆるスペイン王位継承戦争によって、さらに十七世紀後半を通じての経済停滞と植民地物産の価格下落がこれに加わり、オランダ資本主義は債務が累積し、弱体化した。そしてついには西欧資本主義世界におけるその支配的地位を失なう。だがそのことは、十七世紀の前半にオランダがまさに「卓越した資本主義国家」（K・マルクス）であり、より正しくは、「商業的金融資本主義のシンボル」（H・セー）の国であった事実をさまたげるものではない。

なかんずく、このブルジョワジーの強大さの証人はレンブラントであり、その絵画作品である。「ラシャ製造人の代表」（一六六一年）、「金の目方測り人」（一六三九年）、「アムステルダム市長ジャン・シスの像」（一六五〇年頃）などがそれだが、貧しい農民の姿や乞食とか黒人の群像をえがいたかれの民衆画の存在も、忘れてはならない。

植民地を拡大していく重商主義の基盤にたつ王政と連合して、イギリスのブルジョワジーは、権力の強化につとめる絶対王政への抵抗に示された大衆の不満を利用することになる。

二 イギリス――重商主義から自由主義へ

a 植民地の拡大と重商主義

イギリスの海軍力と広大な植民地は、十六世紀末のスペインと対抗し、十七世紀のオランダと敵対し、十八世紀にはフランスと対立することになった。

イギリスは、十七世紀の初頭から、植民地の拡大にのりだしていた。イギリス東インド会社は一六〇〇年に創設され、エリザベス女王の特許状を与えられていた。同会社はその一五年後にはインドに、南洋群島に、インドシナと日本の平戸などにあわせて二〇もの海外支店をひらいた。ペルシャには一六二二年、ボンベイには一六六八年に進出した。イギリスはまた、カリブ海のバルバドスを一六二五年、ケベックを一六二九年、ジャマイカを一六五五年に占拠する。それらは、ニューアムステルダムを奪った一六六四年より前のことであるが、メイフラワー号が到着（一六二〇年）してから、他の移民は北アメリカに別の植民地を建設したのである。

一六一〇年から四〇年にかけて、イギリスの貿易額は一〇倍にふえた。生産活動は発展した。その一世紀前には生産高が年間数百トンだった石炭は、一六四〇年ころには年間二万五千トンも生産された。熔鉱炉、蒸気式ハンマーつきの鉄工所、明礬《みょうばん》と紙の製造工場は数百人の労働者を雇用した。織物製造の工場主と販売業者も数百人を雇い、製糸や織物の家内工業になるとときには数千人の労働者をつくりだした。この商工業の飛躍的発展を活気づけたブルジョワジーは、同時に政府の助成と保護を必要としたのである。

一六二一年に刊行された『イギリス東インド貿易論』において、トーマス・マンは外国貿易の重要性を強調して、金銀を蓄積することより、むしろ貿易差額をうみだすための輸出の増大こそが大切なのだ、と説いている。以下の『ラシャ製造業に関する私的委員会報告』（一六二二年）は、この重商主義の精神をよく反映している。

「われわれが、ささやかに提言するのはつぎの救済手段である。外国の製造業を妨害するために、イギリス、アイルランド、スコットランドからの羊毛と縮絨用の土と木灰の輸出を厳罰主義で禁じること。……不正な加工染色や粗悪品を阻止するために、厳格な法規を発令すること。……イギリスの伯爵領においては、布地と他の原料の良質かつ誠実な製造、染色、および仕上げをコントロールするために、同業組合はゆとりある有能な人材によって構成すべきこと。……われわれが輸出する布への課税を軽減するために、畏れ多くもわが国王においてオランダ大公国およびフランス王国と取引交渉にあたられんことを。わが王国の金貨の欠乏については、わが英国貨幣の海外持ち出しを禁止して、その違反者は厳罰に処すること。……くわえて、なかんずくわが国貿易収支の赤字をなくさなければならない。というのも、もし虚飾・贅沢品の輸入がわが国の輸出努力を打ち消すなら、わが王国の貯えは浪費され、そうなると、国際収支の均衡を回復するために正貨が流出してしまうからである[27]」。

実際そのとおりに、ジェームズ一世、ついでチャールズ一世は特権と独占を付与し、製造業を規制して組織し、羊毛の輸出を禁じるとともにフランス製とオランダ製の織物の輸入関税を引き上げた。各種の議会立法は喪服と屍衣用の羊毛ラシャ布の使用を強制的に義務づけた。「国家は経済を担当して独占事業の数をふやし、技術的には正当でも農業の革新は阻止すべし[28]」（R・マルクス『諸革命のイギリス』〔75〕）としたのである。

一六二二年からほぼ同三〇年までに執筆され、一六六四年に公刊された『外国貿易によるイギリスの財宝』の中で、トーマス・マンはつぎのような展望をくりひろげている。「外国貿易は主権者たる国王の富であり、王国の名誉、商人の天職である。それは、われらの生存と貧民の雇用をささえるもの、わが国の土地を改良し、イギリスの船乗りがまなぶ学校であり、戦争の原動力にして敵国の恐怖の的である[29]」。さらにまた、「もしわれわれが、イギリスの海上と地上の力と肥沃とその美を考えるなら、……この王国が宇宙の主人公でありうることを、われわれはみとめる。なぜなら、食料、衣料、および戦時と平時の必需品はもとより、また自然資源の面でも、イギリスほどゆたかにめぐまれた国はほかになく、しかもこの国は、自国の必要をみたすだけでなく、隣国にそれを供給してそこから毎年多額の正貨を引き出し、至福を成就しているからである[29]」。

国民の偉大さ、国家と商人のゆたかさ、世界の主人公——そこにこそ、ブルジョワジーと君主が妥協する基礎があった。だがその妥協はむずかしかった。富裕諸階級の牛耳る議会がもっていた課税議決特権を尊重しなかったために、チャールズ一世は、不満大衆の一大運動のなかで、一六四九年に断頭台の露と消えている。他方、寡頭共和政の試みは、クロムウェルの独裁政治に転じ、「イングランド、スコットランド、そしてアイルランドの護民官」として生き残ることはなかった。

諸問題に対処するのに、クロムウェルは重商主義政策をとったが、かれのそれは格段に攻撃的な政策だった。危機に直面したかれは、一六五一年、第一次航海条例を発令した。これにより、ヨーロッパの商品はイギリスまたはその商品の原産国の船舶による輸送にかぎり、アフリカ、アジア、アメリカからの物産は、イギリスの船舶によってのみ輸入さるべし、としたのである。一六六〇年の第二次航海条例では、船長ならびに少なくとも船員の四分の三は、イギリス人に限るべしとした。十八世紀後半の対オランダ戦争は、この不況局面において、イギリス‐オランダ両資本主義の抗争をめぐる両大国間の敵対関係が、いかに鋭く高まったかを示している。

b　ブルジョワジーの形成

グレゴリー・キングは、イングランドとウェールズの人口と富を推計した十七世紀のイギリス社会に関する興味深い表を一六八八年に提出した。**表1-1**は、家の年間収入でみた社会諸階層の所得状況をしめしている。農村社会が支配的であり、大中小の土地貴族は、かれらに従属する農民諸階層の労働を主な収入源とした。内部がはっきりと階層化された農民階級は、支配諸階級が恩恵に浴する国富の最大部分を生産している。

この農民階級のなかで最も貧困な階層、すなわち零細農民、耕作労働者、および共有地のおかげでなんとか生き延びてきた貧農たちは、囲い込み運動 Enclosure movement の新しい波に鞭打たれた。すでに、ジョン・ハルは、十六世紀のなかばにこうかいている。

「たしかに、これらの囲い込み運動はわれわれを壊滅させるだろう。それが原因で、われわれはいままでにない高い地代を農場に支払うことになった。もうどこにも、耕作労働者のための土地はない。すべては牧場のため、羊と大家畜つまり牛馬の飼育用に没収された。その結果、過去七年、わが家から半径六マイルの地域内で、一ダースの有輪犂が廃物にされたのを私は見た。かつてはそこに四〇人以上の人々が生活していた土地に、いまでは羊群の世話をする男がたったひとりいるだけにすぎない。われらに不幸をもたらしたのはこの羊の群だ。羊はこの国から耕作農業を追い出した。最近まであらゆる種類の食料をわれらに供給していた農業にとりかわって、現在ではどこもかしこも、羊、羊、またしても羊ばかりだ[30]」。（P・マントゥ『十八世紀の産業革命』〔80〕）

さらにルプトンは一六二二年に、「囲い込み運動は羊を太らせ、貧乏人を痩せ細らせる」ともかいている。囲い込み運動は十七世紀の初頭に幾多の農民反乱をひきおこし、そのとき〈レヴェラーズ〉と〈ディガーズ〉という呼称が出現した。なぜなら、かれらは「共有地に植える人々 Levelers、つるはしで掘る人々 Diggers[31]」だったからである。

表1-1　17世紀イギリスの社会階級と所得収入

	家族数 (戸)	家族の年収 (ポンド)	この階層の総収入 (ポンド)
貴族（男爵・卿）	186	2,590	481,800
准男爵	800	880	704,000
騎士（ナイト）	600	650	390,000
平貴族（楯持ち）	3,000	450	1,350,000
側近貴族（紳士）	12,000	280	3,360,000
市町村長	5,000	240	1,200,000
国家の職員	5,000	120	600,000
海軍士官	5,000	80	400,000
陸軍士官	4,000	60	240,000
兵　　士	35,000	14	490,000
法学者・法律家	10,000	140	1,400,000
科学者と自由業	16,000	60	960,000
上級僧侶	2,000	60	120,000
下級僧侶	8,000	45	360,000
海運・貿易商	2,000	400	800,000
陸運・大商人	8,000	200	1,600,000
中間商人と小売商人	40,000	45	1,800,000
富裕耕作農民	40,000	84	3,360,000
中層自営農民	140,000	50	7,000,000
小　作　人	150,000	44	6,600,000
耕作労働者と日雇	364,000	15	5,460,000
貧農と土地なし農民（注）	400,000	6.10s	2,600,000
職　　人	60,000	40	2,400,000
水夫・船員	50,000	20	1,000,000
浮浪民	(30,000人)	2	60,000

訳注）原表を社会集団別に区別し，家族の年収順に並べかえた。
注）　貧農・土地なし農民の 6.10s とは6ポンド10シリングのこと。
出典）Peter Mathias, *The First Industrial Nation*, p. 24.

最初の王政打倒がそこからうまれた深い不満に根ざす運動のなかで、農民らの要求は何回もくりかえされ、それは多様な形態の動乱をひきおこしていった。かれらのディガーズより穏健な願望は、つぎのレヴェラーズの綱領（一六四八年）のなかによくあらわれている。

「われらは以下のごとく希望した。この名誉ある議会のなかに諸君は人民の最高権力を基礎づけ、王侯貴族の反権力分子のすべての名残りを遠ざけ、代議員の毎年の選挙を命ずる法律を公布すること。国王、王妃、王子、侯爵、伯爵、領主貴族たちと全市民にすべての国法を守らせ、人民のすべての成年男子を訴訟における領主貴族の裁判権から解放すること。あらゆる取引と貿易を、特定会社等による独占から解放し、補助金をのぞきすべての課税と国内消費税を廃止すること。共有地を囲い込む最近たてられたすべての柵をとりこわさせ、あるいはおもに貧民のためにのみ排他的にエンクロージャーを行なうこと。十分の一税の重い負担をとり去ること。諸君自身と将来の議会のために、土地資産の平等ないし全財産の共有制を追求しないように、所有権 propriété, property を廃止しない契約を結ぶこと……[32]」。（R・マルクス『諸革命のイギリス』(75)）

とりまとめていえば、議会制民主主義、自由、所有財産——そこにこそ、中流ないし裕福な農民層、および商人、職人と地元名望家たちのつよい願望が存在したのである。

これに対して、ディガーズの議論は、より一層大衆的なかたちであらわれた。

「されば泣きわめけ、君たち金持どもよ。神は君たちのすべての圧政を罰するためにやってくるだろう。君たちは他人の労働に寄食して生きてきた。それなのに、かれらには食うものとてフスマしか与えず、かれらから巨額の税金と地代をしぼりとったのだ。しかし、これから君たちは何をしようとしているのか？　主なる神がその事実を知り給うたからには、もはや人々は君たちの奴隷ではなくなったというのに[33]」。この叫びの中には、搾取された小作貧農と疲弊した感受性の鋭い耕作労働者の怒りがひそみ、農民一揆の時が近いことをひとは想像する。

図３　17世紀イギリスにおける諸階級と剰余価値の循環

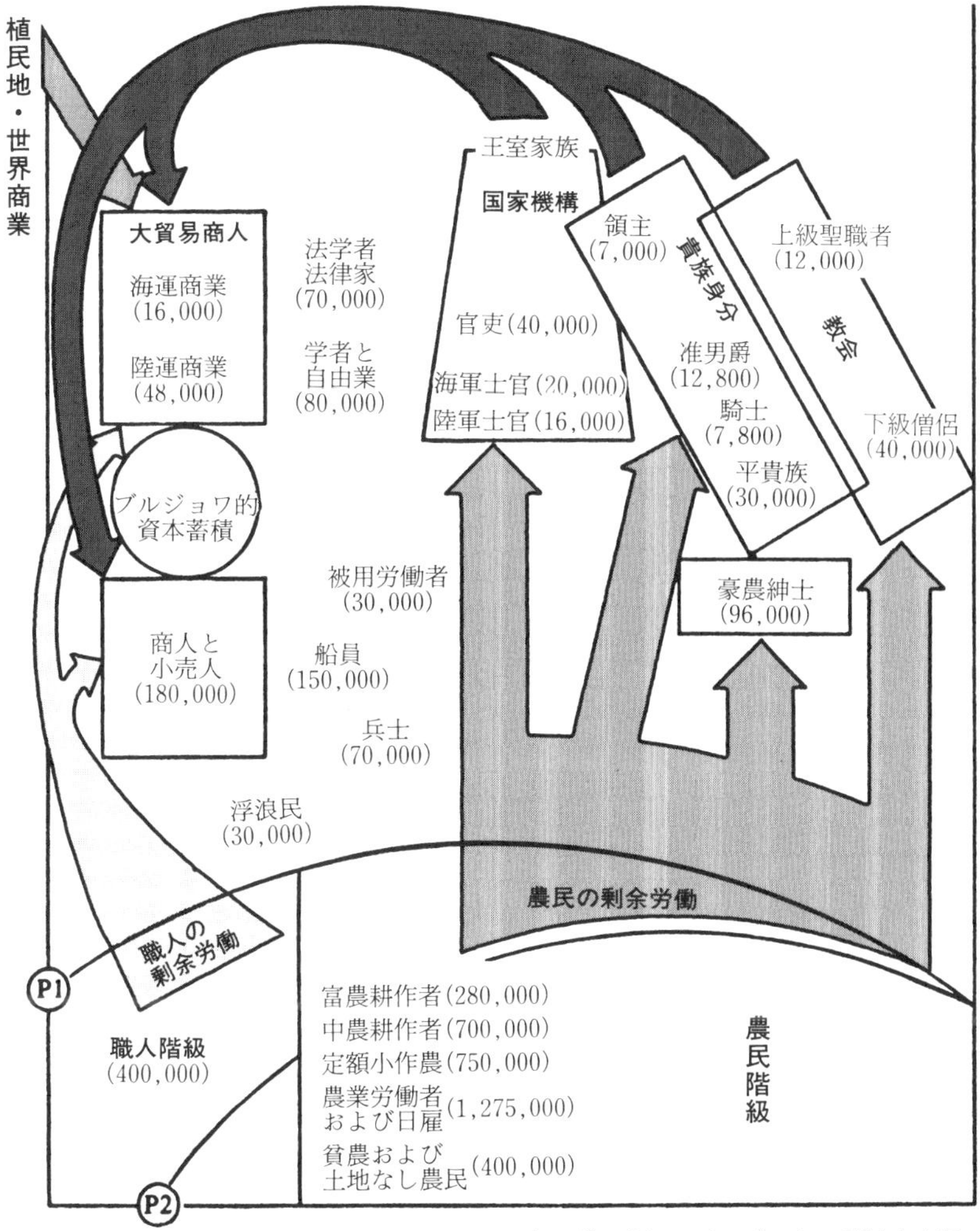

出典）　イングランドとウェールズについて，1688年にグレゴリー・キングによって描かれた図。Peter Mathias, *The first industrial Nation,* p.24.

注）（　）内の数字は各階級ないし階層の総計人員。下方の２つの曲線は，（Ｐ１）が原料・資材生産部門を，（Ｐ２）が自己消費の生産部門を示し，矢印は剰余価値の大きな循環を表示している。

以上と並行して、剰余価値の新しい収奪方式が発展していく。その結果、問屋制商人資本が職人層を間接的に収奪支配していくことになった。これを証言するのが、「ラシャ製造業者の悦楽」と題する十七世紀末のつぎの哀歌である。

われらは財宝を収集して積み上げ、大いなる富をかせぎだす。
貧しい民の皮をはぎ、その皮をなめしたあげくに。
そのようにして、われらはわが財布をみたすが、
わが身に呪いの言葉を引き寄せずに、そうするわけにはいかない……
さて、まずはじめに、われらは梳毛職人の単価を買い叩く。
二〇ポンドにつき八グロートから半クローネへと。
もし、かれらが不満をつぶやき、「それでは安すぎる」といえば、
「単価の切り下げか、仕事の打ち切りか」とかれらに選択をせまる。
われらが、いまは商売がうまくいかないのだ、とかれらに信じこませると、
かれらは決してさほど悲しまないが、それはわれらにはどうでもよい。
われらは、安い単価で貧しい織布職人をはたらかせるが、
再度かれらの賃金を切り下げようと、連中の仕事のあらをさがす。
仕事の出来ばえが悪ければ、かれらもそれに気づくだろうが、
出来ばえが改善されても、職人連中は決してそれを知らないだろう。
海外でわが社のラシャの売れ行きがよくない、とかれらに告げ、
もうこれ以上売りつづける気はないのだ、とかれらに言いわたす。

さて、つぎにくるのは紡績工だ。

われらはかれらに、二ポンドのかわりに三ポンドの羊毛を紡がせる。

出来上がった仕事をもってきたとき、かれらは不平をいう。

こんな安い賃金で、どうやって食っていけるのか、と。

だがもし、そこでたった一オンスの糸が不足しても、決して容赦はしないのだ……[34]

問屋商人とマニュファクチュア業者のためにはたらいたこれら貧しい職人と労働者たち。かれらが要求したのは自由でもなく、民主主義でもなかった。それは法規条例による労働保護であり、かれらはつねに同じ目標を追求した。すなわち、労働日の短縮と対外競争に対抗する保護が、それである。

自由と民主主義を要求したのは、取引業者《ネゴシアン》と銀行家とか法学者と法律家などのブルジョワジーの連中で、かれらは支持層を、自由業、地方の名望家、商人階級と豊かな耕作農民のなかに、さらに新地主層《ジェントリー》の一部にみいだした。

そこに新しい社会階級が成立し、その比重がたかまっていくのに、クロムウェル亡きあとの王権はその力を過小評価していた。しかも王権は、絶対君主制への傾向を一層つよめ、フランスとの同盟およびカトリックへの傾斜によって、人民の不満を何倍にもたかめていったのである。この結果、チャールズ二世に対する反抗気運が再燃して、それは王位を継承したジェームズ二世への敵対運動に転じ、王は国外に亡命を余儀なくされた。このため、議会から王冠をさずけられたオレンジ公ウィリアムは、「権利の宣言」を尊重することを誓わねばならなかった。いまや国王は、「議会の同意なしには、法律の適用を延期することも、税金の徴収もできなくなり、平和時に軍隊を招集して維持することも不可能」となった。それは一六八九年のことである。

こうして無血の名誉革命で絶対君主制は倒された。しかし、普通選挙にもとづく民主主義の政治体制の建設は問題外であり、資産者のごく少数（ほぼ五万人）だけが、議会の代議士に選出された。君主制により運営された絶対主義的政策の恩恵に長らく浴してきただけに、ブルジョワジーは、絶対王政に反対した人民運動の拠点を巧みに活用するすべをよく心得ていた。そこにこそ、慎重な妥協をへて人民階級に対処する旧体制の階級、だがつねに強力な支配階級であったイギリス貴族の歴史的位置があった。

c　自由思想と自由主義

自由、自由な同意、反乱の権利——これらの思想を、イギリスのブルジョワジーは、絶対主義国家に有利にはたらく十七世紀中頃のホッブズが発展させた命題ではなく、これに反論したロックの中に見いだした。それによってかれらは絶対王政の打倒を正当化したのである。

ホッブズと同じく、ロックも最初は社会契約から再出発したが、たどりついたその結論は正反対になった。「人々が社会を取結ぶ理由はその所有の維持にある。また立法府を選任し授権する目的は、こうして作られた法や規則が、社会の全構成員の所有を保護し、これを支配しようとする権力を制約することにある。市民社会の形成によって人々が守ろうとしたものを禁止する権力を立法機関に与えるのに社会が同意する、などと考えることは決してできない。まして社会は、自ら選択した立法者に人民が服従するのを正当化することに同意などしない。その時から、立法者が人民の財産に損害をもたらす度に、あるいは専制権力をおしつけてかれらを自らの奴隷におとしめようとする度に、人民は立法権力者と戦闘状態に入っていく」[36]。（J・ロック『市民政府二論』、一六九〇年）

このように、ロックにとって、社会と政府を基礎づけるもの、それは市民の自由な同意であった。

「ひとつの政治社会をうみだし、それを建設するものは、最大多数者によって代表されうる一定数の自由人による合意にほかならない。そしてそれが、この世に正当な合法政府をスタートさせることができたのである。市

民の合意なしには、いかなる新しい形態の政府も打ち立てることはできない[37]」。（J・ロック、同書）

そしてこの基礎づけは、抵抗権、反乱権すらも正当化した。

「現実の、そして支配的なすべての法に優先するひとつの根源的な法の力によって、この地上に上訴すべき場がないとき、人民はあまねくすべての人々に属するひとつの権利をもつ。すなわちそれは、人民が天に訴えるべき正当な主題・根拠をもつか否かを熟慮検討する権利である。……すべての権利を損なうあつかいを全体としてうけた人民は、自分たちの悲惨から解放され、不当にも他者が課した重苦しいくびきをはらいのけることができるチャンスを逃さぬように、じっと注目している[37]」。（J・ロック、同書）

このように、ロックは市民政府を、「自然状態の難点、不備を救済する真の方策[38]」である、と考えていた。かれは絶対君主制を拒絶した。なぜなら、それは君主を法の上におき、それゆえ市民社会の外部に君主を特権化したからである。

しかし、つぎの点は無視すべきでない。商人にして法律家、医師アシュレイ卿の家に一六三二年にうまれ、まずフランスに旅行し、ついで亡命先のオランダから帰国して、一六七二年から三年間商務省の書記官をつとめたジョン・ロックは、労働者階級に統治能力を認めなかった、という事実がそれである。貧しい民に直面して、かれはその力を推奨する。商業委員会への報告として一六七九年にかかれたロックの手帳《カルネ》は、それを以下のように裏づけている。「十四歳から五十歳までの壮健な浮浪者たちは、乞食をすれば逮捕されて、艦隊 Flotte での海上囚人労役刑に三年間つき、あるいは労役場 work-house で三年間はたらかされる。十四歳以下の若い乞食は、笞刑をうけたあと、労働学校に入れられる[38]」。ロックにとっては、社会契約が通用する「自由人」とは、貴族身分と聖職者、新地主《ジェントリー》、商人、銀行家など、大ブルジョワジーの一員にほかならなかった。とりわけ、自己の財産管理に能力を示した開明的な資産所有者と大ブルジョワジーが中心であり、政府の負担の責任も、結局かれらのところに最終的にはその利害関係が帰着したのである。

このように、ロックの思想は大ブルジョワジーの思想であり、そこからイギリスとオランダの支配階級における成功がうまれ、さらにそれは十八世紀におけるフランスの法学者と哲学者たちにつらなる。

一六九〇年にロックの『市民政府二論』正・続二巻が刊行された翌年、イギリスの貴族だがデカルトの礼賛者で、トルコで商業をいとなんだこともある人で、高官にしてロンドン市長であるダッドレイ・ノース卿は、その『通商論』のなかで、重商主義をきっぱり退けて、その歴史的限界をつぎのように位置づけた。

「通商の観点からすれば、世界は単一の国家 nation ないし単一の国民 people にすぎず、その内部にあっては、諸国家は国内の諸個人のようなものである。……国際貿易で輸入される貨幣はその国の富の増大を構成する。……ある国の商業と国益には有利だが他の国には不利なすべての方策は、〔世界全体からみれば、資源の〕濫用であり、それだけ公共の利益を減少させる。……通商貿易においては、いかなる場合にも価格を固定させる法は存在しない。というのも、価格水準はおのずから均衡点に決まるはずであり、かつそれ自身の内部で固定するからである。一国がゆたかになるときは、金銀、宝石とすべての有用財ないし欲求される財貨は豊富になる。……いかなる国民も国家の干渉によってゆたかになることは決してない。とすれば、通商貿易と富をもたらすものは何か。それは、平和と産業と自由をおいてほかにないであろう[39]」。(D・ノース『通商論』〔28〕)

以上の論説と現実との一致は印象深い。実は、おなじ時期に政策的自由の諸原理が述べられ、経済的な自由主義の必要が肯定されていた。それは、絶対主義に挑戦するのに充分な実力をすでにもつブルジョワジーには、新しい様式の政府を設置する必要があった、ということである。しかもおなじ運動において、かれらのメンバーのあるものは、ブルジョワジーが使う切り札を考慮に入れて、商業と生産のあらたな飛躍的発展を可能にする刺激剤が自由な交換の中に発見されるだろう、とみとおしていた。

穀物と農機具、肥料の輸出の自由は、一六七〇年から決定された。一七〇三年に、ポルトガルと締結したメシュイン条約により、ブラジルの市場が開かれた。一七一三年にはユトレヒト条約で、イギリスはスペインからその帝国が維持する巨大な市場を獲得する。一六九四年にはイングランド銀行が創設された。

三　フランスの重商主義と絶対王政

絶対王政＝重商主義のセットがもっとも典型的にあらわれたのはフランスである。それは、いまだ幼弱な資本家階級＝ブルジョワジーとルイ十四世により完成される絶対王政との同盟関係に対応した。この同盟はまだ強力な貴族階級と対決し、必要とあらば飢餓による大衆反乱にも対処した。若き日のルイ十四世の心にきざまれたフロンド党の乱（一六四八—五三年）、さらに、農民戦争（とくに一六三六—三九年）と都市蜂起（一六二三年から一六五二年にかけて頻発する）は、王室の国庫をまきぞえにした。その結果、だれよりも直接的に徴税請負人ないしその代理人がしばしば殺害され、切り裂かれ、凶器で刺される事態を各地にまねいたのである。

というのも、凶作あるいは価格の下落、さらには公課——租税、家賃、貨幣または現物の地代、小作料、教会の十分の一税——の引き上げなどは、農民にとって急速にたえがたいものとなったからである。他方、都市にあっては、浮浪者、乞食、失業者の困窮と悲惨が賃金労働者の不満と合流した。ギルドは閉鎖されており、雇主は日に一二—一六時間もの労働を要求したうえ、休日の数を減らそうと圧力をかけるありさまだった。そこで秘密結社がうまれ、さまざまな形の抵抗が追求された。

だが、フランスのブルジョワジーは、王国と貴族にとっては魅力ある存在だった。金融と司法と警察関係の公職機関への要求はもっとも高かったが、君主は販売と徴税の国家機構を何倍にも拡大した。こうして、取引業者と製造業者が豊かになっていく。たとえば――

「九〇〇万フランの資産をもつサンクト・ニコラ・ル・カミュは、フランクフルトの定期市で二〇万エキュもの商品を買い占め、ラシャ商人クロード・パルフェと後の大臣で叔父にあたる古布商人エデュアール・コルベールをはじめ、他の大都市の多くの商人は、大砲、武器、硝石、絹織物、つづれ織壁掛け《タペストリー》、毛織物の製造業や冶金工場などに出資した。かれらは土地を手に入れ、国家や町や教会のしかるべきポストに、自分の家族を就職させた」[40]（M・クルーゼ『一般文明史』〔36〕）。

かれらは「貴族的に生活すること」に執着し、いつの日か貴族になることを渇望した。だが、貴族の方はかれらをはねつけた。そこで商人資本家たちは、何らかのやり方で報われるのを見込んで、王に対してかれらの才覚を示したのである。

a　重商主義の理想

モンクレチアンは、十七世紀初頭におけるフランス重商主義の精神をよく体現している。一五七六年に薬剤師の子としてうまれたかれは、貴族についてかき、またしばしば貴族の家に出入りしている。一六〇五年にかれは決闘で相手を殺してイギリスに逃れた。のちオランダに滞在して金持貴族の未亡人と結婚してから、家庭用具ならびに工具の製造工場を開設した。国家の富はブルジョワの富なくしてありえず、また公共の繁栄（経済）と国庫の繁栄（政治）は分かちがたいことを確信したかれは、『法務当局の観点からみた経済政策概論』なる書を一六一六年に著した。[41] この本は好評を博して、かれは男爵の称号を与えられた。「一国をゆたかで豪奢にするのは豊富な金銀や真珠とかダイヤではない。それはなにより生活と衣料に必要な財貨類を配備する方策である」とかれはかいている。だが同時に、「兵士なくして戦争はできず、給料なくして兵士は維持できず、税金なくして給料は払えず、貿易なくして税の引き上げはできない」とも述べている。この結論にかれをみちびいたのは、「商人は国家にとって有用以上のものであり、勤労と産業においてなされるかれらの利潤獲得への配慮こそ、公共の利益の大部分をもたらしている。この理由のために、利潤への愛とその追求がゆるされるのだ」とする認識であった。もちろん、これは国内商人に関する限りの評価である。というのも、「外国商人は王国の外部に、わが国民の純良な滋養物を吸い上げるポンプのごときものであり、それはこのフランスの巨大な肉体にすいつくヒルとして、その最良の血を吸いあげ、その腹をみたす存在だ」とかれは考えていたからである。

重商主義の思想は、「貨幣は必要だが、もしそれが国内になければ、外国から手に入れるしかない」とする一句に要約できる。このために、国内の商業が奨励され、王国の金銀を国外に流出させる外国商品の輸入が阻止され、職業が規制されて、「フランスの各地の仕事場《アトリエ》でいくつもの工場制手工業《マニュファクチュア》がつくり出され、有能な企業家精神と必要にして充分な知性に対しては、有効かつ名誉ある特権をもった監督官庁が置かれ、その指揮監督権があたえられた」のである。かれは、植民地の征服を推奨した。それはいうまでもなく、「わが創造主たる神の名を、未開野蛮の民に知らしめるためであり、かれらは、すべての文明をうばわれ、われらを呼び求めてわれらに手をさしのべ、われらが示す聖なる教えと良き先例によって自分たちを救いの道にみちびくようにと、われわれの支配に服する用意があるからである」。さらに、「王国に対して、すべての利益・幸福の絶頂をこえていくばくでも付け加えようとする者には、神みずからが約束するように、神の恵みは疑うべくもない。この恵みは、かくも信心深く正当で慈善にみちた諸事業のために、この偉大で強力な国家におとずれてくる。このなかだちによって、ここかしこに、尽きることなき大いなる富源が開かれてくるだろう」とかれは考えたのである。

リシュリューが、ついでコルベールが、このフランス重商主義政策の実現のためにはたらく。

b　重商主義の政策

アンリ四世が暗殺されたあと、マリー・ド・メディシスの摂政政治とともに、王権は衰退期にはいる。一六二四年、リシュリュー枢機卿が政務に招聘された。かれは国務院総裁の地位に一六四二年までとどまるが、その間、高等法院と和解して高官の尊大な態度とかれらの陰謀をうちくだき、プロテスタントを味方に引き入れて政府を組織した。一言でいえば、ここに絶対主義が開始されたのである。これと並行して、かれはハプスブルク家を衰退させていた紛争を助長して、必要とあらばそれにフランスを介入させもした。かれは富をたかめる手段の回復に留意したが、それは、農業開発から国道、運河と港湾の建設へ、いくつかの製造業、そしてとりわけ商事会社の振興におよんだ。かれは『回想録』の中で、その間の事情をつぎのように書き残している――

「枢機卿が海について調べあげたこの偉大な知識は、当時ひらかれた名士の会議の席上において、かずかずの必要かつ有益で輝かしい提案の形で披露された。それは、海軍をフランスにおける第一の威厳ある位置におきなおすためというよりも、フランスを海軍力によってかつての栄光の位置に引き戻すのが目的であった。かれは、フランスほど地政学的にすぐれた王国はなく、海洋を支配するのにフランスほどゆたかにその必要手段をもつ王国は存在しない、と主張した。そこに到達するためには、われらの近隣諸国の統治にならって、一大会社を創設して商人を強制的に社員として雇い、かれらにしかるべき一大特権を与えることを、考えてみるべきだと提案した。かれらの損失とか小さな商取引上の不正取引は一部にあるが、その利点は大きい。多くのばあい、装備もおとる小さな船で出発し、海賊船やわが同盟国の君主の餌食になっているのが現状だが、それというのも、一大東インド会社のように自己の正当性を徹底的に追求するには、フランスはあまりにも足腰が弱すぎるからである。にもかかわらず、もし国王みずからが自己の構想によって相手国に対抗するときに、強力な艦隊でその武力を維持しなければ、この会社だけでは不充分である。さらにいえば、戦争の危機のおりに、隣国の助力を懇願する必要がないという利益をそこから引き出すこともできるだろう――と枢機卿は述べたのである」[42]。（リシュリュー『回想録』一六二七年）

この会社事業の試みが失敗した典型として、一六二五年創立のモルビハン会社があり、さらに一六二七年に創立され、その独占力が全世界におよんだナセル・サン＝ピエール会社がある。その反対に、成功例としては、カナダで事業を展開したサン＝アソシエ会社、セネガルのカップ・ヴェール会社、西インド諸島アンチールの中米群島会社（一六三五年）ならびにマダガスカル島のフランス東インド会社が、歴史に名をとどめている。一六二八年にアルジェにフランスの海外支店が開設され、一六三一年には最初のフランス領事館がモロッコにおかれた。

リシュリューのあとになると、保護貿易主義の政策がとられ、とくに一六四四年には繊維製品への保護関税が、また一六五九年には外国船に対し一トン当たり五〇スーの入港税が課されるようになった。

しかしながら、絶対王政と重商主義の結婚に勝利したのが、ルイ十四世とコルベールであったことは自明である。それは太陽王とブルジョワジーの同盟であった。たしかに、貴族階級には宮廷が残されていたが、ブルジョワ階級の方は、次第に国家の要職に接近していった。国王は法服ブルジョワジーの中から各省大臣や顧問官、代官を選任した。ル・テリエ、コルベール、ルーヴォア、バルベズューなどの人物がそれである。王はかれらを貴族にとりたてて宮廷への出入りを許し、実際に法服貴族の身分をつくりだした。旧来の貴族は非難をあびせたが、この点についてサン＝シモンは、「それは成り金のブルジョワによる統治だった」といまいましげに語っている。

この治世のもとで、コルベールとともに、フランスの重商主義はその絶頂期をむかえた[43]。かれにとっては「貿易会社は国王の軍隊であり、フランスのマニュファクチュアはその予備軍」であったのだ。なぜなら、国家の偉大さとその強さの違いを画する基準は、国家が所蔵する豊富な貨幣をおいてほかに何もなかったからである。また、隣国の同量の貨幣を減らすことなしに、王国の貨幣量をふやすこともできない。コルベールは、オランダの保護のもとからフランスの外国貿易を解放すべきである、とみたのである。

「膨大な量の輸出入決済資金が王国に流入するだけでなく、マニュファクチュアによって、これまでは怠惰のまま衰弱するほかなかった百万人もの人民が、生活の資をかせぐことができるのもたしかな事実である。さらにほぼ同じ数の人々が、航海と海港の仕事についてその生活をささえている。こうした船舶のほぼ無限ともいえる増加は、国家の偉大さとその軍事力を何倍にも高めるだろう。私の考えでは、そこにこそ、国王の関心、かれの人民にたいする好意と愛情が差し向けられるべき目標がある」[44]。（コルベール『書簡・覚書・訓令』一八六一―八二年）

それは、まずもって防衛的方策のかたちをとってあらわれた。これにより外国船への課税が重くなり、フランスの保護関税率も一六六四年、さらに一六六七年に引き上げられた。

つぎにうちだされたのは、産業振興政策であった。一六六三年からコルベールはつぎの記録に残る一連の歴史的事業を興している。

「……フランスの富源に関する大規模な調査がなされた。それは、各地域の農業、商業、工業、雇用方式ならびに住民気質をあきらかにした。この情報にもとづいて、コルベールは開発の一大プランをねりあげる。生産すべき物産の品目とその主産地のリストが作成された。生産については、必要な人材を外国から迎え入れ、機械――それもフランスではまだ未知の機械――は、たとえば、〈針で縫うより一〇倍も速く仕上がる〉靴下の製造機を、熟練職人とともに国内に受け入れた。鉄工の作業にはドイツ人とスウェーデン人を、ラシャ製造のそれにはオランダ人を、刺繍と板ガラスの労働にはヴェニス人を、絹織物の加工にはミラノ人を、それぞれ各国のフランス領事館をとおしてフランスに呼び寄せたのである。その中でももっとも有名なのは、ミドルブールのJ・ヴァン・ロベのケースで、アベヴィーユのラシャ製造所にかれはスタッフ全員をひきつれて移住し、この事業には二〇年間の営業特権が付与された[45]」。

こうした展望の中で、かれは四百以上ものマニュファクチュアの創立に力をつくした。「集団的」〔有機的〕マニュファクチュアは、いくつかの手工業センターを結合してもろもろの付与特権を活用した。セダンやエルブーフの毛織物、トロワのメリヤス製品、サン＝テチエンヌの兵器マニュファクチュアなどがそれである。他方、「個別的」〔異種分散的〕マニュファクチュアには、個人企業として先のアベヴィーユのヴァン・ロベのほか、いくつもの地方支店をもつ大マニュファクチュアがあった。とくに後者では、鉱山業、冶金工業（ツールのダリエ社――鉄工、大砲、錨、兵器）、羊毛品などの民間マニュファクチュアが知られる。最後に、君主の所有する「王立マニュファクチュア」として、ゴブラン織、セーヴル焼、オービュッソンのタペストリー、サン＝ゴバンのガラスがあり、さらに海軍工廠と大砲製造用の熔鉱所があった。かれらにあたえられた特権、すなわち金融をのぞく製造と販売の独占的特権は、その代償として、規格、品質、数量などのきびしい規制をともなっていた。この政策によって、奢侈品と輸出品（タペストリー、磁器、ガラス、高級織物）の生産だけでなく、基礎資材（鉄、紙、武器）と日常消費財（毛織物、亜麻布、ラシャなど）の生産も顕著な発展をとげたのである。

それは同時に、マニュファクチュアの規律のきびしい徒弟修業の時代でもあった。乞食とか施療院で徒食するものは、手仕事を身につけねばならず、ひま人や独身の娘、あるいは修道女や修道士らも、マニュファクチュアではたらくように強制され、子供たちは徒弟奉公に出された。肉体労働者に対しては、早朝のミサと仕事のあいまの黙禱と聖歌が義務づけられ、仕事に欠陥があれば鞭打ちとか鉄の首枷で罰せられた。一日の労働は一二時間ないし一六時間におよび、賃金は安く、反抗するものには監獄送りの脅迫がまち構えていたのである。

こうして、ついに登場したのが貿易政策である。(46) フランス東インド会社（一六六四年創立）は、五〇年間におよぶ貿易独占とインド洋から太平洋にひろがる航海独占の特権を獲得した。同社はさほどの成功をおさめたわけではないが、十八世紀に入ってからようやく繁栄をみることになる。レヴァント会社（一六七〇年）は、補助金を支給され、ラシャおよび砂糖マニュファクチュアとの協定を確保した。だが、しばしの繁栄のあと、同社はマルセイユの仲買人とオランダの競争力による攻撃になやみ、ついに一六八〇年、その活動を停止するにいたる。とはいえ、世界におけるフランスの勢力は拡大した。たとえば、サント＝ドミンゴ（一六六五年）、ミシシッピの渓谷（一六七三年）、ポンディシェリー（一六七四年）などがそれである。

このように、全体としての経済不況の時代背景のなかで、オランダ、イギリスという覇権・列強の資本主義を相手にして、フランスにおいて強固でかつ質素なマニュファクチュアと仏領植民地の資本主義の基礎が築かれたのは、王国の介入行動を媒介にしてであった。王政国家、絶対王政が、マニュファクチュア生産と世界商業の発展を強力にささえたのである。この保護のもとに、フランスのブルジョワジーは形成され、そこから以後の長い歴史にその足跡を残していく。

c　重商主義への批判

しかしながら、やがていくつもの批判があらわれてくる。まず第一に、損害をこうむった利害関係者が反抗しはじめた。すなわち、マニュファクチュアによって営業を妨害された一般の製造業主たち、特権的な商事会社、またオランダやイギリスの報復にさらされたナントや、ルアン、マルセーユの商人らがその急先鋒となった。『一六六八年の歴史のための回想記』の中に、それがよみとれる。

「……コルベール氏は、フランス人をすべての他の諸国民をしのぐ優位の地位におこうと欲しているが、そのことが結果的に、他国民の側からも同じ努力をするように誘導してしまった矛盾にかれは留意していない。なぜなら、諸列強が、フランスの各地方からこれまで供給されてきた大部分の産物を他の場所にもとめて、別のルートをとったことは、いまやあきらかだからである。小麦とブドウ酒の王国フランスにみる貨幣の欠乏の一大原因が、かつてはフランスから輸入していたオランダ人が、いまではこの主産物をもはやこの国から輸入しなくなったからである。つまり、貿易について、フランスがかれらにたいしてとった輸入代替‐国産育成の誘導策は、フランス人が交換すべき何物も国外に求めてはいないのだ、という事実をはっきりとかれらに理解させたからである……。この結果、あまたの不便不都合をこうむったのちに、かつてと同じ状態にもどるか、それともどの国とのつながりも断ち切るかしかないが、そんなことはとうてい不可能なことだ」[47]。(デーヨン『重商主義とは何か』〔72〕)

ボアギュベールは、十七世紀末の農民の貧困と田舎の低収入を観察して、その原因を重税と税額の不確実性に、また関税障壁に、さらに「王国に出入りする者への援助と税関に求めた」(『フランス詳細事情』一六九五年)。その著書『フランスの反駁』(一七〇七年)のなかで、かれは一般的商業システムにおける活動の相互依存性の重要性を指摘している。

「ひとつの原理に気づくべきである。それは一地方においてであれ、すべての職業がもちつもたれつの関係で機能しており、かつ、他人に必需品を供給するだけでなく、自分自身の生存のためにも、職業が相互に維持されているという原理である。いかなるひとも、隣人が生きるのに不可欠な食料品またはかれらの労働の果実を、きびしい条件のばあいをのぞいて買ったりはしない。それは暗黙の明示されない事実とはいえ、売り手は買い手と同じようにする。いいかえれば、よくあるように直接的に、あるいはいくつもの手や職業の回路を通して、交換する実情を知るとき、それはつねに同じ結論に帰着する……。それゆえ、自然ないし神の摂理は、この正義の原理をひとに守らせることだけができる。再度くりかえすが、これを他のことと混同しないでもらいたいものだ。そして、ここにこそ、自然の摂理がはたらいている。自然は、あらゆる種類の取引において、唯一利潤の欲望だけがすべての市場の魂であるように、売りと買いの同等な必要性を設定した。そして、甲と乙がひとしくその理由を理解し、これにしたがうように強制されるのは、この均衡＝バランスの助けによるのである……。その観察に無知であることからくる、この神聖たるべき市場法則にたいする違反は、今日の大衆の貧困と悲惨の最初にして主たる原因となっている」[48]。（ボアギュベール『フランスの反駁』〔28〕）

ちなみに、同じ性格の重商主義批判の思潮として、M・ド・ヴォーバンもまたその『政策的遺言書』（一七一二年）のなかで、右の文脈の線上にくる価格規制の自由化と貿易の自由化を要求している。

第一章のまとめ

以上にみてきた、数世紀にわたる「資本主義への長旅」の期間には、剰余価値収奪のための支配の社会関係といった意味での「資本」は、いまだどこにもその成熟した完成した姿をみせていない。結果からみれば、のちにそれが開花した局面の光に照らしてみてはじめて、われわれはこの時期の資本を、「高利貸資本」とか「商業資本」「商人資本」、あるいは「マニュファクチュア資本主義」とさえ、いうことができるだろう。

資本主義が発達していくヨーロッパの社会形成のなかで、剰余労働のおもな収奪様式は、「貢納」の性格をもったまま存続した。すなわち、農民階級によって貴族、教会や王政国家に納入された、さまざまな性格と形態の封建地代〔rente：賃貸収益、借地料〕がそれである。

この第一の源泉に、アメリカ大陸からの財宝の略奪、アフリカの奴隷取引売買のうえに成り立つ剰余労働の収奪、さらに強制労働ないし奴隷制度に基礎づけられた新大陸アメリカにおける植民地鉱山と植民地農業生産の開発、その結果にほかならない富の急激な流入が付け加わった。いずれにせよ、それはアフリカとアメリカの先住民に対する野蛮な搾取と収奪の結果であったのだ。

ヨーロッパのブルジョワジーは、以上の二つの源泉から滋養を摂取して、富裕化したといえる。これを原理的に定式化すれば、商品の貿易によったばあいは［A→M→A´］のかたちをとり、貨幣の高利貸によったばあいは［A→A´］のかたちをとったということになる。

マニュファクチュアの創設、職人労働の問屋制商人資本への従属（問屋商人は自分たちの営業方法を職人たちに押しつけた）、最初の小規模工場、これらは剰余価値の増殖の観点からみて、資本制生産過程（P）を組織するひとつのあらたな生産様式を設定する端緒となった。この生産過程（P）をとおして、商品MがM′に変形され、そこから産業利潤ΔA＝A′－Aの実現が可能になるわけである。要するに、あらたな産業資本の増殖プロセスは、A→M→（P）→M′→A′と定式化することができる。しかし、こうした産業資本の形成と蓄積は、まだ模索的で萌芽的な段階にあり、その部門も地理的配置にしても局地的なものに限られていた。

これらの価値の諸源泉、わけてもはじめにのべた二大源泉は、つぎのふたつの資本蓄積形態を可能にした。

――国家的蓄積（道路、運河、港湾、艦隊、ならびに王立マニュファクチュア）

――ブルジョワ的蓄積（貨幣、貴金属、一般商品、船舶、生産用具と民間マニュファクチュア）

封建社会とポスト封建社会の旧支配階級（貴族）に対決して、新興階級（銀行・商業資本家）は、「重商主義の妥協」とも呼ぶことができる基礎の上に立って、きわめて頻繁に君主との同盟戦略を行使した。具体的には、まずもって「君主の富」を優先し、ついで「王国の繁栄と商人の繁栄の一致」を追求して、外国との競争に対処する防衛政策を推進させ、あわせて商業と植民地の拡大政策と資本制生産の発展政策を、絶対王政の手で促進させたのである。

ブルジョワジーが世界市場を支配するのに充分な力量ありと感じたときには、かれらはそれまでの重商主義的政策をいさぎよくなげすてて、自由貿易の長所を最優先目標にすげかえていく。みずからの力量が絶対王政と対決するのに充分成長したと自覚するや、かれらは、新しい自由思想と自由合意のイデオロギーに着目し（そこに小ブルジョワジーと人民の支持があるのも考慮して）、自由主義思想で自己を武装する。さらに、開明的貴族層とも手を握ったが、貴族階級は当時、農民階級と不満人民らによる反乱の危機に直面していたからである。[49] どちらのばあいにも、ブルジョワジーは国家機構のより高いレベルに食い込んで、技術官僚有産階級、すなわち国家の「テクノ-ビュレオワジー techno-bureoisie」の最初の萌芽集団を国家機構の内部に形成した。具体的にいえば、高級官吏、旧体制下の地方長官と配下の市町村長ら首長陣、ならびに議会と司法当局がそれであった。かれらこそ、国家業務に関するその知識と実務経験から、やがてつぎの三大革命にむけて、その階級的実権をひきだす存在になるのである。

いずれにせよ、ここで銘記すべきことは、資本主義の生誕においてすら発揮された国家機能の重要性である。そのことはまた、資本主義形成の国民的次元とも関係してくる。たしかに、ブルジョワジーなくして資本主義はありえない。だがそれは、国民国家 État-nation の枠組の内部において強化され、また同時に国民的現実がそれで鍛えられ、かつまた、この枠組の内部において、必要な労働力 main-d'œuvre の集団が次第に形成され、近代化されて、資本制生産様式に適応させられていくのである。最終的には、支配的な資本主義にとって、勝利するブルジョワジーにとって、その活動の枠組が世界市場であることはいうまでもない。かれらが労働力-労働者と基礎資材を入手し、かれらが売りさばき、不正取引や略奪もする舞台が国際的規模である事実も疑いない。

その世界史的形成の当初からして、資本主義は各国的《ナショナル》かつ世界的《モンディアル》であり、民間的《プリヴェ》かつ国権的《エタティック》であり、さらに競争的《コンクレンシエル》である反面で独占的《モノポリスト》でもあった、という複合的性格を宿していることが、本章から確認できるだろう。

第二章　三つの革命の世紀（十八世紀）

フランス的精神を体現する開明的専制君主による「啓蒙の世紀」――普通、十八世紀はそのように紹介される。それは、通商交易、とりわけ世界貿易が拡大した世紀であり、[1]さらに農工生産がともに進展して[2]物価が上昇し、[3]人口も顕著に増大しながら、[4]商品生産、農業改革とマニュファクチュアが大きく前進した時代である。これらのすべては主にこの世紀の後半に属しているが、いずれもほぼ同時に進展した結果として、富は何倍にも増加し、貧困は拡大した。

それはまた、イギリス資本主義が強大となる世紀でもあった。というのも、資本主義はオランダでは衰退し、広大な農村をもち、宮廷政治とサロンに支配されていたフランスでは伸び悩んでいたし、プロシャのように、「開明的専制君主」が古ぼけた重商主義を採用した諸国には、資本主義がほとんどその姿をみせなかったからである。資本主義は、まだ大規模に展開した植民地的なものか、商人的またマニュファクチュア的な発達段階にあった。とはいえ、すでにこの資本主義は、あらたな状況に適応する能力をもっており、それは新大陸の植民地にアメリカ合衆国の独立をもたらすだけでなく、エンクロージャーの新しい波を吸収して本源的資本蓄積の累積的な運動をかさね、さらに基本技術の画期的革新などにささえられながら、十九世紀の巨大な産業革命の諸条件をつくりだしていく。

それゆえ、十八世紀は、商業関係と資本主義の発展にかかわる諸矛盾が加速していく世紀であった。すなわち、英仏戦争とアメリカの植民地からの独立をともなう植民地支配の諸矛盾、一七八九年のフランス革命に爆発する貴族とブルジョワジーの間の階級的諸矛盾と抗争の数々、商業交易の発展とマニュファクチュア生産の限界とがうみだす諸矛盾がそれであり、そこからイギリス産業革命の発端が形成されていくのである。

第1節　植民地支配、列強間の対抗、アメリカ独立革命

ルイ十四世が国民を巻き込んで行なった数々の戦争は、フランスを疲弊させた。これに対してイギリスは、一七〇三年と一七一三年の条約で、ブラジル市場とスペイン帝国の市場をひらかせるのに成功し、その海軍力の正真正銘の優位性を活用した。

植民地の略奪と搾取は一段とつよまっていく。たとえば、一七二〇年から一七八〇年にかけて、スペイン領アメリカとブラジルにおける金の生産量は、前世紀には最大限でも一年に一〇トンだったのにたいして、年間平均にして二〇トンもの水準に倍増している。砂糖の生産もまた、黒人奴隷の苦役から引き出された富裕化の重要な一大源泉となった。その産地は、イギリスのばあいはバルバドス島とジャマイカ島だったが、フランスにとってはサント=ドミンゴ、マルチニークとグアドループの諸島、さらにポルトガルはブラジルが砂糖の海外生産拠点をなした。(5) アフリカ大陸沿岸の奴隷売買貿易もまた高い水準に到達した。十六世紀には年間二千人足らずの水準にすぎなかったその数は、十八世紀をとおして年間平均で五万五千人にもなり、ときには年間一〇万人をかぞえた年もある。ちなみに、この不正貿易に従事した船主のひとりは、この時代の先端思想を信奉して、自分の船に「ヴォルテール号」「ルソー号」とか「社会契約号」などと命名した話が残っている。(6) 数百万人ものアフリカ先住民が、暴力や物々交換によって、かれらの社会、その故郷の大地からもぎとられ、連れ去られた。何百万人もの無給の労働者たちが、その多くは労働力の再生産に必要なものすら何ひとつ受けとることなく、何十か月もこき

使われ、ボロボロにされた末に使い捨てられた。ここにこそ、十六―十七―十八世紀の資本家の富裕化（ないし資本の本源的蓄積）の本質的な、（だが西欧思想には広く塗りこめられている）ひとつの基礎があったことを、決して忘れてはならない。

西欧のブルジョワジーによって植民地支配されたラテン・アメリカが、「本源的富の蓄積に決定的な役割を果たした」ために、ブラック・アフリカの方は「周辺のそのまた周辺の役割を果たし」、かつ「プランテーションへの農奴労働の提供の役割を減じた」（S・アミン）といわれている。[7] じっさい、南米先住民インディオと黒人奴隷の強制労働は、膨大な額の剰余価値をひきだすのをゆるした。それは貨幣形態をとって、主としてイギリスの仲買人と製造業者によって、だが同時にヨーロッパや北米植民地の銀行家や金融業者によっても、収奪・取得されたのである。それは、直接的にか間接的にか、マニュファクチュア製品（織物や兵器など）あるいは輸送サービスの販売によって所得化された。[8]

この販売収入は、一方では、欧州の民間の富裕化を促進し、他方で、世界の他の地域、とくにアジア市場において、紅茶や資源の買入れの増大をゆるすことになる。[9]

以上の一般的な運動において、現存する貿易商社はその活動を一層発展させて、しばしば巨額な利益を手にしており、そしてふたたび新会社が創設された。[9] イギリス領インドに新設されたユナイテド・カンパニー（一七〇九年）およびイギリス南海会社（一七一〇年）、さらにフランスの西方会社（一七一七年）と東方会社（一七二二年）についで、フランス・インド会社が再建された（一七二三年）。イギリスの植民地会社は、北米において、一七二九年にカロライナ州、一七三二年にはジョージア州にそれぞれつくられた。ニューオーリンズ市が一七一八年に建設されると、そこを根拠地にして、フランスは徐々にミシシッピ河の渓谷を北上していく。一七三〇年にシャンデルナゴルの要塞司令官をつとめたJ・F・デュプレックスは、一七四二年に仏領インドの総督になるが、その

図４　18世紀イギリスのアメリカ植民地との貿易関係

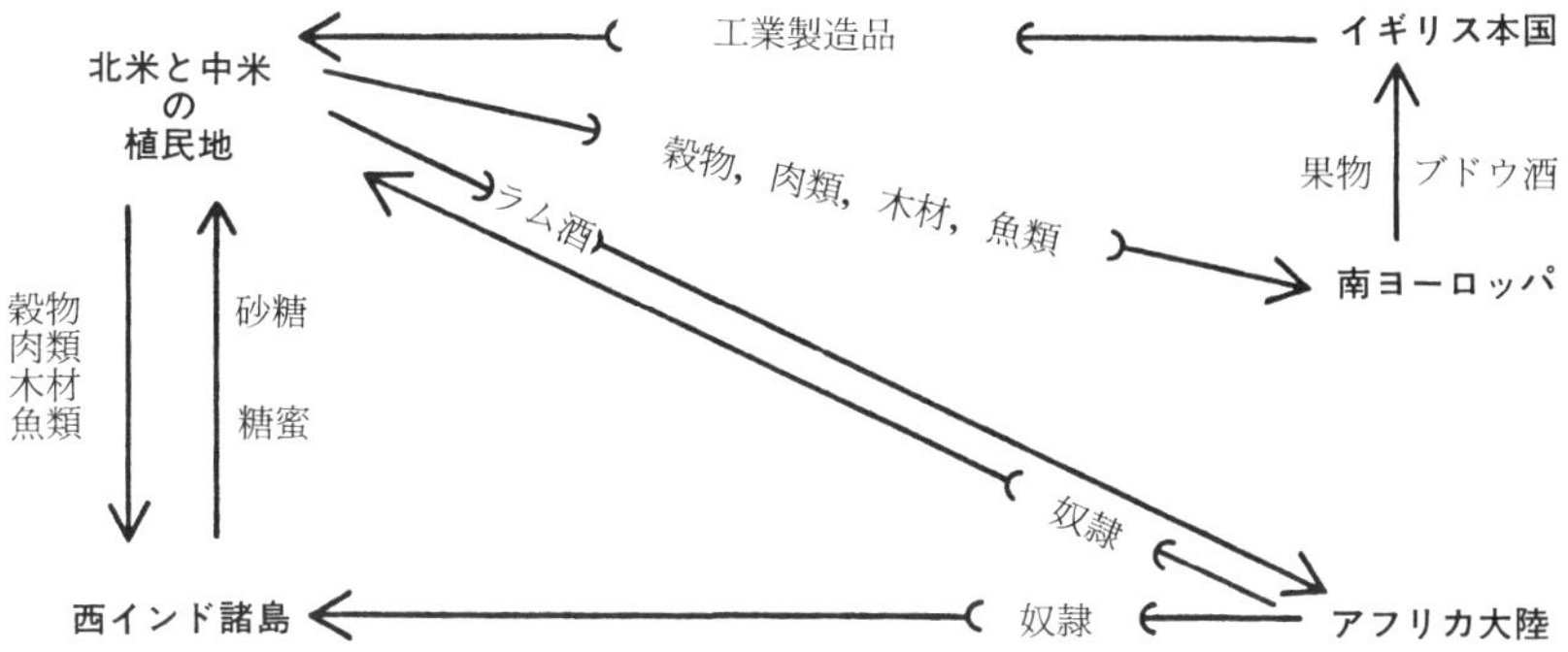

出典）　P. Mauro, *L' Expansion européenne (1600-1870).*

図５　18世紀における世界的規模の価値収奪

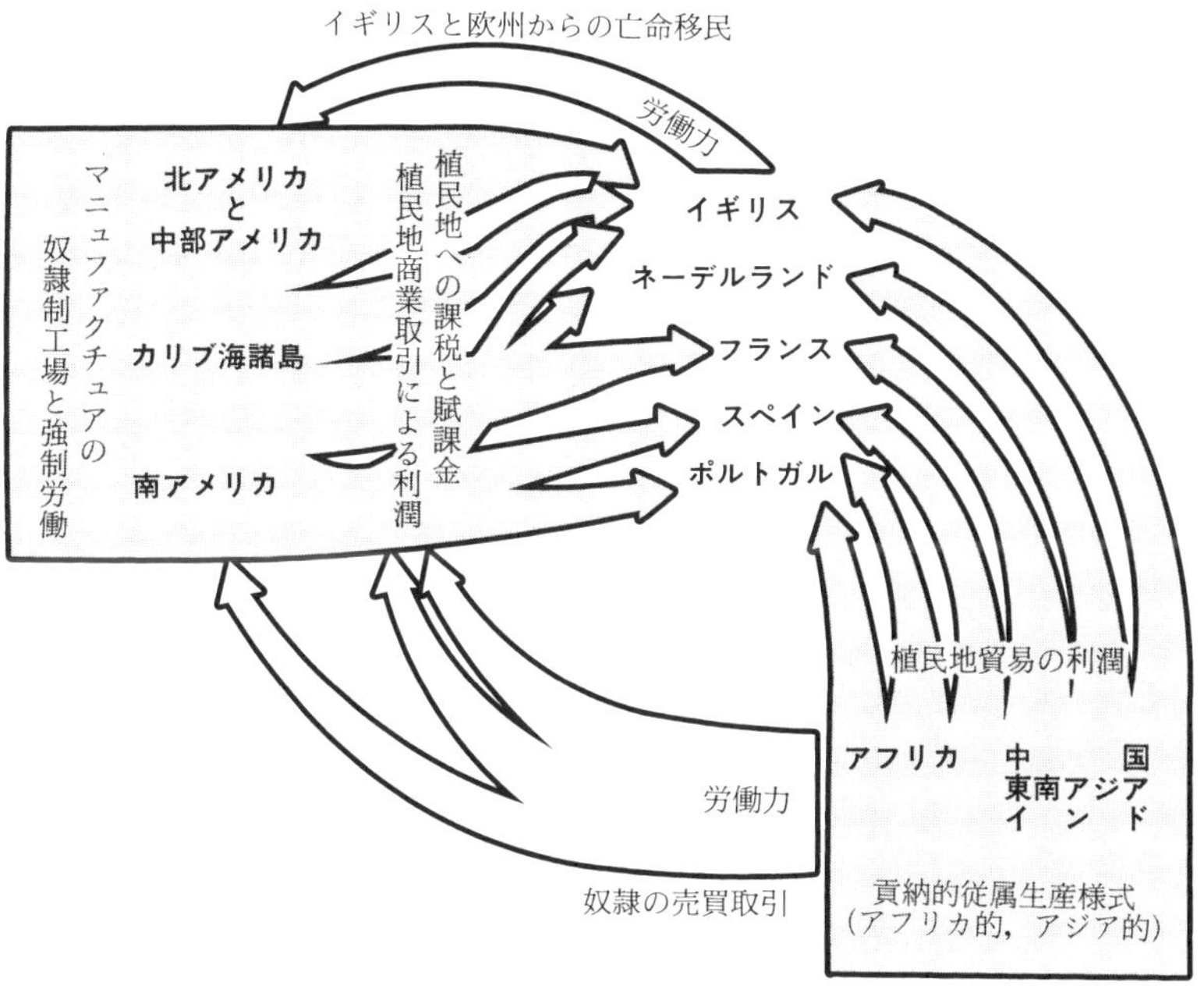

地でフランスは積極的な通商政策をくりひろげ、海外支店を何倍にもふやしている。この当時、フランスのラシャ製品は、イギリスのそれと競り合い、フランス製品はますますイギリスの貿易を妨害して、マルタ島は地中海におけるフランス貿易の要をなす中継基地になっていた。

イギリスの商人とマニュファクチュア業者は、いまや世界市場におけるフランスの膨張に歯止めの一撃を加えるべき時期がきたと考えた。

ところが、イギリスがまず攻撃したのはスペインだった。というのも、スペインの王権は、自己の帝国内におけるイギリスの商業活動を制限しようとつとめていたからである。こうして、いわゆるオーストリア王位継承戦争(一七四〇―四八年)がはじまる。そこで、フランスはスペインと組んで、プロシャの失墜をささえるべくイギリスとオーストリアを攻撃し、その結果は、エクス・ラ・シャペルの平和条約にいきつくが、この条約は主要な問題を何ら解決しなかった。フランス側の判断としては、戦勝の成果を考慮して「プロシャのために戦った」のだが、北米のイギリス植民者にしてみれば、フランス領地がわずかにカットされただけでその広大な領土の削減に成功せず、他方、イギリス商人にとっては、フランスの競争力の脅威は不変にとどまったからである。

これらの不満は、一七五六年、時の国務相、大ピットにその解決の担い手をみいだした。「商業がおびやかされたとき、後退は不可能である。自衛するか滅亡するしかない」、とかれは宣言した。一七五四年、オハイオ渓谷において、国境紛争がイギリスとフランスの入植者を対峙させる。その翌年、イギリス艦隊が増援物資をカナダにはこぶフランスの列車を襲撃してフランス人家屋三〇〇戸を占領した。「英仏植民地七年戦争」をとおして、フランス軍が防衛をなおざりにしていた植民地において、イギリス軍は純然たる勝利をおさめる。この結果、かれらは、カルカッタとシャンデルナゴル(一七五七年)をはじめ、ルイスバーグとデュケーヌ要塞(一七五八年)、ケベック(一七五九年)、モントリオール(一七六〇年)、さらにポンディシェリーとマーエ(一七六一年)を攻略し、これらをあいついで手に入れた。一七六三年のパリ条約でイギリスはきわだつ手腕を発揮し、その大英帝国の領土を拡大している。すなわち、カナダの全土とミシシッピ東岸に位置するルイジアナの一部を獲得し、スペインからはフロリダを割譲させている。このほかイギリスが手に入れたのは、西インド諸島におけるいくつもの島々（サント=ドミンゴ、セント=ヴィンセント、トバゴ、グラナダ島など）であり、アフリカではサン=ルイ島と後の仏領セネガルなどである。イギリスは、インドの領土併合政策もすすめて、ついにこの地の植民地統治に自由裁量権をもつようになった。

このようにして、イギリスが世界経済の覇権をにぎる時代がひらかれた。まさしくこの覇権は、イギリス資本主義がその市場を発達させ、その支配を拡大し、資本蓄積を組織化しながら、拡大していく領土的基盤の上に成立したのである。なにしろ、植民地が奉仕すべき対象がイギリス本国資本主義の蓄積と膨張にあった以上、これより当然なことがほかにあろうか。

「どの植民地も、自分が享受するその繁栄が母国のおかげであることを決して忘れてはならない。その母国に負う恩恵は、植民地が直接的に母国に依存しつづけ、かつ自分らの利益を母国の利益に従属させるよう余儀なくさせる。その結果として、植民地は次の任務を負う。

(1)　本国にその製品のより大きな販路を提供すること。

(2)　マニュファクチュア業者、職人や船員に対して、より多くの数の仕事をあたえること。

(3)　本国が必要とする財貨をできるだけ多く本国に供給すること」。[10]（H・セー『近代資本主義の起源』〔65〕）

もし、北アメリカの南部の存在価値がおもにその農業と黒人奴隷制擁護にあったとすれば、[11]北東部のそれは、すでにその三倍の規模に発展をとげた農業と（いわゆる「三角貿易」に従事した）商業とマニュファクチュア（農産物のほか鉄や木材の加工）にあった。造船業は十七世紀の航海条例を大いに活用した。[12]あげくの果てに、西部辺境にむけた領土の拡大運動は、二つの障壁にぶつかることになる。そのひとつは、フランス領とスペイン領の存在で、この壁は一七六三年に取り払われた。いまひとつは、先住民族インディアン〔native Americans〕の存在であった。北米入植民は（米大陸先住民を殺す度にあたえる奨励金つきで）、先住民族に対してしきりにゲリラ戦を試みたが、それが本格的戦闘に拡大することもあった。たとえば、一七五九年から一七六一年にかけてなされた、ジョージア州のチェロキー族とのカロライナ州における戦闘がそれである。そのようにして、「移民のるつぼ」となった北アメリカの南部には、奴隷制にもとづく田舎貴族階級が形成された。植民地の全体はいくつにも分割され、そこに、植民地的な入植農民階級が（かれらが体現する最初の開拓の難問や労苦ともども）形成され、また商人ブルジョワジーとマニュファクチュア業主や都市の小ブルジョワジーや、港湾地帯に群がり町から町へと渡り歩く流転のたえない移民労働者の諸階層などが生まれた。

北アメリカの植民地は、イギリスのすべての植民地がそうであるように、前期的独占体制に従属し、本国は購入と販売の独占権をもっていた。一七六三年のあと、イギリス本国政府は財政再建のために、砂糖（一七六四年）と木材（一七六五年）に課税することを決定した。イギリス資本家階級の伝統を忠実にみならい、アメリカの新興ブルジョワジーは、「課税に同意する基本権を自分たちも保持しているはずなのに、自分らはイギリス議会に自らの代表をもたない以上、本国の関係者だけで勝手に投票して議決した税金など支払うべきではない」、と反論した。かれらは、一七六六年にかなり大きな満足をえたが、第二次ピット内閣があらたに紙とガラスと鉛と輸入品に税を課すや、アメリカの商人は不買同盟と密輸入の対抗措置をとってこれに答える。これらの税はノース卿によって一七七〇年に廃止されたが、茶に対する課税だけは残された。しかし、独立紛争の火薬に点火したのは、売れ残った過剰な茶のストックを、（政府の同意をとりつけて）東インド会社が直接販売した不当独占行為であった。一七七三年、三隻の船の船荷がボストンの海中に投げこまれた。ボストンとマサチューセッツはイギリスの軍事体制に屈服する。その結果、イギリスは北西部の領土をオハイオとケベックまで拡張した。
一七七四年に、最初の大陸会議がひらかれて一二州が結集した。第二回大陸会議は一七七五年から翌年にかけて招集されたが、カナダ人は支持せず、フランスの支持をえようと苦慮した末、一七七六年七月四日に一三州が一致してアメリカ独立宣言と協定書が採用された。そこには、旧大陸ヨーロッパの思想的影響がつよくみられた。「われわれは、自明の真理として、すべての人は平等に造られ、造物主によって、一定の奪いがたい天賦の権利を付与され、そのなかに生命、自由および幸福の追求の含まれることを信ずる。また、これらの権利を確保するために人類のあいだに政府が組織されたこと、そしてその正当な権力は被治者の同意に由来するものであることを信ずる。そしていかなる政治の形態といえども、もしこれらの目的を毀損するものとなった場合には、人民はそれを改廃し、かれらの安全と幸福とをもたらすべしとみとめられる主義を基礎とし、また権限の機構をもつ、新たな政府を組織する権利を有することを信ずる」。（アメリカ独立宣言）

この独立戦争は七年間におよび〔コシューシコ（コシュチュシュコ）将軍指揮下のポーランド義勇軍が形勢を一挙に好転させて〕、合衆国軍は勝利する。アメリカ合衆国はフランスとの同盟（一七七八年）を活用し、ついで対スペイン戦争（一七七九年）に、その翌年にはオランダとの戦争（一七八〇年）に突入した。それはたしかに、ヨーロッパの諸列強の力を弱め、列強のアメリカ大陸における他の植民地が独立をかちとるのをたすける好機となった。ひとたび独立が達成されると、ヴェルサイユ条約が締結される。そこでは、タバゴ島とサンタ＝ルチア島の復権、およびセネガルの建設のほかには、なにひとつフランスのために獲得したものはなかったが、ルイ十六世は、戦後経済復興のために、一二〇〇万リーブルの贈与と六〇〇万リーブルの借款をアメリカにあたえる協定に同意した。

このようにして、最初に植民地化された地域に最初の独立戦争がおきる結果にいきついたのである。だが、他の運動は失敗した。ペルーでのチュパック・アマルの蜂起（一七八〇―八一年）、フランス革命による大動揺と混乱をついてサント=ドミンゴ島で決行されたトゥッサン・ルーヴェルチュールらによる反抗（一七九一―九五年）がそれである。ナポレオン戦争、スペインの占領とその弱体化、さらにその中南米大陸における一斉蜂起は、独立の波への新しい軌道を切り開いた。具体的には、アルゼンチン（一八一六年）、コロンビア（一八一九年）、ペルー、メキシコ、ヴェネズエラ（一八二一年）などを指摘できる。

こうして、その生誕のときと同じく、商人資本とマニュファクチュアの形態をとった初期段階の資本主義は、一国的であるがゆえに貿易と戦争による国家間の敵対関係を宿していたが、同時に世界的なシステムであり、支配された地域における価値と富の強奪によって性格づけられていた。しかしながら、その発達過程で、自分とたたかう勢力を胎内にうみだし、これを母体から引き離して、北アメリカ大陸に最初の脱植民地化をひきおこした。そこにたちあらわれてくるのが、あらたな、かつめざましい資本主義の飛躍的発達であり、さらに後にみるその帝国主義化であった。

第2節　フランス革命とブルジョワジーの反貴族闘争
――イデオロギー闘争からフランス革命へ――

「過去数年をかけて専念してきた筆者の研究の全成果から確認できることは、以下の身分階層的な経済の実態である。すなわち、この当時にあっては、最下層の一割の人民は乞食状態にまで零落し、事実、乞食の生活をしていた。残りの九割のうち、貧しい五割の民は、わずかな資産をのぞいて自分自身が劣悪な生活条件に追い込まれていたので、前者に施しものをできる状態にはなかった。それより上層の四割のうち、三割の中流上層の民は、裕福な生活にはいちじるしくこと欠き、借金と訴訟沙汰につねづねなやまされていた。最後に、最上層の一割についていえば、かれらは士族、司法官と法服貴族、聖職者と平民指導者、すべての上級貴族と高貴な貴族、さらに民事・軍事の高位高官、豪商、高利貸資本家および資産持ち大ブルジョワなどからなっていた。しかし、われわれはその数を一〇万家族と算定することはできない。何不自由なく充分安楽に生活できたのは、大小あわせても一万家族も存在しなかった、と筆者がのべてもいつわりではないだろう」[13]。（M・ド・ヴォーヴァン『王国の十分の一税』一七〇七年）

一　貴族階級に対抗するブルジョワジー――思想闘争から革命へ

一万家族だけが至極安楽に生活できた。そのうち、上層貴族の一部がまず問題となった。すなわち、かれらは当時の宮廷に三千ないし四千家族の封建的勢力として存在し、最大の特権と職務責任と利子つき恩給年金を享受していたが、十八世紀になると、成り上がりの法服貴族（従臣、最高国務会議や高等法院の議員ら）の大家族が、この身分をめざしてますます接近をはかっていくからである[14]。他方において、上層ブルジョワジーが重要な役割を果たしていた。銀行家、海運の豪商、製造業者、実業家など、かれらの存在基盤は当時のフランス社会にあっていまだ脆弱だったとはいえ、活動的でダイナミックな思想の持ち主である弁護士、法律家、サロンに出入りする文人、金融担当の官公吏のなかに、自分たちの支持者をみいだした。

ところで、ルイ十四世の死後、国務から長らく遠ざけられてきた貴族階級は、国務に立ち戻りたいと欲した。そこで、オルレアン公フィリップの摂政時代、貴族で構成される七つの政府行政諮問機関がつくられ、大臣にかわってこれが政府の各政務を引き受けることになった。だが、陰謀や、労働と勤勉の欠如から、この試みは失敗におわる。それは、いうなれば絶対君主制への回帰を意味したが、君主が選抜して登用したのは、主として貴族層からであった。

それにくわえて、高等法院の議席、上級政務の高官や高等司法官のポストの方は、平民出身者に閉ざされていた。上級聖職者のポストも同じであり、軍隊の上級幹部《カードル》への道もふさがっていた。そこには、軽蔑といじめ、冷遇などがみられ、これが貴族と平民のあいだの溝をふかめる。とはいえ、かなり多くの平民階級がその力量を発揮して、富裕になっていくのである。先の新しい試みと、ジョン・ローの新政策（一七一五―二〇年）の失敗は政権に衝撃をあたえた。だがその後、パリの証券取引所が一七二四年に創設されており、フルーリー枢機卿の自由化政策（一七二六年から一七四三年にかけて）は貿易商の活動を容易にした。他方、国王直轄の夫役工事によって道路が改修され、また国立土木学校が創立されたのが一七四三年で、一七五〇年代には技術者の団体もうまれてくる。植民地貿易と奴隷の売買取引とともに、ボルドー、ナント、ルアーヴルの諸港は拡張された。そうした都市では、貿易商、船主、製糖業者や繊維マニュファクチュアが発達をとげている。マルセーユ港は東地中海イスラーム圏と貿易をつづけており、植民地貿易にはより活発に参画した。他方、マニュファクチュア生産はまだ地方的拠点に限られていた。そのようなわけで、たとえばランスでは、羊毛関係の仕事の半分以上は、少数のマニュファクチュアに集約されていた。じっさい、「おなじ屋根の下に労働者をあつめ、協業してはたらかせる方が、かれらの労働を監督したり、輸送する費用をうかせるためには得だった」ことは疑いない。

その事情は、南仏の多くのマニュファクチュアにおいても同様であった。

「ブルターニュ地方においては、麻布業はもっぱら地方的で家内工業的だった。そこに雇われているのは小土地所有者で、定額小作人（fermiers ―― かれらはしばしば召使、使用人をはたらかせていた）とか、日雇労働者

(かれらは失業の期間だけ麻布の加工に従事した) からなっていた。織工の賃金はひどく安く、利潤はとりわけ取引業者《ネゴシアン》、すなわち一次原料を前貸して製品を買占める問家商人に吸い上げられていた。

農業がもっと発展している地域では、東ノルマンディー、ピカルディー、フランドルなどのように、農村工業をいとなむ農民はその耕作で生活するにはあまりにわずかな土地しかもっていなかった。東ノルマンディーでは、ルアンの議会資料が示すところによると、一七二二年から農民たちは土地の耕作を放棄して製糸業や棉梳き作業に従事したが、その結果として農業の不振を嘆いていた。そんなわけで、製糸工や織物工のいないノルマンディーの村は、どこにも存在しなかった。当時のルアンには、このようにマニュファクチュアではたらく賃金労働者が、一八万人も存在したのである」[15]。(H・セー『十八世紀フランスの経済と社会』〔77〕)

しかしながら、マニュファクチュア生産と農民の家内工業はむすびついていた。一二か所の「王立マニュファクチュア」においては、〔有機的マニュファクチュアの〕同一作業場で織物原料が協業により連続加工され最終生産物が生産されたが、これに原料を供給する紡績や織物の作業は、農民の家内工業として営まれていた。ピカルディー地方のアベヴィーユでは、ヴァン・ロベ家が一八〇〇人の労働者を同一作業場で働かせ、他方、ほぼ一万人を家内労働ではたらかせていた。おなじく、鉄製品、釘、ストーヴ、大鍋の類いもまた、農民の自宅で生産されていた。

一体かれらはどのくらい存在したのか。五〇万人か一〇〇万人か。その算定はむずかしい。しかも、数字は季節や景気動向によって変動していたから……。

都会で雇主が使うことのできた労働者たち、仲買人のためにはたらく用意のあった職人たち、季節労働ではたらく農民たち、こうした労働力の提供者の間で、職を求める競争がかきたてられた。問屋仲買人は、かれらの労働条件を切り下げるのに、有利な立場にあった。労働日〔一日の労働時間〕の長さは延長された。「つねに製造工場の労働者たちはあけぼのに現場につき、とっぷり日が暮れるまで仕事を延長した。それは残業で不十分な低賃

図6　18世紀フランスにおける社会階級と価値の収奪関係

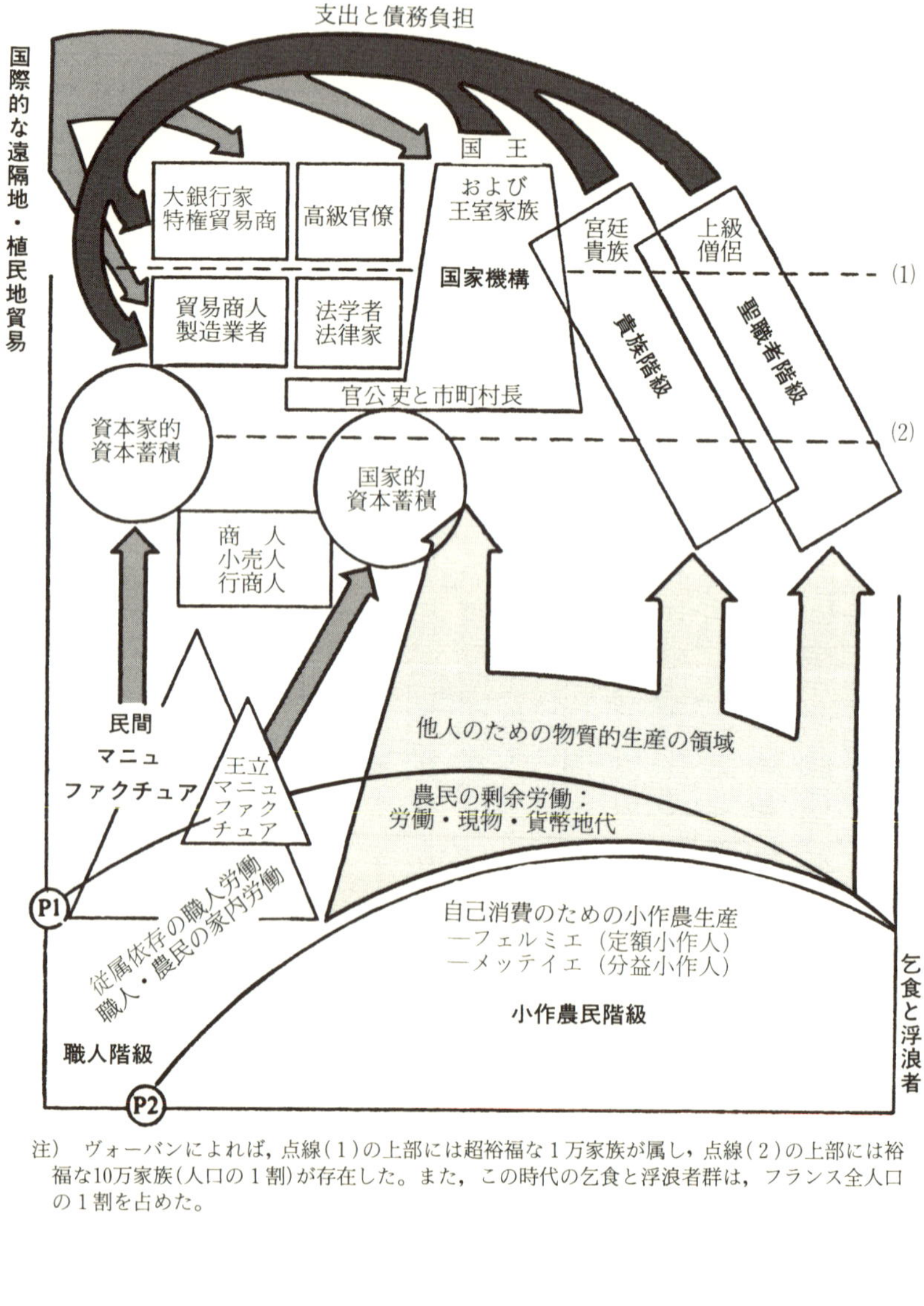

注）　ヴォーバンによれば，点線(1)の上部には超裕福な1万家族が属し，点線(2)の上部には裕福な10万家族(人口の1割)が存在した。また，この時代の乞食と浮浪者群は，フランス全人口の1割を占めた。

金を埋めあわせるためであった」[16]──とベルトロン神父はかきのこしている。

田舎では、浮浪者、乞食、職もなく資産もない男女たちが労働力の予備軍を構成した。「だれにも属さず、親方をもたず、かれらを守り労苦をへらしてやることに関心をもつ保護者とていない、孤独な日雇労働者たちは、無資産のまま守銭奴根性のおもむくままの状態にあり、しかもそのかれらが富をもたらしたのである」。凶作が突発すると、貧しい農民らは悲惨のどん底にまで落ち込んだ。かくして、一七一〇年の冬には、「男も女も、少年も幼児も、その表情と手は土気色となり、そのつめで土をけずり、そこに何かみつけようものなら、むさぼり食おうと草の根までさがしまわっている光景が、各地にみられた。それほど勤勉でない他の連中は、家畜の飼料を食いあさり、また他のある者はまったく打ちひしがれて、大道に横たわり死をまつばかりだった」[17]。そして一七三九年に、アルジャンソン侯はその手記において、「この貧窮は過去一年まえから悪化の一途をたどり、王国の内部ではおどろくべきところまできている。人々は貧乏のあまり、雑草を食べ、ハエのように死んでいく。……オルレアン公はごく最近、国務院に羊歯〔類の草〕を粉にして作った一片のパンをもちこみ、〈陛下、あなたの臣民が今日どんなパンをたべているのか、これをご覧ください〉と訴えた」[17]とかきのこしている。

ときには不満が頂点に達して反乱が爆発したが、迅速に鎮圧された。

このように、貴族たちは一方において、国王ならびに宮廷をめぐる自分たちの身分を強固にするとともに、高官への道を留保してその特権の保持に気を配った。他方では、植民地貿易とマニュファクチュア生産が拡大したおかげで、富裕になり強力になったブルジョワジーの方は、国務から遠ざけられていく苦痛に耐えかねていた。

これら上流階級のサロンにおいて、そのビロードの絨毯《じゅうたん》、レース飾りのカーテンと金銀の豪奢な生活の中から、多様なかたちの異議申し立てを展開する力量をもつ哲学者の思想、あるいは学者の発見の数々が発芽し、やがて社会に流布していったのである。

二　フランス革命の思想と論争の沸騰

認識すること。観察して説明し、理解すること。あるいは、疑い、議論し、発見すること……。そのトーンはさまざまだったが、およそすべてのこと、ないしはほとんどすべてのことが語られた。

それは、物質および自然の素材の観察にたいして、例外的な称賛があたえられる偉大なひとつの時代であった。「動植物や岩石の収集、大自然の〈陳列室〉が日に日に増加していった。諸公、行政官、修道院長ら、医師とか貴婦人たち、宗教団体などがそれを所有した。ルイ十五世は自己所有の博物館をもったが、これにくわえて、ビュフォンは、ルイ十三世が創設した〈王の博物館〉と〈王の庭園〉を一層拡張し、発展させた。かれはその庭園を二倍にひろげ、温室と教育用の階段講堂をつくっている。……公開講義は科学への大衆の好みを普及させた。パリにあっては、一七三四年からノレ神父がもっぱら実験にもとづく物理学の講義をおこなった。……一七五三年に、国王がかれのためにコレージュ・ド・ナバールで実験物理学講座を創設したとき、それは一般の素人大衆にも公開されたので、かれの講義には六百名もの聴衆がつめかけている。他方、〈王の庭園〉においては、化学者のルエルが、かつら姿でレースのカフス袖のいでたちもおごそかに講義を開始した。ところが、次第に講義が熱をおびてくるにつれ、かれはそで口をまくりあげ、かつらもとりさり、さらに上着もぬいだ。最後はチョッキまでぬぎすてて、ついには裸にちかいシャツ一枚のすがたのまま講義にうちこんだ。かくして、かれの学問的情熱が聴衆にじかにつたわり、満場の大きな感動をよびおこしたのである。学問を通俗化する書物が氾濫して何倍にもふくれあがり、そのなかには大きな価値ある名著も存在した。すなわち、プリュッシュ神父『自然展望記』、ノレ神父『実験物理学講義』（一七四八年）、ビュフォン『博物史』、プリーストリー『電気の歴史』などがそれである。このほかおびただしい数にのぼる要綱、辞書、提要などとともに、それらの著書はたえず改訂され、何回も版をかさねている[18]」。（M・クルーゼ『一般文明史』〔36〕）

それはまた、科学の研究と発見の時代でもあった。ダランベールは物理学の原理を体系化し（一七四三年）、ラヴォアジエは空気の組成を（一七七〇―七一年）、ついで水の組成を分析した（一七八三年）。ベルトレは塩素を研究し（一七七二年）、ラグランジュは解析力学（一七八七年）をうちたてて、数学の物理学への応用に道をひらいた。

この文脈で、哲学者の思想も開花している。証拠と明晰さ。理性への適合性。称賛すべき宇宙、「全知全能」の神。この至高の存在によってつくられた永遠の法則にしたがう物理学。自然法にもとづく世界。自然の権利。自然の道徳。それらは再発見され、再興されるにふさわしかった。幸福、快楽、エゴイズム、功利主義、ともに、寛容と寛大や、ある種のヒューマニズム[19]。そしてさらに、ますます重要になる「進歩」という観念。人類の進歩は、個人の知的進歩をつらぬいて、精神の発展、知識の発展、啓蒙へと道を拓いていった[20]。法服貴族、金融家、法律家の世界でつちかわれたさまざまな観念や思想は、ヨーロッパのすべての貴族がフランス語で語り考えていたこともあって、各国の啓蒙専制君主の宮廷のなかに拡散していく。

そこに生まれた『百科全書』Encyclopédie（一七五一―六四年）こそ、トマス・アクィナスの『神学大全』にとって代わろうとした当時の哲学と科学の集大成であった。「この大著は、弁護士、医師、教授、聖職者、アカデミー・フランセーズ会員、産業家、製造業者、その他多くの正規の称号をそなえた一三〇名からなる共著者が、その高価な値段によって、開明的大ブルジョワジーに訴えかけた書であり、これはまさしくブルジョワの書である[21]」。（M・クルーゼ『一般文明史』〔36〕）

教会当局は『百科全書』にたいして、一度は一七五二年に、ついで一七五九年に非難をくりかえした。だがその非難も、この全書を歓迎した特定の読者階層におけるこの全書の成功を妨げることはできなかった。

a　民主主義、自由、一般意志

イギリスの諸革命およびホッブズとロックの著作によってつきることなく啓蒙され、絶対王政の柱たらんとする貴族らの渇望、および国王の相談役として国務に影響をあたえようとする大ブルジョワジーの要求により助長されて、権力に関する考察、もろもろの政治体制、法と諸権利、一般的利害、社会契約、さらには人民の一般意志にかんする考察が追求されつづけた。

モンテスキューは『法の精神』（一七四八年）において「政府の類型」を検出し、かれなりに検討のふるいにかけていた。すなわち、「共和制、君主制、専制」がそれである。民主的共和制にあっては、「主権者の意志は主権者自身にある」。しかし、モンテスキューはただちに、今日「直接民主主義」といわれるものの限界に注意をうながして、こうのべた。「民主主義における人民とは、ある意味において君主である。だが、他の面においてかれらは臣下である。……主権をもつ人民は、みずからなしうるすべてを自分の手でなすべきだ。しかし、みずからよくなしえざることについては、担当大臣によってなされねばならない。……人民には、かれの権限のある部分を委託すべき人々を選択する点で、称賛すべきものがある。しかし、はたして人民は国務を執行し、そこから利益をひきだすべき場所と機会と適切なタイミングを知っているだろうか。否、である[22]」。

君主主義者は、当時の多くの啓蒙主義の精神がそうであったように、イギリスの議会主義的君主制に魅惑され、モンテスキューは、権力の均衡（人民、貴族、君主）および三権の分立（立法、行政、司法）を称賛した。かれはいささかも空想家ではなかった。「真の平等の精神は、天が地からはるかに遠く離れているのと同じくらい、極端な平等の精神から遠くへだたっている」。またかれは、すね者の皮肉家でもなかった。「ひとは財産をもたない故に貧しいのではなく、働かないために貧しいのである。……各人が必要なものだけを消費するよき民主主義社会にあっては、各人は必要なものを〔自分で働いて〕所有しなければならない。その理由は、ひとはだれからそれを受けとるかを考えればわかるだろう[22]」。そして、不可避の困窮と災禍のばあい、「人民がこれに悩まないようにするためにせよ、かれらの反乱を避けるためにせよ、国家は迅速にこれを救済する必要がある[23]」。

民主主義、自由、社会契約。これらの新しい観念は、熱烈なその布教者ジャン＝ジャック・ルソーの中にみいだされる。「人間は自由なものとして生まれたが、いたるところで鎖につながれている[24]」という一句から、ルソーの『社会契約論』ははじまる。「人間がその自由を放棄すること、それは人間の性質を放棄すること、人間としての諸権利、さらにはその義務までもすてさることである。……そのような自己放棄は人間性と両立しない。すべての意志の自由をうばい去ることは、自分たちの行動からすべての道徳性をとりさることである。……共同体の権力から個人と構成員の福祉を防衛し保護するひとつの社会結合の形態をみつけること、そしてそれによって各人が、全体として協同し、とはいえ、自己自身にのみ従い、しかも以前と同じく自由でありつづけること——それはいかにすれば可能か。これこそ『社会契約論』がその解決をあたえる基本問題である。……社会契約によってひとが失うもの、それは各人の自然的自由であり、各人が欲してみずから手にしうるすべてへの無制限の権利である。そのかわり、各人がかちうるものは、市民的自由および自己がもつ全財産の所有権である[25]」。（J－J・ルソー『社会契約論』一七六二年）

ルソーは、人民主権と一般意志を、変えることもできず分けることもできないもの、よく周知されれば誤謬なく、「一般的慣習の限界」をこえることがない限り絶対的で、それゆえ「神聖にして不可侵」なものとして、提起した。かれは人民主権を政府から区別した。すなわち、「政府は主権者から、人民にあたえるべき命令を受けとる。そして国家がよき均衡状態にあるためには、すべてを相殺した時、政府自身の手にある産出物又は権力は、市民の産出物又は権力に等しくあらねばならない。なぜなら、市民は一方では主権者であり、他方では国家に従う国民であるからだ」[26]。モンテスキューにならって、かれは政府の諸形態を研究した。その結果、単純な政府（民主制、貴族制、君主制）とその混合形態があるが、条件がさまざまなため、「ある政府形態が、必ずしもすべての国にふさわしいとはいえない」[26]ことを学んだ。

かれの心をとらえたのは民主制である。「もし神々からなる国民がいれば、かれはみずからを民主的に統治するだろうが、そのように完全な政府は人間界にふさわしくない」[26]。さらにいえば、「ことばの厳格な意味において、本当の民主主義は決して存在したこともなく、これからも存在しないだろう。多数派が支配し少数派が支配されるのは、自然の秩序に反することだ。人々が公務にたずさわるため不断に参集することなど想像できないし、行政の形を変えないままでは、これらの公務処理委員会を作れないこともあきらかである」[26]。

絶対主義に敵対して、ルソーは小国家については民主主義（われわれのいう直接民主制）を保持する印象をあたえ、他の箇所では、弊害のより少ない選挙貴族制（ある意味で、われわれのいう間接民主制）を選好していた印象をあたえる[27]。

じっさい、かれはけっして両者を切断しなかった。一七六七年のミラボー侯にあてた手紙をみると、かれはもはや「法を人の上におく政府形態」をみいだせるとは確信していない。それが不可能なら、「われらはもっと極端な他の政府形態に移行せねばならない。そして一挙に、人を法のはるか上位におき、その結果、恣意的専制政治、それも可能なかぎり最高の専制主義をうちたてねばならない。その専制君主が神であらんことを私は望む。一言でいえば、私はもっとも厳格な民主主義ともっとも完全なホッブズ主義の間に、我慢できるいかなる中間の選択もみることができないのだ。国家をたえざる内戦状態におく人々と法との紛争は、あらゆる政治状況の中で最悪のものだからである」[28]。

人民主権、一般意志、自由——市民革命の大きな数々のテーマが設定された。主権在民、直接民主制、自由いてくりひろげられた。

——民衆運動の大きなテーマもそこにあった。さらに、他の論争が、富について、平等について、また所有について

b 平等と所有

まだはっきり定義されることも、命名されることもないが次第に拡大していく商人資本主義——その現実に直面して、とりわけ、田舎と都市における貧困と悲惨や少数者による富のめざましい獲得の光景をまのあたりにして、社会的な怒りが成長した。一方では幾人かが魅力的なユートピアの伝統を延長してこれを革新したが、他方の側は現実に同情したり、解決を慈善活動に託したりした[29]。

一七五五年刊の『百科全書』のために、その「政治経済」の項目執筆を依頼されたルソーは、富者が貧者に提案する社会契約について、概略このように要約している。

「私はゆたかであり諸君は貧乏なので、諸君は私を必要とする。そこで、われわれのあいだで、ひとつ協定を結ぼう。私は諸君に命令するための労をとる。その見返りとしてなにがしかのことを諸君は私にしてくれる、という条件で、諸君は私に奉仕する栄誉をもつこと、これを私は諸君に認めよう[30]」。

その全著作において、またその全生涯を通して、ルソーは富と金持連中を非難して止まなかった。「それは富者の国家だ」「わが子らのパンをわれら貧民の所有から盗むのは君たち金持の国家なのだ」とかれはかいた。ルソーがなぜ自分の子供らを捨て子として〔生涯で第五子まで〕養育院に預けたのか、その理由を弁解したフランクイユ夫人宛の手紙(一七五一年)において、金持らは非人間的だから、かれ〔ルソー〕が教育するためにエミールをかれら金持の子供の間から選んだのだ。「われわれは少なくとももう一人別の養育人を〔エミールのために〕必要とすることは確かだ。ところが、貧乏人は自力で大人になることができるのである」とルソーはのべている。

金持は、「利潤が労働とは逆の関係にあり、愚鈍で肉欲的な怠け者が、疲労と欠乏により憔悴した百万人の貧乏な大衆の汗のうえに肥満していく社会はおかしいとは気づかない」のだ。「われわれの社会にあっては、蓄積された富はさらなる富を蓄積する手段を可能にするが、無産者がなにものかを獲得することは困難」[31]である。かれの『人間不平等起源論』（一七五四年）は、つぎのことばで終わっている。「どう定義しようとも、それはあきらかに自然法に反している。……ひとにぎりの人々が飽食のかぎりをつくしているのに、多くの大衆は生活の必要も満たせず飢えているとはどうしたことか」[32]。

この本のなかで、J-J・ルソーは不平等問題と所有の問題を結びつけている。「最初に一片の土地を囲い込んで〈これは俺の所有地だ〉と宣言することを思いつき、それをそっくりそのまま信じてしまうごく単純な人々を見出した最初の者が、市民社会の真の創設者であった。杭を引き抜き、あるいは溝を埋めながら、〈こんなペテン師のいうことを信じるな。果実は万人のものであり、土地はだれのものでもないことを忘れたら、それこそ諸君の身の破滅なのだ！〉とその同胞に向かって絶叫した者がいたならば、かれはいかに多くの犯罪と戦争と殺人から、またいかに多くの悲惨と恐怖から、人類を解放してやれたことだろう。とはいっても、当時すでに事態はもはや過去のようにはいかなくなっていたことも大いにありうると思われる」[33]。

しかしながら、ルソーは私有財産の廃止を勧めなかった。かれは先の『百科全書』に、「私有財産権は、すべての市民権の中でもっとも神聖な所有権である」とかいている。それに反して、譲渡権と徴税権については、これを制限することをかれは予見していた。

「それは、正確にいえば、世の中の力には、法律の力でたえず支えねばならない平等を不断に破壊しようとする傾向があるからである。それ故、極端な財産の不平等を防ぐことは政府の最大機能のひとつである。所有者から財宝をとりあげるだけでなく、すべてのひとから財産を蓄積する手段を没収すること、貧民のために病院を建てるのではなく、市民が貧乏にならないように防貧保障することだ[34]」。

フランス人哲学者エティエンヌ・コンディアックの兄弟であるマブリー神父は、私有財産の批判を再開した。「人間性を苦しめるすべての不幸の主要な源泉は何か。それは財産の〔私的〕所有である[35]」、と論じ、かれは重農主義者に対して次のように理論武装した。

「〔私有〕土地資産が、じっさいそうであるよりは富の再生産にとってはるかに有利だとしても、なお財貨の共同体〔所有〕の方を選好する必要がある。私有地のより大きな富源は、もしそれが自らを富裕にするために、権力と詐欺で自分を武装するように、また不正に人々を誘うなら、何の意味があろうか。守銭奴根性と虚栄と野心がまだ知られていない社会では、最下層の民の方が今日の最も豊かな地主より幸福だったという事実を、ひとはまじめに疑うことができるだろうか[36]」。

マブリー神父は、スパルタ人とパラグアイのインディオを対比して、「万物を所有する国家が、かれらに必要なものを各個人に分配する。ここにこそ私が選好する経済政策がある、と認めるのにやぶさかでない[37]」とのべている。

これに対してディドロは、「人々の間で、貧困がある者を労働につかせるかと思えば、他の者は働く人々の汗と労苦のうえに肥満していく事実[38]」をなげいてはいたが、私有財産の中に個人の保護〔の必要性〕を洞察していた。

エルヴェシウスは人類の幸福の追求に専念して、不平等の批判をくりかえした[39]。「大部分の国の市民には二つの階級があるだけだ。生活の必要にもこと欠く階級と不要な余剰にみちあふれた階級が、それである。前者は過度の労働によってしか生活のニーズをみたしえない」として、かれは少数者の過剰な富を減じて他方の富を増やすよう、政府に訴えた。「すべての市民は何ほどかの資産をもっているだろうか。かれは、毎日七―八時間の労働で自分と家族の生活の必要を充たせるだろうか。かれらの幸福は、自分らの能力に応じたものであろう」。もうひとりの開明思想家ドールバックは、宗教を自然道徳でおきかえることに専念したが、政府に対しては、贅沢に課税し、貧民には自らの労働によって生きる可能性をあたえて、ひとにぎりの少数者による富の蓄積を禁じるように求めた。さらにかれは、貧困者には仕事場をあたえるほか、すべての未耕地を没収して共有地とし、自分ら自身と社会のためにそれを利用しうる者たちにこれを給付する策を提言している[40]。

サロンの人でディドロの友人だったレイナル神父は、『二つのインドの哲学史』（一七七〇年）で知られるが、かれもまた不平等と富を告発した。「贅沢とともに道徳の堕落と法への軽蔑をうむ金の流入を恐れよ。富のあまりに不平等な分配を恐れよ。それは少数の富裕な市民と貧窮生活をおくる多数の市民の出現を生み、そこから前者の傲慢と後者の堕落が生まれるだろう」。かれはそれを、「いたるところで、富民が貧民を搾取する」と定式化し、遺産相続の禁止について考察して、「これらの不実な金持どもを、もし必要とあらば、絞首刑にせよ。そして君たちの品位を回復せよ[41]」と極論するところまでいきつくのである。

弁護士で政論家のランゲとともに、告発は一層厳格で明確になった。かれは一七六七年に『市民法の理論——社会の基本原理』を刊行し、一七七七年から一七九二年にかけて『政治・市民・文学年報』を刊行したが、後者は数回にわたり発禁処分を受けている。

社会と財産は「暴力」という同じ基礎をもっている。「貪欲と暴力は大地を奪取した。……それ故に私有は今日、もっとも衝撃的な権利侵害の上に立っている」。そして、私有の精神は、ひとたびそれが人々の「魂をとらえはじめるや、かれらを畏縮させ、かれらをいわば物質的実利主義者にする。それは、私利私欲以外のほとんどいかなる動機からもかれらを締め出す」。この時代の貧しい労働者の状況を調査吟味してみたランゲにとっては、労働者たちの運命はかれらの父の世代のそれよりさらに悲惨なものにみえたのである[42]。

「赤貧者の制服である不快なボロ着をまとって、かれらはうめくようにつぶやく。かれらは、自分たちの労働のゆたかな果実のわけまえにはあずからない。労働者からの贈物を受け取るのに同意するとき、富はあたかもかれらに恩恵をほどこしているようにみえる。……同時に、富は労働者たちに最大の侮辱と嘲弄を惜しみなくあたえる。……これまでの農奴身分にとって代わった召使、使用人がかれら労働者なのだ。かれらの数は疑いもなく膨大なもので、どの国でも人口の最大部分を占めている。奴隷制の廃止によって生まれた賃金労働者にとって、いかなる有効な利得があるかが問題である。悲しみをこめて率直にのべよう。かれらがかちえたすべてのもの――それは、どの瞬間にも餓死の不安によって苦しめられる恐怖である。それは、人間性の最低の地位にあったかれらの先輩世代の連中のばあいは、すくなくともそこから免れることができた不幸である。この悲惨な境遇におちこむと、かれらは金持をよりいっそうゆたかにする許可を得るために、金持のまえにひざまずくまでおちぶれるのである」[42]。（ランゲ『市民法の理論』）

「自由であること」が日雇労働者を労働にかりたてるのは、まさにこの関係による。かくして、「富者が隷属身分にたいして雄弁に論ずるのは、猛禽がわがの爪にとらえたハトを引き裂くときに発する叫びと同じである」。ランゲには、何らユートピアンらしいところがない。「ある国家において、万人を幸福にしようと欲することは、化学の世界で〈賢者の石〉をさがすのと同じ見当違いな政治的試みである」[43]。経済学者〔重農主義者〕は、富の拡大を約束することによりわれわれをあざむいている。というのも、「ある国民の富をふやす秘密は、単にその不幸の数をふやすことにすぎない」[44]からだ。じっさい、「低報酬で働く外人傭兵」にとって生活の源泉をなすのは〔賃金であり〕富ではない。富者の富裕をつくりだすのは「汗して働く低賃金労働者」の生活である。「より正確にいえば、諸君は、小川が河に流入するかわりに、河が合流する支流にむけて逆流するように望む男のように理論づけた」[44]ということだ。日雇労働者は「自由」市場の罠にはまっている。「かれは、自分の腕の賃貸権以外に売るべきものをもたない。腕を賃貸すれば二日や三日間ぐらい何とかやっていけるとはいえ、その賃貸人（労働者）は、二四時間それなしには済ませられないパンを日々買わねばならない(45)」。「そういうわけだがら、無産の労働者たちが自由であり、親方主人をもたないとなると、何とも悲しい皮肉なことになる。否、かれにはひとりの主人がいる。それはさまざまな主人の中でもっとも恐ろしく、もっとも横柄な主人だ。……貧民はまったく自由なのではなく、すべての国でその主人＝雇主らのために奉仕しているのだ。貧民たちは特定のひとりの雇主の命令の下にはたらくわけではないが、総体としての雇主たちの命令の下にはたらいている(45)」。

一七八九年に三部会が開催される前夜、ランゲが「第四身分の願望の解説者」と自称できたのは、理解できることである。「全般的社会改革をめざす国民議会がフランスで問題だったこの当時、最大多数派なのにもっとも冷遇され、かつもっとも冷酷に、世に理解させる手段をうばわれた階級の民のうめき声を代弁する、少なくともひとりのスポークスマンが存在しなければならなかった(46)」とする指摘は至言である。

ランゲが、日雇労働者 journalier、人足 manouvrier、奉公人・外人傭兵・下層の低報酬賃労働者 mercenaire など、自分の腕の能力しか売るものがない〔原生的〕プロレタリアの状況を分析し、告発していたとき、テュルゴーとフランスの重農主義者およびイギリスのアダム・スミスは、資本蓄積のために使われる「純生産」部分にあたる「前貸」の必要性を洞察していた。こうして、各人がそれなりにさまざまな角度から、資本主義に一面的な光をあてていたのである。

c　経済学者の諸思想

ヴォルテールは、辛辣《しんらつ》に的を射た問いを発した。「何だと？　君らは一国民として自らを形成したのに、富者が貧民をはたらくように強制するこの社会の秘密にまだ気づいていないとでもいうのかね(47)」と。疑いもなく、ここには、資本主義に関してありうべき定義、すなわち、それは金持が貧乏人をより長く、よりきつくはたらかせつづけるシステム――というひとつの定義が存在する。

ルソーはこの論理にたいして、のちに社会主義思想を支える労働者の権利、という論理を対抗させている。「労働力 main-d'œuvre 以外の何かにより形成される私有、という考えを理解することは不可能である。なぜなら、自分がつくりもしないものを私有化するために、自分の労働以外のなにを付加できるのか、ひとは確認できないからだ。自分が耕した土地の生産物への所有権を耕作者にあたえる根拠は労働だけにある。その結果として、労働はかれに、すくなくともその収穫時まで土地 fonds への権利をあたえ、年ごとにそれがくりかえされて継続的な所有を形成し、容易に私有に転化していくのである」[48]。(J-J・ルソー『人間不平等起源論』一七五四年)

十八世紀の後半には、生産の問題をめぐって、広範な論争がくりひろげられた。いかにしてよりよく生産するか。「純生産」を引き出すために、いかにより多く生産するか。だれの労働が生産的なのか。蓄積に必要な〔経済〕余剰をいかにして引き出すか。さまざまな思想家のなかで、「エコノミスト」たちがとくに深くこれらのテーマを検討することになる。

フランソワ・ケネーは、いうまでもなく「重農主義」学派の代表者である。一六九四年にヴェルサイユ近郊の富農の子として生まれたかれは、つよい意志をつらぬいて教育をうけ、ナントで外科医として身をたてたあと、いくつかの医学書を出版した。一七四八年、かれはポンパドゥール伯爵夫人の王室主治医になるが、一七五二年に貴族の称号をあたえられ、一七五五年にはニヴェルネ地方に広大な土地資産を購入した。

当時のフランスは、四分の三以上の国民が農業に就業し、その人口と生産物の点からみて、全体としては田園的な農業王国であった。これに対しオランダとイギリスは、すでに近代的農法を採用していた。フランスの農業は、きわめて伝統的な農法にとどまっていたのである。農土には砂利石がまじり、耕作は表面的だったし、種ま

表2-1　王国生産物比較（1757年）——現実の耕作と良好な耕作

穀物生産物	現実の耕作	A）良好な耕作	B）その格差	B/A
地主への支払	76,500,000	400,000,000	323,500,000	4/5
人頭税	27,000,000	165,000,000	138,000,000	5/6
フェルミエの取分	27,500,000	165,000,000	137,500,000	5/6
十分の一税	60,000,000	155,000,000	105,000,000	2/3
経営諸経費	415,000,000	930,000,000	515,000,000	5/9
経費控除純生産	178,000,000	885,000,000	707,000,000	4/5
総生産物	595,000,000	1,815,000,000	1,220,000,000	2/3

出典）　フランソワ・ケネー「穀物論」1757年

きはおくれ、収穫高は乏しかった。休耕地の慣行は、耕作可能地の半分ないし三分の二、ときにはそれ以上の表土を不毛地にしていた。「地主の怠慢と投げやり。耐え難い重税と義務でやる気をくじかれた農民たちの惰性。不充分な交通路、とりわけ山野を横断する道路条件のおそまつさ。農作物取引の足かせと耕地選択の自由の制限。これらのすべてが、フランス農業の発展のたちおくれを説明する理由である」[49]。（H・セー『十八世紀フランスの経済と社会』(77)）

『百科全書』（一七五七年）で「借地農論 Fermiers」の項を担当したケネーは、折半小作人制度 métayage より定額借地農制度 fermage の方が比較優位にあることを示し、大農馬耕方式が小農牛耕方式にまさる数々の利点を説いている。その「穀物論」の項（一七五七年）において、かれは小農式穀作と大農式穀作を比較し、どちらがよりよき穀物耕作をもたらすか、その分析結果を**表2―1**に要約した[50]。

「穀物論」でかれは、「農業収入は大地と人間の合作の成果である[50]」と述べている。この命題は、（大地のみが生産的で工業は不生産的とみなし、貿易差額の拡大による富裕化を否認する）ケネーの中心思想が首尾一貫して定式化されるあの「経済的政府の原理」以前のものであった。

「人間論」の項も一七五七年にケネーにより書かれたが、政府の支持を失っていた『百科全書』に発表されなかった。かれはその原稿を保存したが、富の源泉を農業に求めるかれの思想はそこでより正確になった。

「ゆたかな土地資産をもつわれわれは、労働力のコストだけ回収するにすぎない贅沢品のささやかな取引などに、心を奪われないようにしよう。それよりも、できるかぎり土地を肥沃にし、穀物やブドウ酒とか、麻や毛織物を生産して売ろう。その生産物が実際には富を何倍にもふやし、そうした富は毎年再生産されて、われわれにマニュファクチュアやあらゆる種類の工業の仕事を保障するだろう。ゆたかさは芸術と贅沢の母なのだから」[51]。

（F・ケネー「人間論」）

この考え方は、『経済表』（一七五八―五九年）が版を重ねるごとに、またミラボーとの共著『農業哲学』（一七六三年）や、『経済表の算術的範式の分析』（一七六六年）において、あとになるほどいっそう明白になっていった。後者の『分析』はつぎの文章からはじまる。

「国民は、生産階級、地主階級および不生産階級という三つの市民階級に、集約されるものとする。生産階級とは、国土の耕作によって国民の年々の富を再生させ、農業労働のための支出を前払いし、かつ土地所有者の収入を年々支払う階級である。生産階級のもとには、この階級内で行なわれるすべての労働とすべての消費が帰属し、それは最初の売り手による生産物の販売にまでおよぶのである。かくして、この最初の売手による生産物販売によって、ひとは国民の富の年々の再生産の価値を知る。

地主階級は、主権者、土地所有者そして十分の一税徴収者を含んでいる。地主階級は、生産階級の年間再生産物の中から、その年前払分を回収し、その経営の富を維持するのに必要な富を控除したのちに、生産階級が地主階級に年々支払う収入――すなわち耕作の純生産物によって生活する。

不生産階級は、農業以外のサービスや労働に従事するすべての市民から形成されているが、これら市民の支出は生産階級および地主階級によって支払われる。そして、地主たち自身は、その収入を生産階級から引き出すのである」[52]。

さまざまな富の循環の分析。諸階級およびこれらの富の生産‐利用と結合した分析。「純生産 produit net」、すなわち自由処分可能な剰余という価値の強調。さらに、「前貸 avances」の役割の強調。更新ないし拡大再生産にむけて固定資産を改良するために、この余剰の一部を投資に活用すること。これらの要点を解明したF・ケネーは、次のような時代において、決してあなどることのできないすぐれた農業資本主義の理論家であったのだ。

――フランスの国土の大部分がまだ農業的で、イギリスやドイツではすでに試験済みの新農法を導入すれば、フランス農業がその生産〔性〕を機敏に向上させうる産業段階にあった時代。

――資本主義が、まだ広範に重商主義的、植民地〔貿易〕的な段階にとどまり、フランスではまだ製造工業段階にまで発展していなかった時代。

偉大な王室財務総監となるテュルゴーは、地方総監をつとめたその若い日に『百科全書』の「見本市 Foire」と「財団 Fondation」の項の執筆を依頼された。かれは地方視察のおりに同行したグルネイの影響を受けていた。また、ヴォルテール（一七六〇年）、デュポン・ド・ヌムール（一七六三年）やアダム・スミス（一七六四年）とも知り合い、『富の形成と分配に関する考察』を一七六六年に刊行している。

かれは重農主義に影響されて、そこでは「大地こそはつねに最初にして唯一の富の源泉である[53]」と論じた。しかしながら、ケネーほどの純理論家的素質をもたなかったけれども、経済の現実については該博な知識をもっていた人物であり、同書でこう自らに問いかえしている。

「国家の富とは何か。……もしそれが住民の数ではないとすれば、何が土地に価値をあたえるのか。もし労働が真の富〔の源泉〕なら、そして貨幣がこの富の唯一の表示手段であるならば、もっともゆたかな国とは、投下労働量が最大に存在する国のことではないか。それは、大多数の住民が自分らのために他人から雇用〔雇われ仕事〕を得る国のことではないだろうか[54]」。

だがかれは、雇主側の者たちを、雇用される労働者たちと同じ次元では考えていなかった。

「皮なめしの仕事場を観察するときだれもがそう思うが、ひとりまたは数人の貧民が、原料皮と石炭とタン皮

（白樺などの樹皮）、道具などを仕入れ、皮革工場として必要な建物を建てさせ、出来上がった皮革製品が売られるまで数か月も食いつなぐことは、絶対に不可能だと感じざるを得ないだろう。仕事の材料や原料や準備に必要な道具類をだれに集めさせるのか。だれが運河を建設し、市場を整備し、各種の建築をすることになっているのか。だれも一枚の皮すら準備できず、一枚の皮の売上利益ではだれ一人生存できないのに、膨大な数にのぼる労働者の生活を、皮革製品が売れるまでだれがささえていくのか。生徒や徒弟の教育訓練費をだれに支出させるのか。かれらを年齢にふさわしい単純な労働から、もっと活力と才能を要する仕事へと次第に導き、やがて充分一人前になるまでの期間、だれがかれらを養育するのか。

かれらを雇い、一部は建設費と材料購入費に前貸し、一部はそれらを準備する労働者に日々の賃金として支払う義務のある者――それは、こうした資本財ないし蓄積された動産の所有者のひとりであろう。皮革製品の売上を期待しなければならないのはかれであり、この売上高からはかれの前貸が回収されるだけでなく、自己の投資を償ってあまりある充分な利潤も回収されるのを期待するのはこの資本所有者である。具体的にいおう。もしその資本を土地取得に投下したか、あるいは、かれらの労苦にみあう賃金 salaire に、かれのリスクに、かれの熟練技能にすら投じたばあいなどに得られる利得〔に相当するもの〕がこれであるが、疑いもなく、利潤が同じであれば、同一額の資本で獲得できる土地収入で何の憂いもなく生活する道を、かれは選択するだろう。しかし、かれは生産物の売上高から資本元本がかれの手に還流するのに応じて、かれは新規の購入用にこれを使い、この継続的循環によって、かれの製造事業を続行する。かれはその利潤で生活し、自己の資本を成長させるために節約できるものを蓄積して、年前払の資本価値量を増大させる事業にこれを投資し、いっそうこの利潤を高めようとする」。[55]（テュルゴー『富の形成と分配に関する考察』一七六六年）

このようにして、一七六六年からテュルゴーは、マニュファクチュア資本主義の発達に明快な展望をもち、それと同時に、とりわけ農業における資本主義の発達に注目した。この基礎のうえに、かれは階級分析をより一歩前進させた。勤労階級は、「二つの階級に再分割される。第一の階級は、マニュファクチュアの企業者、親方、工場主などすべての大資本所有者たちで、その前貸資本によって労働者をはたらかせる。第二の階級は、みずからの腕のほかに財産はなく、毎日の労働のみ賃貸するが、賃金以外の見返りをもたない単純職人たちから構成される」[56]。「耕作者階級についていえば、製造者の二階級のように、前貸をする企業者ないし資本家集団と、単純な賃金労働者の集団に分けることができる」[57]。表現の形こそ異なれ、この規定はケネーよりマルクスに近い。そして最後に、「商人の職業は無限の諸部門へ、さらにいわば各職種ランクに分けられる」[58]とかれは論じた。

テュルゴーは、単にマニュファクチュア資本主義の発達の目撃者であっただけではない。かれはその発達のために自ら弁護もした。かれは低金利をつよく主張している。「豊富な資本こそがすべての企業を活性化する。資金需給における低金利は豊富な資金供給の結果であり、その指標でもある」[59]。かれは統制経済と保護主義に反対した。食物をあたえ、よき品行を確保し、教育することに関しては、「すべてを要求し、すべてを受け取り、かれら自身には何の義務もおわないように人々を慣らしていくべきなのか」とかれは問うた。「人々は、諸君がかれらのために手に入れたいと欲する厚生・利益・幸福 le bien に、それほどつよい関心をもっているのだろうか？かれらのなすにまかせよ！ Laissez-les-faire！ ここにこそ、唯一の偉大な原理がある」[60]。かれは「経済的自由」を称賛した。なぜなら、「ひとは自分の利害関心を、これにまったく冷淡な他人よりよく知っているからだ……。ところで、自由放任にまかされた商業においては、特殊利益が一般利益に貢献するようにははたらかない、ということは不可能[61]」だからである。

これらの考えは十八世紀の後半に拡大していった[62]。テュルゴーは、かれが一七七四年から七六年にかけて政府の要職にあったとき、この考えを実行に移そうと試みた。穀物貿易の自由は一七七四年に政令化された。これはすでに一七六三年と七〇年に実施済みの自由化政策だったが、あらたに再度中止になっていたものだ。一七七六年の勅令はギルド親方 maîtrise とギルド頭 jurandes を廃止し、これまでギルドが規制していたいかなる商業と技術・技能職 arts et métiers でも、それにつくすべての人々に職業の自由をあたえる勅令だった。それは強い抵抗を引きおこし、この結果、勅令は適用されることなく、ついにはテュルゴーの失脚を招いた。通商条約の方は、のちにイギリスとは一七八六年、ロシアとは一七八七年に調印されている。

後にみるケネーの概念図《シェーマ》は、富の生産と流通をみごとに描き出した。それは「十八世紀の農業フランス」に確認できるように、資本主義的農業の発達に展望を拓くシェーマであった。テュルゴーの概念図《シェーマ》も、農業における資本主義の発達を再評価してはいるが、それは、ケネーが無視した「マニュファクチュア資本主義の発展」という時代の現実を、図解したごとく対称的に均衡させて提示している。

このように、十八世紀フランスのさまざまな思想が沸騰するなかで、イデオロギーの複雑な装置が構築されたのである。君主制に抗議するための思想的武器は、社会契約、一般意志、民主主義。貴族階級の特権を問題にするためには、自由と平等。農民と都市職人を結集させるには、自由と平等と所有。製造業主と仲買人の熱望にこたえるには、またしても自由だが、生産の自由と商業取引の自由……といったものが、それである。

貴族階級とブルジョワジーの長い対決は、世紀末の危機のなかで決着がつけられた。ブルジョワジーは当初、農民の不満と民衆運動によって自己が支えられるすべを心得ていたが、やがて貴族と聖職者の特定階層に同盟者をみいだした。

一七八九年の大革命運動のなかで、新興ブルジョワジーの主な熱望は実現された。すなわち、貴族身分と各種特権の廃止についで、ギルド頭と親方層の職能身分の防壁は破壊され、貿易会社の特権的独占が撤廃され、鉱山会社の特権も削除されるなど……。そしてついに、国王の身分は、革命的な一大急旋回の渦中でもぎ取られた。

図7　ケネーとテュルゴーによる社会階級分析および「純生産」の循環

1. ケネー

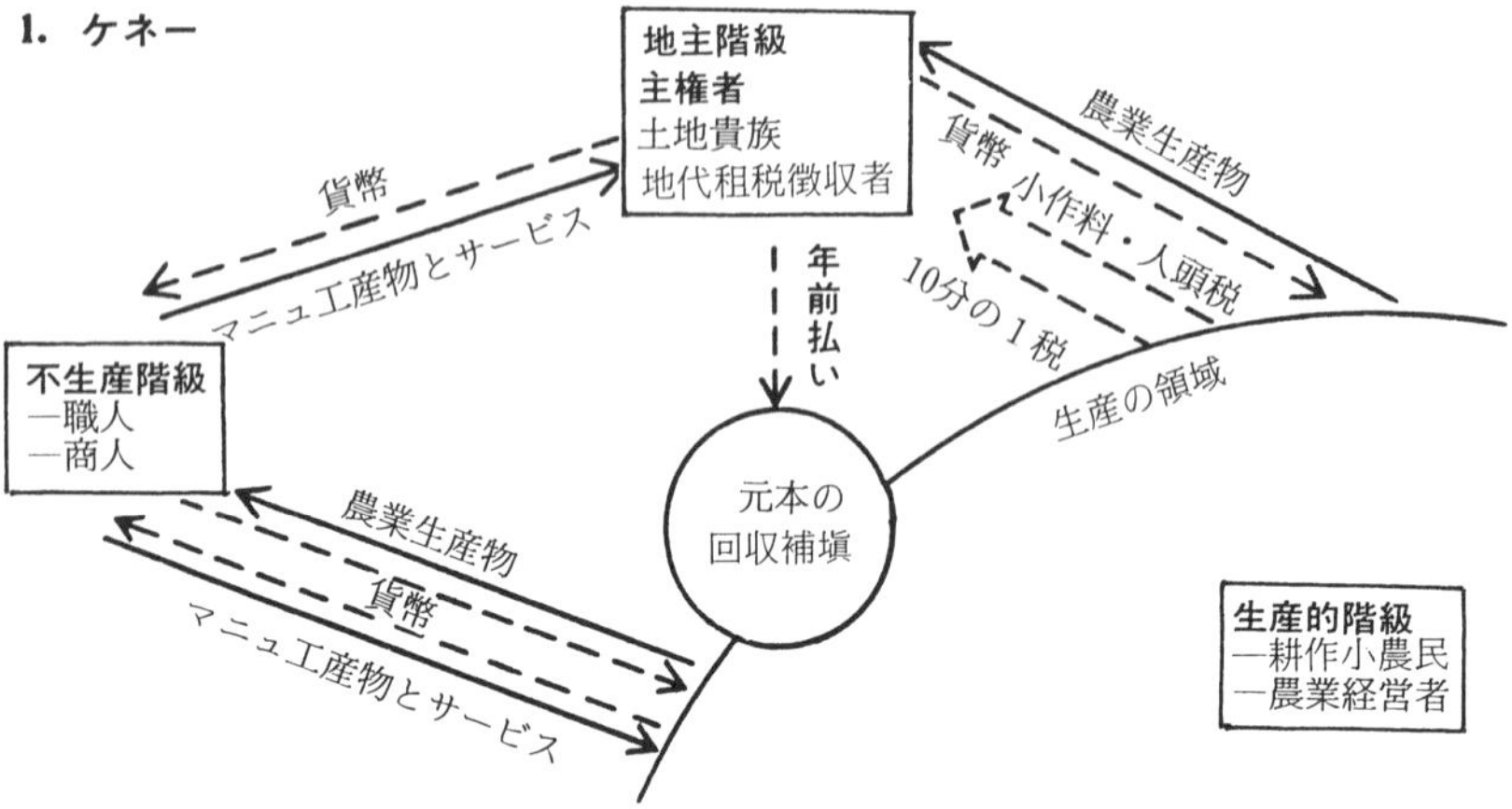

2. テュルゴー

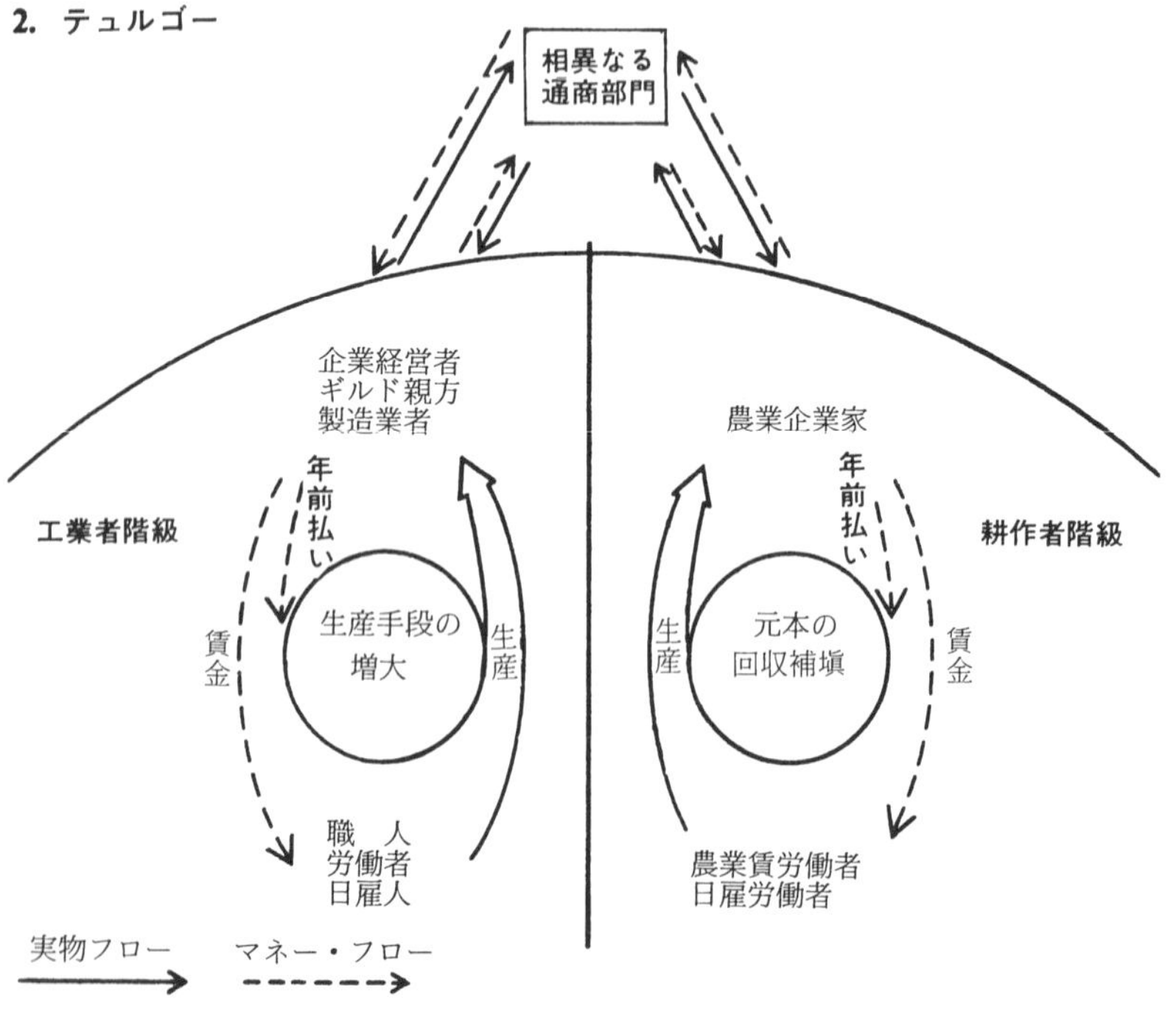

一七八九年の三部会において、その最初の議会に出席できなかった労働者の一部は、苦情の記録を収録した『貧民の記録』のなかで、こう要求した。「われわれの賃金が、並外れた贅沢やあくことなき金銭欲にもとづく殺人的な査定基準で冷酷に計算されることは、もはやないだろう。勤勉で有用な人間の保全維持は、共和国憲法にとって、富者の財産保全に劣らず神聖な保護目的となる。はたらく人間はだれであれ、その生存が不確実であることは許されない」[63]。ル・シャプリエ法（一七九一年）は仲間職人組合を廃止し、親方に対しても職人に対しても、結社を組織したり共同行動をとることを禁じ、かれらの「いわゆる〈共同の利益〉に関して、意志決定したり討議する行為を禁じた。商人や職人たちから構成され、あるいはかれらにより駆りたてられたすべての大衆は、〈暴動〉とみなされることになる」[64]。いまや、貴族にたいするブルジョワジーの勝利は確定したものにみえ、ブルジョワジーはいちはやく、労働者階級に対して自己を防衛しつつあった。

第3節　イギリスにおける産業革命の黎明期

イギリスにおける産業革命の黎明期に、ある匿名文献が公刊されたが、『東インド会社に関する考察』と題されたこの本は、みごとな洞察力を示していた。

「つぎのことを逆説とみてはならない。対インド貿易は、より少ない労働で商品を製造して、しかも賃金を切り下げることなく物価を引き下げる結果をもたらした。というのも、より少ない労働で商品が製造できれば、当然ながら、その価格はより低くなるのだから。……インド貿易は、疑いもなく、一層の熟練技能とさらなる秩序と均斉さを、わがイギリス工業に導入する機会を提供する可能性がたかい。それはたしかに、有益性と利潤がより少ない産業を消滅させるだろう。そのような業種に雇われていた人々は、もっと単純でもっと簡単にみつけられる職業をさがすであろう。あるいはかれらは、より複雑な産業の特殊な業務や部分業務に専念するだろう。なぜなら、もっとも単純な仕事というものは、もっとも迅速にマスターされ、しかも最大の完璧さと勤勉によってなしとげられるものだから。かくして対インド貿易は、つぎのような結果をもたらすだろう。すなわち、もっとも困難な仕事を構成する異なる作業が、過重な荷を背負い込むたったひとりの労働者の熟練技能のかわりに、数人の資格ある労働者にゆだねられる。……その最終的な結果として、東インド貿易は、イギリスより安い価格の製造品をもたらすことにより、より少ない労力と費用で生産できる機械と生産のプロセスを開発するようわれわれに強制する効果をもつ。それは大いにありうることであり、これが製品価格の低落にみちびくのだ[65]」。

じっさい、十八世紀初頭のイギリスの生産は、なお農業的ないし手工業的職人の技能が支配的なレベルにあった。木材は燃料だけでなく、皮なめしにもつかわれ、また、織物やガラスの製造には苛性カリが、造船にはタールが供給された。こうした原料資源が希少になると、それらの産業活動はその不足に悩んだ。自己所有の道具を手にした大量の職人たちが、織物やナイフ（シェフィールド）を生産し、武器、金物や小さな装飾品（バーミンガム）やピン（ブリストル）を製造した。次第に、製造販売業者がかれらのためにつくられた原材料の加工業務を担当するようになった。

こうした枠組のなかで、変化の触媒が作用して世界市場が拡大するが、それは、すでにみたように、主に植民地搾取のうえにきずかれていた。

一　植民地の搾取と世界市場

十七世紀も末になると、東インド会社は特権をもたない貿易業者たちから鋭く攻撃される目標となった。かれら特権なき貿易商《インターローパー》の参入者は、一六八八年革命のあと、東インド会社の独占をきりくずすために、あらゆる努力をはらった。一六九八年にかれらはひとつの競争会社を設立した。ついで一七〇九年に、二つの会社を一社に合併する協定が結ばれ、この会社は連合会社 The United Company と命名された。

「王政復古のあとイギリス社会に普及しはじめた茶が、正規の輸入品目になったのは、まさにこの時代であった。オランダ人によって尊重され、メリー女王によって世に紹介された中国の磁器類も、このころイギリスの宮廷と上流社会で大流行をとげたものである。しかも、柄ものの綿織物、サラサ木綿、キャラコ、綿モスリンなど、いずれも東洋起源の名を冠する綿織物が、毛織物マニュファクチュアの経営者を驚かすほどあまねくゆきわたった。きわめて数多くの多彩な物産にまでその取引範囲を拡大したインドとの貿易は、さまざまなかたちをとって、次第にイギリスの国富として欠かせない要素のひとつとなっていった[66]」。（P・マントゥ『十八世紀の産業革命』（80））

この同じ時期の一六九四年、イングランド銀行が創設された。それは、一群の金融業者が結束してスタートさせたもので、イギリス王室に対して一五〇万ポンドを八％の利子で貸し付けることを約束した。当時、対フランドル戦争の戦費をカヴァーするのに必要な金利水準であった。銀行はその見返りとして、「法人の称号を与えられ、預金を受け入れて商業手形を割引く権利、端的にいえば、すべての銀行業務を遂行する権利を手に入れた[66]」のである。一七〇八年に、イングランド銀行は、イングランドとウェールズに対して銀行券の独占的発行権を獲得した。とはいっても、ロンドン金融業界の伝統に忠実で、エリート層とむすびついていたイングランド銀行は、世界市場相手の外国為替業務に特別の利害関係をもっていた。イングランド銀行は、とりわけ貿易会社と政府に対して貸付けるために借り入れ、為替手形を受けとるかこれに保証を与えて、全世界への支払い保険業務の一切を引き受けたのである。産業資本家や製造-販売業者のあまり多くない資金ニーズにこたえたのは、ロイド銀行やバークレー銀行といったマニュファクチュアの経営者らによってしばしば創造された地方的な銀行だった。その数も、ロンドンのシティーには、一七二五年当時で二四行、一七七〇年には四二行、一七八六年には五二の都市銀行が存在した。これに対して、地方銀行の数は、一七五五年の一二行から一七七六年に一五〇行にも激増し、さらに一七九三年には四〇〇行へとめざましい増加をとげたのである(68)。

商業活動の膨張にはおどろくべきものがあった。十八世紀をとおして、国の内外の商業活動にともなう商業為替の取引額は五・五倍にふくらみ、国庫収入は四倍に肥大をとげて、イギリス商業は世界一の王座についた。輸出面では製造加工品と石炭が増加したのに、小麦の輸出は減少する一方だった。これとは反対に、他国の取引業者むけのイギリスによる財貨の輸送と倉庫業務の需要は、アメリカ合衆国へ、インドへ、地中海ヨーロッパからバルト海沿岸のヨーロッパへと拡大をとげ、相互に交差する緊密に組織された交易関係のネットワークの心臓部に、イギリスを位置づけることになった。この多角的な国際貿易関係は、イギリス経済中心の世界システムへむけて同国全体を変形していったのである。

「十八世紀の〈三角貿易〉*と海運業および造船業の発展は、巨大な港湾都市の発展をもたらした。ちなみに十八世紀に入ってからその第4・四半期まで、ブリストルをイギリス第二の大都市に押し上げたのは、奴隷貿易と砂糖貿易のインパクトであった。……ブリストル港が奴隷貿易の面でリヴァプール港に追い抜かれたとき、ブリストル港はイギリス—アフリカ—アメリカを結ぶ〈三角貿易〉から砂糖貿易へと、その貿易の矛先を転じたのである。また、スコットランドが植民地貿易への参加をゆるされたのは、一七〇七年のイングランド=スコットランド連合法以後のことである。その許可はイギリスの地図にグラスゴーを華々しく登場させたが、とりわけ砂糖とタバコこそ、十八世紀におけるグラスゴーの繁栄をきわだつものとした二大植民地物産だった。他方、マンチェスターの成長は、その海外への、世界市場への出口であるリヴァプール港の成長と緊密に関連していた。奴隷貿易によってリヴァプールに蓄積された資本は、その後背地をなすマンチェスターの工業エネルギーを充塡するために投資された。アフリカむけのマンチェスター物産は、この当時、奴隷交易船が停泊するリヴァプール海岸に、運びだされたのである」[69]。しかもこのとき、「どのアフリカむけ貨物のなかにも、なじみの物品として銃砲類がもちこまれていたことに注意しよう。マンチェスターが棉花貿易の中心であったとすれば、当時のバーミンガムは銃砲類貿易の中心地となったのである」[70]。(E・ウィリアムズ『資本主義と奴隷制』一九六一年)

＊ これは、イギリスの綿製品―インドの阿片―中国の茶・絹・銀をめぐって展開された有名な「十九世紀前半の阿片三角貿易」に先立つ「十八世紀までの奴隷三角貿易」である。十八世紀までの奴隷三角貿易とは、イギリス商人が英国船でアフリカ中西部の海岸に織物と鉄砲類やさまざまな舶来品を陸揚げし、その見返りに黒人奴隷を満載して西インド諸島や新大陸の諸港に連行し、生存黒人を転売し、さらに植民地の物産を積み込んで、それをブリストル、リヴァプールなどの港で高い値段で売りさばいた貿易関係のこと。ニューイングランドの白人もこの貿易に参加し、ボストン、サレム、ニューロンドン、とりわけプロヴィデンスからは、ラム酒などの物産をアフリカへ送り、プランターが求める黒檀材や黒人奴隷を西インド諸島や新大陸にもち帰った。この奴隷三角貿易は北部の繁栄をもたらした。この間に名も知られずに死んだ黒人たちを象徴するXとして、一九六〇年代に黒人革命家の「マルコムX」が登場する。

なお、**表2―2**(次頁)にその一部を示す最近の研究では、十五世紀中葉から十九世紀末まで、アフリカからの大西洋・サハラ奴隷貿易の数は概算で一五〇〇万人といわれる。十六世紀末までとるに足らなかった大西洋奴隷貿易は、十七世紀中葉から砂糖プランテーションの発達とともに激増した。連行先はブラジルから英領ジャマイカやバルバドス島へ、十八世紀にはカリブ海諸島の英領へ、仏領(グァドループとマルチニーク島)へと広がり、ついに十九世紀初頭にはスペイン領キューバにおよんだという。一六六〇年代から十九世紀初頭の十年までが大西洋奴隷貿易の最盛期であった。ナイル渓谷とサハラから地中海西欧へ連行された奴隷は七四〇万人にのぼり、連行中に一四〇万人が死亡し、インド洋方面へは五〇〇万人を記録した。奴隷貿易は、大西洋・サハラ経路ともにその全体の三分の一が十九世紀に生起している。

表2-2 大西洋とサハラにおけるアフリカからの奴隷貿易（1450—1900年）

	大西洋奴隷貿易（単位：100万人）	全体の割合（%）	サハラの奴隷貿易（単位：100万人）	全体の割合（%）	合計（単位:100万人）
1450—1600	0.367	3.1%	0.9	25.5%	1.3
1601—1700	1.868	16.0	0.710	20.1	2.6
1701—1800	6.133	52.4	0.715	20.3	6.8
1801—1900	3.330	28.5	1.2	34.1	4.5
合計	11.698	100.0%	3.525	100.0%	15.2

注）P. E. Lovejoy, "The Volume of the Atlantic Slave Trade: A Synthesis," *Journal of African History* 23 (1982): 473-501; R. Austen, "The Trans-Saharan Slave Trade: A Tentative Census," in H. A. Gemery and S. J. Hogendorn, eds., *The Uncommon Market: Essays in the Economic History of the Atlantic Slave Trade* (New York. 1979), pp. 23-76. から作成。

出典） Catherine Coquery-Vidrovitch, *Afrique noire: permanence et rupture*, Payot, 1985.

内外交易の発展は輸送手段の改良を必然化して、十八世紀の半ばから水陸の交通路のネットワークを開発する建設工事をさかんにした。このインフラ工事は、フランスや他のいくつかの大陸諸国のような公共の夫役労働によらず、イギリスでは地方の協会組織（大地主、貿易業者、羊飼、農民たち）の手になるもので、各地の協会は道路建設に投資して通行税をとりたてた。貨物用荷馬が路面の荷馬車運搬にかわり、行商の旅人はサンプルをもち運んで注文をとり、定期市の商人連中と競争したのである。しかし、この時期は、道路交通より以上に運河を切り開く時代であった。たとえば、リーズ、ウェイクフィールド、ハリファックス、エールやカルダーといった都市の織物マニュファクチュア関係者の要請で、河川の航行が可能になった。また、トレントとダーウェント間に沿って施工された工事は、ダービーとノッティンガムの工業発展を助長した。一七二〇年頃にマージーの運河が開通すると、マンチェスターとリヴァプール間の物流がやりやすいものになった。河川と運河の開鑿にかんする他の工事も、リヴァプールとマンチェスターむけ石炭の輸送を容易にして、これによりその輸送コストは半減した。こうして、十八世紀の末にかけて、文字どおりの運河網が完成し、イギリス各地の産業中心地をめぐる商品の物流循環の困難がとりのぞかれたのである。

より多く売るためにより多くつくる——そこにこそ、イギリスにおける産業発展のスパイラルの第一歩があり、それは農業から鉱業におよび、さらには製造業まで巻き込む社会変動をひきおこした。

二　資本主義的生産の出現――工場制度

囲い込み運動は十八世紀になると生気をとり戻し、とりわけ一七六〇年ごろから精力的に再開された。今回のそれは〔牧羊囲い込みではなく穀物増産のための「農業革命」による大規模なもので〕議会投票にもとづく法律（エンクロージャー法）のかたちをとるケースが次第に多くなる。共有地に住む非合法定住者 squatters は、村落から放逐された。零細な農耕地片しかもたない貧しい農民たちは囲い込みの費用を負担できず、さればといって、受け入れたその劣等地で食いつなぐこともできなかった。かれらが他の連中と同じく土地をはなれたばあい、その結果として、畜産飼育の拡大は無益なものとなった。居なおったにしても、落ちぶれたあげくに、自分の農地を近所の大地主に売り渡した者も多い。いうなれば、「ゆたかな者のよろこびは増し、貧しき者は朽ちはてた」[71]のである。土地貴族制により拍車をかけられながら、タウンシェンド卿を先頭に、沼地の干拓、鉄製の犂、家畜の選択淘汰と異種交配が試みられ、輪作〔小麦―カブ―大麦―クローヴァー〕などが普及して、馬耕一貫体系と家畜飼育と飼料生産をくみあわせた〔ノーフォーク式輪作経営の〕近代農法が駆り立てられた。

これらの土地資産、ならびに農機具の使用法における変化によって、当時はよくみられたことだが、生存の糧をうばわれた少なからぬ労働力の吸収と使用が可能になった。〔耕地・共有地から一掃され、〈土地清掃〉された〕この労働力が、鉱業と製造業の生産増加を可能にしたのである。

木材の希少化が刺激となり、輸送コストの低落により助長されて、石炭の生産額は、十八世紀の前半に（二一五〇万トンから五〇〇万トンへと）ひとたび倍増したあと、同じ世紀の後半にはふたたび（一〇〇〇万トンから一八〇〇万トンへと）激増して、英国の石炭生産高は、ヨーロッパ全体の石炭総額の三分の二にも達している。賃金労働制度は拡大したとはいえ、スコットランドの炭鉱と岩塩鉱山ではたらいていた労働者は、法的には一七七五年まで、辺境に残存したものもふくめれば十八世紀の末まで坑奴身分だった。かれらは炭鉱・鉱山で使役され、鉱山と一体に丸ごと売却処分され、なんと鉱山所有者の名が刻まれた首輪で拘禁されてはたらいたのである[72]。

加工産業の分野では、他の生産形態との競争にさらされながらも、なお残る職人層の役割が重要であった。特定の製造‐販売人のための家内工業的労働形態が、かつての独立職人たちへ、小農民の家族労作経営へと拡大してこれらをとり込み、英国マニュファクチュアの主要な生産形態となる。〔その流通形態としては〕仲買人《ネゴシアン》がその代理人を生産地に派遣して、羊毛などの原料を「各地に分散する紡ぎ手や織り手に直接手渡すか、地方の製造業者に一括支給したあとかれらの手から直接生産者に再配分させる[73]」〔問屋制前貸し製品買占めの〕方式が長く存続した。単一の仕事場内部に伝統的手法で生産するさまざまな労働者をあつめ、一斉に協業労働させる〔有機的〕マニュファクチュア形態は、イングランド地方では決して高度に発達しなかったし、どのケースにおいても決してそこで支配的になることもなかった。それに反し、十八世紀の後半において、はじめはゆったりと、だがやがて加速度的な運動となって、急速な発展をとげたのは、〔機械系大工業の〕工場制度であった。

右の生産方式改良のすべての期間をとおして、かずかずの技術的発明が生産増大への関心に応じてなされた。ジョン・ロンブは、イタリアのレグホーンでイタリア式製糸機械の秘密をひそかにまなび、これを盗用してひとつの小さな工場をつくったが（一七一七年）、この工場はその後一四年間にわたりその特権の恩恵をうけている。同じ時期に、コールブルックデイルの鉄工親方のダービー家は、鋳鉄の生産方法を改良して、コークスと泥炭と粉砕炭を混ぜ合わせ、強力な送風機を使用した。蒸気力利用の圧縮空気ポンプが、炭坑の排水用に使われた。一七三三年に織工のジョン・ケイが「飛杼」を発明するや、職布工程の能率が高まり、織布一片の単位面積も拡大した。かれの作業場は、これに憤慨した職工と職人たちによって破壊されたが、飛杼はその二五年後に広く普及することになった。また、一七三五年にダービーがコークス製鉄法を発明して、その利用法は一七六〇年までにイングランドの各地で一般化された。一七四九年には、シェフィールド地方出身の時計師ハンツマンが、少量ながら鋼鉄をつくるのに成功している。

一七三〇年から一七六〇年にかけて、鉄の使用量は五〇%ほど増大したが、とくに農業と加工業のための機械器具がその主な利用先であった。一七四〇年から一七七〇年にかけて棉花の消費量は一一七%も増加した。だがそれでも、織布工程の発展で紡糸が不足してきた。ついで一七六四年に、織工のジェイムズ・ハーグリーヴスが多軸式のジェニー紡績機を完成して、同時に数本の糸を紡ぐことが可能になった。一七六七年には毛梳工のトマス・ハイが、また一七六八―七〇年には理髪師のアークライトが、流水エネルギーを動力化して、紡ぎ車を回転させる水力紡績機を考案している。職を失った没落職人たちによる怒りの抗議と機械の打ち壊し《ラダイッ》(たとえば、一七七七―七九年)にもかかわらず、多軸紡績機の使用は、家内労働者たちの間に普及した。以上ふたつの紡績機の長所をとって、一七七九年に紡績‐織布工のクロンプトンがミュール紡績機(走錘紡績機)の作動に成功してから、紡績工場が運河沿いにつぎつぎと建てられた。

これらの動きと並行して、技術を決して軽蔑しなかった〔時計師の〕ジェームズ・ワットは単純簡便な単動効果の蒸気機関を発明し、それは一七七五年までに実用化されていく。製鉄業も前進した。すなわち、一七七六年に最初の鉄道レールが製造され、その敷設は炭鉱地帯に普及するが、一七七九年には最初の鉄橋も建造される。そして一七八七年には、疑い深い連中のあざけりをはねのけて、最初の鉄製の船が進水している。鉄の精錬は、反射炉を用いた鋳鉄の脱炭素化製法によって、鍛冶親方のヘンリー・コートおよび職長のピーター・オニオンの手で一七八三年に実現された。

一七八三年に、ワットは複動効果の蒸気エンジンを考案し、一七八五年には蒸気機関を動力とする最初の紡績工場がノッテインガムに建設された。紡糸が豊富に生産されたおかげで、後段の加工工程にくる織布工程がめざましい発展をみせたのは、まさにこのときである。一七八五年になると、牧師のカートライトが機械化された織機を作ったが、これは次第に完成されて十八世紀末に一般化する。同じころ、織物生産の別の工程でも技術的進歩があいつぎ〔綿繰器、梳毛機械、粗製紡績機、漂白や染色法など〕、また他の産業部門〔製紙工場、製材所、木材加工〕にも技術革新がみられた。

新しい生産形態――〔機械系大工業の〕工場制度が形成されたのは、この運動の中からである。

工場制大工業はその動力源として、熱源の石炭のほかに機械装置をうごかす水力を活用し、また伝達用と作業用の機械設備類を使用した。一七六五年から七五年にかけてワットにより考案され操縦された蒸気機関が、動力として利用されたのはやっと十八世紀末になってからのことにすぎない。ちなみに、一八〇〇年の時点ではその五〇〇台が稼働中であったという。この新動力――蒸気エネルギー――とともに工場制機械システムが回転しはじめた。その結果、生産と労働のリズムが組織化されたが、それは、機械に奉仕する労働者へのきびしい工場規律の要請をも含んでいた。どの紡績工場も四階ないし五階建のレンガづくりで、ほぼ数百人の賃金労働者を雇い入れ、銑鉄と鋳鉄の製鉄所は、いくつかの送風式熔鉱炉と鉄工場を構内に集中配置して、稼働させていた。

かつての職人や家内労働者は、こうした工場のなかで働くのをいやがった。かれらはそこで、「硬直した規則に縛られ、魂のない機械の無慈悲な運動に駆り立てられ、歯車のように操られたからである。工場のなかに足を踏み入れることは、兵営か刑務所に入るようなものであった」[74]（P・マントウ『十八世紀の産業革命』〔80〕）と報告されている。地方、周辺の貧しい田舎から駆り出された次のようなプロレタリアートのなかに、初期の産業資本家は自らが求める労働力をみいだしたのである。

「工場の労働者たちは、その当初、さまざまな要素から構成されていた。大土地所有の拡大で村から追われた者、解雇された兵士、教区で保護をうけていた貧民とか、あらゆる階級と職種の浮浪貧民がそれである。これらの未経験で、ともに力をあわせてはたらいたり協業する準備もあまりない人々を、工場主は教育訓練し、とりわけかれらに作業規律をあたえねばならなかった。単一製品を生産するために工場経営者は、これらの労働者がその助手役になる木製や金属製の機械装置のように、運転において規則正しく、動作において正確な、いわば〈人間機械〉にかれらをつくりかえねばならなかった。これまでの小さな仕事場での拘束されない雰囲気にかわって、もっとも厳格な工場規律が登場した。労働者の出勤、食事、退所時間は、ベルによって告知管理された。工場の内部では、だれもが指定された職場にはりつき、きびしく限定されてたえず同じ内容の課業をわりあてられた。各人は罰金や解雇の威嚇により、ときにはもっと粗暴残忍な強制手段によって、沈黙と服従を強要する職工長に監視され、停止することなく、規則正しく労働せねばならなかった」[75]。（同書）

織物工場で現場労働の主体戦力となったのは、きわめて広範にわたる女性と児童のそれであり、とりわけ救貧院で生活保護をうける児童の徒弟労働力が教区から提供された。たとえば、一七八九年に、ダービーシャー州のアークライトの三つの工場では、一一五〇名の従業員を雇っていたが、その三分の二が児童であった。

そのようにして、イギリスにおける生産の資本主義的変形は開始され、その様相は、のちになると、「産業革命」の名のもとに浮き彫りにされてくる。その背景にあったのは、海外植民地の支配と世界商業の拡大であり、商人資本主義は、貿易の発展とともに、茶、砂糖、棉など一次産品の供給の増大、ならびに織物や加工製造品の販路の拡大をもたらした。囲い込み運動と農業近代化は、根なし草化して資本による自由処分が可能なプロレタリアートを大量にうみだした。科学技術の知識の生産への応用は、雪ダルマ式に一連の発明を引き起こした。とくに農業と商業からうまれた処分可能な資本で、各地に工場が建設された。生産は強力に成長し[76]、賃金生活者の階級は拡大をとげて、労働者の闘争が増大し、その組織化がすすんだ。

その過程で国家は、産業保護政策ならびに重商主義政策のさまざまな特権や初期独占とともに、大きな役割をはたした。世界商業と植民地の膨張への政策的、軍事的な支え、あるいは貧民の治安維持と労働者反乱の抑圧がこれに加わった。一七六九年の刑法は、機械や建物の意図的な破壊や「不忠行為」を国家反逆罪として分類し、これらの罪を犯したと認定された者にたいする死刑罪を制定した。一七七九年のランカスター暴動と一七九六年のヨークシャー騒乱には軍隊が出動している。一七九九年の団結禁止法は、賃金引き上げの確保や労働日〔一日の労働時間〕の短縮、その他雇用と労働条件の改善を目的に結成された労働者団体を禁止した[77]。

この多様で活発な運動の心臓部には、将来のブルジョワジーの最初の輪郭が粗けずりにえがきだされ、それらは互いにからみあい融合して存在した。貴族の多くは商事会社や各地の農場や鉱山に投資して、これらに生気をあたえた。大商人と金融業者は、土地不動産を購入してかれらの成功を誇示し、商人らは産業資本家に転じて工場を建設した。製造業者や取引業者から銀行家になったケースもある。かれらはイギリスのすべてのビジネスを担当した。法律家や地方の名望家、あるいは羽振りのよい篤農家とか教会関係者、大学人のなかには、この当時、投票権をもつものがすでに四五万人存在した。囲い込み法、救貧法、労働者抑圧法などをめぐり、議会投票に反映したのは、こうした階級の人々の利害であった。国政がふたりの「ドイツ人国王」、すなわちジョージ一世（一七一四—二七年）とジョージ二世（一七二七—六〇年）の手を大きく免れていただけに、前者の影響力はそれだけ強大となった。この立憲君主制のもとで、伝統貴族階級と新興ブルジョワジーが実権をにぎった。その現実を、ウィリアム・ピットは、有名な「イギリスの国策、それはイギリスの通商」という定式に総括している。

三　経済政策の前進と自由主義の発展

自由主義思想の前進と経済的現実の自覚――この一箇二重の運動のふたつの外観は内部で結合していた。すでにイギリスの銀行家リチャード・カンティヨンは、『貿易一般の性格に関する小論』（一七三四年執筆、一七五五年刊行〔邦訳『商業論』〕）の中で、重商主義思想との断絶を拡大し、とりわけ、「あまりに大量の貨幣所有は、それがつづくかぎり諸国の経済力を形成した。だがそれは、知らず知らずのうちに、当然ながら諸国を貧困におとしいれこんでいく」と指摘している。かれは土地資産所有者の経済的役割を称賛することにより、重農主義への道を準備していた。デイヴィッド・ヒュームは『政治経済論集』（一七五二年）において、富は貴金属の豊富さにあるのではなく、貴金属は物価の引き上げをもたらし、貿易収支の不均衡を導くだろうと強調したが、かれはその分析をさらに深め、「国力ならびに臣民の富と幸福の増大の観点からみた外国貿易の利益の原因」を探求している。「王国の国力および臣民の富裕と幸福をたかめるための外国貿易の利益は、国内の労働への需要を増加させる。しかも国王は自分が必要と考えるその一部を、公共サービス労働にふりむけることができる。外国貿易は、輸入によって新しい工業の一次産品原料を確保し、母国では消費されえない特殊な商品をつくる新規編入労働力の需要を輸出によってうみだす。要するに、大規模な輸出と輸入をいとなむ王国は、国内産品の生産に満足している王国よりも一層多くの産業をもち、しかもその産業は洗練された贅沢品の生産に専念しなければならない。かくしてこそ、その国は強力になり、ゆたかで幸福になるのだ(78)」。

極端にまでカリカチュア化して、「ひとは規則や統制に支配されるよりは、むしろ自己の利益にしたがわねばならない」とする自由の論理をかれは強調したのである。「かれらの貪欲はあくことなく追求させ、はかり知れないかれらの野心をみたすように、そしてすべての悪徳が、結果としては公共の福祉に利するようにすべきだ」（『議会の独立』、一七四一年）として、それは、万有引力のニュートン的展望のなかに位置づけられた。多面的な利害と多元的な個人のエゴイズムから、ひとつの新しい調和の世界が形成される、という思想がねりあげられていくのである。

アダム・スミスは、もっとはっきりと述べている。D・ヒュームの弟子として、かれはヒュームが『人性論』（一七三九年）で展開した考えを追求した。アダム・スミスは『道徳感情論』（一七五九年）において、諸個人の利益の追求にもとづく社会秩序を正当化しようとこころみた。同時にかれは共感 sympathy の概念を強調し、これを掘り下げている。かれは高貴と富裕の享受を正当化したが、その当時にあって、両者はまだ一部少数者の特権であったのだ。

「自然がこのようなやりかたでわれわれに与えた幻想、それは人類の産業活動をかき立て、近代社会の市民たちをたえざる運動のなかにおく。この幻想こそ、かれらにさまざまなしかたで大地を耕させ、バラックのかわりにひとかどの家屋を建てさせ、巨大な都市を建設させるものであり、あるいは発明をうながして、科学と技術を完全なものへ改良していく要因なのである」[79]。（A・スミス『道徳感情論』）

かれは「見えざる手」という考えを前進させたが、それはいうなれば神の新しい化身であり、調和した宇宙の保証人であった。

「見えざる手は……もし地球がその住民に均等に分割されていたならば、つくりだされた生活に必要な財貨の同等の分配分を各人にもたらすはずだ。その結果、それは意図せずに、またそうとは知らぬ間に、社会の利益を増進させ、人類が増殖する手段を提供する。神の摂理は、いうなれば、かぎられた少数の富者の間でのみ大地をわかちあうばあいでも、その分け前を割り当てるのを忘れたようにみえる大衆をみすてることはない。そこで、

これらの大衆は自然が生み出すもののうち、かれらなりのわけまえを享受する……[80]」。（同書）

自分をとりまく悲劇的な社会の困窮に目を閉じながらも、スミスは貧乏人について、つぎのように記述するところまでいった。

「人生の本当の幸福をつくりあげているものとは何かとよく考えてみれば、かれらは自分らよりはるかに上に位置するようにみえる人々より、決して劣っていない。どの社会的地位、身分の人間でも、身体の健全さと魂の穏やかさについてはほぼ同じレヴェルにある。そして、生け垣に寝そべり日向ぼっこしている乞食といえども、国王たちが追い求めて止まないこの平穏と静かな安定を、ふつうは所有しているものだ[81]」。（同書）

バックルー青年公爵の家庭教師にえらばれたスミスは、グラスゴー大学教授の職を辞し、一七六五年から六六年にかけて欧州大陸を旅行した。この旅先でかれは、ヴォルテール、ケネー、テュルゴー、ダランベールやエルヴェシウスに出会い、各地のサロンに出入りもした。その一〇年後に、かれの主著『国富論』、正しくは『諸国民の富の性質とその諸原因に関する研究』（一七七六年）が公刊されたのである。

消費者の利益の名のもとに、スミスは重商主義のシステムを拒絶し、これを否認した。かれはケネーを「きわめて思弁的な内科医《フィジシャン》」と皮肉っている。しかも、一方で重農主義者《フィジオクラット》の経済学への貢献は認めながらも、他方で、かれらの主要なあやまりは、職人、マニュファクチュア経営者や商人の階級を、頭から全面的に不毛で不生産的階級だときめつけて考察する点にありと考えた。アダム・スミスとしては、単純かつ明解な「自然的自由のシステム」を称賛したのである[82]。そのシステムにおいては――

「正義の法に反しない限り、すべてのひとは、まったく自由に自分に利益をもたらす道を追求して生き、自分の勤勉と資本をどこでも好きなところに投じ、他のすべての階級の人たちのそれと競争させていく。これによって、一国の主権者は、必ずや何千回もだまされたり、あるいはたえず期待が裏切られる危険に晒されずには達成できない任務・責任から全面的に解放されて存在し、また人間のどんな知恵や知識をもってしても不充分にしか達成できない義務と責任からまぬがれて存在する」(83)。

この自然的自由のシステムにおいては――

「一国家の主権者は、三つの果たすべき義務をもつだけである。第一に、すべての暴力行為と侵入行為に対抗して社会を防衛すること。第二に、社会を構成する各人を、他の構成員の不正と抑圧からできる限り保護すること。第三に、公共の施設と機関を建設してこれを維持すること、がそれである」。

これはたしかに、重商主義からはほど遠い主張であった。

その後、アダム・スミスは、かれの時代の現実を考察し分析している。かれは、ピンの製造工程の分業を丹念かつ綿密に記述した。かれはこれを、市場のひろがりや機械化と関連づけて観察した。「労働を短縮し、作業を容易なものにするのに適したすべての機械を発明する原動力は、労働の分割にある」。しかし、見誤ってはならない。スミスの世界は大工業の世界ではなく、蒸気機関も機械体系も使わない作業場であったという限界を。

スミスの世界は、マニュファクチュア資本主義の世界である。すなわち、かれのいう(釘やピンの)「製造」とは「手の技能」をもつ労働者たちを協業させるもので、かれが依拠したあれこれの職業 métiers は、まだ職人的なものにとどまっていたのである。いわく、縮絨工、製糸工、織物職人、染物師、仕立親方、靴修理屋、石工、大工、指物師、高級家具師、刃物師、錠前師などがそれであり、かれが当時眼にした商人とは、食料品屋、薬剤師、肉屋、パン屋、宝石商、金銀細工商、理髪屋などであった。また、輸送交通関係者としては、馬車の御者、荷役人夫、轎《かご》かつぎ、水夫などであり、そのほかに農民、羊飼、樵夫がいた。

『国富論』の冒頭から、かれは労働の重要性を強調している。「すべての国民の年々の労働は、その国民が年々に消費するすべての生活必需品および便益品を供給する本源的資源 fund であり、この必需品と便益品は、この労働の直接の生産物であるか、または、これとひきかえに他国民から購入した生産物である」。労働は「すべての商品の交換価値の現実的尺度」である。そして、夫の労働と妻の労働は、もしひとがそれで家族を養いうることを望むなら、「生存にとって厳密に必要不可欠である以上の何ものかを、かれらにもたらしうる」はずである。

この（労働対象に価値を付加する）生産的労働と不生産的労働に関する考察を、スミスはかれの資本蓄積の分析と厳密に結合させた。

というのも、かれはこの資本が（抽象的ではなく）自分の眼の前で、いわば等身大の人間の尺度で、機能しているのを目撃したからである。

「およそ資本の用途には、つぎの四種類がある。

(1) 社会の使用および消費に年々必要とされる粗製一次産品を獲得するため。

(2) 直接の使用および消費のために、右の粗製生産物を製造し加工するため。

(3) その粗製生産物や製造品を豊富な地方から不足している地方へ輸送するため。

(4) 最後に、この両者の特定部分を、その消費者が日々の需要をみたせるよう小部分に分割するため。

この第一の用途に、土地、鉱山、漁場の改良や耕作を企てるひとの資本がある。第二の用途としてはすべての製造業主の資本がある。第三の使用方法としてはすべての卸売商人の資本がある。第四の用途としては小売業者の資本がある」[84]。（A・スミス『国富論』）

かれはこの資本がいかに機能するかを観察した。すなわち、マニュファクチュアの親方はその一部を「かれの産業における道具類に〈固定資本〉として使うが、かれの〈流動資本〉の一部は原料の購入に使われる。……だがこの同じ資本の一大部分は、（労働力購入資金として）毎年親方が雇うさまざまな労働者の間に分配される」[85]。

だが同時に、かれは総体としての資本の論理、つまり「資本蓄積の論理」を認識した。それまでは支配的だった貿易収支によって判断するという基準を拒絶したかれは、それが有利な収支か不利な収支かの如何によって、一国は繁栄もするしあるいは衰退もする、そうした「もうひとつの収支」の重要性を強調したのである。

「重要なのは、年間の生産と消費のバランスである。すでに述べたように、もし年間生産物の交換価値が年間の消費を超過すれば、資本は必然的にこの超過分に比例して増殖する。このばあい、社会はこの収入で食いつなぐが、年々の貯蓄分は当然その資本に追加され、年間総生産物中のあらたな増加分として〔拡大〕再生産されるように使われる」(86)。（同書）

つぎにかれは、先の基準に関わらせて、経済の諸活動を分類する。

「農業のつぎには、製造業に使用された資本が最大量の生産的労働を活動させ、また年々の生産物に最大の価値をくわえる。輸出貿易に使われる資本は、これら三つのどれよりもその効果がすくない……」(87)。「そのように、事物自然の成り行きにしたがえば、いかなる発展的社会でも資本の大部分はまず農業に、次に製造業に、最後に外国貿易に向かう。この順序はきわめて自然なものである」(88)。（同書）

このように、マニュファクチュア資本主義が完成され、しかも工場制度とともに産業資本主義が準備される時代に、スミスは、生産的労働にもとづくその蓄積が「国民と国王を同時にゆたかにする」のを許容する「資本」を分析した。フランス啓蒙主義、自然法、さらに宇宙の調和のイデオロギーによって影響されたかれは、市場をつらぬいて実現される「自然的自由の体系《システム》」に信頼をおいたのである。かれは商人連中と製造業主らが協定することに反対した。「同業者というものは、たとえそれが休息や気晴らしが目的であっても、ともに集うと、とかく顧客に対する謀議とか、あるいは価格引き上げに適切な何らかの談合をするのがつねで、それなしに終わることはめったにない」(89)。かれは、「労働の自由」を制限する可能性をもつすべてのものに反対した。〔同職組合《ギルド》の独占を批判した節で〕「貧民の財産は、かれの腕にやどる力と器用さである。そしてこの力とこの器用さを、（他人を損なわない限り）自分が最善と判断するやりかたで使うのを妨げることは、この本源的所有権への公然たる違反行為である。それは、労働者の合法的自由のみならず、仕事を与えようとしている者たちの合法的自由に関しても、目にあまる侵害行為である」[90]（としたスミスの文章は、師弟条例や定住法を批判した文脈につらなる）。しかし、不平等を受け入れ、必要ならば現存の社会秩序を防衛する政府の問題として、「市民政府は、私有財産権の安全確保をその目的とするかぎり、現実には、貧民から富者を守るために設けられるのだ」[91]（『諸国民の富』第五編第一章の「司法費」）とスミスは書いた（「スミスはこの事態を遺憾に思いながら」とロザンヴァロンは今日の光をあてて解読する）。

トマス・ペインは、自由なユートピア的表現で、もっとはるかな地点までいく。一七七六年に『コモン・センス』において、かれは「社会」と「政府」をはっきりと区別した。すなわち、「社会はわれわれの必要の所産だが、政府はわれわれの弱さの産物である。……社会とは、ともかくも、ひとつの恵みであるのに、政府の方は、その最良の状態においてさえ、ひとつの必要悪にすぎない」[92]。そして、もし共和制に近い政府がなにがしかの利点をもつとすれば、それは、そこでは主権者のなすべき権限が（絶対君主にくらべて）より限定されていることだ、とみて、ペインは一七九一年に、『人間の権利』のなかで、一般化された市場社会が形成されると、究極的に政府の必要は消滅する、とまで論じている。

「人々が体験する相互の依存と相互の利害関係は、社会をむすびつけるこの大きな鎖のネットワークを創造する。土地所有者、農民、製造業主、商人、そしてすべての諸活動は、各人がお互いから、また全体から受けとる助力のおかげで繁栄する。共通の利益がかれらの社会関係を調整して、かれらの法律を形成するのである。……要するに、今日では政府に帰属するほとんどすべてのことを、社会は自分自身のためにみずから実行する。……個人と全体の安全と繁栄が依存するもの、それは、数百万の水路をくぐりぬけ、人類社会の畑を灌漑してこれを活性化する諸利益のたえざる社会的循環なのである。それは、最良の政府がなしうることよりも、はるかに多く

のはたらきをしている」[93]。（T・ペイン『コモン・センス』一七七六年）

国家の衰弱を予見したり、〔規制緩和を〕要請するところまでいかなくても、支配階級の資本家的ブルジョワジーは、そこにくめどもつきない自己のイデオロギーの素材を見いだした。そして一七九六年のイギリス議会で、つぎのように宣言したのは、ほかならぬブルジョワ政治家のひとりで政府の頭目であったウィリアム・ピットである。

「公的権力の干渉が産業の発達をさまたげ、最良の政策意図が最悪の悲惨な結果を生んだこれまでの数々のケースをよく考えてみたまえ。……商業、工業、貿易は、本来ならかれら自身にみあったしかるべき達成水準をつねにみいだすはずなのに、現状ではあれやこれやの人工的手段により攪乱されることしかありえないだろう。これらの諸手段は、自発的な産業活動を妨害し、あるべき良好な結果を阻害しているではないか」[94]。（P・マントゥ『十八世紀の産業革命』〔80〕）

第二章のまとめ

十八世紀とはまさしく、工場制機械システムとともに、資本主義がそれに固有の生産様式を形成した世紀である。

とはいえそれは、以下のふたつを主な源泉とする富〔資本〕の本源的蓄積を基礎にしてなしとげられた。

――農民の剰余労働の伝統的な収奪。

――さまざまな形態をとる植民地の超過搾取、すなわち、海賊行為、強制労働、奴隷使役、不等価交換、苛酷な植民地課税など。

国内と海外における市場の発達、および交易の拡大は、生産の拡張を必要とした。それは第一に、伝統的形態（マニュファクチュアと家内労働）でなされ、第二に、新しい技術革新とともに、賃労働制度にもとづき、蒸気を動力源として使う機械的工場制度の枠内においてなされた。その範囲はまだ限られていたが、全面的に進行した後者にこそ、価値増殖の第三の源泉が存在したのである。

そのように、金貸資本の貨幣流通（A→A'）と、小商品生産（M*a*→A→M*i*）と、安く買って高く売る商人資本の循環（A→M→A'）のかたわらで、産業資本の価値形成・増殖のために組織された資本制生産（A→M[mp＋ft]→P→M'→A'）が発展をとげた。

いいかえれば、なにがしかの貨幣Aをもつ製造業者が、商品M（生産手段mpと労働力ft）を買い入れ、両者を商品の生産過程Pで結合させて消費し、生産された商品価値が実現されて、利潤をふくむ貨幣A′をもたらす。こうしてかれが、その商品の販売によって手にした増殖貨幣A′＝A＋ΔAから、利潤にあたるΔAを再投資する資本蓄積が可能になるのである。

マニュファクチュア（工場制手工業）はこの資本制生産の進展をよびおこし、機械的大工業がこれを完成した。このプロセスは、人口の増大と農業生産の近代化によってそれだけ大量の使用が可能になった労働力の形成により、いっそう容易になったのである。

そのときから、国家的蓄積〔社会資本形成〕は前世紀と同じく、道路、運河、水路、港、艦隊、行政施設などの分野で継続したけれども、〔私的〕資本家的《ブルジョワ》蓄積はひとつの決定的な変化を開始した。たしかに、この蓄積は、民間の金融資産や商品在庫の増大をとおしても続行したが、それはますます生産資本の形態（一次産品、機械、工場設備など）でなされることになる。

ケネー、テュルゴー、スミスなど注意深い経済学者たちは、新しい時代の論理を洞察していた。すなわち、生産的労働からは「純生産物」が引き出され、それはとりわけ「前貸資本」を構成し、これによって資本制生産の基礎が拡大されうるし、その改良も可能となる、という論理がそれである。

この運動の主たる代理人は資本家階級であったが、かれらは、銀行や商業の資本家、取引業者《ネゴシアン》と富裕な製造業主から出発して自己を形成した。他方、イギリスでは貴族の一部もその形成に参加している。この新しい支配階級は、とくに「自由」の啓発につとめ、これを時代の主たるスローガンとした。

イギリスでは、この階級は国家の業務ないし国政にかかわり、またこれに影響されており、そこではとりわけ「経済的自由」が主題であった。貿易の自由、生産の自由、できるだけ安い価格で労働者に賃金を支払う自由などがそれであり、それゆえに、それは、労働者の同盟と暴動に対抗して自衛する資本の自由であったともいえる。

フランスでは、この階級は国務や国政から排除されていたから、とくに「政治的自由」がまず要求された。すなわち、特権の否定、憲法の制定、平等がそれである。しかしながら、経済的自由主義への渇望もまた存在した。フランス革命およびアメリカ革命とともに、また「産業革命」の進展につれて新時代がひらかれた。この〔近代世界システムの〕新しい時代は、つぎにみる抗し難い産業資本主義の興隆によって特徴づけられている。

第三章　産業資本主義の抗し難い興隆（一八〇〇―一八七〇年代初頭）

三世紀もの長期をカヴァーする資本主義の歩みを、われわれははたして充分明解に考察できるだろうか。十六世紀の初頭には、神と王の名において、武装した探検隊がアメリカ新大陸の広大な地域を征服し、そこで虐殺と略奪のかぎりをつくして信じられないほどの財宝を旧大陸にもちかえった。十八世紀のおわりには、自然と自由の名において、富の源泉を発見するのに熱心な経済学者たちが、資本蓄積の諸条件について記述した。

はじめに問題だったのは君主の富であったが、やがてそれは健全な王室財政のための政策、とくに各種の輸出方策により国家を富裕化する問題にかわった。その後は、この同じ線上において、製造工業と国民の労働の重要性が強調された。いまや綿密に考察すべき要因として、生産的労働に光があてられた。生産的労働とは、その〔剰余労働が生む利潤の〕再投資によって拡大再生産を可能とする生産余剰をうみだす性格の労働を意味した。

国王を中心とする国民的統一が達成されて、封建制度と対決した。だが同時に、血生ぐさい王位継承戦争のなかで、国王は他の国王たちとも対立した。新興階級は絶対王政の権威のもとに庇護を求めて、貴族階級に対抗したが、新興階級は、みずからの利害を推進するために、重商主義の思想を武器とした。といってもそれは、そのもっとも先発的で強力な部分が自由主義思想を採用する以前のことだった。十八世紀のおわりには、国王 roi の観念に対し国民 nation の観念が強化された。

神と貴族、宗教と封建制からうまれた旧秩序は、それまで社会的凝集を確かなものにしていたが、やがて神は宗教改革によって引き裂かれ、哲学者たちの手で解体されるか抽象化されていく。他方、貴族階級の方は、国王とブルジョワ階級のはざまでもみしだかれ、その権力と特権をうしなっていく。社会契約と政治体制、また民主主義に関する省察をとおして、ブルジョワ階級はみずから統治する政府のタイプと制度諸形態を決定していく。

植民地の支配、海賊行為、輸入奴隷の苦役やくびきのもとにあった先住民の搾取と収奪は、その全期間をつうじて、母国の富裕化のための基本的源泉となったのである。十六世紀には、富の最大部分はまずもって王室の国庫を通過したが、十八世紀になると、この富はまず植民地会社と金融業者によってとり扱われるようになる。だがすでにこのころは、さまざまな利害紛争が、新大陸に移民した植民者の末裔たちを、民主主義や自由の大義名分のもとに、ヨーロッパのブルジョワジーにたいして対立させていた。よしんば、その新大陸の移民自身が奴隷を使役したり、〔ネイティヴ・アメリカンというべき〕インディアンを殺戮していたにしても。

独占と競争、国家の活動および民間のイニシアティブ、世界市場および国家的利益は、多様なかたちをとりながらも、資本主義の形成期の全体を通じてともに登場してきた。この形成は国民的ブルジョワジーによって活気づけられ、国民国家によって援助され防衛された。同時にそれは、これらの国の労働者たちにより、さらに世界の各地で隷属し支配されている人民の忍耐によって支えられてもいた。

一七八九年から一八一五年にかけて、万人の目のまえで炸裂したもの、それはフランス革命であり、以後のヨーロッパはたびかさなる戦争によって引き裂かれた。それほど劇的ではなかったが、イギリスではもうひとつの革命が進行し、これによって資本制生産の論理は西欧社会に配置され、拡大浸透した。増大しつづける労働者階級の搾取およびつねにより多く供給される商品の大量生産、一方の極におけるめざましい富の蓄積と、その対極における社会的悲惨・貧窮の拡大と悪化がその結果である。十九世紀の石炭・蒸気・機械による工業化運動をとおして、この資本の論理はますます力を増大させながら、一層拡大する社会の諸部門に課されることになる。

世紀の転換期以降の次第に深まるイデオロギー上のはげしい対決は、この社会発展がうみだした社会的諸矛盾の尖鋭化を表現するものであった。

第1節　十九世紀への転換期、諸思想の衝撃

十九世紀初頭における産業の資本主義的発展は、イギリスでは動き出したものの、まだ支配的となるにはほど遠いものがあった。新世代の工場主、産業家は、フランスではジャン＝バチスト・セーを、またイギリスではデイヴィッド・リカードをその代弁者として、自己の階級的立場を確立してきた。だが、産業ブルジョワジーは、いまだ明確にまとまりある社会階層を構成していなかった。工場労働者、といってもその大多数をしめたのは女性と児童の労働者だが、かれらは情け容赦のない機械式生産の工場規律に服従し、むきだしのみじめな労働状況がひき起こすおそろしい脅威にさらされていた。根こそぎにされ、どんな文化の恩恵も生活の安定もないかれらは、当時はまだ階級として自己形成されていなかった。

その反対に、旧社会の諸階級はなお少なからず健在だった。貴族と地主、小農民、職人とか小商人などの階級がそれである。かれらは自分たちに影響をあたえはじめた時代の変化を感じとり、しばしばこれらの階級の人々からこうした社会的変化を批判する声が発せられた。これらの批判は、イギリスのバークやフランスのボナールとメーストルのように、復古主義の過去の価値の名においてか、あるいはイギリスのゴドウィンとオーエン、フランスのサン＝シモンとフーリエのように、合理と公正の規範にのっとって構想されるもうひとつの理想社会の名において、試みられている。

当時なされたさまざまな議論のうち、主な思想は十九世紀の前半にくりかえし取り上げられて論じられたが、

そのなかには、前世紀を越えて今日まで主張されてきた思想もある。

一　貧しい階級と豊かな階級

十八世紀末に執筆した文献だが、困窮の重荷と過度の疲労にやつれた社会的弱者の階級にまなざしを注ぐウィリアム・ゴドウィンは、資本蓄積から生じた不平等をすでにつぎのように告発していた。かれは、不平等にとって基本的なことは労働の搾取だと認識していたのである[1]。

「文明社会におけるすべての富は、人間的な職業の産物である。富裕であることは、本質的に、ひとりの人間が他人の職業の成果を自由に処理することを許可する営業免許状をもつことを意味する……。共同体社会で勢力ある支配的な社会集団とは、自分より弱い動物とともに狩をするライオンのごときものだ。地主は自分の産物とは不釣合な部分をまず手に収め、ついで資本家があとを追い獲物をむさぼり食う。だが今日、他の社会型式とともにあらわれてきた形式の下では、われわれはこの二大階級をもはや必要としない。それは、どんな特殊型をとろうとも、ある者が他の者の職業の成果を処分する権能を与えるシステムであるから……。

およそ現存するどの文明社会においても、その国の住民のはっきりとわかる手労働の職業によって生産されないような、いかなる種類の富も、浪費ないし華美もほとんど存在しない。大地から自生的に産出されるものはかぎられており、そのままのかたちで富や浪費や華美に貢献するものはほとんど存在しないから……。

だれでも、かれが飲む一杯のワインに、自分の身につけるどの装身具のなかに、どれだけ多くの人々の労苦がこめられているかを計算できるだろう。かれがこれらの贅沢品を手にしえる陰には、奴隷的苦役に身をやつし、額に汗してはたらき、不断の骨折り仕事に耐え、有害で不健全な食事をとり、たえざる困苦にあえいで、なげかわしい無知のまま教育もうけられず、さらに獣的鈍感さにとどまらざるをえなかった者たちの運命が存在するのだ。人々が、祖先から譲渡された財産について語るとき、こうしたかれら自身の存在を犠牲にするのに慣れきってしまうのは、あやまれる行為である……。財産は、今日を生きる人々の日々の労働によって生産される。かれらの祖先がその今日の所有者にゆずった財産のすべては、これらの隣人が生産したものを隣人から強奪してよいと認める称号として、かれらが示すかび臭い営業特許状なのである」[2]。

ゴドウィンが暴露したのは、この搾取の社会論理であった。

「不平等がひとたびこのように導入されると、社会のより貧しい民が、自分らより金持であるかれの隣人の雇われ奉公人ないし、賃金労働者にわが身を零落させるほど不運な立場におかれるか、みずから好んでそうするほど腐敗堕落しているとしても、もはやそのことは多分、政府の仲裁によって矯正されるべき社会悪ではない。しかし、われわれがこの点にまでくると、一人の人間の側における蓄積の拡大と、他の人間の側における貧困と不運の増大に境界を画することは困難になるだろう」[3]。（W・ゴドウィン『政治的正義ならびに道徳と幸福へのその影響に関する研究』一七九八年）

この搾取は、思想と価値の領域にまで侵入する。「抑圧の精神、奴隷根性、そして不正行為の精神――ここに、私有財産の現実のシステムからうまれた直接の果実が存在する」[3]。ジャン・ジョレス『フランス革命の社会主義的史論』に収録された右の『政治的正義』（一八九三年）で、ゴドウィンはそう論じている。

トーマス・ロバート・マルサスは、おなじ不平等を、悲惨を、一層の困窮により打ちひしがれたおなじ現実を観察する。だが、かれが非難の対象としたのは社会矛盾ではなく、貧民自身であった。かれは以下の二大公準からその告発を開始する。

「第一に、食糧は人間の生存にとって必要かつ不可欠である。第二に、男女の性欲は必然的でほぼ現状のまま存続する。これらの公準を確かなものと仮定すれば、人口の膨張圧力は、人間に必要不可欠な生活資糧を提供する土地の産出力より無限に大きい、と私は言いたい。人口は、もし調節されなければ、幾何級数的に増加する。ところが生活資糧の方は、算術級数的にしか増加しない。両者の数の差異をすこしでも調べてみればすぐわかるが、前者の力は後者よりはるかに巨大である。

食糧が人間生活に不可欠である、とするわれわれの自然法則にしたがえば、これら二つの等しからざる力の効果は、均等に保たれねばならない。ということは、生活資糧の欠乏が人口抑制に強力な、かつ絶えざるブレーキとしてはたらくことを意味する。この食糧不足の困難はどこかにしわ寄せされ、人類の多くの部分によって必ずや身にしみて痛感されるにちがいない」[4]。(T・マルサス『初版・人口の原理』一七九八年)

博愛主義者とか国会議員はそこでは無力である。「貧乏人に職業やパンを供給することは、金持の力のそとにある。その結果、貧乏人は物事の自然の性格によってこれらのものを金持に要求する権利をもたない……とりわけ金銭的貢献のばあいにいえるが、金持連中のいかなる犠牲的貢献も、社会の下層大衆の間の困窮の再現を防ぐことは、いかなるときも不可能である」[4]。マルサスにとって、貧困は根本的には個人のモラルの問題であった。「社会の各人にとって、労働と節約のおかげで、かれの家族の必要を満たす状態にこぎつけるまで、かれの幸福の実現を延期することが重要である」[4]。このときから、貧しい者と困窮した人々は、自然の法則を尊重しなかったことの咎《とが》を受けることになる。

「この罪深い人間を、自然によって宣告された罰に委ねよう。かれははっきりと宣言された理性の軌道に反して行動した。かれはだれを告発することもできないし、もしかれの犯した行動がかれには不快な結果をもたらしたとしても、これをみずから引き受けねばならない。どの教区も援助の手をかれには閉ざすべきだ。そしてその救済を私的な民間の慈善事業の活動に任すとしても、救済があまりに過剰にならないようにすることが、人類の利益にとって不可欠だ。繰り返された警告に従わなかったゆえに、かれとその家族が苦悩するように神の法則である自然の法則が運命づけたことを知れ、と教えるべきなのだ。何の特別な罪もない母子が、父親の誤った行動のゆえに悩み苦しむとは、不条理にみえるかもしれない。しかしこれが、不変の一大法則なのである」(5)。

マルサスは右に引用してきた論点を、後に『人口の原理に関する試論』(一八〇三年)のなかで精密に展開した。そして、それをつぎの有名な比喩的エピソードにまで練りあげたが、どうしたわけか、その文章は後の版からは削除されている。

「すでに所有が確立してしまった世界に生まれ落ちた人間は、もし正当にも請求しうる生活資糧を両親から確保できず、また社会がかれの労働を必要としないなら、かれはごくわずかな食料といえども要求する権利をもたない。そして、実際の話、かれは余計者、はみ出し者なのだ。たとえ話でいえば、自然界の一大饗宴には、かれのために用意された空席は存在しない。そこで、自然(の女神)は、かれに立ち去れと命じる。そこでもし、かれが饗宴の会食者のだれかの同情に訴えなければ、女神は自ら迅速に自分が下した命令を執行するだろう。もし、これらの会食者たちが座席を詰めあい、かれのために場所をつくってやれば、他の侵入者たちがただちにたちあらわれて、同じもてなしを要求するだろう。来訪者のすべてに食事が用意してあるとの風評がたつと、多数の出席志願者〔過剰人口〕で宴会場〔地球〕は満杯になる。祝宴の秩序と調和は乱され、かつての豊富な食糧は不足に転じる。さらに会食者の幸福は、数々の悲惨と会場のどのグループをも支配する遠慮、気兼ねと気詰まりな光景によって台なしにされ、あてにしていた料理がみつからないので当然にも激昂した邪魔者たちの怒号によって破壊される。会食者たちは自分らの誤りに気づくが、それはあまりにも遅すぎる。この誤りとは、自然の饗宴を主催した女神が与えた侵入者への厳格な退去命令に違反して、会食者が犯した誤りである」(6)。(M・クルーゼ『一般文明史』〔36〕に収録)

これこそが、信仰深い魂にさえも、当時の労働者と大衆の恐るべき貧困を完全に容認させる論理であった。合理的精神の持ち主にたいしては、経済学者がこの貧困の「科学的必要」を示すだろう。それは「賃金鉄則」の結果ではなかったか。ジャン＝バチスト・セーは、この点について、賃金がいかに決まるかをのべている。「もし、求人の数が求職者の数におよばないときは、かれらの所得収入は低落し、労働者階級がその同じ数を現状維持するのに要する必要な賃金率以下になる。幼児と病弱な身体障害者をかかえ、もっとも打ちひしがれた家族は衰弱し、そのときから家計の労働提供は減少する。そして労働の供給量がへると、その価格＝賃金はふたたび高くなる」[7]。リカードは、同じ現象を考察したあと、それは必要やむをえざることと判断する。「すべての他の契約とおなじく、賃金労働者は市場の率直な、しかも自由な競争にゆだねられねばならない。そして立法者の干渉によって決して束縛されてはならない」[8]とした。イギリス救貧法を告発するようにかれを導いた思想、それは、リカードの主著『経済学および課税の原理』（一八一七年）にある「救貧法は貧乏人をゆたかにするかわりに、金持を貧乏にする傾向をもつだけだ」とする指摘によく示される。

二　向かいあう二大ユートピア

より大きな観点からみると、十九世紀の初頭以来、きたるべき世界について二つの理想社会のビジョンが定式化された。そのいずれもが、万民の幸福を保証するとしていた。一方には自由主義の理想があったが、他方には社会の計画的組織化にもとづくビジョンがあり、十九世紀もその三分の二をすぎると、後者は「社会主義的」とよばれるようになった。

スミスとテュルゴーは、同業組合主義者の組織に反対し、あるいは重商主義政策に対抗し、さらには特権を享受する大会社と製造業者の独占を批判して、かつては「自由放任 Laissez-faire」を主張した。これに対して、十九世紀の「経済学者」たちは、いまや制限なしの「自由放任 LAISSEZ-FAIRE」を語るであろう。

セーにとって、財産と自由と繁栄は分離できない。生産的資本の形をとる物的資産とそこから引き出される所得収入による金融資産、この資本を使用する自由、「他人の諸権利を保護するのに不要ないかなる規制も財産への侵害(9)」である。そこから貧富を問わない万人のための繁栄が生まれる――というのも、「かれらの利害は正確に同じであるから」。たしかに、「貧乏であることは大きな不幸だが、自分と同じような貧しい人々にとり囲まれて生きるのは、もっと不幸でさえある。自分自身のための富がないばあいは、他人のためにそれを願わねばならない。赤貧のひとは、もしゆたかな人々のあいだで生活すれば、生活の糧をかせぎ、よりましに暮らす手段をもつから、かれとおなじ貧乏人にかこまれてすごすよりはるかに大きな可能性をもつ。ここで注意すべきことは、貧者の希望は、金持の慈善（おめぐみ）ではなく、金持の利益に基礎をおいていることである。有産者が無産貧民に、耕作すべき土地、道具、肥料、そして種子をあたえ、さらに収穫まで生き延びるための食料を供給するのは、実は有産者自身の利益のためなのである(10)」。

リカードにとって、市場の自由競争、すなわち「需要と供給の法則」は、均衡を保障する。経済的な均衡だけでなく、たとえかれらの利害関係が矛盾していても、社会の三大階級（土地所有者、資本所有者、労働者）間の均衡をもたらす。この同じプロセスはまた、国家間の均衡、比較生産費と特化の競争を保障し、その競争はすべての国々の相互利益を保障する。

この精神において、いわゆる「自由主義ユートピア」が発達をとげ、そして一層明確になる。財産、自由企業、そして市場の自由競争は、すべての可能な限り最善の世界を保障すべきである。このことは国家からくるものをできるかぎり最小限に減じることを意味する。「政府の活動は、本質的に秩序と治安と正義の確保に限られる」、とバスチアは書いた。「この限度をこえれば、それは良心と知性と労働の――一言でいえば人間の自由への侵害となる[11]」。では、その他については？ ただ自由放任これあるのみ！ Laissez-faire！「もちろん不正行為を防ぐことは例外として」。しかし、「それ自身としては罪のない労働、交易、教育、結社、銀行などに関しては、ひとはなお選択する必要がある。国家は、ものごとを自由放任にするか laisser faire、制限を課すか empêcher de faire、はっきりさせねばならない。もし自由放任にすれば、われらは自由となり経済効率よく管理されてコストもかからない。もし、国家が干渉して規制すれば、われらの自由と財布にとってそれは大きな不幸を意味する[12]」。

この「自由主義ユートピア」は、はじめから、「科学的に基礎づけられた」かのように装う巧妙さをもっていた。「経済学者（すなわち自由主義者）は、人間を観察し、その組織の法とそこから結果する社会関係の法を観察する」、とまたしてもバスチアはかいている。かれはこれを社会主義者のアプローチと対照させた。「社会主義者たちはひとつの空想の社会を想像し、ついでこれに、人間的な魂を適合させる[13]」。

この自由主義的ユートピアと対比されたのは、平等主義的、社会的、連合主義的な各種のユートピアであり、一八三〇年代をつうじてそれらは「社会主義」の一語で呼ばれるようになる。

フランス革命下のアンジェとバブーフの著作は、平等主義者の陰謀的呪文をよく証言している。『平等主義宣言』でシルヴェン・マレシャルが起草した次の文章は、この傾向と気風や語調をつたえてくれる。

「フランスの人民諸君！

十五世紀にわたり君たちは奴隷として生き、その結果、不幸であった。過去十五世紀の間、君たちはかろうじて呼吸しながら、独立と幸福と平等を希求してきた。

平等！ それは自然の第一の欲求であり、人間の第一の必要だ。そしてどの正当な結合にとってもそれは主要なきずなである……。

そうだ！　今後われわれは、生まれたときとおなじく平等に生き、平等に死ぬことを志そう。われわれは真実の平等か、さもなくば死を欲する。これこそわれらがなすべきことだ……。

フランス革命は、もうひとつの、はるかにより雄大かつより荘厳で、しかも最後の革命となるべきもうひとつの革命の、ただひとつの先駆であった……〈平等者の共和国〉、すべてのひとに開かれたこの大いなる救護院を創設すべきときがきた。一般的復権の日々がやってきた。嘆き悲しんでいる家族らよ、すべての自然児に自然が設定した共同のテーブルに座りにきたまえ。……この真実の革命の翌日から、かれらはおどろき、いぶかしがるだろう。何だと！　コンミューンの幸福とはこんなにわずかなものに基づいていたのか、と。われわれはそれをただ望みさえすればよかったのだ。ああ、なぜもっと早くそれを望まなかったのだろう」[14]（一七九六年）。

サン゠シモンとフーリエもまた、空想的社会主義の思想について語っている。かれらはニュートンの礼賛者であり、万有引力に由来する調和の考え方に魅力を感じていた。一八〇三年にみた夢のなかで、科学者と芸術家からなるニュートン協議会に地球の管理がゆだねられている姿を、サン゠シモンは目撃した[15]。他方、フーリエは、『四運動の理論』（一八〇八年）において、ユニークにして恒常的に存在する「情念引力」の一般法則を引き出している。人間社会で愛は引力となり、憎しみは排斥力となる。かれのばあい、一八〇〇人の完全な自治的共同生活団体である「ファランステール」が、あたらしいひとつの「普遍的調和」の基礎細胞となるべきものだった。ここには強力なユートピアが存在する。もうひとつの世界、もうひとつの社会の生き生きした確実さが、手のとどく範囲に存在するといえる。サン゠シモンは、「産業」に対してさらにいっそうの関心をはらった。このばあい、「産業」とはさまざまな形の生産的活動のことである。かれは産業家の役割を第一においたのである。かれの著作は労働者たちに関心をむけ、この「最大多数でもっとも貧しい階級[16]」の生活条件の改善に、かれは専念した。

フーリエは、みずから「自己矛盾の世界」と呼んだ社会の矛盾をつき、いとわしい労働への隷属を批判した。

かれは「健全なセンスをもつ世界」をほめたたえた――この「新世界」は、「自然で、興味をよびおこし、真実味のある産業」にもとづく同志関係を実現していくが、その基礎細胞をなすものがファランステールであった(17)。

もっと実践的だったのがロバート・オーエンである。かれは十九歳で紡績工場の製造主任となり、二十八歳で大工場の工場長となったが、その輝かしい経歴のはてに、資本家的産業では最初の〔開明的な〕「社会派経営者」のひとりとなった。十九世紀の最初の二五年間をつうじて、かれのニューラナークの工場は人々が各地から訪ねてくるモデル工場となった。その後オーエンは全社会の改革を提案した。かれは宗教と家族に疑問をなげかけたために、自由主義ブルジョワジーの支持を失なう。しかし、アメリカ合衆国における理想の共同体「ニューハーモニー」の創造に着手すると、かれは自分が想像したユートピア――すなわち協同組合と共産主義の結合――の実現に努力した。だがそれは、ひとつの壮大な失敗（一八二四―二九年）におわる。だが、オーエンはそれ以来イギリス労働運動の精神的推進者となり、自己の確信と信仰のためには疲れを知らぬ伝道者となった。

このように、自由主義的ユートピアと対抗して、社会主義的ユートピアは展開した。それは、人間の幸福はどの領域でも需要と供給の自由な調整機能によって確保されるとみるか、人間の幸福は適切な社会の組織化によってもたらされるとするか、のちがいである。前者は、たとえば需要と供給の法則など、きわめて迅速に科学の装いをととのえた。他方、後者は神秘主義とセクト主義に堕落する傾向をもっていた。自由主義的ユートピアのヴィジョンは、自由な手綱の必要が生まれるたびに、ブルジョワジーの商人的勢力によってとりあげられ利用された。それは規制に対抗し、協同組合をしりぞけて独占と特許に反対し、救貧法を排し、さらに保護主義に異をとなえるものだった。社会主義的ユートピアのヴィジョンは技術者たち（サン＝シモン主義）、そしてとりわけプチブル＝小市民（職人と小売商人）と、中産階級の一般大衆（商業関係者や労働者）のあいだに、その共鳴者をみいだした。

マルクスは、資本主義の歴史的経済的な分析にもとづいて、共産主義は「必然的に」資本主義のあとにくるものであることを論証し、社会主義的ユートピアに関する科学的な見解を提出した。連合主義者や協同組合が数多く達成したもの、ふつうの人民の諸闘争と労働者たちによる闘争、労働者階級の形成と成熟——これらすべての営為が、社会主義的な社会構想を歴史の舞台に根づかせ、具体化させていったのである(18)。

三　富・財産はどこから来たか

アダム・スミス以来、経済学者《エコノミスト》たちが何度もとりあげてきたこの基本的テーマについては、イギリス人のデイヴィッド・リカードとフランス人のジャン゠バチスト・セーが、きわだって対比される二大人物である。

一七七二年に生まれ、オランダに亡命したユダヤ人銀行家の息子だったリカードは、二十二歳以来株式の仲買人としてはたらき、株式投機に成功して資産をきずいた。だが、四十二歳になると実業界から身を引き、土地財産を購入して、一八一九年には国会議員となった。それは、かれが主著『経済学および課税の原理』を刊行して二年後のことであった。それにひきかえ、J-B・セーの方は一七六七年にプロテスタントの貿易商人の子としてリヨンに生まれた。ナントの勅令のあと、家族が亡命先のジュネーブからリヨンへと帰国していたのである。セイはリヨンで銀行の書記としてはたらき、イギリスへ旅行し、一七九二年のフランス革命戦争には義勇軍兵士として参加した。そのあと、かれは当時の「思想的」なサークルに出入りして、『ラ・デカード』誌 *La Décade* の同人となる。そして一八〇三年、主著の『政治経済学概論——富の形成と分配と消費の方法に関する単純な説明』を刊行した。だが、それはナポレオンの財政政策と対立したため、本の修正を拒否したかれは、提供されたポストをしりぞけて、しばらく紡績業の経営に従事することになる（一八〇六—一四年）。一八一四年にナポレオンが失脚して王政復古の時期になると、反聖職主義と自由主義の色彩がつよかった当時にあっては、経済政策は反体制的と判断されたため、民間の高等教育機関のアテネ学院（一八一六―一七年と一八一八―一九年）および国立工芸院（一八二〇年から）以外では、教えることができなかった。かれが名誉あるコレージュ・ド・フランスの教授職に到達するには、死の寸前の一八三〇年まで待たねばならなかったのである。[19]

その基本的な問題設定を、セーは一八一七年版の著書『経済学教理問答』*Catéchisme d'économie politique* において、つぎのような教理問答のかたちに要約している。

「――富を創造することは可能であろうか？

――しかり。富を創造するためには、（効用ないし使用）価値を形成するか、ひとの所有物の中にすでに見いだされる価値に、あらたな価値を付加するだけで十分だから。

――では、いかにして対象物に価値は与えられるのか？

――以前はもっていなかったある使用価値＝効用をそれに付与することによって。

――その財貨がすでにもっていた価値は、どうすれば高まるのか？

――ひとがそれを獲得したときに発見された効用の水準を高めることによって。

――生産するとは、効用を与えることによりモノに価値を与えることである。その結果として、ある産出物がうまれる行為は「生産」とよばれる。

――ある国家において、毎日創造される生産物は、誰に属するのか？

――それらは、産業家、資本家、土地所有者たちに属する。かれらは、自分自身によってか、かれらの道具や手段によって、これらの生産物の創造者となる。その結果、かれらはいわゆる「生産者」とよばれる」。[20]

ここには、十九世紀と二十世紀の経済思想の基礎のひとつが提出されている。すなわち、(1)生産すること――

それは効用を増加させることである。(2)「生産の三要素」である労働と資本と土地は、そこで相互に競い合い、この三要素はそれぞれの貢献に比例してその対価（賃金・利潤・地代）を受けとる——とみる。

リカードは、以上の二点でセーの見解には賛同しなかった。ちなみに、かれはセーの『経済学教理問答』に関してこうかいている。「効用はたしかに価値の基礎である。だが効用の程度は、それにより価値を評価する尺度には決してなりえない。生産するのが困難な商品は、容易に生産される商品の価値より、つねにより大きな価値をもつであろう。ある商品は価値をもつゆえに有用であるにはちがいないが、その生産の困難性こそが商品価値の真実の尺度となる。この根拠から、鉄はどんなにより多くの有用性があっても、金よりも価値が少ないのだ」[21]。同じ一八一七年にでたリカードの『経済学および課税の原理』で、かれは自分の分析結果をはっきりと述べ、その重要な第一章を価値論にあてた。この章の各節の冗長なタイトルのエッセンスは、つぎのわずかな文章のうちにほぼ集約されている。「ある商品の価値、ないしその商品と交換される他のすべての商品の量は、その生産に必要な相対的労働量に依存するのであって、多かれ少なかれその労働者に支払われる報酬対価には依存しない」。「商品の価値はその財貨生産に直接使われた労働だけでなく、その生産労働に役立った設備、道具そして建物に投下された労働にも影響される」。

「価格」がその貨幣表現である「価値」を、このように定義づけてから、生産された富の分配が賃金によって基礎づけられる。いまや、「労働の自然価格とは、労働者一般が増加も減少もすることなくかつかつ生存し種として繁殖するための生活手段を労働者に提供する価格のことである」とする「賃金＝最低生存費説」が説かれる。そこから、「もし、小麦と工業製品がつねに同じ価格で販売されるとすれば、利潤の大小は賃金の高低に比例してきまるだろう」ということになる[22]。

セーのばあい、労働者たち、資本家たち、および地主たちの利害は一致した。ところが、リカードにあっては、三者は対抗関係におかれた。このリカード派の命題とその弱点の批判こそ、マルクスがその「資本」の分析の展開をやり直す出発点となった課題である。

機械の問題に関して、セーとリカードの見地はお互いに再び結合した。セーは一八一五年、『経済学教理問答』においてこう語った。「機械の使用は、労働者階級にとっては、新しい機械を使いはじめたときだけ不幸をもたらす。というのも、経験が教えるところ、機械をもっとも多用する国々は、労働者がもっとも数多く就労している諸国だからである[23]」。リカードは、マカロックの命題について一八二〇年にこうかいている。「私の考えでは、機械の使用はけっして労働の需要をへらすことはなく、またけっして労働価格の下落の原因になるものでもない。逆に、労働価格の高騰、すなわち高賃金のゆえに機械化されるのである[24]」。ところが、かれは自著の『原理』第三版に一章を加筆して、この立場を放棄した。「私は確信するが、人力を機械力におきかえると、それは労働者階級の肩に重い、苦痛な荷物を課すことになるだろう[25]」。しかしながら、「機械の使用を妨害することは、国家にとって、つねに危険な試みであろう。なぜなら、もしひとがある国で資本を信頼せず、より改善された機械制生産を可能とするすべての利潤獲得の能力に同意しなければ、海外に資本を投下するから。そして、この資本逃避は、最高のコスト高になる機械使用よりもはるかに致命的な結果を労働者にもたらすだろう[26]」と考えたのである。

この機械化の賛否論争は空中分解しなかった。それらの議論は、どれも日常の経済生活の気苦労にねざしており、また機械的大工業化にともなうさまざまな利害対立に直面していたからである。

第2節　産業の資本主義的発展

十九世紀をつうじて、おもに機械化された大工業の確立をとおして、資本主義的生産様式が発達をみたことはたしかである。十八世紀の末に、イギリスで形成されはじめていた機械を用いる工場制度は、さらに普及して、その範囲はイギリス自身だけでなく、ベルギー、フランス、スイス、ドイツそしてアメリカ合衆国にまでおよんだ。これらの工場の発展は、第一世代工業化の「原動力」となった部門でとくにきわだっていた。かつて貿易業者か、商人であったか、職工頭や職人の息子であった者たちが、いまや製造業者、工場主となり、地方農村の農民層分解により、あるいは移民によって使用可能となった労働力から、最大限の価値を引き出すように、苦労をかさねていた。こうした当時の耐え難い抑圧と貧窮の諸条件の中から、近代賃金労働者の最初の核が形成されたのである。

この運動は、十八世紀にイギリスではじまったものの拡張であったが、確実に加速化して展開した。**表3-1**にみる世界商工業成長率の年率増加の数字が、それをはっきりと示している。

一　先行するイギリス資本主義

世界的規模でみた資本制的工業化は、つぎの三つの大きなうねりをえがいて進展した。第一波は一七八〇―一八八〇年、第二波は一八八〇—一九五〇年、以後の第三波〔と第四世代工業化・NIES〕は現在進行中である。それぞれのうねりは、産業タイプで部門別に拡大し、国家と地域で地理的にも拡大する特徴をもっている。世界工業化の第一波については、綿工業、鋳鉄工業、鉄道レール製造の三大工業が、原動力ないし推進力産業と記述される重要性と高い成長率および誘発効果をもっていた。これらの産業が世界で最初に顕著な発展をとげたのは、イギリス本国 Grande-Bretagne においてであった。

水力と蒸気機関は機械化を促進して、潜在産出力をフル稼働水準で発揮させ、豊富で安く、全面的に無抵抗な労働力の使用を可能にした。イギリスの比較優位性は十九世紀の前半には圧倒的であり、一八五〇年をすぎてもいくつかの部門は衰退したものの、なお重要な位置をたもっていた。製品の産出量を示す**表3-2**の数字は、このことを雄弁に物語っている。

表3-1　世界商工業の年平均成長率

年	世界工業	世界商業
18世紀平均	1.5(1705-1785年)	1.1(1720-1780年)
1780-1830年	2.6	1.4
1830-1840年	2.9	2.8
1840-1860年	3.5	4.8
1860-1870年	2.9	5.5

出典）W. W. Rostow, *The World Economy*, table II-1, II-7, pp. 49,67

表3-2　主要四大資本主義国の第一世代主導産業

	綿工業	鋳鉄工業	鉄道レール
イギリス			
急膨張期	1780-1789	1790-1799	1830-1839
主導産業期	1780-1869	1780-1889	1830-1879
フランス			
急膨張期	1815-	1850-1859	1840-1849
主導産業期	該当期なし[a]	1830-1959	1840-1889
ドイツ			
急膨張期	1830-1839	1850-1859	1840-1849
主導産業期	該当期なし[a]	1850-1959	1840-1889
アメリカ			
急膨張期	1805-1815	1840-1849	1830-1839
主導産業期	1820-1879	1840-1920	1830-1899

注）(a)産業のモーター役を果たすには不充分な比重しかない。
出典）W. W. Rostow, *op. cit.* table V-2,7,10,13,19 : pp.379,393, 400,422.

イギリス Angleterre において、多少おくれてフランスとドイツでも、この発展は続き強化され、十八世紀にはじまる運動を加速した。北アメリカでは合衆国の独立によって新時代がひらかれた。その幼稚産業は、ヨーロッパで生産者や貿易業者らが十九世紀初頭のナポレオン戦争期に困難に直面している間、大いに利益をうることができたのである。

この当時、イギリス、フランス、ドイツおよびアメリカ合衆国の四大国は、全世界の工

表3-3　主要四大資本主義国の第一世代工業生産

	イギリス	フランス	ドイツ	アメリカ
綿紡績（千ポンド）				
1830年	250	68	16	77
1850	588	140	46	288
1870	1101	220	147	400
石炭（千トン）				
1800	10	1	1	-
1830	16	2	1.7	-
1850	49	5	6.7	7
1870	110	13	26	30
鋳鉄（千トン）				
1800	200	60	40	-
1820	400	140	90	20
1840	1400	350	170	180
1860	3800	900	500	900
機械設備能力（千馬力）				
1840	350	34	20	-
1870	900	336	900	-
鉄道建設（千km）				
1850	10.5	3	6	-
1870	24.5	17.5	19.5	52

出典）J. P. Rioux, *La Révolution industrielle, 1780-1880*, pp.67, 80,93,95,96.

表3-4　世界の工業生産の配分比率（%）

	イギリス	フランス	ドイツ	その他欧州	アメリカ
1820年	24	20	15	37	4
1840	21	18	17	38	5
1860	21	16	15	34	14

出典）W. W. Rostow, *op. cit.*, Vol.II-2, p.52

業生産の三分の二ないし五分の三のシェアをもち、その中でイギリスのシェアは、二〇ないし二五％にまで減退していた。

この工業的発展は、開始されるとやがて純農村地帯の社会に波及し、そこでほぼ千年間におよんだ基本的農業生産の終焉に拍車をかけた。かつてはオランダ、ベルギーなど小国において、商工業活動が盛んな都市の比重が優位を占めることができたかも知れない。しかし、今回のばあいには、製造業活動の発展がはじめて大国の国内各地に勃興しつつあった。まず、イギリス本国が、ついで特殊的にはフランスとドイツがその舞台となる。

もし物質的生産を農業と工業の二大部門に分割するならば、この変化はもっとも顕著にイギリス本国にあらわれた。そこでの工業総生産は、一八〇一年の四二％から一八三一年には六〇％にふえ、一八七一年には七三％にまで増加した。ところがフランスでは、物質的生産におけるこの同じ工業総生産が、一七八一年から一七九〇年にかけて四三％に向上し、一八三五―四四年には五五％になったが、その後は一八六五年から一八七四年にかけてそのまま横ばいに推移した[27]。

この産業上の変化は、十九世紀の最初の三分の一世紀以来、フランスよりもイギリス本国で著しく見られただけでなく、とくにそれは第二の三分の一世紀をとおしてヴィクトリア女王の国で追求された。それに対しフランスでは、農業の相対的後退にきわめて強いブレーキがかかった。それに加えて、フランスでは職人と伝統的な手工業の活動の比重がより高かったのに対して、イギリスでは機械化と蒸気動力化が、それゆえ製造所と工場がいっそう発展した事実を指摘しなければならない。最後に、イギリスの工業発展は、生産財の生産についてより大量にまたより急速になされ、しかもそれが規則正しく拡大した。ところがフランスでは、消費財の商品生産が支配的でありつづけた、という違いがみられた。

これを例解すれば、工業生産全体に占める原料・機械など生産財生産の比重は、イギリス本国では、一七八三年に二九%、一八一二年に三一%だったのが、一八五一年には四〇%へとはねあがり、一八八一年には四七%にもなった。フランスでは、この同じ部分が十九世紀をとおして、一七八一―九〇年に一八%、一八〇三―一二年には二一%、一八七五―八四年にもわずか二三%と、軽微な比重にとどまったのである[28]。

右と同じ時期に、さまざまな「職業 occupation」の性格と産業活動も発達進化をとげて、新しい諸階級の構造がつくり出された。

二 諸階級の新しい構造

さまざまな集計数字をみていくと、産業的雇用の発展、都市化、賃金労働者化といった運動が、当時の根底にあったことが理解できる。これらすべての領域のなかで、産業社会の変化がもっとも純粋にみられたのは、大ブリテン島＝イギリス本国であった。

農業的世界と田園生活が量的に支配的だったのは、フランスとアメリカ合衆国である。ところが、イギリスで

表3-5　イギリス，フランスおよびアメリカにおける活動人口比（%）

イギリス	農業	工鉱建設業・商業	その他
1811年	35	45	20
1841	20	43	37
1871	14	55	31
フランス	**農林漁業**	**商工業・交通・銀行**	**その他**
1851	64.5	27.5	8
1866	50	37	13
アメリカ	**第1次産業**	**第2次産業**	**第3次産業**
1820	73	12	15
1850	65	17.5	17.5
1870	54	22.5	23.5

出典）英仏については，P. Bairoch, *Révolution industrielle et Sous-Développement*, p.276,342, アメリカについては、J. Fourastié, *La Civilisation en 1960*, PUF pp.260.

は反対に、工業の世界と通商貿易を主体にサービスや事務部門も拡大して、すでに十九世紀の初頭でも、これらの部門で雇用人口の三分の二を占めていたが、一八七一年になると、その比率は五分の四にまで高まった（**表3—5**）。

しかしながら、これらの全期間をとおしても、イギリスの農業部門に雇用された人口は一向に減少せず、一八〇一年には一七〇〇万人、一八七一年になっても一八〇〇万人存在した。これに対して、工業部門の雇用人口は急ピッチで増大し、一八〇一年には一四〇〇万人、一八四一年には三三〇〇万人、一八七一年には五三〇〇万人にまで肥大したのである。フランスでは、反対に農業の活動人口が増大し、一七八一—九〇年には五五〇〇万人、一八六五—七四年には七二〇〇万人となった。そして、たとえ数字のうえでは倍増しても、工業部門に雇用される労働者の数はそれほど多いものではなく、一七八一—九〇年には一六〇〇万人、一八三五—四四年に三五〇〇万人、一八六五—七四年でも三八〇〇万人と、農業のほぼ半分にとどまった。

農業人口が安定していたとはいえ、イギリスの農村と田園地帯が工業部門への労働力の重要な供給源であることに、かわりはなかった。離農人口の流出テンポは、一七五一年から八〇年にかけては一〇年ごとに約二五、〇〇〇人流出したのが、一七八一—九〇年には七八、〇〇〇人になった。それが、一八〇一—一〇年には一三八、〇〇〇人、一八一一—二〇年には二一四、〇〇〇人とテンポは高まり、一八二一—三〇年になると二六七、〇〇〇人もが農村をはなれた。だが、この時期以後、農民層分解にともなう離農は減少してやがて頭うちとなる[29]。

以上にみた脱農民のほかに、没落職人をつけ加えねばならない。これらの過剰人口圧力は資本による自由使用が可能な大量の労働力の形成をうながし、それは同時に、イギリスの労働者階級と同国からの海外移民（一八二一年から一八五〇年までに二六〇万人、一八五一年から一八八〇年までに四六〇万人）の構成に寄与したのである[30]。飢饉は、アイルランドでとりわけおびただしい数の死者を生みだした。以下のフーリエの観察記は、この惨状を証言する。「一八二六年のダブリンの新聞は報じている。……当地では現在、ある悪疫が人々のあいだに流行している。ところが、その患者を病院につれていき、食べ物を与えたとたんに、この病気は治癒してしまう。つまり、かれらの病気は〔ジャガイモ飢饉による〕飢餓病なのだ。食物をみつければ治るのだから、病名をさぐりあてるのに魔術師である必要はない……[31]」。

　この産業予備軍は各地の都市に蓄積され、それらの都市において工業活動が発展をとげると、都会は工業労働者たちですし詰めになっていく。「工業と商業がもっとも完全なかたちで発展をとげたのは大きな町や都会である。そのゆえに、プロレタリアートに対するそれらの影響がもっともはっきり観察できるのも都会なのだ」。「大都会は労働運動の火がもえ上るかまどである。労働者たちが自分らの状況を反省しはじめ、闘争を開始するのも都会である。プロレタリアートとブルジョワジーの間の抗争がまっさきに表示されるのも都会なのだ[32]」。「ロンドンについて正しいことは、マンチェスター、バーミンガム、リーズについても正しい。どこにも野蛮な冷淡さがあり、かたくななエゴイズムが一方に、無告の民の困窮が他方にある。いたるところで社会戦争が開始され……[33]」。資本主義的工業化にともなって、イギリスでは都市化がとりわけ早くから進展した。

　一八五一年に、イギリス本国の十大都市には一〇万人以上の住民が存在したが、フランスでは一〇万人以上は五大都市しかなかった。この年、ロンドンは二三〇万人都市と

表3-6　全人口に占める農村人口と都市人口の分布比率

	全人口(人)	農村人口比	都市人口比
イギリス(1851年)	18,000,000	48%	52%
フランス(1851)	36,000,000	75%	25%
ロシア(1851)	59,000,000	93%	7%
アメリカ(1850)	23,000,000	87%	13%
ドイツ(1871)	41,000,000	64%	36%

出典）J.-P. Rioux, *La Révolution industrielle*, p.148, H. U. Faulkner, *American Economic History*, p.231.

なったが、パリは百万人都市になったばかりだった。ちなみに、マンチェスターは四〇万人、グラスゴーは三〇万人、バーミンガムは二〇万人をこえる住民を抱え込んでいた。

そのなかで、マンチェスターは、とりわけ突出した綿工業の都市であった。

「一八三五年、チェスター州とダービー州のとなりにあるウエスト・ライディングをふくめ、マンチェスターの活動範囲には、綿工業の工場労働者の八〇%が、一八四六年には八五%が結集していた。この都市は比類なきその地理上の利を享受していた。マンチェスターは、棉花の輸入港であるリヴァプールの近くに立地する。また、南部をのぞき、東西と北部は有力な炭田によってかこまれ、炭田地帯はオルムスカークからベリーとアシュトンまでひろがっている。その生産高の数字化はむずかしいが、いずれにせよ、マンチェスター市だけの消費量にかぎっても、その石炭消費高は、七〇—九〇万トンをはるかにこえたであろう。

つぎにみる二つの典型的な工場団地群が、比較的狭い地域内部で共存するには、それで充分だった。第一グループは、旧工場地帯にあり、ほぼ全体が平原部に位置するプレストンにあった。それは十八世紀に、絹織物の主産地であるボールトンのまわりに建設されたが、いまやそこはマンチェスターの中心部とみなされており、一八二〇年には全イギリスの綿織物生産の四分の一を占めていた。工場の成長率をみると、一八二〇年から一八三〇年にかけてわずか三〇工場をかぞえるだけだった。にもかかわらず、土地の不足と労働賃金の高騰といったいくつもの困難をかかえていたのである。そこで経営者らは、四階ないし五階建て、ときにはその二倍の高い工場ビルを建てねばならなかった。さらに工業は郊外の住宅地まで侵入しはじめたのである。この動きにあわせて、とりわけ一八二一年ごろから、第二の大工場団地群が発達をみる」(34)。

賃金労働者化も、イギリスでは早くから進んでいた。活動人口に占める賃労働者人口の比率は、十九世紀も最後の三分の一の時期に入ると、全体の四分の三にもなった。この数字は、フランスのばあい、一八五一年に五五

%、一八六六年には五七・五%、一八八二年は五七%であった。アメリカ合衆国では、一八八〇年に六三%、ドイツでは一八八二年に六四%であった[35]。しかしながら、賃金労働者化は、工業労働者にだけ関することではなく、必ずしも工業の生産労働者だけが賃金労働者のすべてというわけではなかった。

三 労働者階級の異質な構成

表3-7 綿織物業に従事するイギリスの労働者

	手織り	工　場	合　計
1819—1921	240,000	10,000	250,000
1829—1831	225,000	50,000	275,000
1844—1846	60,000	150,000	210,000

出典　F. Mauro, *Histoire de l'économie mondiale* p.13.

一八四〇年代の初頭におけるイギリス本国の労働者階級の状況を調査研究したフリードリッヒ・エンゲルスは、その書を、「工場労働者、つまり工場法のもとにある人々は……」という一節から書きだしている。この法は、「羊毛、絹、綿、そしてリンネルが、水力または蒸気力によって紡がれ、または織られる工場」ではたらいている人々を規制する。かれはそれから「その他の産業部門」(ニットウエア、レース、プリント布地、漂白、金属器、陶器類、ガラス加工品)をとりあつかい、さらに農業と鉱業のプロレタリアートについてのべている。この当時の多くの他の研究とともに、エンゲルスは、苛酷な労働条件と生活条件ならびに貧しい賃金実態を明るみにだした。ブルジョワジーが「産業システム」をとおしてプロレタリアートを鎖につないだ〔賃金〕奴隷制度のことをかれは強調した。

「労働者は、法律上も現実的にも、資本家という有産階級の奴隷だ。かれらは奴隷であるから一商品のように売られるし、その価格も商品のように上下する。……その反対に、資本家階級は古代の奴隷制度のばあいより、はるかにゆったりとこのシステムに安住できる。かれは投資分を犠牲にすることなしに、思いのままに従業員を解雇できるし、奴隷使役のばあいよりはるかに安い労働コストで仕事をさせることができるからだ」[36]。（F・エンゲルス『英国における労働者階級の状態』）

十九世紀中葉までに、イギリスの産業システムは高度に多様化した。それ以前のシステムは職人的手工業、家内労働、マニュファクチュア、および労役場《ワークハウス》とともに残存しただけでなく、十八世紀末にあらわれた工場制度とともに存続した[37]。このように、一八二九―三一年ごろまでは綿織物用の力織機が支配的な存在だったのである。

そのなかで発達をみた主たるものは、規模をいっそう拡大する機械設備をそなえた工場制度であった。だがその周辺には、家内労働の新しい形態である苦汗制度の問屋制家内工業も併存した。

工場制度は、水力か蒸気機関の動力を利用して、その大部分が女性と児童からなり機械に「つかえる」分業労働力体系と機械体系を結合させ、再編成して統合したマン＝マシン・システムである。「近代の工場経営者の主な目的は、資本と科学の結合をとおして、単なる用心深さと器用さでやるような労働者の作業をへらすことである。そこで必要なのは、労働者が単一工程に集中したとき、児童でも迅速に到達できる単純作業遂行能力であった」[38]。

一八三四年、十三歳以下の児童がイギリス綿工業の労働者の一三％も占めていた。この数字は一八五〇年ごろには五％に減じるが、大不況とともに一八七四年には一四％へと増加に転じた[39]。極度にきびしい工場規則、罰金による抑圧、賃金切り下げと解雇、地域環境の不衛生、きつい労働、長い労働時間で疲れ切る労働日、病気、労働災害。多くの証人が証言するのは、十九世紀の工業がその基盤の上に発達をとげた、これら非人間的な過度労働と搾取の諸相である。

苦汗労働制度 sweating system とは、問屋商人が貧しい家族に原料前貸で仕事を委託し買占めていく労働システムで、いわば家内労働の化身であった。ところが、それはいまや、とりわけ既製服と靴の製造部門では、工場労働の延長として発達をとげていく。原材料は工場で用意され、苦汗制度の家内労働者が（たとえば毎週）それを受け入れ、組立、裁縫、仕上など、何らかの加工作業をほどこさねばならない。その報酬は出来高歩合制で、そ

図８　19世紀イギリスにおける諸階級と価値の搾取・収奪関係

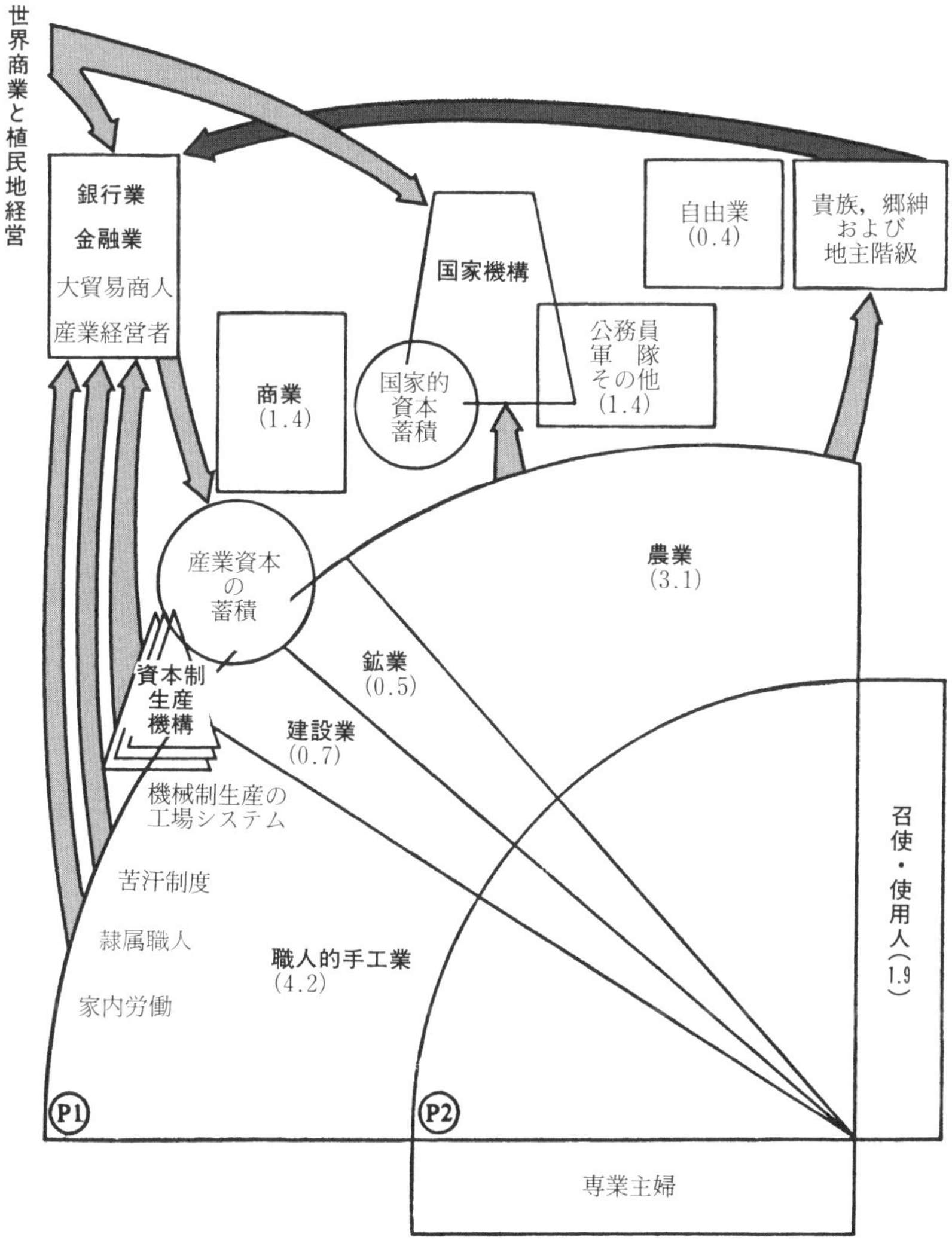

P1：物質的生産の領域　　P2：自己消費用の生産領域

出典）　M.G.Mulhall, *A Dictionary of Statistics*, p.267, 1898.

注）　各部門の(　)内の数字は，1861年の労働力人口(単位：100万人)。

の加工賃率はきわめて低く、労働者に日々の長時間労働を強要する安い報酬であった。足踏み式ミシンの普及は、このタイプの生産の拡大を容易なものとした。一八三〇年のロンドンにおける衣服生産の三分の一は、この方法で実現されたものである(40)。

フランスにあっても、職人生産と工業生産の世界はまことに多様であった。伝統的職人、家内工業の小農民家族、中世以来のフランス巡歴修業 Tour de France の仲間職人と徒弟、建築の職人労働者、特定技術をこなす親方労働者（製本工、金物工、ブロンズ工、鋳造工）、機械使用工場の不熟練労働者……。

マニュファクチュアの古い生産システムは存続した。その点について、バルザックは『アルシスの代議士』のなかで、つぎのように描いている。

「ほとんどすべてのフランスのメリアス類の加工およびそのかなりの取引は、トロワ市の近辺でなされる。この田舎では、半径一〇里以内のいたるところ、村を通りすぎれば、どの家のあけ放たれたドアからも織機を目にすることができ、これを使ってはたらく労働者の姿でどこもいっぱいだ。これらの労働者たちは仲買人、ブローカーと通信連絡をとるが、その仲買人はつまるところ〈製造業者〉とよばれる相場師と通じている」。

リヨンの絹織物業では、約千名の「取引業者《ネゴシアン》」ないし「製造-販売業者《マルシャン・ファブリカン》」が一次原料を買い込んで、「仕事場《アトリエ》の頭《シェフ》」すなわち職工長にそれを手渡す。職工長らは各戸にそなえつけた紡織機の所有者である。これらの織機については、約三万人の織物職人がはたらいており、かれらは出来高で支払われ、一般には取引業者から職工長へ支払われる価格の半額相当の報酬を受けとる(41)。

ついには、一般的にみて小規模ないし中規模のレベルでは、本物の製造業が発達してきた。そしてまれなケースだが、そのいくつかは大企業の規模に成長した。たとえば、ドルフュース・ミーク社は一八三四年から、スピンドル二六、〇〇〇台、紡織機を三〇〇〇台、印刷機を一二〇台そなえ、四二〇〇名の労働者と職員を雇用した。

クルーゾーのシュナイダー社の労働者は、一八一二年に二三〇名いたのが、一八五〇年には三二五〇名、一八七〇年には一二、五〇〇名にふえたし、ロレーヌのヴェンデル社は一八七〇年に九〇〇〇名の賃金労働者をかぞえた(42)。

しかしそれはまれなケースであって、ボナパルティスム・第二帝政下のフランスでは、職人の雇用が工業労働者の雇用より二倍以上も重要になった。そして、平均すればパトロンひとりにつき賃金労働者一四名の規模であったから、工業企業は一般には小企業にとどまっていたといえる。

表3-8　工業部門と手工業部門の活動人口の分布――フランスの1860-65年

1．繊維産業部門（単位：千人）

	工業	手工業	家族労働	合計
a 雇　主	14	175		
b 職　員	28			
c 労働者	724	267		
d 児　童	74	165		
合　計	858	607	136（過小推計）	1601

2．工業・手工業の合計（単位：千人）

	工業	手工業	合計
a 雇　主	80	1420	1500
b 労働者	1150	1600	2750
合　計	1230	3020	4250
b／a	14.5	1.1	1.8

出典）T. J. Markovitch, *Cahier de l'ISEA* 1967,4. pp.87, 97.

連日の長時間労働、非衛生、栄養不良、児童労働、病気、労働の災害事故。イギリスで観察されたのとよく似て、十九世紀フランスにおける労働者の惨状は、これまで何度も描写されてきた。労働者の隷属は、社会的にしっかりとかためられた。一七九一年のル・シャプリエ法による労働者のストライキと結社の禁止は、一八一一年の刑法に再現され、その内容は悪化さえした。労働者手帳が一八〇三年に復活し、労働争議のばあい、民法典はどちら側に真理があるかを前もってはっきりさせた。「給料の配分額、賃金の支払に関しては、主人の主張が信頼される」など。

次に紹介するのは、一八二五年にナントの医師が労働者についてかいた文である。

「かれにとって、生きるとは死なないだけのことだ。彼自身とかれの家族を養うべき一片のパンさえあれば、悲しみの自覚からしばしみずからを救ってくれる一本のブドウ酒のほかに、かれはなにも求めない。……プロレタリアの労働者たちは、毎日、一四時間の労働をおえて疲れ果て家路につくが、すきま風がふきこむあばら屋にかえっても、着替えがないので着たきりすずめ……」[43]。（A・ゲパン『十九世紀のナント』一八二五年）

こうして、イギリスでもフランスでも、繊維、金属、石炭鉱業という時代のリーディング・インダストリーにはたらく労働大衆を、きびしく搾取した基礎のうえに、十九世紀の資本制工業化は発展をとげた。これまで紹介してきた状況は、資本主義的発展が生起したすべての欧米諸国で、多かれ少なかれおきた労働史の現実である。

四　ブルジョワジーの確立

一国における本主義の形成、それは同時に労働者階級が形成されて、新しい支配階級が時代の主役に昇格することを意味した。高度金融財閥と国際貿易業者、同族の商業経営者、製造業者、海運業者、銀行家の大家族がうまれただけでなく、国会議員、法律家、さらにまた、貴族の家族、事業にうち込む準貴族ないし新地主《ジェントリー》（紳士階級）の家族もあり、これらのグループの間には数多くの人脈が織りなされた。婚姻関係や親戚関係、共通の学歴環境にあるもの、共同の事業経営にあたる企業の取引関係筋、一致する利害関心などで結ばれた者同士などがそれである。これらの集団はそれぞれ個別的存在でありつづけたとしても、かれらは、人生と社会に関して比較的同質な観念をとり入れることにより、あるいは大きな社会対立の時点においてかれらがとる態度によって、資本主義社会の支配階級、すなわちブルジョワジーとして、自分たちを位置づけようとめざした。

十九世紀中葉ないし第2・三分期のイギリスに関する限り、決定的な変化が国民資産（国富）の構成におきていた。資本主義の発達過程（海外資産、鉄道、工業・商業・金融への投資、およびそれらへの追加投資）にともなうこの資産構成のちがいは、伝統的な相続資産（土地と農地）のそれにかわって支配的になった。

この発達進化は、勃興してくる支配階級のブルジョワジーと比べて、旧支配階級（貴族《ノブレス》と郷紳《ジェントリー》＝新地主）の経済的基盤が相対的に後退したことを示している。だから**表3―9**をもって、十九世紀イギリスのさまざまな大改革を、没落する保守的貴族階級を圧倒して興隆する自由主義ブルジョワジーの連続的勝利の証しとして示すことは、それなりに理解できないことではない。しかしそれは、土地貴族が十九世紀をとおして徐々にその政治権力と地方行政にたいする疑似独占パワーを失っていったというならば、それは全く誤りというわけではないにしても、すくなくとも単純にすぎるだろう。

じっさい、一方で、十七世紀における絶対王政の打倒は、土地貴族および大金融家族、銀行、国際貿易商とのあいだに、一種の書かれざる協定の調印をもたらした。他方において、これらの両極のあいだには、「のりこえ不可能な壁」などというものは決して存在しなかった。第一グループのメンバーたちは、商業と金融ビジネス、さらには鉱業と製造業にさえ投資した。その間、富裕になった銀行家、産業資本家、貿易業者らにとっては、土地不動産を購入することが議会入りする手段であり、それは、社会的なステイタス・シンボルになる行為だった。そして最後に、貴族とブルジョワジーは、私有財産をおびやかす民衆の反乱や、ラディカルな社会運動に直面すると、その反射作用として「団結」もしたのである。

このほか、他のヨーロッパ諸国にあっては保守の一大勢力をなした農民が、イギリスでは、三世紀にわたり囲い込み運動と営利的農業の論理におかされ分断されて、政治勢力としては弱体だった。労働者階級はといえば、その構成は異質であり、お互いに競争しあいながらも、自己の政治的表現を追求していた。

表3-9　イギリスにおける国民資産の構成比の推移

<table>
<tr><th></th><th>1789</th><th>1812</th><th>1832</th><th>1885</th></tr>
<tr><td>1．土地</td><td>55.0</td><td>54.2</td><td>54.1</td><td>5.2</td></tr>
<tr><td>2．農地</td><td>8.7</td><td>9.3</td><td>9.2</td><td>18.1</td></tr>
<tr><td>（1＋2＝相続資産）</td><td>(63.7)</td><td>(63.5)</td><td>(63.3)</td><td>(23.3)</td></tr>
<tr><td>3．不動産</td><td>13.8</td><td>14.9</td><td>14.1</td><td>22.1</td></tr>
<tr><td>4．海外資産</td><td>a</td><td>a</td><td>4.7</td><td>8.2</td></tr>
<tr><td>5．鉄道投資</td><td rowspan="2">20.8</td><td rowspan="2">19.8</td><td rowspan="2">16.2</td><td>10.5</td></tr>
<tr><td>6．工業・商業・金融資産</td><td>30.2</td></tr>
<tr><td>（4＋5＋6＝資本主義発達関連）</td><td>(20.8)</td><td>(19.8)</td><td>(20.9)</td><td>(48.9)</td></tr>
<tr><td>7．公共資産 b</td><td>1.7</td><td>1.8</td><td>1.7</td><td>5.7</td></tr>
</table>

注）　a：ごくわずか　b：軍用資産と軍用道路を含まず。
出典）　Ph. Dean, W. A. Cole, *op. cit.* pp.70, 270.

そのとき以来、もし保守派と自由派が対立しても、それは和解不能な利害対立をかかえた二大階級の対決ではなくなった。

一八二九年に審査律を廃止し、「旧教徒解放令」によりカトリック教徒の公共機関への就労を許可したのは、トーリー党の改革者ピールであった。同様に、一八三二年の選挙法改正は、大部分の地主貴族らにとって受け入れ可能であった。というのも、主に貿易業者と産業資本家に恩恵をあたえたこれら諸改革により、投票者の数はわずかに五〇万人から八一万余人にふえたにすぎなかったから。一八四六年の穀物法廃止でさえも、それがひきおこした苛酷な対決にもかかわらず、「よき経営」と農業生産機械化をめざし、そこに新しい努力誘因をもつ土地資産の所有者にとって、それは一大災害といったものではなかった。そしてこれら地主階級が、工場法の採用をとおして産業資本家にいわば反撃の回答をあたえたとき、大衆運動からだけでなく、経営者階級の「開明的」部分からの支持もまた発見したのである[44]。

それにしても、イギリス・ブルジョワジーの興隆がよしんば貴族階級に対抗してなされたものではなく、たとえ部分的には貴族階級の出身者の手で、また貴族と同盟してなされたものだとしても、イギリス・ブルジョワジーの興隆は、十九世紀の、とりわけヴィクトリア女王の治世を特徴づけている。

これと並行した運動として進展したフランスのブルジョワジーの興隆は、もっとすっきりしない。それは、イギリスとは異なる条件のもとで、より「波瀾に富む」コースをたどらざるをえなかったからである。

もし、一七八九年の革命が、特権階級だった貴族と僧侶の敗北を記録したとすれば、それは成長する若い資本家ブルジョワジー、官僚有産階級的「ビュレオワジー bureoisie」（法律家、行政官、地方の名望家）、そして農民階級に有利に作用した[45]。職人や商人などのプチブルもまたこれに加えねばならない。しかし、ブルボン王朝の没落後には、銀行家、商工業者のブルジョワジーは、もはやイギリスのように土地貴族と同盟することはできなかった。そのようなわけで、かれらは、小農民や、商人、職人といったプチブル〔小ブルジョワ・小市民〕勢力に依存せねばならなかったのである。土地貴族との階級同盟は、フランスのばあい、問題外だったのだ。

「ナポレオンの〈百日天下〉が崩壊したあとには、異なる追憶と習慣および考え方によってわけへだてられた、二つのグループの人々が残された。そしてかれらはもはやおたがいに、理解しあうことはできなかった。いうなれば、かれらはそれまでお互いに敵対抗争にあけくれてきたふたつの軍隊であった。一方の軍隊が勝利として祝っていることが、他方にとっては敗北として嘆かれていた。あげくのはてに、同じ家屋、同じ領地にふたりの所有者がいる始末だった」[46]。（ドベルジェ・ド・ホーランヌ『世界史』〔38〕）

土地貴族階級は、それまでルイ十八世の王政復古をあまりにも長らく期待しながら生きてしまった。かれの態度のある部分に落胆して、貴族らはその後継者で一八二四年に即位したシャルル十世にかれらの期待をつないだ。かれらは高級ブルジョワジーを排除することによって自分らのポストを確保したが、いまや高級ブルジョワジーは、貴族が没落するのに反し、その経済的、財政的実力を拡大していくライバルとなったのだ。やがてシャルル十世が倒されると、土地貴族の大部分はあきらめて自分の地所に帰るかサロンにとじこもり、みずからの没落に身をゆだねたのである[47]。

そのときから資本家ブルジョワジーは、一八三〇年の七月革命での対貴族闘争で、あるいはのちに産業プロレタリアとの闘争でも、プチブルおよび中間ブルジョワジーに依存せざるをえなかった。特権階級に対抗するこの階級同盟の結合、その接着材の役をつとめたのは、自由と民主主義の思想であった。私有財産権は、「土地財産の分割共有主義者」と対立して機能した。この同盟の条件は、厳密にいえば、資本主義の急速な発達によって破壊されていくだろう特定階級の保護だった。対外的な保護主義、新しい諸技術のゆっくりした利用、広く普及した農業と手工業の生き残り保護戦略、そうしたものがこの階級同盟の代価であった。そこにこそ、十九世紀のフランスにおける産業資本主義の発達が、なぜあのようにゆるやかな足どりであったのか、これを説明する主たる原因がしっかりと根ざしていた。

産業・銀行ブルジョワジーの積極派分子は、国王ルイ゠フィリップのもとで、その後はナポレオン三世のもとで、産業発展躍進の突破口をひらく試みがなされるよう、国家が支援し後押しする動機づけ策をみいださねばならなかった。これらのいくつかはときには成功し、ある場合にはすばらしい成果さえあげた。一八三〇年代と一八五〇―六〇年代における銀行の創設ブーム、第二帝政における鉄道建設のめざましい進展、スエズ運河の開鑿、都市開発の大工事……などがそれである。

しかしながら、社会の深い部分において、フランスという国は地方的で、田園的、農業的かつ職人的であり、つまり、ゆったりとして慎重な国にとどまっていた。銀行と産業資本主義の一部は、蚕のまゆの内部に閉じ込められたかのようだった。たとえば、アルザスと北フランスの綿工業、リヨンの製糸業、クルーゾーとロレーヌの金属工業といったぐあいに。各産業部門の内部で、産業家はお互いに相談協議しあい、協定をむすび、業者団体を組織した。一八二五年に発足した「絹織物製造協会」、「植民地製糖業協会」に対抗して一八三二年につくられた「国産甜菜《てんさい》糖委員会」、一八三七年に結成された「亜麻工業委員会」、一八三九年創設の「綿工業連盟」、一八四〇年の「金属工業利益委員会」、その他「機械加工委員会」などがそれである。

ドイツについて、より正確にはプロシャについていえば、そこでは市民革命がおきなかった。「一八四八年の運動とプロシャ国王による憲法の制定は、生産関係の変換のプロセスにおいて何ら重要な転換点を印さなかった。しかもそれらは、国家の上部構造を変えず、あるいは政治権力をもつ実権派を何ら変革するようなこともなかった。土地貴族ユンカーはつねに政治権力をにぎりつづけ、この運動のときまでにすでに完成していた関税同盟 Zollverein にもかかわらず、プロシャ国家は長期にわたり封建的構造により支配されつづけることになった。じっさい、ビスマルクの治世下に、資本家階級に〔ユンカーの〕政治的支配を応諾させるように企てたのは、このプロシャ国家であった。そのプロセスは、マルクスとエンゲルスによって〈上からの革命〉と正確に特徴づけられた。この国はビスマルクの統治下に、いうなれば内側から、資本主義国家の方向に変わっていったのである[48]」。（N・プーランツァス『政治権力と社会諸階級』〔52〕）

ドイツの資本制的工業化は、国家の援助をともなって、それまではゆっくりと、一八六〇年代からは一段と強化されて急激に進展した。資本家階級はそのとき、きわめて急速に組織された労働者階級と対決して存在した。プチブル派と同盟していたときでさえ、資本家的ブルジョワジーは両面の戦線に対処できなかったのだ。そこで資本家階級は、土地貴族と国の高級「有産官僚階級」、すなわちビュレオワジーとの間に形成された官僚-ユンカー連合の政治支配をうけいれた。新興の支配階級として、ドイツの資本家階級は二流の地位に甘んじねばならなかったのだ。

アメリカ合衆国には、解体すべきいかなる封建的ないし農村的な旧社会も存在しなかった。そこには三つの社会が共存していた。南部には、奴隷制プランテーションと棉花にもとづく農村社会があった。東北部には、工業的資本主義の都市社会が拡大していった。そして西部辺境には、家族農業の開拓社会が展開していく。南部の地主貴族制は、合衆国の形成以来ずっと、連邦国家の機構を牛耳っていたのである。一八五四年に共和党が結成されて一八六〇年代に躍進をとげると、東北部諸州の新しい支配階級の利益を考えた立場から、共和党派は、南部の地主貴族の支配に異議を唱え出した。南北戦争と南部の敗北は南部諸州の分離をさまたげ、土地貴族制の経済的基礎をなす奴隷制度を廃止させた。南北戦争はアメリカ合衆国の工業化を、軍備や鉄道などの面から促進し、銀行部門の再組織化、保護関税、そして移民をうながした。端的にいえば、そのようにして、あらたに重要な工業的拡張のための諸条件がつくりだされたのである。新世代の資本家たちが形成され、南北戦争期に自己主張を開始した。J-P・モルガンは欠陥あるライフル銃を米国陸軍に売りこみ、のちには金の投機にも手をだしている。ジェイ・ゴールドはもうひとりの投機人で、ジム・フィスクは米国陸軍に毛布を売りこんだ。コルネリウス・ヴァンダービルトは、連邦政府に高率でボートを賃貸し、後の石油王J・D・ロックフェラーは、すでにいちはやく石油の販売に着手していた(49)。

こうして、一八六〇—七〇年代におけるブルジョワジーは、イギリスにおいてだけみずからを支配階級と位置づけた。フランスのブルジョワジーは、なおプチブル派の小農民とのやっかいな同盟関係を考慮に入れねばならず、好都合な短期間だけ、国家のサポートをえて自己発展しているだけだった。ユンカーと「鉄と穀物の同盟」を結んだドイツの資本家は、土地貴族によって受け入れられるとともに、国家によっても支えられる両面をもたねばならず、アメリカ合衆国においては、ブルジョワジーがその興隆に向けてひらかれた道をみいだすのは、南北戦争のあとからのことにすぎなかった。

五　植民地支配と世界市場

「イギリスはその港を全世界にひらく。この国は自国を他の諸国から隔てるすべての障壁をうちくずしていく。イギリスはかつて五〇の植民地をもっていた。だがいまやたったひとつしかもたない。すなわちそれは世界そのもの the universe である(50)」。（F・バスチア『コブデンと穀物同盟』一八四六年）

イギリス——ナポレオン戦争終結後の海の女王。イギリス——全世界にその帝国領土と通商網をひろげる国。イギリス——世界の工場。イギリス——この真に十九世紀世界一の商業大国。

そのことは、単にイギリス経済が最高度の発達をとげただけでなく、その発達のプロセスそのものが、当初から植民地の拡大と海上の通商貿易に関連していたことを示すものだ。そしてすでに、同国は比較優位産業に特化する有利および国際分業の論理に巻き込まれていた。そのことは純粋に同国の輸出構造から生じたもので、しかもそれはますます純粋にイギリスの輸入構造からも必然化してきたことを意味する。

くわえて、すでに一八二〇―三〇年代（国内生産の五分の一が輸出されていた）からきわだっていたイギリス経済の「輸出への努力」は、以後強化されて一〇年ごとに増大し、一八五一年には輸出が国内の物的生産の四分の一をこえ、一八六一年には三分の一を、一八七一年には五分の二をしのぐにいたった。

表3-10　世界貿易の各国別分布状況(%)

	イギリス	フランス	ドイツ	その他欧州	米国	その他地域
1780年	12	12	11	39	2	24
1800	33	9	10	25	5	17
1820	27	9	11	29	6	19
1840	25	11	8	30	7	20
1860	25	11	9	24	9	21

出典）W. W. Rostow, *op. cit.*, II-8 p.70-1.

表3-11　イギリスの経常収支の構造

	貿易収支	海外移民 旅行収支 政府収支	海運収支	利潤 利子 配当	保険料 仲買委託 手数料	経常収支 純計
1816-1820	−11	−3	+10	+8	+3	+7
1826-1830	−14	−3	+8.5	+9.5	+2	+3
1836-1840	−23	−4	+11	+15	+4	+3
1846-1850	−25	−6	+14	+18	+4	+5
1856-1860	−33.5	−8	+26	+33.5	+8	+26
1866-1870	−65	−9	+45	+57	+13	+41
1876-1880	−124	−9	+54	+88	+16	+25
1806-1900	−159	−11	+62	+132	+16	+40
1911-1913	−140	−22	+100	+241	+27	+206
	貿易取引	海外投資所得	その他の取引		金と外貨	収支純計
1920-1924	−279	+199	+221		+21	+162
1925-1929	−395	+250	+213		+1	+68
1930-1934	−324	+174	+127		−66	−68
1935-1938	−360	+199	+133		−77	−105

注）年間平均、単位：100万ポンド

出典）A. H. Imlah, *Economic Elements in the Pax Britanica*, cité in Ph. Deane, W. A. Cole, *British Economic Growth*（*1688-1955*）Vol. II, p.36; Mathias, *The First Industrial Nation*, p. 469.

これらの数字は、ビクトリア黄金時代にイギリス工業にとって、外国市場の征服がいかに重要だったかを測る手段を、あたえてくれる。それらはまた、保護主義の支持者と自由貿易の徒党の間に交わされた「穀物法」改廃の議論において、なにが中心問題だったかを理解する手段をもあたえる。イギリスには、その工業品がより安く生産されてより多く売れるようにするために、農業と畜産を以前より多少は犠牲にしても、より多く

表3-12　イギリスの輸出と海外投資の地理的分布

	1．イギリス製品の輸出地域別(%)				
年	ヨーロッパ	アメリカ	アジア	アフリカ	
1816-1822	59.6	33.3	6.1	1.0	
	ヨーロッパ	合衆国	中南米	大英帝国	その他
1865	48	11	8	24	9
	2．イギリス資本の海外投資先(%)				
	ヨーロッパ	合衆国	中南米	大英帝国	その他
1830	66	9	23	2	-
1854	55	25	15	5	-
1870	25	27	11	(インド)(自治領)	3
				22　12	

出典）輸出: W. G. Hoffman, *The Growth of Industrial Economies,* p.45 (Dobbs Ferry, N. Y. : Oceana, 1958); *Statistical Abstract for the United Kingdom,* 1867, p.14s.; 投資: A. G. Kenwood and A. L. Lougheed, *The Growth of the International Economy, 1820-1960* (Albany : State University of New York Press, 1971).

の農産物と安い一次原料産品を輸入しようとする方向が可能だったのだろうか？

イギリスの貿易収支は、この期間を通じてずっと赤字だった。イギリスは、自ら売ったものより多くを世界の他の国々から買い入れた。同国の国際収支を黒字にしたのは、サービス取引たる海運収入、海外からの利潤、投資利益、利子配当とか、保険料収入、仲買手数料など主に貿易外収支であった。それも十九世紀の前半はゆるやかな黒字だったのが、世紀の後半になると経常収支はすでにかなり顕著な黒字に変わった。

それが輸出問題か投資問題か、そのいずれであろうとも、十九世紀前半におけるイギリスの相手国はまずヨーロッパであり、ついでアメリカであった。イギリスの諸産業は織物類と他の消費財を売りつづけたのみならず、輸出先の国々の工業化の恩恵をうけ、その工業化がつくりだす新しい市場からの利益も享受して、その市場へエンジンや機械とかそのほかの設備資材を販売した。イギリスは最低の価格で、「アメリカと東欧の小麦、オーストラリアとアルゼンチンの肉類、デンマークの乳製品、大英帝国の植民地と中米の熱帯物産、マレーシアの錫、南米ブラジルの鉄鉱石、スカンジナヴィアの木材など(51)」を世界中から買い入れることができた。

その当時、フランスの輸出はますます周辺のヨーロッパ諸国にむけられていた。一八二七―三六年には輸出の三分の一、一八六九年にはその半分以上になり、その反対に合衆国むけはそれぞれ一三%から五%にへり、世界のその他の地域むけ輸出は、一八二七―三六年には半分以上あったものが一八六九年には五分の二に減少していた[52]。フランスの海外投資についていえば、十九世紀なかばにあってはほとんどそのすべてがヨーロッパに投資されていた。すなわち、投資先は、南欧地中海の諸国（イタリア、スペイン、ポルトガル）だけで六〇％、北西ヨーロッパ（ベルギー、ルクセンブルク、オランダ、イギリス、北欧諸国）へは二四％、中部ヨーロッパ（ドイツ、スイス、オーストリア、ハンガリー）へは一二％、そして残りの四％がアメリカむけとなっていた[53]。

七つの海洋の女王にして支配的な通商大国となったイギリスは、十九世紀に近代世界システムにおける最初の最大植民地帝国として自己の地位を確立した。

スペイン帝国とポルトガル帝国は没落しつつあり、オランダ帝国はすでに安定した活力を失っていた。帝政ロシアは、膨張政策をつづけていたが、ユーラシア大陸経由でアジアにむけて東進していたのだ。王政復古期（一八三〇—四八年）のフランスは、フランス革命期と第一帝政のあいだは放擲していた植民地の占領に、ふたたびりだしていた。近代フランスのあらたな植民地化は、セネガル、マダガスカル、ギアナ、そしてアルジェリアにおけるあらたな冒険事業としてはじまり、七月王政はこれをさらに追求した。第二帝政とともに、フランスはレバノンとシリアに介入し、エジプトとシリアにおいてその存在を誇示した。さらにサハラ砂漠にも侵入している。とりわけニューカレドニアとコーチシナには辺境植民地を建設し、カンボジアには保護領を設定した。このうち、移民が入植したアルジェリア、およびフランス資本が投下されたエジプトを例外として、これらの植民地侵略は、どこにおいても軍事的な性格が基本をなした。

十九世紀初頭の大英植民地帝国は、北米の植民地が独立した直後であっただけに、ずたずたにからだを切断された存在のようにみえた。古い航海条例や植民地貿易関係の条約システムとか、「黒人売買」「黒人交易」や奴隷制度は解体された。多くのイギリス人にとって、植民地の所有は経済的利益がなく、重荷でさえあるようにみえた。「アフリカ南端の喜望峰は戦略的な前進拠点のひとつにすぎなかった。オーストラリアは贖罪の居留植民地にすぎなかったし、カナダはといえば、それは小麦・穀物よりも木材と毛皮と魚を本国に供給する基地だった」[54]。

資本制的工業化と世界市場が発展する運動過程において、イギリスは領土の膨張政策をくりひろげていった。同国は西アフリカと南アフリカにその影響を拡大し、とりわけその地で一八四三年にナタールを占領支配したのが注目される。タスマニアは一八二五年の秋に植民地と宣言され、西オーストラリアは一八二九年に、また南オーストラリアは一八三六年に、ニュージーランドは一八三九年、ヴィクトリアは一八五〇年にそれぞれ植民地化された。シンガポールは一八一九年にラッフルズらの手で建設され、アデンは一八三九年に占領されて、香港は一八四二年にイギリスの植民地となった。イギリス領土の膨張政策はカナダ全土とインドにおいても強行された。と同時に、イギリスは多様化し、必要に応じてその植民地統治方式を緩和した。高地《アッパー》カナダ連合（アングロ－サクソン系）と低地カナダ連合（フランス系）が一八四〇年に実現をみたが、フランス語使用者はそれにみあって少数派だった。それやこれやで一八六七年には連邦制度が採用された。ニュージーランドもまた連邦制度を本国から与えられた。南アフリカでは、喜望峰とナタールの植民地が分離され、おのおのが責任内閣制の代議政体を受け入れた。インドにおいては、一八五七年セポイの反乱の翌年に、イギリス東インド会社が廃止され、かわってイギリス王国 la Couronne d'Angleterre の植民地法規が適用されることになった。

イギリス全体の経済的取引量からすればかぎられていたが、植民地化の経済的側面は一層強化された。インドからの藍とジュート、そして棉花の買い入れが増大していったが、そのインドに対してイギリスは綿製品を売り込んで土着の地元産業の職人を没落させたばかりか、鉄道や電信の資材原料まで販売した。一八五一年からのオーストラリアにおけるゴールド・ラッシュ、一八六七年からのアフリカにおけるダイヤモンドと金の採掘ブームがこれにつづいた。イギリス本国からの移民が、何波かのうねりをなしてカナダへ、南アフリカへ、オーストラリアへ、さらにニュージーランドへと国外に流出していった。一八七〇年までに、大英帝国内に投下された資本額は、イギリスの海外投資全体の三分の一にのぼった。

「英国領南アフリカ」の創設者、セシル・ローズは、「世界の大多数の地域をわれわれの法律の支配下におくことは、すべての戦争の終わりを意味する……」と語ったが、このことは、単にかれ自身の夢であるばかりか、イギリスの支配階級の夢でもあったのだ(55)。

第3節　労働者階級の自覚と抵抗

十九世紀の資本主義は、その発展にともなってむき出しの対立抗争を生み出していった。ブルジョワの富と労働者の貧困、教養あるゆとりとくつろぎに対して粗野な苦悩、権力あるものとこれに絶対的に隷属し依存させられた者、それらの対立、葛藤がそれであった。それは疎遠な二つの世界、仲をひきさかれた二つの階級であり、双方は無情で無慈悲な敵対関係にあったが、それでいながら、お互いに切りはなせない緊張関係にあった。

ところが、フランドル地方ノール県の実業家ミメレルは、当然のことのようにこう描写している。「労働者の境遇はそれほど悪くはない。かれらの労働日は毎日一三時間をこえない以上、過度労働ということもない……。嘆き悲しみ、同情されるべきものは、薄利に泣く製造業者の側だ(56)」。フランス共和国の大統領（一八七一―七三年）だったティエールのばあいは、博愛主義者の利点を強調したのである。「金持はしばしば慈悲深い行為を行なう。そしてかれは宮殿のような自分の豪邸をあとにして、貧乏人の小屋 chaumière を訪問するが、ぞっとする汚物類や伝染病をものともしない。そしてひとたびこの新しいよろこびを発見すると、かれはそれに夢中になり、それをこころゆくまで楽しみ、慈善行為なしにはすませなくなる」。これは、社会改革の思想がなぜ適用されないか、それを説明するもうひとつの理由であった。

「すべてのひとの財産が平等になる、と考えてみたまえ。すべての富とすべての悲惨がとりのぞかれた、と想像してみたまえ。だれも他人にあたえるものをもたない、となれば……諸君は、もっともこころよい、最高に魅力的な、この上なく優雅な人間性の行為を廃止することになろう。悲しい社会改革者たちよ、諸君は神が創造した作品に手を加えようと欲して、神の作品を台なしにしてしまうだろう[57]」。

同じ工場のなかに二つの世界、同じ都会の中に二つの世界があった。こちらの世界には、秩序と静けさ、「よきたしなみ」が支配する地区があるのに、あちらには、不健康で、不潔で、ゴタゴタと雑居して、俗悪下品で治安のわるい、大衆が密集した危険地帯がある。しばしば工場経営者の大邸宅は、工場の近辺とか、公園の中央にあったが、そのはるか彼方に、労働者住宅が混雑して一列にならんで建っていた。すでにこのころ、この爆発寸前の状況を心配する啓蒙的精神が存在した。そのひとりであるルイ=ナポレオン・ボナパルトはこう主張した。

「労働者階級は何も所有していないから、かれらを財産所有者にしなければならない。かれらにとってその腕が唯一の財産だ。これらの腕には、万人にとって有益な雇用機会が与えられるべきだ。かれらは社会のなかに生きる場を与えられねばならず、しかもかれら労働者の利害を、土地所有の利益と結びつけねばならない。最後に、労働者階級には組織がなく、連帯がなく、権利がなく、一片の未来もない。そうであれば、かれらには諸権利と未来があたえられ、しかも連合と提携により、教育および訓練によって、かれらみずからの目で確認できる形で、労働者階級は高められていかねばならない[58]」。(ルイ=ナポレオン「貧困状態の絶滅」一八四四年)

しかしながら、一八四八年から社会的憎悪がフランスで一挙に爆発した。ブジョー元帥は一八四九年四月七日付のティエール大統領あて書簡でこうかいている。「何という残忍で獰猛なけだものたちか！　いかに神は、母親たちがかれらにそんなことをさせるようにしむけてしまったのか！　ああ、これらこそが本当の敵だ。フランスの敵はロシアでもオーストリアでもない」。さらに、ルイ＝ナポレオン・ボナパルトあてにその異父兄弟シャルル・モルニーも、その手紙につぎのようにかいている。

「社会主義はおどろくべき進歩をとげました……。いまやなすべくして残されている唯一のことは、背嚢を負い内戦を起こして、〈コサック兵よわれらを助けに来てくれ〉、と祈ることです。この文章をかきながら私はわらっている。そして私は考えます。あなたの国民的プライドは傷つけられるでしょう。だが、信じて下さい。もし、あなたがひとりの社会主義者を身近かにみることがあれば、あなたは何ら躊躇することなくかれよりもコサック兵の方をえらぶでしょう。その時点で、私の愛国精神は消滅するのです(59)」。

一　労働者運動の成熟

モルニーが社会主義のおどろくべき進歩について語るとき、かれはゆっくりしてかつ多面的なひとつの運動を、次の定式に要約していることになる。

まずはじめに労働者たちの闘争がある。それは、十九世紀にはしばしば生活の貧困、悲惨と飢えに追いつめられた男たち女たちの活動であり、何とか生き残ろうとこころみ、生命を賭け、投獄され、国外追放や流刑の危険をおかすところまで追いやられた闘争であった。機械制生産の発展と拡大によって没落し、職を奪われた職人労働者たちの粗野で激烈な反発の闘争もあり、かれらは機械を破壊し、工場設備に放火するラダイツ運動をくりひろげた。失業の脅威、飢えた人々の結集や絶望のデモがあった。粗暴な怒りの炸裂が、労働搾取の悪化と対決した。賃金の切り下げやら労働時間の延長、職場規律の強化などが頻発していたから、怒りが爆発するにはその火花で充分だった。ひとつの不当労働行為、ひとつの気まぐれな決定がその導火線となったのだ。

さらにまた、多かれ少なかれ非合法活動として、多少とも札付きの、疲れを知らぬ労働者の組織化と集団形成の試み、そして団結のための努力があった。旧式な職業構造の仲間職人組合とか、秘密結社の維持あるいは再活性化のための努力もなされた。居酒屋での労働者仲間の懇談とか、ひとつの労働者新聞を拠り所にして、つきあいの仲間がいくつも生まれた。それはとりわけ、活字を読んだり他人と話ができる労働者、たとえば印刷工や小売店主の住む地区や都会でよくみられ、その影響も大きかった。そのような地区には、救済団体や共済互助組合、あるいは協同組合などが結成されていった。ロバート・オーエンやフーリエ、プルードンの思想がみなおされて、議論され、歪曲されながらも、実際の組織活動に適用されていった例も多かったのである……。

というのも、この時代には成熟して大衆運動に力を獲得しつつあった社会主義思想があり、それは、十九世紀だけが生みだすことのできた、ブランキ、プルードン、バクーニン、エンゲルス、マルクスといった巨星たちとともにあった[60]。サン=シモンに同調した人々は労働者の世界、女性の世界のただ中にはいっていく。そこにはプロレタリアとして階級的に抑圧され、性的にも抑圧される「女性の二重抑圧」を告発したフローラ・トリスタンのようなフランスの女性解放思想家も存在した。本を読み、みずからの観察と追憶を記録する労働者たち。夢想家、反抗者、理想家、情熱家、社会改革者。数かぎりないパンフレットが配布され、敵意を失わせる信条が説かれ、働けざる窮民 paupérisme の救済案、解決策が唱導された。社会思想は「社会主義者」だけの独占物ではない。偉大な古典派経済学者のジョン・スチュアート・ミルも、ある意味で、すでにシスモンディによってひらかれていた道をいく社会改革者であった[60]。

これらのさまざまな活動力は、労働者階級の内部から、また周辺からもうまれ、お互いに結合したり干渉したりしたが、ときには衝突もした。その極度に多様な構成のため、労働者階級は多くの点で他の一般人民の階層と関係していたが、そのゆえに、労働階級内部のこれらの諸力は、(小ブルジョワ階級から中堅ブルジョワ階級にいたる)他の社会勢力とも接触した。そうした社会勢力は、民主主義と共和制を求めて闘っていたのである。これらの社会闘争はしばしば別個に分離してなされたが、ときには合流もした。こうして、それをつらぬいて労働運動が成熟していく軌道には、無限の多様さがあり、各国各地のきわめてゆたかなかずかずの運動経験が刻まれていたのである。

イギリスの「社会派経営者」として、華々しい出世と成功の前半生をすごしたオーエンは、かつて合衆国に建設した共同体(ニューハーモニー)の失敗で打撃をうけていたが、そこで落胆したままおわることはなかった。イギリス最初の労働組合運動が組織される局面で、かれは労働者運動における代表的人物のひとりとなった。そこで結成された全国労働組合大連合 Grand National Consolidated Trades Union は、その最盛期の一八三三年に五〇万人の組合員をほこったが、やがてあえなく瓦解してしまう。その後、イギリス労働者の大部分のエネルギーは、チャーティスト運動(一八三八—四八年)という一大政治運動にそそぎ込まれた。この運動は、ウィリアム・ロヴェットとフィアガス・オコンネルによって鼓舞されたが、チャーティスト運動の主な目的は、真実の政治的民主主義を実現することにあり、そこには男性の普通選挙権、および財産なしでも選挙されうるように議員歳費獲得の要求が含まれていた。一八三九年に採択されたこの人民憲章(チャーター)には、一八四二年までに二〇〇万ないし三〇〇万人の署名があつまり、一八四八年には五〇〇万ないし六〇〇万人にもそれは増加した。しかしながら、指導者のロベットが、何か月にもわたる政治ゼネストやオコンネルが提唱した暴力的実力行使をきらって、運動は分裂し、議会による忌避にであい、当局に威嚇されて武力鎮圧され、混乱のうちに崩壊した。

海外への移民が、この時期をつうじて、過剰人口の放水路の機能を果たした。十九世紀中葉からは、労働者階級の一部の労働貴族の実質賃金が上がり、搾取の条件もよりゆるやかになっていった。普通選挙権は一八六七年に付与された。こうして新型労働組合の本格的なクラフト・ユニオン（職能別組合）時代が訪れ、一八六八年に発足する労働組合評議会（TUC）の基礎がつくられる。普通選挙権とトレード・ユニオンの組織が確立するや、そのときから労働者の運動は、イギリスのブルジョワジーには無視できない一大社会勢力として、位置づけられるようになった。

フランスでは、労働者が、一八三〇年にシャルル十世を国外に追放した大衆的かつ共和主義的な勢力にまじって活発に運動した。しかし、かれらは国王ルイ＝フィリップに向ってバリケードを築かずに、その登場を許してしまった。そのうえ、だれひとりかれらの圧政に抗することもなく、かれら労働者の不安定な生存状況を改善することもなかったのだった。選挙権と被選挙権を得るのに必要な納税額の下限は引き下げられたが、これはわずか一万人たらずの有産者に関する改善にすぎなかった(61)。かずかずのストライキに、暴動に、街頭行動に、人民大衆と労働者たちの不満は表現されつづけた。一八三一年、リヨンの絹織工が蜂起にたちあがったとき、「われわれはパンと仕事を求めて闘っているのだ」と叫んだが、軍隊はリヨン市内を再度制圧し、そこでは千人もの人々が殺され傷ついている。擾乱と不安動揺が高まっていくと、支配階級はすべてに対処する決意をかためた。このときティエールは「どの地区も見逃すな」と命じた。「反乱者はみつけたらだれでも殺せ、容赦はするな。……三千人の反乱分子を処分して死体の手足の山をつくれ」とプジョーは指令を発している。これがトランスノネン街の大量虐殺であったのだ。

一八三〇年の七月、他のすべての階級は地主貴族階級に抵抗して団結した。一八四八年の二月には、すべての人民が大ブルジョワジー、ルイ＝フィリップとギゾーに反抗して結集した。しかし共和派と労働者の諸勢力は、この勝利を放棄させることを欲しなかった。たしかに、第二共和政は宣言された。そして、普通選挙権および働く権利も承認された。国立作業場設立の決定は、政治的圧力の下でしかなされず、また労働者の不安はつづいていたけれども。「この金持で一杯だった大都会が、何ひとつ所有しない無産者たちの手に占拠されているのをみること、それはまことに異常で、痛ましいことだった」とトックヴィルは書いている。心配、懸念と恐怖が、資産家からつましい資産家まで、すべての有産階級を結合させた。パリの労働民衆は、カヴェニャック将軍の抑圧の手にひきわたされたとき孤立した。なにしろこの将軍は、「敵を壊滅させる任務を負っていた」のであるから。一八四八年革命では、数千名が死亡し、一万一千名以上が逮捕され、少数が死刑を宣告されるか無期懲役刑に処せられて、多くの者が国外に追放された。その追放先もアルジェリアが一番多かったのである。

労働への権利 droit au travail は、いつしか「労働の自由」liberté du travail に変形されていった。いまや大統領は普通選挙によって選出されることになったが、そこで史上最初にえらばれた大統領が、ルイ=ナポレオン・ボナパルトだった。ひとたび皇帝に成り上がるや、「社会主義と軍国主義の結合」をとおした「窮乏貧困の絶滅」をかねてから標榜してきたかれは、おもに、産業的、銀行的な資本主義の発展に有利な方策をいまや強力に推進した。しかもかれは、貧困の絶滅を労使間の「調停役」となる中間階級、いわば産業下士官の創造によって果たそうとしたのであり、かれは、これらすべての時代潮流を体現した人物であった。しかしながら、労働争議権が一八六四年に承認されたのも、サンジカリスムが最初の真に飛躍的な発展をとげたのも、「自由主義的」な第二帝政下のことであったのだ。

ドイツにおいても、一八四四年のシレジアの織物工蜂起のケースにみるように、労働者の運動は苛酷な紛争と流血の抗争の中から生まれたのである。一八六二年、フェルディナント・ラサールはドイツ労働者総連合を創設し、労働組合の運動が成長した。一八六七年憲法は普通選挙を制定し、一八六九年にはベーベルとリープクネヒトがドイツ社会民主主義労働者党を結成した。ヨーロッパの他の諸国において、またアメリカ合衆国でも、労働者の運動は成長をとげ労働組合の組織が発達したが、それはときに残酷な弾圧をくぐって達成されたものもすくなくない。合衆国における最初の大規模な中央集権的労働組合は、一八六六年にW・H・シルヴィスによって創設された全国労働組合であった。そこから一八六九年に結成される労働騎士団 Knights of Labor とのちのアメリカ労働総同盟AFLとの抗争が展開していく。

一八六四年、イギリスの労働組合主義者、フランスの戦闘的労働者、イタリア、スイス、ポーランド、そしてドイツからの政治亡命者（マルクスを含む）らがロンドンに集い、国際労働者協会（第一インター）を結成した。これは、同時に労働者運動内部の新しい次元をひらき、なお限界はあるが、労働者国際主義を具体化した試みであった。

こうして、イギリスのブルジョワジーが、ますます自信を高め勝ち誇る資本主義の基礎のうえに、自らを支配階級として位置づけはじめたころ、フランス、ドイツ、そしてアメリカ合衆国のブルジョワジーは、かれらの成長を妨害する他の階級との同盟になお依存せねばならず、これらのどの国でも、自国の労働者階級が政治的、社会的な自己の承認を強要しはじめていた。それほどにも長期にわたり抑圧され、武装解除され、無力化して日々の圧政と支配に服従していた労働者たち、かれらはいまや階級として組織され、政党を形成し、労働組合と自分たちの新聞、そしてかれらの発展に必要な自律的手段のかずかずを手にしはじめていたのだ。いかなる圧迫も抑圧も止むことはないだろう。だがこれ以後は、支配階級に対抗してひとつの力関係を強要できる一階級が存在する時代になる。

そしてその力関係が、資本主義のその後の変化に深く影響することになるだろう。

二　『資本論』――資本主義分析の書

マルクスは、古典派の経済学者たちによるさまざまな考察をはじめ、勝利した資本主義に関する証人たちの観察、あるいは社会主義者らによる現実批判に、その思想と理論形成と業績の多くを負っている。他人の説に対し自説を一層きわだたせるためにせよ、あるいはより考察を深めるためにせよ、かれはしばしば過度と思えるほど他説を批判した。かれの実力は、既存の人類の知的遺産を体系化することにあった。その偉業は、おどろくべき巨大な、徹底した理論的努力の代価をかれに要求し、十九世紀の半ばまでに本質的に形成されていた深い直観をたよりにして達成されたものである。かれが一八五二年にみずから行なった暫定的な自己評価は、以下に示すワイデマイヤーあての手紙にみるように、啓発的である。

「私の業績に関する限り、近代社会における階級の存在を発見し、さらにその階級闘争を発見したことは、何ら自分の貢献ではありません。ブルジョワ歴史家がすでに私のまえに、この階級闘争の歴史的発展を暴露し、ブルジョワ経済学者はこれら諸階級の経済的解剖をこころみていたからです。私があらたに成しとげた業績は、つぎの点を明らかにしたことにあるのです。(1)諸階級の存在は、生産の発達に制約された特定の歴史的諸闘争にのみ関連している。(2)階級闘争は、〔権力状況を〕必然的にプロレタリアートの独裁にみちびくこと。(3)この独裁はすべての階級が廃絶される無階級社会への過渡期を構成するにすぎないこと[62]」。

かれは階級闘争を、エンゲルスとの共同労作『共産党宣言』で、一八四八年、つぎのような形で登場させた。「今日までのすべての社会の歴史は〔自然発生的共同体の時代をのぞいて――訳者〕階級闘争の歴史であった。自由人と奴隷、貴族と平民、領主と農奴、親方と職人、要するに抑圧者たちと被抑圧者たちが、お互いにたえざる対立のうちにおかれ、中断することなき抗争を、公然にか隠然にかくりひろげてきた。しかもその闘争は、どのばあいも全社会の革命的転覆によるか、あるいはたたかう諸階級の共倒れによっておわってきた[63]」。

かれはこの階級闘争の基礎を論証した。

「表象や観念、思想などをつくりだすのは人間たちである。だが、これをつくりだすかれらは〔抽象的な人間一般ではなく〕、一定の生産力の発達とこれに照応する諸関係、しかもその最高諸形態まで含む諸関係によって条件づけられた、現実に活動する人々なのである」[64]。（K・マルクス『ドイツ・イデオロギー』一八四六年）

ついでかれは、その歴史的発展についてこう述べる。

「大きな特徴を大づかみに定式化すれば、〔太古〕アジア的、〔古典〕古代的、封建的、近代ブルジョワ的な生産関係を、経済的社会構成の累積的な諸時代として示すことができる」[65]。（K・マルクス『経済学批判』序言、一八五九年）

マルクスにとって、階級闘争は資本主義社会において、ひとつのパラドックスに到達する。

「われわれの時代、すなわちブルジョワジーの時代は、しかしながら、それが諸階級の対立関係を単純化した事実によってきわだっている。社会の全体は、敵対する二大陣営に次第に分裂して、お互いにじかに対立する二大階級――ブルジョワジーとプロレタリアート――にひき裂かれていく。

労働者の諸集団は、工場にすし詰めにされ、軍隊式に組織される。かれらは、産業将校と産業下士官からなる管理の一大職階体系によって監視され監督される兵卒級の産業兵士たちである。かれらは、ブルジョワ国家のブルジョワ階級の単なる奴隷、農奴ではない。かれらは、毎日ごとの、時間ぎめの、機械の奴隷、監督者のしもべであり、何よりも特定のブルジョワ製造者、産業資本家のしもべである。この専制主義は、それがより公然と利潤追求を唯一の目的と宣言すればするほど、よりいっそうさもしく、かつ執念ぶかく、いらだち狂う〔資本の〕専制となる」[66]。（K・マルクス、F・エンゲルス『共産党宣言』一八四八年）

諸矛盾はふかまり、それは資本主義の没落と崩壊にいきつくしかないだろう。

「この数十年来にみる工業と商業の歴史は、近代的生産諸力の近代的な生産諸関係に対する反逆の歴史であり、ブルジョワジーの存在とその支配を条件づける所有体制への反逆以外のなにものでもなかった。そのことは、商業恐慌が周期的におとずれて資本家に試練を課し、しかも到来するごとにますますブルジョワ社会の全存在をおびやかしている、という事実を指摘するだけで充分だろう。この危機においてはかつてなら不条理にみえたひとつの疫病が突発する。それは、〈過剰生産〉という流行の疫病である。突如として、社会は野蛮状態に一瞬ひきもどされる。それはまるでひとつの飢饉、ひとつの殲滅戦がすべての生存手段をうばってしまったかのように。工業と商業は破壊されたようにみえる。それはなぜか？　なぜなら、あまりにも多くの文明があふれ、生活手段も商業も過剰になり過ぎたからだ。社会が処理できた生産諸力が、もはや資本家的所有体制を有利としなくなった。その反対に、そのとき妨害物となるものにとって生産諸力の方があまりにも強力に成長しすぎたのだ。さらに、生産諸力がこの妨害物をのり越えて勝利するたびごとに、資本制社会をまるごと無秩序な混乱のなかにつきおとす。そしてブルジョワ的財産の存在を脅かすのだ。ブルジョワ的社会システムは、その内部に創造された富を包摂するには、あまりにも狭苦しくなってしまったのだ[67]」(同書)

問題になっているのは、階級社会の終焉なのだから、これは、資本主義の単なる転覆ないし打倒以上の事態である。マルクスは、一八四四年以来、いまや資本主義の発達によって何倍にも増加し、強力になったプロレタリアートのうちに、歴史的「使命」を「見定めた」のである。

「では、ドイツ解放の積極的な可能性はどこにあるのか。次のような階級の形成にその解答がある。根底的な鎖を負ったひとつの階級が形成されていくだろう。それは、ブルジョワ社会の階級でない一階級、すべての身分が解消されてできた一身分である。その普遍的な苦悩のゆえに普遍的な性格をもつある社会階層 sphère。彼らが悩む社会悪が特殊な悪ではなく一般的な社会悪であるがゆえに何ら特定の権利を要求しない一階層。もはや歴史的な（特権的）権利ではなく、普遍的人間的権利だけを要求する一階層。ドイツの国家制度の諸帰結にたいして一面的に対立するのではなく、そのさまざまな諸前提にたいして全面的に対立する一階層。そしてさいごに、社会の他の階級・階層からみずからを解放し、社会の全ての階層を解放しないではみずからを解放できない一階層。一言でいえば、人間性の完全な喪失であり、そしてそれゆえに、人間性の完全な回復によってしかみずからをかちとることができない一社会階層。ひとつの特殊な階級としてこの社会を解体するもの――それがすなわちプ、ロ、レ、タ、リ、ア、ー、ト、である」[68]。

「ある国民の革命とブルジョワ社会の特殊階級の解放とが一致するためには、ひとつの階級が社会全体を代表するためには、社会のすべての欠陥が他のひとつの階級に集中されていなければならない。ある特定の身分・階級が普遍的衝突で攻撃を受ける身分・階級となり、普遍的障害の権化となり、ある特殊な社会階層が、社会全体の悪名高い札つきの罪過〔犯罪過失〕として通用せねばならず、その結果、この階層の解放が普遍的な自己解放として、立ちあらわれねばならないのだ。ある〔支配〕階級が最高度に解放の階級であるためには、逆に、いまひとつの階級は公然と隷属する階級でなければならない」[69]。（同書）（K・マルクス『ヘーゲル法哲学批判』一八四四年）

では、このプロタリアートは近代社会の「救世主」たりうるのだろうか。否、とマルクスは答える。「もし社会主義的な作家がこの歴史的な役割をプロレタリアートに託しても、現実には救世主にならない。なぜなら、みせかけの批判がそう信じたがるように、かれらはプロレタリアを神とみなすからだ。その反対である。完全に発達をとげ、成熟したプロレタリアートにあっては、すべての人間性の抽象、人間性の外観の抽象でさえ、完成しているからである。なぜなら、プロレタリアートの生活条件は、現在の社会のすべての諸条件を、ひとつのもっとも非人間的な焦点にもちこむからである。なぜなら、ひとはプロレタリアートになって人間性を奪われるが、だが同時に、その喪失の理論的意識を獲得し、この非人間性に抗議して、緊急の、明白な、そして絶対的に強制された必要（必要性の実際的な表現）により、反抗にかりたてられるからだ。それゆえに、プロレタリアートは自己を解放できるし、解放せねばならない。しかし、プロレタリアートは、自己の階級の状況に要約される現存社会のすべての非人間的な諸条件を克服することなしには、自己を解放できないのだ」[70]。（K・マルクス、F・エンゲルス『聖家族』一八四五年）

だとすれば――

「これまですべての支配階級は、社会全体をかれらに固有の職業と収入の諸条件に従属させ、それによって、かれらがすでに獲得した財産を確保しようとつとめてきた。プロレタリアは、かれらに固有のこれまでの獲得様式を廃止し、それによって今日まで存在する全獲得様式を廃止することなくして、社会の生産諸力を奪取することはできない。プロレタリアートは確保して砦化すべきいかなる自分の所有物ももたない。プロレタリアートの使命は、私有財産に対するこれまでのすべての私的安全や私的保障を破壊することにある」[71]。（前掲『共産党宣言』一八四八年）

さらにまた――

「生産の資本主義的関係は、生産の社会的プロセスの最後の敵対形態である。それは決して個人的敵対を意味せず、諸個人の存在の社会的条件から生じる。しかし、ブルジョワ社会の胎内で発達する生産諸力は、同時に、この敵対関係を解決する物質的条件をつくり出す。資本主義的生産様式の形成とともに、人類史の前史が完成するのだ」。（『共産党宣言』一八五〇年版への序文）

これはひとつの強力な確信である。

「ブルジョワジーとともに私有財産は湧出して増殖をとげ、労働者階級の勝利が階級闘争とカースト闘争を永久に終らせる……」（K・マルクス『保護主義と自由貿易』一八四七年）

「もし、プロレタリアートがブルジョワジーとの抗争の間に、状況の力によって、自らをひとつの階級として組織するのを余儀なくされたとき、もし、革命の手段によってかれらが自らを支配階級とすることができ、そして当然その結果、実力によって旧式の生産条件を一掃するなら、そのときプロレタリアートは、これらの条件ともども、階級闘争の存在諸条件を一掃してしまうだろう。そして、階級の存在一般についても……」[71]。(『共産党宣言』一八四八年)

これは、かれの全生涯の基礎に横たわっていた信念であり、マルクスが数十年にわたる政治経済学の批判的研究をとおして、科学的にささえようと努めた、ひとつの驚くべき確信である。

マルクスはかれの〔物質基底論的な《マテリアリスティッシュ》〕唯物史観の考え方をつぎのように要約している。

「人間は、自分らの生活の社会的生産において、自分らの意志とは独立した諸関係をとり結ぶ。これらの諸関係、すなわち生産諸関係は、自分らの物質的生産力の発達の一定段階に照応する。これらの生産諸関係の総体は、経済的社会構成をかたちづくる。この構成が実在的土台であり、その上に、法的、政治的な上部構造がそびえたち、またそれに一定の社会的意識の諸形態が照応する。……その社会発達のある段階で、社会の物質的生産諸力は、それらがそれまでその内部で運動してきた既存の生産諸関係と、あるいは――それは同じことの法的表現だが――所有諸関係と矛盾するようになる。生産諸力のこの発達の諸形態から、これらの諸関係はその桎梏に転変する。そのときから社会革命の時代がはじまる[72]」。(K・マルクス『経済学批判』序言、一八五九年)

マルクスは、手にしたペンと批判的で敏捷な心をもって、当時入手が可能だった必要不可欠な経済学文献を読破し、これを吸収した。かれはノートにこれをかきとめ、資本への労働の従属に関して、生産的労働と不生産的労働について、恐慌について、また直接的生産過程について、などの諸章をかきあげていった。この最後のテーマについて、かれは『経済学批判要綱』(一八五七―五八年)に、自分の研究目標をつぎのようなメモの形で残している。

「(1)資本の生産物としての商品、資本制生産について、
(2)剰余価値生産としての資本制生産、
(3)すべての関係の生産および再生産としての資本制生産、

直接的生産過程に、その〈特殊資本主義的〉性格をあたえるのは、まさにこの点である」[73]。

『資本論』が生まれたのは、そのあとである。それは膨大な量の業績と議論[74]、わけてもエンゲルスとの協働、そしてまた、同時進行するプロセスの歴史の積極的な観察からうみだされた大著である。一八六七年に発刊された『資本論』の第一巻の冒頭は、つぎのような文章からはじまっている[75]。

「資本主義的生産様式が支配的な諸社会の富は、〈一つの膨大な商品の集積〉としてあらわれ、個々の商品はその富の原基形態としてあらわれる。したがって、われわれの研究は商品の分析をもってはじまる[76]」。

商品、使用価値、〔交換〕価値、剰余価値――

「生産物――資本家の所有物――はひとつの使用価値であり、たとえば紡績糸、布、長靴などである。しかし、長靴は、ある意味で、すべての社会的進歩の基礎ではあるが、そしてわが資本家は決然とした〈進歩主義者〉ではあるが、とはいえかれは長靴を自分がはきたいために製造しているのではない。商品生産において、使用価値は、〈それ自身が欲しくて〉つくられるものでは決してない。さまざまな使用価値は、資本家によってのみ生産される。なぜなら、それらは、交換価値の担い手、その素材的土台であるから。またそうであるかぎり、資本制的に生産される意味があるからである。わが資本家は、ふたつの観点をもつ。第一に、交換価値をもつひとつの使用価値を生産しようと欲する。すなわち、売られるべく定められた物財＝商品がこれである。ついで第二に、かれは、その生産に使用されたあれこれの商品価値の合計より大きな価値をもつある商品を生産しようと欲する。すなわち、かれが自由市場で貨幣を投じて購入した生産手段と労働力の商品価値の合計をこえる別の商品である。かれの目的は、単に使用価値だけでなく商品を生産することだ。単に〔他人のための〕使用価値でなく価値を、否、単に価値でなく同時に剰余価値を生産するのが資本家の目的である[77]」。

そこから――

「資本とは体化された死んだ労働であり、吸血鬼のように、生きた労働を吸い上げることによってのみ生き、より多く生きた労働を吸い上げるほど、資本はより長く生きるのである。労働者がはたらいている時間とは、資本家がかれから買い上げた労働力を消費している時間であるということになる」[78]。

長期にわたる理論的な暗中模索のあと、マルクスは、プロレタリアが資本家に売るものは「労働」ではなく「労働力」だという点に気づいて、「労働力」と「労働」を明確に区別した[79]。労働力〔商品〕の価値は、労働者と家族の生活を維持するコストによって決定される[80]。そして、労働者が剰余価値を生産するのは、かれ自身の労働力の価値以上のものをあえて無理に〔巧妙に〕生産させられることによる。「労働搾取の程度、剰余労働と剰余価値の取得、それはとくに労働日〔一日の労働時間〕の延長と労働密度の強化によって、高められる」[81]とかれは分析した。

マルクスは資本家的蓄積の基礎、資本の拡大再生産、利潤率の傾向的低落について解明し、恐慌とプロレタリア化、そして窮極における資本主義の必然的崩壊について深く研究した。マルクスの分析のすべての論点をとりあげるのは不可能だが、ここでわれわれは、若干のおもな理論展開の諸段階だけを指摘しておこう。

「資本家的生産は、それゆえ、連続した結合プロセスの、再生産のプロセスの局面のもとで、商品だけでなく、剰余価値だけでもなく、同時に資本家と労働者の社会的関係、資本・賃労働関係それ自体を生産し、再生産する。一方のがわに資本家を、他方のがわに賃金労働者を」[82]。だが、もし相対的に過剰な労働力人口が資本蓄積、ないしは資本家的基礎に立つ富の発達の必然的な産物であるならば、この相対的過剰人口は、逆に、資本家的蓄積の梃子になる。否、それは資本家的生産様式の存在条件というべきだろう。それは、資本による自由処分が可能な産業予備軍を形成し、この予備軍は、あたかも資本が自分自身のコストでそれを扶養しているかのごとく、絶対的に資本に所属する労働力となる。現実の人口増加力の限界からは独立して、資本の自己増殖で変化する労働力需要の増減にたいして、資本制生産は労働搾取の場にいつでも提供できる人的素材をつくりだす」[83]。

図９　マルクスによる社会階級分析と剰余価値の搾取・収奪関係

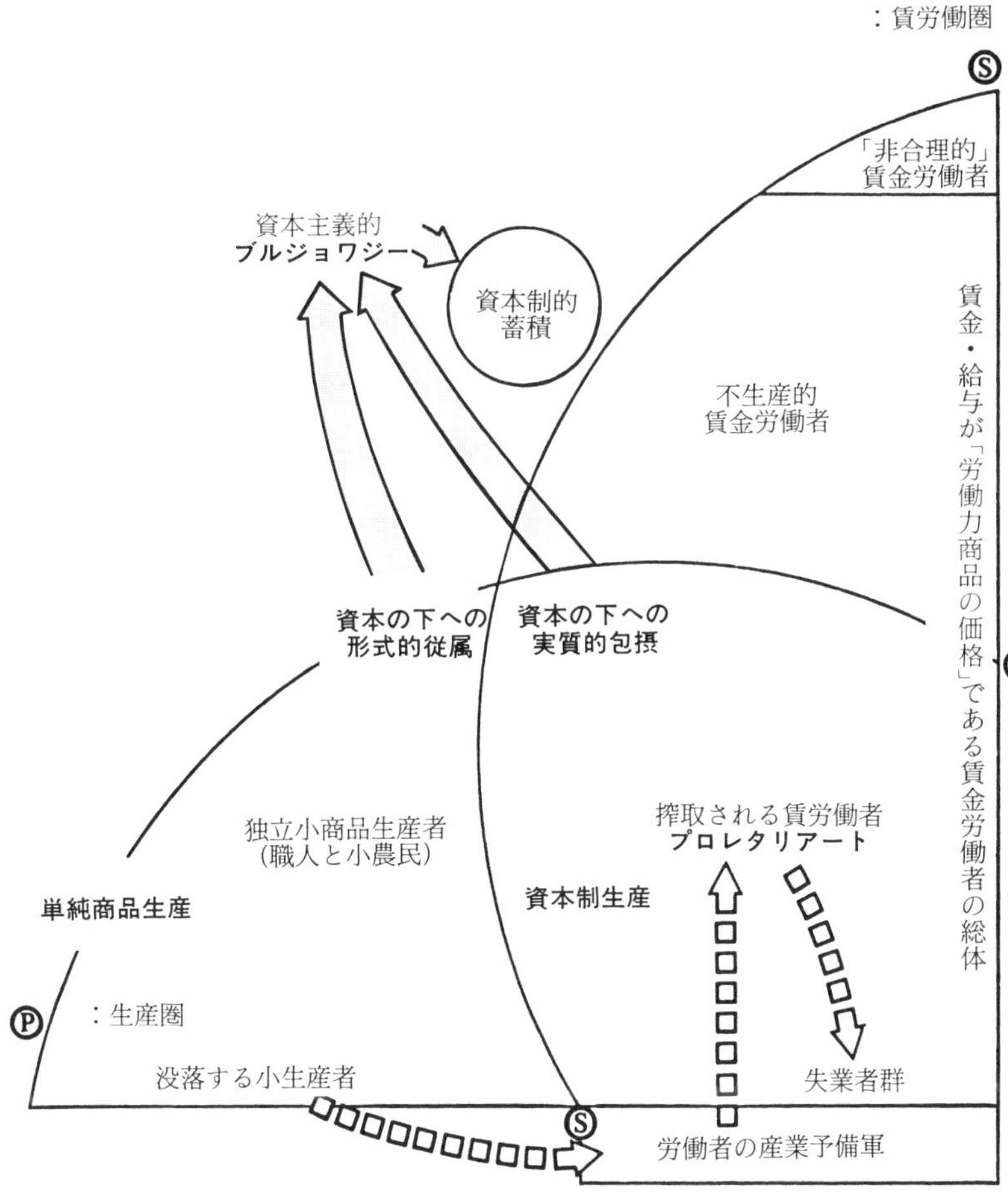

注１）⇨ 価値のフロー　□□□□□⇨ 労働者のフロー

注２）Ⓟ単純生産と資本制生産の生産領域　Ⓢ 賃金労働者階級の労働領域

注３）「非合理的」賃労働者の賃金とは，かれらの労働力商品の価格ではなく，評価しきれないかれらの「力量」ないし「才能」の対価である。本章注(79)の H.Nadel 論文をみよ。

「最後に、相対的過剰人口ないし産業予備軍を、つねに資本蓄積の適正な規模とエネルギーにあわせて均衡させる人口法則は、〔ギリシャ神話にいう〕ヴァルカンの楔がプロメテウスを岩につなぎとめたよりも、もっと厳重にしっかりと賃金労働者を資本の支配にうち固めてしまう。それゆえ、一方の極には富の蓄積がすすみ、同時にその反対の極、つまり自己の生産物を資本の形でうみだす階級の側には、貧困と労働苦、奴隷苦役的な苦悩、無知と野性化、精神の堕落が蓄積される」(84)。(K・マルクス『資本論』第一巻第二三章)

しかし――

「この変化の過程において、すべての利益を奪い、独占する資本家的富豪の数が不断に減少していくかたわらで、困窮と抑圧、奴隷状態と堕落、そして搾取が増大する。だがこれとともに、数の点でつねに増加し、資本家的生産それ自身のプロセスの機構によって鍛えられ、結合して組織されるひとつの階級――労働者階級の反抗が成長する。資本の独占は、すでに発芽し繁茂して、そのもとで、それとともに熟成してきた生産様式にとって桎梏となる。生産手段の集中化と、労働の社会化は、ついには資本制的外皮と両立できないある臨界点に達する。外皮は爆破される。資本主義的私的所有のおわりを告げる最後の鐘が鳴る。収奪者が収奪される」(85)。(K・マルクス『資本論』第一巻第二四章)

以上に示されたものは、マルクスが一八四〇年代からずっとその胸に宿してきた、資本主義社会に対する、深い、基本的な直観である。かれは、疲れも知らず、かたくなに、資本主義の心臓部にある基本矛盾の還元不能な倒錯的性格をはっきりさせる意志をもち、この直観の地点にふたたび帰ってくるであろう。かくして、『資本論』第三巻第三篇で、〔利潤率の傾向的低落の法則を論じたマルクスは、この「法則の内的諸矛盾の展開」として〕、次のように述べたのである。

「資本制的生産にとって、真の障害物は資本そのものである。それは、資本とその自己増殖が出発点および到達点として、すなわち、生産の動機とその目的としてあらわれる、ということである。つまり、生産は資本のためになされるのであり、その逆ではない。生産手段とは、生産者の社会生活のプロセスをたえず拡張させていくための単なる諸手段なのではない。生産の無制限な増加、自己目的としての生産・労働の社会的生産力発達は、資本価値増殖の内的諸制限とたえず矛盾する。……生産手段に根拠をもつ社会的生産諸力の無条件の発展は、資本の自己増殖という制限された目的との果てしない闘争に突入する。それゆえ、資本制的生産様式が物質的生産力を発達させ、それに照応する世界市場を創造するためのひとつの歴史的手段だとすれば、同時にそれは、こうした歴史的任務とそれに照応する社会的生産諸関係とのあいだのたえざる矛盾を表現する」[86]。（K・マルクス『資本論』第三巻第一五章）

数十頁たらずの『共産党宣言』の柱、そして何千頁にわたる『資本論』の経済学批判の核心はなにか。それはきらめくような告発か、資本主義経済の強力な分析装置か。深遠な確信か、それともこれまでの「歴史の法則」がその確信をうらづけるべく提供する保証・担保だろうか。

最良のことであれ最悪のことであれ、なにごともすべてはマルクスの思想から流れ出るか、そこから引用された、とまでいうことができる。何世代にもわたり、活動家たちはそこに理論の武器をみいだしたが、かれの思想は同時に、教理問答に定式化されたり、教条主義をはぐくみもした。それはかくも多くの革命の酵母菌となり、国家思想の重々しい仮面、ないし口実にされたことすらもあった。それは干からびた経済決定主義や陳腐な唯物《ただもの》的機械論にもなりえた。それは反資本主義、反帝国主義の闘争でつねに作動する力となり、所有階級、支配階級から呪われた力ともなり、ときには新しい支配階級の権力を正当化する道具としてつかわれもした。

十九世紀のおわりにあっては、マルクスの思想はまだ普及せず、部分的にしか知られていなかったが、フリードリッヒ・エンゲルスがその最初の伝道者となった。エンゲルスの見解によれば、「われわれがマルクスに負う」

二大発見とは、「歴史の唯物論的な見方、および剰余価値論による資本制生産の秘密の暴露」であり、「社会主義が科学になった[87]」のは、このふたつの発見によるという。そのときから、「ユートピア社会主義」は「科学的社会主義」〔?・〕にとってかわられた、とみなされることになった。

第三章のまとめ

十九世紀の最初の三分の二の時代をふり返ると、それは、何よりもまずイギリスにおける抗し難い資本主義の興隆が最大の特色を示す時代として、資本主義の世界経済史にきざまれている。

旧来の農民労働の収奪は、地主階級と旧体制国家の利益にそう方向でつづくが、そのなかで主流となるのは、工業における資本主義的な労働搾取であった。このことは、マルクスのいう（問屋制的商人・製造業者）資本のもとへの（たとえば伝統職人）労働の「形式的包摂」および「実質的包摂」にともなうものであった。すなわち、マニュファクチュアの枠内、さらには工場制機械工業の枠内における賃金労働制度である。紡績工業と金属工業、ついで鉄道建設用の資材工業の発展がこの労働搾取システムのための主な支えとなった。最後に、植民地搾取と不等価交換という世界的なスケールでの価値収奪体系が、重要な蓄積の源泉として機能した。それは、とりわけ最初の植民地通商大国にして最初の資本財供給国であり、かつ文字どおり「世界の工場」「世界の銀行」「世界の海運業者」となったイギリス——〔自由貿易帝国主義ともいうべき〕大英帝国にとって、そういえることであった。

工場制度とともに、次の資本制生産の論理が一般化した：G—W (Pm＋Ak)…(P)…W'—G'。〔以下、記号をフランス語で表示すれば〕A→M [mp＋ft] →P→M'→A'。産業資本家は貨幣Aを使い、かれが作動させる生産過程Pに必要な商品Mを購入する。このMは、生産手段（ないし不変資本 C＝mp）と労働力商品（ないし可変資本 V＝ft）とからなる。生産の結果、かれは新しい商品M'を手にいれるが、剰余価値 pl を含むその価値（C＋V＋

pl）は、購入商品Mの価値よりも剰余価値ΔA＝A'－Aだけ価値増殖しており、これが利潤となる。産業資本家であるかれは産業利潤を手にして、かれに貨幣を貸与した銀行家には利子のかたちで、その商品を流通させる取引商人には商業利潤のかたちで、分割し、金貸資本家および商人資本家と、この剰余価値 pl をわかちあうことになる。より一般化すれば、社会全体として生産された剰余価値の分配は、諸資本間の熾烈な闘争の生死をかけた賭けごととなるが、その闘争における競争と独占、また自由貿易と保護貿易は、同一メダルの異なる両面にすぎない。

この基盤の上にたち、ブルジョワジーは自己を確立した。そのひとつの典型が、世界市場の支配と農民階級の没落、さらに旧支配階級の間にみられた生活態度の衰退に代わり、全面開花をとげたイギリスのブルジョワジーのばあいであった。フランスでは、資本家階級は旧支配階級となお葛藤を続け、それゆえ厄介な同盟に依存せざるをえなかった。ドイツでは、ブルジョワジーは国家の激励と支持のおかげで発展をとげ、他方、アメリカ合衆国では、ブルジョワジーは南部のプランテーション所有者の抵抗に直面せねばならなかった。

ブルジョワジーの富と権力は、十九世紀の労働者たちのおそるべき悲惨と貧困を基礎に発展していった。すなわち、異なるタイプの労働者たちが相互に競争した結果、労働時間は延長され賃金は切り下げられた。生活の諸条件は、中世の農奴が耐えたものよりもっと苛酷であったと判断されることがしばしばある。慈善事業と家父長制が最悪の窮迫、貧困の緩和剤となり、海外移民がひとつの大きな排出口になった。さらにいくたの蜂起や暴動がおきたが、その鎮圧は容赦のないものだった。これに対抗して、連帯があり、協同組合がうまれ、共済活動が支え、連合が結成され、労働組合がうまれた。多くの試みのあとで、労働世界の組織は、一八六〇年代をとおして、めざましい前進をとげたのである。

資本主義は本章で述べた時期をつうじて、周期的恐慌によってはげしく動揺し、恐慌と不況をとおして貧困と飢餓の支配は強まりさえした。経済学者らは救済策を提案しようとそれを研究した(88)。社会主義者たちはそれを告発し、飢餓貧困をうみだす社会システムの矛盾を暴露していった。マルクスはそこから資本主義分析の労作を生み出すが、それは資本主義の論理とその崩壊の必然性に光をあて、これを論証しようとするためになされたのである。

ひとたび確立された社会秩序、とりわけ私有財産の尊重、富および宗教と国家の尊重、白人ならびに西欧文化の優越性——これらさまざまなイデオロギーの規範・基準のコード系が、ブルジョワ社会の全体にかたちを与えた。そしてもし必要なら、憲兵、裁判官、軍隊、投獄あるいは国外追放がこれを補強するために介在した。

知識人たちとかれらの作品の読者にとって、すべての大胆不敵な行為とロマン主義のすばらしい夢や理想が許された。だが同時に、実証主義と科学主義のすべての確実性もまた求められたのである。胸をひき裂く現実を拒絶して、十九世紀の前半には、ふたつのユートピアが対決させられた。自由主義のユートピアと社会主義のユートピアがそれであり、両者ともお互いに調和的世界における各人の幸福を約束し、期待させる社会思想であった。自由主義のユートピアは「純粋な完全競争における需要—供給の法則」とともに、そしてのちには限界学派の限界原理(89)ともども、「科学的理論」のよそおいをとるであろう。他方、社会主義ユートピアの方は、若い日の確信をそこから引き出したマルクスの手で批判され、かれの手で「科学的社会主義」の分析に由来する「歴史的必然」〔?・〕に変形されてしまった。

悲観主義者のJ・S・ミルは、持続可能な「定常状態」を想定するようになるが、マルクスは、資本主義の抗し難い崩壊と階級なき社会、すなわち共産主義社会到来の〔未完の〕論証に、その全生涯をささげたのである。

第II部　帝国主義と両大戦の時代

――諸国資本主義から各国／世界系資本主義へ――

資本主義は世界を支配し、わが政治家たちをあやつり人形のように踊らせる。

W・ゾンバルト

資本主義とはある特定人物のことでも、ひとつの制度のことでもない。それはみずから欲することも、未来を選択することもしない。それはある生産様式をとおして作動しているひとつの論理であり、その論理とは盲目的だがあくまでも頑強に自己をつらぬく資本蓄積の論理にほかならない。

これは、商品の生産にもとづく資本の論理であるが、そこでは商品の使用価値が剰余価値〔を含む交換価値〕の担い手となり、剰余価値は再投下されて資本化されねばならない。さらに再び、価値は実現されねばならず、商品は売れねばならない。さもなければ資本蓄積はゆきづまり、危機ないし恐慌におちいる可能性があるからである。

この資本の論理は、十八世紀末から十九世紀の最初の三分の一世紀までの時期、すなわち「第一次産業革命期」に拡大し、社会に普及して、繊維と衣料、機械器具、金属製家庭用品、鉄道ならびに兵器部門にまで浸透していった。

それは、はじめイギリスで発展をとげたあと、しばしのタイム・ラグをおいて、他の西欧諸国とアメリカ合衆国に波及していった論理である。

およそ歴史上で実現された資本主義をつぶさにかえりみるとき、ひとは特定の「生産様式」とか、その論理の単一公式になどこだわることはできず、それをこえて進まねばならない。すなわち、まずもってそこには資本主義が発達した先発諸国が存在する。しかも、各国資本主義の相互利害の対立によって促進されたり、特徴づけられたりはしたが、その列強間のライバル関係がゆるむことはなかった。解体していく階級があるかと思えば、資本主義の発達の巨大な運動に連動して再構成される諸階級があった。社会形成のそれぞれの特殊性におうじて、階級闘争があり、階級同盟も結成された。そこには当然、諸階級の同盟と力関係の戦略地点として、支配の装置となる国家も存在した。さまざまな理想があり、信念や宗教があったし、知識と無知の決して安定しないペアの組み合わせが存在し、さまざまなイデオロギーがあった。人種差別や、軍国主義があり、支配の精神と利得の精神も存在した……。

膨張する資本主義は、こうした社会的現実に遭遇したのである。そしてあるときは壁にぶつかり、他の場合は現実の流れに奉仕した。それは現実を転覆させ、これを変形したり束縛したり、ときには悪化させることもあった。資本主義をその運動においてとらえようとするなら、そうしたすべてについて語らねばならない。とはいえ、話をきりつめすぎることなく、単純な図式におちいることなしに、どうしてそのすべての要点について語ることができようか？

家族について考えてみよう。資本主義とともに、家族は労働力の再生産と維持の単位細胞となり、しかも不断に社会全体を再生産する複雑な基盤になってきた。古い没落階級は大家族に依拠して繁栄をとげたが、古い階級から新しい階級が形成されたのも、〔近代の〕家族をとおしてなされたことである。根こぎにされた農民《デラシネ》、あるいは職人たちが財産なき賃金労働者になっただけではない。産業や商業取引や銀行と結合した「ブルジョワ王朝」を創建するために、貴族の家族もまた、銀行家や大商人と同盟関係をむすんだのである。家族によって、階層とか、規律、しつけ、節約倫理、消費など社会の基本的ノルム（規範）は伝達され、次の世代にうけつがれてきた。しかしながらその反面で、家族がなければ、労働者の闘争や運動はよりよく発達できず、ストライキもしかるべき成功をみることは不可能だったであろう。

学校について考えてみよう。一九六八年〔五月革命〕以後の左翼にあっては、資本主義的学校を告発するのが流行である。確かに、資本主義社会のあれこれの価値や理念と社会規範を広めるのに学校が役立ってきたことは疑いない事実である。しかし、学校制度は同時に、共和主義というフランス政府の正統性の原理、民主主義、さらにしばしば社会主義の原理を、社会に浸透・普及させるのにも貢献した側面を忘れてはならない。学校教育による読み、書き、数学などの知識の習得は、自由と民主主義的な社会生活の基礎をなしている。よしんばそれが、人心を衰弱させる文学とか、思想宣伝の新しい形式の発展を許したとしても……。

一八七〇年から八〇年にかけて、資本主義はイギリスの一部を革命化しただけで、ヨーロッパ大陸と北アメリカの厳密に特定された地域圏においてしか、そのしっかりした基礎を確立していなかった。一世紀をかけてそれは拡大し、資本は集積され、信じがたい力強さでみずからの存在価値を世にみとめさせた。あいつぐ新技術とあらたな機械制大工業の興隆をとおして、より広く、より強力な資本の集積の上に、資本の行動範囲は全世界をかけめぐるほど拡大した。第一次帝国主義の崩壊とともに、つぎのあらたな帝国主義がうまれ、労働運動が社会的に承認されてくるにつれて、労働者を支配するあらたな手段と方策もうちたてられていく。

一八七三年にはじまる最初の大不況から、異常な時代の渦潮は資本主義を帝国主義の段階におしあげ、世界の分割と再分割へ、さらにそこから最初の「世界大戦」へと時代を導いた。〔ロシア革命と〕西欧の戦後復興過程をへて、しばしの相対的安定期がおわるとファシズムが台頭し、世界恐慌と一九三〇年代の長期にわたる世界不況の帰結として、第二次世界大戦が勃発する。そして、第二次世界大戦後の再建、植民地の解放、高度成長と繁栄の三〇年をへて、ついには石油危機以後の新しい、世界的規模の世紀末「大変動」にいたるのである。しかも今日の世界不況が、「第三次世界大戦」に道をひらくかもしれない、と考えるひとたちもいないわけではない。一世紀にわたるこの地球の搾取と略奪、一世紀にわたり加速された工業化と近代化、そして「低開発の発展」――それが帝国主義と両大戦の時代である。〔そこから第II部の副題は、des capitalismes nationaux au capitalisme national/mondial となっている〕。

第四章　大不況から第一次世界大戦へ（一八七三―一九一四年）

資本主義が支配的になる以前の経済生活は、多少とも規則的に、天候条件とか収穫のよしあしによって左右され、人口構造の変化、さらに戦争などによって揺り動かされていた。これに対して、資本主義的工業化の全局面は、一定の規則性をもつ景気循環の運動をとおして達成された。そこには好況期と絶頂期があり、それはつづく不況期に調整されて沈静するか、恐慌によって価値破壊されるのが正常なサイクルであった。

十九世紀における恐慌の原因は多元的であった。販路の喪失、あるいは戦争による供給の杜絶とか戦争のあとの経済再転換による供給不足。一度ないし数度におよぶ凶作により農村過剰人口にたいし労働市場が縮小する。あるいは一層高まる生産能力の過剰な発展から市場競争が尖鋭化して利潤は低落し、それが生産された商品の価値実現を困難にして価格を下落させる。およそこういったことが、「十九世紀の諸恐慌」の起源であった[1]。

一八七三年の恐慌とともにはじまる「大不況」は一八九五年まで長引いて、資本主義の第二の時代とも呼びうる局面をつくりだした。それが〔古典的な第一次〕「帝国主義の時代」である。

その特徴は、

——鉄鋼・鉄道などの重工業技術と「第二世代」工業化の進展

——工業先進国における目にみえる譲歩からかちとられた労働運動の確立

——資本の集中集積と金融資本の出現

——植民地化と世界的規模の領土拡張のあらたな波、そして「世界の再分割」と「第一次世界大戦」への道、

といった形に整理することができる。

一　「大不況」（一八七三—一八九五年）

一見したところ、十九世紀の「大不況」をつくりあげている一つひとつの危機は、「十九世紀の諸恐慌」の延長線上に発生している。

一八七三年、ウィーンの証券取引所は、オーストリアの銀行の倒産、ついでドイツにおける銀行の倒産により打撃をこうむった。軍需生産と鉄道建設と造船業の分野で強力な拡張をとげたドイツの重工業は、生産コストの上昇と利潤の低落に挟撃されて事業を縮小した。銑鉄の生産量は一八七四年に二一％ほど減少し、その価格は三七％も低落した。そこで失業したかなりの数の労働者は田舎に帰郷した。この恐慌について、フォン・オッペンハイム男爵が「過去五六年間にこれほど長期の恐慌は存在しなかった」と記した一八七五年十月の記録が残されている(2)。

アメリカ合衆国では、一八六九年から一八七三年にかけて鉄道線路の総敷設マイル数が五〇％も延長をみた。はなやかな株式投機ブームの反面で、労働力不足にコストの上昇が結合して利潤が低下したとき、鉄道会社は倒産し、銀行は破産して、証券取引所は狂乱のパニック状態におちいった。この結果、鉄道建設は銑鉄生産にとっては欠くことのできない有力な販路のひとつであったので、銑鉄の価格は一八七三年から七五年にかけて二七％の下落をみた。失業はふえて賃金は下がり、恐慌は紡績業と建設業部門にまでおよんだ。イギリスでは、輸出は一八七二年から七五年にかけて輸出が二五％縮小し、破産の件数は一八七三年の七四九〇件から、一八七九年の一万三一三〇件までほぼ倍増したほどである。失業はひろがり物価は下落して、過剰生産能力は巨大なものとなった。一八七三年に熔鉱炉の所有者が二五〇万トンの鉄道レールを製造できたのに、その消費量はわずか五〇万トンにおちて、鉄鋼価格は一八七二年から一八八一年にかけて六〇％も減少したのである。

一八八二年――リヨンの証券取引所の相場崩壊から、リヨンとロワールの銀行の破産が、ついでユニオン・ジェネラルや数多くの銀行の破産がひきおこされた。工業生産もまたその影響をうけた。鉱業と製鉄業、建設業、紡績業、そして磁器製造業などが不振におちいった。失業はさらにひろがり、賃金は低落した。「このような破局は前代未聞だ」と、当時、クレディ・リヨネ銀行のある頭取が宣言したほどである。(3) フレシネ計画の実施に関連した飛躍的な事業の発展、そのあとにやってきた公共事業の不振、とりわけ鉄道建設の遅延が、この不況による混乱の主な原因となったのである。

一八八四年――アメリカ合衆国における鉄道の建設は、現実にはすでにこのころ再開されており、一八七八年に四三〇〇㎞、一八八二年には一万八六〇〇㎞を建設していたが、これまた「鉄道パニック」にまきこまれた。そのため、一八八四年にはわずか六三〇〇㎞の鉄道線路が建設されたにとどまった。鉄道会社は、一方では建設コストの上昇により圧迫され、他方では同業者同士が参入した過当競争により、挟み撃ちにされた。ユニオン・パシフィック社の株価は暴落し、それにつづいて、他の数社の鉄道有価証券についても証券相場が崩壊した。銀行は破産し、鉱工業活動のテンポはおちこみ、倒産解雇とともにさらなる失業がうまれた。賃金が切り下げられ、冶金部門では生産が一五％から二二％減少して、紡績部門でも二五％から三〇％ダウンするなど、あいついで操業短縮がなされた。この大不況期をとおして、カーネギー財閥はより強力なグループに成長をとげたが、それはとくに競争相手会社の工場を低価格で買収し、あるいは買い戻したことによるところが大きい。

ドイツは、長期にわたる大不況を経験した直後に、一八七九年から保護主義とカルテル結成の軌道に入り、同年から八五年にかけて七六のカルテルが形成されている。イギリスもまた、この恐慌の打撃をうけた。大不況にとらわれた国々への同国の輸出はさらに困難になって、内外の市場競争はきびしくなり、産業活動は沈滞した。卸売価格もおちこみ、そして組織労働者の場合でさえ、その失業率は一〇％にも悪化したのである。以上にみた「大不況」は、一八八六―八七年になりようやく終熄をみた。

この当時、あらたな利潤形成を期待させる事業機会の展望がひらけてきた。それは南アフリカにおける金鉱山の発見、パナマ運河の開鑿プロジェクト、アメリカ合衆国におけるあらたな鉄道建設の開業のうごき、そしてアルゼンチン、オーストラリアとニュージーランドにおける新しい経済発展の可能性などである。このビジネス・チャンスをとらえてあらたな投機が企てられ、海外投資が開始されるが、それはもうひとつの袋小路をつくりだすことになったのである。

一八八九年——フランスにおいては、パナマ運河の建設を担当していた建設会社、および銅の投機に介入していた金属会社が破産をとげた。証券取引所の危機、信用恐慌、さらに不況がこれにつづいて、保護主義の反動をまねいた。その指標をなすものがメリナ関税である。

一八九〇年——イギリスでは、アルゼンチン共和国の金融代理機関であったベアリング銀行が、信用恐慌の犠牲になったが、その原因には同国の経済的財政的な困難が関係し、また同国を痙攣的におそう政治危機にもとづいていた。ベアリング銀行は破産して支払いを停止したため、イングランド銀行が介入し、イギリスの巨大銀行の融資が銀行恐慌の波及をくいとめるために必要とされた。しかし、あらたな不況がはじまり、それはまず繊維業、とりわけ棉花部門をおそい、ついで造船と製鉄部門に浸透した。アメリカ合衆国、アルゼンチン、およびオーストラリアに打撃をあたえた一八九三年恐慌で、これにリンクした貿易不振により、その不況は悪化した。

外国市場の征服にむけて次第に国外にのりだしていたドイツもまた、この恐慌により影響をうけていた。この時点までに、すでに一三七のカルテルが結成されていたが、カルテルの増加は、経済の無政府的競争を規制するあらたな手段への道をひらいたのである。

一八九三年——この時点までに、アメリカ合衆国は繁栄局面を経験しており、農業部門にはみごとな収穫があり、建築部門と鉄道建設においては仕事の再開がみられた。ロックフェラー、カーネギー、モルガンなどの巨大トラストはかれらの権力を存分に行使し、一八九〇年にはマッキンリー保護関税が実施された。ところが、ふたたび鉄道会社は自社の利潤が大きく低落する不況を経験し、そのうちいくつかの会社は支払停止におちいったのである。鉄道社債のための証券取引所の債券相場は崩壊して、四九一の銀行が破産している。不況は一八九四年になるとさらに悪化して、失業はたかまり、賃金切下げの合理化努力がなされた。

なによりもはっきりと目につく景気指標は、株式取引所における株式相場の動きであった。それは価格崩壊、株式恐慌とか、さまざまな銀行部門での大銀行の破産、あるいは連鎖倒産のかたちではっきりと確認された。その基盤においておなじ恐慌の論理はどの個別の恐慌でも再現された。すなわち、コストが上昇する（たとえば、賃金の上昇とか、アメリカの鉄道建設のばあい、レール価格の高騰）、市場の販路が減少する（農村住民あるいは他の部門の労働者の購買力が低下する、公共投資の削減、または外国市場の不振など）、さらに売上げが低下する（アメリカの鉄道会社相互間の価格競争、運賃引下げ競争）などがそれである。次に、利潤が減少傾向になるか急に激減して各社による生産価値の実現はますます困難になる。競争はきびしくなって市況はひきしまり、どこかある部門のいくつかの企業の地位があやうくなる。そうなると、わずかなきっかけでも恐慌が発生する。たとえば、証券取引所でのうわさとか、販路の喪失情報とか、支払不能におちいった会社や銀行がそれで、そのさきにはもはや統制がきかない連鎖反応がひきおこされるのである。

十九世紀前半の恐慌では、二重の運動によって資本蓄積の調整《レギュラシオン》が作用していた。

——価格の下落と売上高の大幅なおちこみがあり、その結果、もっとも競争力にかけた欠陥企業が排除される。不良資本の定期的な「追放」という先鋭的な形態である。

——失業および実質賃金の切り下げがなされ、その結果、労働者の消費が切りつめられ、それが恐慌の拡大と「不良資本の追放」を加速して、より低コストの労働力で生産を再開するつぎの回復局面を用意する。

十九世紀の不況の恐慌的局面においては、価格が低落すると生産が削減された。この両者の低落傾向は、過去二〇年間の「重い傾向」を構成していた。こうして、一八七三年から九六年にかけて、卸売価格はイギリスでは三二%低下し、ドイツでは四〇%、フランスでは四三%、アメリカ合衆国でも四五%の低落をみた（**表4―1**）。この運動は特定の生産物に対してよりつよい影響をあたえ、スコットランドの銑鉄価格は、一八七二年から八六年にかけて六〇%も低下した。[4]（M・トゥガン＝バラノフスキー『英国恐慌史論』一九一三年）

失業の増大もまたみられた。イギリスでは、失業によって打撃をうけた組織労働者の比率は、恐慌のたびごとに急激に高まった。それは一八七二年の一%から一八七九年には一一%以上に悪化し、一八八二年には二%と落ちついたのが一八八六年には一〇%以上になり、そしてふたたび落ちついた一八八九―九〇年の二%から一八九三年の七・五%へと、失業率にはげしい変動がみられたのである。[5] 以上が価格と雇用を主とする〔外延的〕資本蓄積の二重調整様式であった。

表4-1　卸売物価指数の動向（1860-1913年）

［基準年次：1910-1910=100］

1860-1913	イギリス	フランス	ドイツ	アメリカ合衆国
最高の時期 max.	1873：152	1872：144 1873：144	1873：136	1865：213 (1873：136)
最低の時期 min.	1896：83	1896：82	1895：82 1896：82	1896：75 1897：75
世界大戦前 max.	1912：116 1913：116	1912：116 1913：116	1912：115 1913：115	1910：113 (1912-3：112)

出典） F. Mauro, *Histoire de l'économie mondiale*, p.400

アメリカ合衆国の実質賃金についてみると、恐慌の度ごとになお低下しつづけ、恐慌にみまわれた産業部門では、きわめて苛酷な賃金紛争が生まれている。ところが、この現象はイギリスとフランスでは、それほどはっきりしなかった。イギリスについて、一八五〇年のフルタイマー労働者の実質賃金を一〇〇とすれば、それは一八七三年に一二八となり、一八九六年には一七六へと長期的にみれば向上している。もっとも、恐慌期には一時的に低落はしているが。すなわち、一八七六年の一三七から一八七八年の一三二へ、一八七九年の一三七から一八八〇年の一三四へ、一八八一年の一三六から一八八二年の一三五へ、一八九〇年の一六六から一八九二年の一六三へと変動をとげている。ともあれ、この時期全体をとおしてみれば、実質賃金は三七%上昇して改善されたことは確認できる。[6]

フランスにおいては、実質賃金が一八七三年から九六年にかけて二五％上昇した。しかし、この世界的な実質賃金の上下運動は、恐慌によって「律動化」されていた。一八七三年の停滞期、一八七六—七七年の低落期、一八八三年と一八八七—九二年の停滞期のリズムがそれにあたるが[7]、実質賃金の全体的上昇のテンポは、生産性のそれとくらべてなお下回っていた[8]。

われわれが以上の十九世紀末「大不況」の経験から確認できるのは、〔蓄積体制の〕資本主義的な調整様式 le mode de régulation の変形が開始された、という歴史的事実である。というのも、労働者階級が充分な力を行使してみずからに有利な力関係を確立するのに成功した国々では、恐慌期における実質賃金の低落にたいしてかれらが厳しく抵抗したからである。

と同時に、経営者の側も、大企業トラストないし財閥グループを結成し（アメリカ合衆国とイギリス）、あるいはカルテルの結成により（ドイツ）、さらには職能団体を強化充実する（フランス）などの対抗策をとって、資本主義の組織化にのりだしたのである。

資本主義経済の蓄積体制を調整する新しい手段、それを確立するためのさまざまな要素もまた、この発展のプロセスに存在していた。たしかに、一八七三—九六年の大不況期に観察された資本主義経済のレギュラシオン（調整）の様式を、十九世紀の最初の三分の二世紀にとられた調整様式とあまりにラディカルに対比するのは、あきらかに行き過ぎであろう。しかしながら、この「大不況」のプロセスで資本蓄積体制の調整様式が基本的な変形をとげたことは、銘記されねばならない。

だとすれば、十九世紀末の「大不況」はいかなる点にその特徴があったのだろうか。

いかなる資本主義的危機も、次の四大基本矛盾の相互作用からうまれてくる。

(1)資本と労働の間の矛盾、すなわち、具体的には資本家的企業と労働者階級の労資間階級矛盾

(2)資本家相互間の矛盾、つまり同一部門内、又は異なる部門間の資本間矛盾
(3)一国的な資本主義相互の国家間対立・矛盾
(4)支配的資本主義とそれに支配され従属する〔周辺の〕諸国家、諸民族、諸地域との対抗・矛盾

この時期には、(1)の労資間矛盾と(3)の国家間矛盾に主な決定力があるようにみえた。さらに、

――労働者階級が組織され、自己を主張し、大不況期のおわりには、一国的資本主義の機能にはっきりと識別できる効果と役割をはたすようになった。

――ドイツと北アメリカの資本主義が、これまでは争う余地がない世界最大の帝国だったイギリスの資本主義のヘゲモニーに挑戦しはじめた。

(2)の資本間矛盾は、複雑なしかたで作用した。すなわち、一方では（資本の集中と集積および金融資本の形成により）新しい資本蓄積構造がつくりだされ、他方では、第二世代工業化をになう新しい産業部門の発展が、第一世代工業化の主役産業の衰退をうめあわせるのを可能にした。

(4)の中枢‐周辺矛盾は、この局面では危機を深める要因としてははたらかず、それはむしろ、資本主義の世界的規模での膨張、資本の輸出、そして植民地化といった一連の帝国主義的運動とともに、矛盾を一時的に「解決」する要因として作用したのである。

二　イギリスのヘゲモニーの終焉

いかなる「英国紳士」がイギリスの優越性をうたがうことができただろうか。「イギリス的であること」を愛するイギリス・マニアが、ヨーロッパのゆとりある諸階級の心をとらえた。イギリス風のモードは、男性のエレ

ガンスのしるしになった。イギリスのスポーツはますます模倣され、これに順応する者がふえた。野球、バスケットボール、フットボール、硬球のローンテニス、ラグビーなどがそれで、スポーツ競技とフェアプレイの時代が開幕された。古代オリンピック競技の再興を企て、一八九六年にアテネで近代五輪競技を具体化したのがフランス人ピエール・ド・クーベルタンだとしても、スポーツにおけるイギリスの影響は否定できない。この当時、イギリスの軍隊と官僚は世界のいたるところに駐留した。イギリス人の旅行客は、地中海沿いのきわめて魅惑的な観光遺跡にはどこにでも足をのばし、もっとも僻遠の奥地まで探検した。英国詩人ルドヤード・キップリングは白人の偉大さと背負う義務について「確認」したが、白人の偉大さと責任といえば、イギリス人がその代表の最たるものであった。ベーデン・パウエル卿は、ボーア戦争に参加したのち、ボーイスカウト（少年団）を創建して、『少年団活動』という著書を一九〇八年に刊行している。また、それよりすでに一五年前に、コナン・ドイルは「シャーロック・ホームズ」という架空の人物像を創造していた。それは実用主義と厳格主義、直観と演繹の統一をエレガントに体現した、ともいうべき主人公であったのだが。

表4-2　イギリスの国際収支——経常勘定

	貿易収支	移民・旅客政府収支	海運収支	利潤利子配当収支	保険・仲買手数料	経常収支（純計）
1876-1880	−124	−9	+54	+88	+16	+25
1806-1900	−159	−11	+62	+132	+16	+40
1911-1913	−140	−22	+100	+241	+27	+206

単位）100万ポンド（各時期の年間平均）
出典）A. H. Imlah, cité in: Ph. Daene, W. A. Cole, *Britsh Economic Growth*, Vol.2, p.36.

大英帝国のパワーと繁栄、およびその国富は否定できない。ロンドンは世界一の最大都市となり、英貨スターリング（ポンド）は国際基軸通貨であった。イギリスの支配は七つの海に太陽が沈まぬ五つの大陸にひろがり、イギリス資本主義はこの世界システムの支配によりすくなからぬ海外所得をえて、植民地利潤を吸い上げたのである（**表4―2**）。

それでも、最盛期にくらべてイギリス資本主義の相対的な斜陽化はすでにはじまっており、一八七三―九六年の大不況がその最初の微震となった。これらの恐慌は、現実には各国資本主義に同じインパクトを与えたわけではない。〔後発で〕攻撃的なアメリカ合衆国とドイツでは、鉄道、石炭、鉄鋼、そして造船業の精力的な成長がみられた。これに反して、〔防衛的な〕イギリスは活力とパワーを出し切った成熟資本主義の息切れ状態を示していた。第一世代工業化にとっての基礎産業である石炭、製鉄業の発展不振は、その証拠を提供した。

一八七一年、さらには一八八〇年においてさえ、イギリスはなおアメリカ合衆国とドイツの合計分より多くの石炭を産出していた。ところが、一九一三年までに、イギリス産の石炭はかろうじて合衆国産の半分にすぎない斜陽国に転じていた。イギリスはきわめて迅速にまず鉄鋼部門でアメリカ合衆国により追い抜かれ、ついで二十世紀に入るとドイツ重工業によって凌駕されていく。

さらに一般化すれば、この時点までに新興のドイツ=米国資本主義は、「旧型」の英=仏資本主義に対して歴然と比較優位をおさめるのを許したダ

表4-3　イギリス, ドイツ, 合衆国の石炭, 銑鉄, 鉄鋼生産の推移

1．石炭(トン)	イギリス	ドイツ	アメリカ合衆国
1871	117	29	42
1880	147	47	65
1890	182	70	143
1900	225	109	245
1913	292	190	571

2．銑鉄と鋼鉄(トン)	イギリス		ドイツ(a)		アメリカ合衆国	
	銑鉄	鋼鉄	銑鉄	鋼鉄	銑鉄	鋼鉄
1880	7.9	3.7	2.7	1.5	4.8(b)	1.9(b)
1890	8.0	5.3	4.7	3.2	10.1	4.7
1900	9.1	6.0	8.5	7.4	20.4(c)	17.2(c)
1910	10.2	7.6	14.8	13.1	30.8(d)	31.8(d)

a．ルクセンブルグを含む，b．1881-85年の平均値，c．1901-05年の平均値，d．1911-15年の平均値

出典）J. H. Clapham, *The Economic Development of France and Germany (1815-1914)*, Cambridge University Press, 1951, pp.281,285.
S. B. Clough, *Histoire économique des États-Unis, 1865-1952,* p.28,33.

表4-4　総生産の10年間成長率および1人当たり生産

1．総生産(produit total)					
[10年間]	イギリス	フランス	ドイツ	アメリカ	
1885-94から1905-14	23.8%	15.7(a)	32.9(c)	44.7	
1905-14から1925-29	14.0	18.4(b)	17.7(d)	36.7(e)	
1925-29から1950-54	16.3	11.5	26.5	33.2	
2．一人当たり生産(produit par tête)					
	イギリス	フランス	ドイツ	アメリカ	日本
1885-94から1905-14	11.4	13.5(a)	17.0(c)	20.1	25.5
1905-14から1925-29	5.2	16.1(b)	7.3(d)	16.5(e)	32.8
1925-29から1952-54	11.3	10.0	12.5	19.2	9.9

注）(a)：1861-70から1890-1900　(b)：1896から1929　(c)：1880-89から1905-13　(d)1895-1904から1925-29　(e)1900-09から1925-29

出典）W. W. Rostow, *op. cit.,* Vol. V-1, V-6, V-8, V-12

イナミックな成長力をもち、そこからつきせぬ利益を得ていたのである。

「大不況」から第一次世界大戦の前夜まで、ドイツでの経済成長はフランスより二倍も速く、アメリカ合衆国の成長もイギリスにおける成長よりほぼ二倍も速かった。

そして、平均的にならしていえば、アメリカ合衆国の経済成長の比較優位は、第二次世界大戦直後の時期まで維持されたのである。こうして、英・仏資本主義の相対的斜陽化は、十九世紀最後の三分の一世紀にはじまり、それにきびすを接してドイツとアメリカ合衆国の資本主義の攻撃的パワーが増進したのである（**表4―3、4**）。

表4-5　世界の工業生産における主要工業先進国の比重(%)

	英国	フランス	西ドイツ	ソ連	米国	日本	他の諸国
1870	32	10	13	4	23	-	18
1881-1885	27	9	14	3	29	-	18
1896-1900	20	7	17	5	30	1	20
1906-1910	15	6	16	5	35	1	22
1913	14	6	16	6	38	1	19
1926-1929	9	7	12	(4)	42	3	23
1936-1938	9	5	11	(19)	32	4	20
1963	5	7	(6-西)	(19)	32	4	30

出典）W. W. Rostow, *op. cit.*, Vol. II-2, p.52

表4-6　世界貿易の国別分布の変遷(%)

	英国	フランス	ドイツ（西独）	その他欧州	米国	その他
1880	23	11	10	27	10	19
1913	16	7	12	29	11	25
1928	14	6	9	22	14	35
1938	14	4	9	20	10	43
1948	12	5	(2)	22	16	43
1958	9	5	(8)	26	14	38

出典）　W. W. Rostow, *op. cit.*, Vol. II-8, p.71-73.

世界の工業生産に占めるイギリスのシェアは一八七〇年の三二％から世界大戦直前には一四％まで、さらに一九三〇年の世界恐慌の発端期には九％にまで落ち込んだ。ところが、同じ時期のアメリカ合衆国のシェアは二三％から三八％へ、さらに四二％へと著しい上昇をみた（**表4―5**）。

また、この同じ期間に、ベルギーのシェアは三％から一％におちこみ、イタリアのそれは二％から三％へ高まったあと二％へもどり、そしてカナダとおなじく、北欧諸国のシェアは一％から二％へと増加した。

イギリスは一八八〇年の世界貿易の四分の一を占めたが、一九一三年には六分の一となり、一九四八年にはもはや八分の一を占めるにすぎなかった。

この衰退は、くりかえし述べねばならないが、他の新興工業国と比較しての話にすぎない。全体としてみれば、生産と貿易の絶対量は増加しつづけてその海外投資はのび、イギリス資本主義の存在価値はなお大きく、それは活動的で、世界中に影響をあたえていた。しかしながら、ドイツと北アメリカ、そして日本の資本主義の「大躍進」に直面したイギリスは、もはやこれら急成長する列強諸国の先頭にとどまることができず、それを可能にする武器をもっていなかった。

「企業家精神と革新ないし新機軸 innovation の衰え」および「金利生活者の心性 mentalité」。これらの態度は、うたがいもなく、海外からかなりの額の定期収入が提供される利点と結びつき、やがてこの時代を生きたイギリス人自身の姿を反映することになる。

「イギリス農業は長い不況のあと、最大の苦労の末にものにした農法を転換する代価を払って、なんとか生き延びた。だが、その結果、イギリス農業は自国の食糧需要の四〇%までしか自給しえなくなり、その所得の本格的減少を経験しないまま、農業はイギリス経済にとっては二次的役割の地位に、みずからを引き渡さねばならなかった。イギリス農業は、政府の保護農政に希望をつないで生きのびたものの、第一次世界大戦中に農業補助金がわずかに増加しただけで、一九二一年から一切の保護はうちきられた。巨大な基礎産業は、すでに獲得された技術ぐるみますます活発に稼働しながら、将来もっとも有望な技術革新の先端部門にみずからを限定していく。たとえば、ベッセマー法およびシーメンス＝マルチン法にあまりにも忠実すぎた鉄鋼メーカー各社しかり。棉花関連の製造業者は、一九〇〇年から環状織機の採用にためらいを感じて、のちに自動織機にきりかえた。そのほか、化学工業、電力生産の新興企業、ゴム、自転車、自動車などの新しい産業が、ゆっくりしたテンポで発達していった(9)」。

以上を要約すれば、第一次世界大戦にさきだつ一八九六―一四年という時期は、旧式の先発帝国イギリスおよびフランスの資本主義が、新興工業国ドイツとアメリカの資本主義によってのりこえられた時期である。このプロセスは、部分的には、十九世紀末に生起したいくつかの恐慌をとおして達成されたものといえよう。

三 労働者階級の確立

この時代を画したいまひとつの基本的動きとして注目すべきものは、労働者階級の確立である。たしかに、これはもっとも基本的な時代動向だった。というのも、それは、根こぎにされて資本に依存し、従属して抑圧された労働者とその労働力を使用して発展できた資本主義の局面から、次第に自己の社会的地位を自覚しはじめてみずからを組織し、そしてついには新しい力関係を築いていく労働者階級の実力を、資本家ブルジョワジーが考慮に入れねばならない新局面への移行を意味したからである。

労働者階級の運動は、社会全体の変容を促す、より広範な枠組み変化の一環として発達したが、その社会変容は本来、資本制的工業化により引き起こされたものだった。注目にあたいする社会変容としては、つぎのものを指摘できる。

――賃金労働者化の継続的追求。十九世紀末のイギリスでは活動人口の八〇％が賃金労働者化していたが、一八八〇年のアメリカ合衆国では六三％、一九〇二年のドイツでは六六％、フランスでは五八％にとどまった。このとき以来、資本主義的世界に生きる賃金労働者の数は数千万人以上をかぞえ、それは独立小農民、商人、手工業職人などの数よりまさることになる。

――社会生活のきわだった都市化。二十世紀の初頭に、ロンドン市の人口は四〇〇万人を越えていた。これにつぐグラスゴー、マンチェスター、バーミンガム、リヴァプールは百万都市であり、四〇以上の英国都市は人口一〇万人をこえる都市であった。他方アメリカでは、人口八〇〇〇人以上の都市に住む合衆国の都市人口の全国人口に対する比率は、一八八〇年の二三%から一九〇〇年には三二%に増加して、一九二〇年には四四%になった。ドイツでは二〇〇〇人以上の人口をもつ密集地帯に住む都市人口比率は、一八八〇年の四一%から一九一〇年の六〇%にふえたが、この時点までに、イギリスではこの比率は七八%にもなったのに、アメリカでは四六%、そしてフランスは四四%と都市化がおくれていた。以上の都市化のプロセスをとおして、集団的社会行動のための新しい条件が創造されたのである。

この文脈において、労働者階級の成長と発展を、主要国ごとに、いくつかの数字でとらえることができる。

——**イギリス**では、工業労働者の数は一八八一年の五七〇万人から一九一一年の八六〇万人へ成長した。部門別には、製造業六二〇万人、鉱業一二〇万人、建設業一二〇万人となるが、この八六〇万人のほか、運輸部門の賃金労働者一五〇万人を追加せねばならない。

——**アメリカ合衆国**では、第二次産業に雇われた者は一八七〇年の活動人口の二三%を占めていたのが、一九一〇年になると三一%となり、工場ではたらく賃金労働者の数は、一八七〇年の二〇〇万人から一八九九年の四五〇万人へと二倍に膨張し、一九〇九年の六二〇万人をへて、一九一九年にはさらに増加して八四〇万人になった。

——**ドイツ**での工業労働人口の比重は、一八九五年の四一%から一九〇七年の四三%へたかまり、この間、賃金労働者は五九〇万人から八六〇万人に増大したが、この数字にはそれぞれ家内労働者三〇万人を加えねばならない。

——**フランス**では、労働者階級の数が、十九世紀末の三〇〇万人から第一次世界大戦前夜の五〇〇万人へと肥大した。製造業雇用における職人労働から賃労働への転換が顕著にみられたのは、一八五〇年から一九一〇年にかけてであり、その期間に手工業の雇用は二五〇万人から九〇万人に減り、工業的企業にはたらく従業員の数は、一二〇万人から四五〇万人に増加した。

このように、四大資本主義国において、労働者階級はあわせてほぼ三千万人の男女にのぼった。もし資本主義的工業化の波に洗われた他の諸国まで加えれば、この数字は四千万人をこえるだろう。この数のうえでの量的成長とともに、かれら労働者たちは自分たち相互の連帯に気づき、一歩一歩みずからの力量を自覚しはじめていた。抑圧と搾取への抵抗の方法には、つねに数えきれないほどの形態があった。これをフレデリック・ウィンスロウ・テイラーに証言させよう。かれは労働者あがりの職長で、のちに「労働組織の科学的管理法」の予言者になる人物である。十八歳のとき、テイラーはハーバード大学への進学をあきらめて、機械工見習いの労働者になる。ついでミッドヴェール・スチール社の不熟練工をへて班長になり、六年足らずして機械工場の職長をつとめ、さらに主任製図技師、そして主任技師へと昇進した(10)。かれの工作機械の仕事場では、ほとんどすべての仕事は出来高給で支払われていた。仕事は昼夜稼働で、週に夜勤は五日、昼勤は六日の勤務体制である。そして二組で昼夜二交替のシフト制をとっていた。

「機械工場の労働者だったわれわれは、職場で生産されるすべての製品について、労働者仲間で念入りに協定し、毎日の産出量の上限をとりきめていた。われわれはその産出量を、自分らの簡単になし得る仕事量のほぼ三分の一に制限した。出来高制度のために――いいかえれば、さきにのべた出来高制度のもとで働き過ぎないよう、忙しそうな素振りをしてみせる必要上――そうすることが正当化される、とわれわれは感じたのだと思う。

私が班長に出世するや否や、私の部下で、私がサボタージュ・ゲームないし慎重な生産制限慣行をしていたことをよく知る連中が、ただちに私の所へやってきて、こういった。〈なあ、フレッド！　きみは、班長になったからといって、会社に盲従する出来高制の犬になんかならないだろうね？　どうなんだい？〉と。そこで私は、つぎのように答えた。〈もし、諸君の心配が、テイラーはこの旋盤作業の産出量をもっと引き上げようとするのではないかという点にあるのなら、諸君のいうとおりだ。私は標準作業のノルマをもっと引き上げようと提案するよ。その私が、いままでは諸君に調子をあわせ一緒に作業してきたこと、また出来高レートの協定破りなど決してしなかったことを忘れないでくれ。だがいまは、私は諸君のバリケードの反対側にいるんだ。私は会社の管理者側にたつ班長ポストへの就任を受け入れた人間だ。だから率直にいうが、私は今後作業ノルマの引き上げに努力するつもりだ〉。するとかれらは、〈それならお前は、資本に盲従する去勢豚になるつもりなんだな〉と答えた[11]」。

テイラーは、自分の職場を自己診断して、労働者の抵抗こそが労働問題の鍵をなす要素だとみぬいたのである。「のらくら仕事――それは、一日の課業を目一杯はたらくことをさけるため、慎重にゆっくりテンポをおとす働き方のことである。アメリカでは〈soldiering――兵士のように行動する〉と呼ばれ、イングランドでは〈hanging it out〉、スコットランドでは〈ca canae〉と呼ばれたが、それはほとんどの産業施設での労働者行動にみられ、同時に建築労働者にもよくみられる行動である。著者は反論されるのをおそれずにいうが、このノラクラ労働、チンタラ労働こそ、イギリスとアメリカの労働者が冒されている最大の悪徳を構成しているのである[12]」。

とりわけこの大不況の時期にはストライキが各地に激発し、それはますます長期化して強力なものとなった。アメリカ合衆国における一連のストライキは、一八七七年の「ピッツバーグのコンミューン」、および鉄道労働者のストライキで頂点に達した。フランスでは一八八四年のアンツィンのストライキ、一八八六年のデカゼヴィルの争議があり、さらに一八八一年から一八八六年にかけて一〇〇万人以上のストライキが記録され、とくに鉄道スト〔一八八四—八六年〕と一八八六年五月の大ストライキは、八時間労働制の実現を求めたものだった。シカゴでは、〔メーデーの起源をなす一八八四年五月一日から〕八万人がストライキに参加したが、〔四日、ヘイマーケット広場での当局の弾圧で死者二〇〇名を出し〕労働運動の指導者たちは逮捕され、有罪判決がおりて八名が絞首刑に処せられた。波止場の港湾ストは、一八八五年にロンドンの港を麻痺状態におとしいれている。

アメリカの鉱山労働者も一八九三年、一八九四年とストライキをくりかえしたが、プルマンのストライキは、シャーマン反トラスト法の適用によってつぶされ、指導者は投獄された。フランスにおいては、一八九五年にロアンヌの織物工とカルモーのガラス工の争議があった。ドイツでは、同じ年に、同一企業内の労働運動に関する新戦略がうちだされている。

一八九九年と一九〇二年にはあらたにアメリカの鉱山労働者が、一八九九年にはフランスでクルーゾの鉄鋼労働者、およびマルセイユの港湾労働者が、さらにフランス全土の炭鉱労働者がストライキをうった。世紀の転換期はまさに「ストライキの嵐の時代」であり、このほか、ドイツでは一九〇五年に繊維と炭鉱のストライキ、フランスでは同年北部の炭鉱ストと一九一〇年鉄道員の鉄道ストがあり、アメリカ合衆国では同年ルイジアナの林業労働者が、また一九一二—一三年には繊維労働者がこれにつづいた……。

このながれにそって、労働者の組織化も進展していった。労働組合、労働取引所、共済組合、労働者政党などがそれである。

一八七〇年代の沈滞にもかかわらず、労働運動が長い伝統をもつイギリスにおいては、労働組合員の数がめざましく増加する。すなわち、一八七六年の一一〇万人が一九〇〇年には二二〇万人に、それが一九一三年には四一〇万人に膨張した。一八八〇年代には社会主義者の潮流が息をふきかえしたほか、最初の労働者代表の国会議員選挙が一八九二年に行なわれた。しかし、労働党が自己を組織できるのは、一九〇〇年設立の労働代表委員会に労働組合が組織として参加することを決定してからのことになる。一九一四年には一六〇万人の労働党員のうち、一五七万人が労働組合員だった。しかしながら、これら労働党の黎明期をつうじて、イギリスの二大政党体制の内部で労働党が強力な影響力を発揮することはできなかった。

十九世紀末のフランス労働運動は、絶えざる論争と分裂をとおして、百花斉放の思想的潮流にわかれ、さまざまなセクトとか伝統の文脈の内部で組織された。その結果、労働組合員は、一八八五年の四一万九〇〇〇人から一九〇五年の七五万人へと増加した。異なる社会主義諸勢力が労働者インターナショナル・フランス支部(SFIO、一九〇五年)に結集したとき、フランス労働総同盟(CGT)は、有名なアミアン大会(一九〇六年)において、労働組合運動のすべての政党から独立した全面的な自治と自律性を確認している。それは、資本主義をうちたおす潜在的パワーをうちにひめたゼネストを武器とする思想宣言であった。一九一二年になると組合員労働者は一〇〇万人をこえ、SFIOのメンバーも一九〇五年の三万人から一九一四年の九万人に成長した。社会主義者への投票数も、一九〇六年選挙の八八万人から一九一四年の選挙では一四〇万人へと、ほぼ倍増する伸びを示している。

ドイツでは、一八七八年の社会主義者(および社会民主主義者によるすべての組織、集会、出版)鎮圧法のあと、さらにこれにつづく半非合法時代に、社会民主党は一八八四年に五五万票をえて、二四人の代議士を国会に送り込み、なにほどかの成功をおさめた。その影響は一九〇三年の選挙ではかなりひろがり、三〇〇万の投票をえて八一人の候補が当選し、ついで一九一二年選挙では四〇〇万票を獲得し一一〇人が当選をはたした。これと同じ時期に、ドイツの労働組合もめざましい発展をとげた。一八九〇年には三〇万人しかいなかった組合員が、世紀転換期には六八万人に倍増し、一九一三年にはその四倍の二五〇万人に肥大している。一九〇六年のマンハイム大会で採択された「対等協定」は、重要決定について政党と労組が協力しあい共同決定するよう義務づけた。

アメリカ合衆国では、労働組合の運動が一連の危機、ストライキ、さらにその鎮圧をとおして形成された。黎明期の労働騎士団 Knights of Labor は一八八五年の一一万組合員から一八八六年には七三万人に急成長したが、一八九〇年にはふりだしに戻り一〇万人にへっている。そのキャンペーンが功を奏して組合員が膨張した組織としては、たとえば、全米鉄道労働組合（一八九七年、一五万組合員）、およびアメリカ坑夫連盟（一八九七年、一〇万組合員）がある。これに対して、アメリカ労働総同盟（ＡＦＬ）は、もっとゆるやかにかつ慎重に発達をとげ、一八八六年に一〇万組合員、一八九二年には二五万人、そのあと二〇年間もかけて一九一二年にはついに二〇〇万人の大台にこぎつけている。

世界全体で集計してみると、一九一三年当時には、ほぼ一五〇〇万人の労働者が労働組合に組織されていた。大衆的抗議と選挙の影響はどうであったか。街頭でのデモ行進、ストライキ、流された血、労働組合の組織、労働者会館又は労働取引所、協同組合、共済組合、政党と社会運動――これらすべては、各国に特殊な運動と条件のなかで社会的力関係をかえ、その修正を引き起す原因となったのである。多くの面でなお排除されていたとはいえ、労働者階級はこれ以後、地域の社会生活や全国レベルの政治活動の面で重い比重を占め、深い影響をあたえることになる。そして、このあらたな力関係が、しかもそれのみが、十九世紀末と二十世紀初頭の労働世界で獲得されたあらたな数々の成果を説明するのである。

このあらたな力関係の結果、四大主要資本主義国においては、実質賃金の上昇傾向もみられることになった。一八七〇年代と一九一四年の大戦前夜の期間には、実質賃金は平均して、ドイツでその五分の一、フランスではその五分の二だけ上昇した[13]。これと並行して、労働時間の長さの短縮に向けて運動が促進された。若干の研究者は、資本の観点からみて、この期間にはこれらの譲歩を「可能にする」ほど生産性が向上した事実を強調している。たしかにその面もあるが、新しい階級的力関係の変化がなかったならば、これらの譲歩がなされた可能性はまことにすくなかっただろう。

この新しい力関係は、その当時の国会で議決された、さまざまな社会労働立法の重要性を説明する。まずイギリスでは、一八六七年の主従法 Master and Servant Act にかわる一八七五年の雇主・労働者法 Employers and Workmen Act が制定された。一八七五年と七六年の修正刑法は、暴力をともなわず、労働組合の関連法規にかなうストライキの平和ピケなら合法とした。ドイツにおいては、階級闘争への対抗防止策の配慮から、ビスマルクのイニシアティブにより一連の社会政策立法がうちだされた。すなわち、疾病保険法（一八八三年）と労災保険法（一八八四年）と老齢年金保険法（一八七四、一八九二年、一九〇〇年）からなる「ビスマルクの三部作」にくわえて、労働安全衛生法（一八九三年）、労働災害法（一八九八年）、退職手当法（一九〇五年）、法定週休制（一九〇六年）などが法制化されたのである。二十世紀初頭のイギリスについていえば、一九〇六年に労働党が結成された。そして、タッフ・ベール判決をくつがえした一九〇六年の労働争議法で、ストの民事免責と刑事免責をかちとってスト権が実現されたし、オスボーン判決をくつがえした一九一三年の改正労組法により、組合の政治活動が自由化されもした。一九〇八年には無拠出老齢年金制と家内労働規制法がスタートし、一九一一年には世界で最初の「国民保険法」によって、健康保険と失業保険を統合した社会保険の二本柱体制が確立されたのである。アメリカ合衆国でも、多くの州で社会立法が採用されたが、坑夫のための八時間労働制、児童労働の保護規制、労働災害の関連法などが、その主なものであった。

この新しい力関係は、ローマ教会を動かして社会問題について興味をいだかせることになった。すなわち、法王レオン十三世は一八九一年に回勅 Rerum novarum を発している。そこでかれは「豊かな者と経営者たちへ」と題してこう呼びかけた。――「諸君らは労働者を決して奴隷として扱ってはならない。諸君らが労働者のうちに、人間の尊厳をみて尊重することは正当である。尊厳は、労働者がキリスト者であることによって、さらに高められる。肉体労働は……恥であるどころか、人間にとっての誇りである。……恥ずべき非人間的なことは、ひとを利益生産のための安物道具としてこきつかい使い捨てること、しかもかれの両腕の活力に応じてしかかれを評価しないこと（労働力万能主義）である」[14]。法王はまた「貧しい者へ、労働者へ」と題してこう呼びかける。――「自由で公正な契約によって従事した労働のすべてを統合して誠実に提供すべきである。決して自分のパトロンを、財産の点でも、人格の点でも侵害すべきではない。労働者、貧者の要求といえども、暴力からまぬがれるべきで、けっして反乱のかたちをとるべきではない。いつわりの演説のなかで、誇張した希望を労働者に示唆するような堕落した邪悪な人々を、労働者らは避けるべきである」。というのも、「社会にあっては、ふたつの階級が平和に結合するよう、そしてお互いに完全な均衡をたもちあうよう、自然によって運命づけられているのだから。両者はお互いに依存しあう、かけがえない存在である。労働なくして資本なく、資本なくして労働なし」[15]。注意深い読者のために、この忠告はつぎのように慎重な配慮も貫徹させている。――「しかしながら、できるだけの手段をつくして、社会契約から引き出された要素で労働契約を多少とも緩和することが、現在の社会生活の状況にはよりふさわしい、とわれらは信じる」。

さいごに、この新しい力関係は、数知れない社会主義者、無政府主義者および共産主義者が、資本主義の崩壊はさしせまっているとする確信を説明する。ラファルグいわく、「革命は近い。……人間的怒りの社会的爆発を決定するにはふたつの雲の衝突だけで充分であろう」[16]（一八八二年）。クロポトキンいわく、「諸君、私を信じたまえ。社会革命は近い。一〇年前にそれは炸裂した。私は労働者のただ中で暮らしたが、この予想を肯定する」（一八八三年）。エミール・プーゲは、一八八三年に『ペイナール神父』の中でかいている。「一五日もしたら、もう石炭がなくなってしまうだろう。その事態をよく考えてごらん。工場はとまり、大都市にもはやガスはなく、鉄道は休眠状態になる。……と突然、下層民衆の生活がストップしてしまう。それはかれらに考えるときを与えるだろう。かれは、自分がボス、パトロンから、これまでだまされ、汚なく搾取されていたことをさとり、そこで、気を失うほどボスたちをなぐりつけ、叱りとばすことになろう」。またゲードは一八九七年に、「次の世紀の開始は、新しい時代の開始になるだろう[16]」とかいた。もっと慎重なばあいは、アメリカ合衆国の作家エドワード・ベラミーである。かれは自著『わが生涯の回顧』*Looking Backward*（一八八八年）のなかで、社会主義社会実現の年を二十世紀の初頭に位置づけている。

四　資本主義の新しい時代

資本家相互の競争は、とりわけ第一世代工業化の産業部門で鋭くなり、列強資本主義の国家間の対立はとげとげしくなって硬化した。労働者階級は組織され、資本に対して、評価されるべきかずかずの譲歩を強制した。危機は拡大し、資本主義の近い将来の死を予見する者もあらわれた。しかしながら、資本主義は新しい時代にみずからを適応させ、自己を変形してあらたな展望をひらき、対決の地平を修正していったのである。

その第一歩が、組織された労働者階級への対策だった。

まず社会政策立法についてはどうか？　――それらを非難する雇主、資本家たちはつねに存在した。たとえば、一八九七年の『フィガロ』紙のインタヴューで、アンリ・シュネードルはつぎのようにのべている。「労働諸問題への国家の介入は、このうえなくまずいことであり、悪いことだ。……私はストライキにおける知事裁定を絶対に受け入れない。……そのことは、女性労働と児童労働の保護規制についてもしかりである。それは、無用できわめて窮屈な足かせをはめることになるのだ。八時間労働制についていえば、それはまだ子供のお得意話

dada の類にすぎない。……あと五、六年もすると、人々はもはやそれを考えなくなり、それにかわってほかのことを発明するだろう。……自分にとっての真実は、心身が健康な労働者は一〇時間労働が可能だし、もしかれが希望するならもっと働くのを自由にすべきだ、ということである」[17]。八時間労働法をねじまげるパトロンたちもいた。だが次第にあきらめるか、ある者は損得の打算により、あるいは博愛の動機から、それは世に受け入れられるようになったのである。

ストライキについてはどうか？——労働争議は苛酷に闘われた。フランスでは、雇主らが警察権力や軍隊の武力介入に訴えたが、アメリカ合衆国ではその役は、探偵（とりわけピンカートン機関）や民兵に、あるいはスト破りのアジア人移民労働者とか州の軍隊に依存した[18]。フランスにおいては、一九〇七年になってもなお、最高司法裁判所（大審院）がストライキ参加労働者を（争議の解決後に）再雇用する義務はないと裁定していた。その理由は、「ストライキをした労働者が、自分の自発的行為により、かれを雇主にむすびつける労働契約の継続を困難にしたのだからそれは当然である。またそのスト行為は、刑法によって禁じられていないとしても、かれの意図がどうであれ、労働者側からの当該労働契約の破棄となるのだから[19]」というものであった。

たしかに、ジャン・ジョレスが『ユマニテ』紙上で一九〇四年に要求したように、スト権はしばしば容認されないこともあったとはいえ、「現代労働契約では精髄をなす暗黙の不文律条項のひとつの行使[19]」として少しずつ認められていき、ストライキは、団体交渉の制度化された労資関係システムの一部に統合されていった。

生産のスロー・ダウン問題はどうか？——この点での経営者のサボタージュ対策努力は不断になされたが、ながらくそれは賃金支払制度に関係していた。十九世紀のおわりに、出来高給はその有効性を失っていった。経済学者のルロワ・ボウリューは、「出来高給がいかに有益で必要だとしても、多くのばあいそれは労資間の困難を何倍にもふやす可能性がある。それが平和的に機能するには、労資双方の側における調停和解と正義への偉大な精神が不可欠である」[20]とかたり、ついで「いまや、出来高払い仕事への労働者の大衆的な敵意は、訓練教育の進歩とともに減少するどころか、日に日に増加するようにみえる」[21]（ルロワ・ボウリュー『十九世紀の労働者問題』）となげいていた。出来高給の適用を経験していたフレデリック・テイラーは、よりいっそう現実主義的だった。「ひとりの作業員がより迅速にはたらいて産出量を増加させた結果、自分がしている作業の出来高単価が二回も三回も切り下げられたりすれば、かれはもはや経営者の観点など投げすてるようになる。もしノラクラ労働がその防止策になるなら、もはや賃金単価のカットには我慢するまい。おれはサボルぞ、といった不快な決意に執着することになる」。しかもそれだけではない。この賃金制度は、「雇い主をあざむき、労働者には本心をかくすよう導く熟慮された試みをふくんでいるので、高潔で気立てのよい労働者でも偽善的になるように強要される。労働者にとって、経営者はやがて敵ではなくとも和解できない貪欲な対立者とみなされ、その結果、職場の上司と部下のあいだに存在すべき相互の信頼は、まったく失なわれていくのである」[22]。（F・W・テイラー『科学的管理法』一九一一年）

数多くの賃金制度が考案された。「ラルマン式賃金率」のようなボーナス制度が一八八八年に適用されたが、これは一八九九年に再度簡略化され、一九一二年にはさらにシステム化された。同制度についてその考案者はこうのべている。「私の採用した賃金システムは、心の底では仕事内容に対して、労働者を幾分無関心にする労働時間や出来高への報酬ではない。かれがどの瞬間にも示すべき努力に報いようとした最初の賃金制度だと信じる」[23]。兵器工場では逆進的な賃金レートが採用されたが、不評におわった。かわって累進的賃金率が十九世紀の後半からべつの経済部門に適用され、二十世紀の初頭になるとそれはいくつかの自動車工場でも採用された。雇い主のなかには、すでに労働者の経営参加を称賛する者もおり、一八八九年には、「利潤分配従業員参加実務研究協会」が創設されている。同協会は、一九一一年までにフランスでは一一四支部がスタートし、イギリスでは七七支部、ドイツで四六支部、アメリカ合衆国でも四三支部に拡大した。

使用者に、当時かれらが必要とした武器を提供したのは労働組織法であった。フランスの鉱山技師出身で、コメントリー・フルシャンボー会社の社長アンリ・ファヨールは、産業の一般的管理に関するかれの考えを、一九一六年刊行の『鉱業会社報告書』で世に問うた。かれは下級職員の「専門職能」と上級管理職の「管理職能」を区別して、職務役割を明確に定義づけ、系統的な組織づくりを推奨した。いまやその業務用名刺の肩書どおり、「職場の系統的組織化におけるコンサルタント技師にして専門家」となったF・W・テイラーは、一八九三年以来、労働の科学的管理法のかたくなな伝道者となった。労働職種の要素作業（職務）への分解、動作の組織と定義、作業標準（ノルマ）の設定、さらにノルマ尊重をうながす報酬体系がつくられた。かれは、自分のテイラー式生産組織を実施するためのステップをつぎのように素描している。

「第一。分析しようとする特定職務にとくに熟練した一〇ないし一五人の労働者を選定する（できれば、異なる企業、異なる地域において）。

第二。分析される労働を実行するために、各労働者が行なう一連の正確な基本動作ないし基本操作、およびかれらが使用する道具と材料を確定する。

第三。ストップ・ウオッチでこれらの基本動作のそれぞれに要求される作業時間を研究し、おのおのの要素作業を最短時間でなしとげる方法を選択する。

第四。誤り動作、のろい作業、ムダ作業をすべて排除する。

第五。そのようにムダ・ムリ・ムラのある全動作を排除したら、それぞれの動作を最善の資材と道具を駆使した最高かつもっとも迅速な一連の最適動作系にくみかえる」[24]。（前掲『科学的管理法』）

その成果たるや、ときにめざましいものがあった。たとえば、労働者が一日あたり一二・七トンの銑鉄を貨車で運搬していたものが、ボーナスつきで四八ないし四九トンも運ぶようになった。というのも、それまでの「毎日一二・七トンのペースで運んだときより、四八トンのペースにしたときの方が、労働者はより満足して、より幸福だと確信するようになったから[25]」だといわれる。

しかし、それはまだパイオニア的努力にすぎなかった。テイラー式労働組織の原理がもっとシステム化されて実行されるためには、戦争が必要であり、大量生産が要請されたのである。

「資本間競争の激化」に直面して、反動と攻勢、さらに主導権争いが増大する。

その指標の第一は保護主義の台頭である。それは、おもに関税引き上げ競争の形をとって出現した。ドイツでは一八七九年および一九〇二年から、アメリカ合衆国では一八五七年に、フランスでは一八九二年、一九〇七年さらに一九一〇年といった関税競争がそれである。ひとりイギリスだけはこの波をまぬがれていたが、同国の本質的国力は、まさに世界市場における卓越性に内在していたからである。

第二の指標はカルテルと協商で、とりわけドイツにおいて数多く組織された。これにより生産者は生産水準を協定し、投資を調整し、市場のなわばり分割を行ない、諸価格を決定した。一九〇三年に、ライン゠ウエストファリア石炭カルテルは、同地方の石炭産出量の九八・七%を統制していた。一九〇五年の公的調査においては、一七の鉱業カルテル、七三の製鉄業カルテル、四六の化学産業カルテルが記録されている。アメリカ合衆国ではカルテルが、鉄道・製粉・タバコやとりわけ石油業界において、多様かつ変りやすい形で拡大した。一九一四年には、一一四の国際カルテル、二九の石油・製鉄カルテル、一九の化学カルテル、一八の運輸カルテルが存在した。

右の資本間競争にあわせて、異常に膨張した科学技術の進展がみられ、かずかずの発明や革新が登場した。許認可された特許権の数は、一八八〇―八七年のイギリスでは各年とも三万件を越え、一九〇八年になってもなお

表4-7　世界のエネルギー生産量

	石炭	石油	天然ガス	水力発電	合計
1860	136	2	-	-	138
1880	310	6	3	-	319
1900	735	28	10	5	778
1920	1250	140	20	21	1431

注）単位は石炭が100万トン，その他についてはその相当量。
出典） *Histoire génêral du travail* t. III, P.223.

年に一万六〇〇〇件以上が認可される、という調子だった。アメリカ合衆国ではその数が一八八〇年の一万四〇〇〇件から一九〇七年には三万六〇〇〇件に、フランスでも一八八〇年の六〇〇〇件から一九〇七年の一万二六〇〇件にほぼ倍増し、ドイツでは一九〇〇年の九〇〇〇件から一九一〇年の一万二〇〇〇件に増大をみた(26)。

これら発明の多くは、さまざまな可能性をもつ電力使用によるものであった。一八六九年にはグラムが直流発電機のパテント（特許）をとり、一八八三年にはデプレがヴィジーユからグルノーブルまでエネルギー輸送に成功し、一八九一年のフランクフルトでは、はるか一四〇㎞もはなれたネッカー河で発電された一五、〇〇〇ボルトの電力を利用していた。電灯はエジソンが発明した炭素フィラメント製電球のおかげで、一八七九年から使用可能になった。水力ないし火力発電所の設備施設は、送電線のケーブルがはりめぐらされるのと同時に利用できるようになった。都市には明かりがつき、公共交通は電化され、電動式モーターが開発された。工場施設、オフィス、家庭も電化された。有力企業がこのフロンティア部門で急速な成長をとげた。

以上と並行した発展として、一八六二年に内燃機関エンジンが建造され、そこから気化器（一八八九年）の発明とともに、ガソリン・エンジンへ、ガスオイルをつかうディーゼル・エンジン（一八九三―九七年）へと、発明は展開していった。数知れないメーカーが年々近代化されていく自動車を製造し、他の工業家はゴム製のタイヤを製造した。そのためには、道路が建設され、拡張され、改善されねばならなかった。かくして一八九八年に、最初の自動車ショーがパリで開催された。その数年後に世界で最初の飛行機がフライトに成功し、一九〇九年には英仏海峡の横断飛行、一九一二年には地中海の横断飛行が成功した。この発芽期の航空機産業は自動車産業とあいまって、一九一四―一八の第一次世界大戦によってその発展に強力な拍車がかけられた。

新しいエネルギー源がおもに一九〇〇年から発達した。とはいえ、石炭エネルギーが疑問の余地なくなおトップを占めてはいたのだが。

鋼鉄製のパイプラインは一八七五年以後、とくにアメリカ合衆国において建造された。最初のタンカーは、一八七七年にロシアのカスピ海に登場した。一八九〇年になると、六〇隻のタンカーが海上を航行した。そして一九一四年には、二〇〇万台の自動車が世界各地を走り回っていたが、その半分はアメリカ合衆国に存在した。

化学工業も発展したが、それは新しい工程と新製品、そして生産の量的増加をともなっていた。数十年以内に、アルミ生産は、一八九〇年の七五トンから一九一二年の五万トン以上におよぶ産業化レベルに到達した。電気化学と電気冶金の工業分野でも新製品の加工がなされた。生産の新しい部門が発展して、その製品が生活条件をドラマチックに変えていったのである。たとえば、人造絹糸、写真紙、ニトログリセリン、セメント、電話、電信、ほどなくしてラジオ、薬品、そして農産物などがそれである。

これらの新興部門ないし新製品の数々は、高利潤を実現する事業機会を提供し、強力な企業群の迅速な組織化と発展を可能とすることになる。

兵器産業は、鋼鉄、エンジン、さらに新しい爆薬の発展とともに、復活をとげた。連発式ライフル銃（レベルやモーゼル）、機関銃、大砲、装甲鋼板、戦車の砲塔、戦艦、最初の潜水艦の建造などにしても、それが国家対立を激化させた世界的規模におよぶ資本主義再構築の一局面でもあっただけに、そうした一連の軍備近代化の意義はひとしお重大であった。

表4-8　五大国における第二世代工業化の主導産業

	鉄鋼業	電力業	エンジン式輸送車	硫酸工業
イギリス（a）	1870-1879	1900-10	1900-10	1870-79
（b）	1870-1929	1900-59	1920-69	（c）
アメリカ（a）	1870-1879	1880-89	1900-10	1870-79
（b）	1870-1929	1900-59	1910-59	（c）
ドイツ（a）	1870-1879	1900-10	1900-10	1870-79
（b）	1870-1959	1900-69	1920 69	（c）
フランス（a）	1870-1879	1920-29	1900-10	1945-50
（b）	1870-1959	1900-69	1920-79	（c）
日本（a）	1900-1910	1920-29	1930-39	1930-39
（b）	1900-1969	1920-59	1930-79	（c）

注）（a）その部門の極大成長率があきらかにみられた局面
（b）その部門が国民産業を主導すると考えられた時期
（c）どの時期もそれほど重要ではなかった部門
出典） W. W. Rostow, *The World Economy,* p.379,393,400,407,422.

五　帝国主義の時代

第一世代工業化部門の息切れ、それに対して発達した資本主義諸国での労働者階級の強力な成長と組織化、資本間競争の激化、荒々しい恐慌――ある人々はそれらの中に、資本主義のせまりくる崩壊の兆候をみた。しかし、すでに重要な産業部門があらたに展開して、新しい労働者支配と労働者階級との労資関係が準備されていた。保護主義やカルテルといった防衛的な反動行動をこえて、またそれらに守られ、資本主義の根本的な変化がはじまっていたのだ。すなわち、産業資本の集積と集中、それにもとづくトラストおよび国内独占体の形成、そこから不可避的にうまれるいくつかの支配的資本主義、その影響圏の世界的規模への拡大、あるいは貿易関係と資本輸出を手段とした多国籍グループの形成と世界分割にむかう植民地主義――これらがあいついで進展した。

いたるところ、工場事業所と産業会社の平均的規模は拡大した。イギリスでは紡績工場の平均規模は、一八八四年から一九一一年にかけて倍増した。また一八八二年から一九一三年にかけて、熔鉱炉の数もおなじく倍増をみた。一九〇六年のフランスでは、賃金労働者の一割が五〇〇人以上を雇用する大手中堅企業にはたらいていた。他方、アメリカ合衆国では、個々の産業会社にはたらく賃金労働者の平均人数は、一八九九年の二二人から一九一九年の四〇人へと肥大したものの、まだ中小企業的だった。恐慌期になると、企業の吸収合併が行なわれ、それは最強の会社に恩恵をもたらした。こうしてイギリスでは、一八八〇年から一九一八年にかけて六五五企業が「消滅」し、七四の企業集団に統合された(27)。

とりわけ注目されるのは、ある資本家ないし同族経営者の指揮監督のもとで、予期せざる資本の集中集積が発生したことである。とくに、アメリカ合衆国のトラスト（企業合同）運動、あるいは、ドイツのカルテル（企業連合）とコンツェルン（多角的巨大企業集団）の形成がめざましく、国内の全産業部門を極めて急速に支配することになった。一九〇八年のアメリカ合衆国では、七大トラストが一六三八企業を所有するか経営を支配していた[28]。一九〇〇年以降、トラスト化された同国企業の比率は、繊維工業で五〇％、ガラス製造工業で五四％、書籍・紙業で六〇％、食品産業では六二％、アルコール産業で七二％、非鉄金属で七七％、化学工業では八一％、そして製鉄業では八四％におよんだ[29]。それらのなかには、J・P・モルガンとE・H・ゲーリーによって創建されたUSスチール社があり、同社はカーネギー製鉄を吸収合併したが、さらに一八七〇年にJ・D・ロックフェラーによりつくられたスタンダード・オイル社があった。この会社は、一八七〇年にはまだアメリカ合衆国の石油のわずか四％だけしか精製していなかった。ところが同社は、一八七九年までに同国の精油所の何と九〇％もコントロールしており、一九〇四年までにアメリカ国内ビジネスの八五％、さらに輸出業務の九〇％を一手に処理するにいたった。

ドイツには、クルップ財閥によってつくられた重工業帝国があり、一八七三年には従業員七〇〇〇人、一九一三年には七八、〇〇〇人が存在した。電機工業界においてはAEG社がトップ企業だった。同社は電撃的な資本集中のおかげで、一九一一年に一七五から二〇〇社をコントロールし、六万人以上の賃金労働者を雇用した。しかも、一九〇八年以来、もうひとつのドイツ財閥ジーメンスとともに協力して、世界市場をアメリカのゼネラル・エレクトリック社とともに市場分割する。この結果、大ざっぱにみて、ヨーロッパ市場はAEG社が制覇し、北アメリカ市場はGE社のために確保された形となった[30]。

イギリスでは、この独占体形成の運動はそれほど純粋にはみられない。しかし、この世紀転換期に、ひとつの重要な銀行集中のプロセスが観察された。一八八〇年に二五〇行あった民間銀行が一九一三年には四八行に整理統合され、一八八〇年には一二〇行あった株式銀行が一九一三年には四三に減った。同じように、ドイツでも一八七三年の大不況期に七〇銀行が倒産し、もうひとつの倒産の波が一八九〇年から一八九一年にかけて訪れている。しかも、一九〇一年恐慌はまことに「大掃除の恐慌」という名に値するものであった。ドイツ銀行はそこで四九の他の銀行を吸収し、ドレスデン銀行は四六行を、ディスコント銀行は他の二八行を吸収した。その結果、五ないし六の主要な巨大銀行が残った。「それぞれの大銀行は、各企業集団の金融的核であるだけでなく、リスク分散をはかるため、いくつかの銀行が同じ銀行を救済するために連合することもある」[31]。

同じことはアメリカ合衆国でもみられた。ここでは「二大金融帝国」が形成された。そのひとつは、モルガン財閥のファースト・ナショナル銀行、ゼネラル・エレクトロニック、ラバー・トラスト、USスチール、ヴァンデルビルト鉄道会社、および各種の電気会社からなる金融集団であった。いまひとつは、ロックフェラー財閥のナショナル・シティー・バンク以下、スタンダード・オイル、タバコ・トラスト、アイス・トラスト、グールド鉄道会社、および各地の電話会社が結集する金融集団だった[32]。

「生産の集積、そこから生まれる独占体、銀行と産業の癒着融合——これが金融資本の形成史であり、その用語、金融資本に内容を与えるものである」[33]——とレーニンは、その著『帝国主義——資本主義の最高発展段階』(一九一六—一七年)において述べている。ブハーリンと同じく、かれもまた、ヒルファーディングによって展開された金融資本という概念をとりあげたのである。たとえば——

「金融資本は資本の統一を意味する。以前は分離されていた産業資本、商業資本、銀行資本の各部面が、いまでは、共通に大金融業者の管理のもとにおかれ、この大金融業には、産業および銀行の主人たちが緊密な人的結合をなして統合されている。この結合そのものが、大きな独占的な諸結合による個別資本家の自由競争の終焉を基礎としているのである。それとともに、当然のこととして、国家権力にたいする資本家階級の関係もまた変化する」[34]。(R・ヒルファーディング『金融資本論』一九一〇年)

とヒルファーディングはのべており、他のところではつぎのように論じている――

「かくして、金融資本においては、資本の特別な性格は消失する。資本は、社会の生活過程を支配する至上の統一的な力として、生産手段、自然資源、一切の蓄積された過去の労働から直接に生ずる力として、そして、所有関係から生ずる生きた労働の処分力として、あらわれる。同時に、所有は、少数の最大の資本結合体の手中に集積され集中されて、資本をもたない大衆に対立してたちあらわれる」[35]。

ヒルファーディングがはっきりさせたように、帝国主義は金融資本と密接不可分離に発達する。

「金融資本の政策は、三つの目標を追求する。第一は、可能な限り大きな経済領域の確立であり、第二に、保護関税障壁によって外国の競争からこの経済圏を遮断すること、そこから、第三に、これが一国の独占的結合体の搾取領域となることである」[36]。

そしてブハーリンは、その主著『世界経済と帝国主義』（一九一五―一七年）において、「金融資本のこの政策――これこそが帝国主義だ」[37]と規定した。

資本主義国からの商品輸出が増大するにつれ、国際競争も一層きびしくなった。資本輸出も活発になり、資本参加と海外支店の創設が行なわれた。このおなじ運動において、第二の強力な植民地化の波があり、それには列強諸国のライバル関係や衝突がからみ、さらにそれはしばしば局地戦争をともなっていた。

一八七五年から一九一三年にかけて、保護主義のたかまりにもかかわらず、ドイツの輸出量は四倍にふえ、合衆国の輸出も五倍ちかく増加した。これに対してイギリスの輸出はわずか二・二倍、フランスのそれは一・八倍しかふえなかったが、両国において輸出努力は増大していく。イギリスにおいて物的財貨の輸出比率は、一八五一年の二六％が一八七一年に四六％になり、一八八一年からは落ち込んでいたのが、一九〇〇年からふたたび増加に転じて一九一一年には五〇％にたかまった。他方、フランスにおいてこの数字はもっとゆるやかに増加し、十九世紀の最後の三分の一の時点で一七％だったものが、一九〇五―一三年には二一％にたかまった。[38] イギリスは一八七〇年に生産された石炭の一三％を輸出したが、一八九〇年には二一％、一九一三年にはそれが三三％にもなった。同国は十九世紀の後半には生産した銑鉄と鋼鉄の三五ないし四〇％を輸出したが、一九〇五―七年になるとその輸出は五〇％にもおよんだ。[39] この点で、イギリス工業は、生産手段の生産比率がなお増加した例外的先進国で、一八八一年のそれは四七％から一九〇七年には五八％に高まり、資本財自給体質をもつ産業構造の有利性を享受しつづけたのである。[40] これらの輸出に欠くことのできない販路は、工業化し都市化して、インフラづくりと設備投資につとめる新興発展途上国に求められた。

資本輸出は、これらの販路を確保するためのひとつの手段である。それは十九世紀の末から二十世紀の初頭にいたる世紀転換期に、益々増大し成長する重要な歴史的役割をはたした。イギリスの海外投資は、年間のフローでみると、一八八〇―八四年から一八九〇―九四年にかけて二倍となるが、ついで一八九〇―九四年から一九一〇―一三年までには四倍にも成長した。それがドイツでは、一八八三年から一八九三年にかけてはじめて倍増し、一八九三年から一九一四年にかけてふたたびその倍増を記録した。フランスの海外投資も、一八八〇年から一九一四年になると三倍増の拡大をとげている。[41]

以上の三か国だけで、一九一四年の全世界海外投資の四分の三以上を示しており、そのシェアは、イギリスだけで四三％、フランスが二〇％、ドイツが一三％だった。残りは、アメリカ合衆国が七％、ベルギー・オランダ・スイスは合計して一二％、その他が五％となっていた。[42]

「投資先」の地域圏についてみれば、ヨーロッパが最大シェア（二七％）を占め、ついで北米（二四％）、ラテン・アメリカ（一九％）、アジア（一六％）、アフリカ（九％）、そしてオセアニア（五％）の順となった。[43]

イギリスは世界最大の投資国であり、投資の分野はおおきな変化をとげたが、欧米とインドむけは減り、かわってその他英連邦地域とラテンアメリカが増大していく。

フランスの海外資産はおもにヨーロッパにとどまり（ほぼ五分の三）、それも東欧およびとくにロシアに集中していた。フランス資本は、まだそれほど強力に植民地に投下されていたわけではない。ドイツ資本もまたヨーロッパ諸国、とりわけオーストリア、ロシア、ハンガリー、そしてルーマニアに投資された。さらにそれは、日本、メキシコやオスマン・トルコのような国にまでおよんでいた。他方、アメリカ合衆国からの投資は、カナダ、メキシコ、キューバなど、おもにアメリカ圏内にとどまっていた。

これらの金融資産は多くの異なるかたちをとった。フランスの貯蓄家が非常に好んだ公債の応募、政府の借款、海外の銀行と企業への貸付、さまざまな事業分野の株式所有ないし株式の購入、あるいは、トラストや企業集団のばあい海外支店・子会社の創設などがそれであった。こうしてウエスティング・ハウス社は一九〇三年にイギリスに支店をつくり、一九一二年以前にAEGは、ロンドン、ペテルブルク、パリ、ジェノヴァ、ストックホルム、ブリュッセル、ウィーン、ミラノ、およびアメリカの多くの都市に支店をもった。この海外投資運動では、銀行が決

表4-9　イギリス海外資産の分布状況

	1870年	1914年
ヨーロッパ地域	25	5
アメリカ合衆国	27	21
ラテンアメリカ	11	18
インド	22	9
その他英国連邦	12	37
その他の地域	3	9
総計（百分率）	100%	99%
総額（100万ポンド）	770	4107

出典） A. G. Kenwood, A. L. Lougheed, *The Growth of the International Economy*, p.43.

表4-10　フランス海外資産の分布状況

	海外投資		海外資産
	1816-1851年	1852-1881年	1914年
地中海ヨーロッパ	62	36	14
中央ヨーロッパ	12	19	8
東部ヨーロッパ	-	9	28
北西ヨーロッパ	22	4	8
（ヨーロッパ合計）	96	68	58
中近東	-	23	11
植民地	-	4	9
アメリカ大陸	4	5	16
その他の地域	-	-	6
合計（百分率）	100%	100%	100%
合計額（単位：フラン）	25億	176億	527億

出典） R. E. Cameron, *La France et le Développement économique de l' Europe*. p.92,97,380.

定的な役割を果たした。一九一三年にベルギーのソシエテ・ジェネラルの資産は、五分の三が国内株に、五分の二は海外株に分かれ、とくに後者はロシア、カナダ、アルゼンチン、そしてニュー・カレドニアなどへの投資株だった。ドイツ銀行は、いくつもの下請子会社を南アメリカ（ペルー、ボリヴィア、ウルグアイ、ブラジル）にもち、またスペインにももっていた。同銀行は、スイス、イラクおよび中国では資本参加しており、オーストリアにおいて、オスマン帝国内で、中央アメリカ、東アフリカおよび南アフリカに出資していた。他方、ディスコント銀行は、イギリス、ルーマニア、ブルガリアや、ブラジルとチリに子会社をもち、資本参加をベルギーとイタリア、アルゼンチンとブラジルに、カメルーンで、ギニアで、またアジアで試みていた。ヨーロッパ（イギリス、フィンランド、オーストリア、ルーマニア、ロシア）とアフリカに出資もしていた。……イギリス系の銀行は一九一〇年に、世界各地に五〇〇〇以上の支店ないし代理店をかぞえたし、フランス系の銀行は一〇四支店、ドイツ系の銀行は七〇支店、そしてオランダ系銀行は六八支店におよんだ(44)。

この時期の植民地化をめざすさまざまな各国内部からの圧力は、各国資本主義が世界システムに拡大するこうした膨張運動のなかで高まり、展開をとげた。その間の事情は、セシル・ローズが一八九五年にのべた以下の証言によく示されている。

「昨日、私はロンドンのイースト・エンドにでかけ、失業者のある抗議集会に出席していた。そこで私は、怒り狂ったいくつもの演説に耳をかたむけたが、だれもがまさしく〈パンを！〉、〈パンを！〉と叫ぶ演説だった。帰宅の道すがら、私はその光景をじっくりと思い起こし、いままでにもまして帝国主義の重要性を確信するようになった。……わが胸に長らく育んできたのは、社会問題の一解決案である。すなわち、それによれば、連合王国 Royaume-Uni の四〇〇〇万人の住民の生命を流血の内戦から救うためには、われわれ植民地の政治家は過剰人口を入植させ、かつ工場や鉱山の生産物の販路とするために、あらたな土地を獲得せねばならない。すでにいつも言ってきたように、大英帝国 l'Empire とはパンとバターの問題である。もし諸君が内戦を避けんと欲するなら、諸君は帝国主義者にならねばならない[45]」。

これをうけてイギリスの植民地大臣ジョセフ・チェンバレンは、一八九六年バーミンガム商工会議所で次のように演説した。「もし、われわれが受け身に甘んじていたならば……、アフリカ大陸の大部分は、いまごろわが商業上のライヴァル国によって占領されていたであろう。……われらの植民地政策をとおして、ある領土を獲得して開発するや否や、われわれは世界貿易の成長のために、文明の代理人としてその領土を発展させるのだ」。さらにジュール・フェリーなどは、「植民地政策とは産業政策の娘なり」とさえのべている。コレージュ・ド・フランスの教授メンバーで、『フランス・エコノミスト』誌の主幹であったP・ルロワ・ボウリューは、『近代諸国民による植民地化について』という本を一八九一年に刊行した。その冒頭でかれは、「世界の現状において、植民地の建設は、古い豊かな諸国の資本投下を可能ならしめる最善の事業なり」というジョン・スチュアート・ミルの文章を引用したあとで、以下のように主張している。

「植民地化は一国民 peuple の膨張力であり、その再生産力である。さらに、それは空間をめぐってなされる膨張と増殖であり、宇宙ないし広大な領土の一部をその国民の言語、思想、そしてその法律に服従させる事業である。その地に入植する国民は、かれらの偉大さと主権の基礎を、未来にむけて植え込むことになるのである。……植民地化は文明化された諸国家に課された責務のひとつではない、などと否定することはできない[46]」。

ここでは、経済の現実主義 réalisme と人種差別 racisme が、相互にしっかりと補完しあっている――

「文明化された西欧世界の諸国民が、かれらの最初の故国のせまい空間でかぎりなく混雑しあい、窒息状態になっていること、またそこに、科学と技術および文明の精華のかずかずを退蔵しておくことは、自然でもなければ、公正なことでもない。さらに、もうかる仕事が欠乏し、資本の利潤率が日に日に低落していくのを目撃する

表4-11　1876-1914年における植民地の拡大

	植民地				本国	
	1876年		1914年		1914年	
	面積	人口	面積	人口	面積	人口
イギリス	22.5	251.9	33.5	393.5	0.3	46.5
ロシア	17.0	15.9	17.4	33.2	5.4	136.2
フランス	0.9	6.0	10.6	55.5	0.5	39.6
ドイツ	–	–	2.9	12.3	0.5	64.9
アメリカ合衆国	–	–	0.3	9.7	9.4	97.0
日本	–	–	0.3	19.2	0.4	53.0
六大列強の合計	40.4	273.8	65.0	523.4	16.5	437.2
小国(ベルギー、オランダ等)の植民地	–	–	9.9	45.3	–	–

単位)　面積は100万平方km，人口は住民100万人

出典)　N. Boukharine, *L'Économie mondiale et l'Impérialisme,* p.81.

表4-12　主要な資本主義列強における軍事費の増大

	1)住民1人当たりの軍事支出の成長率(%)		2)国家支出全体に占める軍事支出の比率(%)	
	1875年から1908年まで	1908年から1913-1914年	1875年	1908年
イギリス	62	29	38.6	48.6
フランス	63	14	29.0	37.0
ドイツ	95	28	28.5	28.3
アメリカ	67	不明	33.5	56.9

注)　ドイツのみ，1875年の%は1881-82年で代用，1908年の特別臨時支出を除く。

出典)　O. Schwarz, cité in N. Boukharine, *op. cit,* p.126. W. Sombart, *Le Capitalisme moderne,* trad. fr. *l'Apogée du capitalisme,* t. I p. 88, 1932.

こと。しかも、無力で知恵おくれのまま境界なき領土にちらばる無知な連中の小集団にたいして、あるいはエネルギーも方向もなく、どんな努力もできず、組織的で先見の明あるいかなる行動もとれない頼りない人間たちに、世界の半分をまかせること。それは理にかなわず、公平を欠くことだ(47)」。

文明化された、あるいは宗教的な良心はこれを祝福した。人種差別主義と白人優越主義の確信は、最後の良心のためらいをとりのぞき、利潤動機がこれを加速した。南の広大な空間と輝く太陽の神秘主義が、しばしば植民地化状況を活性化した。さらに、近代兵器が必要な勇気をあたえた。そこから、イギリス、フランス、ドイツ、そしてベルギー、オランダと、つぎつぎに植民地探検隊が結成された。必要とあらば、現地住民は殺戮され、狂気の利益争奪戦がくりひろげられもしたのだ。

もっと小規模な、しかも別のやり方で、一方においてロシアが、他方ではアメリカ合衆国が、この領土膨張の争奪運動に参加していく(48)。

この結果、それらの膨張主義のゆえに、諸列強の間に紛争がうまれた。経済的、金融的な競争は強まり、列強

の敵対関係、同盟の結成と同盟の破棄が入り乱れた。これらすべては、ナショナリズムの基盤、排外主義と人種差別主義、軍隊の行進と万国博覧会の国威発揚競争をともないながら展開された。軍事支出は増大して、各国の産業家たちには拡大された販路を保障し、軍部関係者には新しい征服の手段を提供した。右の一連の事業は、当時の資本主義四大列強においてとくに重要だった。

多くの人々が「帝国主義」と呼んだ「新しい資本主義」――それは二十世紀の初頭に発展をとげた。それはさまざまな要素をその体内に含んでいたが、とりわけてつぎの特質がきわだっていた。すなわち――資本の集中集積とカルテル、トラスト、独占体の形成。このあらたな現実における産業資本と銀行資本の相互浸透と癒着、そこに形成される金融資本。社会政策立法とともに登場した帝国主義国家のあらたな役割、大規模な公共事業における主たる国家機能と領土の膨張、そして軍国主義。資本の輸出、植民地化、世界分割などがそれである。

かくしてホブソンは、一九〇二年につぎのようにかいた。――「新しい帝国主義は、かつての帝国主義と二点でことなる。ひとつは、これまでの拡大膨張する単一巨大帝国の傾向にとって代わり、政治支配の拡大と商業的利害への渇望によって動機づけられ、熾烈に競争する複数帝国の理論と実践が登場した点である。第二に、通商貿易の利益よりも、金融ないし資本投下に関連する利害と権益が優越している点がそれである(49)」。(A・ホブソン『帝国主義論』一九〇二年)

帝国主義のおかげで、一時的とはいえ、金融資本は一国的枠組に内在する諸矛盾を超克できるようになる。そこで、ヒルファーディングは一九一〇年にこうのべた。

「帝国主義者は夢想家ではない。かれは、鋭く澄んだ目をバビロンの都さながら諸国民で混雑する人民大衆peuple-Völker の上に向け、それらすべての上にある自国民の優位をみとめる。この民族・国民 nation-Nation は現実の存在である。それは不断に増殖し、ますます強大になり、巨大化する国家 État-Staat の内部で生活する。

この自国民の力を高めることにこそ、かれのいっさいの努力は向けられる。かくして、いっさいの活力ある全社会的イデオロギーの条件をなすより高い一般利益への個別利益の従属が達成される。民衆 peuple に敵対する国家 volksfremde Staat と民族そのもの Nation selbst とがひとつの統一体として結合され、民族理念が推進力として政策に役立てられる。階級対立はすがたを消し、それは全体への奉仕によって廃棄されのみ込まれる。有産者（もてる者）にとってどうなるか未知の危険な階級闘争にかわり、民族の偉大さ nationaler Größe という同一目標に向かって塗り固められた国民 nation-Nation の共同行動があらわれたのである」[50]。（R・ヒルファーディング『金融資本論』ディーツ版、五〇六頁）

それだけではない。オットー・バウアーは一九一三年に、「帝国主義とは、実のところ、蓄積の限界を拡張する一手段である」[51]とさえ洞察していたのである。

もし、世界経済が「世界の全体性を包含する生産関係とそれに照応する交換関係のシステム」だとすれば、帝国主義とは、資本制生産―交換関係の世界的システムへの拡大であり、この拡大運動は、二十世紀の初頭には、イギリス、ドイツ、フランス、アメリカ合衆国などの各国資本主義とブルジョワジーの支配下で機能していたのだ。

その当時、世界を支配していた「平和」とは――ドイツの平和はイギリスの平和を引きついだものと推測する者もいるが――戦争の勃発、局地紛争によってすでに傷ついている「帝国主義の平和」にほかならなかった。

この期間には、植民地探検隊もふくめて、数多くの帝国主義の兆候が存在した。フランス国民はダホメイ〔中央アフリカにある現在のベナン〕、マダガスカル、チャド、モロッコを植民地化し、イギリス国民は南アフリカとスーダンを、イタリア国民はアビシニア〔現エチオピア〕とトリポリ〔地中海南岸〕を植民地にした。この世紀初頭の前後には、アメリカ合衆国のハワイ、プエルトリコ、サモア、フィリピンとパナマへの軍事介入もみられた。日本はこの当時、日清戦争で朝鮮半島および中国大陸に膨張をとげ、一大国際遠征隊が中国に派遣されていた。ライバル列強どうしの衝突あるいは局地戦争として、一八九八年にはナイル上流のファッショダで英仏軍の衝突事件があり、イギリスはスーダンを支配下におさめた。さらに一九〇五年と一九一一年のモロッコ紛争、また南アのブーア戦争（一八九九―一九〇二年）と米西戦争（一八九八年）のほかに日露戦争（一九〇四―五年）があった。米西・日露戦争は、近代西欧の周辺支配の力学をくつがえす最初の警告を意味した。というのも、ヨーロッパの列強がその「海外諸国」とたたかって、二度にわたり敗北を喫したからである。周辺国家間の戦争として、ギリシャ―トルコ戦争（一八九七年）とバルカン戦争（一九一二―一三年）もたたかわれたが、両戦争に列強の強大なパワーが介在していないことなどありえなかった。

ライバル抗争、国際競争戦、国家間の紛糾と軋轢、産業的利害と金融的利害、それらは愛国心ともからみあい――それだけが唯ひとつの原因というわけではなかったが――こうした世紀転換期における対抗的な資本主義列強 capitalismes nationaux の帝国主義的膨張が、一九一四―一八年の第一次世界大戦の基本的原因となった。この大戦は、「すべての戦争を終わらせるための戦争 Der des der」と考えることによってのみ耐えられる、二十世紀初頭の巨大な「納骨堂」であった。

第四章のまとめ

十九世紀後半までの一国的資本主義は、その形成と発展のどの時期においても、国外周辺部から利潤をすいあげたシステムであった。アメリカ大陸の金銀、略奪行為、強制労働、奴隷制、植民地の徴収と収奪、商業的収益などがそれである。ところが、二十世紀の帝国主義を特徴づけるもの――それはこれら外部資源の存在でも、その重要性でもなかったのだ。

帝国主義とは、一国的資本主義が世界的なスケールで機能し発展するシステムを意味する。生産における剰余価値の不当取得、商品販売における生産価値の実現、それまでに価値実現された利潤の、新しい資本〔蓄積〕形態における価値増殖――それらはもはや、主として地域／一国のレベルで考えたり組織されるという段階でなく、当初からいきなりずばりと、一国／世界レベルで存在するシステムである。この新しい対応は、巨大な次元にひろがる資本主義システムの全体性に根拠をもつ。いわく、寡占、多様な資本形態、大企業、トラスト、企業集団。それはますます同盟関係に依存し、そしてときには産業資本と銀行資本の相互浸透関係に、ついには金融資本に頼るようになる。それは、一部のブルジョワジーによって活気づけられるが、後者は地域／一国という地平を克服して、一国／世界システムのレヴェルで事業展開をはかり、これを促進する。しかもかれらは、そのダイナミックな運動において、国家の支持、その外交政策の支持、艦隊と武器・軍隊の支持をも手にいれる。

それは、いうなれば、すべては「帝国主義とともに」進展したのである。

図10　帝国主義段階の社会形成，諸階級および価値の循環
（1914年以前の資本主義＝世界システム）

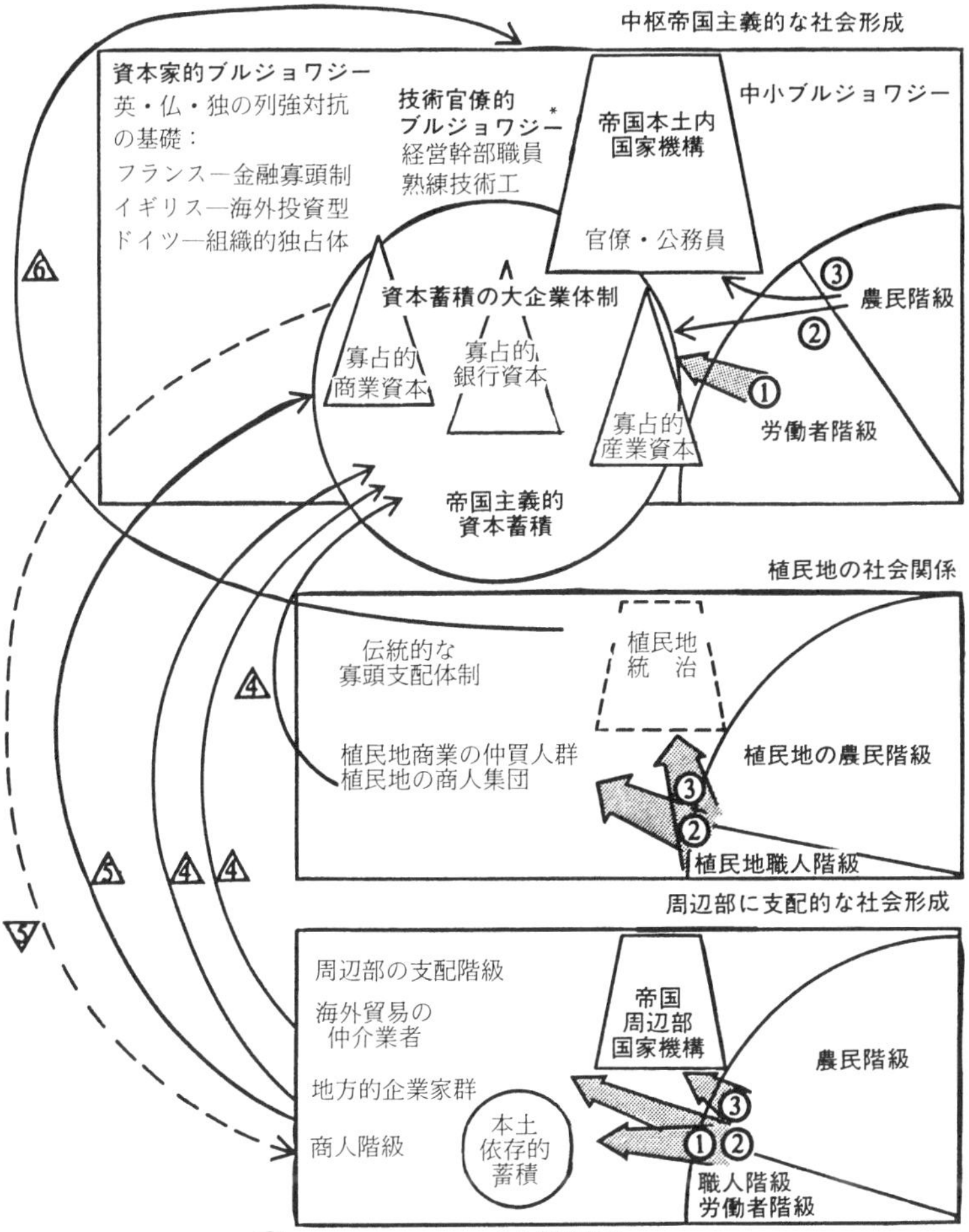

① 直接的従属による剰余労働搾取
② 間接的従属支配による価値収奪
③ 国家的課税徴収および強制労役
④ 不等価交易による価値の移転
⑤（逆三角）民間資本の輸出
⑤ 海外投資利潤還流による価値移転
⑥ 国家投融資の果実による価値移転

＊　原語はM. Beaudの造語：TECHNO-BUREOISIE
訳注）　英•独•仏の資本蓄積体質のタイプは訳者が追記。

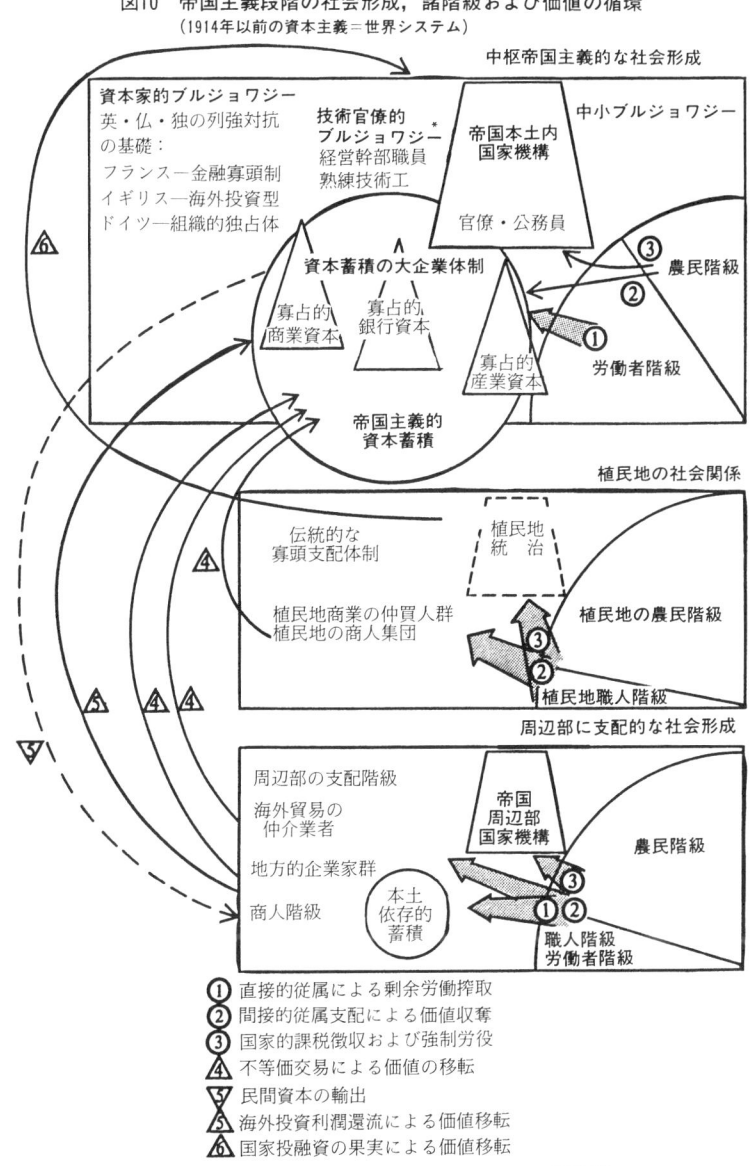

表4-13　資本蓄積過程の主要契機と諸矛盾

資本蓄積過程の主要契機と諸要因	それに対応する社会経済的矛盾
A　労働者の資本への現実的服従 労働力の売買＝賃金労働制度 労働組織と剰余労働の強制	1）労働者階級と資本家階級の矛盾 ―これまで主として一国的レベルにとどまっていた
B　生産された価値の実現＝商品の販売 ―第Ｉ部門の役割：資本財の両部門の企業への販売 ―第II部門の役割：消費財の両部門労働者と他の諸階級への販売 海外市場の販路を追求する 外国資本の国内市場への参入努力	2）各国の資本家間競争 3）各部門内部と部門間における生産と販路の均衡化の強制 4）国内資本家と外国資本家の対抗競争
C　先行利潤により形成された資本の利潤採算性のある投資機会を追求	5）旧式産業の没落化と新興産業の不確実性との対抗矛盾 6）国内資本と外国資本の競争 7）ハイリスクと予想利潤の矛盾

(1)　資本の拡大再生産に関連する矛盾が、これ以後、一国／世界システムの枠組内部で発展する。

(2)　あらたな諸矛盾が生まれ発展したが、われわれが考察する期間について、新段階のそれらの諸矛盾は、主として、生産された価値の実現と世界の諸地域のコントロールに関係する。

前頁の総括図は、二十世紀の最初の三分の一世紀に示されたこうした時代傾向を概念図《シェーマ》化したこころみである。

おおざっぱにいえば、十九世紀末の危機は、図10の矛盾①②③と▽5と△5の相互作用から主として結果した。これらの諸矛盾は、なお本質的には一国的枠内で作動しているが、それらは対外的販路の追求、および資本輸出が可能な諸地域への帝国主義の侵略志向を強化したのである。そのことは上表の4)6)7)の諸矛盾にはねかえり、矛盾の質をさらに鋭いものとした。これら諸矛盾の影響をやわらげるために、帝国主義の各列強は自力でパワーゾーンを構築することになった。ブロック化する帝国圏の構築は、ナショナリズム、人種差別、外国人嫌い、排外主義、改宗転向などに助けられて、経済的な敵対関係を国家対立の関係に転化させ、かくして列強の政治的、軍事的衝突へと導くことになる。歴史的な憎しみと苦しみにはぐくまれたこれらの諸対立と抗争は、国家主義的な自国の優越性の確信をベースに〔イギリス、フランス、ドイツ〕、さらに〔西欧世界の〕偉大さと〔他の未開世界を〕文明化すべき使命という神話を糧に、深まり増大していく。

これらの〔政治経済的〕諸矛盾は、この当時にあってもっとも血なまぐさく、もっとも残忍かつ凶暴で、野蛮きわまりなくみえた第一次世界大戦に際して、その引金となるに充分な基本条件となったものである。

第五章　両大戦と革命の時代（一九一四―一九四五年）

「始まったばかりのこの世紀に相互に似ても似つかず、戦争のみが移行の役割を果たす二つの時代が相ついで生起していくのをわれわれは、目にすることになろう。われわれはもはや、安定、節約、慎重さの時代とか、既得権、既成政党、信頼のおける家、固定収入、安定した待遇、適切に算定された退職制度、三％の利回り国債、古くからの使い慣れた道具類、規定持参金の時代といったかつてのよき時代を、特別に意識しないかぎり思い出せなくなっている。市場競争は技術開発によって加速され、かつての賢明さを遠くへ押しやり、かつての優しさを殺してしまった……。戦争は激流のごとく物事の自然の流れを拡大し、必要な安定基盤を改変してしまった。こうした多様でかつ否定しがたく、たえず変化膨張する欲望をそのまま満たすために、人間の活動は次から次へと肥大し膨張をとげ、加速化していく……。機械主義と分業の深化は日々折衷主義と古い幻想を押しのけていく」[1]。（シャルル・ドゴール『剣の刃』一九五四年）

各国の資本主義はその資本蓄積と拡大再生産の論理につき動かされ、ますます激しく競争と対立を深めながら、みずからの拡張のための空間を世界中にさがし求めた。国内の反動はさらに強まり、ナショナリズムは征服と報復の精神によってかきたてられ、加熱していった。それどころか第一次世界大戦は何ら解決の糸口を与えてはくれなかったのだ。世界規模における領土と市場拡張の必要は、一方で旧来の国際決済体制が破壊されているのに、活発化したままであった。この引き裂かれた世界は、一九二〇年代にアメリカ合衆国の繁栄と敗戦ドイツ帝国の危機を二つながら経験することになり、一九二九年からの世界大恐慌をくぐりぬけて、あらたな世界大戦へと引き込まれていくことになる。

第1節　第一次世界大戦から世界恐慌へ

「資本主義はその胎内に、嵐の黒雲のごとく戦争を秘めている」とジャン・ジョレスは語っていた。資本主義は、自らの中に、何よりもまず恐慌とあらたな空間を征服する至上の必然性を内蔵している。そして、各国ごとに具体的に異なる社会構成体を通したその資本主義の発達、およびそれにもとづく各国資本主義間の対立こそ、資本主義をして戦争の担い手たらしめているのである。

一九一四年から一九一八年にいたる第一次世界大戦は、ヨーロッパを混乱させ、イギリスの凋落を速め、アメリカを強化したが、一九一四年以前の世界経済の宿す基本矛盾を根本から解決することはなかった。この大戦が告げたのは、一九二〇年代においては目立たずいくつもの形をとって潜在化していたが、一九二九年以降になるとその多様性にもかかわらず全般化していく長期にわたる危機の時代であった。

一　第一次世界大戦の大激動と混乱

労働運動の展開は封じられ、ヨーロッパ各国の資本主義の凋落はさらに進行し、ナショナリズムが硬化していく。……しかしながら、第一次世界大戦とともに大激動は終るどころか、始まったばかりであった。

プロレタリアートによる国際主義の美しい神話は崩れた。本来なら、ゼネラル・ストライキが戦争を阻止できるはずであったし、労働者諸階級は、資本家のために互いに殺し合うのを拒否すべき使命をもっていたはずである。一九一〇年。「各ストライキにおいて、軍隊は雇用主のために存在している。ヨーロッパの紛争のそれぞれに、民族間あるいは植民地の戦争のそれぞれにおいて、労働者階級は寄生的ブルジョワ的な経営者階級によってだまされ、犠牲に供されている。それゆえ、CGT〔フランス労働総同盟〕の会議はあらゆる反軍、反愛国的プロパガンダ行動を承認し、かつ称賛する……」[2]。このCGT宣言はさらに次のように続く。「ヨーロッパ列強間の戦争の際に、労働者は革命的ゼネラル・ストライキ宣言によって戦宣布告に答えねばならない」[3]。一九一二年。数年にわたるキャンペーンによって準備されていた十二月十六日の反戦ゼネラル・ストライキは、その規模と高揚にもかかわらず敗北する。一九一四年、七月二十九日のCGT宣言は「統治者は……、もし、いわれているように真に平和のために努力するならば、フランス人民は、それらの側につくであろう」[4]とのべていた。

ある者は最後まで、自分たちの平和的確信に忠実でありつづけようとした。他の多くは挫折する。何人かは戦争のまっただ中にあって平和のための戦いに再び挑戦した。しかしながら、これとても、数百万人の単位で、ヨーロッパのすべての国のプロレタリアートが互いに殺し合う悲劇をさまたげなかった。そして、分裂、不和と怨恨が強く残ることになった。

もう一つの敗北があった。戦争の前夜、ヨーロッパの労働者の中にはあらたなテイラー主義の労働組織方式の導入に反対した者がいた。一九一二年と翌年にルノー社で、一九一三年には、アルジャンテゥイユ〔パリ郊外の工場地域〕のディトリック社とイヴリーのブラジエ社でストライキがあった。これらの企業の労働者は労働作業の時間測定の導入を拒否したのであった。

「ルノー工場でのこの実施は、このシステムが、それを受け入れるほど純情な労働者を、どんなに耐えがたい情況に、どんなに疲れさせる労働に追い込んでいったかを明白に証明した。労働者は考えたり、思索したりすることもできない動物のような状態に貶められる。早すぎる消耗で労働者が非生産的になり、工場の外に投げ棄てられてしまうほどのひどいのやり方で、ひたすら生産する魂のない機械の状態までに追い込まれる。テイラー方式は血も涙もなく、価値を生まないものを嫌い、非生産性を嫌い、筋骨たくましい働き盛りをすぎてしまった古参労働者たちを排除する」[5]。

さらに、メルハイムは、一九一三年の三月三十一日付の「労働者の生活」において、次のように述べている。「知能は仕事場と工場から駆逐されている。そこには、頭脳のない腕と鋳物や鋼鉄からなる自動装置に適応した肉体を持った自動装置しか残っていないにちがいない」[6]。

しかし、戦争によって、労働の科学的組織に関する管理方法の確立が可能になった。軍隊はこれらの諸方法を自動車サービスの本部修理工場で利用する。そして、一九一九年、ルイ・ルノーは、自動車メーカーの業界団体において、労働組織化のもつ利点、専門化した労働力がなくても最も難しい製造を可能にする諸方法を強調した。すでに、ルノーは、同社の技師に宛てた一九一八年の通達において、「完全な組織化に必要なほとんどすべての要素が存在していること」を強調していた。同時に、「ルノー工場社報」は、工員に対して、努力は手を抜くどころか、さらに続行され、強化される必要があると注意を促している。「諸君は今回の戦争が終ったら、もう一つの戦争、すなわち経済戦争が始まることを覚悟すべきだ……。この戦争では、諸君はその前線の兵士となろう」[7]。

他の諸階級と同様、労働者階級もついには圧殺されていった。一九一三年の工業部門に就業した労働者十人の内一人は一九一四―一八年の戦争中に死んだのであった[8]。さらにつけ加えねばならないのが、(ローザ・ルクセンブルクとK・リープクネヒトが虐殺されて)流血の死に終ったドイツにおける共産主義革命の試み(一九一九年一月―三月)であり、圧殺されたハンガリア革命(一九一九年七月)、さらにフランスのトゥール会議における社会主義者と共産主義者間の分裂（一九二〇年）である。無数の労働者にとって、ソヴィエト革命が社会主義に一つの祖国を与えたばかりの時、西ヨーロッパの資本主義列強における労働運動は弱体化し、頻死の状態で分裂していた。

これらの諸国自体、たとえ若干の工業が戦争中および戦争によって発達したとはいえ、弱り果て崩壊に頻していた。戦死者は八〇〇万人にのぼった。ドイツ二七〇万人、フランス一七〇万人、ロシアもほぼ同数、オーストリア＝ハンガリア一五〇万人、イギリス九三万人、アメリカ一五万人。ドイツとフランスは、労働力人口の一〇人に一人、イギリスでは二〇人に一人が戦死した。戦争の総費用は、イギリスでは国富の三二％、フランスでは三〇％、ドイツでは二二％に達したが、アメリカはわずか九％のみであった。参戦した各国は国民に対して膨大な戦時国債を発行した。大まかにいって、参戦諸国全体の国債残高は戦争前夜の二六〇億ドルから、一九二〇年には二二五〇億ドルに達している。さらに、それに対外債務が加わる。イギリスはアメリカから約四〇億ドルを借り入れ、フランスも三〇億ドルを借り入れた。そして、一つの大戦の総決算として、一九二一年、戦勝国賠償委員会は、ドイツに対して三三〇億ドルもの巨額な賠償金を課したのである。

工業生産指数をみると、一九一三年を一〇〇とすると、一九二〇年は次のごとくであった。

――アメリカ　一四一
――イギリス　一〇〇
――フランス　　六二
――ドイツ　　　六一

アメリカの金保有高は大戦中に四倍以上に増加し、一九二一年には、二五億ドル（世界の準備高全体の約五分の二以上）の大台を越えた。

かつまた、ロシアの十月革命とともに、フランス以下のヨーロッパ列強は以前から投資していた有望な市場を一挙に失ない、数十年にわたってそこから分断されることとなる。ロシアにおいては、資本主義および西欧世界と断絶することになる運動をつき動かしたのは、社会主義の理想であった。オスマン帝国解体後のトルコ、ついでペルシアとアフガニスタンにおいては、あらたな民族的躍動が確固たるものとなった。一八八二年来占領され、一九一四年からはイギリスの保護領となっていたエジプトでは、ストライキ、ボイコットおよび列車襲撃が生じ、一九二二年、ついにイギリス政府はたとえ同政府の願ったように全く形式的なものにとどまっていたにせよ、エジプトの独立を宣言せざるを得なくなった。

最後に、欧州大戦ブームにわいた日本は、「東洋の火事場泥棒」として、工業生産のみならず、貿易と対外資産を急増させた。あらたな工業大国日本の帝国主義がアジアで確立されつつあったのである。*

＊ 一八六八年の明治維新以来、富国強兵・殖産興業の欧米追跡を国策として追求した日本は、上からの資本主義育成によって、絹綿二部門と軍器生産体制の産業構造を明治期に確立し、日清・日露戦争を勝ちぬいてアジアで唯一の植民地宗主国に急成長をとげていた。三井・三菱・住友の旧財閥コンツェルンは、産業の下請二重構造化の下で「繊維王国」「造船王国」への道をめざした。ほぼ十年に一度の戦争をとおして、極東の一角に肥大化していく日本の本土では、欧州大戦の成金ブームで新興財閥が輩出し、農林水産品と石炭を産出する北の辺境にあり、内国植民地化された北海道を中継基地として、シベリア出兵と北洋進出が開始された。台湾の砂糖・樺太の木材・朝鮮の米を資源にして、以後の大陸経営が本格化し、昭和恐慌から満州事変・日中戦争・日米開戦へと拡大する十五年戦争に入る。

ヨーロッパ資本主義各国の弱体化と「ヨーロッパの凋落」というこれら二つの動きを切り離すことは不可能である。アメリカはその時から、世界最大の経済大国となる。ドイツは工業力を建て直し、「二流の帝国主義」とレーニンが分類した日本と、革命直後のNEPで「一国社会主義」建設をめざすソ連は、それぞれ方法は異ったものの、工業化に並々ならぬ力を注ぐことになる。イギリスとフランスは、その工業施設、銀行・金融網、およびその植民地からなる帝国を当時所有していたので、若干の切り札を手にしていた。ルイ・ルノーが予言していたように、パリ和平条約が調印されるや、一九二〇年代にはすさまじい経済戦争と産業合理化運動が開始されたたのである。

二　一九二〇―一九三〇年代の大恐慌

伝統的にこの期間は次の四期に分類される。大戦直後の好況、一九二一年の戦後反動恐慌、「相対的安定」期、一九二九年の世界恐慌および一九三〇年代のその延長（不況の回復過程）である。そこでは、しばしば、貨幣経済の側面（国際債務と支払い、インフレーション）と実物経済の側面（生産と商品貿易）が分けて考察される。

しかし、われわれが提示する仮説は反対で、一九二〇―三〇年代にそれぞれの形をとりながらも発展したのは同一の恐慌過程である。そしてこの仮説によれば、一方では労働者階級との、他方では支配された社会構成体との基本的矛盾は消えることはないものの（いまさら指摘するまでもないが）、各国資本主義間の（不均等発展の）対抗矛盾こそがこの期間の大恐慌のカギを与えてくれるのである。

戦争による破壊？　巨額の財政赤字？　アメリカとイギリスに対する対外債務？　フランスではこの答えは常に同じで、「ドイツが払うであろう」というものだった。たしかにフランスは一八七一年の敗北後の「支払い」を済ませていた。しかし、ドイツに要求された賠償のため、この国の産業界は石炭、鉄鋼、金属製品を中心とした輸出に一層拍車をかけざるを得なくなり、結局、それが独英間の競争を激化させることになる。

大戦中、アメリカの経済力は強化された。金融力もまた同様にして、アメリカの対外投資は、一九一三年に三五億ドルから一九一九年には六五億ドルに増加した。これに対し、イギリスのそれは、一八三億から一五七億ドルへと後退した。並行して、アメリカの金保有高は一九一三年の七億ドルから一九二一年には二五億へと増加し、イギリスをはるかに凌いだ（二億ドルから八億ドルへ）。ポンドの対ドル相場は、金本位制離脱前の一九一四年

図11　第１次世界大戦直後における国際金融の融資連環網

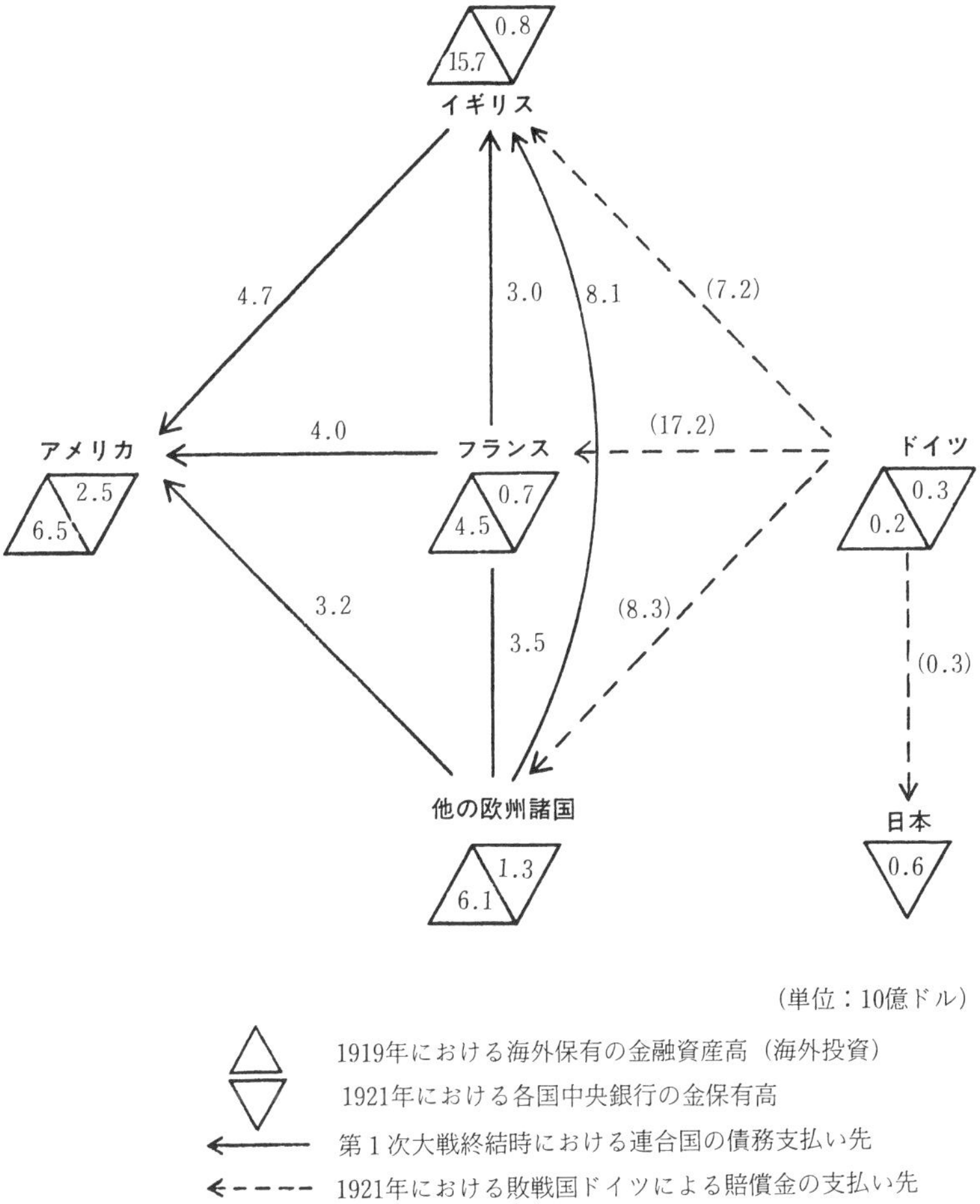

出典）A. Sauvy, *Histoire économique de la France*, t. I, p.141 s et 169 ; H. Heaton, *Histoire économique de l' Europe*, t. II, p.257 s ; M. Byé et G. de Bernis, *Relations économiques internationales*, t. I, Dalloz, 1977, p.347 ; J. Néré, *La Crise de 1929*, p. 8.

注）なお，ここでの数字は大まかに規模を示す程度のものである。

の四・七八ドルから一九二一年一月には三・七八ドルへと上昇した。さて、ポンドが世界通貨としての地位を取り戻すには、ポンドは「ドルを正面から見ること」ができなければならない（すなわち、戦前の平価を回復し、金本位制に復帰すること）という考えが根強く存在していた。しかし、イギリスの産業がその競争国以上の生産性利益を達成しない限り、この政策は輸出をよりコスト高にする。その結果、同国の輸出をより困難なものにし、貿易の再建をより複雑にすることになった。あるいは、そこで労働者の購買力を中心に国内消費を減じなければならないということから、激しい社会的対決を生むことになった。

ドイツの賠償の支払い、ポンドの平価およびポンドの金本位制への復帰、紛糾した国際債務問題の解決策[9]など、一九二〇年代に焦点となった通貨および金融のこれらすべての問題は、経済的および社会的側面をもっている。当時ほとんど耳を傾けられることのなかった予言者、J・M・ケインズはその点をきわめて早くから洞察していた。「じっさい、金本位制は野蛮時代の残骸にすぎない。イングランド銀行の総裁を筆頭に、われわれはみな、何よりもまず事業、物価、雇用の安定維持に今や関心をもっている。われわれが選択を迫られる時、われわれがかつて金一オンスに対し、三ポンド一七シリング一〇・五ペンスという価値のあったこの使いふるされたドグマに、これらすべてをわざわざ献げるということはありそうにない」とケインズは一九二三年「通貨改革に関する試論[10]」に書いている。しかし、一九二五年、この方向へ五年間努力した後、ポンドは戦前の平価を取り戻し、金との交換性を復活した。

だが、そのツケは高くついた。一九二一年の恐慌は、とりわけイギリスに深刻な打撃を与え、輸出は急減し、失業は急騰した（一九二一年一月には失業者は一〇〇万人に上り、同年六月には二〇〇万人に達する）。不変価格による輸出額の低落は、単に鉄鋼製品と石炭だけにとどまらず、木綿および羊毛産業および機械製造にも打撃を与えた（これに対し、一九二三年、ドイツの輸出量は一九一三年の水準を回復した）。一九二〇年代を通じて百万人以上の失業者がイギリスをおおうことになる。しかし、ロンドンはかつての地位を取り戻した。

フランス・フランは一九二八年になってはじめて、戦前価格の五分の一の平価で公式に金との交換性を回復する。ドイツ・マルクに関しては、一九二二―二三年の暴落の後、イギリスを中心とした外資の借り入れで産業構造を高度化させ、近代化させるという同じ方向で立ち直る。一九二四―三〇年の期間に、ドイツが得た対外借り入れ額は、実際に支払われた賠償金額よりも二倍半も多く、これによって、ドイツは単に原料を入手できただけでなく、金・外貨準備を整え、海外投資を発展させることができたのである[11]。

国際債務網のネットワークの規模はきわめて巨大であり、黒字を生んで負債を返済するためには、生産と国際貿易のとてつもない拡大が不可欠であった。しかし、当時の通貨当局の金本位制に復帰するという政策選択は、イギリス貿易の輸出回復力を遅らせ、貿易収支を均衡させることのできないすべての国の経済を脆弱なものとした。同時に、いかなる金融センターも世界経済全体の責任をひき受けようとしなかった。アメリカの銀行にはまだその能力がなかったし、ロンドンの占める地位は、たとえそのリーダーシップを取り戻そうと懸命になっても、当時はそうしたパワーをもたなかった。この点に関して、C・P・キンドルバーガーの診断は正しい。

「次の三つの特別な分野で安定をはかる責任を果たすという点に関して、イギリスにはその力がなく、アメリカはためらったので、世界の経済システムは、不安定なものとなった。これらの分野とは、(a)買い手のつかなかった商品に対して比較的開放された市場の維持、(b)景気変動に抗するための長期貸し付けの供与、(c)恐慌のひろがりの極少化、の三分野である。世界の経済システムは、十九世紀および一九一三年までイギリス〔のポンド体制〕にみるように、そのシステムを安定化する中心国なくしては不安定なものとなった。一九二九年、イギリスには安定化する力がなかったが、アメリカは安定化を図ろうとしなかったのである。各国が自国のみの利害を守ろうとしはじめると、世界全体の利益は排除され、それによって各国の私的利益も排除された[12]」。

表5-1　世界の工業製品輸出の分布

	1913	1929	1937
イギリス	30.2	22.4	20.9
フランス	12.1	10.9	5.8
アメリカ	13.0	20.4	19.2
ドイツ	26.6	20.5	21.8
日　本	2.3	3.9	6.9
その他	15.8	21.9	25.4
	100	100	100

出典）　H. Magdoff, *L'Age de l'impérialisme*, p.55. 英文オリジナルは *The Age of Imperialism*, Monthly Review Press, 1969.

このようにポンド体制が崩壊しかけたもろくてくずれやすい世界システムの中で、各国は固有の経路にしたがい、対抗しながらも各国資本主義が相互に発展していく。強要される犠牲を拒む労働者階級の戦闘性と、これとは競合する他の工業製品輸出国の攻勢との挟み撃ちにあって防衛的になるイギリス。敗戦の屈辱を乗り越えようという国民の総意によって支えられ、集中したダイナミックな拡張を続ける攻撃的ドイツ。大企業と小企業、地方の静けさと帝国の冒険との間に引き裂かれ、未曾有の分裂を経験していたフランス。大量生産‐大量消費のフォーディズムが形成され、交通渋滞と投企の猛威にさらされていた、若い活力にあふれる移民大国の新興アメリカ合衆国。そして、第一次大戦が最初のチャンスを与えた「新興国」にして新しい工業生産国となったヨーロッパの周辺資本主義各国と日本*——そこに相対的安定期が形成された。

* 欧米に対抗してアジアでは、日本が世界市場のすき間に食い込もうとする後発急進の新興工業国として、その本土の外に植民地圏を構築し、列強各国は、洋の東西で、それぞれに資本主義＝世界経済を発展させていったのである。

ロンドンや上海で、世界市場での競争は激化した。かくして、ポンドは金との交換性を回復する一方、イギリスの輸出は一九二四年から二六年にかけて名目で減少し、一九二七年から二九年にかけて、一九二四年に達成していた水準以下のままとなる。フランスの輸出は、一九二〇年代の前半期ではフラン切り下げの恩恵をこうむっていたが、一九二六年の財政安定化と一九二八年の金本位制への復帰で、多くの産業部門の輸出は一九二八年から下落に転じる。この貿易戦争において、旧来の資本主義列強は新興の資本主義工業国の台頭を前にして後退する。

かくして、外国市場の販路は徐々に閉ざされていった。他方、アメリカ資本主義は、日本、ドイツ、フランスの資本主義とともに、例外的蓄積と拡張期を迎えたばかりであった。他方で、第一次大戦末から世界の農業をゆるがした恐慌——生産過剰、価格下落、農業従事者の所得の急落——は、工業製品に対するもう一つの大切な市場を狭めることになる。このような世界経済の基本的現実を直視することによって、J・K・ガルブレイス流に株投企の周辺を追跡することでは[13]見えてこない大戦間の大恐慌の全体像を正しく理解できるのである。

一九二〇年代の全期間を通して、イギリスの恐慌は慢性的な性格をもち、他の大多数の資本主義諸国でもこの性格は潜在的に存在していた。とりわけ、一九二〇年代末のアメリカとフランスについてはそういえる。ウォール・ストリートの投機とパニックは、アメリカの経済恐慌の抗しがたい触媒となった。この危機が広く知られ、世界中の銀行および金融面へ波及すると、アメリカの貿易減少によってもたらされたさまざまな影響が、各国で実際にはすでに進行ないし胎動していた資本蓄積の危機を促進することになったのである。

第2節　分裂した世界経済システム

「一九二九年、アメリカの株価指数はおよそ二〇〇—二一〇を前後していた。しかし一九三二年になるとその指数は三〇—四〇に低落していた。同時に、商品全体の価格水準は三〇%から四〇%落ち込んだ。いくつかの市場で、この下落はさらにひどいものとなった。世界の主要工業国では、生産が場合によっては三割から五割も減少した。一九三二年における世界の貿易額は一九二三年の三分の一にも達しなかった。ＩＬＯ（国際労働機構）は一九三三年に世界全体で約三〇〇〇万人の人々に職がなかったと算定している……。こうした事態は未曾有のことであった。一九二九年から一九三三年こそは大恐慌の年であった[14]」。

各国の資本主義では第一次大戦後に固有の蓄積モデルが行き詰まりをみせ、さらにポンド体制にかわる国際決済の確立した金融体制がなく、保護主義が台頭したために貿易市場が縮小してしまい、この蓄積状況はさらに悪化することになった。こうした危機連関をたどって、「大恐慌」の決定的プロセスが発現したのがほかならぬアメリカにおいてであった。

一　アメリカ第一……？　ビジネス第一！

第一次大戦の直後、アメリカは世界最大最強の経済大国になり上った。その国民所得は一九一四年の三三〇億ドルから、一九一八年には六一〇億ドルに上昇する。とくにその工業力は強化され、同国は以降、多くの分野で世界的地位を確保する。一九一七年には七五〇〇万トン（長トン）の鉄が採掘され、石炭の生産高は五億五五〇〇万トン（短トン）を記録した。また、一九二〇年に石油は六〇〇〇万トン採掘され、世界生産の三分の二を占めた。電力は全ヨーロッパの生産量に匹敵し、一九二〇年に（世界生産の半分以上に相当する）約四〇〇〇万トンの鋼鉄が生産された。さらに自動車、電気、化学といった近代工業も発達をとげた。アメリカ合衆国の商船はその急激な増加にもかかわらずイギリスの商船保有量をいまだ越えていなかったとしても、同国の貿易量は一九二〇年には、五〇〇〇万ドル以上の輸入と八〇〇〇万ドル以上の輸出という新記録を達成するほど、他の諸国のニーズと困難を巧みに利用したのである。しかも、合衆国の対外投資がいまだ一九一九年にはイギリスの半分以下だったとしても（一五七億対六五億ドル）、アメリカ合衆国の金保有量は一九二一年において二五億ドルで、同盟諸国に対する戦争債権は約一二〇億ドルにのぼった。

その上、アメリカの軍事介入は戦争終結の局面において決定的となった。ヴェルサイユ講和会議でのウィルソン大統領の参加と彼が同会議で演じた役割は、アメリカをして世界の列強の首位の座へとおしあげることとなった。

しかし、アメリカ上院はヴェルサイユ条約の批准を拒否し、ウィルソン大統領がその創設に多大な貢献をした国際連盟へのアメリカの加盟さえ拒絶している。一九一八年の選挙では、下院で多数派となったのは共和党で、一九二〇年、共和党のW・G・ハーディングが大統領に選ばれるが、ウィルソンをつき動かしていた民主主義と国際協力の理想に対して、ハーディングはナショナリスト的信条を対置した。「私はいまだわれわれの義務がどこにあるのかを指示するような外国列強会議の開催を不要にするほど、わがアメリカに対して信頼を寄せている。それを〈ナショナリスト的エゴイズム〉と呼びたければ、そう呼ぶがよい。しかし、私としては、愛国的信条からこの信頼は生まれたものと思っている。まずアメリカを守れ。まずアメリカのことを考えよ。まずアメリカをほめたたえよ[15]」。

まずアメリカ第一！　そのかけ声とともに、アメリカは外国商品に対して保護を開始し（一九二二年）、歴代の移民からなるアメリカ国民が移民を排除しはじめた（一九二四年）。たとえ、アメリカの大手銀行はすでに国際化を開始していたとしても[16]、世界的債務支払い体制を管理する責任感もなければ、その手段があることも自覚していなかった。そして一九二〇年代を通じて、アメリカの成長は、主として自国資源に頼り、アメリカ市場のために達成される国内自給生産体制が可能であった。

アメリカ第一！　たとえアメリカ資本主義がすでに帝国主義化していたとしても、そのほこ先は主としてアメリカ大陸に向けられていたのである。第一次大戦を契機に、イギリスとカナダの資本主義両国の絆がゆるみ、カナダはアメリカの影響下に落ちた。一九〇四年から一九一四年にかけて、アメリカよりもイギリスにおいて八倍以上もの債券がカナダにより起債されていた。しかし一九二一年から三〇年間で、アメリカで起債されたカナダの債券額は、イギリスで起債された額の二〇倍にのぼった(17)。

というのも、カナダと南米がそれ以降アメリカ資本にとって主要な投資先となったからである。

その南米においては、「アメリカ大陸はアメリカ人のために」という建前のスローガンとともに、ドル外交と「ムチ」の政策を駆使して、アメリカの介入と支配が行使されていく（**表5―2**を参照）。

アメリカ第一！　一九二〇年代にアメリカが経験したのは、未曾有の経済成長と魅惑的繁栄である。そして、この成長を担ったのは主としてアメリカの労働者階級であった。戦争中、同国の労働者数は一〇〇〇万人から一九二〇年の一三〇〇万人（その内熟練労働者は五五〇万人）に膨張をとげ、一九三〇年には一四〇〇万人（その内熟練労働者は六三〇万人）に成長した。一九一三年から一九一九年にかけて、実質賃金は下落した。そして、八時間労働制の原則が建てられたとしても、全般化するにはいまだほど遠かった。計画と実行を分離するテイラー方式の労働組織と数々の差別出来高制の報酬システムが、作業テンポを強化した。疲労や作業時間の切りつめによる危険が増加し、一九二〇年代の初頭には年二〇〇万件もの労働災害が発生し、それにともなう毎年二万人もの死者を記録している。

アメリカの労働運動は戦前の主要資本主義国の中では最も組織率が低かったが、いまや正面からの攻勢にさらされるにいたった。一九一九年、西部の鉱山ストを挫折させたのは連邦のスト禁止令である。法務大臣のM・パルマーが一九二〇年の組合活動家、社会主義者およびアナキストの活動家に対して強硬な弾圧措置をとったのである。すでに決議されていた若干の社会立法（特に未成年労働保護について）の適用をさまたげたのは最高裁を

表5-2　アメリカの海外における銀行支店と投資の分布

（単位：10億ドル）

アメリカの銀行の海外支店数			海外投資		
	1918	1939		1924	1940
南米	31	47	南米	4.0	4.0
アメリカ海外領	4	8	カナダ	2.5	3.8
ヨーロッパ	26	16	ヨーロッパ	1.9	2.0
アジア	0	18	アジア	0.7	0.6
その他	0	0	その他		0.4
合計	61	89	合計	9.1	10.8

出典）H. Magdoff, *L'Age de l'impérialisme,* p.72 ; C. Palloix, *L'Économie mondiale capitaliste et les Firmes multinationales,* t.II, p.126 ; H. U. Faulkner, *op. cit.,* t.II p.695, et C. Julien, *op, cit.,* p.125 et 172.

中心とした法廷の裁定命令であった。そこに、企業の経営層の指示によってコントロールされる会社の御用組合や黄犬契約が登場する。一九二七年数百の大企業がこのシステムを採用し、一四〇万もの「加盟者」をこれらの組合は組織する。またお手やわらかな方法もうち出されてくる。すなわち、従業員持株制度（一〇〇万以上の労働者株主が生まれる）と家父長制温情主義《パターナリズム》（住宅、教育プログラム、社員プログラム、医療援助、企業が「お恵みとして与える」が、常にまた「取り上げられる」可能性もある休暇）である。労働運動後退の兆候として、AFL〔アメリカ労働総同盟〕の加盟者数は一九二〇年の四〇〇万から一九二九年には三〇〇万人へ、そして一九三二年には二五〇万人へと減少した。

この文脈において、一部の経営層が〔計画と実行を分断する〕労働の科学的管理法（テイラー主義）と大量生産の流れ作業方式（フォーディズム）の実施を発展させたのである。W・C・ミッチェルは「一九二一年来、科学は未曾有の度合で産業に奉仕するようになった」と書いた[18]。そこで決定的役割を演じていたのは、アメリカの全産業を代表するとはいえないまでも、資本集中した大企業である。ベツレヘム・スチール社とリパブリック・スチール社の躍進により、一九二九年にそのシェアが四〇％に「落ちた」USスチール社、フォード、ゼネラル・モーターズ、クライスラーの大手三社が支配する自動車産業、ゼネラル・エレクトリックとウェスティング・ハウスの二社が支配する電機産業部門、デュポン社と戦時中に生まれた故に「ウォー・ベービーズ」とよばれた二大グループ——アライド・ケミカル&ダイ社とユニオン・カーバイド&カーボン社——の支配する化学部門がこれにあたる。アメリカの産業界では、第一次大戦の開始後、および一九二〇年全体を通じて集中化が進展し、一九二九年には一二四五件の企業合同が記録されている。「かくして、一九三〇年、二〇〇社の大企業が銀行（事業に投資された資本の約三八％）以外の富の半分近くを支配しており、工業関係企業の所得の四三・二％を取得し、約二〇〇〇人の個人によって運営されていた」[19]。そして、チェイス・ナショナル・バンク、ナショナル・シティ・バンク・オブ・ニューヨーク、ギャランティ・トラストの三大銀行が支配していた。

これらの集中・集積をとげだした大企業こそが、最初に、かつ大規模に、多面にわたり生産と経営の合理化を実施した時代の主役であった。

「生産の機械化および、とりわけ人間労働と蒸気機関（なお若干の労働量を相対的に必要としていた）は、電力モーターで動力を代替し、一九一四年に工業のエネルギー機関の三〇％は、総能力が九〇〇万馬力の電力モーターであったが、一九二九年にはエネルギー生産の七〇％は電力が占め、三五〇〇万馬力に達した。試作品の少数タイプへの標準化。一九〇〇年、電燈には五五〇〇のタイプがあったが、一九二三年には、三四二タイプに整理された。労働の計画化。大小を問わずすべての作業現場で原料の購入、労働のリズム、機械力の最大限の活用が生産計画によって綿密に規定された。流れ作業の大量生産。シカゴの屠殺場で利用された方法（虐殺した豚を各作業者の前に次々と送り込み、解体処理させせながら、ベルト・コンベアに載せて運んでいくシステム）を逆方向に回転させて組立て生産方式に活用する原則は、自動車産業、電器産業、冷蔵庫製造、その他多くの部門に普及していった。事務組織。工場で生産性向上のために考えられた同一の諸原則は事務所でも応用され、そこでもまた事務処理の労働生産性の向上に貢献した」[20]。（J・アカーマン『構造と経済循環』一九五七年）

しかし、フォーディズムとともに導入されたのは、単に新しい労働組織方法だけでない。同一の運動において、二つの内容をもった新モデルも生まれたのである。一つは資本主義的商品生産の新モデルで、労働者階級の一部には相対的に高い賃金を支払い、大量生産と合理化によって生産性を著しく上昇させたモデルである。もうひとつはこうして創られた価値の実現の新モデルである。これは中産階級並の生活水準を一部の労働者階級にまで拡げていく大量消費を推進する新しいモデルである。この新しいモデルが導入されていくプロセスを追うと実に興味深いことがわかる。[21]

シカゴの屠殺場の描写は、「流れ作業」がどんなものかを「生々しく」教えてくれるが、ヘンリー・フォードの方法は、この生産組織の方法を最も体系的に実践したものである。各労働者は、フォードが「歩行は報酬的活動でない」と繰返していたため、労働者は足を動かさない職務ポストに就くことになる。したがって、コンベアの上を移動するのは部品であり、各労働者は、一つ、ないし二か三の作業を実施する。ハイランド・パークの熔鉱炉現場では、鋳造工と熔鉱作業員の九五%は、「いかに無能な作業者でも二日もすればマスターできる一つの単純作業のみに単能工化されている[22]」と報告された。一九二六年、フォード工場で雇用された従業社員の七九%にとって、訓練期間は一週間以下ですますことができた。

ベルト・コンベアは、作業を最大限に細分化し、すべての労働者に対して一定の作業速度を課することによって、著しい生産性の上昇を可能にした。かくして、かつて一人の工員が作業するフライホイール・マグネットの組立てには二五分かかっていたのが、コンベアと、それぞれの要素作業に「単能化」した二九人の工員によって、この組立てにはもはや一三分しか必要でなくなった。次にコンベアは速度を早められて七分になり、ついには作業テンポがコンベアの速度とともに増加して、五分に短縮された。生産性は五倍増となったのである。しかし、各労働者は十秒ごとに同一の動作をせねばならなくなり、一日九時間労働では、三〇〇〇回以上、同数のフライホイール・マグネットをつくるのに同じ動作を繰返すことになる。

チャップリンの映画「モダン・タイムズ」における主人公シャーロットのように、多くのライン労働者はこうした単純反復作業を受け入れず、これに耐えきれずにこの作業を拒絶した。アブセンティーイズム（無断欠勤）とジョブ・ホッピング（転職転社）は高水準に達し、一九一三年には、「一万五〇〇〇名の必要人員に対して、一年間に五万三〇〇〇名が雇用されていた[23]」といったありさまで、同年の末には、工場の人員を一〇〇名増加させるのに、会社は九六三名も雇い入れなければならなかった[24]という。さらに、デトロイト経営者協会の幹部は心配して、「工場は労働者の不満が発火しかねない火薬庫になっている。何としても何らかの手を打たなければならない[25]」と報告している。

この「何らかの手」について、ヘンリー・フォードは自分なりに大胆な方策を用意していた。すなわち、自動車産業の賃金が一日二―三ドルであるのに対して、かれは一九一四年一月一日から一日九時間労働を八時間労働に減らし、日給を五ドルに引き上げることを決めたのである。これがあの有名なファイヴ・ダラーズ・デイの高賃金・短時間・高能率管理である。効果は覿《てき》面であった。転職率は、〇・五％以下に落ち、欠勤率も同一の動きを示すことになる。長い行列がフォード社の雇用事務所の前にできた。生産の急速な上昇が可能になり、一九一三年の二〇万台の車生産は一九一五年に五〇万台、一九一九年に一〇〇万台、一九二三年に二〇〇万台、一九二九年には五〇〇万台を突破した。原価は下がり、有名なT型フォード（一九二七年まで生産される）の基礎価格は一九五〇ドルから二九〇ドルまで低落した。「一日八時間労働・五ドル賃金の固定は、私がかつて果しえなかったもっともすばらしい節約のひとつだったが、それを六ドルまで引き上げることによって、さらにすばらしい節約を実現した[26]」。ヘンリー・フォードは、じっさい一九一九年一月一日から一日六ドル、一九二九年十二月一日からは七ドルに日給賃金を引き上げている。

しかし、フォードにとって、これは単に規律ある忠実な労働力を確保することだけが目的ではなかった。まず、労働者階級の仲間の間に割れ目をつくって分裂させ、フォード社と他社との間に垣根をつくり、「フォード社の身内」の内部にも、一日五ドル享受できる人といまだそれにあずかることのできない人々の間に、差別のミゾを拡げることをねらったからである。次の人々にはファイヴ・ダラーズ・デイの資格を与えなかった。

——入社六か月以内の工員

——二五歳以下の若い工員

——女性（いずれ結婚する運命にあるという理由から）

その上、「清潔さと節度」、タバコをすわない、酒を飲まない、賭けごとをしない、バーに足しげく通わないといった「良俗」が必要であった。このように、ファイヴ・ダラーズ・デイとは一つの労務管理の道具であり、いわば「訓練」の一方式にほかならなかった。

だが、それはまた同時に、これらの「善良な労働者」に対して「消費の正しい水準」（したがって、フォード工場の製品の販路を確保すること）を提供し、「すばらしい子供」を作れるように（したがって、将来、フォード工場に対して「健康な」労働力を確保）するかれなりの生活対策でもあった。だが、いますこし、H・フォードの話を聞いてみよう。

「低給与ではわれわれは栄養不足で、肉体、精神とも未発達の子供の世代を準備することになる。心身ともか弱い、したがって、産業界にはいる時には役に立たなくなる労働者世代を作ることになるであろう。最終的に、そのつけを払うのは産業界である。われわれ自身の成功は部分的には、われわれの支払うものに依存している。もしわれわれが多額の賃金をばらまけば、この金は消費される。彼の消費は、問屋、小売店、メーカー、そしてすべての階級の労働者を豊かにさせる。この繁栄は、わが社の車に対する需要の増加となってあらわれるのだ[27]」。

（H・フォード『わが生涯、わが仕事』一九二六年）

一九二九年のデトロイトでフォード社の依頼により、一つのアンケートがなされた。これによると、労働者家族の一〇〇世帯について、その内、電気アイロンを所有していた世帯は九八、ミシンは七六、洗濯機は五一、蓄音器は四九、車は四七、ラジオは三六、掃除器は二一世帯との結果がでている。一九二九年、アメリカでは二三〇〇万台の車が走っており（同一期のフランスとイギリスにおける一〇〇人当り二台に対して、一九台）、タイヤ、備品、ガソリン、修理によって、四〇〇万人以上の雇用が自動車に関係していた。これと並行して、一般道路と高速道路の建設と石油生産が伸び、都市は拡張でき、住居建設はかつてないテンポで増加した。電化が進み、電話施設も伸びて、電力生産は十年で倍増した。

一方において、一九一四年以前からの方法による労働者階級の一部底辺層の搾取（低賃金、訓練とレイオフの粗野な方法、ファクトリー・システムと零細家内工業のスウェッティング・システム）が存続し、他方では大量生産と労働の合理的組織化、特定労働者に対する高賃金政策、したがって労働者階級の一部が享受する大量消費が拡大する――これこそが次の指標で示される一九二〇年代アメリカのフーバー景気、その「繁栄」の基礎であった。

一九二一―二九年の十年間について、工業生産の九〇％の上昇およびGNPの二割を超える投資の増加がみられた。労働時間当りの生産性は、同じ十年間に四七％も増加した。これに対して、今世紀初頭の二〇年間の上昇率は、前半が一七％、後半は一一％にすぎなかったのである。

一九二四年、共和党の大統領となったカーヴィン・クーリッジのスローガンの一つは、「アメリカ国家の大事業は、ビジネスなり」というものであった。

しかし、このモデルの有効性は一九二〇年代末に破綻してしまう。たとえ、このモデルが、高賃金と若干の消費財の購入という「アメ」のおかげで受け入れられたとしても、「ムチ」としての流れ作業は疲労度が高く、フォードの革新策の効果は薄れて、生産性向上による利益は低下したのだ。市場の各部門が飽和し、その上、農業恐慌は、物価と所得の低落を招くとともに、農産物の販路を大きく減じた。外国市場での競争は激化する。一九二九年の第2・四半期において、自動車産業の利益は低下した。株式投機が、もっと稼ごうという欲望によってかきたてられ、加熱した。この好況末期のすさまじい異常景気の直後に、大恐慌が来る。

これこそは、一九二〇年代の活況で目がくらみアメリカの経済学者がもはや来るはずなしと確信していた大恐慌の到来である。一九二八年、アーヴィング・フィッシャーは、「クラック（株式相場の暴落）に似たような事態は何ら生じ得えない」と断言し、一九二九年には「株価の不況はありうるが、それは破局といった性格ではない」と判断して、一九三〇年という時点でも、「少なくとも近い将来について、展望は希望に充ちている」と楽観していた。しかも、ハーヴァード経済学会は、一九二九年十一月に、「一九二〇—二一年のような深刻な恐慌は全く可能性の外にある」と判定したのに対し、その直後の一九三〇年一月には、「恐慌のもっとも深刻な期間は終ったとする判断材料が存在する」と述べた。一九三〇年十一月には、「われわれはいまや恐慌の下降局面の終末期にいる」と観測した上、そして、一九三一年十月には、現行水準での景気安定がはっきりと可能である(28)」と予測したが、これはとてつもない誤認だった。

一九二五年からやや低下傾向を見せたものの、一九二二年から比較的安定していた卸売価格は一九二九年から三二年にかけて三分の一に低落した。一九二三—二五年を一〇〇とした指数で、一九二九年五月には一二六に達していた工業生産指数は、一九三一年五月には八九に転落し、一九三二年五月には六一にまで落ち込む。産業部門全体の失業者数は一九三〇年には三〇〇万に達し、一九三一年には六〇〇万を越え、一九三二年には一〇〇〇万、一九三三年には一三〇〇万にふくれ上る。このデフレ不況合理化の結果、労働生産性の方は、一九二九年と一九三三年の間に二三%ほどさらに上昇した。右と同じ期間において、賃金については、資料によって異なるものの、三分の一から四分の一の低落をみた。フーヴァー大統領時代の財務長官メロンは、合衆国の一部経営者層の意見を代弁して、この恐慌ドラマに「肯定的」側面を見い出し、「アメリカ国民はより根をつめて働き、より道徳的生活を営むであろう[29]」と語っている。この同じメロンは、いかなる資本主義の危機も必ず宿す「浄化」のパワーを誇張して、「過剰な労働力を清算せよ。過剰資本を清算せよ。過剰農民を清算せよ……[30]」とくり返すことも忘れなかった。

アメリカは、外国の競争からもまた自国を守らなければならず、それはホーレー＝スムート関税法の可決によって一九三〇年から取り組まれていた。輸入額については、一九二九年の四四〇万ドルから一九三二年には一三〇万ドルに落ちた。一九二九年に五二〇万ドルであった輸出は一九三二年には一六〇万ドルまで落ち込む。しかしアメリカは世界の金保有高の約五分の二を保持していたのである[31]。

一九三二年に任期を終えたフーヴァー大統領は、民主党のフランクリン・D・ルーズヴェルト候補に敗北する。新しく普及したラジオを大幅に活用して、ルーズヴェルトはかの「炉辺談話」の番組で、「産業界の独裁」「経済の帝王」「あらたな独裁政治」を告発し、有権者聴衆に語りかけたのである。かれは共和党政権を批判し、新政策を相ついで発表する。「国家の隅々まで、以前の政府の政治哲学の犠牲となったアメリカ市民は、いまや希望をこめてそのまなざしをわれわれの方に向けている。市民は国家の富の分配において正当な分け前を望んでいる。私はアメリカ国民に対してニューディール、このあらたなる契約、国民の期待する好運を与える新政策を誓う」と語った。ルーズベルトは、利害の異なるさまざまな階層の票田――南部の保守的民主党支持者、不満を持つ農家、組合員、失業者、黒人、民族的、宗教的少数者――に広く支持されて、大統領に選ばれたが、おそらく、このニューディールの中身と意義が何であったかは知らなかったと思われる。かれは少しずつ努力をつみかさね、このニューディールを前進させるのを助ける社会諸勢力（特に労働組合運動）に依拠しながら、ときには強力な抵抗に直面もしたが（特にその抵抗は最高裁の判決に集中的に見い出される）、かれなりのプラグマティズムと執拗さをもって困難に取り組んだ(32)。

当時をふり返ってみるとそこから次の三つの特徴が引き出される。

――産業の基本的部門の再編成と再建・活性化。すなわち、一九三三年初頭の銀行恐慌の余波の中にあった銀行、一九三三年六月の全国産業復興法(NIRA――National Industrial Recovery Act)による工業、一九三三年五月の農業調整法(AAA――Agricultural Adjustment Act)による農業、一九三三年五月のテネシー渓谷法(TVA)と一九三五年の公共エネルギー持株会社による電力エネルギー、一九三三年の鉄道緊急法と一九四〇年のフィラー・リー輸送法による輸送部門である(33)。

――世界市場においてアメリカを有利な立場に置こうとする政策。すなわち金本位制の放棄(一九三三年四月十九日)、金に対するドルの漸次的切り下げ、および一九三四年の互恵通商協定法にもとづく互恵貿易協定政策である。

――最後に、これこそニューディールの「柱の中の柱」をなす政策で、それは、主要社会諸勢力の協調を可能とするあらたな社会的妥協の模索である。問題は、資本主義をくつがえすことではない。一九三六年の選挙キャンペーン中に、彼は、「民間の利益と自由企業の体制を救ったのはわが政府である」と公言したが、問題の核心は、もっとも反動的な諸勢力に対し、またもっともエゴイスティックな利益集団に対して、この諸改革全体を課すことにあった。

かくして、NIRAとの関係で、民主党政権は雇用主に対して、参加可能な枠組を提示する。すなわち、児童労働の禁止、事務における週四〇時間労働制と工業における三五時間労働制、および最低賃金制(工業においては時給四〇セント、他の職場においては週一二―一五ドル)である。NIRAは労働者に対して、団結の自由と代表選出の権利を保障し、労働組合の発達を促進した。一九三七年、スト参加者は大規模な工場占拠を始めた。

この同じ年、ＮＩＲＡは最高裁によって憲法違反と判決されるが、ルーズヴェルトは公正労働基準法に主要な社会政策を盛り込み、早期投票を次のように訴える。

「社会進歩の境界線を広げるために、新しい処置をとる時がわれわれにやって来た……。圧倒的多数が農業か工業に雇われているわが国で、人口の三分の一は、栄養が不足し、衣服も不充分で、住宅もよくない……。自分の労働で生活し、自尊心を持つ民主主義は子供を搾取するいかなる正当化も、労働者の賃金に対する詐欺行為と労働時間の延長に対するいかなる経済的理由も、ひきあいに出すことができない」[34]。

これと並行して、ルーズヴェルトは大型の公共事業プログラムを打ち出し、若干の失業者に対しては「就労促進奨励金」のシステムを創設し、低家賃住宅を建設するための措置をとる。一九三六年には、社会保障法が制定され、充分長期にわたって賃金労働に就労した労働者に対して、失業保険と退職後保障の権利を確立した。

この期間、労働組合への加盟者が増加した[35]。これらの加盟の多くは同一企業内で集団的になされ、アメリカ労働総同盟（ＡＦＬ）が依拠していた職能別組合の旧来のシステムのかかえる不適応性が解消される。かわって産業別組合が発達し、一九三五年に産業別労働組合会議（ＣＩＯ）の創設へと向かう。一九三八年、ＣＩＯは四〇〇万もの加盟者をもち、ＡＦＬの加盟者数を越えた。一部の経営層は労働組合に対して容謝ない闘いを挑んだ。私設警察、スト破り、組合にはいり込む密告者、組合活動家の尾行と脅迫（棍棒による襲撃から組合事務所あるいは住居の侵入あるいは爆破まで）とか、腐敗した保安官と判事の利用などがこれにあたる。しかし、勇気と決意と連帯の力によって、労働組合の団体行動は決定的成功を収めた。一九三七年、ゼネラル・モーターズとクライスラーのストの後、ＣＩＯは代表組合として認められ、自動車部門の団体契約に署名する。フォードがついに譲歩するのは一九四一年になってからで、鉄鋼業界において、ＵＳスチールはその伝統的政策をくつがえし、ＣＩＯとの団体契約に署名する。だが「独立」メーカーは数年にわたってこの団体契約を拒否しつづけた。

ニューディールは、アメリカ資本主義がかかえこむ巨大な資本蓄積体制のメカニズムを再生することには成功せず戦争のみがそれを達成することになる。確かに構造的失業は後退したが、一九四〇年にはまだ一〇％も存在した。しかし、平均労働時間は実際に減り、週約五〇時間から約四〇時間の時代へと移行する。労働者の実質賃金は増加し、団体交渉制度と団体契約にもとづく集団的労資関係はますます多くの部門に広がる。最後にいえば、アメリカ資本主義にとって、ニューディールが果たした決定的貢献は以下の点にあったと考えられる。

――ニューディールは、一部の経営層に労働者への譲歩を受け入れさせ、その結果、労働者階級を総体として大量消費システムへと統合することを可能にしたのである。

――ニューディールは、共和党の「ビジネスにはより小さな政府を、政府にはより多くのビジネスを」という旧来の原則に対して断絶をもたらし、政府とビジネス界との間に「実りある協力」の道を開いた。なぜなら、「ゼネラル・モーターズにとって良いことはアメリカにも良いことだ」といわれた時点から、アメリカ第一主義は同時にビジネス第一主義ともいわれるようになるからである。

二　ポンドを守れ……

アメリカ経済の覇権が台頭する反面で、ヨーロッパ経済は凋落した。この凋落はとりわけもっとも古くからの二つの資本主義国に打撃を与えた。すなわち、十九世紀の世界を支配したイギリスの資本主義と、地方および農村にルーツを常に保ちつづけたフランスの資本主義である。この両国は、第一次大戦後、自国の国力の手段であり同時に象徴でもある自国通貨の威信回復に、やっきになってその努力を傾けた。そのやり口とは、自国の労働者階級に大幅にその代償を払わせて、自らの帝国内の資源と富を食いつぶすことであった。

第一次世界大戦の直後に、ポンド体制から以前の平価と金本位体制に復帰する政策に踏み出したイギリス経済は、一九二〇―二一年の恐慌によって深刻な影響を受け、一九二〇年代の全期間を通じ「恐慌から恐慌へとよろめいて」(ヴァルガ) いわば潜在的恐慌に引きずり込まれつづけた。ケインズは、こうした政策のあたえうる結果をみとおして、これをすでにはっきりと批判していた。

「ポンドの国際的商品価値が一〇%以下であるに違いないのに、それを改善し戦前の金平価までもっていくことは、われわれが外部と何らかの販売をする度に、あるいは外国の買い手が自国の通貨で一〇%多く払わなければならない度に、われわれはわが国の通貨を一〇%少なく受け取るはめになることを意味する。すなわち、国際競争のためには、石炭、鉄鋼、海上輸送費あるいは他のあらゆる産物のポンド建て価格を一〇%値引きしなければならないのだ……。かくしてチャーチルの通貨改善政策は、遅かれ早かれポンドあたり二シリングの賃金減少政策になっていった……。デフレーションは〝自動的〟に賃金を減じない。それは失業を通して賃金を減じる……。自らの信仰から(通貨の高値)を利用しようとして不況を悪化させるものは、恥を知らねばならない[36]」。

さらに、かれはもう一つの政策を提案する。

「今日、繁栄を回復させるためにわれわれが必要としているのは、簡単な政策だ。われわれは実業家が新たな企業をつくるのを、今日そうしているように挫折させることなく、逆に励ますことを願っている[37]」。

一九二五年、ポンドは戦前の交換レートを取り戻し、金兌換性を回復した。とはいえ、それは労働者階級にとって、いかなる対価をともなったのであろうか。

当時イギリスの労働者階級は、しかしながら、大戦後八〇〇万以上の組合員をもち、相つぐ選挙で自由党に勝ち抜いてきた労働党とともに、最盛期にあるように見えた。ところが、対する雇用主側の陣営は、意志が固く、強力な保守党に支えられていた。一九一九年の鉄道労働者のストライキに対して、『タイムズ』紙は「ドイツとの戦争のように、これは最後まで続行する戦争になるにちがいない」と報じている。一九二〇年、スト中の鉄道労働者は炭鉱国有化の要求は充たされなかったが、週四〇時間労働制と賃金引上げを獲得した。しかし、一九二〇―二一年の危機で失業者は一九二一年一月には一〇〇万人、七月には二五〇万人と増加した。失業者は、鉄鋼労働者の半分、造船労働者の三分の一に達した。炭鉱の所有者は、しばしば三五％までの賃金引下げを強行しようとしたが、労働運動は、経営者の決断（ロックアウト）と「内戦に似た状況に対処する決意」をもち、軍隊を送り込んだ政府の決意と衝突した。運動は分裂し、指導者が優柔不断のため最終的には敗北した。一九二四年の労働党少数派政権は、いかなる社会改革も引き出すことができなかった。そして、ポンドの金兌換性が回復した後、使用者側があらたな賃金切り下げを実施しようとした時、炭鉱労働者は再び大ストライキに突入した（一九二六年）。労働組合評議会（ＴＵＣ）はゼネラル・ストライキによってかれらを支持することを決定したが、保守党政権は「非常事態宣言」を国王に発令させて、ストライキを不法と宣告した。この結果、再び労働運動は分裂し、挫折した。組合に対する信頼は薄れ、組合員の数は五〇〇万人以下に落ち込んだ。

一九二七年以来、保守党は組合の諸権利を制限する法律を成立させて、自己に優利な立場を築いていった。すなわち、ＴＵＣにもはや加入できないようにする公務員のスト権禁止、連帯ストや政府に圧力を加えることを狙いとしたストの禁止がそれである。ゼネラル・ストライキは違法とされ、スト権の行使自体が厳しく規制されて、労働党への政治献金の支払いはさらに厳しく規制された。

基本的にみて、労働者階級は、まず、一九二〇年代全体を通じて一〇〇万人以上の失業（就業人口の一二パーセント）により打撃をうけ、一九三〇年代初頭には三〇〇万人の賃金労働者にも及んでいくこの失業によって弱体化した。また、労働者階級は、イギリス資本主義の著しい多様性、賃金の格差、社会的ステータスの相違、職業の伝統といったきわめて強い不均一な異質性によっても弱体化したのである。

賃金形態についてみると、一九二六年、鉄道、公共サービス、炭鉱の大部分の労働者は時間給で支払われていたが、繊維部門では労働者の半分（木綿部門は三分の二）、鉱山と縫製部門では労働者の五分の一、機械、化学、窯業、ガラスなどの部門の五分の二は、出来高給であった。そのほかに、逓減的な抑制賃金あるいは累進的な割増賃金、プレミアム賞与とかと罰金制といった無数の賃金支払い体系が、労働者支配の特殊化と分断化を際限なく進めていった。(38)

ここから、一九二〇年より二二年におよぶ名目賃金の暴落と一九二二年から二九年にいたるその停滞状況がわかり、それと並行した生産性の高い伸び（一九二四年から三〇年にかけて一二パーセント増、一九三〇年から三四年にかけて一〇パーセント増）、したがって、製造業の純生産（付加価値）における賃金シェア、すなわち労働分配率の「緩慢だが恒常的な減少傾向」などの説明がつく。しかし、卸売価格の低下、とくに食料品価格が低下したので賃金労働者の一部は購買力を維持することができた。また中には、一九二四年から三九年にかけて、実質賃金が一五パーセント増加した例のように、購買力を改善できたものもいた。その上、一九三〇年代において、一日八時間労働制、年間の週休制（一九三八年）などの改善処置がとられていった。最貧困層は、とにかくなにがしかを受け取ることができたが、その額はしばしば微々たるものであった。高齢者の半分以下しか年金を受給できず、この年金額とて、まれにしかそのつましい最低限度額に達しなかった。病気の世帯主は疾病手当を受け取れたがごくわずかな額で、失業手当の給付条件も三〇年代を通じて差別されて、受給制限が数多くつけ加えられていた。そこから、ハンガーマーチ（飢餓の行進）が各地に生まれ、とくに一九三二年のイギリスのハンガーマーチは警察によって苛酷に弾圧される結果となった。

失業、購買力に対する切り下げ圧力、生産性の上昇、社会の最も弱い層における極貧の生活といった背景をもったイギリスの労働者階級は、一九二〇年代においては、ポンド復帰政策、一九三〇年代には世界恐慌のイギリス資本主義に対する影響のきわめて高いツケを支払わされることとなった。

したがって、支配階級にとっては重大ないかなる争点が、イギリスのエコノミストによる水面下の論争の底流をなしていたかが、以上からわかる。ケインズと若干の孤立したエコノミストたちは公共支出の増大、より規制緩和された信用政策と公共事業の諸政策を要求し、名目賃金の低下をやみくもに要求することに反対していた。これに対して、権威あるエコノミスト連中は、後者の方策こそ主要な解決策であると考えていた。『経済学原理』の著者マーシャルの弟子であり、ケインズの師であったピグーは、もし（供給を制限せず）、何ものも市場の自由な機能を妨害しないとしたら、「賃金率は、完全雇用が確保されるように労働需要に対応する傾向をつねにもち、したがって、その安定状態では、誰もが実際に職を見出すであろう」[39]とした。さらに、より明示的な表現で、ライオネル・ロビンズは、次のように論じたのである。

「総じて、確実にいえることは、もし、賃金率がはるかにフレキシブルであったなら、失業は著しく減るであろう……。もし、消費者の購買力を守るべく、いかなる対価を支払っても賃金率は下がってはいけないという考えに固執していなければ、現在の不況ははるかに軽微なもので済んだであろうし、それにともなう失業もこれほどまでの規模には達しなかったであろう」[40]。

『一般理論』は、ケインズの眼にとって、新古典派的視点を論破し、それにとって代わることを可能ならしめなければならない経済理論の構築物であった。

「われわれは長い間ピグー教授の失業理論を批判してきた。その理由は、その理論が他の（新）古典派経済学者の理論よりわれわれにとってより批判的に考えられたからではなく、われわれの知る限り、失業に関する（新）古典派の理論を正確に紹介しようとした唯一の作品であるからである。われわれはその作品に与えられたもっとも手ごわい形のものでこの理論と自ら戦わねばならない」[41]。

労働者階級に甚大な犠牲を課し、しかもその故に、憂慮すべき対立に向かいかねない危険をはらんでいた恐慌。この危機に対する旧来の資本主義の道による解決策に対して、ケインズは、経済活動の活性化により、労働者の購買力をそがずに失業を減少させることができる、もう一つの資本主義の道を提示していた。この意味で、そして、フォードの一日五ドル（ファイヴ・ダラーズ・デイ）政策の三〇年後に、ケインズは、それをめぐって資本主義社会への労働界の統合が追求され、部分的には成功することになるあらたな政策体系を正当化できるひとつの経済理論を提起したのである。

一九二〇年代および三〇年代の長期恐慌は、石炭、金属加工、繊維といった十九世紀においてイギリス資本主義のエンジンとなった第一世代工業化の在来部門に対して、とりわけ強い打撃を与えた。反対に、新興の電力・電機産業（一九二四年から三七年にかけて、同部門の労働者は倍加した）、自動車産業（一九二九年から三七年にかけて、生産は倍加した）、陸上輸送、人造絹糸、食品産業などの第二世代工業化の新興産業はめざましい伸びを示した。この産業のリストラは、部門別組織化あるいは資本集中などの大規模な動きによって強化促進された。一九二〇年代、石炭産業は一〇〇〇以上の企業を抱えていたが、一九三〇年以降、産業再編委員会は生産と輸出を管理しはじめ、石炭中央協議会は再編と合併を奨励した。鉄鋼部門においては、一九三二年に産業再編委員会はブリティッシュ・アイロン＆スチール社に対して、二〇〇〇の関連企業を合併する方向に誘導した。

イギリスの繊維部門は産業組織が分散して非効率的であった。一九二七年、アメリカは三八のスピンドル（紡錘）、日本は六のスピンドルで操業していた。これに対してイギリスには五七〇〇ものスピンドルが存在していながら、その紡績生産量はアメリカの半分にしか達せず、紡績独占体が横断カルテルを結成して世界市場に切り込む日本の生産量に追いつかれようとしていた。新興の近代産業では、強大なグループが形成されていった。化学では、イギリス系ノーベル社の参加でインペリアル・ケミカル・インダストリーズ（ＩＣＩ）が、自動車では、一九三二年、八企業の合併によってルーテスモータス社が生まれた。レーヨンでは、クールトールド社が支配し、リーヴァ社（石鹼）は一九二九年にオランダのユナイテッド・マーガリン社と提携し、ユニリーヴァ社（イギリス）が四六％、ユニリーヴァNV社（オランダ）が五四％、とそれぞれ資本参加して、ユニリーヴァ・グループを形成した。

一九三五年、各部門の三大企業だけみても、鉄道の八三％、石油の八二％、鋼管の七一％、砂糖の七一％、化学の四八％、機械・自動車の四三％の市場を占拠していた……。しかし、繊維業界での大手三社のシェアは二三％にすぎなかった。同時に、中小の三万社が一〇人から一〇〇人の従業員（工業労働者数の五分の一）を雇用し、零細な一三万社が一〇人以下の従業員（五〇万人の賃金労働者）を抱えていた。栄光ある過去の遺産は、このような形でイギリス資本主義の運命に重くのしかかっていたのである。

この遺産にはまた、大英帝国、海外植民地、自治領というヘビー級の切り札も含まれていた。これらは、第一次大戦後、旧ドイツ領東アフリカに対する委任統治、さらに中東に対する影響圏の形成によって一層拡大することとなった。各自治領は国際連盟で各一票の投票権を行使できたため、イギリスに対して、それは比較優位の立場を保証した。一九二六年の帝国会議では、たとえ、イギリスが防衛義務に対して「特別な責任」を有するとしても、自治領とイギリスの外交政策に関しては平等性が確認された。イギリス本国と大英帝国圏との貿易関係は、イギリスの他の外国地域との貿易関係と比較すれば、よりしっかりと世界恐慌に耐えることができたのである。果たして一九三一年、ポンドが金本位制から離脱した時には、ただちに保護関税が導入された。一九三二年のオタワ会議では、大英帝国は「英連邦」（British Commonwealth of Nations）と名称を変え、「双務的特恵」条約が締結されている。すなわち、イギリス本国は英連邦内の大半の物産について関税を撤廃し、オーストリア、ニュージーランド、インド、カナダ、ニューファウンドランド、南ア連邦、ローデシアは、イギリス製品に対して、大

表5-3　イギリスの経常収支

	商品収支	対外投資収益	他の経常収支	金および外貨	収　支
1920-4	−279	+199	+221	+21	+162
1925-9	−395	+250	+213	+ 1	+68
1930-4	−324	+174	+127	−66	−89
1935-8	−360	+199	+133	−77	−105

単位）100万ポンド（各期間の年平均値）
出典）P. Mathias, *The First Industrial Nation*, New York, Scribners, 1970, p.469.

幅な特恵関税を供与した。これにより、一九三九年、英連邦はイギリスの総輸入額の三八％（一九二九年は二六％）、総輸出額の四五％（一九二九年は四〇％）を占めるにいたった。

これと並行して、イギリスの対外投資はアメリカで後退し、カナダでは停滞し、ヨーロッパ、アルゼンチン、メキシコでは前進したが、オーストラリア、ニュージーランド、とりわけインド、などの英連邦諸国ではきわだった伸びを示した[42]。

さて、これらの海外投資の見返りとしての収益・収入は、両大戦間期においてイギリスの対外勘定の重要な収入源となった（**表5—3**を参照）。

最後に、貿易による利益の増減を示す交易条件は、「新興諸国」の農産物を中心とした一次産品の相対価格の暴落を主な原因として改善された。イギリスにとっての輸入単価指数に対する輸出単価指数の比率は、一八八一—八五年間の指数六〇に対して、一九二六—三〇年間には八二となり、一九三一—三五年間には一〇〇[43]へと改善をみた。

この交易条件の改善によって、拡大した不等価交換による隠された剰余価値の取得および対外投資収入による剰余価値の取得は、世界規模での搾取と収奪の拡大と強化を意味した。各生産形態、それぞれの社会構成体、および宗主国の進出のさまざまなタイプに適合した諸形態において、剰余労働に対する拘束と強制は五大陸に対してますます本格的に深まっていった。新しい形態の貧困が生まれた。あらたな不正も生まれた。同時に、解放と独立を求めるあらたな渇望も生まれた。しばしば、これらの代弁者となったのは、富裕層と知識人であり、時には聖職者や宗教者であった。大英帝国が、イギリス資本主義にとってかつてないほど不可欠なものとなっているまさにその時に、すでにその大英帝国は、無数の亀裂に見舞われていたのである。

三　まずはフランを？

一九二〇年代から、フランス資本主義の若干の集団《フラクション》もまた、フランス帝国の「開発」を重視してきていた。一九二一年のサロー計画、シリア・レバノン銀行の創設（一九一九年）、国立フランス領西アフリカ（AOF）銀行（一九二五年）、マダガスカル銀行（一九二五年）などがその例である。世界市場の競争激化にともない、ついに一九二八年から、関税法によって、帝国特恵が設置され、主として、本国と植民地間の関税が廃止された。一九三一年には、ヴァンセンヌで植民地博覧会が開催された。とはいえ、一九三四―三五年において、帝国会議は、「植民地」および「植民地的」という言葉の代わりに「海外」という表現を使うようにした、という程度の成果しか収めなかった。

一九三〇年代の恐慌過程において、フランス帝国のフラン・ブロック経済の指向は最もはっきりと現われた。一九二八―三〇年において、植民地圏との貿易は同国の輸入の一二％、輸出の一九％しか占めていなかったが、一九三六―三八年には、輸入は二七％、輸出は三〇％に達した。一九一三年、海外に投資されたフランス資本の一〇分の一のみが帝国内に投下されていたにすぎなかった。この割合は、CFAO（マルセーユ資本中心の資本グループ）、SCOA（デマシー銀行に結びついているリヨン資本のグループ）、パリ連合銀行（ボルドー資本と提携）、インドシナ銀行、パリ・ペイバ（パリバ）銀行といった若干の大手グループの活発な進出にもかかわらず、大戦間においてきわ立った進展を見せなかった。帝国に対するフランス人資本家の精神状態を反映して、帝国圏内での投資は商業（三九％）、銀行・不動産（一〇％）が中心で、工業（一〇％）と鉱山（七％）は少額にとどまってい

表5-4　主要資本主義諸国の海外投資

(%)

	1914	1930	1960
イギリス	50.4	43.8	24.5
フランス	22.2	8.4	4.7
ドイツ	17.3	2.6	1.1
オランダ	3.1	5.5	4.2
アメリカ	6.3	35.3	59.1
カナダ	0.5	3.1	5.5
スウェーデン	0.3	1.3	0.9
	100	100	100

出典）H. Magdoff, *L'Age de l'impérialisme, op. cit.*, p.56.

たのである。この植民地投資は最終的にはほとんど重要性をもたなかった。なぜなら、この時期から、フランスの対外投資は凋落基調に転じたからである。

そこには、すでにいくつかの亀裂が——後になるほどその範囲を把握することがより安易となるのだが——あらわれていた。一九二〇—二一年のチュニジアの反乱、モロッコのアブデル・クリムの反抗（一九二五—二六年）、インドシナにおけるイェン・バイの蜂起と農民の反抗（一九三〇—三一年）、やはり鎮圧されることになる一九三七—三八年にかけてのチュニジアとモロッコにおける独立運動などがそれである。これらの運動は、植民地の権益と衝突しただけでなく、フランス大多数の世論にとっても、許しがたいものであった。なぜなら当時この国で植民地的思想と共和国の思想が今日からすれば奇妙に映るかもしれないような形で混じり合って存在していたからであった。たとえば、次のある高官の記録がこれを証明している。

「共和国こそが、わずか四〇年間で、植民地をもつフランスを再建し、フランス世界に解放と社会進歩の思想を広めたのである……。この植民地政策の課題は二つある……。植民地住民に権利を与え、現住民の社会的、経済的進化を促進し、助長することである……。（かくして）フランスは、自分が指導し訓練した現住民を、フランスの生活に積極的に参加させ、海外フランス領に連合させながらも、自分たちの習慣と進化から解き放たれる民衆に育てあげることができるであろう(44)」。

しかし、帝国が三〇年代の恐慌の影響を部分的に吸収することができたとしても、フランス資本主義が一九二〇年代に恩恵をこうむった成長の主たる源泉は、植民地

表5-5　イギリスとフランスにおける工業品の構成

(%)

イギリス			フランス		
	消費財*	生産財		消費財*)	生産財
1981	53	47	1875-84	78	22
1907	42	58	1905-13	72	28
1924	47	53	1920-24	66	34
			1935-38	59	41

＊　建設および公共事業を含む。
出典）　T. J. Markovitch, *Cahiers de l'ISEA*, n°179, nov. 1966, p.287.

の搾取には存在しなかった。この経済成長は否定できないほど明らかなものであった。一九一三年を一〇〇とすると、一九一九年の工業生産指数は五七、恐慌の影響で一九二一年には五五に低下したが、一九二四年には一〇九、一九二八年には一二七と急速に回復をとげた。一九二二年と二九年の間に、生産の伸び率は年五・八％を記録したが、それは、ドイツ（五・七）に匹敵する伸び率で、日本（六・八）と比べてのみ劣り、アメリカ（四・八）、イギリス（二・七）およびイタリア（二・三）を上回った。この成長は、戦前の水準を一〇％しか上回らなかった消費財産業よりも、戦前の水準を五〇％も上回った生産財産業において、よりめざましい成長だった。

かくして、フランス工業における生産財生産部門が占める位置は、第一次大戦前までは、きわめて進んでいたイギリスでは消費財部門と逆転したのに対し、逆に強化されたのである。

この成長は、特に第二世代の新興重化学工業が中心となった。一九二〇—二八年にかけて電力生産は四倍に増加した。エルネス・メルシエは、ロッチルド家に支えられたパリ地方の企業を電力連合に統合し、コンパニー・ジェネラル・デレクトリシテ社とアルストム社（一九二八年、機械製造のアルザス会社とアメリカのゼネラル・エレクトリック社グループの子会社であるトムソン゠ヒューストン社の合併から生まれた）との関係を強化した。自動車産業では、一九二八年にヨーロッパ向けを中心に二五万台を製造したが、アメリカと比較すればまだ少量にすぎない。その半分以上はルノー社、プジョー社、シトロエン社の三社によって製造された。一九二九年には、一九一三年に比して八

・五倍以上の生産を達成していたタイヤゴム産業は、ミシュラン社に支配された。クールマン社が支配する化学産業でもまた、著しい進歩が見られた。そこにおいては、とくに「賠償」を契機として、窒素公社（公共資本）、ローヌ社（スイス資本）、プロギル社（リヨン地方のジレ家と北部地方のモッテ家の投資による繊維資本）のような新規参入企業が頭角を現わした。ペシネー社とユージンヌ社に代表されるアルミニウムと電気・冶金部門でも急速な進歩が見られた。シュネードル家とヴァンデル家によってつねに支配されてきた製鉄と鉄鋼製品の生産も、この期間に伸長した[45]。

この伸びは、一九二六―二八年までのフラン相場の低落で促進された輸出の急増によって誘発されたものである。工業生産に占める輸出向け生産の割合は、十九世紀末において七％、一九〇五―一三年に八％であったが、一九二〇―二四年には一〇％を越えたあと、一九三五―三八年には四％に再び下落した。一九三〇年における輸出生産の割合は、石炭で一〇％、タイヤで一五％、自動車で一七％、化学産業で二五％、鉄鋼製品で二九％となったが、伝統的産業ではさらにその比重は高かった。皮革原料で三〇％、綿布で三二％、羊毛布で三八％、縫製・下着、薬品、楽器で五〇％、香水、時計・宝石、皮革製品で六〇％、絹製品およびレーヨン地で六五％であった[46]。したがってこの伸びは部分的には、フランの相対的低下を通じて実現されたアメリカあるいはイギリスの労働コストに対するフランスの労働コストの相対的低下によるもので、このフラン安は輸出の流れを維持ないし増加させるのを助けたのである。

輸出の伸長についていては、生産性の著しい向上もその原因となった。一九〇五―一三年のフラン相場でみて労働者一人当りの生産額は、一九二〇―二四年の二五〇〇フラン（一九〇五―一三年と同じ水準）から、一九二五―三四年に三五〇〇フラン、一九三五―三八年の四二五〇フランへと推移した。生産性の伸びはとりわけ一九二五―三五年において著しく、三七％増を記録している。工業労働者一人当りの生産性の伸びは、一九一三―二〇年においては後退していたのに対して（年平均一・八％減）、一九二〇年代（年、五・八％増）になるときわめて急速に向上し、一九三〇―三七年の期間には、年二・八％増のテンポで上昇し続けた。一九一三―一四年を一〇〇とすると、工業の生産性は一九二〇年には八四に落ちたが、一九二九年には反転して一三六に達した。この期間には、週労働時間が短縮され、年次休暇が一般化していったことを考慮すると、時間当りの生産性の伸びは一層めざましく、一九二〇年と三八年の間にほぼ倍増している(47)。

この生産性の伸びは、機械化と動力化の進展および産業構造の近代化と合理化によるもので、一八九六―一九一三年に一五％であった投資率は、一九二八―三一年において一九％まで上昇をみた。同時に、労働強化のさまざまな方法が考え出され、労働者階級を統合し、労資関係のより大きな安定を狙いとした措置が大企業の指導層によってとられている。ちなみに、鉄鋼業でのこの労働対策について、一九三一年ユジェーヌ・シュネードルは「大戦によって生じた人的損失と賃金の上昇を原因とする労働者数の減少によって、機械装置を発達させ、完成させて、製造面と操作面の双方において、旧来の労働力にとって替わらせざるを得なくなった」と記している。高炉の数は一九二一年の七三基から、一九二九年には一五四基に増加した。この部門では、ヴァンデル財閥でも、シュネードル財閥でも、住宅から墓地まで、売店から学校や診療所まですべてが会社に属する都市や地区へ労働者の一部を組み込むことはすでに伝統となっていた。

フランスの炭鉱地帯においては、自動ハンマーの数が一九一三年の一四〇〇台から、一九二五年には一万三三〇〇台へと増加した。また並行して、作業ノルマを定めておいて、労働者がそれを達成しないとペナルティーを課され、それを越えると報償される……という「ビドー・システム système Bedeaux」と名づけられた労務方式が導入され、徐々にノルマの基準は引き上げられていった。そこでもまた、安定-統合政策が、「鉱夫であることの誇り」、住宅、庭、隣近所、学校、教会、祭り、無料石炭、さらに北部では地方言語などをテコとして進められていった。[48] 自動車と他の機械工業では、流れ作業のフォード・システムこそが生産性上昇の基礎となった。ルノー社では、工作機械の数は一九一四年の二二五〇台から、一九二〇年には五二一〇台へと増加し、シトロエン社においても、一九一九年の三四五〇台から一九二七年の一万二二六〇台へと伸びた。一台の自動車製造が必要とする実働の労働日数は、一九二〇年の五六三日から、一九二九年には一一九日へ（モデルがより多く、「よりフレキシブルな」組織をもっていたルノー社では一六〇日、しかしシトロエン社では一〇〇日へ）と減少した。[49] ペシネー社においては、第二次大戦前、労働者五名のうち約二名は「ペシネーの社宅」に住み、またしばしばすべてが工場によって管理された都市に住んでいた。

かくして、両大戦間の生産性上昇は、生産の機械化―動力化・車の普及《モータリゼーション》―経営合理化と同時に、さまざまな労働組織方式と報酬方法の圧力下での労働強化の双方から生まれたが、後者はきわめてしばしば大企業の実施する労働者の安定化‐統合というパターナリズムの労務政策を伴っていた。しかし、大企業はフランス資本主義において孤島の存在であった。従業員が五〇〇人以上の大手事業所は、一九二六年と三六年において全労働者数の五分の一しか占めておらず、中堅・中小事業所は五分の三、これに対して、一〇人以下の零細事業所はまだ労働者の五分の二を雇っていた。そして小規模企業では、超過労働を助長する昔ながらのやり口があいかわらずとられていた。

一九二六年頃、この蓄積体制は、自らの限界につきあたりはじめた。すなわち、一方では、部門別成長のばらつきがあり、他方では労働者と農民の購買力の弱さが原因となって、生産物の販路が以前にも増して大きな困難に直面したのである。その上、競争は世界市場で激化し、一九二六年の金融安定化と一九二八年のフランの金本位制への復帰によってそれはさらに厳しくなった。卸売価格は、一九二六年に降下しはじめた。一九一三年を一〇〇とすると、卸売価格は九四品目の工業原料について、一九二六年の七九三から二八年には六九七に低落し、

「アメリカの恐慌」がフランスに影響しはじめたとみなされる一九三〇年には、五七九に落ちこんだ。この低下はとりわけ、鉱物・金属、繊維・皮革、化学、タイヤ部門に打撃を与えた。これと並行して、輸出額は後退しはじめる。一九二六年から、羊毛と絹製品、下着と衣服、自動車、機械と金属加工が、一九二七年には綿布と毛糸の輸出がそれぞれ減退していった。ついに、一九二六年に最高水準に達したあと、すべての部門の利潤率は、その後一四年間はそれ以上に上昇することはなかった。(50)

かくして、フランス経済がアメリカの恐慌のあおりを受けた時、すでに世界恐慌はフランス経済にも根をおろしていたのである。同国では、フランの金兌換性維持とデフレーション政策にかたくなに固執したため、恐慌は長びくことになった。国の救済対象となった失業者の数は、一九三五年と三六年にはピークに達する（四〇万人以上）。一九三六年まで名目賃金はわずかだが、確実に低下し、物価も一九三五年まで下がり続けた（小売価格よりも卸売物価でその下落幅は大きかった）。工業生産の方も、一九二八年の水準に比して一〇％から二五％下回る水準で停滞した。輸出は数量ベースで一九三二年まで、価格ベースで一九三六年まで減少した。(51) そして、保護主義、マルサス主義*、右翼の進出、一九三三年の総統ヒットラーの誕生、一九三四年極右のデモ・暴動……と高まるファシズムの足音を前に、フランス人民戦線が登場した。

＊　ここでのマルサス主義とは、フランスにおける一般的解釈によるもので、人口増加を食糧生産の関係で論じる人口論ではなく、不況時に物価を維持するための生産抑制を説く消極的経済行動を指す。

右の期間の二つの局面において、フランスの労働運動は優位に立った。ひとつは、CGTが一九一三年の加盟者数（九〇万人の労働者）を回復し、労働者階級が戦闘性を誇示した大戦直後、他は一九三六年の大規模運動とフランスにおける前代未聞の組合加入率の上昇（一九三五年に八〇万人、一九三七年に四〇〇万人）を生んだ人民戦線の時期である。しかし、一九一九年から、労働運動の中で深刻な意見のくい違いが現われてきた。ある運

図12　フランスにおける年間労働時間の長期推移

（基準指数：1900年を100とする）

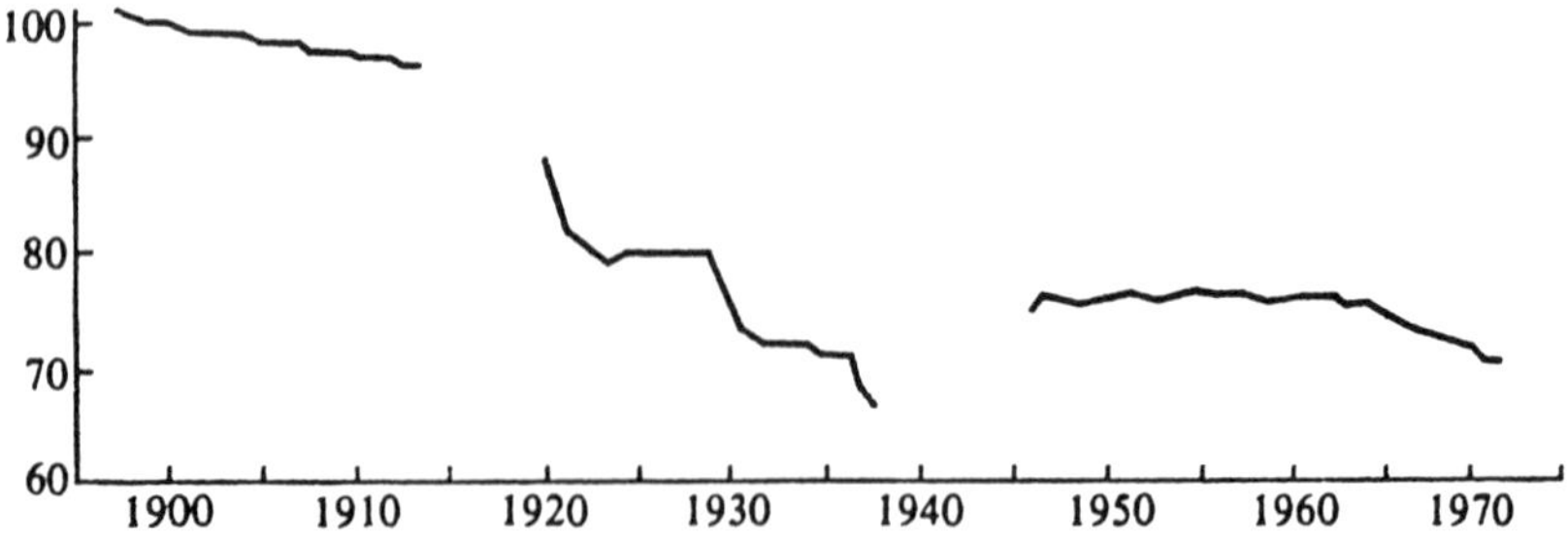

出典）*Statistiques et Études financières*, No. 40, p.15.

動は一日八時間労働制の実現を求めてストライキに入り、別のある運動は社会の急進的変革のためにストライキを決行した。さらにそれとは別に、分裂の溝が、ソ連邦を「社会主義の祖国」（世界における社会主義の勝利は以降、ソ連の成功によって決まる）と考えるソ連派とその他のさまざまな傾向の人々との間に拡がった。まずＳＦＩＯが、次にＣＧＴが分裂した。このときから、フランス労働運動の対立と弱体化が長らく続く時期がはじまった。しかも、一九三六年に人民戦線が成立して、迫りくる世界戦争の危機ととり組むべき困難な局面に入っても、この分裂は影を落とし続けた。

しかしながら、フランスの労働者階級は全体として、さらにより広く賃金生活者の世界も含めて、この時期、かれらが責任をもって担った生産性向上による利潤の一部を自分らの手にとり戻す運動、それを可能にする力関係を維持するのに成功した。それは次の二つの形をとった。

——労働時間の短縮

——実質賃金の防衛と上昇

一九一九年、一日八時間労働制の法が成立し、その実施によって、一九二〇年と二一年に労働時間ははっきりと減少を示した。経済活動の減速は一九二九年から、年間労働時間のあらたな、かつ明確な減少を招いた。最後に、一九三六年における週四〇時間労働と二週間のヴァカンス有給休暇制の実現は、さらなる労働時間の減少となってあらわれた。一八九六―一九一三年の期間のゆるやかな時短と一九六〇年代のつましい時短（はっきりとした上昇の後の）と較べて、その進展には目をみはるものがある。フランス人民戦線の当時、失業しなかった労働者が、「生きるための時間」を再びかちとるために得ることのできた満足とはどのようなものであったか、それは容易に想像がつく。

労働者個人ベースの実質賃金に関しては、一九二〇年から三〇年にかけて年平均二・二％の伸びを示し、一九三〇年から三七年にかけては年あたり一・五％の上昇をみた。一九三〇年、各種賃金カテゴリーの購買力は、一九一四年に較べて一四％から五〇％伸びていた。労働者家族の食糧消費構造をみると、穀類ベースの食料品が減少したのに反して、（一九〇五年の一九％に対し、一九三〇年は一二％）、鶏肉と豚肉の割合（九％に対し一〇％）、果物・野菜の割合（一〇％に対して一六％）が上昇した。また、卵・乳製品・チーズ類（一九％）および飲料（一三％）には変化がなかった[52]。工場の集中地域では、平均的ブルジョワジーの主婦が、「労働者の妻がトリ肉を買い出したなんて、信じられないわ！」と不快感をあらわにした位であった。

団体協約に関する一九一九年の法律は、ほとんど適用されなかった。社会保険に関する一九二八年法は間接賃金の最初の拡大を招くことになり、付加給付の割合は一九三七年には給与総額の四分の一を占めた。人民戦線の一九三六年、賃金引き上げ、週四〇時間労働制、有給休暇制に加えて、労働組合の権利が拡大・強化された。団体協約制度の全般化、企業内の代表制度などが始まったのである……。

かくして、この期間全般において、労働者階級は大量の「既得権」の制度化を獲得すると同時に、労働時間短縮と購買力の改善という形で労働者階級が担った生産性向上の一部成果還元という恩恵に浴することに成功した。パトロンの経営者側も、こうした譲歩をするにいたったとしても、それと引きかえに、近代化と合理化努力という枠内で労働強化を実現し、他方では、家父長制労務管理政策をとり、労働者階級の特定部分をきわめて多くの工業的地方ないし工場地帯へとたくみに送り込んだり、さもなければ統合支配していった。左派であれ右派であれ、フランスにおいてはすべてが社会民主主義を拒否したのに対し、実際には大戦間期において社会民主的妥協の基礎はフランスにおいて築かれたといってよい。社会民主主義の生みの親であるドイツは当時、これを実現できなかったのだ。

四　世界に冠たるドイツ！

ドイツ帝国は拡張をさまたげられ、包囲分断された敗戦帝国主義国であり、切断され、ライヴァル諸国のために重い懲罰を受けた資本主義国であった。それは確かだ。

しかしながら、ここでさらによりはっきりと言うなら、すべてを資本主義のせいにしたり、その化身と衝撃の故とすることはできないということである。ドイツには、敗北した軍と軍人階級が存在し、屈辱を受けたドイツ国民とゲルマン民族主義が存在したのである。反ユダヤの人種差別、国粋主義、排外主義という手のつけられないいわば政治的酵母菌が存在した。その上、並はずれた一人のデマゴーグが登場し、この男とこの傷ついた国民、これらの利害の渇望との出会いがあり、そこに、ラジオ、プロパガンダ、驚くべき記念碑的な舞台装置と大規模な暴力を通じて、このデマゴーグ集団への魅惑が国民の内部に生まれていった。そこにはイデオロギーの重みがあった。ドイツの男性には、「Arbeit macht frei」「労働こそお前を自由にする」を――（失業苦を知る男にどうしてこのスローガンを拒否できるか）。ドイツ女性には、「Kinder, Küche, Kirche」の3K「子供、台所、教会」を――（かくも「健全」な思想に対して教会はそれ以上何をいえたか）。このナチ（国家社会主義ドイツ労働者党）のイデオロギー。権力ずくのやり口、だまし打ちの一撃、最強者の専断と専制、野放しないしは脅迫的な暴力行使、そして最後にアウシュヴィッツ他の強制収容所が欧州各地に登場した。

これに対抗する側には判断の誤りがあり、一連の無責任な行為と計算違いがあった。しかし、西欧の指導者階級全体にもまた広範な共犯関係がなかったといえるだろうか。悪がソ連であり、共産主義であり、赤であるとされた時から、ナチ・ドイツの存在は、山火事を防ぐ有益な手段と考えられてはいなかっただろうか。またナチ・ドイツは、東へのあらたな進出を有益な代償とみなしていたのではないか。しかし独ソ不可侵条約は一瞬にしてこの夢をくじいてしまった……。そして火炎は世界に広がった。

一九二〇年の国家社会主義党の綱領には、はっきりとした反資本主義的な諸側面を確認できる。綱領は「民族共同体の財産」にする株式会社の国有化を唱えている。この思想潮流の中心的存在であったオットー・シュトライサーは、次のように記している。

「国際金融資本の掌中にあるドイツ産業と経済は、社会的解放のあらゆる可能性の終焉を意味する。社会主義ドイツのすべての夢の終焉を意味する……。われら、戦争を戦ったドイツ青年は、われら国家社会主義党の革命家は、ヴェルサイユ条約によって象徴される資本主義と帝国主義に対して戦いを挑むのだ(53)」。

次のナチ讃歌は、この思想の当時の形跡をとどめている。

われらは鉤の十字軍
鉤十字《ハーケンクロイツ》の赤旗を高く掲げよ
われらがともに望むのは
全ドイツ人労働者のために
自由の道を平坦に開くこと

すでにヒットラーは、『わが闘争』(一九二五―二七年)において次のように記していた。

「国家社会主義者として、われらはナチの旗のなかにわれらの綱領を読みとる。布地の赤にはわがナチ運動の社会思想を、中央円の白には民族主義の思想を、円内の黒の鉤十字（卐）には、創造的労働の思想の勝利を読む。鉤十字《ハーケンクロイツ》には、かつて一貫してそうであったし、未来永劫においても反ユダヤであるべきアーリア人の勝利のために戦う使命が刻まれている」[54]。

さらにゲッベルスは、『ドイツ人の革命』において次のように述べている。

「ドイツ社会主義者の目的とは何か。かれは将来のドイツにおいてもはや無産者がいなくなることを望む。ドイツ民族主義者の目的とは何か。かれは、将来において、ドイツがもはや世界の無産者でなくなることを欲する。国家社会主義とは、これら二つの概念の綜合以外の何ものでもない」[55]。

国家社会主義運動が中小ブルジョワジーおよび中小「ビュレオワジー」[56]にもくいこみはじめ、とりわけ産業と金融の大資本に接近するにつれて、ナチの運動は、これらの反資本主義的側面を弱めていった（一九二七年）。そして、この流れの推進者たちは権力が奪取されるや要職から排除された（一九三三―三四年）。

これ以降、民族、人種、血と力の神秘主義が台頭することとなった。ヒットラーは次のように語った。「ドイツを窮地から救い出したのは詳細にこだわる理性 raison ではなく、我々の信仰・信頼だ……もし理性であれば、諸君が私のところにかけつけるのをとどめさせただろう。信仰・信頼のみが諸君にそれを命じたのだ」[57]。そして、ゲッベルスはヒットラーに述べる。「われわれが深い絶望に陥っている時、われわれはあなたのなかに信仰への道を示してくれる人間を見い出しました……。あなたは、われわれにとって、神秘なる願望の到達点であられました。あなたはわれわれの苦悩に対して救いのお言葉を与えてくれました。あなたは来たるべき奇跡に対するわれわれの信頼を強めてくれました」[58]。さらに、言葉によってかきたてられるヒステリーが登場する。「目覚めよ、ドイツ！」、「世界に冠たるドイツ！」、「自らの人種の純粋さを維持することを断念する民族は、同時に自らの魂の団結をも断念することになる」、「最強の者の役割は最弱の者を支配することで、彼らと融合することではない……[59]」。

短絡的な思想や衝激的な言い回しがプロパガンダによって練られ、くり返し流されていった。ヒットラーいわく「私はブルジョワ政党にとってはほとんど未知のままであった技術とも言うべき、プロパガンダ活動に常に異常な関心を示してきた」。そして、さらに「プロパガンダは大衆のレベルで維持されなければならず、その価値は得られた成果のみによって測られなければならない」と。これを受けてゲッベルスは「プロパガンダには、大衆の征服という一つの目的しかない。そして、この目的に役立つすべての手段は正しい」と語る。SA（ナチ突撃隊）、SS（ナチ親衛隊）、脅迫、ユダヤ人迫害、組合活動家や（悪質とにらんだ）赤色論者に対する迫害などが登場し、SSはSAを排除し、国家はSSを……といった具合に組織化され、体系化されて、綱領化した組織暴力が前面に出てきた。

確かに、戦時国債の負担、ライン地方の占領、通貨をずたずたにした超インフレ、賠償の重圧、耐乏生活の努力などによって代表される敗北感、領土の分割、屈辱があった。（敗戦ドイツ経済の再建をかねた金融資本の社会運動であるドイツ産業合理化運動は、独占組織の再編強化策であったが）この「組織された資本主義」の母国ドイツのきわめて脆弱な景気の回復を、内外において木端微塵にうちくだくアメリカの大恐慌が襲来した。国立ライヒ銀行の金保有高は下落し、工業生産は、一九二八年を一〇〇とすると、一九三二年八月には五九に落ち込んだ。失業者の数は、一九二九年の二五〇万人から一九三二年には六〇〇万人に膨れ上った。

労働運動は、一九二〇年代初頭の失敗と、ソ連に密接に結びついていたドイツ共産党と社会民主党を決して融合できない敵同士にしてしまい、その根深い分裂によって弱体化した。経営者階級自体もまた分裂していた。産業・金融資本の首脳は地主と、軽工業は重工業と、中小企業の経営層（労働者階級との交渉による妥協を願う）

は、大企業（労働運動に対する復讐と絶対権力をとりもどすことを夢みて）と、それぞれ対立していた。産業界の大立物、シュティンネスは一九一九年の時点ですでにこの動機を次のように予言している。「大産業家、すべての経済界の首脳はいつの日か自らの影響力と権力を取り戻すであろう。彼らは、飢死寸前となり、スローガンではなく、パンを必要とする、酔いからさめた民衆によって再び呼び戻されるであろう」。

そして、一九二四年、フリッツ・ティセンは、「わが国にとって、民主主義とは、何ものも意味しない」と放言した。一九二九年ドイツ国家党、スタールヘルム運動（クルップ財閥の取締役会の会長で、言論界の重臣であったフーゲンベルクの主宰した運動）、汎ドイツ連盟、国家社会党は、ともに統合され「統一国民戦線」front national uni に編成された。

最後に挙げるべきは中産階級である。恐慌によって衝激と打撃を受けたのは、中小ブルジョワジーの企業者と個人経営者のほか、中小「ビュレオワジー」である官吏と職員層であった。また購買力の低下をこうむった農民階級や、ライヒの強調する一部「ブルジョワ化」し、妻たちは教会の影響を受け続けていた労働者階級が存在した。一九三四年のナチ党加入者は、二一％が給与生活者（人口の一二％）、一三％が公務員（人口の五％）、二〇％が商人および手工業者（人口の九％）であったが、農民は一一％のみ（人口の二三％）で、労働者階級は三二％（人口の四五％）であった（**表5―6**）。ここで、一九四〇年のナチ親衛隊幹部の三分の一は、小中高教員、大学教員、大卒者といった「知識人」階層出身であった事実に注目しよう(60)。

したがって、国家社会主義の拡大を支えた社会的基礎は主として中小「ブルジョワジー」であった。しかし、大資本との同盟関係は政権獲得の必要条件であった。組織化された労働運動は、暴力によって急速に破壊され、それに抵抗する人々は収容所に送り込まれた。しかし、政権奪取の後、労働者階級の購買力は維持され、若干の階層においては伸びさえ示した。――もっとも、公務員、小商店経営者、手工業者の購買力の方は後退し、これ

表5-6　ドイツ(1928-30年)における社会階級構造とイデオロギー状況
――W・ライヒ によるマトリックス分析――

（単位：100万人）

イデオロギーの状況 ＼ 階級構造	プロレタリア意識	プチブル意識	ブルジョワ意識
労働者階級 (21.8)	工業・運輸・商業などの賃金労働者　11.8 農業の賃金労働者　2.6 小計　14.4	家内労働者　(0.1) 家事使用人　(1.3) 公的年金生活者　(1.7) 下級職員　(2.8) 下級公務員と退職公官使　(1.49) 小計　7.4	
中間階級 (12.8)		都会の中間層　6.2 ―小経営者　(1.9) （従業員2人以下） ―中小経営者　(1.4) （従業員3人以下） ―中級職員　(1.8) ―自由業と学生　(0.4) ―小資産家と金利生活者　(0.6) 田舎の中間層　6.6 ―小農と借地農（5ha以下）　(2.4) ―中　農　層（5-50ha）　(4.2)	
ブルジョワ階級 (0.7)			資本家・資産家　0.7 （富農と地主を含む）

出典）　W. Reich, *Psychologie de masse du fascisme,* 仏訳は1970年，原典は1933年。

らの個人経営者の中には店を閉めて、賃金労働者に転身する者も出た。したがって、ヒットラー政権に絶大な力を与えたものは、社会経済的には恐慌にある失業の後退であり、政治的には全体主義国家および大ドイツ確立の展望であったといってよい。

一九三三年時点のドイツには、五五〇万人の失業者が存在したが、一九三五年には二〇〇万に半減し一九三七年には一〇〇万以下、一九三九年にはわずか数万に激減した。反対に、生産は一九三三年と三九年の間に倍増した。この時点において、恐慌直前の一九二九年に達成した記録的生産水準を二六％も上回ったのである。高速道路、鉄道建設、空港（そこでは戦略上の配慮がそれなりになされていた）といった大型公共土木事業政策だけでなく、また、民間建設、第三帝国の体制の威信をかけた建造物などの都市関係の建築事業もナチ政策として実施された。

軍備に関しては、一九三五年来、ドイツの軍備支出は、フランスの支出を五〇％上回り、クルップ社の工場はフル稼働した。一九三五年から三九年にかけて、軍備予算は六倍に増加した。

工業製品による代用品開発政策は、化学、金属加工、繊維、食品の各部門の発展を促進した。これらすべては、厳格な物価統制、信用、過剰購買力の相殺といった政策の中で実行に移された。貿易戦略に関しては、二国間協定と支払い相殺機構の設置を基礎とし、とりわけ南米諸国や中央ヨーロッパと南ヨーロッパ諸国との貿易拡大が可能となった。

しかし、こうした経済刺激策および統制政策は、ドイツ資本主義の産業および金融上の強力な財閥独占体を基礎としており、これらの巨大独占体組織を強化した。外国グループ――ゼネラル・モーターズ（オペル）、フォード、ユニリーヴァ、シェル、スワロエダー――さえも、ドイツ国内にすべての利潤を再投資するという義務を果たすだけで、活動が許可された。

銀行、鉄鋼企業、造船において国家は資本参加をするようになっていたが、以降、これらの参加資本は民間企業に譲渡された。自治体の電力会社は民間企業のために犠牲にされた。ヘルマン・ゲーリング・ライヒスヴェルケ社に関しては、公共資本と民間資本が提携したのは、低純度の鉄鉱石を原料とする採算性の悪い生産を改め、その伸長をはかるには、公共資本が不可欠であったからである。しかし、とりわけ、ドイツ資本主義のカルテル化は強化されていった。カルテル結成の数は、一九二三―二四年の一五〇〇から、一九三〇年の二一〇〇へと増大した。ＩＧファルベン社は一九二六年から化学部門を支配し、フェラニクテ、シュタールヴェルク社は四大鉄鋼会社を再編成した。一九二九年にドイツ銀行とディスコント・ゲゼルシャフト社が合併して以来、三大銀行が、全銀行システムを支配することになった。一九三三年の法律は、水平的にも垂直的にも合理化を可能にするという狙いのもとで企業はそれぞれの部門のカルテルに参加することを義務づけることによって、ドイツ資本主義のこの「組織化」を制度化した。そして、まさに、これらのカルテルとコンツェルンの結成運動のさなかにおいて、ドイツ第三帝国に必要な産業努力が組織化され、体系化されていったのである。

これこそ、ナチス国家によって強力に支持され、指導されたナチスドイツ資本主義の強化であり、おそらく、国家資本主義において、かつて存在したことのないほど最も純化した形であったと思われる。

この発展は、国家とナチ党が作りあげてきた無数のネットワークにおしこめられた社会の内部で実現された。すでにゲッベルスは次のように予言していた。「国家は公共および個人の最高の組織である……。民族のすべての諸勢力は国家の外にあっていかなる活動も行使できないように、国家に従うことになろう。国家は全体主義の原則を実現するであろう」。この国家の急先鋒となり、監視・統制・抑圧の組織となったのが警察であった。一九三三年来、ゲシュタポ（ナチス秘密警察）とSS（ナチス親衛隊）がヒムラーの指揮のもとで合併した。一九三六年、すべての警察は、ゲシュタポ-SS機構の指揮下に置かれた。一九三三—三八年において、四〇万人以上のドイツ人が逮捕され、これらの人々の内の多くが収容所へ送られた。生活のすべての側面が無数の管理網の中にからめとられた。労働者は、労働組合を解散させられた上、一九三三年五月に創設された労働戦線に組み込まれた。余暇に関しては、労働者の官製余暇組織である歓喜力行団 Kraft durch Freude が担当した。若者、学生、教員、芸術家、女性、父兄と、万人に対し、万事に対して官製組織が作られた。ラジオ、言論界、映画、教育は国家社会主義のイデオロギーとプロパガンダに完全に奉仕することとなった。

最後に、屈辱を受けたドイツ人に対して、ヒットラーは、『わが闘争』以来、「同一の血統」をひくすべての人人は「同一のドイツ帝国に属さなければならない」として、勝利に充ちたドイツの展望を切り拓いた。「生きる空間なき民」はひとたび集結すれば、何をなすべきか。国家社会主義運動は、「国民をその狭い現在の住居から救い出し、あらたな領土へと導く道程に乗り出させるため、わが国民にその力を結集させる勇気を見い出させ」

図13　1930年代初頭のドイツにおける社会諸階級

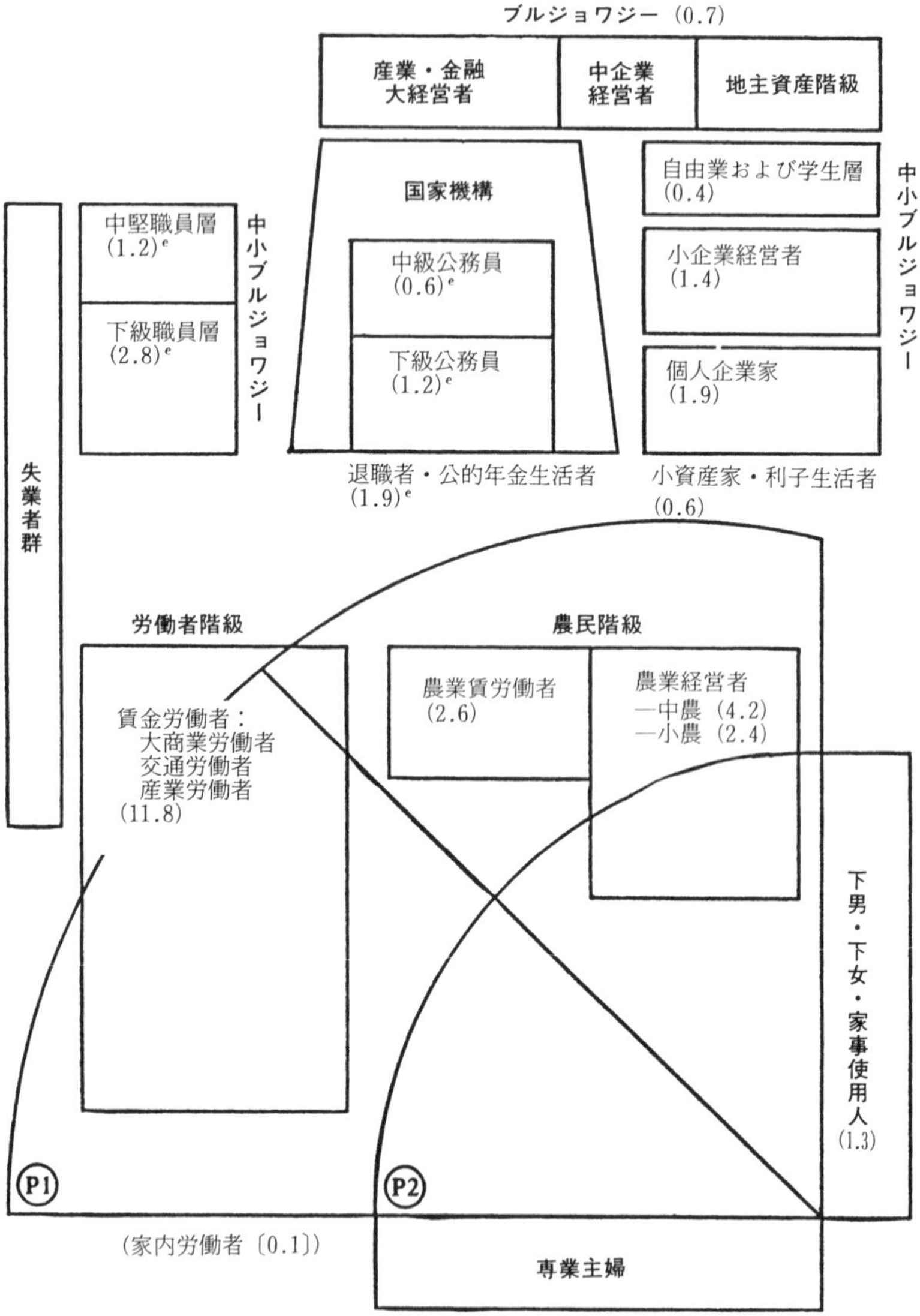

注）（　）内の数字は，1928－30年の人数を示す。（単位：1000人）
出典）　W. Reich, *Psychologie de masse du fascisme, op. cit.*, t. I, p.10 et 11.
e：推計値　—P1：物質的生産・流通の領域　—P2：自己消費のための生産領域

なければならない。ナチ党にしてみれば確かに、「ヨーロッパに二つの大陸列強国家が作られることを決して許してはいけない。ドイツ国境において、第二の軍事大国を作り上げようとするあらゆる試みとは、ドイツに対する攻撃に他ならないのだ」として、フランスを打倒する必要があったのだ。しかしドイツ第三帝国が領土を拡張しなければならない方向は、東ヨーロッパにあった。「わが国の力の源泉が植民地ではなく、祖国の地たるヨーロッパに見出されるよう万全をつくせ……。いまや東の巨大な国家の崩壊の機が熟している」。そして、ついには、なぜヨーロッパに固執するのかという問に対して、ヒットラーは次のように答える。「民族の血が汚される時代に、自らの民族の最良の分子の保存を憂国の情で守ろうとする国家は、いつの日か大地の主人とならなければならない。われわれの運動のメンバーは、そのことを決して忘れてはならない」。

一九三五年に、ドイツには徴兵制度が復活した。一九三六年――ラインラントの再占領。一九三八年――ヒットラーのドイツ国防軍最高司令官への就任。オーストリア占領、プラハへの最後通牒、ミュンヘン協定。一九三九年――チェコスロヴァキアの占領、リトアニアのメーメルの奪取、独伊軍事同盟、独ソ不可侵条約、最後にポーランド侵攻とフィンランドの一角を占領したソ連とのポーランド分割――かくしてついに、第二次世界大戦の火薬庫は点火された。ドイツはヨーロッパを支配した。しかし、ソ連の攻勢とアメリカの参戦（一九四一年）は現代史の力関係を逆転させた。とはいえドイツが降伏するまでに、三年間にわたる血も涙もない総力戦、大量虐殺（大量生産と大量消費の軍事的延長として）、そして五〇〇〇万人の死者（第一次大戦の死者の六倍にのぼる）が必要であった。また日本の無条件降伏には、広島と長崎への世界最初の原子爆弾の使用が必要とされたのだった。

以降、ヤルタ体制のもとで、二大覇権国家が荒廃した戦後世界を分割支配することになった。アメリカは、資本主義陣営の圧倒的リーダーとなり、ソ連は社会主義を自ら標榜する新しい東側ブロックの中心を占めることとなった。

第五章のまとめ

一九二〇—三〇年代の恐慌は、基本的には一九一四—一八年の戦争を生んだものと同じ矛盾が組み合わさって生じた。すなわち、工業化第一世代にあった工業部門の息切れ、資本主義列強諸国間の世界市場競争の激化、生産された価値の分配に対してより不平等をなくそうとする労働運動の高揚などである。そして、これらの矛盾は、アメリカの影響圏、英連邦、フランス「帝国」（しかしまた、オランダ・ベルギーの列強）そして、封じ込まれると同時に国内問題に専念したソ連邦からなるブロックに分割された世界において作用した。

しかし、第二世代の工業は当時最高の発展をとげていた。そして、歴史の弁証法的な逆転、つまり「否定の否定」の結果、従来の傾向は反転した。当時の多くの資本家の眼には、体制を崩壊させるにちがいない事態と映った一部の労働者階級の購買力の引き上げ攻勢は、経済的ダイナミクスと社会的統合の一要素となってあらわれた。じっさい、先進工業国の労働者の労働時間は全体として減少し、実質賃金は上昇した。しかし失業の影は絶えず残り、恐慌時には重圧となってあらわれた。

対外投資の収益、不等価交換、農工間価格鋏状格差《シェーレ》の拡大、交易条件の改善(61)を通して、莫大な価値移転の流れが、植民地から——さらにまた鉱産物と農産物の産出国たる新興国からも——工業先進資本主義国へと増加していった。したがって、ヨーロッパとアメリカにおける労働者階級の購買力の相対的改善は、資本の観点からみて、全世界の農民階級から価値を収奪することによって部分的に確保・実現され、あるいは埋め合わされたのである。

同じ時期において、すでに触れたごとく、産業の集中・集積は、巨大企業、グループ、コンツェルン、カルテルといったさまざまな形で強化されていった。数千人の労働者を使用する産業の集合体はもはやまれでなくなり、なかには数万人を抱えるものも生まれてきた。国家の役割は、戦争を契機に、しかしまた大型公共事業と間接賃金の法定福利費や有給休暇の拡大とともに増大し、深化をとげた[62]。より一般的には、管理・組織・経営業務の諸課題と職員層が増加した。農民層、中小ブルジョワジー、労働者階級のかたわらで「テクノ・ビュレオワジー」というあらたな技術官僚的ブルジョワ階級が成長したが、本質的には労働者階級のように賃金生活者でありながら、この新興中間階級は農民階級や労働者階級のように物的生産に直接に向かいあっておらず、その生活様式からするとしばしば、中産および小ブルジョワジーに近いものだった[63]。

以上の進展は分裂した世界経済内部で生じた。「分裂した」とは、まず、世界市場に強固にくいこんだ世界の一角のソ連圏の内部で、以降、スターリンの大粛清をともなう国家集産主義が拡延したからである[64]。また、第二に、昨日まで支配的帝国主義国であったイギリスがもはや世界の国際決済体制の調整機能を果たす能力を失ないながらも、いまや最大最強の経済大国になり上ったアメリカが、その肩代わりを引き受けなかったからである。第三に、第三の世界経済分裂化の原因は、列強がアメリカの孤立的繁栄、ポンド防衛、フラン防衛、ドイツの勢力回復など、自国内の国策目標にその全力を集中したからである。そして世界分裂の最後の理由を示せば、ドイツがヒットラーによって、自国の栄光を求め、再軍備と世界征服、ヨーロッパと世界の制圧に総力を挙げている間に、世界恐慌のもたらした諸困難ととり組む列強は、自らの殻（イギリスは英連邦に、フランスは「帝国」に）にとじこもるか、あるいは自らの国家計画（アメリカのニューディール政策）に専念していたからである。

第III部　資本主義の世界的「勝利」と大転換

第六章　資本主義の「大躍進」（一九四五―一九七八年）

戦争が起きる度に、また不況や不況の兆しが登場する度に、「資本主義の全般的危機」のあらたなる深化をそこに読みとろうとする人々には気に入らないかもしれないが、近年まで進行してきたのは、主として資本主義のあらたなる「躍進」なのである。

確かに、この時期の世界のかなりの地域においては、資本主義はもはや支配的地位を保持しなくなった。これらの地域ではあらたな蓄積様式と工業化方式、国家権力のすさまじい集中現象がみられ、もう一つの階級社会によって資本主義とは異なる資源の生産と配分の様式が支配していた。

しかし、第二次世界大戦、戦後復興、その後の繁栄期、植民地の独立、資本の国際化と第三世界の工業化は、地球規模の資本主義のあらたな伸長を特徴づける動きであった。一九七〇―八〇年の危機は、このあらたな資本主義の拡大とそれに伴う変動を促進するように働きかける、いわばオペレーターともいうべき役割を果した。

第1節　戦後世界体制――繁栄から危機へ

東側、すなわち国家集産主義圏の驚くべき拡大を目の当たりにし、かつ、非植民地化という歴史的運動によって特徴づけられた世界的文脈において、西側の工業先進資本主義は、ひとたび戦争の廃墟から脱出するや例外的な繁栄の時期を迎えることとなった。しかし、この繁栄の諸条件それ自体のなかに、すでに今日の危機の萌芽が準備されていた。

一　戦後世界システムの分化――三つの世界

新興工業国のアメリカがヨーロッパの老大国スペインとの戦争に最初に勝利した直後の一八九八年、ジャン・ジョレスは次のように予告していた。「アメリカはとてつもない威力をもち、世界の運命に対しますます発言力を増していくであろう……。アメリカの富と力は世界中の富と力の四分の一を占めている」。第一次世界大戦がおわった時、アメリカは世界最強の国となったが、その拡張先は自国の領土内であり、国力の膨脹は南北アメリカ大陸に限られていた。第二次大戦後、アメリカは世界最大の工業、通貨、軍事大国となった。一九四五年には、その工業生産は一九三五―三九年に比して、二倍以上に達した。アメリカは世界の石炭の半分、世界の石油の三分の二、電力の半分以上を生産した。生産能力は鋼鉄では九五〇〇万トン、アルミニウムは一〇〇万トン、合成ゴムは一二〇万トンに達した。また、造船、航空機、車輌、軍需品、工作機械、化学等でも膨大な生産量を記録した。そして、アメリカは世界の金準備の八割を保有していた。強力な軍隊と原子力爆弾もまた保有していた。

アメリカと同様に国力を強化し、領土的影響力を拡大していたソ連に対して、アメリカは資本主義陣営のリーダーの役割を引き受けた。一九四三年来、米英の首脳は、両大戦間期に存在していなかった欠陥が痛感された国際決済システムの再建を検討していた。このシステムは必要な均衡を課すと同時に貿易と支払いの拡大を可能にするものであった。一九四四年、ブレトン・ウッズにおいて、各国の通貨の金に対する交換比率の決定と固定相場制に基礎を置いた体制が発足した。この体制は金・為替本位制（ゴールド・エクスチェンジ・スタンダード）と呼ばれた。実際のところ、発足してから少くとも一五年の間、ドルはこの支払いシステムにおいて支柱的役割を果たした。一九四五年、ルーズヴェルトとチャーチルはヤルタにおいて、スターリンと両陣営の影響圏について交渉し、戦後に備えはじめた。同じ年、アメリカ軍とソ連軍はドイツにおいては合流したが、朝鮮半島では対峙することになった。

ドイツと日本がひとたび敗退するや、二つの動きが終戦直後の世界体制を支配し、時代全体に決定的な影響を与えることとなった。すなわち、戦後世界体制がアメリカとソ連がそれぞれ支配を及ぼす二大ブロックへと分裂したこと、および植民地の独立への動きがそれである。

大戦前後のスターリンの意欲的な工業化の努力によってソ連は工業大国となった。確かに戦争の犠牲と破壊はすさまじいものであった。推定では二〇〇〇万人の死者を出し、それは同国人口の一〇%を占めた。しかし、一九五〇年、第四次計画の終了時に、工業生産指数は一九四〇年の水準を七一%上回った（機械と設備財六〇%、化学製品は八〇%）。石炭生産は二億五〇〇〇万トン、鉄鋼は二五〇〇万トンに達した。赤軍は膨大な兵力をもち、強大でかつ装備も整っていた。ロシア初の原子爆弾の実験が一九四九年に成功した。ソ連は中央ヨーロッパ諸国全体に自国軍を配置した。他方、アメリカはソ連の影響力がトルコやあるいは共産党が強いヨーロッパ諸国（とくにギリシャ、イタリア、フランス等）に拡がるのを懸念した。そこで、二大強国が双方の駒を配置して支配地域を強化して、支配が弱いと思われる地域では脅威を与えるという碁のゲームがはじまった。

緊張が極度に高まった局面では、どこまでいったら手遅れになるかを把握することができた。一九四七年、マーシャル・プランが発足し、コミンフォルムが創設された。一九四八―四九年、ベルリンのソ連による封鎖に対して、アメリカは空輪を組織して対応した。西側において、政権に参加していた共産主義者は追放され、時には、共産党そのものが禁じられた。ギリシャでは恐るべき内戦が共産党のパルチザンの潰滅を生んだ。東側では、共産党が国家の諸制度に絶対的支配で君臨し、ソ連の将官がポーランド、チェコスロヴァキア、ハンガリーにおいて、参謀長に任命された。朝鮮戦争は、列強各国が勝利を収めたいという意志と同時に、あらたな世界大戦の危

表6-1　戦後体制の形成史年表（1943-56年）

	非植民地化	資本主義陣営	東西関係	集産主義陣営
1943	＊米・英・中による朝鮮の独立を保障したカイロ会談	＊戦後の国際通貨政策をめぐるケインズ案とホワイト案の対立 ＊連合軍のシシリア島およびイタリアへの上陸		＊コミンテルンの解散
1944	＊フランス統治下のモロッコのイスティクラール党の初の独立要求 ＊仏領赤道アフリカ諸国のブラサヴィル会談	＊連合軍のフランス上陸 ＊ブレトン・ウッズ会議		＊ブルガリアとハンガリアへのソ連軍の侵入 ＊ワルシャワ蜂起(8·1-10·2)
1945	＊インドネシア，ラオス，カンボジア，ベトナムの独立宣言とフランスの軍事介入 ＊アルジェリアのコンスタンチヌ地方とセティフでの民衆蜂起とフランス植民地軍の弾圧 ＊リビア新国家の創設 ＊シリアとレバノンの独立 ＊カイロにおけるアラブ連盟の創設	＊西ヨーロッパでの連合軍の前進	＊ヤルタ会談 ＊ソ連軍の北朝鮮への進駐，アメリカ軍の南朝鮮への進駐 ＊ドイツにおけるソ連軍およびアメリカ軍の合流 ＊アメリカによる広島長崎への原爆投下 ＊国際連合憲章	＊西ヨーロッパへのソ連軍の前進 ＊ユーゴスラヴィアの共和国宣言
1946	＊フランス軍トンキン湾に出兵 ＊英軍インドネシア出兵 ＊英，トランスヨルダン条約でトランスヨルダン独立 ＊フィリピンの独立 ＊仏，ベトナム交渉失敗 ＊トンキン蜂起 ＊オランダ，インドネシア協定	＊ギリシャ内乱の勃発	＊ビキニ環礁におけるアメリカの核実験	＊アルバニア人民共和国成立 ＊チェコスロバキア共産党の選挙での躍進
1947	＊マダガスカルでの蜂起 ＊ジャワ島におけるオランダ軍の軍事介入 ＊インドおよびパキスタンの独立 ＊トンキン湾でのフランスの攻撃 ＊ビルマの独立 ＊インドシナ戦争(続行)	＊マーシャル・プラン ＊ベルギー，フランス，オーストリアでは共産党はもはや政府から去る ＊ニューヨーク州，ブラジル，ギリシャでの共産党禁止 ＊ギリシャとトルコに対する米の援助法 ＊アメリカでの反ストライキ法	＊トルーマン・ドクトリン宣言 ＊マーシャルプランへのソ連とチェコスロヴァキアの参加拒否	＊ルーマニア人民共和国農民党の解散 ＊ブルガリアにおける農村党の禁止 ＊コミンフォルム結成 ＊ソ連と民主人民共和諸国との経済関係の強化

	非植民地化	資本主義陣営	東西関係	集産主義陣営
1947		＊米州相互援助条約(リオ協定) ＊フランスの労組ＣＧＴとＦＯの分裂 ＊フィンランドとノルウェーにおける共産党の選挙での失敗		
1948	＊オランダ・インドネシア停戦 ＊ガンディー暗殺 ＊セイロンが自治領 ＊第１次イスラエル・アラブ戦争 ＊インドネシアにおけるオランダの再介入 ＊インドシナ戦争(続行)	＊イタリア労働総同盟の分裂 ＊チリ共産党の解散	＊ベルリンにおけるソ連側の封鎖開始	＊チェコスロヴァキアでの非共産党大臣の辞職 ＊チトー元帥とコミンフォルムとの対立，ユーゴスラヴィアのコミンフォルムからの追放 ＊東ベルリンでの暴動 ＊ソ連軍戦車の民衆への発砲 ＊ハンガリアにおけるミンゼンティ枢軸卿の逮捕 ＊中国における共産党の拡大
1949	＊オランダ軍ジャカルタから撤退 ＊ヨルダンおよびイスラエルの国家誕生 ＊リビア独立に関する国連投票 ＊インドシナ戦争(続行) ＊ラオスとカンボジアの「独立」協定，ベトナム「国家」の成立（バオダイ政権）	＊ワシントンでの北大西洋条約調印 ＊西ドイツの成立 ＊共産主義的ないしそれに近いカソリック司祭の破門 ＊アメリカにおける共産主義者活動取締り ＊台湾での国民党政府	＊ベルリン封鎖の終了 ＊ソ連の核実験	＊ハンガリアにおけるラースロー・ライクに対する冤罪裁判および有罪 ＊中華人民共和国の成立 ＊ポーランド軍へのソ連の参謀長任命 ＊コメコン創設
1950	＊コートディヴォワールでの暴動 ＊インドシナ戦争(続行)	＊欧州決算同盟創設 ＊アメリカでの反共法およびマッカーシズムの開始 ＊ギリシャにおける内戦の終焉	＊米国の水素爆弾製造決定 ＊朝鮮戦争開始	＊東独，ポーランドのオーデル・ナイセ国境線画定協定 ＊チェコスロバキアとハンガリアにおけるソ連の参謀長任命
1951	＊イランにおける石油国有化 ＊モサデク政権発足 ＊カサブランカ暴動 ＊スエズ運河地帯での反英暴動と英軍の進駐 ＊リビアの独立 ＊インドシナ戦争(続行)	＊ヨーロッパ石炭鉄鋼共同体設立調印 ＊日米安全保障条約調印 ＊ギリシャおよびトルコに対するＮＡＴＯ加盟勧誘	＊朝鮮戦争（続行）	＊プラハにおけるスランスキー逮捕・処刑 ＊チベットへの中国軍介入
1952	＊チュニジアにおける暴動とストライキ，新デストール党および共産主義者リーダ	＊連合国および西ドイツ間のボン協定調印 ＊英，初の核兵器保有	＊朝鮮戦争（続行）	

	非植民地化	資本主義陣営	東西関係	集産主義陣営
1952	一の逮捕 ＊カイロに於る流血暴動，ネギブ政権誕生 ＊ケニアでのマウマウ組織の蜂起により戒厳令発令 ＊イラクと英国外交関係決裂 ＊カサブランカ暴動 ＊インドシナ戦争(続行)			
1953	＊モロッコ，スルタン・ムハンマド廃位，追放 ＊モサッデク首相罷免 ＊アメリカの対イラン援助 ＊カサブランカでの大規模襲撃事件 ＊インドシナ戦争(続行)		＊アメリカ，初の核弾頭 ＊ソ連，水素爆弾を保有すると宣言 ＊国連，中華人民共和国承認拒否	＊スターリン死去 ＊ハンガリア，ラコシ内閣からナジ内閣へ ＊ドイツ民主共和国でのストライキとデモ
1954	＊ベトナム，ディエンビエンフー陥落，ジュネーヴ協定調印 ＊ナセル，エジプト評議会議長，ナジーブ大統領解任 ＊チュニジア国内自治原則 ＊オランダ，インドネシア連合廃止 ＊アルジェリア，オーレスでの蜂起，アルジェリア戦争開始 ＊ケニアにおけるマウマウの反乱	＊アメリカ，日本，パキスタン，中華民国との軍事協定 ＊東南アジア集団防衛条約機構(SEATO)創設のためのマニラ会議 ＊欧州防衛共同体創設の失敗 ＊ドイツ連邦共和国のＮＡＴＯ加盟	＊アメリカ最初の水素爆弾実験	
1955	＊カサブランカ襲撃事件，モロッコ，スルタン復位 ＊アルジェリア戦争(続行) ＊バンドン，アジア・アフリカ会議		＊米英仏ソ４大国外相ジュネーヴ会議	
1956	＊モロッコ，チュニジア，スーダンの独立 ＊スエズ運河国有化，仏英出兵 ＊第２次イスラエル・アラブ戦争 ＊アルジェリア戦争(続行)	＊スエズ動乱に関しアメリカによる仏英に対する停戦実施の圧力		＊ソ連第20回党大会でのフルシチョフ報告 ＊ポーランドでソ連軍戦車の群集への発砲 ＊ポーランド，ゴムウカ(ゴムルカ)の復帰 ＊ライクの復権 ＊ハンガリアでの蜂起 ＊ブタペストでのソ連軍戦車出動

険をともなう紛争の拡大は避けたいという共通の懸念によって特徴づけられた。アメリカは他の南北アメリカ諸国（一九四七年）、北大西洋諸国（一九四九年）、東南アジア諸国（一九五四年）とそれぞれ軍事同盟を締結した。ソ連の側でも、一九四〇年代から、ヨーロッパの〔いわゆる〕人民民主主義国家と政治上、経済上、軍事上強固な絆をうちたてた。かくして経済、通貨、防衛面で対峙した二つの世界が組織された。昨日までヘゲモニーを握っていた資本主義世界はいまや、この地球上に、もはや自分たちのものではなく、資源や市場も自分たちにとって入手できるものではない世界、生産手段の集団的占有、計画、国家による指導と強制に立脚したもうひとつの蓄積と工業化の世界が存在することを発見することになったのである。

同時に、第三世界という〔資本主義世界と集産主義世界につぐ〕第三番目の世界が生まれた。この世界は主として非植民地化の強力な運動の中から生まれた。この運動は、戦争を通して、あるところでは新興ブルジョワジーによって、また別のところではインテリゲンチアの強化、植民地支配のはらむ、耐えがたくかつ廃絶可能な性格に対する目覚め、独立への意志（しばしば民族独立という形をとって）によって生まれた。ヨーロッパ本国の弱体化、アジアにおける日本の占領、ヨーロッパ本国の戦闘に対する植民地諸国兵士の参加、マルクス主義的分析とソ連の革命によって開かれた展望の影響、あるいは民族的および宗教的特質から生まれた解放運動の強化など、それはさまざまな形をとった。そして無数のプロセスを経て、もうひとつの可能性が存在することを世界に知らしめた。すなわち植民地支配、植民地行政、植民地的搾取、温情主義、人種差別、いやがらせ、あるいは抑圧から第三世界が自由になる可能性がそれである。シリア、レバノン、フィリピン、インド、パキスタン、ビルマなどの独立、波乱に富んだインドネシア独立のプロセス、インドシナ戦争、北アフリカとブラック・アフリカでの民衆の暴動と民族運動と、枚挙にいとまがない。

政治的非植民地化が全地球上で完了する以前からすでに、新興独立国家は自国の天然資源の主権回復（一九五一年のイランの石油国有化）あるいは自国の経済的切り札の奪回（一九五六年のエジプトによるスエズ運河の国有化）などを求めはじめた。第三世界の国家元首は一堂に会し、世界の将来に影響力を及ぼせる勢力を形成しようと結集する場をつくり出した。

一九五五年になって、バンドンでアジア・アフリカ会議が開催された。参加したのは三十か国余りであったが、これらの諸国は地球人口の半分以上を占め、とりわけ新しい勢力として、西欧の支配によってそれまではおし殺されていた自分たちの言葉を解き放った。そこで、C・P・ロムロは次のように述べている。「われわれがかつて経験し、いまなおわれわれのうちの一部が経験しているのは、自国にありながら堂々と振るまえず、政治、経済、軍事面のみならず、また人種的にも劣った地位へと制度的におしやられてしまう情けなさである。白人は自分の権力を強化し、自分の眼でそれを証明するため、自分たちの優越性は、遺伝子自体の中に、肌の色のなかに宿っているなどということを既成の事実としようとしていたのだ」。またスカルノは次のように語っている。「数世代の間、われわれ民衆の声は世界で相手にされることがなかった……われわれはいかなる注目も受けることなき人々であり、われわれの利益よりも、われわれを貧困と屈辱の中で生活させる人々の利害に従って運命を決められていた存在であった」。スカルノはさらに次のように続けている。「アジアとアフリカの広大な地域が解放されていないのに、われわれはどうして植民地主義は死んだといえようか」。そして、ネルーは「アジアはアフリカを助ける願望をもつ」と語ったのである。

戦争によって荒廃した資本主義諸国の再建が行なわれ、例外的繁栄期がその地域で開花することとなったのは、こうした世界史的文脈においてであった。

二　例外的繁栄――「栄光の三〇年」

戦後の復興をへて、資本主義諸国は全体として注目すべき成長期を迎えた。世界はかつてこれほどの工業生産と世界貿易の伸びを経験したことはなかった。

かくして、第二次世界大戦の破壊の規模がどうであれ、戦争準備と、生産のための広範な労務動員、労働組織方法の体系化により、生産性の上昇は相当顕著なものとなった。その結果、一九三八―四八年の工業生産の成長率は、十九世紀中葉以来達成されたもっとも高い率の成長期一九〇〇―一三年と同じ水準に達していた。しかもこのすでに高い出発点をもとにして、あらたな例外的成長期が開始された。なぜなら、以後の四分の一世紀以上にわたり、工業生産については平均五・六％、貿易については七・三％の成長率を実現したからである。

この全般的運動において、先発資本主義世界の重みは決定的となった。第一世界は、工業生産の五分の三、世界貿易の三分の二を占め、なかでもアメリカは世界の工業生産の三分の一のシェアを占めた。しかしながら、同時に、もう一つの蓄積と工業化のモデルが、独自の効率性を追求する東側の集産主義諸国で手がけられた。さらに、工業化指向は第三世界でも高まっていった。これは、ある部分では先進資本主義国の企業グループの国際化の結果として、また別の部分では、これらの国々独自のイニシアチヴ――民間あるいは国家の――の結果として生じたものである。

こうした成長の全般的運動が生み出したのは、世界的規模の不平等の拡大であった。第三世界のより高い成長率により絶対値において追いつき現象が見られた局面でも、先発資本主義諸国との一人当り所得格差は拡大した。戦後の成長は資本主義国全体がかつて経験したことのないほど高いものであった。イギリスでは緩慢だったが、

表6-2　工業と世界貿易の年平均成長率

	世界の工業	世界貿易
1860-1870	2.9	5.5
1870-1900	3.7	3.2
1900-1913	4.2	3.7
1913-1929	2.7	0.7
1929-1938	2.0	−1.15
1938-1948	4.1	0.0
1948-1971	5.6	7.3

出典)　W. W. Rostow, *The World Economy*, p.49, 67.

表6-3　工業生産と世界貿易における「3つの世界」のそれぞれの比重

(%)

	資本主義世界		集産主義世界		第三世界
	合計	(内 アメリカ)	合計	(内 旧ソ連邦)	
工業生産に占める割合					
1936-1938	76	(32)	19	(19)	5
1963	62	(32)	29	(19)	9
1971	61	(33)	26	(16)	13
世界貿易に占める割合					
1938	64	(10)	1	(1)	35
1948	59	(16)	5	(2)	36
1963	63	(11)	12	(5)	25
1971	68	(13)	10	(5)	22

出典)　W. W. Rostow, *op. cit.*, p.52-3, 72-3.

表6-4　地域別一人当りＧＮＰの進展

地　域	人口 1975(100万人)	一人当りGNP		
		成長率 1950-1975	**1974年におけるドル価格** 1950	1975
南アジア	830	1.7	85	132
アフリカ	384	2.4	170	308
南米	304	2.6	495	944
東アジア	312	3.9	130	341
中国(中華人民共和国)	820	4.2	113	320
中東	81	5.2	460	1660
発展途上諸国	1912	3.0	187	400
工業先進資本主義諸国*	654	3.2	2378	5238

＊スペイン，ギリシャ，ポルトガル，トルコを除くＯＥＣＤ諸国。

出典)　D. Morawetz, *Vingt-cinq années de développement économique*, p.13.

表6-5　主要工業先進諸国の生産，雇用，生産性および一人当たり資本の伸び

（1950-75年の年平均率，％）

	アメリカ	イギリス	フランス	旧西ドイツ	日　本
1．国内総生産(実質)	3.3	2.5	4.9	5.5	8.6
2．雇用	0.9(1)	0.3(2)	0.9	0.7	1.2(3)
3．労働生産性	1.5(1)	2.3(2)	4.6	4.7	8.6(3)
4．一人当り資本	2.7(1)	3.1(2)	4.5	5.2	9.0(3)

(1)1952-75　(2)1949-76　(3)1955-75

出典）《La spécificité du “modèle allemand”》, *Statistiques et Études financières,* numéro hors série, 1980,p.30; J.H.Lorenzi et al, *La Crise du XXe siècle,* (Paris, Economica, 1980), p.104, 327, 330, 332. 334; J.-J. Carré et al., *La Croissance française* (Paris, Éd. Seuil,1980), p.104, 115 et 211.

アメリカでは、一九四〇年代末のすでに高い生産水準からみてもかなり高い成長を実現し、フランスとドイツではとりわけ高く、日本はさらに高かった。高度成長の源泉は相対的に見て雇用者数の増大によるものではほとんどなく、むしろ主として、労働生産性の上昇によるものであった。そしてこの労働生産性の上昇自体、各労働者に供された生産手段の増加に支えられた結果であり、これは各労働者にとっては要求される労働の強化を意味した。

生産性の上昇は、資本主義がその発展過程においてうち出してきた超過労働に対する、次のようなさまざまな制約様式をとおして実現された。

――農業就業者の全体、「自営」輸送業者、ますます増大する手工業者と小規模商店経営者に対して、資本への間接的従属ルートを通して行使されるさまざまな圧力である。かくして、農業就業者のばあいは、工業から購入する硬直した購買価格と農産物の低販売価格との間に形成される「鋏状格差《シェーレ》」が拡大されて、債務圧力も加わり、毎年、より多くの農業生産物を生産せざるを得なくなったのである。

――自動化がもはやほとんど不可能になった時は、出来高給、家内労働、スウェッティングシステム（苦汁労働）といった昔ながらの方法が導入された。こうした方法は、女性、新来移民、さらには未登録・資格外の移民（ロスアンジェルスのメキシコ人やパリのトルコ人など）が働く縫製業で見い出された。

――ブランドを重視する大企業が零細企業に対して低単価を要求できる下請け方式であり、この零細企業はその結果、自社の労働者と、臨時労働者として雇う人々に対し高い能率を要求せざるを得なくなる。

――より大きな能力とより速い速度を備えた新規設備の導入・設置で、自動化の進歩を利用し、労働の性質を変更した（労働対象の物的材料とのより少ない接触と肉体疲労の軽減、他方ではより多く課せられる神経の緊張と単調さ、事故の際の責任）金属加工、化学、繊維がこの例に入る。

――新型設備と新組織が未発達なヨーロッパと日本を中心にして、可能なかぎり導入されたのは、その時以降は「古典的」になったともいうべき、労働の組織方式であった。すなわち、テイラー主義、フォーディズム、生産性刺激型の賃金システム（フランスでは、一九七三年において、労働者の六・五％が流れ作業に従事していた）である。

――また、ますます費用のかかる設備からより収益を得るための交代制労働の拡大があった。この交代制勤務により一日に一四時間、一六時間、あるいは二四時間昼夜稼働することが可能となった。戦前のフランスではこのシステムはテクノロジーの制約（連続的熱利用）のある生産活動に限られていたが、一九五七年から特に他の生産部門にも拡大し、交代制労働者の割合は一九五七年の一四％から一九七四年には三一％に増大した。

――最後に、一般事務、銀行・保険、郵便などにおける労働の強化である。機械印刷の進歩、次にコンピューターのソフト面、ハード面の新技術の導入によってもまた、労働を強化し、作業のリズムを速めることが可能となった。

したがって、超過労働に対する多様な制約プロセスを通して、また、近代的な機器設備の設置を可能にする膨大な蓄積努力をベースとしてはじめて、一九五〇―六〇年の期間において生産性の上昇が実現したのである。若干の事例においては、労働強化を伴なったり伴なわないこともある、労働時間の延長（農業就業者、陸上輸送業者、家内労働者）があり、他のケースとしては、労働強化そのものが中心となった（流れ作業、テイラー主義、

表6-6　主要資本主義諸国の使用自動車数

	アメリカ	イギリス	フランス	ドイツ	日　本
1．総数(100万)					
1947	30.7	1.9	1.5	0.2	0.03
1957	55.7	4.2	4.0	2.4	0.2
1975	106.8	14.2	15.3	17.9	17.2
2．1975年における住民1000人当たりの自動車数	500	255	290	289	154

出典)　W. W. Rostow, *The Stages of Economic Growth* (New York and Cambridge: Cambridge University Press,1960), p.109-10 et 202-3, INSEE, *Annuaire Statistique de la France*, 1979.

出来高賃金)。また別のケースでは、労働の脱熟練化と強化、さらには生活条件の悪化(夜間労働、交代制労働、八時間の三直制、八時間の四直制)もあった。

この二〇年間、全体としてはこうした努力は受け入れられた。ヨーロッパと日本においては、戦争を体験し戦争による飢餓・不足と破壊の辛酸をなめた労働者世代に、購買力の上昇によって、アメリカが両大戦間にすでに経験していた「消費社会」と「大量消費」へのアクセスが提供されたからであった。また、アメリカで受け入れられたのは、きわめて「執拗な」抑圧的管理による強化労働と改善されて容易になった(信用販売による)消費へのアクセスの間に、選択の余地がまだ残されていたからである。

アメリカの労働者の声を聞いてみよう。フィル・スターリングス(二十七歳)はフォード社のスポット熔接工である。

「自分は一メートルと一メートル五〇四方の一角に一晩中立ちつくしている。作業を止めるのは、コンベアが止まる時だけだ。車一台につき、だいたい三二の作業をする。一時間に四八台、一日八時間、三二掛ける四八掛ける八。計算してみてくれ。何回このボタンを押してるか[1]。……騒音がすごい。開けてみる、中の火花がすごくて火傷してしまう。(彼は両腕を示す)。ほら、火傷だ。騒音にはどうしようもない。大声でわめながら、熔接する場所まで熔接器を引っ張るんだ。プライドをもてだと? そんなものはくそくらえだ。自分にとっては切手のコレクションがすべてだ[2]」。(S・ターケル『仕事』)

全米自動車労組のGM・ローズタウン支部長ゲイリー・ブライナー(二十九歳)は語る。

「私の父は職長でしたが、そこをやめて製鋼所の出来高給の仕事で働いた。組合には熱心でなく、金のために働く労働者そのものだった。私も監督仕事をしたが、生産第一、人間第二が自分にむかないと七週間でやめて、修理工場の検査要員になったが、単調で死ぬほど退屈な仕事でした……。私は工場の七八〇〇人中先任権が一三六番目の古参で、特権があった。職場の一〇―一二%は黒人かラテン系で、相当数がベトナム戦争帰りでした。古株はほぼ白人で、よい仕事をみなとってしまう。若い黒人と若い白人なら理解しあえるが、年寄りはたがいにニガーとかホンキーとよび蔑みあったりする。若い連中はそんな差別などしないが、麻薬を好む。一九七〇年に〔新車〕ベガの生産がはじまり、ムダなしの効率生産になった。……ストの争点はノーマルなペースの仕事でした。労働者は人格を認めた扱いを求め、人間らしい感覚を失ないたくないのです……」[3]。（同書）

マイク・ルフェーヴル（三十七歳）はシカゴの製鋼所労働者である。

「見張られて五分間働くより、監督なしで一日八時間働く方がその気になってできる。誰をやっつけようというんだね？　ＧＭをやっつけられはしないし、ワシントンのおえら方もなぐれない。システムなんてなぐれやしないよ」[4]。（同書）

つねにより多く。つねにより速く。休みなく。一日中。一週間。一年中。数年……労働者はだれもがこの期間中に供給した追加生産の恩恵の一部を受け取った。一人当り時間賃金は、日本において一九五五―七五年間に年七・九%、西ドイツにおいては一九五〇年代で年六%、イギリスでは一九四一―七一年において年率二・八%上昇した。これに対し、アメリカにおける時間当り実質賃金増は一九四八―七〇年間で年率二・五%のみであった。フランスでは、週当り実質賃金は一九四九―七三年において年平均四%上昇した。これに対して、それ以前の「最も幸運な」とされた期間中（一八七〇―九五年および一九二〇―三〇年）はその上昇が年平均二%のみであった[5]。したがって、消費水準は上昇し、その消費構造は変化した。「大量消費社会」のシンボルであった新しい耐久消費財の購入が普及していったからである。

この成長が具体的に見出された局面として、住宅建設の増加と都市化のあらたな伸び、一般道路と高速道路網の拡大のほか、週末の遠出と年次休暇による大型保養の拡大、医療費の増大、持ち家のためだけでなく、自動車や耐久財に対して行なわれるようになった信用の拡大がある。「より多く」という量的増大が否定できないとしても、「よりよく」という質的改善の方は容易には確認できないものだ。たとえば自動車は通勤用の必需品となったが、しばしば家計負担と心配の材料にもなったのである。またレジャー、長期休暇、医療支出についても、よりストレスのたまる生活と労働のリズムへの対策として、日常生活に欠かせないものとなっていった。

とはいえ、ついに豊かな時代がやってきたという確信がまたもや広がった。[6] 経済学者は、ケインズ的手法を使い貯蓄と投資の間の均衡を動学的に転換することによって、あるいは、新古典派の手法で生産物と生産要素の間の諸関係を体系化することによって、[7] 経済成長のマクロモデルを作り上げようとした。また時系列あるいは外挿法によるモデルを作成した経済学者も登場した。[8] そして、何人かの頑固なマルクス経済学者が、景気後退の度に資本主義の不可避の全般的危機の到来を告げていたのに対し、大半の経済学者は居心地のいい楽観的状況に身を置いた。かくして、一九七一年、P・サミュエルソンは次のように公言することになった。

「ポスト・ケインズ時代は、大恐慌を避けるために不可欠な購買力を創出することを可能ならしめる通貨と租税の政策を整備した……。今日のわれわれの知識によれば、われわれはどのように経済不況を避けるかを明らかに知ることができるのだ[9]」。

三　高度成長後の新しい構造的危機

一九六〇年代において恐慌は思いもつかなかった。しかし一九七〇年代になると、次から次へと管理も統制もできない結果を生んでいく恐慌〔スタグフレーション〕がいつのまにか居座っていた。成長の減速、失業増大とインフレの加速、労働者の購買力低下、不確実性、社会不安、いうにいわれぬ苦悩、ヨーロッパとアメリカでの右翼の伸びがあった。十九世紀末の「大不況」の後にやってきた第一次大戦、そして「世界大恐慌」が生んだ第二次大戦をへて、その後におとずれたこの三番目の二十世紀末「欧米大不況」から、第三次世界大戦が生まれるのではないかという脅威と不安さえも生まれた。

ではどうしてそうなってしまったのか。

資本主義的成長の論理こそがそうしたことを内包しているのだ。すなわち、資本蓄積の運動自体において、蓄積がぶつかる障害が増加していくのである。一九六〇年代の繁栄期においてすでに、七〇年代の危機の萌芽がすでに生まれていたのである。

確かに指標のとり方と算定方法次第では若干のズレは存在しうる。しかし、主要資本主義国の利潤率は一九六〇年代からの流れにおいて確実に減少し始めている。イギリスでは、一九六〇年代の全期間と一九七五年まで下がり続け、ドイツでは、一九六〇年からやや後退を伴なった停滞を続け、一九六八―六九年から一九七五年まで利潤率は減少した。フランスでは、一九六六―六九年から下がりはじめ、七三年から七五年にかけて本格的に下落した。アメリカでは、一九六五―六六年から一九七四年まで下がった。ただ日本だけは、資料によって異なるが、一九六〇年代をとおして上昇し、また一九七〇年と七一年あるいは七三年にはやや下落した[10]。

じっさい、資本の観点からすれば、これは価値と剰余価値の増殖条件とその実現条件が侵蝕されたからである。生産の側からは、まずは、賃金値上げのための運動が高揚したからである。これによって、全期間中、労働者全体の実質賃金のはっきりとした純上昇が可能になった。フォードがそれより数十年早く抱いていた鋭い直観の

表6-7　主要資本主義諸国における成長，インフレーション，失業

	アメリカ	イギリス	フランス	〔旧〕西ドイツ	日　本
ＧＤＰ年実質成長率					
1960-1970	3.8	2.8	5.6	4.7	11.2
1970-1973	4.7	4.3	5.6	3.9	8.1
1973-1978	2.4	0.9	2.9	2.0	3.7
消費者物価指数(1970年＝100)					
1973	114	128	120	119	124
1977	156	249	183	146	204
失業者数（100万人）					
1968	2.8	0.6	0.3	0.3	0.6
1973	4.3	0.6	0.4	0.3	0.7
1977	6.8	1.5	1.1	1.0	1.1
1979	6.2	1.3	1.2	0.8	1.1

出所） *Économie prospective internationale*, n°l,janv. 1980; INSEE, *Annuaire statistique de la France*. 1979; *United Nations, Statistical Directory* 1978;ILO, *Directory of Labor Statistics*, 1979.

とおり、この賃金生活者の購買力上昇は消費財部門の商品販売を容易にし、その結果、成長の持続が可能になったのである。とはいっても、特定の部門あるいは企業にとって、この上昇が付加価値の分配において重圧となり、資本の収益の低下を助長したことは否めない。

生産において、次に特記すべきことに、特定の労働組織形態に対して拒否する動きが増加したことがある。すなわち、非熟練化され細分化された反復するだけの労働の拒否、「地獄のようなリズム」、神経を消耗し、突然の拒否反応や事故をおこしたりする流れ作業への反抗である。とりわけ自動車産業（フランスではルノー社）で爆発したのは単能工（ＯＳ）のストであり、また、自動化、非熟練化、労働リズムの強化（郵便、銀行、保険において）によって影響をこうむったホワイトカラーの方もストを実施した。イタリアにおけるように、職場における労働リズムの自主管理運動も生まれた。また労働そのものの拒否が各地で登場した。ドイツの産業部門全体では欠勤率が、一九六六年から七二年の間に四％から一一％へ、フランスの鉱業、金属加工産業では一九六四年から七三年の間で六・五％から九・五％へ、フランスのルノー社では、一九六一年から七四年にかけて四％から八・五％に、アメリカのクライスラー社では、一九七〇年から七五年にかけて七・六％から九・七％に上昇した。労働者の転職率も、イタリアのフィアット社の製鉄部門では一〇〇％を越え、イギリスのフォード社で

は四〇%、アメリカのフォード社では二五%、アメリカの八つの加工業では一九六六年から七二年にかけて四〇%から六〇%へと増加した。さらに、仕事への関心の薄れ、注意力の欠如、製造上の欠陥が生じた。先に見たGMの組合活動家ゲイリー・ブライナーが証言したように、単調さ、倦怠、疲労のあまり、ついには労働者が次のようにひとりつぶやく時が来る。「〈畜生、いつも肥桶のようなものだ!〉……この男は車輛を一台何もしないで通過させる。もし、どこかで熔接もれや、部品の取り付けもれがあったとしても、誰かがそれを修理・カバーしてくれるだろうとあてにしているのか――そうに決まっているさ(11)」。

最後に、大量生産の発達は環境汚染を深刻にした。最初の被害者たち――農家、漁民、地域住民――と自然の友は抗議し、組織をつくり、汚染対策の実施要求を実現していった。これに対して労働者の方は、雇用の確保を懸念して、時には、エコロジストに対して不信感を抱いたり、敵対したりした。労働者の中には、自分たちが最も汚染されていることに気づき、同じ運動において、衛生と労働条件の改善要求を獲得した場合もあった。だがいずれの場合にも、これらは企業側にとっては追加的なコスト負担となった。

さて、これらの効率低下や環境保全コストの増加現象は、一九五〇年代・六〇年代の消費モデルがすたれてきたゆえに、ますます競争が激化するプロセスで生じたものである。

戦後復興の大きな波について、新規住宅の大きな波が生じてはまた収まっていった。「電化製品のなかった」家庭が取得した諸機器設備は飽和状態に達した。確かに冷蔵庫の後には、冷凍庫、白黒テレビの後にはカラーテレビという具合に買い替えは行なわれたが、その段階にも到達してしまったのである。

その上、消費者運動は余りに早く消耗してしまう製品を告発しはじめた。購入した製品の品質と耐用年数に注意を払うようになった消費者が増加していった。

この段階において、最貧層の購買力の大量かつ永続的な上昇のみが消費を再び支えることができると考えられた。本来、不平等は資本主義社会に内在するものとして現われている。アメリカ政府自体の基準によれば、アメリカでは、当時三五〇〇万人の貧困者が存在し、この数は人口の五分の一に相当した。フランスでは一九七〇年において、やはり人口の五分の一にあたる一〇〇〇万人が貧困の悪循環に閉じこめられていた。アメリカでは、一九六六年、一〇%の最富裕層が一〇%の最貧層の総所得の二九倍の総所得を得ていたが、同じ年のフランスでは、この割合は一八倍であった。[12] かくして、こうした不平等を生みそれを維持していく経済の資本主義的発展は、またもや自らの基盤ゆえにつまずいたのである。

結局、全体の傾向として、先進資本主義各国において、コスト負担の重圧、市場の飽和、競争の激化があらわれた。これらの現象は一九六〇年代から観察された収益減少傾向を説明するものである。

当然のことながら、外国市場が残されていた。各国の資本主義にとって輸出ドライブは、少くとも国内市場の漸進的飽和を克服してくれるはずの方策として登場した。一九六七年から七一年にかけて、輸出は、アメリカにおいて年率九%、イギリスは一二%、フランスと〔旧〕西ドイツは一六%、日本は二三%と、それぞれ伸びをみせた。機械および金属加工産業にとって、輸出による売上高の占める割合は、一九六五年から七〇年にかけて、フランスでは一八%から二五%へ、〔旧〕西ドイツでは三一%から三七%へ、イタリアでは四一%から七六%へと増加した。フランスにおいて、一九六三年から七三年にかけて、輸出生産の割合は工業全体で一六%から二三%へ、設備財産業で二二%から三三%へと推移した。[13] これは、各国の製造企業間で他国の生産者との競争が第三国市場でも、国内市場でも激化したことを意味する。そして、フランスの家庭電器メーカーがまずイタリアのメーカーに対して、次に日本のメーカーに対して告訴した……またアメリカの自動車メーカーはヨーロッパと日本のメーカーに対して、そしてヨーロッパのメーカーはアメリカと日本のメーカーに対して提訴するといった具合である。「バイ・アメリカン！」、「フランス製品を買おう！」と叫ばれたが、ただ日本人は日本製品を買うので

表6-8　投資国別海外投資と子会社

	アメリカ	イギリス	フランス	〔旧〕西ドイツ	スイス	日本
海外投資総額に占める国別分布(%)						
1967	55.0	16.2	5.5	2.8	3.9	1.3
1971	52.0	14.5	5.8	4.4	4.1	2.7
1969年における資本輸出国別海外子会社数	9,691	7,116	2,023	2,916	1,456	不明
これらの子会社の進出先別分布(%)						
他の資本主義諸国	74.7	68.2	59.7	82.2	85.7	不明
第三世界	25.3	31.6	40.3	17.8	14.4	不明
第三世界における子会社の分布(%)						
アフリカ	8.3	40.0	66.6	21.8	15.8	
アジア	18.8	31.5	9.2	28.3	23.9	
南米	72.8	28.5	24.1	49.9	60.3	

出典）C.-A. Michalet, *Le capitalisme mondial* (Paris: PUF,1976), p.30; C. Palloix, *La France et le Tiers Monde*, ed. M. Beaud. et al., (Grenoble: PUG, 1979). p.92.

それをいう必要がなかった。

販売するためには、その国に進出し、そこで組立て、さらに一貫生産さえ現地化することがますます必要と考えられるようになった。そこでは、以前は子会社の設立、あるいは外国での企業支配権の確保といった資本の多国籍化の例外的形態にしかすぎなかったものが、いまや本格的に成長することとなった。一九六七年から七一年にかけて、対外投資はイギリスでは年八％、アメリカでは一〇％、フランスでは一二％、〔旧〕西ドイツでは二四・五％、日本では三二％も伸びた。同じ時期において、海外投資額は一億八〇〇〇万ドルから一億六五〇〇万ドルに上昇している（表6―8）。

上の表から、他の資本主義諸国に対して、アメリカ、〔旧〕西ドイツ、スイス、日本の各グループが投資しており、それに対して、フランスおよびイギリスといった「老いたる資本主義」は、第三世界において海外資産をより多く保有していることが読み取れる。

また、被支配諸国に対する投資だけをとり上げると、イギリスは三大影響圏にプレゼンスを保っているが、アメリカ、スイスおよび〔旧〕西ドイツは南米を、フランスはアフリカを選んでいる……。

同時に、アメリカの銀行はまずは南米、しかしまたヨーロッパとアジアにおいても対外プレゼンスを強化した（表6―9）。

表6-9　米国系銀行の海外支店

	1950	1960	1969	1975
南米	49	55	235	419
アメリカ海外領	12	22	38	−
ヨーロッパ	15	19	103	166
アジア	19	23	77	125
中東	0	4	6	17
アフリカ	0	1	1	5
合計	95	124	460	732

出典）H. Magdoff, *Age of Iimperialism*, p.72; C. Palloix, *L'Économie mondiale capitaliste* p.126; O. Pastrĕgie, *La Stratĕgie internationale des groupes financiers amĕricains* (Paris, Economica, 1979), p.280.

より性能の高いテクノロジーとより高価な機械設備の設置、競争の激化、対外市場の探求と征服、生産の国際化といったこれらの相互に関連したプロセスは、集中の強化を伴った。アメリカでは、一八九七―一九〇三年および一九二〇年代の集中の波の後、三つ目の集中の大波が一九五〇年代に登場した。一九六〇年代初頭には、年間で約一〇〇〇件の合併があった。一九二九年、上位一〇〇社は鉱工業部門の企業資産の四四％を支配していたが、一九六二年になるとそれは五八％と高まった。石油の生産と販売（スタンダード・オイル社、モービル社、テキサコ社、ガルフ社）、自動車（ゼネラル・モーターズ社、フォード社、クライスラー社）、電機製品（ゼネラル・エレクトリック社、ウェスターン・エレクトリック社）、情報（ＩＢＭ社）、電信・電話（ＩＴＴ社）……を支配したのはアメリカの金融および産業の巨大企業であった。

フランスでの合併数は一九六〇年以来、とくに一九六三年以来増加した。一九五〇年と六〇年の間には八五〇件、六一年から七一年には二〇〇〇件以上の合併が行なわれた。そして、一九七〇年代末には、サン・ゴバン社とポンタムソン社、ペシネー社とユジーヌ・キュルマン社、ヴァンデル社とマリヌ・フィルミニ社、ＢＳＮ社とジェルベ・ダノヌ社、アンパン社とシュネードル社、マレ社とヌフリズ・シュリュンベルジェ社の間でそれぞれ「結婚」が行なわれた。またこの時期には、二大金融グループ、スエズ社とパリバ社[14]の強化がなされた。

〔旧〕西ドイツでは、文字通り集中が「大手銀行と大手企業の重役会議の中における権力の強い集中によって……」倍増した。「その結果、一九七三年、三大銀行の三五人の代表役員はドイツ企業における監査会議の委任権を三二四件も所有していた[15]」。世界の各地において、相互に監視し合い、共存し、対立し、あるいは同盟し合うのは、主として産業と金融におけるグループであった。

四　国際通貨体制の危機と第三世界の興隆

この巨人たちの抗争において、アメリカのグループはゲームを自分たちに実に有利に取り運ぶ切り札を手にしていた。すなわち、ドルというアメリカの通貨が実際は世界の通貨であるという利点である。確かに、ブレトン・ウッズで発足したものは、原則としてゴールド・エクスチェンジ・スタンダードと呼ばれる各国通貨の金に対する交換比率であり、固定相場制という金・為替本位制であった。しかし、一九五〇年代を通して実際に機能したのは、ドルに立脚し、すべての通貨がドルに対して決まり、ドル自体が金と直接交換が可能で、とりわけ「金の等価として通用する」支払いシステムであった。

なぜなら、五〇年代のような大戦直後において資本主義諸国の経済および通貨関係を支配していたものは、「ドル不足」であり、ドルを求める「飢え」であった。一九四六年から五五年にかけて、アメリカの経常収支の黒字は三八〇億ドル（一九五一年の世界の金ストック合計は三四〇億ドルで、その内二四〇億ドルをアメリカが保有していた……）を記録した。以来、「アメリカの援助」はアメリカの友好諸国の活動を再建してこれを軌道に乗せると同時に、アメリカの輸出を維持するために不可欠なものとなった。一九四五年から五二年において、援助は三八〇億ドルに達し（二六五億ドルが贈与、一一五億ドルが貸付け、三三五億ドルが経済援助、四五億ドルが軍事援助)、そのうち、二九〇億ドルがヨーロッパへ、七〇億ドルがアジアと太平洋地域へ向けられた。

しかし、主要な資本主義諸国の経済が再建されて近代化するにつれて、これらの国の貿易は回復し、通貨は立て直されて対外収支も改善し、アメリカに対する相対的重要性も増加した。資本主義世界の全生産に占めるアメリカのシェアは、一九五〇年における十分の七から一九六〇年代初頭には三分の二以下に、一九七〇年代初頭には半分以下に落ち込んだ。同時に、「西側の」貿易におけるアメリカのシェアも、半分から三分の一へ、次には四分の一へと落ち込んだ。とはいえ、全体として見れば、アメリカ経済はなお主として次の二つの切り札を海外で活用していた。

——貿易収支の黒字(一九五〇—七〇年期において七〇〇億ドル以上)。

——海外資産の純所得収入(一九五〇—七〇年期において約三六〇億ドル以上)[16]。

これに、ドルが世界の通貨であるという先の利点が加わり、すべてのアメリカの投資家、業者、投機家は、アメリカの通貨および銀行当局が課す制約を除けば、自由気ままに世界中で買いに走ったのである。ジェームズ・トービン教授は一九六三年、議会の委員会でこうした状況を次のようにきわめて簡潔に認めている。

「自宅の中庭に紙幣印刷機をもてるのは気分がいい。金・為替本位制は、南アフリカにおけるのと劣らず、こうした特権をまんまとわれわれに与えてくれた。わが国の債権証書が全般的に貨幣として受け入れられるという理由で、わが国にはこの十年来国際収支の赤字を許す余裕があった[17]」。

さらに、財務長官C・D・ディロンは次のように述べている。

「わが国はドル建ての対外資産を増やして赤字を埋めることができたので、きわめて現実的な利益を引き出している。もしドルが準備通貨でなかったら、もしわが国が世界の銀行家でなかったら、こうしたことはできなかったであろう……最初の赤字で、われわれはわが国の国際収支を何らかの方法で均衡させせなければならなかったであろう……いずれにせよ、誰かが世界の銀行家になり、これらの追加的流動性を供給する必要があった。その国がアメリカであったのは正解である。なぜなら、わが国は世界最強の金融大国で、世界最強の基軸通貨を所有しているからだ[18]」。

一九六〇年代、実のところアメリカの対外負担は重荷となっていった。政府支出、軍事支出（とりわけ、ベトナム戦争の増大する負担により、軍事支出は一九六一年から七〇年の間に約三五〇億ドルにも達した）、アメリカが支援を決めた政権に対する経済・軍事援助（一九五七年から六七年にかけて五六〇億ドル）がこれらの負担の中身であった。その上、一九六〇年代末には、国際競争力の激化とともに貿易黒字は縮少しはじめた。そして、一九七一年には、三七億ドル、一九七二年には六九億ドルと、一九三五年来はじめて貿易収支が赤字に転じた。かくして、ドルの対外資産は膨脹した。フランスのドゴール政権が劇的に実行しようとしたように、いくつかの政府はそれらのドルを金に交換しようとした。こうした中でドル危機を生む二重の動きが登場した。

ひとつの動きは、アメリカの経済パートナー国におけるドル建て資産の上昇である。

もうひとつの動きは、アメリカにおける金準備の減少である。

アメリカの外でのドル資産は一九六〇年来、アメリカの金準備を越えていた。一九六八年には、これらの対外資産は三倍に、一九七二年には八倍に肥大した。ヨーロッパの銀行はドルを保有しているためドルによる信用を供与しはじめ、この「ユーロダラー」の総量は一九七一年末には一〇〇〇億ドルにも達している。一九七一年八月十五日、アメリカはドルと金の交換を停止し、一九七一年十二月には、金に対してドルを八％も切り下げた。一九七三年には、再びドルの切り下げを実施した。これによって、アメリカのメーカーは、ヨーロッパと日本のライヴァル業者に対してその競争力を改善することができた。強いドルはアメリカの支配の手段であった。だが、切り下げによって、いまやドルは貿易競争を有利にすることとなった。とりわけ一九六〇年代の初頭、きわめて微々たる程度しか上昇しなかったアメリカの物価（一九六五年まで約二％）が、この時点以来より急速に（約五％）上昇しただけに、この競争はますます促進された。

しかし、中東石油を中心とする石油はドル建て価格をとり、ドルで支払われていた。ドルの価値低下と切り下げにより産油国のカルテルは、自国の地下から引き出される富と資産が、もはや「金ほど得にはならない」とわかった通貨で増殖していくのに突然気づき、不安をつのらせることとなった。そこでより根本的にはあらたな段階へむけて、自国資源の支配と資源がもつ価値により有利な分配を目ざす長期戦への第一歩があらたに踏み出されたのである。

さしあたり、石油危機以前の動きをここで追ってみよう。

一九三八年—メキシコ原油の国有化と米国系石油会社のボイコット

一九四八年—ベネズエラ政府による利潤の五〇対五〇の折半取得、およびクーデタによる同政府の転覆

一九五一年—モサッデク政権によるイラン原油の国有化と同政権の失墜

一九五〇年代—産油諸国による利潤折半の段階的実現

一九六〇年—石油輸出国機構（ＯＰＥＣ）の創設

一九六〇年代—国営石油会社の創設（ベネズエラ、クウェート、サウジアラビア。アルジェリアは独立直後の一九六三年。イラク、リビア）

一九七〇年——シリアはタップライン（輸送パイプ）の栓をしめて、サウジアラビア原油の一部輸送をさまたげた。リビアは原油積み出し量を減じ、利権料を引き上げた。

一九七三年十月、第四次中東戦争が勃発した時、原油の輸出削減と価格引き上げ決定は、〔石油〕帝国主義の既得権を減じるための絶えざる圧力の一環として位置づけられた。そして、一九七三年の原油価格の引き上げは、

原油の相対価格の目減りを大半相殺することを可能にした。じっさい、この大幅値上げに先立つ一九七〇年代初頭、石油一バレルの輸入購買力は、一九四九年の輸入購買力の三分の二にしかすぎなくなっていた[19]。

しかし、逆説的に、当時、アメリカ企業と産油諸国との間には、利害の一致があった。アメリカの石油会社は、原油価格の上昇に関心があった。なぜなら、一方では、これらの企業はより費用のかさむ油田（海底油田、アラスカ原油……）をますます開発せざるを得なくなっていたからであり、これらの石油企業は他方では、エネルギー全体を扱う企業へと変貌しつつあり、新エネルギー（とりわけ核エネルギー）の収益性を確保するためにはエネルギー価格を大幅に引き上げる必要があったからである。同様にして、アメリカの製造業の方もこの引き上げに関心があった。なぜなら、原油需要の八割をバレルあたり三ドルのアメリカ産原油で調達していたからである。これに対して、ヨーロッパと日本はバレル当り二ドルの輸入原油で原油需要をすべてまかなっていた。ドル切り下げに加えて、世界の石油価格の引き上げは、ヨーロッパと日本というライバルに対するアメリカ製造業の地位を一層改善することになった。

したがって、原油価格の引き上げは二義的には、主要な資本主義のライバル諸国に対して、アメリカの立場を強化したのである。とはいっても、この原油価格引き上げの第一のインパクトは、産油国の輸出収入を著しく増加させた点にあった。

石油危機に対して、資本主義諸国はそれぞれの国内の社会的力関係と政治状況に応じて、さまざまに反応した。西ドイツは原油価格上昇の結果を強引に他へ波及させてしまう道を選択した。この治療法は荒かった（失業の急増、数万人の外国人労働者の出身国への送還、購買力の強力な圧縮）。しかし物価上昇は小幅にとどまり、ドイツ・マルクは堅調で、貿易収支は急速に黒字に転じた。これとは逆に、フランス、イタリア、イギリス（しかし、イギリスは自国の石油資源の開発の恩恵に浴することができた）では選択は異なっていた。労働者の購買力に対する圧力はほとんどインフレと失業をとおして浸透していった。

石油の値上りを工業製品の値上げによって「相殺」できるという考えは大方予想をはずれることになった。一九七四年から七八年にかけて、原油価格はほぼ工業製品価格に沿った動きを示した。ところが一九七九—八〇年の間では、はっきりと工業製品価格を上回ったのである。石油価格と金価格は上昇し、国際通貨体制の混乱は、変動相場制へと行きついた。いかなる通貨もドルに代わって世界通貨の役割を演じられない、という点に主たる力の源泉をもっていたドル自体がいまや弱くなりはじめた。また、多国籍の大手銀行各社は、さまざまな通貨で信用を供与できるため、結果として世界規模でこれらの通貨の創造が促進され、通貨危機を拡大させた。こうして国際的投機熱、国内および国際的インフレ、企業あるいは産業部門全体が巻き込まれてしまう不況の悪循環、失業、将来に対する不安と恐怖などが次々と登場していった。

現下の世界経済危機のシナリオは、本質的には以下の形に要約できよう。
(1) 資本主義各国における一九五〇—六〇年代型蓄積方式の行き詰まり（市場の飽和と労働界の抵抗）。
(2) 一層の海外販路の追求、輸出と対外投資の発展、資本主義諸国間での国際競争の激化。
(3) アメリカ帝国主義のかかえる負担の増大、金価格との連動を切断しなければならなかった一九七一年のドル危機。
(4) ドル切り下げ（一九七一年および七三年）によるヨーロッパと日本というライバルに対するアメリカの反撃、および石油価格の引き上げ。
(5) 戦後の非植民地化プロセスによって生まれたダイナミズムにおいて、生産された価値のより多くの分配を得ることに成功した産油国の試み（一九七三年）。
(6) 産油国資本の還流や工業製品価格の上昇により、原油価格の高騰の影響を相殺する試み。工業製品価格の石油製品価格への緩慢なスライドと次に来る石油製品の急騰（一九七九―八〇年）。

(7)　第三世界の他の諸国による「新国際経済秩序」の要求、および第三世界の工業化への意欲――これは、工業先進資本主義諸国の若干の産業部門の利害と衝突することになる。

このようにして、進行中の危機は同時に次のような対抗・矛盾から生じている。

――各国なりに固有のさまざまな資本主義の特質を伴ないつつ進行する資本蓄積プロセス固有の内的矛盾。[20]

――主要な工業先進資本主義諸国を対立させる競争と対抗（前述の(2)、(3)、(4)に該当）。

――先進資本主義諸国の全体と（――もっとも各国はその資源と歴史に応じた固有な形で対応するが）第三世界諸国全体との間の利害対立、ないし敵対関係。この利害対立は産油諸国、石油以外の一次産品国、新興工業国、戦略的利害を代表する国々に対して、やはり固有な形で生じた（前述の(5)、(6)、(7)に該当）。

世界経済の深刻な現在の危機の特殊性は、これら相異なる諸矛盾と絶えざる相互作用の連鎖から生まれている。

第2節　資本主義世界のあらたな大変動

資本主義の危機から社会主義が生まれる、という期待をさまたげるものは何ひとつ存在しない。この展望を考えるにあたり、生産手段の集団的所有と中央集権的計画を国策とする諸国において実行された現存の社会主義を認めない者はだれでも、「社会主義とは何か」を根本的に考え直さなければならない。[21] 高い蓄積率は社会主義への前進と両立するのであろうか。その規模と実施はだれが決めるのであろうか。だれがその負担を背負うのであろうか。習慣になってしまった昔ながらの恐怖、従属、服従から生まれる消極的態度を、どのようにして改めさせることができるのか。ひとつの階級によるもうひとつの階級に対する支配が永続し、再生産されないようにするにはどうしたらよいのか。このように、各国の社会構成体の歴史、性格、現実の多様性ゆえに、社会主義をめぐる諸問題は実にさまざまな方法で次から次へと提起されていくのだ。

この危機が近代的な絶対的専制、多発する紛争、さらには、われわれが住む地球全体の破壊の危険を伴う第三次世界大戦といった最悪の方向へ行きつく懸念はない、と断言できる根拠は何ひとつ存在しない。もっともありうることは、過去に経験した危機のように今回の危機を通じて、資本主義は深い大変動とあらたな前進を実現しているという推測である。この将来は目前にあり、現在の流れからその主要な方向と不確実性の領域を捉えることは可能である。〔以下、第2節の記述は一九七九年当時の著者の考え方をそのまま示している〕。

一　東側世界と西側世界

いくつかの重要な疑問へと拡大していくひとつの事実の確認から始めよう。

世界はますます資本主義陣営と集産主義陣営という二つの世界に分断される方向に進んでいる。アメリカとソ連という二大超大国、中間勢力としての二大グループ、低開発でかつ支配されている二つの諸国集団が存在する。

一九五〇年代初頭から拡大したのは集産主義陣営である。ヨーロッパにおいては、ヤルタで引かれた分割ラインに国境が固定されたかにみえる一方、ソ連は以降、アジア、中東、アフリカ、そして南米においてさえ強固な拠点を保有している。その影響力を拡大するために、ソ連には以下の三つの切り札が存在する。

――欧米の帝国主義によって支配されている国々に想起させる、欧米の支配から解放されたいという現実の意志と民族独立への強い希望。

――国家集産主義 collectivisme d'État という、低開発諸国において一定の効果を示した蓄積方式。

――やはり一定の成果をみせた政治組織（国家、党、大衆組織）、およびイデオロギー的動員（社会主義の主要テーマの利用）の方式。

こうした事態の進展に対して、アメリカは全世界に、とりわけ南米とアジアにおいて、軍の支持のもとで少数の権力層が支配する独裁体制に支持を求めた。これらの警察国家は、多かれ少なかれ警察による恐怖政治、拷問、殺人を実施することをためらわない国であった。したがって、これらの体制は、強い国家であってもイランのパーレビー体制、あるいはニカラグアのソモサ独裁政権のように、突如として脆弱性をさらけ出す可能性があった。

これら若干の事例はさておき、一連の根本的な疑問がそこに生じる。すなわち、危機において〔旧〕集産主義陣営は前進し続けるであろうか。一九八〇年のアフガニスタンのように、困難に直面したいくつかの国に対して、〔旧〕集産主義国家もまた直接軍事介入を辞さないのではないか。局地戦が再び勃発するのであろうか。複数の国や国家集団が両陣営のいずれにも属さない選択は長期間にわたって可能なのだろうか――かりにもし、可能だとしたら、これらの国は、予想しうる「新しい世界分割」に翻弄されないために、どのような手段をもつのだろうか。なぜなら、米ソにとって、あらたな世界規模のヤルタ体制――二大国によって「受け入れ可能な」均衡の実現――の方が、絶えず対立を追求するよりも好ましいと思える時代が来ないかと思うからである。

その他の不確実性としては、二つの陣営の間での関係は――局地的軍事対立を伴い――緊張を高めるのか、貿易と技術の交流の進展とともに――緊張緩和の方向に向かうのかどうかという点である。ある意味で〔旧〕集産主義陣営は、設備財と消費財に対する膨大な需要をもっているために、西ヨーロッパの大産業グループにとっての巨大な市場となりうる。(22) しかし、これらの陣営は、西欧から導入した技術と相対的に低い賃金の労働者階級に依拠するから、西欧の自動車市場の経験が示しはじめたように、恐るべきライバルになるかも知れない。

こうしてみていくと、最終的には次の二つの大きな疑問が残される。

——ひとつの陣営はもうひとつの陣営を犠牲にして拡大していくのか。

——二つの陣営間の主要傾向は、対立か、それとも相互貿易の拡大に向かうのか。

資本主義と〔旧〕国家集産主義という二大生産システムがどう接合するかという結合様式は、これらの問にどう答えるかによるであろう。しかし、答えは、来たるべき数十年にどのような歴史がつくられるのか、そしてソ連とアメリカというこれら二つの人民、二つの国民、二つの社会体制、二つの超大国の間でどのようなあらたな関係がつくられていくのかに左右されるであろう。

二　第三世界の分裂

繁栄期において、工業先進国における発展は、被支配諸国側では「低開発の開発[23]=発展」を引き起こしていた。危機を通じて、格差と不平等がさらに地球レベルで強化され、また第三世界の内部でもこの現象が生じた。

まずは、人口の少い産油国と他の第三世界諸国全体との間で溝が深まった。これらの産油国は、今日戦略的性格をもつようになった自国商品の価値のあらたな分け前を得ることに成功し、いわば、地球という惑星の「成金」となったのである。これらの諸国の一人当り平均所得は先進工業国のそれを上回っている。夢物語のような巨大な富が少数の権力者の手によって手放されたり、寄せ集められたりした。これらの国の国民一般はこれらの富のおこぼれに与り、国内では周辺国やヨーロッパからの移民労働者が雇用されている。

不平等の規模も著しい。先発資本主義諸国および産油国の住民（世界人口の一六・五％）は世界全体の生産の三分の二を手にするのに対し、第三世界諸国（人口の半分以上）はその一五％しか手にしない。そして、これらの諸国のアフリカおよびアジアの貧しい国々（世界人口の約三割）は世界生産の二・四％しか所有しない。これは、社会的重圧、貧困と飢餓を運命づけられている第四の「もうひとつの世界」ともいえる。こうした世界的不平等は、平均値をみるときわめてはっきりするが、その国内格差となるとさらに拡がる。最富裕国と南ヨーロッパ、南米、アフリカ、アジアにおける最貧国の間に、平均所得が上昇する国ないし国のグループが登場している。

それは、あらたな工業化の波が形成され、成長していることを物語る動きである。

十九世紀末および二十世紀初頭において、資本主義的工業化は主としてヨーロッパと北アメリカで拡大した。一九一四年から四五年までの間、この〔第二世代〕工業化はこれらの地域でひきつづき進展したが、他方、〔日本と並ぶ第三世代工業化の〕ロシアでは、国家集産主義というあらたな方法が手がけられた。この方式は地中海に接するヨーロッパ、オーストラリア、南米に拡大しはじめた。一九五〇年代より、工業化は東ヨーロッパと中国においては国家集産主義の方法をとおして開始され、また南ヨーロッパおよび南米では資本主義的蓄積方式に従い、それぞれ推進されてきた。

資本主義的にせよあるいは集産主義的にせよ、非植民地化の末期以来、あらたな〔第四世代の〕工業化圏が東アジア、東南アジア、地中海周辺のＮＩＥＳ（新興工業経済群）、およびアフリカの若干の国々で形成されてきたが、これら諸国の工業化は拡大・深化して、今日の危機の時期でも強化されているのに注目しよう。

なぜなら、それは、今日の危機の一側面であり、また世界レベルでの産業再配置の局面でもあるからである。

一九七〇年から七七年にかけて、工業の年平均成長率は東アジアおよび東南アジアでとりわけ高かった。韓国は一七％、インドネシア一三％、台湾一二％、タイ一〇％、フィリピン、シンガポール、およびマレーシア九％、

表6-10　世界全体の成長と生産

	年GDP成長率(1960-76)	一人当りGNP(米国ドル)(1976)	全体に占める割合（%）(1976)		
			人　口	生　産	財とサービス輸出
石油輸出諸国	9.5	6691	0.3	1.1	5.7
他の第三世界	5.7	538	52.2	15.3	22.6
工業先進資本主義諸国	4.3*	6414	16.2	64.6	63.9
国家集産主義諸国	5.0*	1061	31.3	19.0	7.8

＊　1960-77年の期間。
出典）World Bank, *Report on World Development*. 1979, p.4, 14, 16 et 144-5.

表6-11　第三世界の成長と生産

	年GDP伸び率		1976年の一人当りGNP(米国ドル)	1976年の国グループ別割合(%)		
	1965から1974の期間	1974から1977の期間		人　口	総生産	財とサービスの輸出
石油輸出諸国	(9.5)*		6691	0.3	1.1	5.7
低所得国						
アフリカ	4.1	2.4	157	3.8	0.3	0.5
アジア	3.9	5.5	158	25.5	2.1	1.4
「中位」所得国						
サハラ以南のアフリカ	5.9	1.6	523	4.6	1.5	2.9
南米および西インド諸島	6.5	4.0	1159	7.8	5.0	5.7
東アジアおよび太平洋	8.3	8.0	671	4.0	1.4	4.3
南欧	6.9	4.0	1948	3.0	3.2	3.4
中東および北アフリカ	7.0	7.5	989	3.5	1.8	4.4

＊　1960から1976の期間。
出典）World Bank, *Report on World Development*, 1979, p.12,13.

表6-12　世界の工業生産と雇用の伸び

（1970年を100とする）

	世界(1)	〔旧〕ソ連およびヨーロッパの〔旧〕集産主義諸国	ヨーロッパの資本主義諸国	北アメリカ	南　米	中東，東および東南アジア
工業生産						
1960	52	42	60	62	54	51
1977	142	174	122	129	151	170
工業部門の雇用						
1960	79	72	92	87	73	73
1977	112	112	97	102	139(2)	138(2)

(1)　アルバニア，モンゴル，中華人民共和国，ベトナム，北朝鮮を除く。
(2)　1976年の数字。
出典）United Nations, *Statistical Directory*, 1978.

香港七%であった。確かに、高い成長率は、基準となる開始点が低いので、その分だけ差し引いて考えなければならない。また、他方では、これらの成長は欧米や日本などの大企業グループの海外進出や発注によって実現した部分がきわめて大きいことも知られている。とはいえ、新興ブルジョワジー層、新しい「テクノ・ビュレオワジー」層が途上国に形成され、それとともにあらたな労働者階級が生まれていることも事実である。権威主義的で〔開発〕独裁的な国家が、これらの国々を全体として管理することに成功している。といっても、これらの国家は国内の力関係を無視するわけにはいかず、社会的諸関係は一度たりとも固定されることがない。

同じ時期（一九七〇―七七年）、工業の成長率は南米の若干の国々でも高かった。ドミニカ共和国は一四%、エクアドル一三%、ブラジル一一%、パラグアイ八%、グアテマラ、ニカラグアおよびサルバドルが七%、メキシコは六%という成長率であった。これらの国々は、アメリカの支配によって抑圧を受けている地域であり、すでに革命、農民と労働者の闘争、民衆の闘争および民主勢力の拡張といった歴史経験の豊かな国々である。中南米大陸は、多くの将来を約束されているものの、今日、血で染まった抑圧で、殺傷、弾圧、人的・物的荒廃がきざまれた大陸となっている。すなわち、多くの希望と同時に、多くの悲しみを背負っている大陸なのである。

やはり、一九七〇年から七七年の時期において、高い工業成長率が若干のアフリカ諸国（ナイジェリア一〇%、コートディヴォワール八%）、北アフリカ（チュニジア九%、モロッコ八%、アルジェリア六%）、中東（イラク一二%、シリア一一%）地中海ヨーロッパ（ユーゴスラヴィアおよびトルコ九%）でも見い出された。イランにおいては、一九六〇年から七〇年にかけて一三%であった工業成長率が、一九七〇年から七七年においては三%に下落した。同じように、一九六〇年代ギリシャ、スペイン、ポルトガルにおいて九%であった工業成長率が、一九七〇年以降は五%に低落した。

かくして、西側資本主義国の指導者からすれば、最近の動きにおいて第三世界内部に亀裂がはいり、分断されたとさえ考えられる現象――危機がさまざまな方法でそれを促進した――に対して、おそらく悪い気がしないわけではないであろう。今後は、自国の体制によって資本主義陣営に「しがみつく」国々と「非同盟」国として残ろうとする――この表現はすでに古くさいものになっているが――国々が存在することになろう。植民地当局と植民地支配が明白な攻撃目標となり、共同戦線を強固にすることができた時代以上に、今日では、文化的、宗教的相違が重要性を帯びてくる。世界経済の観点からみて、以下、第三世界は次のような国々に分類できる。

――産油国

――鉱物産出国

――主として欧米の産業グループのための投資受け入れ先となる国

――工業化の第二段階を開始した国

――工業化プロセスを踏み出した国

――アジアとアフリカの低所得農業国

かつまた、政治体制とこれらの体制が依拠する階級同盟においても、多様な分類が可能となる――そしてこの多様化の特徴は、従来のものと比して横断的である。

――軍に支えられた伝統的寡頭制支配

――軍事独裁（富裕階級の様々な部分との関係は多かれ少なかれ良好）

――軍によって支持された国家「テクノ・ビュレオワジー」の支配

――国家「テクノ・ビュレオワジー」の同盟（たとえば、小ブルジョワジー、一部の農民階級および新興ブルジョワジーとの同盟）

――ポピュリスト体制（進歩的、宗教的性格を帯びた）

このように、各々のケースにおいて、資本主義諸国がそれぞれうち立てることのできる諸関係のさまざまなタイプ、それらの諸関係が依拠する拠点は、きわめて多様性にみちている。

三　多極化した世界の中心はどこに？

高度成長後の危機において、主要資本主義国間の競合関係は次のような結果を招いてきた。すなわち、国内市場を漸次飽和させつつ激化していく国際競争、輸出と対外投資（多くの場合、相互になされる）の急増、戦後、アメリカが確立してきた絶対的リーダーシップの拒否、ドルに立脚した国際通貨体制の見直しなどである。しかし、いかなる国もアメリカにとって代わる候補者となっておらず、また、いかなる国もそうなれる力量をもっていない。あいかわらず分断されているヨーロッパはひとつの列強になり得ないし、ヤルタ体制で決められた分割によって分断されている限り当面おそらくひとつにはならないであろう。アメリカ大陸にしがみついてきた一九一八年以降のアメリカのように、日本は自らの野心を抑制し、当面、アジア重視の路線をとっている。アメリカの唯一のライヴァルはソ連である。この期のソ連の野心はアメリカの影響領域を後退させ、それを少しずつ侵蝕することにあった。

かくして、資本主義陣営はアメリカによって支配されつづける。しかし、アメリカは、他の資本主義諸国にいくつかの譲歩や妥協をしなければならなくなっている。じっさい、アメリカは、世界中にこれらの資本主義列強の「それぞれの影響圏」（排他的ではないものの）を認め、とりわけ各列強がソ連に対する自らの立場を決めるにあたってより広い自主性をもつことを受け入れ（現実主義によるものか、それとも弱さのゆえにか？）、そしてそれぞれの強い通貨がそれなりに評価され、影響力をもてるような通貨体制を徐々に構築しているのである。

アメリカは、これらと引き換えに、工業先進資本主義諸国で、中継・拠点国との同盟関係を追求している。たとえば、ＩＢＭが多くのアフリカや南米諸国に進出しているのはフランスＩＢＭ社を通してであるし、一九七五年、アメリカの銀行はアフリカに五つの子会社と支店しか直接所有していなかったが、いまではヨーロッパの子会社を通じて五〇〇社を支配している。アメリカのモルガン金融グループはフランスの金融グループのスエズ社と無数の関係で結びついており、そのイギリスの子会社、モルガン・グレンフェルド社はスエズ社と共に香港とシンガポールに子会社を作った。このようにして、銀行と産業面において、階層化されたひとつのシステムが作られており、すでにこのシステムは政治・軍事面で主として、国家関係を通して機能している。この階層とは、柔軟でさまざまな形をもち、絶えず動いているが、以下の四つの主要な諸国集団に整理することができる。

(1)　支配的帝国主義国 ―――――― アメリカ

(2)　中継補完帝国主義国 ―――――― イギリス
フランス
〔旧〕西ドイツ
日本
その他

(3)　特定拠点国・地域
・アメリカ合衆国にとって
・各中継補完帝国主義国にとって } ―― 地中海周辺地域
中東地域
南米地域
アジア地域

(4) その他の周辺諸国 ―――――――― 地中海周辺地域
中東地域
南米地域
アジア地域

中継補完帝国主義の「諸国集団」corps に分属されるには十分な経済力（金融、産業、商業面すべて）だけでなく、また政治的、軍事的能力――影響力と介入力――をも保有していなければならない。またイデオロギー的あるいは文化的影響力、科学上および技術上の威信も過小評価することはできない。

この「諸国集団」への分属は決して永遠なものとはなり得ない。問題となる影響力は力関係によって左右され、この関係は絶えず競争状態に置かれる。そこにこそ、まさに危機の方向を左右する要因が存在する。有力資本主義各国は、支配的グループ内にとどまりたいのなら、この全体の内側でも他に距離を空けさせてはならないのだ。しかも、いくつかの分野では、先頭を切らなければならない。したがって、それぞれの資本主義国の民間企業および政府にとって、次の要件が重要になってくる。

――収益がなく、不必要なものと判断された活動の衰退を「管理する」こと。

――来たるべき数十年において、力関係の一要素となり続ける農業上の潜在力を維持・近代化すること。

――消費財にせよ設備財にせよ、第二世代の産業を近代化し、これらの部門を将来のあらたな条件（主要工業国の安定成長、新興工業諸国の著しい躍進）に適合させること。

――第三世代産業の開発を有利な条件で開始する。なぜなら、これらの産業は作動しつつある新蓄積モデルの基礎となるからである。

帝国主義諸国の指導階級の眼にとって、自らの存続の条件とは競争力強化のため生産活動を再編することであり、これは個々の企業の閉鎖および各生産部門の全面的ないし部分的清算を意味する。それはまた、企業の収益回復を理由に労働界に対する圧力を強化することでもある。インフレーションと失業がそのための手段となる（すなわち、これらは実施された政策の失敗を示す指標となるのではなく、この政策の特徴そのものとなる）。また、賃金を抑制し、さらにより一般的にいえば労働界が獲得してきた既得権、とりわけサッチャー政権下のイギリスとジスカール・デスタン政権下のフランスにおける社会保障、公共サービス、国有化部門、スト権、その他の組合の諸権利などを見直したり、制限したりするための無数の努力も、こうした手段となる。さらにより根本的には、不安定雇用《アンプロア・プレカリゼ》形態の伸び（期限つき契約、非常勤労働、パートタイム労働、代行労働、下請労働、在宅労働）、あるいは「全般化の力をもつ既得権」（最低賃金、週四〇時間フルタイム労働、失業手当保障……）と見なされてきたものを見直すことによって、労働界を分断させるための経営側の絶えざる努力となってもあらわれる。これらの手段によって、国民所得における法人所得分[24]の後退は徐々におさえられ、最良の成績を収める企業にとっては最良の利潤条件が再び整うのである。そして最終的には、蓄積体制の新しいモデル転換を開始するために好ましい環境が創られる。

四　蓄積体制の新しいモデル

この新蓄積モデルが、いかなる要素から構成されているかを示せば、おおかた次の形になる。

——未来指向の新産業
——労働過程におけるあらたな進展
——「新しい大量消費」が活性化する生活様式の大規模な転換

表6-13　戦後フランスにおける第1～3世代産業の産業，運輸，保有高等の推移

第1世代産業

	綿生産高（1000トン）	石炭生産高（100万トン）	粗鋼生産高（100万トン）	鉄道営業距離（1000km）
1950	293[c]	52.5	8.6	41.3
1965	1965 { 267[c−a] 250[d−a]	54.0	19.6	37.8[a]
1978	161[b]	22.4	22.8	34.5[b]

第2世代産業

	アルミ生産量（1000トン）	電力生産量（100万KWH）	石油消費量（100万トン）	自動車製造高（1000台）
1950	60	33,000	8.4	358
1972	504	163,574	99.3	3,017
1978	550	202,555	105.0	3,507

第3世代産業

	電機・電子製造量（指数表示：1949＝100）	原子力発電量（100万KWH）	航空輸送の乗客数[e]（100万人）	コンピューター保有台数（各年1月1日）	（1000台）
1940	55	−	0.1		
1950	107	−	1.2		
1960	310	130	3.9	1964	0.8
1972	881	13,780	16.7	1968	3.4
1978	1,260	17,051	23.3	1978	23.8

出典）　B. Rosier, *op. cit.*, et INSEE, *Annuaire statistique de la France,* 1979, 1968 et 1951.
a. 1966.−b. 1977.−c. 産業用の原棉—d. 綿糸生産量−e. 国営企業によるもの。

——労働者の動員形態のさらなる多様化の進行

右に示した未来産業の技術とは以下のものとなろう。

——新エネルギー（核および太陽……）および移動、生産、住居でエネルギーを節約することを可能にする新省エネ技術

——原材料、素材、化学物質製造の新技術（バイオケミカルおよびバイオ産業、新合成……）

——およびとくにエレクトロニクスの応用技術

エレクトロニクスは、とりわけ生産プロセス、労働組織、日常生活および消費モデルに対して、深く行きわたる変化を生み出してきている。研究水準、生産の効率、したがって、「国際的ヒエラルキー」における各国の位置は、エレクトロニクスの管理によって大きく左右されよう。

これらの新テクノロジー、とりわけ、遠隔画像・情報通信とエレクトロニクスによって、労働過程は、工業ではもとより、またオフィス、郵便および銀行において、教育や保健、農業面でも質的変化を遂げていくと思われる。現実には、以下のことがますます広範囲に可能にな

っていくであろう。

――必要な情報の保存とそのアクセス

――情報、申請、注文、画像などのテレビ伝達

――多くの情報と制約ある要素をともなう複雑系の問題処理

――複雑な諸生産システムの管理と空間におけるこれらの諸システム間の顧客の注文、在庫に合わせた同時調整……

この点に関して、フランスはアメリカと日本に比べると、あきらかにたち遅れている。たとえば、世界の産業ロボットの数は、一九七五年の四〇〇〇台に対して、一九七九年には約一万台に達したが、その内三〇〇〇台がアメリカ、数千台が日本（ロボットの定義によって台数は変化するが）によって保有されたのに対し、フランスは一五〇台であった。これらの装置は数年来自動車産業に設置されている。たとえば、ジェネラル・モーターズ社では、次のような状況になっている。

「ユニマートが導入された時、〔ラインでは〕一時間に六〇台生産されるようになった。やがて慣れると一〇〇台となった。ユニマートは熔接ロボットである。まるでカマキリのようだ。配置点から配置点へと移動し、機械から離れるや、次の車のために自分でもとの位置にもどる。一時間に一一〇台まで可能だ。ロボットは疲れることが決してないし、自ら要求を出すことは一度たりともない。もちろん、欠勤することなんか決してないが、産業ロボットは車など買ってはくれないよ。GMはこの論理をわかっていないようだ」[25]。（S・ターケル『仕事』）

すべての反復労働――六〇年代単能工（OS）のストライキによってあれほど告発された――およびライン労働システムは、来たるべき二〇年のうちにロボットによって取って替わられうる。この変化は労働力のコストあるいは労働者の態度が適応しなかったり、収益性が低い部分で導入されるであろう。しかし、他の世界の地域で

は、逆にテイラー型労働および生産ラインが発達することもあるであろう……。その上、ロボット化は生産ラインの一部でのみ広範に実施され、生産工程の川上および川下では、熟練を必要としない雇用形態が残存したり、あるいは伸びていくであろう。

情報化、テレコミュニケーションの発達、大生産ラインの自動化で、「独立作業班」や「独立作業現場」の労働――「自主管理」と呼ぶ向きもあるが――が伸びていく。産業ロボットが適応できないか、あるいは高くつくところでは、一職場の労働者は、コンピューターによって自分たちに伝達される目標、規格、制約を守るという条件で、自律的に組織することが可能となろう……。若干のケースでは、これらの労働者は討議したり反論を唱えたりすることができるであろう……。しかし、利用できる情報量と制約の組み合わせは、きわめて微々たる「裁量幅」しか残さないことも予想される。

その上、職場における個人やグループは互いに競争し合う状態に置かれることになろう。社会心理学者によるこうした新しい展望として、たとえばマサチューセッツ工科大学のＪ・Ｗ・フォレスターは、次のような職場状況を予測している。

「上司‐部下の関係に立った権威主義的組織は消えなければならない……。新しいモデルでは、いかなる個人も上司に従属しないであろう。かれは、全く自由に、財とサービスを交換する人々に対して、互酬的関係の絶えず変化する構造への参加を求めて交渉するであろう……。非権威主義的構造は内部での競争の行使を前提とする……。各個人はこのようにして、自ら自分の企業を経営する所有者の状況と同じような立場にいることになろう」[26]。

同じ運動において、新しい形態の下請け（注文や「大手顧客」のコンピューターによって供給される技術情報の映像伝達方式の導入）、分散型作業現場、農村での仕事場、在宅労働といった新しい形態（すでに電話問い合わせ業務に対してはフランスで実施されている）が拡大している。集団労働の場では、コンピューターにより制約条件として選択幅の上限・下限などを示し、管理を調整・実施できるので、メニュー型労働時間が伸びる可能性もでてくる。

新技術とこの新しい労働組織によって、新しい生活様式と新しい大衆消費が発達していくだろう。

これを漫画化してみよう。もっとも、すでに存在しているものから出発するだけのことだが……。いくつかの保育園では子供はエレクトロニクスの監視下に置かれている(日本)。木の机と黒板の代わりに子供たちがスクリーンとコンピューターを使うキーボードの前にすわる学校が増加している(日本とアメリカ)。朝の起床を教えることから(あたたかいコーヒーとトーストはすでに準備されている)、買い置きの状態を管理し、料理をあたため、電話に返答し、見たいテレビ番組を録画することまでができるエレクトロニクス・ハウスがすでに考え出され、実現している。この家はまた、突然のあるいは好ましくない訪問者を「監視し、追い返す」ことができる(アメリカ)。「最適都市経路」の個人的プログラム化システムも実験中で、行き先を指示する各ドライバーに経路をプログラム化させ、運転を導くことが可能になる——右車線にはいり、右に曲り、速度を落とす、といった具合に——(日本)。やがて「エレクトロニクス」の守護の天使がドライバーに忠告することになろう(気をつけよ、余り乱暴な「エネルギー浪費型」スピード運転はしないように)。アメリカには、各車輛が高速道路に個別的にはいれるようなエレクトロニクス制御の、牽引システムを研究しているいくつかの企業がある。そこでは、車は「自動車列車」になり、各車は高速道路を出る時しかエンジンを始動させなくてよい……。

エレクトロニクス・ゲームは増加し、種類も増えている。スクリーンでの最初の新聞がつい最近アメリカで実験された。エレクトロニクスとテレビ伝達は、さまざまな情報へのアクセス様式を根本的に変化させている。問い合わせ(電話、フランス国有鉄道、気象、観光)、科学・技術データー、カタログ通信販売、そして手紙さえもしかりである。

こうなると、生活様式が根底からあらたなものにされ、次のように電子製品の、はじめは徐々にではあるがやがて大量の普及需要を引き起こしていく。

——第二世代工業化の伝統財（自動車、電話、テレビ、ハイファイ等）のストックの更新。

——新製品の普及（遠隔監視・操作システム、テレビスクリーンの付いた個人ターミナル、パーソナルコンピューターなど）。

こうして、あらたなハイテク技術、あらたな労働組織、あらたな消費スタイル、あらたな生活様式が生まれる。各労働者の訓練、労働、レジャーなどを体系的に分析し、プログラム化することによって、各労働者を永続的にコントロールできるようなしくみが可能になる、ということも想像にかたくない。もっとも起こりそうなのは、次のように労働者の動員様式が極端に分極化していくことであろう。

——プログラム、キーボード、スクリーン、合成言語、ロボットの世界に抵抗感なく全面的に適応できる層およびカテゴリーからなる極。

——この世界を拒否しはねつけ、完全に社会の隅に追いやられるような集団と層からなるもうひとつの極。

——これら両極の間にある状況で、在宅勤務、仕事場つきの自家営業、下請け小企業、新しい歩合給労働形態、代行、臨時、契約労働といった伝統的な労働動員様式が、支配的極と根本的には接合して残存する状況。

このシステムは、多国籍の産業および金融グループを通じて五つの大陸の一〇〇以上の国々において帝国主義的ヒエラルキーの四つの次元で、（各国は独自の法律、伝統、異なった力関係を有するが）作用するであろうと考えた場合、さまざまの国別、文化的、宗教的特殊性によって、さらに多様化した状況が登場することに気づくであろう。[27] そこから、複数でありながら唯一の、奇形でありながらも一貫性があり、分裂していてしかもひとつの構造をもつ資本主義像が浮び上ってくる。

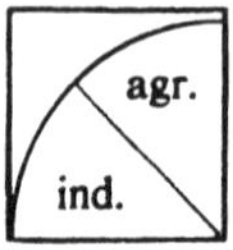

国内の産業構成と社会的編成（社会階級は省略）
CD：支配階級，oligarchies：産油寡頭制の略
ind.：工業，agr.：農業，pétrole：石油

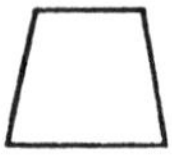

：国内の国家支配機構

：金融資本の蓄積機構

：産業資本の蓄積機構

：外資系の参入・蓄積機構

：資本輸出・借款・贈与・政府開発援助など

：産出価値の国内／世界循環
（貿易・サービスと利潤・利子・配当の送金など）

注） 図中の2大フローは，流出地と流入先のみ示して，深くからみあった世界経済の網の目を明示していない。その点は，M. Beaud, *L'Économie mondiale dans les années 1980*, Paris, 1989, 図6，10，11，19を参照。なお，本図で「ヒエラルキー体系」を「一国・世界階層化システム」と改訂副題したように，現代世界経済のウォーラーステイン式枠組把握について，著者は基本的に同意する点が多い。

図14　1970年代帝国主義の階層的世界システム
——国内的／世界的な経済価値の循環図——

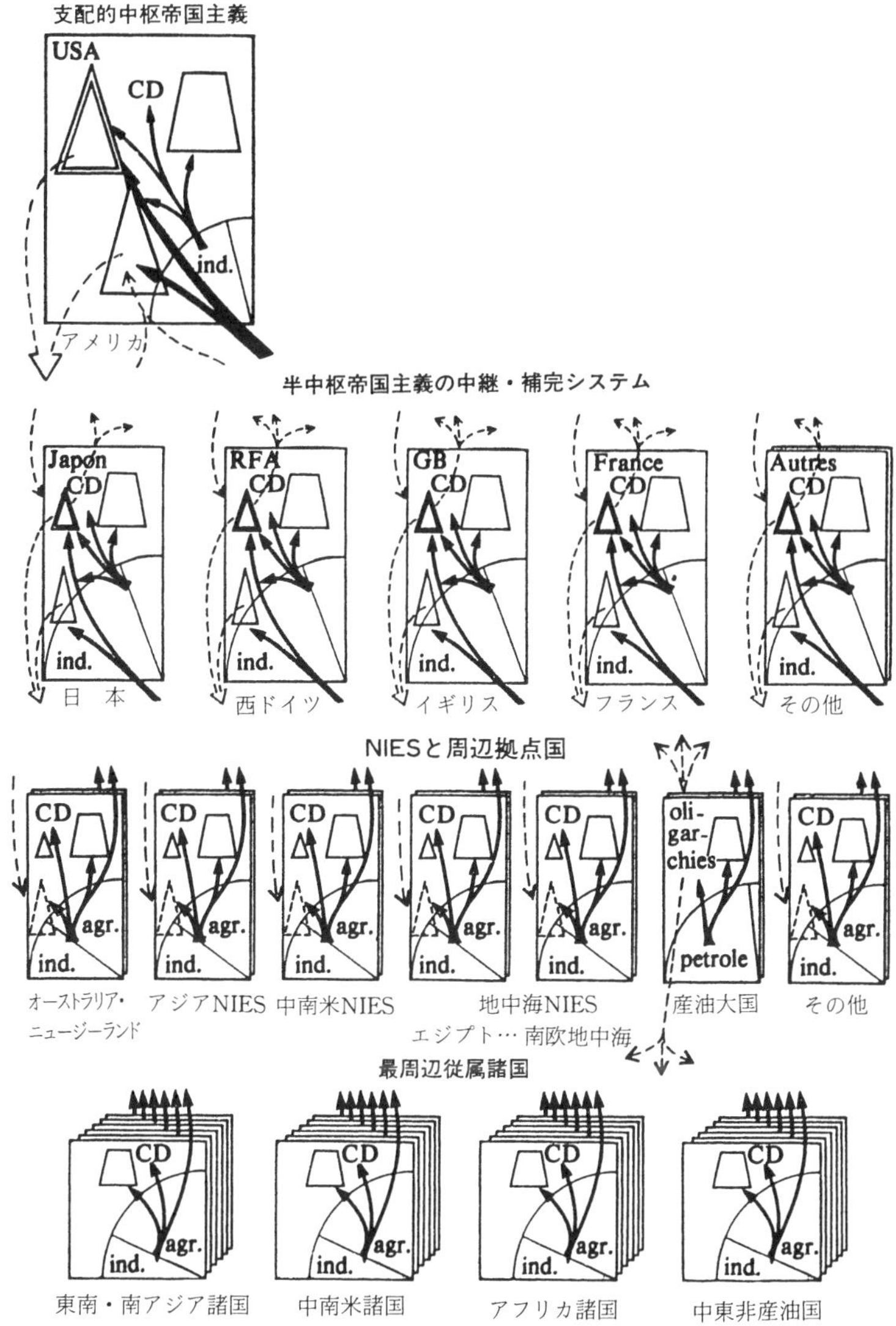

訳注）世界システムと中枢，半中枢，補完，NIES，周辺，最周辺，等は訳者が加筆・改訂。

五　重層化・多様化した各国／世界システム

一九六二年、J・F・ケネディは次のように発言した。「外国援助とは、アメリカが全世界に影響力と支配を行使できる地位を維持し、共産主義ブロックへと決定的に吸収されてしまうか、それに傾きそうな多くの国々を支持するための方策である」[28]。ここでは援助の本質がいいあてられている。経済と軍事の援助、食糧援助、貸付、贈与、産業あるいは商業投資、貿易、文化的あるいは軍事的プレゼンス、といった多くの絆が結ばれ、従属を強化している。そして、直接結ばれた絆に加えて、二流帝国主義国と諸大陸の拠点を通じるか、あるいは、その両者から生まれる絆が存在する。

このシステムは、集産主義陣営に駆け込む国々が多すぎないようにすることを可能にする。またこのシステムは世界規模で生産される価値のまたとない流出システムともなる。

この流出は外国で投下された資本の収益を通して、実現され、把握かつ測定可能である。かくして、一九七〇年から七六年にかけて、アメリカの産業および金融グループは、六七〇億ドルの海外投資を実現し、二七〇億ドルがアメリカから流出した。同時にアメリカはこれらの投資の収益として九九〇億ドルを手にした（そのうち四二〇億ドルはアメリカの外で実現し、五七〇億ドルはアメリカに還流した）。これは、これらのグループにとって、三二〇億ドルの純黒字を意味し、アメリカの対外勘定にとって三〇〇億ドルの純流入を意味した[29]。

この流出は、対外債務の元利の支払いを通してまず実現する。じっさい、支配されている諸国の債務は、近年巨額にのぼり、新しい「連鎖現象」というべきあらたな従属形態を生んでいる。発展途上諸国の債務総額は一九六五年の四〇〇億ドルから、一九七〇年には七〇〇億ドルに達し、一九七七年には二六〇〇億ドルになり、一九

表6-14　第三世界の債務状況

	第三世界全体	「低所得」国		「中所得」国
中長期債務残高				
1965(1)	38(1)	11(1)		27(1)
1970	68	17		51
1977	260	49		211
(1985年の推計)	(740)	(124)		(616)
財・サービス輸出に占める債務支払い高の割合(%)				
1970	—	13(2)		10.2
1977	11.8	9.6(3)	13.5(4)	11.8
(1985年の推計)	(18.1)	(11.6)(3)	(17.0)(4)	(18.3)

(1)　1965年の数字は他の年度の同一の統計シリーズによらないが，規模を示す意味で有用である。
(2)　推計値。
(3)　アフリカ。
(4)　アジア。
出典）　Fitt, Fahri et Vigier, *La Crise de l'impérialisme et la troisième guerre mondiale* (Paris, Maspero, 1976); World Bank, *Report on World Development*, p.83.

八五年には、七四〇〇億ドルになるものと予想されている。

対外債務高は「低所得」諸国の対外準備高の四倍から五倍となり、中所得国の準備高の二倍から二・五倍に達している。債務支払い額は平均して輸出収入の十分の一であり、一九七七年には、この比率は若干の国々にとっては高水準に達している。ボリビア、モーリタニア、エジプトは二〇％以上、ウルグアイ二八％、ペルー三〇％、チリ三二％、ギニア四三％、メキシコ四八％、輸出収入の三分の一、さらには半分が、債務返済にあてられている……。

価値の流出はまたサービスと商品の国際貿易を通しても行なわれている。「奇形資本主義」の、地球規模の多様化した資本主義の主たる側面は、労働力コストの著しい格差である。設備の整った住居、乗用車、保健、余暇、子供の養育等——都市化と賃金労働の全般化を考慮すれば——を含むアメリカあるいは西欧の労働者の労働力のコストと、生理的最低線で生活している東南アジアの労働者、あるいは農村共同体にいまだ広く結びついている第三世界の労働者（そして、その労働力の生産と再生産は非商品生産と自家消費により確保している）の労働力コストとの間の格差はきわめて大きい。この場合、賃金の相違は指標として使える（**表6—15**）。三番目の指標に対する（一九七九年において間接負担を含む特定企業集団の労働時間当りコスト）幅は一対九までで、第一の指標では一対一六となり、第二の指標では、幅はしばしば一対一〇を越え、一度は一対一七にまで達している。平均数値なので、これらの指数は不十分である。もし一帝国主義国のかなりの給与を支払われている技術者とアフリカあるいはアジアの肉体労働者――あるいはこれらの大陸の子供（なぜなら現在、世界中には約一億の子供が工業化過程にあった十九世紀のヨーロッパに匹敵する、あるいはそれより悪い条件下で働いている）[30]とを例にとれば、両者の間の格差は膨大なものとなることはいうまでもない。

現在の「資本主義=世界経済」（ウォーラーステイン）のシステムは、今日までかつて達したことのない規模で、単一的（世界市場の形成、生産の多国籍化）であると同時に、拡散的（労働力コストの格差、同一商品の「国別価格」の広い変化幅）である。世界平均価格と「超過利潤」あるいは各国の不均等価格で分析を進めることは大して重要でなく、むしろ基本的現象は次のことである。すなわち、先発資本主義工業諸国に低価格で売られた第三世界の石油は先発国の労働者が石油収入の一部の恩恵に浴することを可能にならしめたように、産業および金融グループによって支配されている多国籍生産プロセスに統合された部分的生産プロセスにおいて労働化された第三世界の低賃金労働力によって、これらの先発国の労働者が、第三世界で生産された価値の一部の恩恵に浴することが可能になっている。これは、多国籍グループと移転価格を通じて、または世界市場と世界価格システム（交易条件の変化は貿易利益の分配の改善あるいは悪化を示す指標にすぎない）を通じて作用しうる。

さて、この現象はマージナルなものでもなければ、限定されたものでもない。大規模なものである。第一次世界大戦前夜、世界には三五〇〇万から四〇〇〇万人の労働者がいた。今日では、資本主義世界には、一億六〇〇〇万人以上の労働者がいる。約一億一〇〇〇万人が帝国主義的および資本主義諸国に、五〇〇〇万人が第三世界に存在する。[31]そして数億人の農民がプロレタリアート化している。これらの人々は村を追い出され、自らの労働力を売らずには生活できない――南米のファベラ〔ブラジルの大都市の貧民地区〕、第三世界すべてのスラム、アジ

表6-15　各国労働者の報酬格差ないし賃金単価の国際比較(1972-79年)

	最大帝国主義と工業先進大国		「拠点」途上国・地中海・ラテンNIES		アジアNIESと従属途上国	
Ⅰ. 各国の月収賃金（単位：米国ドル）	アメリカ		メキシコ		韓国	
	1972	500	1972	157	1972	50
	西ドイツ		ブラジル		ガーナ	
	1972	400	1970	87	1971	39
			インド		フィリピン	
			1970	30	1971	38
Ⅱ. 各国の産業別平均時給（単位：米国ドル）	USA	3.13			香港	0.27
①消費財用ME機器	USA	2.3～2.6	メキシコ	0.53	台湾	0.14
	USA	3.67			台湾	0.38
②オフィス用資材加工品	USA	2.9～3	メキシコ	0.48	香港	0.30
③半導体製品	USA	3.36			シンガポール	0.29
	USA	3.32			韓国	0.33
	USA	2.23			ジャマイカ	0.30
	USA	2.49			トリニダード	0.40
④繊維工業製品	USA	2.28	メキシコ	0.53	ホンジュラス	0.45
					コスタリカ	0.34
	USA	2.11			英領ホンジュラス	0.28
Ⅲ. 1979年, フィリップス社の多国籍集団で働く各国労働者の時給・労働コスト指数（フランス＝100）	西ドイツ	144	オーストラリア	97	韓国	21
	ベルギー	143	オーストリア	95	香港	19
	スウェーデン	142	イタリア	93	シンガポール	16
	オランダ	139	フィンランド	87	台湾	15
	デンマーク	136	スペイン	79		
	スイス	129	アイルランド	67		
	ノルウェー	127	ギリシャ	42		
	アメリカ	118	ブラジル	40		
	カナダ	110	メキシコ	33		
	日本	103	ポルトガル	26		
	フランス	100				
	イギリス	74				

出典）　C.A. Michalet, *op. cit.*; Fitt, Fahri et Vigier, *op. cit.*; *L'Expansion*, 4 juil. 1980.

アの過密都市は、新しい工業化のために無条件で差し出された「自由な労働者」が集められた場所である。

そして、くり返し強調されなければならないのは、帝国主義システムを単一（世界通貨としてのドルによるアメリカの基本的支配、一次産品と主要工業製品の世界価格）であると同時に、また多様化（五大陸における状況の著しい多様性、国別、国内別に著しく異なる状況、労働力自体きわめて相異なる条件下で再生産されていることから生まれる労働力の多様な利用形態の共存）しているものとして把握して理解すべきことである。

このシステムは階層化しており、アメリカは経済、通貨、技術、軍事、しかしまた政治、イデオロギー、生活様式、情報の普及といった分野全体において「支配的帝国主義」を形成している。次にかつての植民地大国（イギリスとフランス）あるいはより最近の大国（〔旧〕西ドイツと日本）という「中継補完帝国主義国」があり、これらの諸国は、それぞれに、特性、優位性、弱点、独自の影響圏――脅威にさらされる大国で、危機においては、二十一世紀の諸国家のヒエラルキーに向けて、自らの地位の確立、維持、あるいは凋落かが競い合われる――をもっている。

また「拠点国」と呼ばれる諸国が存在する。これらの諸国は、いつの日か帝国主義になれるとしても当面は帝国主義国でないが、その地政学的位置、そのウェイト（人口、経済、軍事、イデオロギー、政治）およびその影響と介入力によって世界の一地域の基幹部分を構成する――これらの諸国の中には、さらに数十年にわたって特別な位置を占める産油国が入る――。最後に、もっとも数の多い「被支配国」が存在する。これらの諸国は、そのウェイト、潜在力によって、さまざまであり、その重要性は、埋蔵する鉱物資源、戦略は、あるい特別な政治的事情、人口――これらの諸国の中には、もっとも物質的に恵まれない状況にあり、もっとも見捨てられた人々がいる――によって左右される。

このシステムはきわめて大きな柔軟性をもって階層化されているため、脆弱であると同時に適応性にも富んでいる。諸人民、諸文化、諸言語、諸宗教、様々な生き方、死に方の多様性を越えて、その統一性を作っているものは、無数の関係網である。経済的結びつき（貿易、貸付、贈与、「援助」あるいはさまざまな「支援」）であり、また世界規模の階級同盟である――帝国主義国の指導階級は拠点国と被支配国（軍事援助、警察協力、秘密組織のプレゼンスと介入の重要性はここから生じる）の階級あるいは組織された権力（軍と警察）に依拠する――。極言すれば、いくつかの国はすべて外から創り出すことができ、人為的に支えられた体制や産業・金融グループや支配国の国家や秘密組織による介入によって「作られた」指導層や集団が存在しうるのである。[32]

そして、この統一的関係網があらたな不平等、あらたな格差を創る。すなわち、拠点および被支配国において実現した生産から生まれる価値の没収が帝国主義国の産業および金融グループの力および支配階級の富裕化を増強していくのである。同時に、もっとも貧しい国においては、もっとも貧しい人々の貧困を増加させる。第三世界の指導階級にもたらされた支持はとてつもない富裕化を可能にしたが、[33] また国家機構あるいは多国籍資本機構に結びついた新興社会層の拡大も可能にした。そして旧来の不平等に加えてあらたな不平等が、増大していく。かくして、工業先進資本主義国では、人口のもっとも豊かな「一〇％層」が国民所得の二五―三〇％を手に収めているが、第三世界諸国では、この割合は三五％から（インド、ベネズエラ、メキシコ、アルゼンチン）五〇％（ブラジル、ホンデュラス）に達している。[34]

そして、これらの格差はあらたな「連帯」を作っている。第三世界の指導階級は、自分たちの富を帝国主義圏の「安全な」諸国（アメリカ、スイス、[35] 脱税天国ともいうべき税金避難地……）へと移しており、支配諸国の産業あるいは銀行グループに投資をしている。またこれらの階級はこれらのグループの製造するきわめて高級奢侈な製品を消費している。多くの被支配国の産業はいかなる自律性ももっておらず、強大な産業グループにより配置・調整される生産プロセスに統合されている。したがって、一国産業構造の変革はいまや世界の帝国主義システムとの関係において分析されなければならない。かくして、アメリカでは「第三部門」が発達する。[36] 一方では、この伸びは農業および工業における生産性利益、そして、これらの生産性利益が部分的に依拠する分業の強化（経営の権限、予測、計画、情報、調整、研究、教育、管理、監査など）から生じる。しかし、他方では、また、モノの生産は以降、拠点国および被支配国において伸びていくという現象からも生じる――労働者階級の発達もそこから生じる――。

最後に、帝国主義システムのこの一体性は、紛争、競合、力関係を下から支えている。そこでは、軍、警察、

図15　1970年代アメリカにおける社会階級

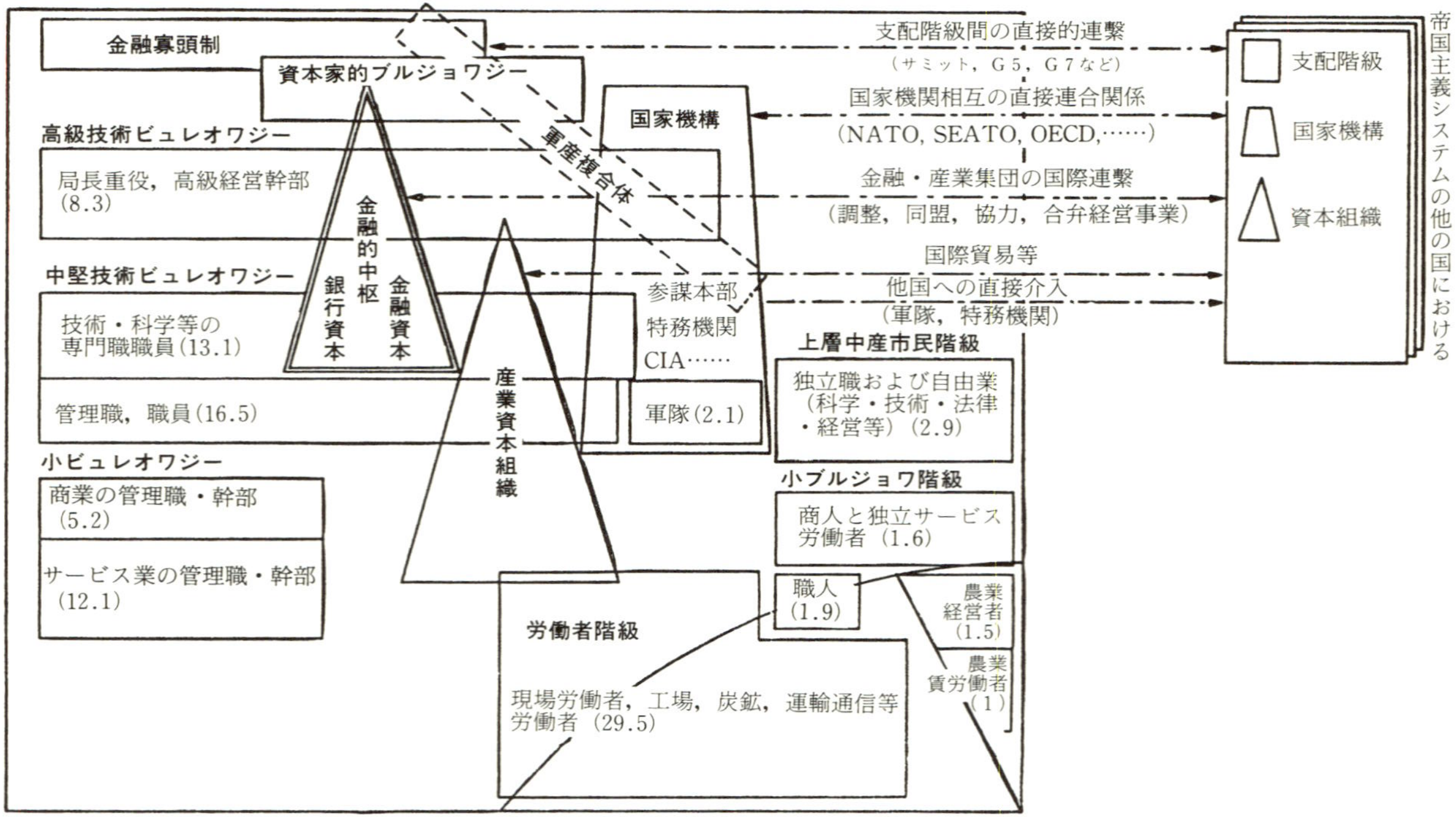

注)　(　)内の数字は，長方形で区分された各階級内社会階層の構成員数。単位：10万人
原資料)　ILO；*Annuaire des Statistiques du Travail*, 1979.

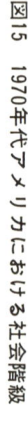

表6-16　1970年代世界システムにおける各国活動人口の分布
──各国の就業構成比(%)と就業規模──

(単位：100万人)

	最大支配帝国	中継補完的列強			「拠点」途上国			従属途上国		
	アメリカ 1978	フランス 1975	(旧)西ドイツ 1978	日本 1978	ブラジル 1970	エジプト 1977	インド 1971	ボリビア 1976	タイ 1976	カメルーン 1976
●科学・技術系専門職と自由業	14.3(%)	15.5	12.8	7.2	6.4	7.7	2.8	5.7	2.6	2.4
●団体役職と幹部管理職	10.1	3.3	3.1	3.7	1.1	1.4	0.9	0.6	1.1	0.1
●経営者とその同類	17.3	14.0	18.9	15.7	4.7	6.6	2.9	4.0	1.6	1.9
●商業・流通・商人と店員・営業販売人	6.1	7.3	8.5	14.3	7.5	7.4	4.2	6.1	10.4	3.2
●サービス労働者	13.5	8.0	10.8	8.8	7.7	8.9	3.3	8.6	2.9	2.0
●農業畜産業者と林業・狩猟・水産労働者	2.8	9.6	5.7	11.3	43.7	41.9	72.1	46.4	62.1	73.7
●生産労働者・作業員・輸送機オペレーター	33.0	36.0	35.3	36.6	19.4	21.7	13.4	24.7	18.7	11.3
●その他	2.1[a]	1.1[a]			1.5					
●分類不能	0.8	5.2[b]	4.9[b]	2.4[b]	8.0	4.4	0.4	3.9	0.6	5.4
総計 (下段：100万人)	100% (102.5)	100% (21.8)	100% (27.0)	100% (55.3)	100% (29.6)	100% (9.5)	100% (180.5)	100% (1.5)	100% (13.9)	100% (2.8)

−a. 軍人・軍属関連人口など。−b. 失業者などを含む。
出典) BIT (ILO), *Annuaire des statistiques du travail*, 1979.

表6-17　帝国主義的世界システム下の各国社会経済の諸指標

	最大支配帝国	中継補完的列強			「拠点」途上国			従属途上国		
	アメリカ	フランス	(旧)西ドイツ	日本	ブラジル	エジプト	インド	ボリビア	タイ	カメルーン
●1977年の人口 (単位：100万人)	220	53	61	113	116	38	632	5	44	8
●一人当たりＧＮＰ* (1977)	8,520	7,290	8,160	5,670	1,360	320	150	630	420	340
●一人当りエネルギー消費量**(1976)	11,554	4,380	5,922	3,679	731	473	473	218	318	308
●上位一割最高所得層の累積所得比率(対NI)	26.6[a]	30.4[b]	30.3[c]	27.2[d]	50.6[a]	nd	35.2[e]	nd	nd	nd
●下位二割最高所得層の累積所得比率(対NI)	4.5[a]	4.3[b]	6.5[c]	7.9[d]	2.0[a]	nd	6.7[e]	nd	nd	nd
●成人の識字率 (1975)	99	99	99	99	76	44	36	63	82	nd
●医師一人当り住民数 (1976)	600	680	500	920	3,600	1,190	3,140	2,120	8,460	13,980
●期待平均寿命年数 (1977)	73	73	72	76	62	54	51	52	61	46

＊米国ドル表示　＊＊石炭換算のkg表示　−a. 1972. −b. 1970. −c. 1973. −d. 1969. −e. 1964-1965. −nd. 不明
出典) Banque mondiale, *Rapport sur le développement dans le monde*, 1979.

表6-10　第三世界の軍事支出

	年間成長率		第三世界の武器輸入総量の内訳
	1968-1973	1973-1978	1950-1978
中東地域	+25(%)	+ 4(%)	43(%)
極東地域*	+ 8	+ 8	22
南アジア	+ 5	+ 4	10
中米	+ 2	+ 4	2
南米	+ 8	+ 3	9
北アフリカ	+ 8	+15	6
サハラ以南のアフリカ			8

パーセント表示　＊中国，ラオス，ベトナム，カンボジアを除く。
出典）　P. Fabre, in *L'Économiste du Tiers Monde*, déc. 1979.

秘密警察、私兵、あるいは支配国の傭兵だけが問題となるのではない。また、国民間、また宗教間・民族間あるいは部族間の新しい競合、あらたな憎悪、あらたな拡張主義が問題となる。一九四五年以来、一三〇の内戦あるいは局地戦が八一の国で行なわれ、これらの諸国のほとんどすべては第三世界に属していた。第三世界の軍事予算は過去二〇年において実質価格で四倍となった。

そして、すでに若干の第三世界諸国（インド、パキスタン、フィリピン、ブラジル、アルゼンチン……）は軍需産業を備えている。

そして、最後に、帝国主義システムの一体性は(旧)ソ連によって支配されている国家集産主義ブロックに対する対決、競合、緊張の上に広く立脚していた。世界では一九七八年に四〇〇〇億ドル以上が軍事面で支出され、一九八〇年には五〇〇〇億ドル以上となっていた。これは、世界の総生産の約六％に当たる。[37] これに対して、貧しい国々の援助のために富める国のGNPの一％を当てようというひかえ目な目標さえ、多くの国々では達成されていない。一九六八年と七八年において、世界の軍事支出は次のように分布していた。

	一九六八年	一九七八年
NATO諸国	56	43
ワルシャワ条約諸国	25	29
中国	9	10
第三世界	6	14

その他　4　4

一九七八年、世界の武器輸出の四七%はアメリカ、二七%が〔旧〕ソ連、一一%がフランスによって占められ、以下、イタリア四%、イギリス四%、〔旧〕西ドイツ二%[38]と続いた。世界の研究支出の四割は、「国防」および戦争の観点から支出され、四〇万人の上級科学者がそのために働き、その規模は世界の全研究者の五分の二にあたる。一九五〇年以来、「世界の武器庫の全破壊力は数百万倍もの増加をしてきた。……軍事支出の現状の増加は一五億のひとびとが適切な医療サービスにアクセスできず、彼らの中の五億七〇〇〇万人の人々が深刻な食料不足に見舞われており、三〇億人が清潔な水不足に陥っている時に起きている[39]……」。

かくして、世界は恐怖と荒廃の悪循環にとらわれている。一方では、破壊手段が蓄積され、われわれの地球を数回にわたり破壊することが可能となっていながら、他方では、五億の人々が一九八〇年代を通じて餓死に脅かされている[40]。莫大な国際債務、国家間の競合、投機のために、誰も抑制できなくなっている経済危機が生じ、新しい技術進歩はさらに強者の権力を強め弱者の弾圧を強化するようになっている……。

こうした中で、どうして最悪の事態が起こりうるといわなくてすむであろうか。また十九世紀末の大恐慌が第一次大戦に行きつき、一九二〇—三〇年代の危機がもうひとつの世界大戦を生み、この第三の大危機の解決のめどはいまだたっていないといわなくてすむにはどうしたらいいのか。他方では、同時に、進歩の要因となりうるような実に多くの手段が発達しているという皮肉な状況がある。

第六章のまとめ

十六世紀から十八世紀にかけての綿工業、十九世紀の非鉄金属そして次には鉄鋼の大企業、自動車産業あるいは電気産業、次には情報の生産および伝達の企業集団——これらをとおして、同じ論理が常に貫かれている。超過労働の強制、生産された価値と剰余価値の実現、生産増加に行きつく資本の拡大、より多くの商品とより多くの剰余価値。そこから成長の論理が生まれるが、また危機の論理も生まれる。なぜなら、生産の増加は何らかの形で分配された購買力を考慮すると飽和状態、競争の激化、収益の低下へと向かうからだ。危機とは、資本が余り、労働力の予備が増大することであり、これはまた新しい市場、新しい製法、新しい生産を追求することを意味する。

数世紀にわたり、水力あるいは蒸気で動く織機から一連の複雑な操作を実現できる産業ロボットまで、印刷から遠隔画像通信まで、アメリカ大陸の発見から宇宙の探険までの数々の成果を生んだこのシステム、その魅惑的創造性をどうして否定できようか。そして、こうして実現したこの活力(しばしば、罪悪感、宗教上の信仰、民族感情、「文明の使命」、人種差別など、他のさまざまな意識を伴って)のもつ破壊力に駆られないでいられようか。アメリカ大陸の先住民族の虐殺とかれらの財宝の略奪、またイギリスで開始された伝統的農村生活様式の破壊と貧農の無産化、石炭、石油、その他の有限鉱物資源の浪費、とりわけ空気と水の汚染を通じた環境と地上の生物サイクルの悪化、数世紀を通じて影響を与えるであろう核による被害のリスク、労働力——筋力や神経力

――の果てしない利用、人間の疲労、早期老化、事故などがこの破壊力の結果である。

こうした資源、人間、景観の創造と破壊はまた数々のタイプの社会の創造と破壊をも生んだ。数世紀前、農村諸社会は少数の貴族と王の絶対権力によって支配されていた。そのさなかに、やがて工業化とともに発達するブルジョワジーと労働者階級の萌芽が形成された。今日、アメリカにおいては、大中小の幅広い層（製造業、実業家、自由業、個人企業）とともに、雇われ「テクノ・ビュレオワジー」の上層部（企業あるいは政府の局長、高級技術者、研究、教育、健康の「パトロン」）にも結びつき、強力な産業および金融グループを支配する少数のオリガルキーが存在している。また、都市化と賃労働化が広範に実現すると、労働者階級と「小ブルジョワジー」は信用による消費のサイクルに広範に組み入れられていく。そして、このアメリカのオリガルキーは各国政府が協議する国際的場を通して、あるいは産業と金融のグループ間で成立する同盟関係と支配を通して、あるいは、さらに三極会議のような民間あるいは政府の指導層が出会い、協議する場を通して、他の資本主義諸国の指導層と結びついている。このオリガルキーはアメリカから拠点諸国と被支配国を支配する指導階級・階層、軍、警察、諜報機関との無数のネットワークを生んだのである。

こうした論理を前にして、不正に対する怒り、寛大さ、希望のあくなき追求により、十九世紀には社会主義の思想が生まれた。すなわち地上における連帯、博愛、公正あるいは平等、社会正義、不安の除去、安全、民主主義の実現である。初期における資本主義との訣別はすべて社会主義の名においてなされた。

今日〔一九七九年〕、資本主義の論理を前にして、また帝国主義を前にして、国家集産主義という生産・蓄積様式が存在し、機能している。社会主義と信じられた革命が実現した国では、経済的、社会的制約、工業化の必要――したがって余剰を生み、剰余労働に制約を課し、農民をあらたな労働者に変える必要――が決定的となった。

そこでは、国家機構の奪取によって新しい指導層の中核が確立していた。また国家による強制を利用することによって、この指導層は生産的階級に対して、労働規律と同時に社会規律を課したのであった。

そして、資本主義と同様、国家集団主義は民族の現実にぶつかり、それと組み合わされることになる。社会主義のイデオロギーによって高揚され、反帝国主義闘争の厳格さに支持を見出すロシアという大国は国家集産主義をとおして、ロシアを世界第二の強国にした経済的、軍事的機構を備えることができた。そして、階級同盟が旧来のオリガルキーの転覆と帝国主義からの解放を可能にした第三世界のいくつかの諸国は、国家集産主義をインフラ施設と工業化を実現する格好の手段として利用した[41]。

各時代において、資本主義は一国、地域、地方レベルにおいてと同時にまた世界レベルで機能してきた。とりわけ今日、資本主義は世界規模において展開し、五つの大陸をおおう階層化された帝国主義システムとして、世界市場、多国籍グループ、国際的債務問題を生んでいる。

各時代において、資本主義は統一ないし画一化要因でさえあると同時に、また相違、格差、不平等の促進要因でもあった。特に今日、輸送手段、貿易、通信、情報の大規模な強化とともに、無産化、賃金化、都市化、消費財や生産プロセスや生活様式の単一化を生んでいる。しかしまた、時代毎に形成された労働力の動員と超過労働刺激策の実に多様な様式が地層のように重なり合い、これらはやはり実に多様な社会的文脈の中で作動している。

各時代において資本主義は、創造的であると同時にまた破壊的であった。しかし今日、地球と人類の存続さえが問われている。

帝国主義諸国にあって、労働運動は組織化に成功し、部分的には支配階級が帝国主義から引き出す利益によって、相当な譲歩や資本主義の論理の緩和や諸決定に圧力を与えられる実質的可能性や生産された富のより有利な分配などを獲得してきた。したがって、労働者階級、さらに広範に、支配諸国の労働界は、次のように連帯的であると同時に、従属的である状況に置かれていることを直視しなければならず、かつそれが一体どんな意味をもつのか吟味する必要がある。

——「連帯的である」というのは第三世界の民衆と国家に対してであり、かれらも支配諸国の労働者階級と同様、利潤を求める生産の論理にさらされているからである。

——「従属している」というのは雇用、生活水準、さらには生活そのものさえにおいて、「自分たち」の一国資本主義の生産に依存し、「自分たち」の支配層と共通の利害を有しているからである。

もしかれらが「自分たちの」資本主義ブルジョワジーから自由になるとしたら、もっとも予想されることは、過去のさまざまな経緯からして、国家集産主義と市場経済を組み合わせた体制のもとで「新支配階級」(高級「テクノ・ビュレオワジー」と党と組合機構の幹部からなる)が支配するあらたな階級社会への移行現象であろう。これは社会主義への前進が不可能になったのではなく、前進とは十九世紀の偉大なる思想家が想像した以上の複雑さをもったものになると予想されるからである。この前進はとりわけ生産手段の社会化だけでなく、数千年にわたる従属と服従の習慣に対して自由になることを前提とする。プラス面としては、あらたな関係性と仕組みの創出が重要な決定の集団的管理を可能にするであろうということである。

そこではデモクラシーが基本的な財産ともいうべきものになる。ブルジョワジーは、民主主義が、きわめて少数の持てる者と専門家からなる集団の行為であり続けることを望んだであろうという限りにおいて、これはブルジョワジーに対する勝利を意味する。デモクラシーは——一世紀以来の歴史が教えるところであるが——社会主義へのあらゆる前進の基本条件である。デモクラシー、個人の自由、人権というものは、われわれが守り、可能な限りさらに拡大し、強化し、深める責任を有する根本的財産である。

第三世界、被支配国においては、すべてがこれからなされねばならない。帝国主義、旧搾取階級の入り組んだ支配と同時に新しいブルジョワジー――新興ブルジョワジーと「テクノ・ビュレオワジー」――とも闘わなければならず、また近代的略奪に加えて低い生産、悪化した食糧・医療事情、高い死亡率、非識字率といった旧来の生活破壊の結果とも闘わねばならない。何らかの独立――一国あるいは「大陸」単位にせよ――の獲得は不可欠であろうと思われる。そして、問題はひとつの支配から解放され、もうひとつの支配に落ち込むことではない。非同盟諸国の広範な全体を形成することがまずは基本となる。

この意味で、国家管理主義《エタティスム》の諸方法は、若干の生産、あるいは若干の事業を伸ばすためには効果的なものとして回復してくる可能性も考えられる。生産力を伸ばすと同時に、社会主義の方向へと社会関係を変えていくことを可能にするような、あらたな生産形態が考え出されるかもしれない。そしてそこにこそ、村落共同体あるいは民衆の連帯の伝統において、彼らの生活の知恵において、彼らの哲学的および宗教的な伝統において、今日抑圧されている人々の何人かが存在し、一九六八年〔五月革命〕にかくも多くの国々の若者が予感し、提起していた現代の資本主義社会のもつ、不条理でとらえどころのない性格を破壊するような、新しい生産、生活、労働、決定の方法を編み出す術を知っているという点に、希望を托すべきではないのか。

第七章　二十世紀末——世界の大反転の始まりか[1]？

今世紀末は決定的地殻変動の最中にある。[2] 米国のヘゲモニーの突出を越えて、アジアの大半、とりわけインドと中国の決定的前進に注目するなら、今や西欧の優位の終焉の始まりにわれわれは立ち合っているのではないか？　そしてこの南の諸国の工業化運動、北の諸国の脱工業化に関する論争の背景として、十九世紀と二十世紀の前半をとり仕切ってきた産業資本主義が消滅し、〈テクノサイエンス型〉[3] とも言うべき他の資本主義の諸層および他の諸活動全体に強い影響力を及ぼしていく新たな資本主義の登場が形成されているのではないのだろうか？

その上、第二次世界大戦直後には諸貢納システム全体に対する蓄積システム──国家管理主義《エタティスム》および資本主義──の優位性が確立したとしても、一九八〇―一九九〇年の間におけるソヴィエト全体の崩壊は全般的に国家主義の挫折を明らかにした。確かに歴史の終焉ではないかも知れないが、資本主義は世界規模で──そしていつまで続くか誰にもわからない──蓄積、商品の生産、もっとも効率的な社会変革のシステムとして君臨している。

同時に、多国籍化、相互依存の深化、および「グローバル化」という語が含む諸プロセス全体により、経済生活の主要部分が「ナショナル」と「インターナショナル」という用語で分析できたこれまでの数世紀は終わりを告げている。だからといって、すべてをグローバルに還元することはできない。なぜなら、差異と格差は弱められるどころか多くの分野で強まっている。地球上の諸社会のほとんど全体において、通貨と金融のグローバル化の中に取り込まれながら、金銭関係と商品関係が支配的になっているという事実は、諸社会の深い変化を知らず知らずのうちに促進し、不平等を先鋭化し、アクラシー（統治能力喪失、意志決定と行動の放棄）[4] の拡大を助長している。

つまるところ、すべての諸社会が経済成長を熱望する中で、すでに達成されたあるいは進行中の成長が地球の根源的諸均衡を破壊し始めたのだ。そして、ニーズの創出の絶えざるスパイラルは、人口増化と資源の破壊と組み合わさり、来るべき世代をして、ますます困難な選択を迫っている。

諸変化の重要性からして、かつてないほど、この時代において一体何が準備されているのかを理解する必要がある。多くの様相からして十九世紀の大恐慌にも類する進行中の大変化を通じて、「グローバル化」という言葉だけでは誤ったイメージを与えてしまう世界の分解／再構築の複雑なプロセスが作動しているのだ。それ以上に、いくつかの進展が、一つの「世界の歴史的転換[5]」、いやそれどころかおそらく「世界の大反転[6]」ともいうべき現象の力線を構成しているものとして解読されなければならないであろう。

第1節　二十世紀末の地殻変動

西欧における危機、アフリカと南米の様々な地域に見出される苦境、広大なアジアの様々な地点での前例のない成長、新しいテクノロジーの登場、そして「グローバル化」と、一九七三―一九九〇年は、多くの点において一八七三―一八九五年の大恐慌とも比較しうる時期である。しかし、ソヴィエト体制の崩壊、米国の経済力の再生、リベラル信仰の再登場、そして世界のほとんどすべての地域で無数に根を張る超巨大企業の形成と、資本主義は再びその適応と飛躍の力を内包している証を見せている。

一　世紀末、新たな〈大恐慌〉か？

十九世紀末期と同様に、一九七三年に開始された経済的危機と不安定期は、近代資本主義の次の四大矛盾の相

表7-1　19世紀末の「大不況」と20世紀末の「地殻変動」

	1873-95年の「大不況」	1970-90年の「地殻変動」
支配国と基軸通貨の見直し	イギリス ポンド	アメリカ ドル
古くからの経済の息切れ現象	フランス，ベルギー， オランダ	西ヨーロッパおよび 東ヨーロッパ諸国
新しい資本主義国の確立	アメリカ ドイツ	日本，新興工業国（NIES） インド，中国
旧産業の凋落	石炭，鉄，溶鉱，繊維	鉄鋼，造船，自動車，家電
新技術と新産業	電気，石油燃料動燃機関，電話，自動車，飛行機	核エネルギー，太陽エネルギー等，情報，通信，航空，宇宙，バイオテクノロジー，新素材
国際化と世界化	帝国主義，国際金融， 資本輸出，世界分割	多国籍企業，グローバル-信用，グローバル-通貨，グローバル-金融，「グローバル化」

互作用を考慮なくして理解は出来ない。すなわち、企業間の矛盾、企業と労働者間の矛盾、各資本主義国間の矛盾、また更に資本主義諸国、従属諸国および新興工業諸国間の矛盾である(7)。

こうした展望に立つと、一九七三―一九九〇年の「長期危機」は一八七三―一八九五年の間の大恐慌と注目すべき類似点を示している(8)。

十九世紀末の「大不況」の時と同じく、支配的経済は新興工業国と衝突し、地球規模でのカードの配り直しが始まっている。この一世紀前には、イギリスは、ドイツとアメリカという新興経済大国の台頭に対して未だ自信を持って対処していた。今日、アメリカ合衆国は、同国と強い関係で結ばれている日本、域内統合を絶えず追求するヨーロッパを目前にしながら、未だゲームの主人公にとどまっているように見える。そして、第三世界の中の大国を見ると、ブラジルはいまだ危機にはまり込んでおり、中国とインドは膨大な人口圧力によって制約を受けて、世界の経済大国にすぐにはなれないように見える。しかし、かつてのアメリカは西側世界の覇権大国の仲間入りをするのに、一八九五年から一九四五年というわずか半世紀しか必要としなかったではないか。そして、今から半世紀後の二〇四〇年までにどんなことが起こるかを誰が断言できよう。

十九世紀末の「大不況」の時と同じく、旧来の経済大国がいまや息切れしているのが確認できる。ある意味では、西ヨーロッパ世界全体が、そして別の意味では、アルゼンチンのような大戦間において急速な上昇を経験した国々が、また旧ソ連、および余りに長い間ソ連の国家主義的制約を受けたために社会崩壊へと行きついた、旧ソ連帝国圏内のすべての周辺諸国がこの状態にある。逆に、かつての第三世界とされた低開発諸国の中からはいくつかの新資本主義国が、アジアにおいては、「四頭のドラゴン」ないし「四昇竜」をはじめとして、より最近ではいくつかの他の東南アジア諸国、中東の石油王国、さらには他のいくつかの例外的成功が確実に登場してきている。その上、インドおよび中国という大陸国家には、経済の新たなダイナミズムが胎動し始めた。

十九世紀末の「大不況」におけるときと同じく、工業先進国経済は石炭と鉄鋼、造船、家庭用耐久消費財などの伝統的産業の凋落に見舞われている。この先進国の受ける影響は、各国の工業化のプロセスとメーカーの北から南への移転を通して、これらの同じ産業が旧第三世界のよりコストが低い諸国において成長してきているだけに、ますます深刻化している。

と同時に、戦後の主要資本主義諸国において繁栄の中心に位置したフォーディズム型賃労働関係が、二重の攻撃にさらされることになった。一方では、過酷な労働条件（流れ作業、八時間三交代シフト制の変形労働、出来高・歩合給）に従っている労働者は、一九六〇年代末から、労働に対する制約条件の見直しを迫るか、あるいは拒否をし始めた。これらの条件が労働者の物質的条件と社会の進展という二重の作用を通じて、ますます労働者にとっては耐えがたいものとして映ってきたのだ。他方では、「（大量）消費社会」とそれに伴う浪費が消費者運動、「一九六八年世代」、エコロジー運動などからの様々なタイプの批判と拒否にさらされ始めた。他方、リベラルイデオロギーの強力な再来によって、国家、労働組合権力、従来の規制と交渉が見直され、市場の調停のみへの復帰が提唱されだした。

このフォーディズムの解体は、自由主義が支配的な国々（アメリカなど）では、低賃金ないし劣悪賃金を含めた不安定な雇用の急増、格差の拡大となって現れた。ヨーロッパでは、労働世界の社会的保護の根幹を守るための努力は同時に高い失業水準と広範な貧困層の形成をともなっている。日本では、日本型経営システムを取る大企業体制において、フレキシビリティーと適応性の絶えざる追求によって、能力主義的な解決策が探し求められてきた。しかし、アメリカは最低の社会保障を守らざるを得ず、ヨーロッパは失業をくい止めざるを得ない。[9]日本に関しては、(新日本型経営のTQC・幅広いOJT、企業別組合(改善・系列・過労死の三Kで知られる)は活用するが)「終身雇用」と年功制が少なからず大企業において見直されて、選択定年制と「半身雇用」の中高年リストラ策や管理職の年俸制が採用され始めた。全体として言えるのは、資本主義世界全体の中で一つの共通する傾向が現れだしたとしたら、それは柔軟な雇用形態、および報酬の水準の様式、そして最後には社会のますます増大する細分化と分裂化への傾向であり、不安定状態の拡大と排除される集団の持続的形成への傾向である。

十九世紀末の「大不況」時と同じく、新たなテクノロジーが出現した。すなわち、新しいエネルギー(核、天然ガスおよび更新可能なエネルギー)とエネルギー節約、新技術(とりわけ情報のストック・流通・処理、動物および植物生産から人間の生産までのあらゆる応用を可能にする生物の制御、宇宙の征服と利用の技術など)、新しい素材、新しいフロンティア(海洋および宇宙開発、人工心臓、生命科学技術)が生まれている。したがって、あらゆる時代において経済の論理を逃れてきた分野を含め、あらゆる分野に及ぶ新しい活動が登場している。

たとえば、複数国家間のおよび超国家的な協力が今後増加するとしても、各国がその独自の能力を動員して、これらの道へ向かうことは明らかである。アメリカは大型プロジェクトに対して、公共投融資、大学の専門的知識、企業の活力をすべて動員してこれに参入するだろう。ドイツとイギリスは、産業面の企業の力を、フランスは国家的伝統と栄光ある「国家エリート層」が担うその集権的プログラムを生かすだろう。日本は政府と民間のアクターを対話させ、次に官民協調方式で、将来性のある先端技術を優先した研究開発路線を選択している。これらの五ヵ国は、一九九〇年においても一九八〇年時と同じく、世界の先端技術輸出の四分の三のシェアを占有している[10]。

最後に、十九世紀末と同様、新たな進歩が国際化とグローバル化に向けて進行中である。テレコミュニケーションと情報に関する技術進歩は、情報の貯蔵、処理、普及、流通、利用の各能力を飛躍的に拡大することを可能にした。これにより、物質的生産から、文化、経営および金融を経て「コミュニケーション」まで人間の諸活動の全体を深く変えられるようになった。また、この進歩は、次から次へと、そして一分野から他分野へと波状運動を通じて――数万人から数億人における――拡大していく様々な少数集団に対して、新たな消費とインターネットで象徴されるコミュニケーションの拡大した可能性へのアクセスを可能にしている。

同時に国際金融と通貨関係――ここでもテレコミュニケーションと情報に関する進歩によって変化をこうむっているが――は、それ以前の調整システムの放棄以来、また自由化の波と金融センターとオペレーターの増加とともに、ますます制御が困難になっている。詰まるところ超大企業を中心とする企業は、いまや地球規模で極めて柔軟かつ移動性のある貿易、生産および金融戦略を実施する諸手段を有するようになっている。

かくして、十九世紀末との類似点がどうであろうと、一九八〇―一九九〇年の間において手がけられたプロセスを通じて、単純には「世紀末」の新たな大不況を読みとることは出来ない。おそらく、世界で今日起きつつあるのは「地殻変動」であろう。

二　一九八〇年代の諸危機――不平等世界における非対称的相互作用

第一に、貿易、生産、通貨および金融の諸関係全体、第二にヒト、情報および表象の循環、第三に生活諸様式と諸文化の諸力学、そして第四に諸プロジェクトおよび諸戦略を考慮するとき、いかなる国も、いかなる社会も、そして、小社会でさえも、一つの孤立した存在、あるいは外部関係を副次的にしか有さないような閉じられた全体としてみなすことはもはや出来ない。相互依存の重層構造が拡大し、多様化している。いかなる経済も完全に自立的ではあり得ない。各国経済は世界システムにおけるその比重、パワー、戦略、位置関係などによって、行動の幅を広げたり、狭めたりする。そこから従属とか、外部の制約や離脱に関する多種多様な数多くの議論が生まれてくるのである。

アメリカ経済は国際化すると同時に、ますます世界経済に統合されていく。同国の国民総生産に占める輸出入の割合は、一九七〇年代に著しく高まった（七~八%から一八~二一%へ）。次に、輸出が減り、輸入に関しては二〇%前後に落ち着いた。アメリカ国内において外国人が所有する資産は、一九八〇年から八五年にかけて倍増した（五〇〇〇億ドルから、一兆ドルへ）が、アメリカ人が外国で有する資産はやや伸び悩みをみせた（同期間中六〇〇〇億ドルから九五〇〇億ドルへ）[11]。外国におけるアメリカ企業の投資残高は、一九七三年の一〇〇〇億ドルから、八〇年には二二〇〇億ドルへ、九〇年には四五五〇億ドルへと急激に増加した。アメリカにおける非アメリカ企業の投資残高も一九八〇年代には極めて急速に増大して、実際、一九七三年の二〇〇億ドルから、八〇年には六〇〇億ドル、九〇年には四三五〇億ドルへと推移している[12]。

各国経済にとっては、外国貿易の相対的比重、多国籍企業の進出度、対外債務などがますます決定的となっている。こうした状況から、最近では、しばしば暴力的とも言えるほどの激しさをともなって現れた極めて著しい経済の相互依存関係が一九八〇年代に登場してきている[13]。

各国経済の新自由主義的な「健全化」政策（ディスインフレーション、社会保障の切り捨て、購買力の制限ないし切り下げ）は、ロナルド・レーガン米大統領の第一期の初めに開始され、他の西ヨーロッパ諸国、とりわけマーガレット・サッチャー首相のイギリスおよび統一前の西ドイツで手がけられ、世界経済に対して著しい影響を与えた。国内総支出（個人消費、政府支出および投資）はアメリカにおいて一九八〇年および一九八二年に減少をみた。欧州共同体では一九八二年および八三年、日本では一九八〇、八一、および八三年において、やはり減少した[14]。

「発展途上国」に対する影響はより露骨に現れた。これらの諸国の資本主義諸国全体への輸出は、一九七五年から八五年において年平均二一・五％の伸びをみせたが、八二年には一四・五％、八三年には六・七％伸び率を低下させた[15]。この輸出収入の減退は、第三世界諸国の景気動向に深刻な影響を与えていくことになった。一九七三年から八〇年にかけて、年率で五・四％伸びていた南米・カリブ海諸国全体の国内総生産は、一九八一年、八二年、八三年と三年連続して低下した。同様にして、一九七三年から八〇年にかけて年率で三・六％の増加をみたサハラ以南のアフリカ諸国の国内総生産も、一九八二年、八三年、八四年と三年連続して低下した[16]。こうした相互依存の悪循環が、一九八〇年代、第三世界の対外債務危機を構成する諸要因の一つとなったのである。

各国経済間の相互依存が与えあう諸影響は、それにとどまらない。レーガン大統領は、選出前に公約した経済プログラムを極めて部分的にしか実施せず、たとえ、若干の社会、教育面などでの連邦支出を減らしたとしても、研究・開発および軍事支出は高水準に保った。その狙いはアメリカの戦略的優位を維持すると同時に、科学的、技術的、産業的にみて最先端の部門を「牽引」することにあった。その結果、軍事支出は、一九八〇年の一三四〇億ドルから八四年には二二七〇億ドルに達し、連邦予算に占める軍事費は、二二・六％から二六・七％へと高まり、連邦政府の赤字は、一九八〇年の七四〇億ドルから、八三年、八五年、八六年には二〇〇〇億ドル以上に肥大したのである[17]。同時に、アメリカの対外経常収支の赤字は、一九八二年から八七年にかけて悪化した。これら二つの動きはアメリカ政府と同国民間部門の借り入れの必要を増し、名目公定歩合の急激な上昇を招いた。一九七九年および八〇年において、アメリカではマイナスであった公定歩合は、八一年にはプラスに転じ、八二年から八五年にかけては高水準にとどまった[18]。ドルのすべての他国の通貨に対するレートは、一九八五年には最高水準に達した[19]。

このドル高はアメリカ産業の輸出をより困難なものとし、同国の輸入を助長する結果を生んだ。その結果、アメリカの貿易収支赤字と経常収支赤字が一段と悪化し、経常収支は一九八一年には出超であったものが八三年には四一〇億ドルの赤字に、八四年には一〇二〇億ドル、八五年には一一三〇億ドルに転落している[20]。すでにアメリカの対外債務は一九八〇年の一三〇〇億ドルから、八三年末には三〇〇〇億ドルへと増大していたが[21]、この債務規模は膨張しつづけ、一九八七年にはアメリカの対外純収支は赤字となり、一九九〇年代を通じて悪化し続けた[22]。ドル高は、この通貨で輸入の大半を支払っている国々にとっては重圧となった。とりわけ、旧第三世界債務国にとっては、その影響は極めて劇的であった。開発途上国の対外債務残高は、一九八〇年には四八一〇億、八二年には五五二〇億、八五年には七一一〇億ドルに達し、これらの諸国の輸出に占める割合は、それぞれ九〇%、一一六%、一三六%となった[23]。これらの諸国が対外債務で負担すべきであった実質利子率は、この一九八二—八五年の期間において耐えがたい水準に達した。たとえば、ナイジェリアで二〇%、アルゼンチンおよびチリで一八%、メキシコで一七%、ブラジルで一六・五%、韓国では一〇%であった[24]。かくして、債務返済額は急激に増加し、一九七七年に平均して輸出収入の一〇%を占めていたが、一九八〇年には一六%、一九八二年からは約二〇%を占めるに至った。この負担は、重債務国では更に大きく上回った。たとえば、チリは五五%、メキシコは四九%、ブラジルは三五%、その他の南米諸国も大同小異であった。またミャンマーは三七%、エジプトは三四%、アルジェリアは三四%、またサハラ以南の多くのアフリカ諸国もこうした状況にあった[25]。

この累積債務の重圧化は、南の諸国の経済成長を抑制したり、あるいは停止させるなどの破壊的影響を与え、貸付銀行に対しても、それを通じて資本主義経済全体の状況に対しても、ともに深刻な危機を引き起こした。こうした事態は、一九三〇年代の大恐慌の記憶を新たなものにしたのである。無数の交渉が債務繰り延べに向けて行われ、ほとんどの場合、IMFの専門家の圧力下で「構造調整[26]」政策の着手を余儀なくされた。

平均実質賃金は、チリでは一九八一年から八五年において一五％低落し、メキシコでは一九八二年から八五年では三六％、ペルーでは一九八〇年から八五年における四〇％、ブラジルでは一九八二年から八三年にかけて九％減少した。失業率をみると、シンガポールにおいては一九八〇年から一九八二年にかけて、タイでは一九八〇年から八二年にかけて四倍以上にも悪化した。またミャンマーとインドネシアでは一九八〇年から八二年にかけて、インドでも八〇年から八四年にかけて、劇的とは言えないまでもやはり失業率は著しく増加している[27]。

このようにして、ドルの上昇はアメリカのメーカー、輸出業者、同国の主要パートナー諸国に対してますます耐え難いものとなった。その上、ひとたび明らかに過大と評価される水準に達するや、「健全な管理」を求めようとする投機家や金融機関は、利得をモノに換え、自分たちのドル建ての資産を減らそうと努めた。そこで予想すべきリスクはドル崩壊であった。一九八五年冬から、各国の中央銀行の総裁は――どの水準に着陸地点を位置しているかという厄介な問題はあったが[28]――、ドルを「軟着陸」させることに成功したのである。この枠組みにおいて、アメリカは一九八五年秋に打ち出されたベーカー案により、南米を筆頭とする第三世界の債務国の被害に対して弥縫策を講じようと努力した。

しかし、ドルの低落は原油のドル価格ベースでの下落をともなっていた。OPEC（石油輸出国機構）は一九七三年当時の比較優位をすでに失っており、一九八一年以来、その生産量は他の非加盟国に追い抜かれていたからである。その上、この機構は内部分裂もしていた。サウジアラビアは市場のシェアを取り戻そうとし、また原油生産の採算ラインを上げさせないよう阻止を図り、値下げの方向に圧力をかけた。一九七九年の最高値に達した（「アラビアン・ライト」種でバレル当たり八〇ドル以上まで）後、一九八〇年代の前半に値崩れし始めた原油相場は一九八五年十二月のバレル当たり三八ドルから、八六年七月末には一〇ドルに落ち込み、やがてバレル当たり二〇ドル前後に落ち着いた。一九九〇年夏の湾岸危機の時点では一時四〇ドル以上に急騰した原油相場も、その後、二〇ドル以下の低下傾向に入った[29]。

全体として、この低下は石油の消費国（日本、西ヨーロッパおよび第三世界）にとって、願ってもない恵みであった。しかし、産油国（北欧と湾岸諸国）にとってはこの下落は深刻な問題をはらみ、経済的に石油収入に強く依存する人口規模の大きい、メキシコ、ナイジェリア、アルジェリア、エジプトなどの国々を極めて厳しい状況に追い込む裏面を持っていた。

ともあれ、実質価格で、原油は一九七三年以前の相場水準に復帰した。より広く言えば、一次産品の価格体系全体が急激に落ち込んだ結果、実質価格で、一次産品の相場は一世紀来で、最低水準となり、一九三二―三三年に記録した水準に匹敵するくらいであった[30]。この結果、危機の現時点の負担は、先進工業国においては、失業者、落ちこぼれ社会集団、若干の高齢労働者層を始め、更に失業、不安定な雇用およびしばしば雇用緩和の犠牲にさらされて増大する若年層に押しつけられている。だが他方では、第三世界諸国の生産者も極めて深刻な形で危機の負担を押しつけられている。すなわち、農民、賃金労働者、またインフォーマル・セクターの労働者、そしてすべての「南」の潜在的失業層で、何ら資産を持たず生活の糧を失った人々がその被害者である。要するに、貧しい国の最貧層がその最大の被害者層となったのである。このように、世界システムが不安定で、限りなく不平等となってきている結果、劇的かつ爆発的状況が生まれている。

全体として特記すべきことは、現代社会を特徴づけるすさまじい相互依存関係である。この相互依存はその非対称性を特徴としている。なぜなら、アメリカの及ぼす影響と「北」の諸国からの影響の方が圧倒的な力を持っているからである。またこの相互依存関係は、無数のショックと反ショックの波となって現れ、そのショックを弱める方向にも、増幅する方向にも作用する結果をともなっている。相互依存はますます枝分かれして拡大し、人里離れた村落やあるいは地の果ての鉱山労働者、山間部の農民、離島の漁民までを世界の諸事件に否応なしに巻き込んでいくのだ。

最強のアクターは、この相互依存を自分たちの戦略に組み込み、その恩恵を最大限に受け取れるが、弱者や持たざる者達は、この相互依存をひたすらただ受け身で経験し、しばしば被害を被ることさえある。

三　リベラリズムの再興――一九九〇年代の成長と危機

一九八〇年代のリベラリズムの再興は、旧列強の英国と二十世紀後半の列強である米国にしかほとんど影響の与えることのなかった、単なる流行の一つであったかもしれない。しかし、実際はそれ以上の出来事であった。それはイデオロギーと政治風土の本格的変化であった。この変化は一九三〇年代の危機に直面して、次に世界規模で、一九三九―一九四五年の大戦期において、そして共産主義を名乗る諸国による挑戦が重くのしかかっていた文脈において、復興、成長および発展の必要に迫られた一九四〇年代と五〇年代において、その時々で打ち出された介入主義の確立に匹敵する出来事である(31)。

一九八〇年代においてもっともラジカルなリベラリズムの政策（国家の介入領域の縮小、民営化、規制緩和、社会保障の切り詰め、労働組合に対する攻撃）が着手されたのは英国のサッチャー政権のもとであった。その後、メージャー政権下でも淡々と続けられたこの政策は労働党の復帰に貢献した。労働党の極めて実務型のT・ブレアが意気揚々と党の旗を掲げたものの、権力につくや、ソーシャル・リベラリズムの旗手となってしまった。

米国では、R・レーガンの政策は社会関連支出の大幅削減、減税および財政赤字の大幅縮小を伴うものの、はるかに混交したものであった。共和党のG・ブッシュ父大統領政権下（一九八八―一九九二年）では、連邦予算は高水準にとどまり、米国の利害の擁護が世界貿易の交渉で最優先され続けた。民主党から一九九二年で選出され、一九九六年に再選した、また極めて実務的なB・クリントン大統領は、根本的な変化を手がけなかった。確かに経済成長と予算削減のお陰で財政赤字は減少したし、リベラルな言説はより社会重視に映ったが、経済ナショナリズムは、国益擁護と戦略的通商政策の着手と合わせて競争力優先化とともに受け継がれた。

ヨーロッパでは、リベラル的発想はイデオロギー論争において広汎に広まり、政府中枢にも入り込み、左翼の言説にさえも浸透した。しかし、政府の介入は多様な型をとり続けた。強固に打ち立てられたコーポラティズムは根本的に見直されることなく、社会的既得権は擁護の声が高まるや、結果として守られた。従ってリベラル的方向転換は多くの場合「切り貼り」をくり返す中で実現していった。たとえば、フランスでは一九九七年六月、L・ジョスパンによって発足した「複数の左翼」たる政府は、民営化と規制緩和の実施を、これらにやはり着手しようとした歴代の右翼政権よりもうまく成功させた。それどころかジョスパン政権の経済大臣は、一九九九年に英国のT・ブレアとドイツのG・シュレーダー両首相とともに打ち出した社会リベラル路線に極めて近い人物に映った。「多くの人々は右翼と左翼のドグマから生まれる世界観はもはや持っていない」と確信した社会主義の流れを汲む両首相は、右翼が数十年来左翼に対してなしてきた非難を社会民主に再び向けたのである。

アジアでは、リベラル信仰は長い間避けて通れない国際的言説の一部をなしてきた。競争はいくつかの分野で容赦なく展開されることがあったが、高い成長に恵まれたすべての諸国では、国家、一族そして諸集団の組み合わさった行動こそが決定要因であった。たとえば、中国では軍を中心とする国家機構、家族およびオカルト的ネットワークといった要素の役割が決定的であった。したがって危機が勃発するやナショナリズムと国家的反応が作用し始めることになる。

ロシアおよび旧ソビエト帝国全体において、国家管理主義体制の崩壊後、幅を利かせてきたのは、しばしばウルトラリベラルの言説で、往々にして無責任な西欧のイデオローグによって押しつけられた言説であった。特にロシアのようなところでは、大規模な混乱が生じた。そこでは、マフィア的権力と組織のネットワークがもっとも「旨味のある」分野を分取り合ったのである。国際通貨基金は、ロシアに対し、また経済的苦境にあるすべての国々に、融資供与条件として教条的リベラリズムの処方せんを押しつけたものの、強固で一貫性のある経済の再建には実際のところ助けにならなかった。

表7-2　世界経済の成長（年平均率）

	世界全体	高所得国	中所得国	低所得国
1980-1990年	3.1	3.2	2.8	4.3
1990-1997年	2.3	2.1	2.5	4.2

出典）Banque mondiale, *Rapport sur le développement dans le monde, 1998-1999. Le Savoir au service du développement*, Paris, ESKA, 1999, p. 233.

リベラリズムの素晴らしさと功績を称えたイデオロギーは、一九九〇年代において、スマイル商法の政治指導者によって打ち出され、国際金融機関により押しつけられ、大学教育、テレビ、そして情報と呼ばれるすべてのプレスにより広まっていき、フル運転をした。そして、世論の大半は、リベラリズムは成長と繁栄を確保するという考えを抵抗もなく受け入れていく。

しかしながら、この一〇年のうち、最初の八年をみるならば、世界の成長はむしろ一九八〇年に比して減速した。この傾向は世界全体にも、北の富裕国にも、近代化とキャッチアップを手がけた諸国にもあてはまる。資本主義富裕国は「高所得経済」の場合、経済実績は米国と英国では、見かけはより好成績となっている。しかしながら、この開きは部分的には一九九〇年が米国では底で、欧州では山となっており、景気循環のズレが説明される(32)。

この時期における英米と欧州連合の大陸諸国間の主たる相違は、次の点に存在している。すなわち、前者においては、最低賃金の下限は事実上外され、実質価格で低賃金は更に進行し、社会保障は後退し、不平等は大幅に増加した。その反対に、後者では最低賃金の下限と社会保障は全体として守られた。そして不平等が拡大していくのは、主として、社会

表7-3　富裕国の成長（年平均率）

	米国	英国	フランス	日本
1980-1990年	2.9	3.2	2.4	4.0
1990-1997年	2.5	1.9	1.3	1.4

出典）Banque mondiale, *Rapport sur le développement dans le monde, 1998-1999. Ibid.*, p. 232-233.

にますます排除される人々を生んでいく大量かつ長期的失業の登場によるものである。いずれにせよ、雇用の柔軟性と不安定性は先ず若者、無資格層、そしてまた多くの「高齢」労働者において進展した。

日本に関しては、アジア危機の連鎖反応が勃発した際、突然出現する経済的苦境の最初の兆しを見せた。

実際、一九九〇年の最初の八年でもっとも注目すべきは、アジア諸国の成長と旧ソヴィエトブロック諸国の経済の崩壊であった。

一九八九－一九九一年において、ソヴィエト連邦の解体とソヴィエト帝国の崩壊の後、多くの東欧諸国は、国家管理主義《エタティスム》から国家がそれなりの役割を引き受け、多少なりと統制が機能する市場経済への極めて困難な移行期を経験することとなった。しかし、ロシア連邦のように、旧ソ連邦の大半の諸国は独立達成後、本来、企業の自由と市場は、規則と効率的かつ法治国家を形成する能力を有した国家なくして作用しないのにもかかわらず、正真正銘の崩壊を迎えることになった。旧システムはもはや機能せず、主要な富は収奪され、そして、権力の主要な部分は、ナショナリズムに逃避し、（時としてリベラルな言説をもって）党機構の諸部門と関係を有してソヴィエト体制の最中で発達したマフィア的ネットワークに多かれ少なかれ結びついた旧党幹部によって乗っ取られた。

今度の奇蹟は（全くのところ二十世紀後半の一〇年ごとに資本主義は奇蹟を誇ってきたのだが）アジアで生じた。経済成長は一九九〇年代の最初の八年で、巨人インドでは年五・九％、カンボジアでは六％以上、韓国、インドネシアおよびタイでは七％以上、マレーシアとヴェトナムでは八％以上、巨人中国では一二％であった。経済誌がこのことを如実に証言している。大半の解説者はこの新たな成長に目を奪われ、そこにアジアが世界で重要な位置を占める世界の到来を読みとっている。

この到来説は誤りではないが、成長期だけにこの根拠を見出そうとすると、歴史的知識の欠如が露呈してしまう。すなわち、資本主義は常に成長と危機によって前進してきたのである。そして、この新たな危機はアジア新興国の力学の弱さを露呈している。すなわち、このモデルは輸出面においても、外国の投資と融資、また過剰債務、銀行の規律の欠如、投機の連鎖をみても、世界経済への組み込みに対して過度に依存しているのである。

危機のプロセスが開始されるには数人の外国投機家が利潤を実現し、外国の投資基金と国内投資家がこの投機運動を追って行くだけでいいのである。これらの諸国の金融・銀行システムにとっては、この動きは健全かも知れないが、生産面にとっては打撃を与え、社会的には中産階級の層まで巻き込む惨憺たるものとなるであろう。

一九九七年七月、タイのバーツの対ドルのスライド離脱が引き金となった危機は、直ちにマレーシア、インドネシア、フィリピンへと波及した[33]。この危機の顛末において、やがて日本でも促進されていくように、韓国の金融、銀行組織の弱さが露呈した。危機はアジアでは生産の下落となって現れた[34]が、一九九八年の夏にはロシアでの危機に引き継がれ、アルゼンチンとブラジルでは激しい動揺を生んだ。世界の株式体制の限界と脆弱性をこうした全体は浮かび上がらせ、一九九八年九月―十月には厳しい調整期に入った。日本の銀行・金融システムの弱さは、城塞国家日本の脆弱さを露わにした。日本が不況へと突入すれば米国、すなわちシステム全体を直接脅かすことになるであろう[35]。そこで日本政府は大がかりな銀行健全

表7-4　東アジアの成長（年平均率）

	東アジアおよび太平洋	中国	インド	東欧中央アジア	ロシア
1980-1990年	7.8	10.2	5.8	2.9	2.8
1990-1997年	9.9	11.9	5.9	−5.4	−9.0

出典）Banque mondiale, *Rapport sur le développement dans le monde, 1998-1999. Ibid.*, p. 232-233.

化計画を決定することになる。同時にアジア危機は、一方では国際通貨基金の処方箋、とりわけ同基金が押しつけた高金利政策で部分的には悪化したものの、他方では世界経済の安定に極めて積極的に貢献する国として登場した、自国の通貨を切り下げなかった中国によっても抑え込まれた側面を有する。いまや一二億以上の人口を抱えるこの中国では、党機構の指導のもとで、小規模家族経営から国営大財閥まで、国家管理主義と集団主義から、クライアンテリズム、汚職およびマフィア活動に侵された無数のゾーンまでを抱えた、ありとあらゆる形をとる資本主義へと、極めて多様な生産形態が共存している。

リベラリズムのもとに置かれた一九九〇年代は熱波と寒波、成長と不況、惰性とカオスの一〇年であった。ある人々は未だインフレのリスクを懸念し、それに対しデフレの脅威を懸念していた人々もいた。ある人々は株報酬と株価の関係がかつてないほどの低水準を記録した株投機の限界を案じた[36]が、他の人々は、余剰益は絶えず投機を促進するだけでなく、株主の消費支出を可能にするという新たな株式論理の到来を予言した。多くの人が成長の物理的限界（地球全体のリスク、水資源等）を懸念したのに対し、主として情報で活性化するニューエコノミーの功績を褒め称えた。

そして今世紀末、リベラリズムがあるとしたら、このリベラリズムはユニークであると同時に多様化し、不平等を極度に高めるシステムとして位置づけられるリベラリズムである。これはいわば、極度の不平等を伴った世界における超強者のリベラリズムである。

四　グローバル化（mondialisation）の現実とイデオロギー

一九九〇年代にグローバル化という言葉がメディアに華々しく登場し、政治言説の論理として利用され、多くの論争を生み、研究者には彼らの分析枠組みの変更を迫った。

たとえば、R・ボワイエのように何人かの研究者は、その重要性そしてある意味でグローバル化の実態に疑義を抱いたとしても[37]、このグローバル化は今世紀末の最後の一〇年を活気づける新たな現実である。第二次大戦後の世界の三分割の終焉、金融のグローバル化、通貨と株価の揺れによって伝播する波の地球規模への拡大、オゾン層の破壊、人間の諸活動から生じる気候変動指数、インターネット……曖昧で、当たり障りがなく、したがって、現実味のない言葉として「モンディアリザシオン」――フランス語では、英語のグローバリゼーションに極めて近い〈グローバリザシオン〉という言葉と重複している――は、なんでもありの言葉となっている。実際この言葉は「帝国主義」にも、「世界資本主義」にもあるいは「従属」にもと、同時に互いに連帯し、人類の幸福への前進を表す決まり文句全体を意味する言葉の代わりにも使用されうるのである。それだけにこの言葉がますます使われていくことは中立的ではない。この言葉は極端な立場が再び強調されているネオリベラルの海のただ中に位置づけられ、特定の選択を正当化したり、特定の諦めを隠蔽するために使われている。

広く容認された定義がないため、この言葉が極めてバラバラに使用されていることは、言説や論争の曖昧さを助長している。こうした論争では、「グローバル化」という言葉は、次の三つのプロセスの形態を指すために使われることを認めるならば、少しは明確になるであろう。先ず第一に、現象がますます地球規模で広がっていくこと、第二に相互作用と相互依存が増加し、地球全体で強化されていくこと、そして第三に新たな現実が世界規模で有機的に形成され展開することである。

従って、「グローバル化」という言葉には三つの使用法が共存する。①「ある現実の世界的次元への到達」としてのグローバル化（昨日までは各大陸における人類の存在あるいは生産技術のグローバル化を、今日は瞬時の情報化と特定の生産物の消費のグローバル化を指す）、②「世界規模での相互依存の増大と深化」としてのグローバル化（長い間、時間の中に抑え込まれ、希釈されたままであったために弱いものにとどまっていたが、輸送とコミュニケーションの進化もあって、強化、拡大した相互依存）、③「全体化する有機的運動」としてのグローバル化（現代のグローバル化において資本主義の力学と強い関係を有する）。

これらを踏まえると、進行中のグローバル化は三つのプロセスの形態がともに実現する最初のものである。様々な現実の地球規模への拡大と同時に、世界の相互依存と世界規模の資本主義の発展により支配される幅広い運動の強化と拡大が存在し、全体を牽引し、強化し、加速化していく（これらの力学の一つ一つに対して、抵抗と反対傾向を伴いつつ）。グローバル化は、資本主義の形成と確立とともに十五世紀と十六世紀に開始される長期変動にその根源を有し、各国の支配的資本主義によって促進されつつ、様々な力学（全国的拡大、国際化、多国籍化、大陸化）の延長上に位置づけられる。

グローバリゼーションというタームが喚起する領域とは反対に、進行中のグローバル化（モンディアリザシオン）は分極化し、不平等で、非対称的である。確かにすべての人類は今後、少なくともグローバル化の諸相の一側面によって影響を受けていくことは間違いない。生活あるいは文化と情報に関する消費様式において、商品流通と経済の諸力学を通して、資源の破壊、汚染および気候体系の変化によって……といった様々な面が挙げられる。しかし、「地球村」のイメージが喚起する身近さ、互酬性、連帯といった魅力の代わりに、地球上の六〇億以上の住民の圧倒的多数は、何ら自分たちが影響力を及ぼせない時代の成り行きに、ひたすら身を任せているのだ。

富裕資本主義諸国全体に対応する地政学上の全体が決定的な重要性をもってきている——大前研一によれば「トライアド」[38]で、地理学者O・ドルフュスによれば「世界大都市列島」と形容される[39]。そこにおいて、購買力、消費、貯蓄、投資、研究、開発、金融手段、軍事力の大半が集中しているのである。そこにおいて、大国（そして、先ずは米国）および世界の超巨大企業および主要な国際経済および金融機関に疑いなき影響力を及ぼしている、世界の主要金融界による地球規模の戦略が手がけられるのである。そこにおいてこそ、新技術、そして新技術による新製法、新製品、新たな消費、生活様式が考え出され広まっていくのである。そしてその地から、一九八〇年代まで産業汚染の大半が引き起こされたように、新たな技術・科学的危険が生じていくのである。

これらの様相の一つ一つは更に考察を深めていくことが必要であろう[40]。しかしここでは、通貨と金融のグローバリゼーションだけを具体的事例として考察してみよう。

グローバル化のこの側面は一つの現実を有している。テレ・コミュニケーションと情報処理に関する技術進歩は、すべての貨幣決済とすべての金融注文を同時かつ世界のすべての地で可能にした。また、ますます抽象的で手の込んだ新たな金融商品（先物とオプション――利子率、外貨および株価指数[41]）の創出を可能にした。同じ運動において、為替取り引きの増殖、通貨関係の繁殖、金融と株式活動の膨張が、絶えざる投機活動とますます精緻化する裁定とともに存在してきた。新たな金融市場が登場し、二十四時間中、全世界のアクターを世界のすべての部分に関する取り引きに巻き込む貨幣／金融の領域を発展させた。強力に膨れ上がる通貨／金融領域[42]は、ますます衝撃とその固有の論理の影響を受けやすくなる方向へと進んでいる。そして、常に起こりうるそのパニック運動は、国際および各国の通貨と金融大機関による統制がますます効かなくなっている。

だからといって、この「世界金融領域」の中で支配的な各国資本主義の、そして先ずは米国の優位を見逃してはならない。一九九八年末、株の出来高は、ニューヨーク証券取引所では約一〇兆ドルに達し、欧州の八大証券市場では六兆七〇〇〇ドル、アジア・太平洋の主要株式市場では三兆六〇〇〇ドルにもなった[43]。一九九九年初頭、世界輸出の支払いの六五％はドル建てで――欧州連合内の通貨では二〇％、世界の外貨準備の五六％はドルによって保有されている――、そして、二六％が欧州連合内の通貨建てとなっている[44]。確かに世界で創出されるドルの一部は、必ずしも米国系でない銀行によって米国の外で貸し付けられた信用から生まれる外国産ドルである。

一九九九年初頭に創出されたユーロは、まだ欧州において一般的使用通貨になっておらず、世界通貨としての力量を持つまでに至っていない。日本の銀行システムは停滞から脱出するための精力的治療を受けなければならなかった。だからといって、通貨と金融の主要アクターがいまだ米国、欧州連合および日本に存在していることには変わりはない。また最後の国際的貸し手が国際通貨基金と関係を有し、G7の中央銀行と調整をする米国の連邦準備理事会であることにも変わりはない。

パラドックスは、米国の通貨・金融の不均衡が、この世界金融の領域の不可欠の部分をなしていることである。この不均衡は、世界金融機能に貢献しているものの、また多くの指標が予告する危機の中心ともなっていると考えられるのである。「一九八〇年代の世界経済の束の間の均衡……は我々が一九八九年にすでに書いていたように、多くは、米国の不均衡を原因としており、これらの不均衡は究極的には世界経済にとって深刻な機能障害の拡大要因となる……」[45]。一〇年後、米国の対外経常収支赤字は更に拡大し、一九九七年の一五五〇億ドルから一九九八年には二三三〇億ドルに達した[46]。一九八七年末マイナスとなっている米国の純対外残高は、一九九五年には六二〇〇億ドル（国内総生産の八％）に、一九九八年には一兆五五〇億ドル（国内総生産の一七・八％）に達した[47]。海外投資収益の項目は一九九七年に赤字となり、一九九八年には二三〇億ドルの赤字を記録した[48]。

パラドックスとは世界が過去二〇年間、米国の成長の資金的支えを手助けしたことであった。今日、米国はこの資金供給を必要としている。ここから、ウォールストリートの実績の重要性が生まれる。しかし、相場の急騰は、株価と株が確保する収益との間の関係の悪化へと行きつく。追求される値上がり益はますます剰余価値となる。あるいは剰余価値のための剰余価値への競争は必然的に厳しい調整へと行きつき、この調整は常に深刻な危機へと帰結する。

欧州は安定の極を形成するほど一貫性があり、かつ強力で信頼される存在になれるだろうか？　世界では中国とインドという二大大陸国家が一定の自律性を守れる空間を形成しており、更に、自らを取り戻し、立て直しに成功すれば同じような状態が予想されるロシアが、これら二国に追加されよう。

いくつかの中小諸国は、充分な一貫性と戦略を打ち出せる能力ある国家を有するならば——自国の住民のニーズをより充足させ、一九九七—九八年の危機の後に、アジア諸国の若干の指導者が理解し始めたように、外国市場への依存をより弱めることを狙えば——、逆流の中の航海を続けることが出来よう。

しかし、多くの中小諸国は地球上の圧倒的住民と同様、危機が勃発するときも含めて、自分たちの何ら影響力を及ぼせない地球規模のプロセスを受け身でしか経験せざるを得ないであろう。

なぜなら、世界的不平等——「グローバル化」という言葉がこのことを隠蔽し、忘却させようとする傾向にあるのだが——は深刻だからである。数十年来、リベラルな文脈における資本主義の発展と貨幣と商品関係が支配する領域の拡大に伴って、不平等は各国間と同様、ほとんどの各国内でも強まっている。その結果、世界の富裕階級および極めて富裕な層と、貧困あるいは極めて貧困な人口との間の不平等が拡大している。地球規模では、五分位の最下位貧困層（世界人口の二〇％）は一九六九年において二・三％の世界の富を得ていたが、一九九四年には一・一％のみとなっている。五分位の最上位富裕層（やはり世界人口の二〇％）は一九六九年には世界の富の六七％を持っており、一九九四年には八六％になっている。スイス人一人は、エチオピア人が年間稼ぐものを一日で稼ぐ。若干の富豪家族が数万人の貧困家庭の一年間の生活を可能にする年間支出を手にしている。これらの資源の気の遠くなるような格差を超えて、グローバル化するプロセスと相互依存の強化は諸地域、諸国全体を困難かつしばしば耐えがたい状況に置く。これらの現象はまたアイデンティティの確立行動——民族的、地域的、エスニック的、宗教的——、内向き指向、格差の増大へと向かう。資本主義が創造者であり破壊者であるように、グローバル化は統一を続けると同時に相違を消失させ、そこから新たなものを分泌していく。

かくして、「グローバル化」という言葉は、何かに対応する限りにおいて、徹底して不均等かつ非対称的方法で作用するプロセス全体を意味する。そして、これらは他の様々な進化と切り離すことが出来ない。すなわち、商品および金銭関係分野の強力な拡大運動、新たな貧困の創出により発生する不平等の拡大、企業によるテクノサイエンスへの体系的依存の強化、生物多様性と地球の基本的均衡の――ローカルからグローバルまでの――危機の登場などである。

要するに、経済、貨幣および金融プロセスの統制の追求を超えて、今や重大な論点は、人間活動の拡大と地球の生物・物理・化学的再生産との間に持続的均衡を見いだすことができるかを知ることである。そしてこの問いには、極めて著しい不平等を抱える人類も関わってくる。(49) そこにこそ、われわれの世界の重大極まる問題が存在しているが、グローバル化を論じる多くの人々が避けている問いである。

第2節　世界の大反転を突き動かす力線

十九世紀末の大恐慌を特徴づけた変化に匹敵する出来事が生じている。成長、不況、躍進そして出たとこ勝負の対応の混合という語が含意する統一と多様化のプロセス。エコノミストは一九八〇―一九九〇年代の「地殻変動」を提示する際、こうした見取り図でやり過ごしてしまうかもしれない。

しかし、人類史においても資本主義においても、「大混乱」、「大反転」、「激変」、「世界の終焉」、「歴史の終わり」等々と最近の本で使用されている言葉が示すように、(50) それ以上のものが存在する。われわれとしては、もはや戻ることの出来ない多くの側面からなる全体の運動であるという点を喚起したいのと同時に、「一つの状態から別の状態への急速な移行」という極めて正確な意味を込めて「大反転」という言葉を選択した。

国際的な結びつきと多国籍空間の相互錯綜、貿易、テクノロジー、情報諸関係の増殖、通貨と金融のグローバル化と現代資本主義は、ますます濃密な方法で、経済と社会を締めつけている。ソヴィエト体制とその周囲に組織された複数国家空間の崩壊、社会のほぼ全体における金銭と商品世界関係の急速な進展、インドそして今日では中国を含む世界のすべての国々における企業と富裕化の力学。世界資本主義の流れと波動は、防波堤とダム——太古の昔に生まれたものも最近の数十年に建設されたものも含めて——を埋没させ始めている。

その結果、産業資本主義の衰退であろうと、西欧優位の弱体化であろうと、諸社会の経済への従属の強化であろうと、人間活動が地球にもたらす脅威であろうと、スパイラル状に反応していく急進的な変化の加速化であろうと、多くの事実はわれわれが「世界の大反転」の始まる世界に入り込んでいると考えるに至らせている。

一　世界の新たな再編

四分の一世紀しか経っていないつい昨日のこと。三つの世界があった(51)。第一世界は資本主義の工業化した豊かな世界で、その中心は支配的地位を有する米国であるが、一方では、大国化した日本と、他方では古い欧州の主要国が存在した。第二世界はソヴィエト連邦によって支配され、工業化と生産の増大へとまっしぐらに走る共産主義世界であった。このソヴィエト連邦には、国家管理主義の論理とスターリンによって操作された選択が深く影響を与えていた。そして最後に第三世界。支配あるいは植民地化を通して多様な形態の搾取、構造破壊、遅れ、そして貧乏化をこうむった諸国の、最後の脱植民地化期に形成された異質な集合体であった。

一番目の世界と三番目の世界の間のつなぎ目に、一国／世界資本主義システムの階層構造に位置づけられる若干の支点国と、近代化プロセスにある新興工業国が存在した。第二世界と第三世界の交叉点には大陸国家が存在した。中国はソ連との断絶の後、すべての貧困諸国の第一人者でありもっとも影響力のある国を自任しようと努力し、新しい共産主義全体の新たなる指導大国になろうと試みた。そして、インドは第三世界への所属を明確に掲げながら、ソ連との強固な関係を保持していた。

特に人口小国である産油国の富裕化によって、ますます富のレベルは不平等になり、「経済の奇蹟」が相次ぐことによって、成長と近代化のリズムはますますバラツキが激しくなった。第三世界は最初に解体した世界であった。一九八〇年代からは、旧（あるいは元）第三世界について話さなければならなくなった。その後、一九八〇年と九〇年代の転換期にあってソヴィエト世界とソヴィエト自身が解体し、そこには全体主義と経済の国家主導主義経営という二つの失敗の残骸が残された。

一九八九年の夏、F・フクヤマは『ナショナル・インタレスト』紙に掲載された記事で「歴史の終わり」を予告した。

このテーゼをこの筆者は一九九二年の著作で発展させ、極めて多くの反応と論争を呼び起こした。一九九九年、彼はそのエッセンスを次のように確認している。「何者も……私の結論を見直すものはない。すなわち、リベラル・デモクラシーと市場経済こそが、我々の近代社会で唯一可能なものである(52)」。

「リベラル・デモクラシー」、「市場経済」という言葉の持つ力で、すべては言い尽くされているように見える。今日、リベラル・デモクラシーの理想は現実に達成しているのだろうか。西欧のデモクラシーは、「枠組みも軸もほとんどない(53)」という苦境に直面しているのではないか。その上、今日勝利しているのは現実に「市場経済」

なのだろうか。むしろ、多くの側面からして市場経済を否定する資本主義こそが勝ち進んでいるのではないか。そして、資本主義とリベラル・デモクラシーの間の絆は明確に打ち立てられたのだろうか？　歴史は、資本主義がリベラリズム色の強いデモクラシーとも、社会民主とも折り合いをつけ、また独裁ないし全体主義的体制下でも完璧に繁栄できることを示していないか？　つまるところ民族感情、宗教上の確信、特定文明への根深い依拠、富と支配への渇望といったものが隠し持って底流する諸力が見落とされてはいないか。

資本主義は諸社会で発達する変革力を、人間のすべての動機を動員して構成するゆえに、その進展は、新たな論争と新たな対立を必然的に生じさせ、新たな力関係へと行きつく。歴史の終焉とは、地球村、バラ色のグローバル化、そして市場経済の君臨と同様、思考を眠らせてしまうもっともらしい発想の一つである。

実際、一九九〇年代の末にあって、もし何かが勝利するとしたら、それは資本主義、より正確には世界において圧倒的な影響力を有し続けている富裕資本主義――大国家とトライアドの超大企業――全体である。実際この全体は、商品生産の大半だけでなく、金融手段、科学・技術研究、イノベーション能力の大部分を支配し続けている。

トライアドの中では米国が決定的重要さを有している。米国は実際すべての分野で優位を有しており、誰に対しても配慮することなく、万人に自らの法を課そうとしている。米国は自らの投資だけでなく、世界のすべてのところから――高貯蓄国、貧困国ないし近代化途上国のオリガルキーあるいは世界のマフィア的取り引き収入から――の投資をも源泉とする外部からの資金流入のおかげで持続的貿易赤字を維持できる唯一の国である(54)。米国はカナダとメキシコを統合する北米自由貿易協定（NAFTA）により国内市場を拡大した。また米国はアメリカ大陸の他の諸国および欧州、アジア、太平洋へと、関係を次から次へと拡大している。米国は自らの視点を押しつけるためには国際機関をも利用し、失敗すれば様々な圧力や脅しをかけることをも躊躇しない。

表7-5　1997年の世界における三大資本主義国の割合（世界合計の％）

	米国	日本	ＥＵ15カ国	合計
人口	4.6	2.2	6.2	13.0
総生産	25.7	15.9	28.4	70.0
株式高	42.0	15.3	23.1	80.4

出典）Banque mondiale, *Rapport sur le développement dans le monde, 1998-1999. Op. cit.*, p. 212-213 et 242-243.
研究・開発支出に占める割合は，表7-8の欄外を参照。

外国貿易、資本と信用の流れといったこれらの国際フローは、トライアド間およ
び世界トライアドと他の諸地域とを結びつけている。そして、国家がますます大きな計画やプロジェクトに手を出さなくなっているトライアドの中にあって、ますます方向を定め、モノゴトの弾みをつけていくのは世界資本主義の寡占である。自らの銀行と金融機関で通貨と金融のグローバル化の中心を占め、生産と流通活動全体、研究、投資、消費において決定的な役割を演じているのだ。

世界生産に占める上位二〇〇大企業の売上高の割合は一九六〇年の一七％から一九八四年には二四％、そして一九九五年には三一％に達した[55]。一九九五年、世界の五〇〇大企業[56]は三五〇〇万人を雇用し[57]、三二〇兆ドル以上の資産で約一兆四〇〇〇億ドルの売上高――世界生産の約半分（四七％）[58]――を達成し、三二〇〇億ドル以上の利潤を実現した[59]。この額は、一〇億人をやや上回る人口を持つ低所得国四三カ国すべての総生産を上回る[60]。

入手可能な資料からの推定によれば、多国籍企業は一九八〇年代に世界貿易の半分を手がけたが、そのうち三〇％は企業内貿易[61]、すなわち多国籍企業空間内の貿易で、したがって、個別の貿易パートナー間でなされる「本当の」貿易とは異なる性格を有している。一九九〇年代、これらの大企業は世界貿易の三分の二を実現したとされ、そのうち四〇％は企業内貿易であった。もう一つ別の見方をしてみよう。一九九二年、三七〇〇社の多国籍企業は外国で一七万の子会社を支配下においていて、その外国における生産資産は二兆ドルに達した[62]。

これらの企業の海外向け販売総額――すなわち親会社のある国以外への販売――は五兆五〇〇〇億ドルとなり、

この年、約四兆ドルであった世界貿易額を明らかに上回っていたのである[63]。しかし、世界で生産、貿易、テクノロジー開発を支配する超大企業のほぼ全社は、トライアドの三大資本主義中心部内に根拠地を有している[64]。

同等の力を持ったアクターを結びつけていく市場経済とは程遠く、また地球村のイメージと何らかの形で結びつくようなグローバル化とも程遠い所にいるわれわれは、過去数世紀における以上に極めて強固な不均等かつ、階層化と、強大国とトライアドの資本主義的寡占によって支配されている。二国、多国籍、グローバルの三次元全体に向かい合っているこの富の集中点の最中において、来るべき一〇年の消費の力線、研究とその応用の方向づけ[65]、国際貿易の制度化と普及、およびそこから派生する分業の諸特徴、地球環境問題の考慮（あるいは無視）が決定されるのである……。

こうした世界に対し、ソヴィエト帝国崩壊とソ連邦の解体後、主として台頭してきているのはアジアの二大大陸国家である。

中国とインドは唯二つの一〇億規模の人口大国である。両国とも古くからの歴史と多くの栄光に満ちた過去を持っている。両国とも支配を受け、蔑まされた苦い体験の残滓から脱出したいと願っている。両国とも市場と政府、集権化と分権化、モノづくりの巧みさと科学知識、国家と社会を両立させる術を心得ている。両国とも国家管理のもとで膨大な生産能力を拡大していき、重要性の増す資本主義的分野を適切な形で自由に発展させる術を心得ていた。

確かに、一人当たり生産量は富裕国からは未だ遠い。しかし、核と宇宙の分野ではすでに技術を習得している。学生と研究者は将来性のあるすべての分野で存在感を増している。とりわけ、インドの情報分野では目覚ましい。これらの国々の富裕層上位一〇位は欧州の大国以上の規模を有している。その上、為替レートでなく、購買力平

表7-6　21世紀初頭の経済大国の1997年時のウェイト

	世界	米国	日本	ＥＵ15カ国
人口（百万）	5829	268	363	126
総生産額*				
為替レート（10億ドル）	29926	7690	8510	4772
推定購買力平価	36951	7690	7466	2951
成長率（%）				
1980-1990年	3.1	2.9	2.6[a]	4.0
1990-1997年	2.3	2.5	1.5[b]	1.4

	中国	インド	ロシア	ブラジル
人口（百万）	1227	961	147	164
総生産額*				
為替レート（10億ドル）	1055	374	403	773
推定購買力平価	4382	1587	618	1020
成長率（%）				
1980-1990年	10.2	5.8	2.8	2.8
1990-1997年	11.9	5.9	−9.0	3.1

出典）Banque mondiale, *Rapport sur le développement dans le monde, 1998-1999. Op. cit.*, p. 212-213 et 242-243.
注）a.　12カ国の欧州，1981-1990（出典：RAMSES 1992, Dunod, 1991, p. 409.）
b.　UNCTAD, Trade and Development Report, 1998, p. 4 による推定値。

価で算定すると、両国の総生産は明らかに重みを増している。とりわけ中国の場合、顕著である。両国は二〇年来、一九九七―九八年のアジア危機で見られたように、世界経済に深刻な影響力を与えるほどの成長率を実現している。最後に両国とも外国の製造業を長期にわたり惹きつけると同時に、数十年にわたり内向き経済を可能にするだけの巨大な国内市場を有している。

これらすべての理由から、常に予想し得る崩壊や封鎖でも起きない限りは、両国は二十一世紀の後半において、世界の先頭に立つ大国の仲間入りを果たすであろう。

さらに、自らを立て直せば大国になりうるロシアが存在する。またかつての第三世界の大国、ブラジル、パキスタン、インドネシアなどの国々が存在する。これらの国々は規模はより小さいが、国家のもとにまとまっており、やはり将来台頭できるであろう。しかしまた人類の大半は、悲惨さと、しばしば生活条件の悪化と、そしてほとんどの場合、若年層にとっての展望の欠如をひたすらこうむっている。これらの若年層は次のような選択を迫られかねない。すなわち個人の無限のやりくりで、富裕国あるいはより貧困の少ない国々へとよりよく生きようと脱出するか――そしてこれは新たな移民増加圧力となり、移民対象国はますます締め出しにかかることになる――、あるいは地域あるいは自国のより富裕な層やエスニック集団を敵視するか、過去あるいは現在の支配の象徴である西欧という富の主たる保持者に敵意を集中するかという選択である。西欧に対する反発は、西欧の選択（経済苦境に陥った諸国に押しつけられた構造調整政策、一九九八年初めの米国による対イラク空爆、一九九九年春のセルビアに対するＮＡＴＯ軍の空爆）に対する抗議から、西欧そのものの問い直し（ポピュリスト体制あるいはイスラム原理運動に依拠する勢力により）まで、すでに様々な形をとっている。

世界史の優れた観察者であるロベール・ボノーは、過去五世紀を特徴づけてきた世界の深い非対称性について「十五世紀末から二十世紀初頭にかけて、歴史を作ったのは西欧世界である。他の世界の人々はしばしば、それに従うかあるいはその影響を受ける以外になかった」[66]と力を込めて強調している。そして、西欧世界に集中したダイナミズムを特徴づけて、次のように回顧している。「十五世紀末頃に始まり、二十世紀初頭に終わる期間が示しているのは、進歩の素晴らしく、かつ恐るべき集中、残りの全世界の衰微を意味する特定の一地域の肥大、残りのすべての世界を闇としてしまう特定の一地域の燦然たる輝き、一つの歴史舞台の上昇が必然的に伴う、残りの全歴史舞台の沈下だ。……西欧の理性の進歩に対しては非西欧の倫理の後退、西欧の自由の進歩に対しては非西欧的世界での平等の後退等が対応することになったのである」[67]。

現在の「地殻変動」は確かにこの期間の終焉を特徴づけている。われわれは、余りに長い間支配され、侮蔑の対象となってきた諸大文明と大大陸が自らの場を取り戻す、世界の再均衡へと向かうのだろうか。あるいは、アジア資本主義の台頭とともに、西欧資本主義とかつてフランソワ・ペルーが「海の彼方へ広がったヨーロッパ（Europe sans rivage）」と名付けたものの相対的凋落の始まりに立ち合っているのであろうか。今のところ、何ら決定的な選択はされていない。ここ数十年こそが決定的となるであろう。

ヨーロッパによって支配された世界経済の時代は過去のものとなっている。すでにヨーロッパの指導力はますます行使しにくくなっており、世界史の新しいページが開かれている。アフリカと南米の人口増加、ナショナリズム、個別主義、原理主義の激化、また民族・国家の崩壊と絶えざる対立で引き裂かれる地域の拡大、更にこれらの分裂と大混乱が引き起こす人口移動によって、ヨーロッパは、世界にキリスト教信仰、進歩、文明をもたらすために世界を征服することによって自らが引き起こした嵐の、後始末を覚悟しなければならないのだろうか。この嵐は今のところ、その第一波しか感じられていない。

それは世界史的大反転の確かな力線である。

二　万物の貨幣化と商品化——経済が全面浸透する諸社会

万物の貨幣化、商品化と諸社会のあらゆる領域への貸本主義の拡大。そう言っただけでは、余りに抽象的で無味乾燥な表現になるので、それがどのようなものか、その姿を具体的に描写してみよう。

一人の子どもと父親が田舎を散歩している。急に子どもが不安になって立ち止まり、たずねる。「パパ、誰にお金払うの」。レジャーランド、有料スキー場、有料海岸と、野外の活動で金から逃れられるものがますます減ってきている。

噴水の水は無料であったが、今や水道は有料で、鉱泉水あるいは「泉」の水の販売（ビン詰め、ポリタンクあるいは各地の自治体の「村の湧き水」）は、われわれの世界のすべての暖衣飽食地域で広まっている。これに対して、多くのスラム街では、浄化されてさえいない水道の水の取り合いをめぐって争いが絶えない。すべての国々にとって、飲料水の生産は完全な経済活動となっており、水が不足している国では水は輸入品となっている。いつ、水は石油より高くなるだろうか。

似たようなプロセスが、清浄な空気を求めて、空気に対しても始まった。メキシコの街角では、通行人に酸素吸入サービスをする商売が登場したとのことである。エア・コンディショニングが設計時点から組み込まれた建物がますます増加している。いくつかの原型（「生物圏I、生物圏II」）によって構想されている「人工都市」プロジェクトもある。空気という商品が確実に根を下ろしているのだ。

健康を例にとってみよう。確かに医療と薬は明らかに常に有料であった。しかし、今ではすべてが根本的に変化してきている。すなわちますます高負担となる医療システム、製薬会社による研究開発や生産と販売をめぐる競合、医療ロビーの活動などである。輸血によるエイズ感染事件もその何よりの証左である。国益、在庫をなくす必要性、研究所間の競争といった説明は、主として経済、国家と商品の論理に依拠している。また、医学、外科手術、生殖、臓器あるいは皮膚の移植に関する「金銭授受事件」の勃発も、それを物語っている。金の支配はまた教育、訓練、プレス、文化、芸術にまで及んでいっている。

同じ事態が、情報のストック、普及、電子的処理という新分野においても生じている。「公共サービス」型、あるいは新しいタイプの無料システムができると、かつてなら夢見ることが出来たかも知れないが、今支配的になっているのは、独占、市場の支配、希少性の創造を伴う、市場の論理である。遠距離通信とマルチメディアの分野で進行している巨大な変化を促進しているのは、将に市場と利潤の論理である。新たな必要が刺激され、あるいは露出されていく。それらを充たすことは、これらの分野を支配する巨大資本主義グループによって決められた枠内での商品交換が前提となってしまうのである。

かくして、商品の支配は、十九世紀に考えられたような、そして大量消費社会の最盛期である二十世紀後半においても未だ信じられているような、物質的商品の増加と売れ残り品の「山積み」という形態を第一にはとらないであろう。それは——すでに始まっているが——人間の生活のすべての瞬間、社会の運行のすべての側面、そしてますます観察されていくことだが、今や人間の単なる「環境」に矮小されてしまった地球のすべての次元での、「万物の商品化」(ウォーラーステイン)となるであろう。要するに人間と諸社会と大地の商品化である。

それに対応する仕方で、世界の貧困地域では、都市向けあるいは公共機関や流通業者によって奨励される輸出市場向け生産の拡大の影響、および輸送の改善とともに生まれ、しばしば後押しされた生産物の競争圧力のもとで、家族向けの生産や村落向け自給生産は後退し始める。

現実を観察し、読書し、旅する者にとっては、伝統的経済、家庭経済および無償性を犠牲にして進んでいく未曽有の資本主義商品の全般化、そして金によってますます侵略され、魅惑される社会生活全体の貨幣化と賃金労働の拡大の運動が、実に強力なものであることが理解される。その対極に、金銭関係に従属した社会の後背地あるいは生き残り地帯として、インフォーマル・セクター、新しい貧困、新しい排除化が生まれている。

この市場領域と貨幣関係の拡大は、注目すべき重要な点だが、われわれの社会の様々な深い変化を伴っている。即ち科学技術の研究と開発の役割の増大、労働の果てしなき分業化、ニーズの細分化とニーズの充足方法がとる形態の更新、価値、社会構造、動機、行動形態の変化、決定センターの分散と責任の拡散である。同時に、近代まで諸社会に仕える立場にあった生産活動が、社会の他のすべての活動全体に対して支配的となる傾向がある。すなわち経済が、人間諸社会に対して自律化し独走し始めているのである。

この経済の自律化は、市場拡大、資本主義の発達、国家体制の確立という——明確に区別すべき——三つの近代経済の柱の確立とともに作用している[68]。この現象はそれ以前の社会形態のしばしば暴力的な破壊によって初めて可能となったのであり、それ以前の社会形態では、宗教、社会、経済、政治の混じった諸側面と、従属、服従あるいは主従の諸関係、連帯と再配分のシステムが、諸社会の形態に従って極めて多様な形をとる複雑な関係を創っていたのである[69]。そこで見出されるのはカール・ポランニーの分析である。伝統社会がひとたび「市場の自己調整」の全般化によって解体され、生産された商品を超え、土地、労働、金に広がるや、「社会が、市場の付属物として管理されるようになる。経済が社会的諸関係に埋め込まれるのではなく、社会的諸関係が経済システムの内に埋め込まれるのである[70]」。市場の自己調整機能が「システムの源泉と母体[71]」になり果て、人間と社会関係を金の関係に還元してしまう。

以降、経済が諸社会を支配する時代となった。別の時代であれば政治あるいは倫理のタームで扱ったであろう多くの疑問を前にして、今や支配的地位を獲得しているのは経済的根拠である。社会における、男、女、あるいは子供のあり方は、これからは手に入れる金によって左右されるのだ。最も遠隔の地にある山間部から最も孤立した島々まで、多くの家族が世界市場の振動にさらされてしまっている。経済学の世界では、単純な経済計算さえすれば、すべてに対して解答を出せるとする主張がますます強力になっている。なぜなら、この考えからすれば、すべて極大化か最適化の問題に過ぎないであろうからというのである[72]。かくして、現代の諸社会に対しますます増大する経済による支配は、われわれの感情、思考様式、判断、決定に対する経済的思考による支配と、ますます重なりあっていく傾向にある。そして最終的には、各人の条件の改善、生活水準の上昇だけでなく、生存そのものさえ、また幸福さえも、今や経済成長にのみ依存するようになっているようである。

実際、成長は現代諸社会のほとんど全ての市場の自己目的となってしまった。先進資本主義世界の諸社会全体が「成長と共に歩んでいる」。これらの社会は成長においてしか自らの問題の解決策を見出さず、自らの一貫性を維持するためには、成長以外のいかなるものももはや確保できないものと考えられている。危機の前兆が現れて以来、その各段階において、成長が唯一の解決策として登場している。一つの事例に過ぎないが、アメリカの大統領選に出馬したビル・クリントンが、失業、貧困、教育、医療といった巨大機構の欠陥と戦うことを公約したときの実現手段は、一世代で国民所得を倍増することであった。しかしそこでは、十年そして数十年の成長が、世界で最も広大で、豊かで、強大な国におけるこれらの不幸を消すことが出来なかったことは問われていないのだ。

そして、クリントン政権の第二期が終わってみると、失業の後退は確かに経済成長を伴ったが、格差は一層拡大し、新たな貧困形態が低賃金労働者にまで及び、貧困層にとっては、教育と医療へのアクセスは悪化した。同じように、ソ連とソ連影響下の周辺諸国が資本主義の西ヨーロッパ社会を打倒しようと試みたのは、(73)ほとんどといってよいほど、経済成長の分野においてであった。その結果がどうなったかは周知の事実である。国家管理主義から市場経済への移行はどうにかこうにか実施されたが、その後遺症は多かれ少なかれ深く、生産の急落も多かれ少なかれ目立っている。集団主義的な壮大な期待に対して長い間不信感を抱いてきたこれらの国の人々は、つまるところ今日、より多くの購買力と富、すなわち成長を待ち望んでいる。

旧第三世界に関しては、(74)この地域は今日未曽有の分裂にあり、ますますその活力は分散している。すでに指摘したごとく、一つの極には、中国の一部から韓国、東南アジアにかけて、先進国に追いつこうと工業化と近代化への強行軍として邁進するアジア諸国が存在する。経済成長は原動力と同時に目的として存在している。貧困から脱出する可能性を成長に見出す一世代全体の動機であり、寡頭階級や成功を何が何でも達成しようとしてきた少数の企業家にとっては願ってもない富裕化の機会なのである。もう一つの極には、南アジアやアフリカにおける、広範な住民の極度な悲惨さの解消を急務とする国々と、分裂と対立にあって、ほとんど単に生き残ること以外に術のない国々が存在する。これら二つの極の間に、工業化と近代化の始動期を経た後、八〇年代の危機によって深刻な打撃を受けた南米とアラブ・イスラーム世界の国々が存在する。そのうちいくつかの国々は、長期にわたる、おそらく爆発の危険さえ伴う閉塞状態に入り込んでしまったと考えられ、逆に他のいくつかの国々は、試行錯誤の結果、成長への道をついに見出している。

実際のところ、多様な状況があるものの、至る所で、今やほとんどすべてが経済成長のみに依存するようになっているようである。商品の氾濫と金銭関係の拡大を通して、未だ他の論理によって結びついている社会を蝕み、揺るがすのが成長というものである。また、後で言及するが、われわれの生物圏の再生産プロセスをますます危機に陥れるのがまさに成長なのである。

問題を深刻にしているのは、経済成長を信じると主張したところで、成長自体は社会の諸悪を何一つ解決することは出来ないことだ。まずは、経済成長の生み出す様々な富の大半を強者と富裕者によって持って行かれることのないようにしなければならない。次に、貧困層が受け取る取り分が、貧困層がこうむる破壊や剝奪の負の結果を上回る必要があり——あらゆる成長はまた破壊でもあることは全く真実であるし、さらには、成長の果実から生まれる一部が生まれてくる諸問題の解決といったものに振り向けられる必要がある——、そのためには、力のある人々、指導者が強い意志を表明し、決定し、その実現とプロセスをしっかりと管理するということが前提となる。そして、これらすべてが実現したところで、他の問題——しかし誰もが正面切って見ようとしない——が解決されなければならない。すなわち、絶えず成長と危機をはらむ強力な資本主義の躍動は、新たなニーズの創出と、購買力を持つ階級や階層におけるその〝啓示〟に大きく貢献するのである。これらのニーズは、継続的な波を通して富裕層の下の人々、さらには最貧層にまで浸透していく[75]。ニーズの成長を統制する必要はあるであろう。しかし、われわれの世界のような不平等な世界にあって、どうしてそれを実行できるのか？

基本的には、われわれは次のような現実に向かい合っている。われわれの諸社会、人々、人類の将来、世界は、かつてないほど、そしてますます容赦なく、商品と金銭関係の拡大に、そこから生じるすべてのリスクを伴いつつ、さらされているという現実である。

これはもう一つの世界の大反転の力線である。

三　地球を危機に追い込む経済成長

ストックホルムの国連人間環境会議（一九七二年）からリオの国連環境開発会議（一九九二年）まで四分の一世紀の時間が流れた。環境への被害は悪化し、危機意識は高まった。政府による規則が強化され、調印された国際条約は、世界規模、地域単位を含めて約一五〇にも及んだ。オゾン層の保護に関する条約では、ウィーン（一九八五年）、モントリオール（一九八七年）、ロンドン（一九九〇年）があり、有害廃棄物の生産と移動についてはバーゼル条約（一九八九年）があり、リオでも、気候変動と生物多様性に関する条約、森林に対する原則声明、アジェンダ21等が採択された……[76]。そして、さらに地球温暖化をめぐるベルリンでの気候変動枠組条約第一回締約国会議（一九九五年）の後に京都で開催された会議で、先進工業諸国による温室効果ガス排出削減のための議定書が採択された（一九九七年）。この議定書の実施はボン会議（一九九九年十一月）において新たに討議されることになり、二〇〇〇年にはハーグで予定されている会議で決定されることになった。

その間、「ハマーショルド報告――何をすべきか」（一九七五年）および「ブラント報告――南と北　生存のための戦略」（一九八〇年）の後に、「ブルントラント報告」（一九八七年）[77]が、世界における不平等の進行、開発と環境の保全の問題を、その相互関連において提起した。本格的な世界戦略を採用できないために、世界の指導者と専門家は「持続可能な発展＝開発」という概念で合意した。この用語は、北にも南にも、また自然環境にもっとも執着するエコロジストにも、もっとも大胆な科学的技術的進歩に立った解決策の信奉者にも受け入れられるという、あいまいなものである。また、現時点においては、成長の問題をあまりに露骨に提起することを避けながら、望ましいものの方を豊富に表現するという用語でもある。

人口の増加、ニーズの増加、生産、自然の収奪、廃棄物の増加、成長がわれわれの地球に引き起こすこれらの損害は、日々ますます明白になっている。河川、土壌、空気、海洋における化学物質投棄による汚染、森林と土壌の破壊、沙漠の拡大、オゾン層の破壊、異常気象のリスクがそうである。人類の歴史上初めて、人間活動の影響が、地球上において生命を可能にしてきた脆弱な物理・化学的均衡を著しく悪化させ、破壊する危険さえ生じさせている。[78]

問題の核心はまさにここにある。人口増加は、人類の大半にとって、さらに数十年間不可避と思われる。すでに見たごとく経済成長は、最富裕社会から最貧困社会まで、各社会にとって必要であるとされる。そして他方で、われわれの成長は地球を危機に陥らせている。一二〇億、一五〇億、あるいは二〇〇億の人口に対しても福祉と幸福を約束する余りに自信に満ちた言説に対して、次の真実だけでも考えてみよう。われわれはいかなる世代も経験したことのない加速化現象にとらわれており、現在の生産と生活の様式では地球の能力の限界へと導く成長プロセスへとわれわれは引きずり込まれている。なぜなら、長い人間の冒険の歴史の中で、われわれの経験してきた成長は前例のないものであることが今や明白なのだから。[79]

人口の加速度的増加。紀元前六〇〇〇年には八〇〇万人であったのが、紀元前二〇〇〇年には六〇〇〇万人、紀元一世紀には二億五〇〇〇万人、一六〇〇年には六億人、一八〇〇年には一〇億人、一九五〇年には二五億人、一九九三年には五五億人、二〇五〇年には八〇億から一三〇億人となると予想されている。[80] したがって、この成長は極度の加速的成長である。というのは、世界人口が倍加するのは極めて長い期間で、数千年（一〇〇世代以上）かかって実現されていたが、今世紀では、世界人口がひとりの人間の生きている間に倍加（たとえば一九五〇年から八七年間で）し、また算定によっては三倍にも達する（たとえば一九二七年から九九年間で）からである。生産の成長。経済的、社会的にきわめて分散している論理によって構造化されている社会に対し、生産についての貨幣的評価には根本的問題が存在することは知られているので、きわめて長期にわたる生産についての貨幣によるあらゆる評価は概算的規模でしか引き出せない。

各種の算定をベースとすると、[81] 地球人一人当たりの平均生産量は数千年の間とるに足らないほどの増加しか示さなかったと推測される。しかし、紀元前二〇〇〇年から紀元一五〇〇年にかけては（三五〇〇年間）この生産量は一〇倍になり、一五〇〇年から一八二〇年にかけては（三二〇年間）一・三倍になり、一八二〇年から二〇〇〇年にかけては（一八〇年間）六倍弱に増加した。過去二世紀の経済成長は人類史からすると例外的現象となる。しかも、これからも永続的に続くプロセスなのか、あるいは新たな半定常状態を生む例外的移行なのか、まためるいは大混乱を伴う最高潮形態が始まるのか、誰も確言できない。

また、紀元前二〇〇〇年から紀元一五〇〇年にかけては、低成長が地球住民の間に深刻な格差をもたらさなかったとしても、ヨーロッパにおける資本主義的工業化で開始された成長は、世界全体では極めて不均等に実現したことを特記しておかなければならない。すなわち、ある住民は貧困化し、また他の住民はしばしば生活条件の悪化を伴う低成長しか経験しなかった。さらに生活上の著しい変化を伴う二〇倍から三五倍の――人類史にとって例外的な――一人当たり生産の増加を実現した住民も存在した。まさにそのことにおいて、今日われわれが経験している世界の地域間の著しい不平等が形成されたのである。[82]

人口の加速度的成長と一人当たりの生産の著しい伸び。世界全体の総生産は、紀元前二〇〇〇年から紀元一五〇〇年にかけて（三五〇〇年間）約四〇倍に増加したが、一五〇〇年から一八二〇年にかけては（三二〇年間）三・二五倍、一八二〇年から二〇〇〇年にかけては（一八〇年間）約三七倍に、それぞれ増加した。

今日、われわれにはきわめて「正常」なものに映るこの最近の成長は、人類史では極めて異常な出来事である。またさらに地球の歴史からして、かつて人類はこれほどの自然収奪、加えて自然破壊、廃棄、汚染をしたことはなかった。

きわめて長期にわたって人間諸社会の活動はほとんど、それらの活動が展開される環境との均衡を見出すように営まれてきた。ある場合には、それらの活動は、土壌破壊、森林破壊、沙漠化の促進、人口が密集する地域周辺の河川の汚染などの、地域的、あるいは地方的不均衡あるいは破壊を引き起こすのを助長してきた。しかしこれらの諸社会の収容人数、活動、技術能力に対する不均衡と破壊は、しばしば人口移動ないし移民によって制限されていたが、これは今日ますます困難になっている。成長プロセスの強化、そのグローバル化、技術上のインパクトの増加は、こうして生じた不均衡と破壊がもはや、地方、地域、全河川、大陸、海洋にとどまらず、地球全体にも及ぶという状態に行き着いた。なぜなら、今後、収奪と廃棄が打撃を与えていくのは地球規模においてであるからである。

収奪に関し、その規模だけを見てみよう。商業用一次エネルギーの年間世界生産は、一八〇〇年の石炭換算一〇六〇万トンから、一八九〇年には五億一〇〇万トン、一九一三年には一三億三五〇〇万トン、一九五〇年には二四億九六〇〇万トン、一九九〇年には一〇八億七五〇〇万トンに達している。(83) そこにまた加速度的成長がある。炭酸ガス年間排出量は含有炭素換算で計算すると、一八六〇年の一億トン以下から、第一次大戦末から一九三〇年代半ばまでに一〇億トン、一九五〇年に約一七億トン、一九六五年に二五億トン、一九八三年に五三億トン、一九八七年に五七億トンへと達した[84]。二〇一〇年までに、もし増加率が一九五〇年および六〇年代のテンポで続いたら一〇〇億トンに達するであろう[85]。
リサイクルできない資源にせよ、森林、土壌、水、空気、大気、海洋にせよ、大量収奪と廃棄は、無数のミクロシステムに対しても、地球全体に対しても、許容の限界に達している。これが世界史的大反転のもう一つの側面である。

確かに、北は議論の余地なくかつても今日も、収奪、汚染、環境不均衡の元凶となっており、工業中心資本主義ときわめて広範に結びついた、もっとも露骨な悪影響については、削減に成功した。汚染型産業の一部は「南」において発展させられ、テクノサイエンスに立脚した資本主義は、たとえ生命に関する新テクノロジーに顕著に見出されるように新テクノロジーの結果に疑念が残るとしても、産業上の汚染を抑制することを可能にする。

周知のごとく「南」は「北」に比してエネルギー消費は少ない。そして西欧型生活用式が現在の技術とともに全般化し、その結果、各人類が「北」の住民と同じ量のエネルギーを消費するなら、世界の年間消費量は四倍に増加し、国内と広域汚染は深刻化し、その結果、地球温暖化を生むガスの発生も増大する。実際、すでに中国は現状の利用レベルで、日本を中心とする近隣諸国がこうむる酸性雨の発生源となっている。インドも、一九九九年インド洋で生じ、南アジアの気候レジームを不安定にしかねない巨大な汚染雲の源となっている。

今後、「南」においてこそ、人口増加、進行中の工業化と都市化、化学投入物を大量に利用する農業への移行、生産と消費の増大などとともに、来るべき数十年に破壊的プロセスが確実かつ大規模に生じていくのである。

地球全体に影響を与えかつその影響が無数で不確定である諸問題を前にして、予防原則こそが、若干の企業、若干の国々あるいは数億の消費者の利益より優先されなければならない。さもなければ、いかなる持続可能な開

表7-7　1994年における世界人口とエネルギー消費

	世界人口に占める百分率	世界全体の商業エネルギー消費に占める百分率
高所得国*	14.0	54.0
中所得国**	28.6	30.8
中国とインド	37.5	12.3
他の低所得国***	19.9	2.9

＊主として北米，西欧，日本，および他の若干の富裕国の24カ国。
＊＊主として旧ソ連，南米，およびアジアの50カ国以上。
＊＊＊主としてアフリカとアジアの49貧困国
出典）Banque mondiale, *Rapport sur le développement dans le monde, 1996*. p. 220 et 221, 234 et 235.

発をも生まないまま，持続する危機こそが，人類諸社会と環境の間に君臨してしまうことになる。飲料水の欠如，耕地の後退，森林破壊，沙漠化，大気と水および様々な食品連鎖を通じて健康を悪化させたり，脅かしたりする，様々な，とりわけ化学物質や放射能による汚染，人間と地球の間のこれらすべての無数の危機の表出によって，すでに多くの貧困国あるいは新興国が被っている被害は悪化し，国や地域間の緊張は高まっている。

「北」の富裕諸国は自らのニーズを抑制し，自分たちの消費を制御し，とりわけ大地・地球の資源と均衡を考慮して，自らの生活・生産および成長の様式を持続可能なものにしなければならない。同時にこれら富裕諸国は，近代化―工業化の途上にある諸国に対しては，持続可能な近代技術へのアクセスを促進しなければならない。それを実行しないとすれば，新しいジャンルの犯罪者に自らなることを意味するであろう。すなわち，地球に対する，持たざる人々に対する，そして将来の世代に対する犯罪である。

一九九二年のリオにおいて，あるいはその後において，新たな流れを選択し，それに着手すべきであった。資金と産業的技術的そして科学的主要資源を有する高所得諸国は，将来の被害のより少ない物質とエネルギー利用の形態を開発し，促進するために必要な努力を払うべきであった。エネルギー効率が高く，汚染の少ない物質による数十年にわたる設備投資の世界戦略を立案し，提言する必要があったであろう。「北」は，「北」が地球に対して及ぼした被害の補償のために、あるいは単に自らの有する資金能力ゆえに、これらの負担をすべきであったであろう。しかし、政治指導者、大企業や世界的主要機関の首脳は、そのためのビジョンも勇気も持ち合わせなかった。

今日問われているのは、環境悪化が現実になったり、不可避となったりする前に、可能な限り迅速かつ広範にこの新たな流れを開始することである。われわれはその実現手段を有している。「北」の国々は、今世紀において二回にわたり、戦争のためにわずか数カ月で「北」の生産能力の四割を動員する能力を示した。地球、生物そして人類のために、せめてその半分をわれわれは動員できないのだろうか。

さらには今日支配的となっているエゴイズム、無責任およびアクラシー（統治能力の喪失・放棄）と袂を立つべきではないか。

四　産業資本主義を超えて、テクノサイエンス資本主義の登場

人間の諸活動の長期にわたる変化についてのあまたの見解の中で、農耕社会時代から近代の産業社会時代への極めて長い移行という見解は、共産主義世界と第三世界双方において戦後手がけられた政策に、強い影響を与えた。しかしながら、一九三〇年代および一九四〇年代から、C・クラークはすでに「第三次部門」、サービスセクター、第三次産業部門の進展を明らかにしていた。[86] この進展は以後ますます明らかになり、顕著な現象となっていった。OECD一六ヵ国に対し、一八七〇年には平均二四・三％であった全雇用に占める第三次部門の割合は、一九五〇年には三八・七％、一九七三年には五三・四％、一九八七年には六三・五％に達した。[87] この進展の先駆国である米国では、全雇用に占める第三次部門の割合は一八五〇年の一七％から一九九二年には七七％に進展した。そして国内総生産に占める同部門の割合は一九九一年には七〇％を超えた。[88] フランスでは一九九一年に第三

次部門の割合は、全雇用数の三分の二を超え、一九九七年には国内総生産に占める割合は七一％に達した[89]。大まかにいってフランスでも米国でも、一九九〇年代においては第三次部門の伸びが経済成長の主たる構成要素となっていたのである[90]。

だからといって、第三次部門の重要性だけでは先進諸国の経済を特徴づけるには不充分である。たとえば、一九九七年において国内総生産へのサービス部門の貢献度が六〇％以上か同等の国としては、米国、大半の欧州諸国、日本、香港およびシンガポールがあるが、またアルゼンチン、ボリビア、コロンビア、コスタリカ、クロアチア、ヨルダン、メキシコ、セネガル、ウルグアイといった諸国も見出される[91]。したがって、伝統的サービスと新たな第三次部門活動を区別するとともに、農業と工業で伸びている新たな第三次部門の雇用を考慮に入れる必要がある[92]。しかしこのアプローチが、進行中の変化の核心、つまり資本主義生産の躍動するすべての部門に見出される、テクノサイエンスの重要度の高まりを充分に把えることが出来るかは定かでない。

この第三次部門の拡張とは反対の動きとして、西欧でも北米でも、十九世紀あるいは二十世紀前半の工業の全部門が衰退するか、消えていくか、分散するか、あるいは変身を遂げている。かくして、総雇用に占める工業部門の割合は一九五〇年から一九八七年にかけて、ベルギーでは四六・八％から二七・七％へ、オランダでは四〇・二％から三六・三％へ、イギリスでは四六・五％から二九・八へと減少した[93]。一九七三年以降、西側諸国全体に広がるこの変化に伴って消え始めていくのは工業中心の資本主義であり、またそれとともに、労働者階級、労働組合主義そしてある形態の労使紛争と社会関係である。同時に工業における資本主義的搾取に抗する戦いにおいて鍛えられた社会主義の概念が、たとえ社会主義の根本的理念（連帯、公正、社会正義、同朋愛）がなお生き残っているにせよ、人類解放の主体勢力としての労働者階級と近代の救世主としてのプロレタリアートとともに消えていく。
長きにわたり共産主義というプロジェクトの中核をなしてきた工業優先思考は、社会主義とともに崩壊する。しかしながら、同時に、多国籍企業の浸透力と各国の企業あるいは政府の主導のもとで、工業は古い第三世界の広範な地域で伸び続けている。一九七〇年代の躍動が南米、アフリカ、中東で長期的に行き詰まっていると思われるのに対し、アジアでは資本主義発展の躍動は続いている――その発展は、露骨なまでに資本主義的で、〈四頭の竜〉と東南アジア諸国においては、それぞれの国家の庇護を受けており、巨人中国においては（一九八一年から「人民公社」を解体して「郷鎮企業」の育成に転じた）「社会主義市場経済」という名目に隠れて、その躍動は続けられている。かくして、一九八〇年から一九九七年にかけて、国内総生産に対する工業の割合（貢献度）は、中国では四九％から五一％、インドでは二六％から三一％、韓国では四〇％から四三％、マレーシアでは三八％から四六％、タイでは二九％から四〇％となった。但し、インドネシアでは四二％のままで変化がなかった[94]。

だからといって、世界規模で新しい時代のページがめくられつつあることには変わりない。その何よりの証は脱工業化[95]、「ポスト産業化社会[96]」、「ネオ産業化社会[97]」さらには「ハイパー産業化社会[98]」あるいは、サービス経済[99]、見えない経済[100]、非物質的経済[101]、情報経済[102]あるいは知識経済[103]といったものの登場に関する議論が出てきていることである。P・ドラッカーに至っては[104]、進行中の変化において、今や知識が資本に、新しい社会経済的現実が資本主義に取って代わりつつあるとして、資本主義の終焉さえ読みとっている。

こうしたテーゼに対してわれわれは、資本主義はかつてなく強力で、活力を有するものとなっていると考えている。現在開かれつつあるのは、革新のための企業によるテクノサイエンスの利用の増大、新製品と新プロセスの創出、および競争においての独占状況を創出するための絶えざる戦いを特徴とする資本主義の新時代である。

したがって、工業から第三次産業への移行を超えて進行中の根本的現象は、――物的設備への大規模投資とエネルギー大量使用を特徴とする——産業資本主義の相対的後退と、絶えず科学とテクノロジーの進歩と可能性を動員し、将来のニーズと消費を創出するために研究と開発を方向づける「ポスト産業型」資本主義への動きである。端的に言って、テクノサイエンス資本主義の登場である。[105] 第三次産業革命、新科学技術革命、[106] あるいは新テクノロジー時代[107]への突入といったタームで進行中の変化を読みとることによって、あるプロセスの様々な側面が明らかになる。われわれの見解では、このプロセスの根本はテクノサイエンスの資本主義巨大企業への従属、およびその固有の目的へのテクノサイエンスの動員の中に見出される[108]。

実際、農業から運輸、諸産業から様々な第三次部門活動（医療、文化、情報、レジャー、行政等）まで至る所で、強大な資本主義グループを主たる推進力として、新たな科学的、技術的知識（素材、エネルギー、生物、電磁、情報のストックと伝達に関する）が動員されている。

テクノサイエンスの様々な面を制御する専門家集団によって設計され、操作される巨大システムが設定される。かくして科学をベースとした新たな技術知識によって加工された新しい市場と新しい商品——製品、設備、サービス——が創出され、開発されていく。こうした現象は、資本の拡大再生産を確保するための利潤追求により相変わらず支配され、絶えず未来に向かって投企を続ける社会的論理によってかつてないほど貫徹された力学を通じて、生活と諸社会の機能様式の新たな、かつ深い変化へと行き着く。

このテクノサイエンス資本主義の最中に、新たな商品が存在する。それはもはや他に全く依存しないで使用できる物質的製品でも、単なるサービスでもない。それは複雑な商品で、個別に購入はできるが、ごく少数の企業が支配し、絶えず更新を続けるテクノロジーの組み合わせで結びつけられ、いかなるものも他なくして価格を持たない物質的製品およびサービス（ソフト、ネットワーク、それに付随する様々な契約等）なのである。これらは自分たちの論理と規範を顧客に課す、ネットワークあるいはシステムの中にはめ込まれているのだ。

産業時代の「技術的諸マクロシステム」（電力、鉄道、テレコミュニケーション、航空[109]）は新たな道を拓いた。新しいネットとシステムはテクノサイエンスに依拠しているため、それを制御できる集団と大企業に完全に依存することになる[110]。

同じ運動において、分業と商品化の新たな局面が登場している。今やこれらは、人間自身の維持と福祉、企業の運営、情報と意思決定システムの機能、および政治、都市システム、環境、更には自然の管理さえをも実現することを狙いとする諸活動全体に影響を与えている。これらすべての分野において、ますます特殊性が高く、ますます精密な活動が次から次へと生まれているが、その特徴は専門性を身につけた生きた労働と多様化したテクノロジーコンテンツを有する素材とを同時に組み合わされて実現しているという点にある。そして研究、知識およびテクノロジーの先端的分野が注目されるや、これらの活動は大企業や超大企業グループ（情報、コミュニケーションとマルチメディア、バイオテクノロジー、宇宙、レジャー管理、汚染対策市場）によって任われるか、支配される。

この新しい資本主義において先端を行くということは、新しい先端的テクノロジーあるいはその組み合わせの支配者になることを意味する。さて、二つの戦略的空間が互いに交叉している。一つは親となるテクノロジーの空間（情報、テレコミュニケーション、バイオテクノロジー、そしてとりわけ遺伝子工学、素材学など）であり、もう一つは購買力をともなった現実のないし潜在的需要を任う市場用に設計された、そうしたテクノロジーの組み合わせからなる空間（宇宙、世界化された情報とマルチメディア、保健、汚染対策等）である。これらいずれの空間においても、極めて細分化された専門性を有する企業との関係を有する超大企業（大国に結びついている）のみが、関係するシステムと商品の設計、完成、実施のためにテクノサイエンスを動員し、管理し、方向づけることが出来る。なぜなら、この新しい生産プロセスとそれを内包する新テクノロジー競争は、研究、設備、

表7-8　1990年代末における世界の研究開発（R＆D）支出

	世界のR＆D支出に占める百分率	各地域の国内総生産に占めるR＆Dの百分率
北米	37.9	2.5
西欧	28.0	1.8
日本およびアジア新興工業国	18.6	2.3
中国	4.9	0.5
CEI（独立国家共同体）	2.5	1.0
インドおよび中央アジア	2.2	0.6
オセアニア	1.3	1.5
中・東欧	0.9	0.8
他の旧第三世界	3.7	0.3

出典）科学技術観測所所長R・バレとのインタビュー時に公開された表の数値によった。*Le Monde*，1999年6月30日付。

人材育成のために絶えず増大する投資を必要とするからだ。かくして各戦略的セクターにおいて、ごく少数の企業が支配することとなった[111]一九九〇年代を通じて集中が強まり、これらすべてのセクターにおいて、トライアドの各極内のグループ間だけでなく、トライアド全体の規模での協定、合併、同盟が数多く生じた。

同じように国々にとってこの全般化された資本主義の最先端にいることは、先端新技術のトップリーダーであることを意味する。経済成長へのテクノロジーの寄与は、日本では一九七〇年代の二〇％から、一九八〇―一九八五年の間に四〇％、一九八六年から一九九〇年には六〇％に推移した[112]。米国でも、議論がそれなりに続けられてはいるもののその重要性は認められている。

さて、ユネスコが主催した、「二十一世紀の科学」についての会議の際に発表された上の表によれば、トライアドの三極は研究・開発の世界支出の五分の四以上を一手に収めている。米国だけで約三分の一を占めている[113]。

国内総生産における研究・開発支出の割合は、米国が日本とともに首位で、次に西ヨーロッパが来る[114]。しかし、ヨーロッパでは、研究は未だ各国内に分散しているため弱い。

世界の他の諸国については、中国、インド、および旧ソ連を受け継いで弱体化したとはいえ独立国家共同体のみが、ある程度の規模を有することが出来る。

また、米国では研究・開発支出の七〇％は常に民間によって支配されており（フランスでは約五〇％）、企業の研究・開発予算は一九九五年から一九九八年の間で年五％以上増加した。[115] かくして、テクノサイエンス大企業は単に生産と市場に介入するだけでなく、研究を方向づけ、製品を企画し、諸システムを制度化し、需要を発掘し、最終的には生活様式と来るべき社会形態を予め決定していく。彼らの行動を方向づけるのは、唯一、既存であれ予測されるものであれ、購買力に裏付けられたニーズという目標のみである。資本主義のサイエンスに対するこの支配の増大は、したがって将来への投企を更に強め、購買力を有するものと持たないものとの間で人類の分断を深刻化させざるを得なくなっている。

当然ながら、テクノサイエンス資本主義の発達によって産業資本主義が消えるわけではない。人類諸社会の継続的階層化による大進化が常にそうであるように、旧来の階層（マニュファクチュアおよび諸産業資本主義）は先細りとなり、他方では新たな階層（テクノロジー資本主義）が強まっていく。同時に、古い階層、より広くいえば旧来の生産形態は、再編成されていく。農業と家族生活が産業資本主義の革新的パワーによって深く変貌を遂げたのと同様、家族生活、農業、輸送、工業、保健、情報、つまり諸活動全体が、テクノサイエンス資本主義の革新的パワーによって深く変貌させられていくのだ。

その上、単純化していえば、マニュファクチュア資本主義は限定的領域、つまり少数の繊維生産しか有していなかった。産業資本主義は、物質的生産の極めて多様な品目にまで拡大した。テクノサイエンス資本主義は、科学的知識、物質財、サービス、製造技術の何らかの組み合わせが購買力に裏付けられた需要に応えることが可能でさえあれば、実際上すべての分野で応用を見いだすことができる。この意味で、この資本主義の到来により、資本主義領域の新たな拡大と全般化が出現したと言えよう。

かくして、資本主義は世界とわれわれの諸社会をかつてないほど支配している。とりわけ十四世紀から十六世紀のヨーロッパにおける商品経済と商人資本主義のそれぞれの躍進の後、マニュファクチュア資本主義（十七―十八世紀）と産業資本主義（十九―二十世紀）を経て、次世紀としてテクノサイエンス資本主義の世紀が到来することになる。進行中の「世界の大反転」の決定的要素であり、その範囲がどこまで広がっているのか未だ全く知り得ない。

五　終わりなき変動のスパイラル……

国際分業と市場に関する考察から資本蓄積の分析まで、十九世紀の産業危機の研究から二十世紀の恐慌の論争まで、定常状態あるいは長期停滞の展望から世紀変動の考察まで、景気循環の分析の絶えざる更新から成長理論のモデル化まで、経済的奇蹟のくり返されるご降臨説から大恐慌の黙示録的宣告まで、多様で相矛盾するダイナミックな資本主義についてすべてが語り尽くされてきた。

その結果、ともすると肝心な点が見落とされてしまう。すなわち、資本主義はダイナミックであるという点だ。このダイナミックさは終わることなく、常に更新され、その発展は人類史において一つの断絶を形成している。

一八四八年、すでにマルクスは『共産党宣言』の次の条でこの点を力強く指摘していた。

「ブルジョア階級は、生産手段を、したがって生産関係を、したがって全社会関係を、絶えず革命していなくては生存しえない」……「生産のたえまない変革、あらゆる社会状態のやむことのない動揺、永遠の不安定と運動は、以前のあらゆる時代とちがうブルジョア時代の特色である。固定した、さびついたすべての関係は、それにともなう古くてとうとい、いろいろの観念や意見とともに解消する。そしてそれらがあらたに形成されても、それらはすべて、それが固まるまえに、古くさくなってしまう。いっさいの身分的なものや常在的なものは、煙のように消え、いっさいの神聖なものはけがされる(116)」

シュンペーターは一九一二年の『経済発展の理論』においても、この歴史的に極めて重大な断絶を強調した。すなわち、先行する諸社会を特徴づけた景気循環の再生産――季節サイクル、好景気年・不景気年サイクル――から、資本主義諸社会を特徴づける動学的経済への移行である。この過去との根本的断絶の源泉を、シュンペーターは過去の破壊機能と同時に未来の創出機能を有するイノベーション――企業家、利潤追求および信用と切り離すことが出来ない――に求めた。

すでに見たごとく、エネルギーと技術能力の進展と同様に、生産の増加は過去二世紀において極めて強固に強まった。生産、消費、移動、伝達、生活の手段は絶えず進化し、ここ数十年において、とりわけ著しい変化をこうむった。

確かに過去数世紀において観察されたすべての変化を、資本主義のみに帰することは出来ない。太古の昔から、所有欲、権力欲、知識欲、有効に行動したい欲望、そしてさらには数千年来、合理的思考と知識、制度的権力、様々な価値と理想への執着が作用してきた。数世紀来、三大変革力として、国家の権力、科学と技術の知識、および「資本主義」という名のもとに束ねられた諸力学全体が登場した。そして、ここ数十年、国家はプロジェクトと未来ビジョンの喪失とリベラル型グローバル化という二つの現象によって弱体化し、科学研究はテクノロジー能力の大半を支配する大企業によってますます利用され方向づけられるようになり、資本主義が諸社会と世界の主要な変革力となっている。

ある見方によれば、この最後の半世紀は以前とは逆にその反対の実例をわれわれに示しているとも言える。ソヴィエト体制は国家の権力を最大化し、この国家権力は科学と技術に極大の重要性を与えた。この二つの力は一緒になり、いくつかの分野、とりわけ軍事、核および宇宙面では、驚くべき成果を実現した。しかしこれらは最後まで、国家の支援と科学研究資源によって支配的資本主義が先頭に立って実施してきた成長と、絶えず互角に渡り合うことは不可能であった。

結局「資本主義」という語が包含する絶えざる変化という意味での進化を続ける、この現実に立ち戻らざるを得ないのである。

資本主義の論理は、誰によって作り出され、あるいは仕掛けられようと、他の社会や社会諸秩序と同様、歴史的時間の中で成熟してきた。商業の論理と富裕化の論理から生まれた資本主義の論理は、このどちらか一方だけに帰することは出来ない。資本主義の論理の特殊性をなしているのは、生産と商業によって得られた余剰を、新たな余剰を生み出すために生産し交易する手段の拡大に、再び充てることにある。利潤のための生産（あるいは交易）、蓄積のための利潤、生産（あるいは交易）および増大した利潤のための蓄積、という具合で、すべての資本主義の現実の核にあるスパイラルが始まるのである。要するに利潤を獲得可能な活動分野を拡大するための利潤追求である。

しかしながら、利潤のための蓄積がすべてではない。商品化の広範な運動に包まれ、競争および独占的地位の追求によって刺激され、企業家により常に更新される投企に支えられ、蓄積は、変革の力学の複雑な増殖を生みだし、かつ養っていく。商業あるいは生産活動の実現、借り入れと貸し付け、投資、革新、研究と開発、ニーズとその表現のための介入行為、資本の再生産に結びついたすべてのこうした過程は、未来への賭けを前提とし、それを通じて、経済および人々と諸社会に対して未来を生産し、変化をもたらすものとなっていく。

複雑で、未来を志向する資本主義の論理は、絶えざる変化を生む。[117]そこには、分離と同時に凝集の源泉ともなる三つの人間の基本的動機——権力、所有および生存——が見出される。一方には、富裕化と利潤の追求、人々に対する権力、資本の集中、支配的地位および独占の権利が存在し、他方には、諸社会のますます拡大する層にとっての、従属雇用、賃労働、および資本主義というマシーンによって生産される消費財の購入を通じたギリギリの生活の維持が存在する。

かくして、資本主義はもっとも一般的な了解においても、一つの「生産様式[118]」にも一つの「経済体制[119]」にも還元できない。また、欲求をもち、計画し、選択できるアクターでもない。歴史の諸形態、諸移行および諸変化の複雑性を通して、他の生産形態、旧来の活動、旧来の社会形態、諸資源の破壊をもたらすと同時に、新たな活動、市場、ニーズを生む、構造化と脱構造化の両作用を有する複雑な社会論理が根底に働いている。この論理は絶えず変異しながら領土化されると同時に世界的であり、商業的かつ貨幣的な生産的全体性を生みだし、それを形成する諸社会に対して、より一層の相対的自律を表出する。この全体性を私たちは「資本主義」と呼ぶ。この現実の発展を通して、十六世紀以来のヨーロッパで生まれた変化の増大と、十九世紀以来世界で生じた変化の重要な部分、また、諸社会と世界で現在進行中の変化の強度と加速化が説明されうる。

マルクスから一世紀後、一九四二年、シュンペーターは、革新の力学に根づいた「創造的破壊」の重要性を強調した。

「資本主義のエンジンを起動せしめ、その運動を継続せしめる基本的衝動は、資本主義的企業の創造にかかる新消費財、新生産方法ないし新輸送方法、新市場、新産業組織形態からもたらされるものである。……この創造的破壊の過程こそ資本主義についての本質的事実である[120]」。

さて、この能力は、今日、大企業が「新たな消費対象」、「新たな生産方法と輸送方法」、「新たな市場」、「新たな産業組織形態」そして筆者がさらにつけ加えるならば、新たなニーズあるいは絶えず更新されるニーズに立脚した購買力に裏づけられた需要を新たにつくり出すこと、つまり、科学の進歩を基礎とした利潤創出の新たな機会をつくり出すために科学と研究を体系的に利用することによって拡張している。

科学研究とその応用をますます広範に支配することによって、超巨大企業は創造と破壊の能力を拡散させている。かくして、われわれがその最中に取り込まれている加速諸現象とそれに伴う変化の渦が説明される。さて、ここで問題となるのは、アニメーションでもなければ、ビデオゲームでもない。地球上の人々の生命こそが賭けられているのだ。

歴史上初めて、人々、生物、地球にとって重大かつ運命を左右する決定が、途方もない金融上、科学上、技術上および産業上の手段を有するいくつかの企業によってなされている。これらの決定は、購買力と自分たちの需要を予測（必ずしも受け身でない）する力を持った人々によってなされる。そして、来るべき年あるいはここ数年における利潤の展望に応じて、こうした決定がなされるのだ。

同じ地球上の一部の人々が極度の不安定状態（précarité）と赤貧の状況に置かれている一方で、地球の諸資源と諸活動の大半が、一部の少数の人々の満足を充足させるために使われることは、正しいことだろうか？購買力を有する人類の一部の数世代の必要の充足が、将来の世代に取り返しのつかない被害をもたらす危険を有しながら、われわれの地球の諸資源と必要な均衡を危険にさらすことは正しいのだろうか？地球と諸人類社会の未来を取り決める数々の選択を、偏狭で（一つの市場あるいは市場の一部のみ）近視眼的ビジョン（多かれ少なかれ短期的な利潤の展望）しか持たない決定者に丸投げしてしまうことを容認できるのだろうか？

われわれは最近の本でこれらの問題を提起しようと試みた。[121] なぜなら、われわれは人類として、現在世界に対しても、また明日の世界へのわれわれの活動の諸影響に対しても、責任を分かち合っているからだ。

われわれが取り込まれている加速化現象と諸変異のスパイラルを前に、われわれはハンス・ヨナスの考察に行きつく。テクノロジーとそのインパクト、および長期行動の規模としばしばその不可逆性を考察対象にすることによって、彼は力を込めて次のように断言する。「これらすべては責任を倫理の中心に据える」[122]。しかし、こうした責任を果たすために、「羅針盤は一体どんな役割を果たすのか」と彼は自問する。それは「脅威自身の予測だ」と彼は答えている。これは彼が「恐怖の発見法」と呼ぶものである[123]。

その結果、ヨナスによれば、責任の原則が必要となってくる（さらに、われわれが指摘したばかりの進展はこの必要性を強化してくれる）。この原則を彼は次のように定式化している。それは、「いかなる状況の変化も決して廃絶できない人間の自由がもつ永続的な両義性（対決と守り）において、人間の権力の濫用に対決して、人間世界とその本質をなす完全無傷な全体性を人間のために守ること」[124]である。

今日、われわれが観察できるのはその逆の現象である。自らの権力を濫用し、諸人間社会を支配する諸列強は、人間の全体性と世界の全体性に脅威をもたらしている。資本主義の躍動は、これに対して多大な貢献をしている。時間が間に合う内に人類諸社会は、他の時代にあって為し得たように、ネーション次元のみならず、諸大陸と世界の次元で、この躍動の制御が出来るのであろうか。さもなければ、地球上の諸資源と諸均衡の大量破壊、一握りの巨大世界企業によって支配される市場の全体主義、金による地球次元の「アパルトヘイト」の漸進的成立は、ますます押さえ込むのが困難となる大反転の永続的側面となりかねない。

ボヴァル、一九九九年十一月

第八章　二〇〇〇―二〇一〇――地球規模の地殻変動の始まり[1]

この二十一世紀にはいっても、数十年来進行している巨大な変化のうねりは止まることがない。地球の全般的荒廃は、世界各地で試みられている努力にもかかわらず、ますます増長増大する人間の活動の影響で悪化の一途をたどっている。巨大企業はエネルギー、物質と生物の操作、数々のイノベーションを開発したり、自分たちの都合に合わせ、方向転換したり、時には骨抜きにしたりして、支配権を確立しようと虎視眈々としている。資本主義のグローバル化はもはや一握りの中心資本主義国の活動が全地球に影響を及ぼした結果ではなくなっている。今や、資本主義は世界のほとんど全ての地に根を下ろしている。

二〇〇〇年から二〇一〇年において、かつてないほどの不平等を抱えこんだ世界では、民営化、規制撤廃と制度改革によって、金融が各国の経済と社会に対して主要な影響力を行使することが出来るようになり、一連の危機が生じた。その最たるものが二〇〇八―二〇〇九年の金融危機であった。世界資本主義の中心は西欧からアジアへと移動しつつあり、中国が躍進し、G8は今やG20に徐々に取って代わりつつある。

すでに過剰利用されている地球上で、資本主義と消費の力学は今や、資本主義、人類および地球が相互に結びつくと一体どうなるのかという問いを我々に突きつけている。

一　新人類——気の遠くなるような不平等

ごく普通な不平等にせよ、極端な不平等にせよ、不平等という現実は街角にも、画面にも、至る所に登場している。そして、今日もはや気がつかないほどごく当たり前の風景になっている。だが、不平等は都市景観、心的世界を形作り、苦痛、緊張、不安定を生み、様々な状況、緊急事態、紛争の素地を作る。

島嶼、浜辺、都市、地域のいくつかは、今や超特権階級のみがアクセスする場である一方、都市のゴミの山、あるいは荒廃した大地に住む無数の家族が存在する。七名の億万長者が宇宙旅行に出かけるようになり――最初の人々は数億ドルで最後のものは約三〇〇〇万ドルを支払った――、そして「宇宙観光」市場開拓に乗り出すために出資する企業も登場している。しかし、NGOや国際機関は食糧や水の供給プログラムに必要な資金――しばしば遥かに少額の――に事欠く有様である。

不平等は様々な形を取り、今や万人によって知られ、非難されるが、すぐにこれは「宿命」というラベルを張られ、忘却の落とし穴に追い込まれてしまう。不平等は人類史において常に存在してきたというこの自明な事実は、資本主義のもとでは不平等が社会間でも社会内でも、未曾有の規模に達するようになったことを余りにしばしば見えなくしてしまう。

資本主義の躍進はこの深い溝を更に拡大した。マジソンの研究によれば、五つの大陸で紀元一年においても紀元一〇〇〇年においても、一人当たりの生産はほとんど相互に変わらなかった。一八二〇年、一人当たりの生産は資本主義発生の地である西ヨーロッパでは他の大陸のそれに比して二、三倍多かった(2)。

二〇〇七年の一人当たりの国内総生産は以下の通りであった。

――最富裕一七カ国(ほとんど全ての旧欧米日三極)では四万ドル以上

――貧困一七カ国(アフリカ一二カ国、アジア五カ国)は三六五ドルから六五〇ドル

――アフリカの一一の最貧国では三五〇ドル(3)以下

こうしてみると格差は一〇〇(あるいは数百)対一ということになる。

われわれは人類、その未来、その義務を語るとき、母なる大地がなくなり金銭と商品の支配がグローバル化する中で、この極度の不平等、この悲劇的断絶が存在していることを常に念頭に置かねばならない。

その上、これらの各国間の平均は各国内の他の諸々の不平等を見えなくしている。これらを計測しようと、国

連開発計画（UNDP）は国民所得に占める人口の最富裕層上位一〇％と最貧困層一〇％の比率を計算している。富裕国の中では、この割合が米国（一五・九）と英国（一三・八）で最も高く、最も低いのがフィンランド（五・六）と日本（四・五）である。[4] 不平等は社会的あるいは社会民主的価値を大切にする国々におけるよりも経済的自由主義の信奉国において著しいのだ。

貧困諸国においては、権力形成の歴史と権力の性格に大きく左右される。かくして、前述の貧困国および最貧国にあって、この割合はケニアの二一・三とバングラディシュ六・二の間に位置している。他の元第三世界諸国では、ザンビア二九・五、ハイチ五四、コモロ六一、ナミビア一〇七という高い数値になっている。[5]

これら二つの次元での不平等――諸国間の不平等と各国内の不平等――を組み合わせると、さらに格差は極端に拡大してしまう。

かくして二〇〇七年、『フォーブス』誌によれば、[6] ドルで見た九四六人の億万長者――世界中でこれほどまでかつて達したことのない人数――が、彼らだけで三兆三〇〇〇億ドルを保有していた。世界の最貧層一〇億の人々に分配されれば一人当たり三三〇〇ドルに相当する。そして国際的推計によれば、地球の最貧層は一日一ドルで生活しているので、これだけの金額があれば三三〇〇日各人は生活でき、これは九年分の生活費にあたる。

要するに、これら一千人の億万長者の財産は一〇億の貧者の九年分に相当するのだ。

確かにこうした比較は経済学というより単なる喩えの域を出ないかも知れない。しかし、今日驚くべき不平等が進行していることを示唆してくれるなら、世界の現状について、こうした比較は万巻の経済学書よりも雄弁さを以て語ってくれるだろう。

さて、これら極度な不平等が生む極度の貧困は、それを被る人々にとって、生活用水へのアクセスと利用、食糧、保健、教育、住居、衛生、エコロジカル・フットプリント、環境悪化と気候変動の影響への対処能力といった、生活の全ての次元に入り込んでいく。すなわち、人類の一部が失意、欠乏感、生きづらさの中にはまり込んでいくのだ。

要するに、不平等こそは世界の主要な諸悪の根源となっている。これらの悪病を処置するだけではきわめて不充分である。実のところ、より深刻なのは、病の原因をなくすために何ら手が打たれていないことだ。もう一つの見落とせない不平等がある。世界的超大企業が有する巨大な経済的比重とそこから生まれる懸念すべき権力である。『フォーチュン』誌によれば、[7]世界の大手五〇〇社の総売上高は二〇〇八年には二五兆二〇〇〇億ドル（一九九八年は一一兆五〇〇〇億ドル）に達した。これはこの年の世界生産の四三・三％（一九九八年は四〇・五％）に相当した。

この超大企業型資本主義は「自分たちの国家」と密接な関係を有して、一九八〇年代から短期間で巨大な私的財産を形成し、グローバル化の中であらゆるルールの制約――金融、経済、政治、道徳面の――を逃れてきた。

二　金融化――金融支配下の経済と社会

二〇〇〇年代に入り、金融は他の活動全体へと足場を拡げていき、過剰なまでの収益達成要求を課していった。この「金融化」は英国と米国において一九七〇年代に生まれ、ソ連邦の国家経済の崩壊後は、地球規模のいわば津波とも言えるネオリベラリズムの波によって登場した。この金融化現象は国際化とグローバル化の力学として位置づけられるもので、新たに参入してきたアクターによってますます刺激され、金融取引の変容によっていわば興奮状態に陥っていった。

製造業や流通の巨大企業の子会社の後に、今度は他の新規機関投資家やアマチュアの投資家など誰もが、従来銀行、保険、従来他の金融機関が支配していた分野にまで手を出していった。二〇〇六年、年金基金、投資基金および生命保険会社が時価六二兆ドルとも推定される額を運用していた[8]。この額はその年の世界総生産のおよそ一・五倍にも達していた。そして、脱税天国と呼ばれる課税逃避地、国家の体裁をなさない名目国家群、そして取引の規制や監視が緩やかなところならどこでも、無数の子会社、その孫会社、代理店、投機基金(ヘッジファンド)、その他諸々の販売拠点が出現していた。コンピューターのマウスを少し動かすだけで、現行の規制を逃れるためにいくらでも脱税手段があったのだ。

情報処理の進歩によって、注文、実行、勘定の決算と管理が可能になった。インターネットと携帯電話は、金融領域の拠点からどんなに知られていないところまでも大口業者に——ほぼどこでも——投資できる状態を提供し、他のアクターには情報への——そしてオペレーターへの——アクセスの可能性も開いた。

データのデジタル化によって可能となった数字を大規模に応用することによって、金融管理は大変革を遂げることとなった。ますます複雑怪奇になっていったデリバティブ商品が市場に売り出された。確率論にたった倍賭け商法やきわめて精緻化した数式モデルが採用されていった。にわか作りの金融会社でも老舗の金融機関でも、抽象的数学的判断の方が、リスク評価基準で信用度と不信度を、この企業、このセクターあるいはこの国の通貨はどうなのかと計測する従来の手法より重視されていった。その結果、これらのリスクがしっかりと評価できたはずの金融商品が取引全体の中ではシェアを減らしていった。

何を買って何を売っているかが段々と分からなくなっていった。「金融の若き天才」によって発案された数学モデルが、デジタル的象徴に立脚した取引を管理することにより、その相場は予測と投機の竜巻の最中で翻弄されることとなった。その前世代で異なったキャリア形成をしてきた銀行、保険、基金の幹部たちは、もはやこの現象にただ従うか、身をひくことしかできなくなった。ある人々にとっては「ボーナス」となり、他の人々にとっては「黄金のパラシュート（超高額の退任手当）」となった。

この新しいデジタル化カジノでは金融取引規模が世界生産に比して遥かに上回っていた。二〇〇二年から二〇〇七年にかけてドル換算[9]してみると以下の数字を記録した。

——世界総生産は三二兆三〇〇〇億ドルから五四兆三〇〇〇億ドルへと増加

——株取引高は三九兆三〇〇〇億ドルから七七兆九〇〇〇億ドルへ増加

——為替取引高は四〇八兆二〇〇〇億ドルから一〇五八兆三〇〇〇億ドルへ増加

——金融派生商品取引[10]は六九三兆一〇〇〇億ドルから二二八八兆へと増加

株をみると、ダウ・ジョーンズの相場は、一九六四年と一九八二年の間に一〇〇〇の間を動いていたが、一九九三年には四〇〇〇に達し、一九九七年に一万二〇〇〇、そして二〇〇一年九月十一日の事件後は八〇〇〇に降下し、二〇〇七年には一万四〇〇〇に達した[11]。

価値あるものの全ての相場が急騰した。グロテスクで、その特徴はまともには考えられない詐欺とも言える暴走が、このとてつもないデジタル金融の舞い上がりであった。

同時に金融業者の利潤に対するどん欲さは、労働者、小企業住宅取得者、消費者に重くのしかかった。不動産市場は息切れしたのだろうか。金融店舗は低所得世帯に対して変動利子融資なるものを提供し、ただでさえ少ない彼らの所得を失わせた。

大型スーパーマーケットの顧客は買い物を控えただろうか。これらの業者は彼らを高利と借金漬けに行きつかせる更新可能な無担保ローンを提供した。

アグリビジネス企業は農民に高収益の種子を売り込み、それを購入した農民はあっという間に借金地獄に陥り、インドでは多くの農民が自殺にまで追い込まれた。

強力な殺虫剤から守られるとされる遺伝子組み換え作物生産は、やがては大地を死滅させ、僻地やその周辺で営まれた家族農業を崩壊させた。

メーカーは、海外移転を脅し文句に使って従業員に対して耐えがたい労働時間や労働強化を受け容れさせ、彼らの生活や家族を破壊した。

異常とも言える金融の竜巻現象から引き起こされた、この手段を選ばず収益を上げるという非情なロジックは、経済全体、社会、人々、環境にとっては高いコストを伴った。この現象はまた二〇〇〇年代の諸危機の大きな原因ともなった。

三　連鎖する危機群

二〇〇〇年から二〇〇七年にかけて、世界総生産の伸びは二三・五％（一九九〇年から九九年の期間では四一％）であった。この成長は、日本（一一・五％）、欧州連合（一五・九％）および米国（一七・四％）[12]の三大資本主義拠点では減速し、一連の経済ショック、不況、バブルなどを経験することとなった。

米国では、二〇〇一年九月十一日事件と翌年のエンロンの破産で株価が暴落し、投資家の信頼が大きく揺らいだ。アフガニスタンとイラクへの軍事介入で、財政は再び赤字となり、経済主体（家計、企業、金融および公的部門）の債務総額は国内総生産の三倍以上に上昇した。対外赤字は増大し、純対外収支赤字は、国内総生産の二〇％に近づいた――この規模はそれに先立つ一〇年[13]に比して二倍に相当した。これらは内外均衡の大きな不安要因となった。

先ず、米国、さらには欧州や他の諸国で、不動産が注目された。一〇年間で価格は英国とスペインでは倍増した。市場が息切れ状態となっていた米国では、借入時はきわめて有利な条件だが三年後には変更される三〇年もののローンが売り出された。

それから、他の市場が次から次へと高騰していった。ニューヨークでの金相場は、二〇〇八年初頭には二〇〇一年の三倍に上昇し、ロンドンの銅は二〇〇四年初めから二〇〇五年初めにかけて三倍になった。他の金属もこれらの投機の影響を受け、これらを原材料とする経済活動を混乱させた。

石油の価格も次に影響を受けた。ニューヨーク原油相場は二〇〇六年初めから二〇〇七年末にかけて三倍近く上昇した。その結果、貧困国のような石油多消費国でも運輸、暖房、製造業、農業、生活コストなどに重い負担をかけることになった。

また、小麦も二〇〇六年央から二〇〇七年末にかけて四倍以上に上昇した。これらの高騰は様々な分野に影響を及ぼし、特に貧困層を直撃した。エジプト、カメルーン、コートジボワール（コメ価格が二倍以上高騰）、セネガル（小麦価格が倍増）、ブルキナファソ、エチオピア、インドネシア、マダガスカル、フィリピン、ハイチで飢えに抗議する暴動が生じた。これに対して、パキスタンとタイでは、軍隊が畑や倉庫での食糧の略奪を防ぐために投入された。ＦＡＯは食糧援助計画のために一二億から一七億ドルが必要と警告を発した。(14)

そして経済危機が勃発した。

不動産市場が二〇〇六年に悪化し始めた米国では、借入金の負担増加に直面した多くの住宅取得者は返済困難に陥り、次にその影響はローン供与機関、銀行へと波及していった。その後は、歴史を少しでも知る者なら誰でも気づくおきまりのコースである。しかし事態はさらに深刻化していく。なぜならこれらのハイリスク信用の大半は特定の専門機関によって再保証される代わりに、「証券化」されてきた。すなわち金融市場で再び売られる証券の中に他の金融商品とともにハイリスク証券が紛れ込まされたのだ。これらの証券は「腐った」あるいは「有毒性のある」とも格付けされ、長きにわたり銀行や他の金融機関の資産を損ねることになる。ジョージ・ブッシュ息子大統領は彼なりに危機の始まりと宣言した。二〇〇八年三月十七日、ホワイトハウスの会合で、今や「困難な」時期になったことを認め、そして自分の政府は「状況をコントロールし」、「長期的には」米国経済は「改善に向かう」と明言する。翌日、中国の温家宝首相は、「自分が懸念するのは米国のドルが絶えず値下がりしていることだ」と事態を認める。

大部分の金融、銀行機関が救済対象となり、いくつかは国有化された。この事態を「リベラリズムの終焉」と見る向きもあるが、「強者のリベラリズム」は、万事うまく行っている時は国家の撤退を要求し、状況がうまくいかなくなるや今度は国家に援助を求めだすという図々しい才能を持っているものだ。この手段を使わない手はない。ということで、G7諸国の政府はずさんな統治を行った責任を制裁せず、しばしば重い対価を課さずして、自国の金融機関の「救済」に乗り出すために数千億ドルがかき集められ、投入された。

数ヵ月で株式市場の相場は暴落した。ロンドンで三一%、ニューヨークで三四%、フランクフルトで四〇%、ソウルで四一%、東京で四二%、パリで四三%、香港で四八%、ブエノスアイレスで五〇%、テルアビブで五一%、ボンベイで五二・五%、リヤドで五六・五%、上海で六五%、モスクワで六七%、ドバイで七二%であった。この段階で株式資本（capitalisation）の半分弱、二〇兆から三〇兆ドルが失われた。

実体経済も影響を受けた。二〇〇八年、至る所で経済成長は減速した。二〇〇九年、CIS、G7、中欧、東欧、南米の諸国でマイナス成長を記録し、不況の到来が語られ出した。またほとんど至るところで失業が深刻化し、短期の非正規労働が増加し、日々の貧困が目立つようになった。

しかし、すぐに株は再上昇し始めた。二〇〇九年において、ニューヨークと東京で一九%、ロンドンとパリで二二%、フランクフルトでは二四%上昇した。かくして銀行業界は利潤を取り戻し、破廉恥な笑いと共に危機を生んだ無責任なビジネスを再開する。

中にはこの小康状態に安心したものもいた。しかし、彼らが忘れていたのは一九二九年から一九三四年にかけても多くの小康状態があったことだ。

さて、いくつかの汚点も残った。生産システムに必要な新たな適応努力をしないまま投入された銀行「救援」のための天文学的金額は、新たな投資バブルの到来を招きかねない。財政赤字は拡大し、G7の政府債務はムーディーズ・インベスター・サービスによれば、四〇兆ドルにも達した。この額は諸国家の債務総計の五分の四を占めた。米国財務省によれば、米国の公的債務は二〇〇九年十一月に一二兆を超え、二〇〇八年の米国の国内総生産の八〇%を占めるに至った。米国の主要外国債権者が中国となった。

四　躍動するアジアで中国が頭角を現す

日本そして韓国が成長を遂げた後、他のアジアの多くの国々も成長期に入った。二〇〇〇年から二〇〇七年の世界総生産が二三・五%増加したのに対し、アジアの国内総生産は四八%増加し、インドは六七・六%、中国(香港を含む)は九一・八%もの増加であった。

世界総生産に占めるアジアの比率は、二〇〇七年には米ドルの名目換算では二二・七%となったが、購買力平価(PPP)では三一・八%に達した。このシェアは一九七三年には一六・四%、一九五〇年には一五・五%であった[15]。

こうした動きの中で、二十一世紀の新たなパワーとしてインドと中国がそれぞれのやり方で資本主義に到達し、自らの地位を確立している。

インドは長い間ソ連と結びついていたため、ソヴィエト体制の内部崩壊によって揺さぶられていたが、一九九〇年代初頭から慎重な自由化と段階的グローバル化の道を歩み出した。国内総生産に占める輸出の割合は一九九〇年の七％、一九九八年の一一％、二〇〇五年の一九％へと増大していった。中国とパキスタンとの緊張関係を懸念し、自国のプライドにふさわしい地位を実現したいとインドの指導層は核兵器を持つ決定を下した。一九九八年最初の核実験が国際的非難の中で強行された。

その後、米国への接近がはかられたが、対中関係の正常化を妨げることはなく、パキスタンとの交渉も促進された。近代化と新技術の道を選択することによって、後継者は家族的経営の企業を世界市場に名だたる大財閥に転身させた。鉄鋼は言うまでもなく、今やIT、医療品サービス、石油化学、電話通信、新エネルギーまで広がっている。これらの財閥とともに一つの資本主義が、多言語でありながら英語を話し、国家の役割を重視し、旧来の文明の多くの側面を維持しつつ、進行する変化の中で新しい黎明期を生きる国で実現しつつあるのだ。

豊かな伝統と昔からの商業のノウハウを受け継いだ中国に関しては、すでに一九八〇年代から共産党の指導の下で、深圳のような「経済特区」を創設するなど市場経済の導入を手がけだしていた。しかし、中国の指導層は、社会の隅々まで広がっていた国家管理主義の弊害に気づいて、経済改革を受け入れたものの、直ちに政治的自由化も促進しようとする路線と、他方それに反対する二つの選択に直面していた。一九八九年の天安門で多くの犠牲を伴った弾圧は、後者の路線の勝利を意味した。「中国式社会主義」への移行は——実際には国家と中国共産党の支配のもとでの混合経済であるのだが——極めて露骨な形で進められた。企業再編・民営化時の大量解雇、旧来の社会保障が有していた多くのセーフティーネットの廃止などで貧困は拡大した。この貧困現象は、地方や大都市で民営化企業のトップの座に就いたり、あるいは新たな企業を設立した人々の富裕化と、著しいコントラストをなした。

これらをベースとして中国は成長を再起動させ、その成果は徐々に人々の間に浸透していった。この成長は対外開放度が極めて高く（外国投資、下請け生産など）、輸出主導であった。国内総生産に占める輸出のシェアは、一九九〇年に一七・五％、一九九八年に二一・五％、そして二〇〇七年には四〇％にも達した。また輸入も同じくらいの規模で増加したが、輸出よりもやや下回り、膨大な貿易黒字を実現した。

中国を「世界の工場」にしたこの成長は、まずは衣服、靴および他の製造品で始まり、次には機械情報機器、通信機器へと広がっていった。したがって、成長基盤はますます技術集約的製品の生産に立脚するようになった。全輸出に占めるこれらの生産の割合は、一九九五年の二〇％から二〇〇五年には四〇％にも拡大した。[16] この成長は国民に基本的権利は与えないものの、購買力を有する人々に多様な消費生産を可能にし、さらには、国家の指導層はますます世界の指導層に影響力を及ぼせるようになった。

中国とインドはいずれも人口が一〇億を超え、成長と貧困が同居している。多くの外国企業がこれらの国々に投資をし、提携を拡大しているのに対し、両国の大企業は世界中の企業の取得に乗り出している。両国は『フォーチュン』誌の世界の五〇〇大手企業の年間番付にも次から次へと登場してきている。（二〇〇八年において中国は三七企業、インドは七企業）そして、『フォーブス』誌の百万長者番付でも躍進している（二〇〇九年中国人二二名、インド人二四名）。これら両国で数千万人の男女が消費社会を味わうことが出来るようになった一方、他の数億人はそれを夢見、更に他の数億人は金銭が全て支配する社会の容赦ない貧困状態に陥っている。

経済成長競争では中国の方に軍配が上がっている。二桁成長が続き、世界の国内総生産に占める割合は、一九九〇年の一・六六％から一九九九年には三・三％、二〇〇七年には五・九％（購買力平価換算では一〇・九％）に達した。同じ時期、インドの割合は一・五％、一・五二％、そして二・一五％（購買力平価換算では四・八

％）であった[17]。

外国投資と貿易黒字で中国は驚くべき外貨準備を保有するに至っている（二〇〇八年五月末には一兆八〇〇〇億ドル、二〇〇九年十一月には二兆三〇〇〇億ドル）。自動車と希少金属に関しては世界最大の生産国であり、市場となり、ＣＯ^{2}の排出も世界一である。しかし西欧に比して、一人当たりの排出量は未だわずかなレベルにとどまっている。二〇〇九年九月にはインフルエンザ（Ｈ１Ｎ１）にたいする単一ワクチンを最初に開発した国となった。また宇宙、スーパーコンピューター、新エネルギーの資材と設備といった分野にも進出し、インターネット利用率も世界最大とされている。

全ての大陸に市場、原料供給、農地を求め、無数の協力やパートナーシップ関係を結び、中国は今や多くの国際機関に加盟し、国家要人により各国に公式訪問を展開し、国際会合や会議には積極的に参加している。

国連安保理の常任理事国として、中国は西欧の多くのイニシアチブに待ったをかけ、日本とインドの常任理事国への加盟に関するあらゆる改革を葬り去ろうとしてきた。七七カ国グループ（旧第三世界）に相変わらず加盟しており、インフォーマル・グループであるＢＲＩＣＳ（ブラジル、ロシア、インド、中国、南アフリカ）でも連携し合っていて、二〇〇八年の金融危機以来、二〇カ国グループＧ20に参加し、声が掛けられることのなかった昔からのＧ７とＧ８の地位を凌ぐ勢いである。

二〇〇九年十二月にコペンハーゲンで開催された国連地球温暖化サミットでは、中国は以下の二つの面で自国の国益を露骨に通すのに成功した。

まずは主要新興国（ＢＲＩＣＳ）および七七カ国グループの議長国のスーダンとともに、資本主義富裕国に対して極めて厳しい要求をする文書に署名したことである。

次に、低所得国のリーダー、環境運動家および気象専門家を大いに失望させた、最低基準しか充たさない、遵守義務を負わない政治一般宣言に、大国のリーダー（先進国と新興国）とともに調印したことである。結果としてこの文書は、中国と米国にフリーハンドを与えることになり、この火急な地球的問題解決の展望を全く不確実にしてしまった。

五　資本主義、人類そして地球が相互に絡み合った行く末について

いつの時代にもわれわれの祖先たちは、自分たちの住んでいた場所でその自然の恵みを乱用してはいけないことを知ってきた。

ここ数十年、誰でも地球そのものが脆弱であることを知ることが出来るようになった。地球の資源には限界がある。とりわけ再生産が緩慢で複雑な作用から成っている水、空気、森林、魚、土壌、生物多様性といった資源で事態は深刻である。われわれのテクノロジーによってわれわれはこれらの資源を過剰利用してきている。更に深刻なのは、生命系としての地球の再生産がわれわれの搾取と廃棄の増殖によって機能不全に陥っていることだ。

昨日は紫外線から自分たちを守ってくれているオゾン層がクロロフルオロカーボン（CFC）の排出で危険にさらされた。しかし今日、新たなエネルギーとテクノロジーこそが地球にとって同じように悪影響を与えるもう一つの廃棄物の原因となってしまわないように、一体私たちはどこまで注意を払っているのだろうか。地球温暖化は数十年前から指摘されてきた。一九九二年のリオ会議以来、いったいどんな必要な決定をして、何を実施してきたのか？　若干の問題に関しては二〇年、三〇年ぐらいは先延ばしに出来るかも知れない。しかしそれによる環境上、および人的費用は高いものにつくであろう。多くの花類の再生産は、多くの場合昆虫が「自分たち」の花と「協力して」確保する受精を経る。畑や庭園における殺虫剤の大量使用は、これらの蜂などの昆虫――数

千年来無償で受粉をしてくれていた昆虫――を殺してしまう。おそらく少数の民間企業にとっては、これは未来の巨大市場におけるまたとない商機の源泉になるかも知れない。

資本主義が成熟期に入ってから一世紀半、消費者の数は数千万人から一〇億へと拡大した。これらの人々の生活様式こそがこうした荒廃の主因となっている。なぜなら、自らの土地にしがみつく数十億の貧困層は環境に対して微々たる被害しか及ぼしてこなかったからだ。

同時に人々の間の不平等は劇的に悪化した。基本的ニーズが充たされないか、あるいは充分に充たされない持たざる人々と、企業が生産する商品を買ってくれる購買力を有する人々との間に生まれた断絶は、今や耐え難い規模に達してしまった(18)。

なぜなら資本主義は「支払い能力のある」ニーズ――それがガラクタであろうか、有害であろうと――のみを考慮する。資本主義は「支払い能力のない」ニーズ――それが生命にとってたとえ不可欠のものであっても――を無視するのだ。

人類――その半分以上は今後都市かスラムに住むことになる――は三つに分断される。まず、贅沢ないし安楽にどっぷりつかって生活するオリガルキーと富裕階級、次に、生活必需品さえ事欠く人々、そして両者の間に位置する、欲求が充分に充たされず、しばしば不安を有する中間層である。新たな資本主義国の興隆によって、購買力を手にする人々は一〇億から二〇億へと増大しつつある。資本主義にとって、これは吉日が到来することを約束してくれるのである。しかし、すでに力が尽きかけている地球にとっては否である。

資本主義は他のものも経験した。すでに世界にしっかりと根を下ろした資本主義は、お金のあるところはどこでも適応する能力を有する。国家とか寡占的権力を中心として形成されているこの資本主義は、一国レベルにせよ、世界レベルにせよ構造化され、テクノサイエンスのコントロールによりその絶えざる革新追求欲を自制することができない。戦争の準備にも戦後復興にも、自然災害対策にも、あるいは再開発工事にも、資本主義は、また怖れることを知らない。資本主義は即効性のあるハードテクノロジーの解決策を、支払うことの出来る相手なら誰にでも販売攻撃を仕掛けて、重傷を負った地球の上で、ぬくぬくと繁栄することが出来るのだ。

二〇一〇年初頭、地球の状態、人類の不平等、消費への渇望そして資本主義の力学を考えると、五つの予想しうる解決の径路が浮かび上がってくる。

経路一――人口を劇的に減らす。これは古くから一部で主張されてきた考えで、「黒い」シナリオである。

経路二――環境的および社会的という二重の災害をきっかけに、グリーン資本主義の支配を諦めて受け容れる道である。この資本主義は食糧、エネルギー、さらには気候、生物、人間社会の管理のためにハードテクノロジーを利用するもので、すでに大企業はそれを着々と準備している。

経路三――塀に囲まれた贅沢三昧のあるいは快適極まりない居住区域と、多かれ少なかれ見捨てられた貧困地帯が併存する、お金によるアパルトヘイトを拡大させていく資本主義の道である。これこそここ数十年の「暗黒に向かう」現実である。

経路四――「持続可能な開発」の精神に少しのっとって、「緑の」生産様式の誕生を促進する道である。この可能性は、新たなコミュニケーションのイニシアチブから生態系と社会のルールを受け容れる資本主義企業まで、様々な形をとっていく。

経路五――最後に進行中の無数の行動と進展の延長上に位置するもので、いくつかの大きな課題を中心に「バラ色戦略」を実施する道である。すなわち無害なエネルギーとテクノロジーによりわれらの生命系の地球を守り、よく生きるための新たな形態をとって「消費のために働く」という論理から脱出し、不平等を減じ、もっとも恵まれない人々に基本的ニーズを充たすことを可能にするような連帯を強化する道である。

結局、これらの路を束ねる二つの大きな経路が登場してくる。

最初の三つの径路からなる道は、「グリーンで、かつ暗黒に向かう」、不平等、権威主義的およびテクノサイエンス型の変化を実現するため、すべての国家と超大企業からなるオリガルキー同盟の監督下で、互いに結合することが出来る。

最後の二つの経路からなる道は、われわれの将来を最終的には決めることの出来るデモクラシーを通じて——人類自体と地球自体とともに——和解する人類社会を構築するという「グリーンでバラ色の」の展望によって、様々な結びつき方が可能となる。

このことは、われわれの諸社会はきわめて相互にバラバラで、方向性を失っているので、これら五つの径路が全て無秩序に手がけられてしまう危険を有するということを意味する。その場合、頑迷な科学者が自分たちこそは数万年に及ぶ人類の試行錯誤と進展よりも、いわば神よりも上手くできることを何としても誇示しようとする、ハードテクノロジーが主流となるであろう。そしてわれわれの子供たちが、彼らがヒットラーの医師団よりもひどいということを知ってしまった時にはすでに手遅れとなっているであろう。

こうした事態を避けるためには、ローカル、諸国からなる地域、大陸、世界といったすべてのレベルにおいて、数十年の思考と闘争、想像力、意志、忍耐、そしてもう一つの世界はまだ可能であるという信念が必要となるであろう。

ボヴァル、二〇一〇年一月

訳者解説

一　ブローデル、ウォーラーステイン、ミシェル・ボー

筆宝康之

本書の翻訳は、Michel Beaud, *Histoire du capitalisme : de 1500 à nos jours*, (4e édition revue et corrigée en 1990), Editions du Seuil を底本とした。初版は一九八一年、改訂版が一九八四年、一九八七年、一九九〇年に出ているが、一九九〇年版で第七章が増補されている。但し、本訳書で訳出した第七章は一九九〇年版のものではなく、冷戦体制終結後の状況を踏まえて今回新たに書下ろされたものである。これに伴い、旧版の二部構成(一～三章／四～七章)を三部構成(一～三章／四～五章／六～七章)に変更した。又、邦訳に際し、著者の同意をえて、原著名の〈Histoire〉を「世界史」と改めた。著者ミシェル・ボーは、フランスの代表的な経済学者=エコロジストとして知られるが、ブローデル史学をうけつぎ、ウォーラーステインの世界システム論とレギュラシオン派の各国分析を媒介する位置にある。現在はパリ第七大学の教授で、世界経済論と現代経済思想史、および地球環境と資源エネルギー問題を担当している。著者の研究の視野と活動分野は、その「一国／世界階層化システム(SNMH)」論におとらずまことにグローバルで、本書の翻訳も、これで九ヵ国でなされたことになる。それは、西欧と南欧から北米とブラジル、中国、日本におよび、ちかくハンガリア語版も刊行されるという。以下、ミシェル・ボー教授の略歴と著書を紹介し、ほぼ第五章まで分担訳し、全体を統一した訳者として、表題の論点をめぐる本書の意義について、多少解説することにする。

略歴と著書および社会活動

ミシェル・ボー教授は、一九三五年にフランス・アルプスの山麓、シャンベリーで生まれた。パリ政治学院で法学と政治学、ついで経済学を修めたあと、ラバトにあるモロッコ銀行につとめたが、その調査活動をとおして第三世界体験を深めた。のち、CNRS（国立科学研究センター）の研究員となり、「戦後西ドイツの経済成長論」で経済学の国家博士号を取得し、経済学の教授資格試験《アグレガシオン》に合格した。一九六五年からリール大学、新設実験校のパリ大学ヴァンセンヌ校をへて、パリ第八大学では資本主義の世界経済史とソ連論の研究に専念し、一九九一年からパリ第七大学経済学部の教授となった。この間、著者は、ウォーラーステインと世界経済の国際シンポジウムを組織したり、ミッテラン政権の第九次経済計画（一九八四―八八年）でその雇用対策の立案に参加する一方、一九八三―九〇年まで「世界経済・第三世界・発展に関する科学的研究者集団」（GENDEV）の代表のほか、一九八九年からは環境庁の「地球環境の危機と風土変化に関する委員会」（ECLAT）の副委員長をつとめるなど、世界経済と地球環境や労働関係にまで、多彩で精力的な社会活動を展開してきた。

フランスの経済学説《ディスクール》は、「思想」と「理論」を峻別しない点にすぐれた伝統をもつが、著者は、西欧人文主義《ユマニスム》の伝統に立って、アンドレ・マルシャルとフランソワ・ペルー、およびその弟子のモリス・ヴィエ、さらにジャン・ブーヴィエなどに学んだ。ユマニスト・エコノミストの思想やフェルナン・ブローデル史学の「全体史」的体質を受けつぎながら、十九世紀の社会主義に大きな関心をよせてきた。F・ペルーの構造動態主義と社会発展論のほか、当然、マルクスとケインズの深い影響もうけてきたが、国家集産主義とエタティスムの旧ソ連を「社会主義」とは認めず、狭義の学派には属さない。「エマニュエル・ムニエの人格主義、ティエール・ド・シャルダンの古生物学、J-P・サルトルのほか、政治家としては、ジャン・ジョレスとマンデス・フランスに心をひかれる」とかつて訳者に語ったところからも、著者のフランス社会党に近い立場が確認できる。

資本主義とエタティスム（国家管理主義）のからまりとして、近現代世界史を読み解く視点をかれに示唆したのは国家論のニコス・プーランツァスだが、先にみたフランス経済史の大家ジャン・ブーヴィエ、またレギュラシオニストで「緑の党」のアラン・リピエッツもかれの同僚だった。地理学・社会学・人類学者と討論をかさね、マクロ経済学のベルトランらパリ学派のレギュラシオニストやウォーラーステインは、各種セミナーで交流した古くからの研究仲間であり、ハリー・マグドフやサミール・アミンのほか、ミシェル・フーコーとも知己であった。本書は、そうした著者のゆたかな知的交流とパリ大学での積年の講義体験からうまれ、十ヵ国で版をかさねるにいたった資本主義の「全体史」にせまる名著であり、フランス的風格をもつ、資本主義＝世界経済史の野心的な歴史書である。

著者には次の一〇点をこえる著作と主論文があるが、本書以外はまだ邦訳されていない。

①*La France et le Tiers-Monde*, édités par M. BEAUD, G. de BERNIS et J. MASINI, PUG, 1979.
②*Histoire du capitalisme*, Editions du Seuil, 1981, 1984, 1987, 1990.
③*Le Socialisme à l'épreuve de l'histoire*, Editions du Seuil, 1982, 1985.; Newjersy: Humanities Press, 1993.
④*La Politique économique de la gauche*, Tome1-2, Syros, 1983, 1985.
⑤*Au coeur du IXe Plan, l'emplois*, Documentation française, 1983.
⑥*L'Art de la thèse*（*comment rédiger une thèse de doctorat…ou tout autre travail universitaire*）, La Découverte, 1985.
⑦*Le Système national/mondial hiérarchisé*（une nouvelle lecture du capitalisme mondial）, La Découverte, 1987.
⑧*Investissements, emplois et échanges internationaux*,（avec DOSTALER）, ACFAS, Montréal, 1988.
⑨*L'Économie mondiale dans les années 1980*, La Découverte, Paris, 1989.

⑩*Nouvelles stratégies économiques des acteurs publics et privés,* (avec G. DOSTALER), GCG, Montréal, 1989.

⑪*El Socialismo en el umbral del Siglo XXI,* (avec Rodrigo Alvayay et Gustavo Marin), Editorial Melguiades, Santiago, 1990.

⑫"Socialisme: entre le marteau et l'enclume" (en russe), *Économie mondiale et relations internationales,* revue de l'IMEMO, Moscou, 1990-4.

⑬"Économie, théorie, histoire: essai de clarification", Revue économique, mars 1991 (vol. 42, 155-172).

⑭*La Pensée économique depuis Keynes* (avec G. DOSTALER), 1993.

⑮*L'État de l'environment dans le monde,* (avec Caliope BEAUD), La Découverte, 1993.

⑯*Le Basculement du monde,* La Découverte, 1997.（筆宝康之・吉武立雄訳『大反転する世界——地球・人類・資本主義』藤原書店、二〇〇二年）

このうち、かれの主著は、②③および⑨⑯と思われる。⑦は、本書②を理論的に総括したM・ボーの「一国／世界階層化システム論」（SNMH）だが、本書のタイトルを日本語版で改訂するなら、「資本主義の世界史——一五〇〇年から一九九五年」あるいは「資本主義 - 各国・世界システムの歴史」としてもよい、と訳者にのべた点にも、本邦訳書に託すかれの意図がよみとれる。なお、⑯は本書の続編である。

F・ブローデル、I・ウォーラーステイン、M・ボー

アナール派のブローデルは、学際的な地域研究の不朽の名著『地中海と地中海世界』（一九四九年、邦訳『地中海』）において、近代世界をとらえるブローデル史学の方法をはじめて示した。またかれは、一九七九年に全巻がまとめられた『物質文明・経済・資本主義』において、十五世紀から十八世紀の期間を枠組みとし、世界的視

野のもとに近代世界の誕生をいくつかのレヴェルにおいて、一般的かつ体系的に総括するこころみを行った。この完成の努力に大きなインパクトを与えたとされるのが、イマニュエル・ウォーラーステインの『近代世界システム』（一九七四年）の刊行であった。ブローデル史学が、歴史の時間を、短期持続、中期持続、長期持続の三つのレヴェルに分類し、これに対応した「構造」（structure）、「局面状況」（conjoncture）、「事件」（événement）にわけて、その歴史をn次元で成立する「全体史」のかたちで叙述したことはよく知られている。このブローデルの物質文明／経済／資本主義という「三重構造」把握や「世界-経済」概念を共通の基盤としながらも、ウォーラーステインの「世界システム」概念と、M・ボーが数世紀にわたる資本主義の世界経済史をとらえる枠組みとする「SNMH」（Le Système national / mondial hiérarchisé）という概念は、同じ中期持続の「変動局面《コンジョンクチュール》」を考察するとき、どこでかさなり、どこがことなるのだろうか。

この問いに答えるまえに、M・ボーによる資本主義経済の発展段階論を、国家形態および産業構成の変遷と対応させて、以下にひとまず定式化して示そう。

●商人資本主義（marchand を宇野理論風に「商人」と訳す。単純商品の市場経済）
――ヴェニス・アントワープ・アムステルダムなど都市的国家と農村共同体

●マニュファクチュア資本主義（マニュ資本制商品、農業、商業交易）
――オランダ・イングランド・フランスなどの近代国民国家と国際商業

●産業資本主義（工業、交通、エネルギー、テレコミュニケーション：マニュファクチュア、農業、商業）
――大国民国家（蘭→英仏→独米→日本）と国際貿易→植民地と帝国主義化

●全般化資本主義（教育・文化・日常生活と物質的・非物質的複合体の商品化、情報の自動回路とネットワーク・システム、情報科学および科学技術、テレコミュニケーション、エネルギー、交通通信の産業化：高度工業・商業流通・ハイテク農業）
――巨大国家群の統合と大陸化：多国籍企業と大競争・大分業、直接投資の拡大、環境・情報・技術の脱国

図18　アメリカ覇権体制下における北の「栄光の30年」および台頭するNIES・第三世界との南北関係

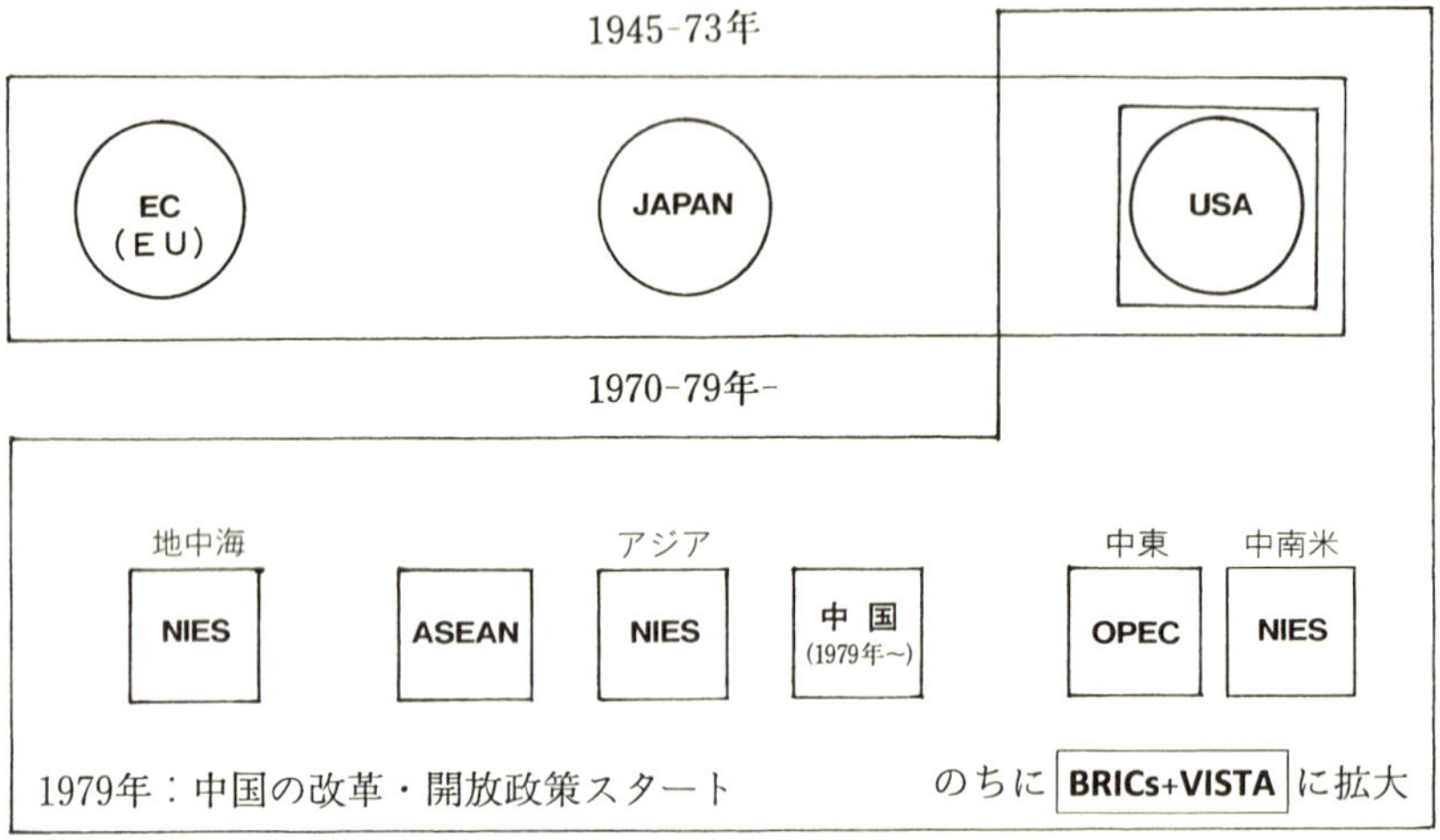

境化、冷戦の終焉とグローバル経済化

ここから読みとれるのは、一国単位の「国民経済」ないし各国資本主義の自立性を連ねていく「一国史観」やレギュラシオン学派式「一国分析」の比較史ではない。かといって、当初から世界全体を分析の単位とし、「世界帝国」によるその統合が挫折したのに代わって「世界経済」が成立した、と想定する「世界システム史観」でもない。複数核をなす諸国家がせめぎあう単一の経済、つまり「資本主義＝世界経済」の起源は欧州にあったとみるが、近代世界システムは、エタティスムの介入と主要国の対抗をとおして形成され、その世界市場と複数核の強国支配との相剋をとおして、世界経済が周縁部をとりこんで資本主義が多細胞型に増殖し自己を再組織化し、拡大進化していくとみる。それは「資本の世界史」と「資本主義の力学」の内的模写であり、より現実的な市場‐国家のネクサスをみつめる複合階層化史観である。

　いいかえれば、近代世界を自己組織化する主役が市場と国家であり、エタティスムの主体は、都市国家と大村落のレヴェルから近代国民国家へ、巨大な国際システムをもつ覇権国家と植民地をもつ対抗国家群へ、地域統合で大陸化するEUなど複合国家の連環と米国・日本との対抗へと広がったとみる。他方、技術革新の軸からみれば、その資本主義世界システムは、ハードな工業中心分野の無人自動化・多国籍化とともに、ソフトな情報通信・バイオ・宇宙開発の分野にも全面化して、高度技術化しながら深化し、大競争と新国際分業の紛争・摩擦がグローバル化してきた、という時代認識がうかがわれる。

世界帝国による権力的統合が挫折した十五世紀から今日にいたる近代世界系は、当初から全体が一体としての経済構造をなしており、いかなる国ないし地域の経済もすべてその系でしかないとする立場、その世界資本主義的な発想は、A‐G・フランクやS・アミンら従属学派やカルドーゾらの従属的発展の理論、あるいは岩田弘の「世界資本主義論」にも共通する理解である。こうした理解から、十六世紀以降の近代世界史を「近代世界システム」の成立・展開の過程としてとらえたのがI・ウォーラーステインであった。彼にとって資本主義とは、「世界市場にむけた利潤獲得を目的とする商品生産」であり、国家の形態は階級の利益に、階級利害は世界分業に占める地位に還元されている。そのシステムは、中核‐半中枢‐辺境に構造化されるが、中核・半中枢強国の主役抗争なり、各国エタティスムの内的構造矛盾はどうあれ、世界分業体制の市場ネットワークが短絡的に複雑化していく単一巨大細胞内の神経回路の世界システム論といえないか。

これに対して、M・ボーの世界システムにあっては、「その世界史的形成の当初から、資本主義は一国的かつ世界的であり、民間的かつ国権的であり、さらに競争的である反面で独占的でもあった、という複合的性格を宿している」(本書第一章、六九頁)とみる。すなわち、点と線の「大航海時代」からの世界的な本源的蓄積と絶対王政の重商主義、「産業革命」が多角放射する覇権国資本主義の世界市場と周辺部エタティスムの保護主義の対抗をへて、民間市場経済を国家的蓄積が補強する帝国主義、その覇権国と対抗国の列強陣営が世界市場の再分割をめぐり対立した二つの大戦と革命へ——それは「交通通信系の技術進歩だけが可能にする」国際化・世界化であり、各国資本主義対抗の複合システムから「一国/世界階層化システム」への歩みである。世界恐慌と大量死をくぐり、戦後世界システムは東西の工業先進国世界と第三世界にわかれ、世紀末危機の資本主義が全面化して

「世界史の大転換」にいたるとみる。一九七〇年代からの世紀末危機についても、EC／USA／日本では「栄光の三〇年」が「ドル危機」と「石油危機」どまりだとしても、USA／OPEC／NIES／ASEAN／AFTAの側からみれば、一九七〇―七九年以後もなお資本主義は躍進中である、とみる世界システムの南北関係の認識もそこから生まれる（図18）。

そして「世界の大反転」とかれが呼ぶ「冷戦体制崩壊」後の全般化資本主義まで、つねに強い近代国家の覇権をめぐる攻防と弱い周辺国家・地域への資本の外展開に注目し、エタティスムと資本主義、独占と競争と協調をとおして、現代の一国／世界システムは維持・再生産され、高度に複合化してきたとみる、多細胞の核をもつボーの説を、諸説による単一巨大細胞型のウォーラーステイン解釈と比較して定式化すれば、**付表**のようになる。

かつて著者は、「ウォーラーステインと何度も議論してみて、現代になるほど多くの点で合意できたが、資本主義形成期における単一の世界システム成立論だけは納得できなかった」と筆者に述懐したことがある。この点で、十六世紀はまだこの世界経済の「端緒の端緒にすぎない」とみる日南田静眞説が、ポイントをついている。資本主義を一挙に世界市場生産主義とみなすのは単純にすぎるのだ。重商主義も帝国主義も、国家が介入して資本と市場を育成防衛し、大陸化と拡大EU・AFTA・NAFTAの国家連合でも、単一の世界経済システムをめぐる「資本と国家」の調整関係が問われ、両者をむすぶ有産官僚階級（bureoisie）の階級的役割が要となる。

M・ボーの史論が一貫してこだわるのは、資本主義のグローバリズム（世界性）とエタティスム（国益性）の絡まりであり、技術革新と国家機構をささえる「テクノ・ビュレオワジー」（有産技術官僚階級）の介入による資本主義の自己組織化努力と運動主体の相剋と変遷だからである。

本書もまた、資本主義の拡大と深化、全面浸透や技術革新長波を一面的に強調せず、その国家介入と階級構造、エタティスムとビュレオワジーの成長とその技術官僚化、国際関係の複合的展開とのからみに着目する。すなわち、商人資本主義段階の地中海・バルト海市場と都市的国家群。マニュファクチュア資本主義の大西洋貿易と絶対王政国家の重商主義。産業資本主義の世界市場的自由主義と周辺部エタティスムの保護主義の利害対抗。それ

付表　世界システム論の比較——M・ボーとI・ウォーラーステイン

ミシェル・ボー **（一国／世界・階層化システム）** Le Système national/mondial hiérarchisé		**イマニュエル・ウォーラーステイン** **（資本主義＝世界経済システム）** The Capitalist World-Economy
資本主義の諸段階と組織化動因	特　　徴	ボーと諸説（＊）による特徴づけ
近代世界を自己組織化する主役 ——エタティスムか世界市場か——	**エタティスムと世界市場**が相剋する**多細胞型の複合系**	統合に挫折した世界帝国に代わり**当初から単一巨大細胞型の世界経済系**
16世紀—： **商人資本主義** capitalisme marchand	地中海－西欧資本主義：複数強国を核とする地域／各国／世界市場の連環と組織化	**ヨーロッパ世界経済の成立**： 細胞膜の隔壁が稀薄で内部の分節がゆるやかな単一細胞的な世界市場
18世紀まで： **マニュファクチュア資本主義** capitalisme manufacturier	重商主義的対抗による内外の組織化	**ヨーロッパ世界経済の収縮**：
19世紀—： **産業資本主義** capitalisme industriel	英米中心的世界市場系と周辺部エタティスム：強い近代国家と連結した複数の細胞核をもつ 一国的／世界的 国家主義／資本主義 独占的／競争的 ネット・ワークの形成	**ヨーロッパ世界経済の拡大**： 世界市場むけ商品生産の分業ネットワーク化 万物の商品化 **産業資本主義的な「世界経済」の凝縮**：
19世紀末： 〔金融資本の形成〕	帝国主義的内外組織系から各国／世界階層化システムへ：第1次帝国主義	［資本蓄積の段階論なし］ 資本主義＝世界経済システムの自己進化運動
20世紀後半： 〔軍産複合体組織〕	西側・東側・第三世界の競合する世界システム 支配的帝国主義 中継補完列強国 特定拠点国 周辺被支配国	中枢—半中枢—周辺構造の交替変遷による世界経済の自己秩序化
20世紀末—： **全般化資本主義**： capitalisme généralisé	多細胞核の世界システム：一国／世界・階層化の拡大、深化、全面化 世界市場と統合圏の対抗	単一巨大細胞内の世界システム ネット・ワークの複雑化 **「革命をともなう大混乱時代」**：

＊　時期区分は、ウォーラーステイン『近代世界システムⅠ』（岩波書店）の訳者川北稔氏の解説による。その他は、藤原帰一「〈世界システム〉論の展開」『思想』1985年12月号を参照。

はなお、覇権‐列強資本主義の国益対抗関係であったのが、帝国主義段階の市場再分割と列強対立からは、一国／世界階層化システムの性格をつよめた。ブロック化と第二次大戦から、パックス・ルッソー＝アメリカーナ（米ソ共存体制）のもとでの競争と協調へ、全般化資本主義段階の今日では、以上を集約した帰結として、中枢地域の覇権大国、これを中継補完する対抗国家群と拠点国・周辺資本主義におよぶ一国／世界システムの階層支配がゆらぎ、先端技術革新と地域統合を支えるテクノ・ビュレオワジーが世界経済の展開を規定し、地球環境危機が時代の問題になる。

本書の第四章には、「諸階級の同盟と力関係の戦略拠点として、支配の装置となる国家」（一九五頁）とみる著者の十九世紀型ブルジョワ国家論があるが、以上の文脈で、つぎに筆者が直接確認したM・ボーの近代国家とエタティスムの概念を紹介しておこう。

重商主義の王政国家にかわる十九世紀の近代国家とは、Peuple-Nation（民族‐国民）、つまり民族に基礎をおく国民国家であった。ナショナリズム運動により、文化、言語、人種、歴史、宗教や風俗習慣をともにする民族が結集して、特定の国籍（nationalités）を形成するが、世界経済を分節化する国境の壁はまだ緩やかだった。イギリス、フランスはすでに国民的統一国家と国民経済の条件をわがものにしていたが、他の大陸諸国は異なっていた。ドイツは三五の領邦に分かれ、オーストリア帝国には多数派ドイツ人の居住地とならび、ハンガリア人、イタリア人、ボヘミア人、少数民族ユダヤ人の住む地域が併存した。ドイツやイタリアの一八四八年革命は、その状況の母胎となる王政＝王朝的原理を克服することにより、工業化と有力民族の自立的成長をめざすナショナリズムの時代を開いた。ちなみに、この時代にもフランスや英米両国はユダヤ民族を受け入れたが、ドイツやロシアでは高まる反ユダヤ主義に、貧しい東欧のアシュケナジー系と富裕な西欧のスファルデイー系のユダヤ民族はディアスポラ化し、世紀末からシオニズムが生まれる少数民族の分化がその周縁にあった。

これに対して、二十世紀の現代国家とは、État-Nation ないし Nation-State の「国民‐国家」であり、領土、人口、社会、諸民族・人種の社会集団を周知の国境内部に囲い込み、「世界経済」を国境の壁が分節化して、植民地ぐるみ政治的に強引に管理する。そのタイプとして、centralisée（集権国家―天皇制日本、全体主義国家のナチス・ドイツとソ連邦）、fédéral（連邦国家―アメリカ合衆国、ブラジル連邦共和国）、国家連合体の nations confédérals があるとみる。その線上に Sociétés des Nations（国際連盟）、Organisations des Nations Unis（国際連合）もくる。諸国家の地域連合として、EU（欧州連合）、NAFTA（北米自由貿易協定）、日本‐NIESや日中の連合軸、ASEAN（東南アジア諸国連合）とAFTA（アセアン自由貿易圏）、APEC（アジア太平洋経済協力閣僚会議）などを指摘できる。地域連合体の内部では関税、貿易、投資、人の移動などを自由化したり通貨を統合しても、その外部の地域諸国とは対抗するし、市場が世界化し、「世界経済」が地球をおおっても、資本主義の「国民的軌道」（R・ボワイエ）や、「域内的結合」はなお簡単には解消せず、摩擦と困難が再生する。そこでかれは、資本主義の国際化・多国籍化・大陸化とグローバル化の四次元を順次考察せよ、と主張するわけである。

ちなみに、本書第七章の本文からは割愛した以下の**図19**は、「一九七〇―九〇年代における一国／世界システムと危機の構造」と題され、M・ボーの現代世界経済論の方法と特徴を具体的に示している。すなわち、冷戦体制下の世界システムの中枢‐半中枢‐辺境関係は、階層化された南北・東西の対抗矛盾として、左右に配列してとらえなおされた。そのヘゲモニー的支配大国や中継補完国の代表は、なお米・日・EUなど強い国家群によるトリアーデにある。その構造的周辺部でも新興国家群の周辺部エタティスムが発達の主役で、第三世界経済の主役交代は、開発独裁と直接投資の外資導入を動力としている。そこから、ベトナム戦争の敗北―ドル・石油危機―累積債務―円高・アジアシフトを軸に、OPEC諸国と中南米NIESの盛衰をへて、なお消極的トーンとはいえ、「周辺部エタティスム」のアジアNIESとアジア資本主義の台頭を展望しうることにもなった。

これまでの従属理論と世界システム論の弱点は、実証不足のほかに、近代世界史に「従属の網」をかぶせるだけで、たとえば、日本やアジアNIESが、世界システムのなかでなぜその位置を逆転することができたのか、その自立・離陸・離脱と従属・依存・停滞の複合構造なり、外圧・外生要因がらみの内生的成長と地位逆転の根拠を説けない点にあった。本書がその解明に成功したとは必ずしもいえないが、「開発独裁か複数主義国家か」

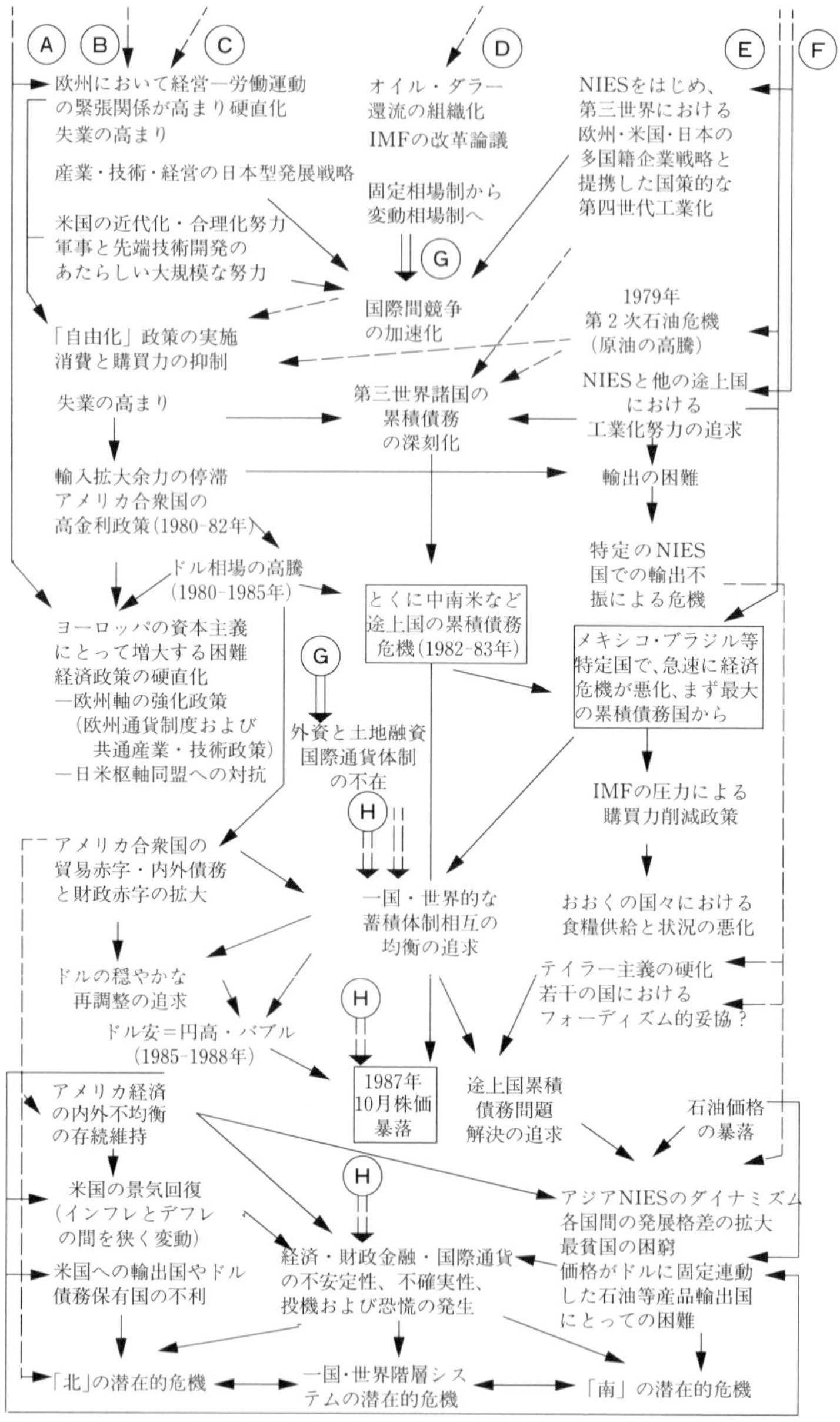

出典） Michel Beaud, *L'Économie mondiale dans les années 1980,* La Découverte, 1989,p. 284-285.

図19　1970–90年代における一国／世界システムと危機の構図

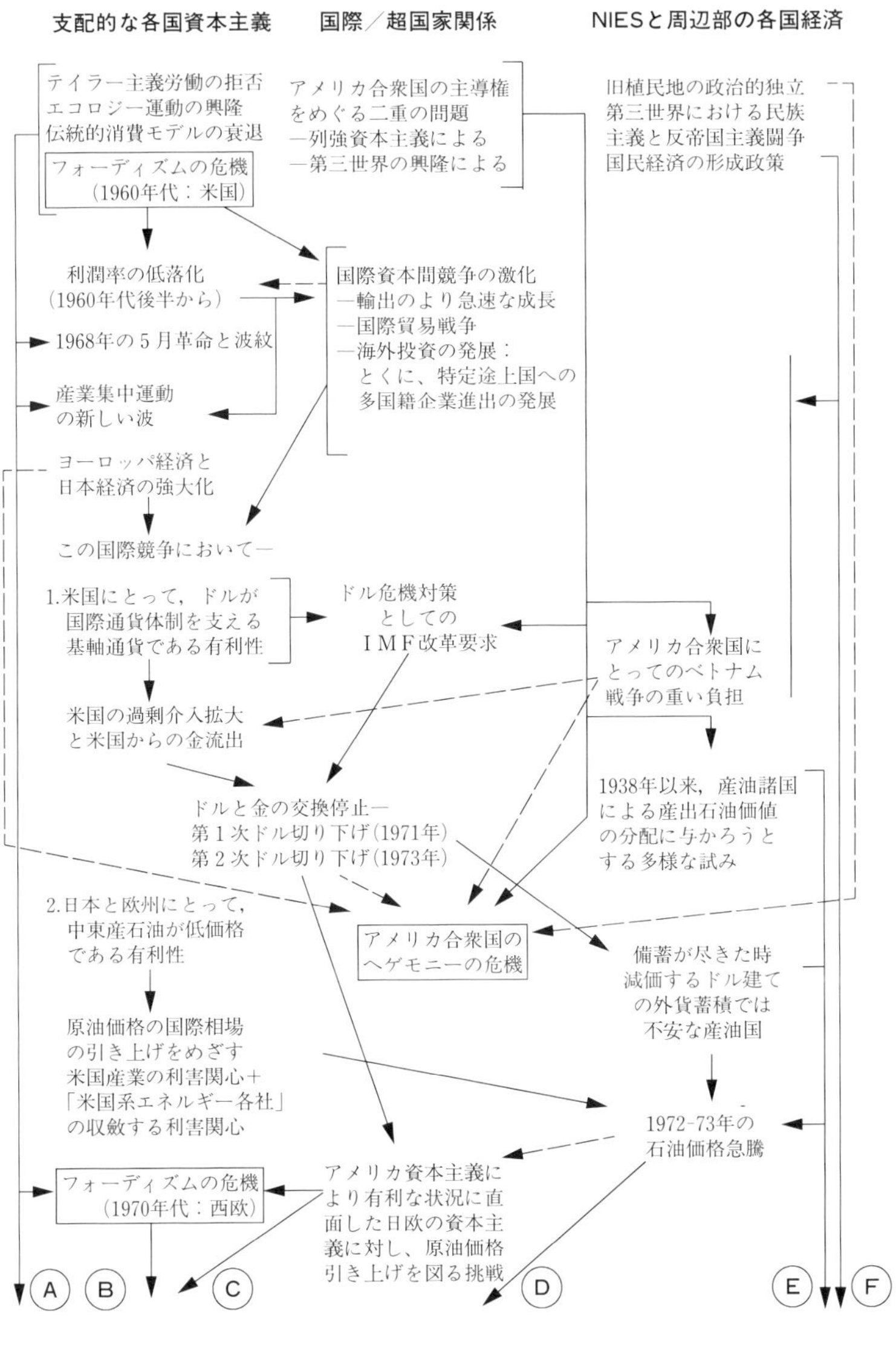
支配的な各国資本主義
国際／超国家関係
NIESと周辺部の各国経済
テイラー主義労働の拒否
エコロジー運動の興隆
伝統的消費モデルの衰退
フォーディズムの危機
(1960年代：米国)
アメリカ合衆国の主導権
をめぐる二重の問題
—列強資本主義による
—第三世界の興隆による
旧植民地の政治的独立
第三世界における民族
主義と反帝国主義闘争
国民経済の形成政策
利潤率の低落化
(1960年代後半から)
国際資本間競争の激化
—輸出のより急速な成長
—国際貿易戦争
—海外投資の発展：
とくに、特定途上国への
多国籍企業進出の発展
1968年の5月革命と波紋
産業集中運動
の新しい波
ヨーロッパ経済と
日本経済の強大化
この国際競争において—
1.米国にとって，ドルが
国際通貨体制を支える
基軸通貨である有利性
ドル危機対策
としての
ＩＭＦ改革要求
アメリカ合衆国に
とってのベトナム
戦争の重い負担
米国の過剰介入拡大
と米国からの金流出
1938年以来，産油諸国
による産出石油価値
の分配に与かろうと
する多様な試み
ドルと金の交換停止—
第1次ドル切り下げ(1971年)
第2次ドル切り下げ(1973年)
2.日本と欧州にとって，
中東産石油が低価格
である有利性
アメリカ合衆国の
ヘゲモニーの危機
備蓄が尽きた時
減価するドル建て
の外貨蓄積では
不安な産油国
原油価格の国際相場
の引き上げをめざす
米国産業の利害関心＋
「米国系エネルギー各社」
の収斂する利害関心
1972–73年の
石油価格急騰
フォーディズムの危機
(1970年代：西欧)
アメリカ資本主義に
より有利な状況に直
面した日欧の資本主
義に対し、原油価格
引き上げを図る挑戦
A
B
C
D
E
F

図20　1977年ソ連における社会諸階級と党・国家機構

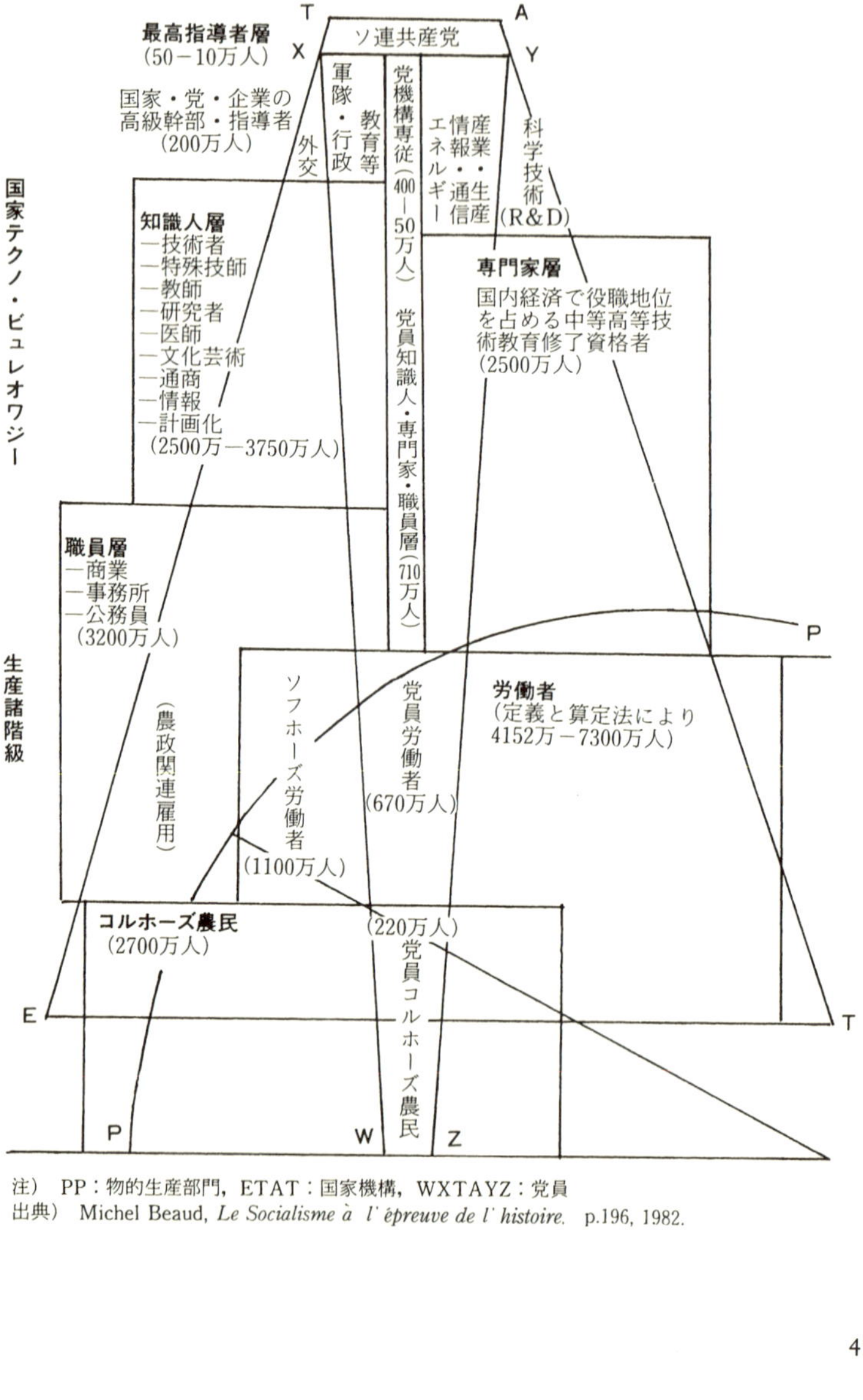

注）　PP：物的生産部門，ETAT：国家機構，WXTAYZ：党員

出典）　Michel Beaud, *Le Socialisme à l' épreuve de l' histoire.* p.196, 1982.

にかかわる本書の周辺部エタティスムと覇権・列強国資本のグローバル化の両面視角はこの根拠をつき、本書で全面改訂された第七章のアジア分析と地球環境の人類史的危機の考察は、世紀末世界システムの「地殻変動」の基本線をおぼろげながらも透視しているように思える。（図19）

だとすれば、「一国／世界階層化システム」の西側世界を模写したこの図19は、「ベルリンの壁」崩壊前夜の東側世界、ソ連帝国エタティスムの危機を写す図20とあわせて、解読されるべきだろう。本書の結論的展望をなす「世紀末危機と大転換」および「世界の大反転」の基礎には、軍拡の重圧矛盾とソ連帝国エタティスムを崩壊させた資本主義＝世界経済の拡大浸透があった。それが共和国・民族の自立運動や情報公開《グラスノースチ》とペレストロイカを促し、情報通信技術革命に媒介されて、「剛構造」（中山弘正）の情報独占と共産党独裁の崩壊をもたらす階級矛盾の構図を傍証する素材として、かれの第二の主著『試練に立つ社会主義』から図20を紹介しておこう。

とはいえ、本書が素描した日本・アジア資本主義の発展と矛盾の模写はまだ不十分であり、この日本語版はもとより、中国語版や他のアジア諸国の翻訳者の「訳注」「追記」や読者の批判が欠かせない。その不断の改訂につぐ改訂版によって、世界システムにおける日本経済分析やアジア資本主義のもつダイナミズムとその限界・体質の認識がより正確になり、現代世界の内的模写が革新されていくことを、著者は願っている。

「全般化資本主義」のレギュラシオン派批判と地球環境危機論

『マンスリー・レヴュー』誌の一九八四年十月号で、本書の英訳版を、「矛盾にみちた資本主義の歴史」と題して書評したのは、カリフォルニア大学の歴史学教授、レフテン・スタブリアーノである。その矛盾の帰結は第七章に集約されている。そこで展開されたかれの「全般化資本主義論」は、商品が山なす工業中心資本主義のあとにくる高度技術資本主義、その現代の傾向と本質に迫った最新稿だが、ポスト工業社会とか脱工業化論とは一線を画している。そのうえで、著者はその線上に情報通信網革命のソフト・サービス化と資本制生産―流通―消費

—廃棄の経済成長循環が撹乱する物質循環の危機、余暇・教育・生命と原発・バイオぐるみのグローバルなエコロジーの危機を展望している。

この地球的な社会病理への対抗要因としては、労働運動以外の等価はいまだみいだせず、当面はNGO／INGO活動や宗教ほか特定セクトの活動にまつしかないのだろうか。昨秋、パリの自宅をたずねた訳者に対して、「万物の商品化に例外を求めるのは、大いなるセンチメンタリズムではないか」と物静かに語った著者の姿が印象に残る。そのかたわらには、世界システム論者らしい地球の模式図があった。とはいえ、著者ミシェル・ボーは、その前日の地方紙〈*OUEST FRANCE*〉の一九九五年九月四日号で、シラク大統領のムルロワ核実験に対して、「大統領は、この時代の主要な変化の本質を見抜いていない」と痛烈に抗議していたのである。

二大覇権国家によるヤルタ体制の崩壊と資本主義の全般的拡大・増殖とその内的深化、さきにみた多国籍資本のグローバリズムと国益・民族性・多民族国家のエタティスムのきしみにこだわる観点から、M・ボーは、レギュラシオン理論に対しても、批判をもつ。そのひとつは、同学派が国際関係と世界経済のダイナミズムを過小評価している一国分析体質の難点で、いまひとつは、支配的資本主義のみ問題にして構造的周辺部の拠点・従属国や第三世界を軽視する欠陥である。とはいえ、かれの僚友アラン・リピエッツが、その、「周辺部フォード主義」にみる途上国とエコロジーの現在に配慮を欠かさない点を、M・ボーは高く評価している。第三世界と賃労働関係《ラポール・サラリアール》をみつめる行動派エコノミストである「緑の希望」のリピエッツ。同じく第三世界の友として、全面化する現代資本の浸透と変容するエタティスム＝国家介入の運命をみつめ、人間労働と地球環境の明日に心をくだくミシェル・ボー。この両者には、地球環境の危機と資本主義の世界現代史へのかさなりあう視座がある。この視座から、アジア資本主義の「開発独裁」とは、「雁行型フォーディズム」と「周辺部エタティスム」の相剋と合成の所産といえるのではないか、と筆者は考えるのである。

エコロジスト＝経済学者M・ボーの資本主義＝世界経済史論は、近代世界システムの流れの中に、一国／世界的な資本主義の構造的変遷を位置づけ、世紀末現代史の「地殻変動」がもたらした「世界史の大反転」の意義をより包括的にとらえなおした。この矛盾にみちた資本主義五〇〇年の歩みを一望する野心的な本書は、疑いもなくブローデルの「地中海」が生み出した両端の成果――ウォーラーステインの「近代世界システム」とレギュラシオン学派の「国民的軌道」を媒介・結合する「一国／世界階層化システム」の全体史の像を提出した。「資本主義の歴史力学」を語るこの壮大な『資本主義の世界史』が、次の世紀を生きる日本の若い世代にとって、あるべき明日への責任と希望の原理を示唆する書となることを願って、解説のペンをおく。

二　「南」からの問題提起

勝俣　誠

第III部の「資本主義の世界的勝利と大転換」において、東西冷戦期のさなかの一九七〇年代末に書き終えた第六章とポスト冷戦期につけ加えられた第七章のあいだには段差があり、ボーが社会主義体制の展望に対して必ずしも同一の評価を与えていないことに読者は気付かれるだろう。

冷戦期においては、既存の「国家集産主義」のはらむ矛盾を指摘しながらも貧困の軽減などの実現に対して一定の評価が与えられていたが、最終章では、崩壊したソビエト世界に対して極めて手厳しい判断を下している。

しかしながら、両章のあいだに存する評価のズレはボーによる資本主義の長期的考察からすれば、「大海の一滴」（三六六ページ）にしかすぎないものの、この短い期間に、資本主義史における決定的変化が生じてしまったことに由来するものであろう。この変化は、地球社会ともいうべき今日の世界の人々にとって好ましいことであろうか、否か。いずれにせよ「全般化資本主義」時代を迎えた今日、社会主義思想が理念として掲げた社会的公正、人々の連帯と言った諸価値は社会主義体制の崩壊を越えて依然として未達成のままであることを最終章は改めて示唆している。

実際、一九九〇年代のポスト冷戦期における世界の諸状況を一瞥するだけでも、生存そのものを危うくする絶対的貧困や著しい経済・社会格差は依然として世界のかなりの部分で執拗に存在しつづけていることが理解される。

では二十一世紀に向けてあるべき社会の展望とはどんな内容をもち、どう築くべきなのか？

こうした問いに答えることは、決して容易ではない。「万物の商品化」現象が、日常生活の隅々まで浸透している今日、市場原理以外の社会の在り方を距離をおいて考え直すことをしばしば難しくしているからである。

本書の最終章においても、資本主義の全般化についての考察はあっても、この体制にとって代わるあらたな地球社会の原理は特定の名称によっては提示されていない。ここでは本書の最終章が描写している世界化した資本主義の性格と進展を踏まえて、「もうひとつの」地球社会の原理を探る試みにおいて重要と思われる考察の切り口を開き、「南」の地域および「北」のなかの「南」に焦点をあてて、以下三点に限り簡単に示唆してみたい。


まず第一の切り口は、膨大な生産力の実現にもかかわらず、いまだ地球上の多くの人々は人間として生きるに不可欠なモノとサービスにほとんどアクセスできないことである。清潔な生活用水、食料、安全な生活環境、適切な教育および医療サービスといった基本的ニーズの充足が国際連合の一九六〇年代以来のあいつぐ〝開発の十年〟にもかかわらず、また世界銀行の創立以来の〝貧困撲滅〟のスローガンにもかかわらず未だ達成できない目標にとどまっている事実を、それがどんなに陳腐な指摘であるにせよ、直視しなければならない。

しかもこの絶対的貧困と名づけることのできる生存手段の決定的欠如に加えて、欧州諸国やカナダをふくむ北米諸国などの社会には高い失業率、暴力、麻薬汚染を特徴とする相対的貧困がいまだ減少するどころか強固に存在している。

米国を例にとっても、この「北」のなかの貧困は歴然としている。一つの社会が、あらたに生まれる生命をどれほど尊重しているかということを最も具体的に示す指標としての出生一〇〇〇に対する五歳までの乳幼児死亡率は、国連の世界子供白書によれば、この国全体では一〇人（一九九四年）となっているが、アメリカの政府統計では全人口の一割以上を占める黒人層の死亡率は、白人層のそれに比して二倍以上に達している。これに対して、米国の経済力の前ではとるにたらない社会主義体制下のキューバは、より少ない国内格差で同じ一〇人という低い死亡率を実現している。

しかもこの先進工業国の貧困はモノとサービスがあふれる社会のさなかにあってそれらへのアクセスを拒否されるという単に「南」の国々との平均所得格差によっては評価できない非人間的ないし暴力的差別感ないし排除感をこれらの〝近代的貧困層〟に与えつづけている。

これらの地球規模で観察される貧困の解消に対して、工業先進国政府はもっぱら経済成長を優先課題とする経済的自由主義しか打ち出していない。また「南」に対しても、市場原理のより自由な機能を促進する政策の実施を要求している国際通貨基金や世界銀行や世界貿易機関は、現在工業先進国およびこれらの政府が主導権を握っているが、多くの場合期待された成果を生んでいない。それどころか、これらの政府の規制緩和と民営化を特徴とする経済自由化政策は、社会に格差と差別という深刻な溝を維持ないし拡大しつづけている。

こうした無原則とも言うべき経済的自由主義に対してそれぞれの社会にあらたな連帯、ないしより人間的な関係をうむことのできる経済システムの輪郭を模索することがきわめて重要とおもわれる。この知的営みは決して生産と分配において分権性、自己決定性、透明性などの特性ゆえに極めて有益な成果をうむ市場原理そのものを否定することではなく、この経済原理をより人間的な社会関係に埋め込む知的作業に正面からとりくむことである。これは社会の貧困化を避けるためには、何を市場化し、何を市場化してはならないのかという腑分けの作業を民主主義の活性化を通じて実現していかなければならないことを示唆している(1)。

第二は、第一の指摘に密接に関係する現象であるが、最終章で焦点となっているグローバル化の性格と進展を、とりわけ「南」の実状からどう評価するかという点である。

第二次世界大戦後発達した国際経済学は、従来土地、労働、資本といった生産要素は国々の間では移動せず、商品のみが国際的に移動するという貿易論を考察の中心としていたが、今日、労働と資本の非移動性の前提はきわめて非現実的になっている。実際、近年欧米諸国においてしばしば国政選挙の争点の一つになるまでに拡大している国際労働移動現象はもとより、資本の越境性はいまや未曾有の規模と速度で拡大を続けている。さらにこれらの双方に内化されているともみなせる技術も、広域にわたりかつ著しい速度ないしリアルタイムで移転が可能になっている。

こうしたあらたな状況のもとで、生産活動はより有利な条件を求めて地理的移動性を高めている。先進工業国では地域的に産業の空洞化現象を引き起こし、一九七〇年代の資源ブーム期では外国企業の進出規制や国有化をうち出していた「南」の諸国では外国企業の誘致がいまや政府の重要な任務となっている。したがってまず国民の基本的ニーズをどう充たし、一国の生産要素の賦存状況にもとづいてどのように自国の経済開発を長期的かつ独自に企画し、実施すべきかを中心課題とした従来の開発の経済学も大きな転換を迫られてきた。経済の世界化の前ではもっぱら国内市場の「未発達」のみが強調され、世界市場に対する適合能力こそが開発論として重視されている。最終章で言及されている東アジアの急速な経済成長にしても、世界資本主義の一局面に対して適応能力が高い社会が存在しえたという歴史的条件が強く作用しており、その応用範囲は限定されており、開発論としてどこまで他地域で有効か疑問が残る。実際、独自の国民経済形成を目指す一国の自律能力が今日ほど弱められたことはない。とりわけ、冷戦期において「北」の諸国に対して一定の影響力を及ぼせた七七カ国グループや非同盟運動が今日弱体化してしまっている今日、「南」の政府の交渉力の低下は南北関係を一層不平等なものにしてしまっている。

これは、一国の政府は、領土内の経済活動と住民の生活にたいして強大な管理能力を有し、国際社会において主権国家として自由裁量権を行使できる従来の国民国家主権の内容に対して再検討を必要とすることを意味する。すなわち、グローバル化での各国の政府の役割ないし機能は何かという問いが「南」の諸地域においても改めて提起されなければならない。

しかしながら、グローバル化を市場の越境性と国家との関係でのみ注目して分析するだけでは、今日の社会変動のダイナミズムは把握しにくいであろう。国家は、シンガポールのような単一都市国家を除いてサブ単位としての複数の地域からなっている以上、グローバル化は地域との関連でも検討されなければならない。この場合地域とは、単なる国家内の行政単位ではなく、特定の自然条件（天候、自然地理）とそれに対し、あるいはそれとともに歴史的に形成された生活様式を含む多様性に満ちた社会空間概念である。

確かに、この分析の視角からすると、国家はその機能の両義性を負わされている。なぜなら、国家は、一方ではグローバル化の経済効率の要請に対してはこの地域で形成されて来た独自の社会的自律ないし拮抗力を弱める機能を果たさねばならない。しかし他方では地域経済の世界化の結果として生じうる失業や環境破壊に対してはグローバル化の波を和らげたり、規制したりする緩衝機能も地域の社会的圧力ゆえに演じざるをえないからである。

しかしながらグローバル化は既存の主権国家概念を揺るがすなかで、地域の社会的ダイナミズムを国境を越えて促進する結果もうんでいる。とりわけ冷戦体制に支えられた強力な国境固定効果が薄れるなかで、エスニシティー紛争が激化した。また従来の国家の専管事項とされてきた国際（inter-state）政治関係に加えて各国の地域の人々の間で様々な関係を直接作り上げる可能性も大きくなった。地域に根ざした住民組織がネットワークの形成を通じて国際政治に影響力を及ぼす事例が最近ではめずらしくなくなった。また複数の国家の上にもう一つの統治組織を作ることによって政治的、経済的統合をめざす動きもすでにヨーロッパでは欧州連合として試みられている。この試みは前途多難ながらも「最小政治単位の政治共同体の意思決定権を尊重し、上位単位による介入を最小限に留める」という原則が導入され、地域の自治体のイニシアチブが統合以前よりとりやすくなっていることは認めなければならない。ヨーロッパのこの実験は、「南」の諸地域においても、その展望を探る際、有益な示唆を与えてくれるものと思われる。

このようにグローバル化は従来の国際関係に加えて各地域内における住民の生活や利害と直接対峙するあらたな関係をもうむことになった。今後この地域こそがどのようにグローバル化を受けとめ、その流れを民主的に管理できる手段を生み出すかが社会運動論の重要な課題となるであろう。この課題は、一九七〇年代石油を中心とした資源ナショナリズムの高揚の中で国連を主要舞台にして打ち出された新国際経済秩序をめぐる南北問題の次元とは異なるあらたな南北関係の地平である。

第三は、このグローバル化によって加速化している地球環境の劣化ないし破壊である[2]。そこで今日、社会科学の視野から根本的に問われるのは、世界化しつつある資本主義は本書の最終項で指摘されているような我々の生存の基盤そのものを脅かすこの危機を克服する能力、自浄化機能を自ら内蔵しているかどうかという点である。この解答はまさにこの資本主義の今後の進展と地球環境の仕組みをより正確に把握することなしに導きだされないが、少なくとも以下の諸点を切り口とすることを当面示唆したい。現在支配的な経済学はモノとサービスが生まれ、移動し、交換される仕組みを市場価格を通じて説明する学問体系として位置付けられるが、これらの人間と社会の活動を地球に賦存する物質に還元して検討してみると社会と環境の関係が見えてくる。そこでまず言えることは地球環境はどこまでその活動を許容することができるかという問いである。そのもっとも現在妥当と思える答えは人類は無限に現状の活動を続けることはできないであろうということである。たとえば廃棄物質のリサイクルを最大限に追求しても、一〇〇パーセント、リサイクルはできないであろう。

したがって、市場原理のみでは地球環境を永続的に維持できないであろうといえる。たしかに環境保全において、公的所有よりも自己の財産価値を守ろうとする私有のほうが適しているという論理もあるが、地球規模での総量としてみた場合、どこまで個人的利益の追求の総和が有効な論理かどうかは大いに疑問が残る。そして、こうした地球環境の危機的状況から経済活動と人口の伸びを限りなく定常状態に近づける解決策がしばしば提示されてきているが、その場合直ちに少なくとも二つの根本的問いに直面する。第一の問いは、現在存在している地球規模の経済社会格差をどう解消しつつゼロ成長へと地球社会が軟着陸できるか、という既存の一国レベルの開発学や援助論では取り組めない課題である。一九八七年にでたブルントラント報告のキーワードとなった「持続可能な開発」にしても地球環境の保全に対する世代間の責任の公正な共有を提唱しているが、今日の著しい南北格差をなくす真剣な努力なくして「南」に対して「持続可能な開発」の実現を説いても、それは不平等関係の固定化ないし凍結を狙う「北」の政治的利用ではないかという不信感を消すことはできないであろう。

第二の問いは、地球環境といっても、地域で生きる人々はその地域の地理的多様性（所変われば品変わる）を引き受けていかざるを得ないという限りにおいて、グローバル化の持つ地球住民の未曾有の生活水準の平準化作用を地域の環境破壊へと導かず、多様性を維持しつつ、社会的公正を同時に実現するには、どのような政治・経済システムが考え出されなければならないかという問いである。(3)

この問いは地域の多様性にひそむ文化にも注目している以上、従来の社会科学の枠組みのみでは対処できない次元に位置しており、本書の最後がヨナスの責任論という倫理学と哲学の次元に言及していることは世紀末の社会科学者の結びとして示唆的である。

（1）西アフリカのマリ共和国では、長引く財政危機による公的保健医療制度の崩壊後、地域住民がみずから共同保健センターを一九九〇年代初頭から組織する試みが増加した。公営でも私立でもない住民自身による共同保険センターの運営・管理のぶつかった諸問題を現地で調査した医師、重光哲明氏は、人間の基本的ニーズである健康が当事者によってどう実現することができるのかという直接民主主義の課題を鋭く分析している。（『現代思想』一九九五年、一一号）。

（2）南北問題からみた地球環境の総論的位置づけについては、拙稿「南北問題からみた地球環境――グローバル化における環境と貧困」、『環境情報科学』、環境情報科学センター、二五巻一号、一九九六年、三二―三五ページを参照。

（3）エスニック集団を「棲み分け」集団としてとらえようとする武者小路公秀氏は、新しい世界秩序をさぐる一歩として、次のように興味深い問題を提起している。「われわれは、領域国家＝主権国家＝民族国家成立以前にそれぞれの地域に成立していたさまざまなエスニーのあいだの棲み分けを可能にしてきた集団間の交易・交流のシステムを視野に収めながら、同時に世界各地域における国家の役割の行き詰まりと、その変容の可能性をもう一度検討し、そこから、新しい棲み分けの知恵を見出す必要がある」。（『転換期の国際政治』岩波書店、一九九六年、一一四ページ）。

訳者あとがき（初版）

共訳者がパリ大学パンテオンの大講堂でめぐりあい、本書の邦訳を著者に約束した日から、すでに十余年の歳月が流れた。その間、共訳者のひとり筆宝のフランス留学とイギリス・東欧・アジア諸国の調査旅行があり、勝俣のオランダ留学とカナダ・アフリカ諸国の調査の旅が交互にかさなるなど、さまざまな理由で完成が遅れ、出版元も当初の新評論から藤原書店にかわったことを、まずおことわりしておきたい。ともあれ、待望の日本語版を、ようやく世に送る日をむかえて感慨に堪えない。

本書は、資本主義五〇〇年の世界史をはじめて一望し、ほぼ五〇〇頁に圧縮した「野心的通史」であり、その「全体史」ともいえる国際的名著である。ブローデリアンであるミシェル・ボーは、一国史観のよせあつめでもなく、無媒介の単一な世界経済史観でもない「一国／世界階層化システム」という世界史理解の枠組みを提起して、第三世界とソ連帝国崩壊までその射程にくみいれた統一的世界史像を、われわれに示している。読者は、「エタティスム」とか「テクノ・ビュレオワジー」、あるいは「中継補完帝国主義」などの耳慣れないキー・ワードに出くわして、はてなと首をかしげることもあるかも知れない。

訳者としては、「冷戦の終焉」「脱国境の経済」といわれる「大競争‐大分業時代」を生きる若い世代に本書を贈り、資本主義とは何か、それはどこからうまれ、どのような矛盾と危機と動力をはらむ軌跡をえがいて、どこへいくのか——この世紀末の「時代の問い」を、十ヵ国の読者と共有できる新しい世界史のコンセプトで根本から考え直し、明日への指針としてもらいたいと考える。

本書は世界に先駆けて公表される「全般化資本主義論」を最終章に収めた全三部の七章構成をとったが、その第一章から第四章までを筆宝が、第五章から第七章までを勝俣が担当して邦訳した。とはいえ、第五章については、両者が交互にのり入れた文字どおりの共訳で、他の章も両者が朱筆を入れて、議論のすえ適訳を確定する調整をかさねた。仏・英・独・蘭とロシア語の辞書を片手に、世界史年表と人名辞典をよみかえしながら、共訳作業は難航をきわめた。不明な点を含めて、著者へのインタヴューも再三試みたが、ありうる誤訳についてはご指摘願いたい。なお、近刊宇沢弘文・内橋克人著『始まっている未来――新しい経済学は可能か』（岩波書店）を是非参照されたい。

　邦訳にあたり、若い読者のために、世界史のすじ道を平明にかみくだいて表現するようにつとめ、ときには意訳もした。また、著者の日本語版序文にあるように、日本・中国経済の基本線を訳注で補強し、今日の「地殻変動」（Grande mutation）の伏線、その地下鉱脈をなす東欧‐ポーランド史などについて、説明不足の記述をおぎなった部分も多少ある。賢明な読者は、そこから、ドイツ革命の嵐のなかで虐殺されたローザとドイツ革命の挫折―ナチスの制覇に抗するワルシャワ蜂起―アウシュヴィッツの夜と霧―ベルリン封鎖―東欧の反ソ革命と民衆蜂起―「連帯」の結成と抵抗―「ベルリンの壁」からスターリン的エタティスム・ソ連帝国の崩壊にいたる、「世界の大反転」（Basculement du monde）の予兆の軌跡をよみとるだろう。

　随所にちりばめられた概念図《シェーマ》の邦訳と文体の統一は筆宝が担当した。巻末文献リストの邦訳書検索では、勝俣晴子氏と日仏会館図書室の川井政治氏のお世話になり、一二〇〇項をこえる事項索引の作成には、立正大学大学院の増田林平君の協力を得た。なお、世界システム論についてはI・ウォーラーステイン、R・ボワイエ米仏の巨星に導かれ、先端技術産業と国際競争力の最新データに関しては、立正大学経済学部の高村寿一講師にご教示をうけた。吉備国際大学社会学部の日南田靜眞教授は、世界経済史関係の誤訳の点検からロシア語の表記にいたるまで献身的な校閲の労をとられ、世界経済論の明治学院大学中山弘正教授にも貴重な助言をいただいた。

　最後になるが、藤原書店の藤原良雄社長は、企画段階から今日まで、本書の完成を辛抱づよく見守って激励して下さり、編集担当の清藤洋氏には特別お世話になった。

　ここに記して、本書の誕生に貢献して下さった皆さんに心から感謝したい。

　一九九六年六月／二〇〇九年十一月改訂

訳者

資本主義はどこに行くのか――「南」からの一考察　増補新版への訳者あとがき

本書は一九九六年、日本で初めて出版された。対象とされた時代は一五〇〇―一九九五年であった。今回は第七章を全面的に修正し、新たに第八章を付け加え、「一五〇〇―二〇一〇」というサブタイトルとなった。

一九九六年版で分析された大きな出来事は、一九八〇年代末のベルリンの壁の崩壊であり、現存社会主義の展望が決定的に遠ざかった時代であった。

これに対して、一九九九年末に出された第五版の後、新たに付け加えられた第八章は、二〇〇〇―二〇一〇年における世界資本主義の金融化現象と、二〇〇八年のリーマンショックに代表されるそこから生まれる世界化した経済の不安定化、および中国やインドに代表される「南」の新興国経済の台頭の記述と分析が中心となっている。

ＩＴの日進月歩により、資本主義の変動のテンポが加速化してきている中で、二十一世紀に入り、第八章が言及しているごとく、人類史が経験したことのないような市場要因による社会的・政治的・エコロジー的変化を被っている。

訳者が専門とする、未だ世界人口の三分の二を占める途上国ないし「南」と一般に呼称される地域から、第八章で提起された課題を簡単に解説しておきたい。

まず第一は、世界化する資本主義において、第二次世界大戦後の「南」の植民地の独立という政治変動から生まれた「南北問題」ないし、地球規模の格差ないし不平等問題は解消に向かっているかという問いである。

日本では、インドの一九九〇年代以来の開放政策や中国の世界貿易機関（ＷＴＯ）への二〇〇一年の加盟などに関する「成長するアジア」といったビジネス報道の影響の結果、経済のグローバル化の中で、「南」と「北」という二分法による国際経済の理解は過去のものであり、これからは地球上の誰もが市場のもつ起爆力を持って、より豊かな世界をつくっていく時代が来るかのような展望が支配的となった。

二〇〇五年に出版されたトーマス・フリードマンの『フラット化する世界』（原題は「世界は平ら——二十一世紀の略史」*The World is Flat: A Brief History of the Twenty First Century*）がその代表的論評で、ＩＴ革命と経済の自由化で世界経済が市場の一体化を通じて平準化していくという、グローバル化する資本主義の展望シナリオである。日本では、世界規模で事業を展開する大手衣料品メーカーのトップが、従業員は世界同一賃金であっていいという構想を打ち出し、年収一〇〇万円もあり得るという発言[1]をしたが、それもこの世界経済観を反映している。

実際、各国が規制緩和などで外国企業の投資を競い合う国際ビジネスの世界では、空調の効いたオフィスと国際空港、都会のビジネスホテルをＩＴを駆使しながら移動すると、世界の「南」から「北」という格差概念自体が見えなくなり、より賃金コストの低い国や地域への進出を目指す平面的な、あるいは利潤拡大を目指す上昇直線的な動きしか注目されなくなっている。

しかしながら、読者も気づかれる如く、本書の記述の特徴は、共訳者の筆宝康之が一九九六年の初版の訳者解説でいみじくも強調したように、世界の資本主義の変遷を、空間と時間に制約される構造的分析によって記述している。すなわち、ウォーラーステインが提示した「近代世界システム」とレギュラシオン学派の「国民的構造」を媒介・結合する「一国・世界階層化システムの全体史」を試みていることにある。

この視点からすれば、二十一世紀に入っても、資本主義がまさに時間と空間の差異を求めて自己増殖していく以上、その結果としての格差そのものがなくなるわけでなく、新興国が先進国に多様な経路で無限に近づいたところで、「南北格差」という地理的な不均等発展は続けられていることを見落とすことはできない。

こうした中で日本や米国のような「北」の先進国では、労働条件の劣化と社会保障制度の切り下げの中で、国内格差に対する関心が高まり、二〇一三年には、フランスのエコノミストのトマ・ピケティによる『21世紀の資本』（邦訳は二〇一四年、みすず書房）という、主として過去一世紀半以上の統計をもとに改めて「北」の社会内部での富の集中現象を可視化した研究が注目された。

『21世紀の資本』では、米国、英国、フランスなどの「北」の先進国を中心にした税の統計から、これらの国々の資本主義は勤労者層より土地や債権を有する階層に有利に働き、いわば資産を持つ家族は次世代に富を移転させることによって、富をこれらの層に集中させるという歴史的説明を引き出した。

この先進資本主義国内における富の集積から生まれる格差を長期統計で明示化した同書と本書とは、どう重なりどう異なるのだろうか。

「南」の世界も視野に入れた訳者からすると、当面いくつかの共通点と相違が指摘できる。

共通点とは、両書とも資本主義の不安定性を近現代史の文脈で明示化していることである。ピケティの書と同様、本書は第八章の冒頭で、二十一世紀における「気の遠くなるような不平等」の存在を指摘し、長期統計学者アンガス・マディソンの業績などを援用し、「不平等は人類史において常に国内および国家間で存在してきた」ことを改めて強調している。そして、何よりも資本主義の歴史は、経済の金融化、それによる金融資産をテコにした一部の層の富裕化を通じて、資本主義社会でのこの格差が一層拡大し、不安定要因になっていることに両書とも言及している。

また両書とも、経済成長が時間の経過とともにより平等な所得分配を生んでいくという、支配的な経済学の教える自己調整的な市場の作用は認めていない。

相違点として挙げられる部分は、現代資本主義の分析対象と方法論に見出される。

ピケティの書では、欧米日の有資産階層を、賃金のみによって生活する労働者層と比較して、一部の富裕層の富の蓄積と集中を明らかにすることに資本主義分析の重点が置かれている。これに対して、本書は資本主義の危機の考察を経済の次元だけに限定せず、第五版序文で言及しているごとく、「社会的、イデオロギー的、政治的、倫理的次元」まで広げている。

とりわけ、「倫理的次元」の考察は、第八章の人類が向かう五つのシナリオの提示において決定的重要性を担っている。確かに、第五版序文で言及したごとく、本書は「人類の歴史は意味があるとか、アプリオリに目的を持つとは考えない」とし、歴史を倫理的次元からは記述していない。しかしながら、現代資本主義の危機の性格を何よりも人類生存の危機にまで達しているのではないかとする認識から出発し、第七章の最後には「人間の権力の濫用と対決して、人間世界とその本質をなす完全無傷な全体性を守ること」と、人類が自らの思考を通じて人類史を選択することの重要性の指摘で結んでいる。より具体的には、本書は万物の商品化による地球環境の劣化を、人類生存における取り返しのつかない深刻な脅威として位置づけている。ピケティの本は地球環境の危機についてはほとんど言及がないのと対照的である。

そして、両者のより決定的な相違は、資本主義の歴史の記述の方法論に見出されよう。ピケティの資本主義分析に使用される資本の定義は、土地、家屋、機械、預金、債権、株といった金融資産の統計から金融債務を差し引いたものと定義されていて、資本というより資産と名づけた方が同書の展開が理解しやすい。そしてピケティの本では、欧米日の租税の長期データをベースとして格差の歴史を描写する手法を採用している。この点からは、英国、米国、フランスなどの先進国の資本主義の過去数世紀の趨勢として、第一次世界大戦と第二次世界大戦期を除いて、著しい格差が存在し続けてきたことを統計的に可視化するのに成功していると言えよう。

しかし、同時に資本を資産とする静態的意味づけをしたため、資本が自ら増殖するプロセスの理論的裏づけが見えにくくなっている。また、なぜこうした格差が拡大再生産されるかの理論的説明は明示化されていない。むしろ、一国内の格差の拡大は社会的に許容されてはならないので、議会民主主義を通じて、富裕層の資産に対する抜け道なき累進課税を提唱して一国の資本主義のいわば健全化を目ざしている。

これに対して、本書の資本概念は、マルクス経済学を基礎として、社会関係、自ら価値を増殖する運動体という動態的象徴概念として使用されている。この意味からピケティの本のように、数値化された実体的分析用語ではなく、また、資本主義の生成を統計という明証性で説明することには力点が置かれていない。

社会現象の説明を数値による明証性で裏づける手法は、経済学を主として米国の現代資本主義から引き出されるミクロ主体の行動原理の説明とほぼ同一視する米国や、それに追随する日本などでは一定の説得力を持つが、世界化する資本主義のダイナミズムと、それゆえに生まれる諸相を解明するには、いささか複雑な社会現象の単純化のそしりを免れない。

実際、レギュラシオン経済学者井上泰夫氏は、「ピケティには、賃労働関係をミクロ、マクロの視点から構造的に生産・消費過程について分析しようとする問題意識は存在しない。ピケティ理論の強みは、所得形成、租税負担の歴史分析、国際比較分析にある」(2)と分析アプローチの相違を明快に指摘している。

もちろん、ピケティ自身、彼の本の結びで、経済学の過度の数字モデル化を批判し、経済学とは歴史、社会学、人類学などの社会諸科学の一つの下位（サブ）部門に過ぎないとし、歴史政治経済学を目ざすと自ら明言し、自らの分析手法に対して謙虚である。

そして、この資本の動態概念から出発してこそ、世界化する資本主義が地球規模の格差と貧困を生み、「南」の世界にはなぜ、今なお生命の再生産を困難にしている多くの人口が存在するのかを問う概念装置が可能になるのである。この世界は、「北」の先進国の一国資本主義内の格差の存在を明示化しようとするピケティの本では見えてこない。

二十一世紀に入り、繰り返される世界金融危機、「南」の台頭、アジアにおける中国による新国際金融秩序の試み、そして差異を求めて人間の身体的属性から地理的空間にまで商品関係を持ち込もうとする資本の運動が中心となって編成される諸社会を、歴史的にどう記述化していくかという時代の問題設定からすると、章を追加してきた本書の有効性と現代性は高まることそあれ今も変わらないと思われる。

勝俣 誠

二〇一五年三月

（1）『朝日新聞』二〇一三年四月二十三日。
（2）「資本主義はどこへ？」、井上泰夫編著『日本とアジアの経済成長』（晃洋書房、二〇一五年）第八章、二〇五頁。

年——199カ国を対象とする分析と推計』東洋経済新報社，2000年。

3） PNUD, *Rapport mondial sur le développement humain*, Paris, La Découverte, 2009, p. 213-216：UNDP『人間開発報告』。

4） *Ibid.*, p. 213.

5） *Ibid.*, p. 215-216.

6） Associated Press, 2007年３月。

7） *Fortune*, 2009年７月20日号, p. 68.

8） D. Plihon, 2009, p. 35-36. なぜなら，規制緩和によって激化した競争のもとで，進化と多様化の道を開始したこれらの金融活動は完全なる変身を遂げていたからである。

9） F. Morin, http://web.mac.com/fmorintlse/La_finance_globale/Bienvenue.html.

10） 本来の金融商品（株，債権，外貨あるいは利子）から派生する商品（オプション，先物，スワップスあるいはその組み合わせ商品）。

11） «Le Krach du libéralisme», *Manière de voir*, n° 102, 2008年12月・2009年１月号, p. 50-51.

12） IEA, 2009 par http://www.iea.org/.

13） *Le Monde Économie*, 2008年10月７日および2009年１月19日付，および*Conjoncture*, BNP Paribas, 2008年７月。

14） FAO, http://www.fao.org/newsroom/fr/news/2008/1000826/index.html.

15） IEA 2009 par http://www.iea.org/, PNUD, *Rapport*... (2009), *op. cit.*, p. 216 及び Maddison (2001), *op. cit.*, p. 135.

16） *Atlas de la mondialisation* 2008, PNFSP-Sciences Po, 2008, p. 121.

17） Banque mondiale, *Rapport*... (2001), p. 320-321, 338-339; Pnud, *Rapport*... (2009), *op. cit.*, p. 214-216.

18） 前掲注（１）を参照。

公共輸送部門（パブリック・コミュニケーション）では，4社が世界市場の7割を占めている。情報サービス分野では8社が世界市場の54%を占めている。F. Chesnais, 1994, p. 73，74，149，169 参照。

112） S.Airaudi, *Le Monde*, 1994年4月5日付。

113） *Lettre de conjoncture* de la BNP, 1999年4月, p. 6 では異なる評価が見出される。1997年において2000億ドル以上を支出した米国は世界研究・開発コストの約半分を占めている。

114） これらの数字は *Lettre de conjoncture* de la BNP（前掲引用記事）が発表した数字と一致している。すなわち，研究開発支出の国内総生産の占める割合は米国で2.6%，フランスで2.3%，英国で1.7%，イタリアで1.1%と推計されている。

115） 前掲引用記事。

116） K. Marx, *Œuvres - Économie*, Paris, Gallimard, La Pléiade, vol. 1, 1963, p. 164：マルクス，エンゲルス，大内・向坂訳『共産党宣言』岩波文庫，2006年，p. 43-44。

117） だからといって権力，所有およびサブシステンスの単純な論理が消え去ることを意味しない。

118） たとえ，資本主義の特定の階層固有（マニュファクチュア，産業1あるいは2，ポスト産業）の生産様式を特徴づけることは今だ正当であるとしても。

119） なぜなら，すでに M. Weber と F. Braudel が各自自分の見方で示したように，資本主義は社会，政治およびイデオロギーの諸次元にどっぷりと埋め込まれている。

120） J. Schumpeter, 1942, 1984, p. 116-117：中山伊知郎・東畑精一訳『資本主義・社会主義・民主主義』東洋経済新報社，1998年，p. 129-130，1942年。イタリック体と大文字はシュンペーターによる。彼はさらに，その後（p. 131）多くの経済学が持つ「永遠の静寂という仮定」を彼からすれば，無効にする「創造的破壊の絶えざる暴風雨」を喚起している。

121） M. Beaud, 1997.

122） H. Jonas, 1979, 1990, p. 14.

123） *Idem*, p. 13.

124） *Ibid*., p. 15.

第8章

1） 私は本章の執筆にあたり，その構想を含めてフォローしてくれたカリオプ・ボーに感謝したい。また本章を再読することに快諾してくれたチエクラ・コネ，ベルナール・ラランヌ，チェリー・ピケおよびアンドレ・ドトレドに感謝したい。彼らのコメントや示唆はこの最終版を書くにあたって助けとなった。

2） A. Maddison, *L'Économie mondiale. Une perspective millénaire,* Centre de développement de l'OCDE, 2001, p. 28：金森久雄監訳『世界経済の成長史1820～1992

États-Unis?（開発の10年が終わり米国はどこに行くか？)», *Lettre de conjoncture* de la BNP, 1999年4月。

91) Banque mondiale, *op. cit.,* 1999, p. 234, 235.

92) J. Singelman, 1978 および P. Petit, 1988.

93) A. Maddison, 1991, p. 248-249.

94) Banque mondiale, *op. cit.,* 1999, p. 234 et 235.

95) P. Petit, 1988, p. 69 下欄参照。

96) A. Touraine, 1969 ; J. Gershuny, 1978 ; F. Block.

97) J. Gershuny, 1978.

98) C. Stoffaes, 1987.

99) V. R. Fuches, 1968 ; J. -C. Delaunay, J. Gadrey, 1987.

100) D. Liston, N. Reeves, 1988.

101) C. Goldfinger, 1994.

102) F. Machlup, 1962 ; M. Porat, 1976.

103) F. Machlup, 1980-1984 ; P. Drucher, 1993.

104) P. Drucker, 1993.

105)「テクノサイエンス」という語は，すでに使用されているが（J. Prades [dir.], 1992; G. Hottois, 1992），しかし「テクノサイエンティック」という形容詞は余り使い慣れていない。「テクノサイエンティフィック」は誤用であり，サイエントロジーという語の知名度と評判を考慮するなら「テクノロジック」に重ねた「テクノサイエントロジック」の方がより極めて共示的に思われる。

106) R. Richta, 1968, 1974；本書で筆者は科学とテクノロジーの歴史的変化を資本主義対社会主義という対立を近未来において越える可能性のある源泉として提示することによって，科学とテクノロジー革命の重要性を強調していた。われわれの方からすると科学とテクノロジーの発展に対し及ぼされる資本主義の影響力こそ，新たな「大躍進」と国家主義経済諸国に対する最近の勝利の主要因となる。

107) 現代の世界の現状分析における技術とテクノロジーの重要性に関して，J. Ellulあるいは Z. Brezezinskin あるいは J. de Rosnay の著作以外に膨大な経済書の中では，G. Dosi, R. Landan, D. Mowery, R. Nelson, N. Rosenberg, S. Winyer 等を参照できるであろう。

108) この現象は L. Karpik により，1972年の記事において極めて明晰に観察・記述された。

109) A. Gras, 1993 参照。

110) たとえば，保健分野に関して，遠隔メンテナンス（各種機器とソフト），遠隔診断（患者の）そしてやがて専門家集団の遠隔治療（患者に対して）といった新たなサービスを提供するネットワークと結びつくことの出来る情報のデジタル化を内蔵した機器が普及している。

111) 医療機器だけで9社，大型コンピューターで10社が世界生産の9割を占めている。

73) M. Beaud, *Le Socialisme à l'épreuve de l'histoire*, Seuil, 1982; nouvelle éd. 1985.

74) M. Beaud, 1989.

75) M. Beaud, 1997, p. 200 下欄を見よ。

76) M. Beaud, C. Beaud et L. Bouguerra dir., *L'État de l'environnement dans le monde*, La Découverte, 1993.

77) World Commission on Environment and Development, *Our Common Future*, Oxford University Press, 1987; trad. fr. *Notre avenir à tous*, Montréal, Éd. du Fleuve, 1988.

78) M. Beaud et al., dir., 1993, とりわけ«Les hommes et la planète（第一部　人々と地球）»を参照。

79) M. Beaud, «Face à la croissance mortifère, quel développement durable?（死に至る成長に対して，どんな持続可能な開発か？）», *Revue tiers-monde*, vol. XXXV, 1994年1-3月号，p. 131-149および M. Beaud, 1997 参照。

80) W. Krelle (ed.), *The Future of the World Economy*, Berlin, Springer Verlag, 1989, p. 4. J.-N. Biraben, «Essai sur l'évolution du nombre des hommes（人間の数の進展に関する試論）», *Population*, No.1, 1979年, p. 22-23. J. Vallin, M. Beaud et al. (dir.), 1993, p. 300. Banque mondiale, 1992, p. 28参照。L. R. Brown et al., *L'État du monde*, La Découverte, 1998 の発表した予測では，2050年において，80億弱と110億強の間の数値を提示している（p. 71)。これは，20世紀前半において20億弱から50億以上の増加にあたる。ちなみに20世紀後半の増加は36億人であった。

81) W. Krelle (ed.), 1989. A. Maddison, *L'Économie mondiale 1820-1992. Analyses et statistiques, Centre de développement de l'OCDE*, 1995. M. Beaud, 1997.

82) 図10下欄，p. 182 参照。

83) B. Etemad, «Structure géographique et par produits de la production mondiale d'énergie aux XIXe et XXe siècles. Un survol statistique（19世紀と20世紀における世界のエネルギー生産の地理的，製品別構造，統計的鳥瞰図）», *Revue de l'énergie*, 1992年10月, p. 695.

84) J. T. Houghton et al., 1990.

85) P. H. Bourrelier et R. Diethrich, 1990, p. 58.

86) C. Clark, 1932 et 1940; 1960.

87) A. Maddison, 1991, p. 248 et 249.

88) US Labour Statistics Bureau et OCDE（米国労働局および OECD), *The Economist*, 1993年２月20日号, p. 63 から引用。

89) INSEE（国立統計経済研究所)，*Le Monde*, 1993年５月18日付から引用，および Banque mondiale, *Rapport sur le développement dans le monde*, 1999, p. 234：世界開発報告フランス語版。

90) P. Artus, «La croissance française est-elle durable?（フランスの成長は持続可能か）», *Le Monde*, 1999年３月23日付，および «Après la décennie glorieuse, où vont les

ると2003年には，対外債務は3兆6500億ドル（国内総生産の36%）に達することになる。BNP, *Lettre de conjoncture*，1999年5月，p. 2.

55） M. Beaud, 1989, p. 59を見よ。«[The] *Fortune* Global 500», 1996およびBanque mondiale, 1995.

56） «[The] *Fortune* Global 500», 1996.

57） この数字はフランスの活動人口（2600万人）とドイツのそれ（4200万人）との間に位置する（Banque mondiale, 1995, p. 231）。

58） «[The] *Fortune* Global 500», 1996 および Banque mondiale, 1995.

59） «[The] *Fortune* Global 500», 1996, p. 72.

60） Banque mondiale, 1995, p. 182.

61） B. Madeuf, «Du paradoxe à l'auto-organisation（自己組織化へのパラドックスについて）», *Cahier du GEMDEV*, No.5, 1985, p. 182.

62） 親会社の輸出，プラス進出先国での販売と外国の子会社の輸出。M. Beaud, 1989, p. 67 と p. 74 の下欄参照。

63） UNCTAD, 1993.

64） 1984年，主要多国籍企業200社中51.5%が米国，18.5%が日本，18.5%が欧州共同体であった（F. Clairmonte et J. Gavanagh, «Le club des deux cents（200社クラブ）», *Le Monde diplomatique*, 1985年12月号）。1987年主要多国籍企業100社中40社が米国，14社が日本，37社が欧州系であった（*Fortune*，1998年4月25日号と8月1日号）。10年後32社が米国，26社が日本，39社が欧州系であった（*Fortune*，1998年8月3日号）

65） 1991年，研究開発支出は1987年のドル評価で高所得国で218ドル，アジアの中進国で108ドル，ロシア連邦で29ドル，中所得国（ロシアを除く）で6ドル，低所得国（中国を除く）1ドルであった。出典 Communauté européenne, 1994, Banque mondiale, 1999, p. 2 から引用.

66） R. Bonnaud, *Les Tournants du XXe siècle. Progrès et régressions*, L'Harmattan, 1992, p. 24.

67） *Idem*, p. 83.

68） この点に関し，F・ブローデル（Braudel, 1979 と Braudel, *La Dynamique du capitalisme*, Paris, Flammarion, 1985）は K・ポラニー（K. Polanyi, *The Great Transformation*, 1944; Beacon Press, Boston, 1957; trad. fr. *La Grande Transformation*, Gallimard, 1983）よりも明確に区別している。

69）K・ポラニーによれば，封建制末期まで西ヨーロッパ社会諸体制は「すべて，再配分，家政ないしは原理の何らかの組み合わせに基づいて組織されていた」（K. Polanyi, 1944; 1983, p. 85：『大転換』72頁）。

70） *Idem*, p. 88.

71） *Ibid*., p. 21.

72） とりわけ，G. Becker が考えられる。M. Beaud et G. Dostaler, 1993; 1996, p. 137 下欄を参照せよ。

にとどまった（*Fortune*，1997年11月24日，p. 27 および 1998年 9 月28日，p. 44）。1999年，S&P500指標の500社の資本回転収益率は 5 %以下に落ち込んだ。

37） R. Boyer, «Les mots et les realités», in *Mondialisation. Au-delà des mythes*, La Découverte, 1997, p. 13-56.

38） Ohmae Kenichi, *La Triade, émergence d'une stratégie mondiale de l'entreprise*, The Free Press, 1985; trad. fr. Flammarion, 1985.

39） O. Dollfus, *L'Espace-Monde*, Économica, 1994, p. 22 下欄.

40） いくつかは本書の第 2 節で展開される。

41） これら 6 つの種類，金利先物取引，為替先物取引，株価指数先物取引，金利オプション，為替オプション，株価指数オプションの市場の流通総額は，1987年初頭の約6500億ドルから，1997年末には12兆ドルまでに増加した（BNP, *Lettre de conjoncture*, 1999年 2 月, p. 2）。

42） ケインズ時代の商品取引量の 2 倍となった貨幣，金融，様式市場取引量は，今日商品価格の数10倍を占めており，その量は急速に増加し続けている。別の推定では，貨幣市場における通貨の売買総額と商品の国際貿易関連の取引総額との間の比較は，1979年の 6 対 1 から，1986年に20対 1，1995年には 7 対 1 となり，2000年代には100対 1 になる可能性はきわめて高い。M. Beaud, 1997, p. 123 参照。

43） *Le Monde*，1998年12月30日付，p. 12.

44） *Fortune*，1999年 3 月 1 日号，p. 18.

45） M. Beaud, 1989, p. 292, また p. 122 と p. 290 の下欄を見よ。

46） BNP, *Lettre de conjoncture*, 1994年 4 月，p. 8 参照。1999年には更に悪化した。

47） M. Beaud, 1989, p. 29およびBNP, *Lettre de conjoncture*, 1999年 5 月, p. 2.

48） BNP, *Lettre de conjoncture*, 1999年 4 月, p. 8.

49） M. Beaud, 1997.

50） C. Stoffaës, *Fins de mondes*, Odile Jacob, 1987. F. Fukuyama, *The End of History and the Last Man*, New York, Free Press, 1992, B. Badie et M.-C. Smouts, *Le Retournement du monde. Sociologie de la scène internationale*, FNSP, 1992; 2e ed. 1995, J.-Y. Carfantan, *Le Grand Désordre du monde*, Seuil, 1993, M. Beaud, 1994, M. Touraine, *Le Bouleversement du monde. Géopolitique du XXIe siecle*, Seuil, 1995, M. Beaud, 1997.

51） 前述の 6 章を参照。

52） F. Fukuyama, «La fin de l'histoire dix ans après», *Le Monde*, 1999年 6 月17日付, p. 1. そこではグローバル化のイデオロギーの深い意味づけが見出される。すなわち，市場によって統一されつつある世界像で，そこでは市場の持つ不平等，非対称性および力関係は無視されている。

53） M. Beaud, 1997, p. 234.

54） すでに見るごとく（本書p. 386），米国の純対外収支は1987年に赤字となり，1998年にはその赤字は 1 兆5500億ドル（国内総生産の17.8%）に達した。この傾向が続くとな産の約３％から５％を占めた（1985年大統領経済報告，ワシントン，1985年，p. 316-318 および *Washington Economic Reports*, No.74, 1994年２月９日，p. 5)。

18） C. Goldfinger, *La Géofinance*, Seuil, 1986, p. 396 および M. Beaud, 1989, p. 118 下欄。

19） 1980年から1984年にかけて，先進工業国の主要通貨に対するドルの交換レートは58％上昇した（1985年大統領経済報告，ワシントン，p. 351)。

20） Banque Mondiale, 1986, p. 19.

21） M. Dehove et J. Mathis, «Les grands traits de l' évolution du SMI de 1974 a 1984», *Études de l'IRES*, 1986年１月。

22） 同じ節の下欄４を見よ。

23） Banque mondiale, 1986, p. 39.

24） UNDP, 1992, p. 54.

25） Banque Mondiale, 1986, p. 230-231.

26） M. F. Lhériteau, *Le Fonds monétaire international et les pays du tiers-monde*, PUF, 1986; P. Jacquemot et M. Raffinot, *Accumulation et Développement*, L'Harmattan, 1985, ９章を参照。

27） UNCTAD, 1986, p. 162-162.

28） しかし，このはまり込んでしまう世界規模の「ヨーヨー」ゲームでは各展望はひっくり返る。かくして，ドルの低落は何よりも対ドル円高を意味する。日系企業は収益を減らすか，敗退する。そして対外投資を促進していく。M. Beaud, 1989, p. 138 下欄を見よ。

29） D. Gallois の *Le Monde* 紙1993年12月２日付記事。

30） E. Fottorino の *Le Monde* 紙1986年５月６日付記事。

31） M. Beaud et G. Dostaler, *La Pensée économique depuis Keynes. Historique et dictionnaire des principaux auteurs*, Seuil, 1993; Seuil, coll. «Points», 1996 を参照。

32） かくして1989-1996年の期間において，国連の欧州経済委員会は「西ヨーロッパの平均成長率と米国のそれとの間にいかなる意味ある差異も確認していない」としている。*Le Monde*, 1998年５月18日付から引用。

33） 1997年11月の各国通貨の下落は以下の通り。台湾12.1％（*Fortune*, 1997年11月24日，p. 32-33)。

34） 1998年各国の国民総生産は前年比で以下の通り下落した。インドネシア15％以上，タイ８％，マレーシア７％，韓国および香港約６％（*Fortune*, 1997年９月７日，p. 30 および *Far Eastern Economic Review*, 1996年６月10日，p. 12)。

35） 具体的には，1997年末，日本はアジアの苦境国に対して，1200億ドルの債権を有していた。これはすでに回収不能ないし不良債権を背負い込んだ日本の銀行システムに重くのしかかった。しかし，日本は米国の対外債務が記録的水準に達しているのに対して，米国財務省の3200億ドルもの国債を保有していた。

36） この割合は，1997年10月以来，30年ぶりの低水準に達し，1998年においても低水準た C・ボーにも感謝したい。

3） 本章注（105）を参照。

4） 我々が現在直面している諸問題の重要性に合致した行動をとることが出来ない諸為政者の無能力を指す。

5） ここでは，その手法に言及せず，1992年に出版された R・ボノーの三論文を参照して欲しい。この機会を利用して我々は彼の明晰さと壮大な知的営為に敬意を表したい。読者は本書の参考文献の末尾にあるサブタイトル《6. 現在進行中の変化について》で，刊行時期を記載した筆者の名が載った文献目録を参考にして欲しい。

6） M. Beaud, *Le Basculement du monde. De la terre, des hommes et du capitalisme*, La Découverte, 1997：筆宝康之・吉武立雄訳『大反転する世界――地球・人類・資本主義』藤原書店，2002年，を見よ。

7） 前掲書 p. 191-192，213s および p. 309-310 と，M. Beaud, *L'Economie mondiale dans les année* 80, La Découverte, 1989, 282s を見よ。

8） M. Beaud, 1989, p. 286-287.

9） しかしながら，公式失業率は各国のとりわけ制度上の特殊性によって大きく左右されること記しておこう。たとえば，調査で確認された失業者に厳しい労働市場状況からして休職を断念したり，意欲をそがれた労働者を加算すれば，1993年末の失業率は，米国では5.5%から８%へ，日本では２%から９%へと変化する。そして欧州諸国との差異は著しく縮小する（*AMEX Bank Review* in *Washington Economic Report*, No.74, 1994年９月，p. 3）。

10） 1980年と1990年における各国のシェアは以下の通り。米国25.1%および23.7%，日本15.3%および19.1%，ドイツ15.9%および14.6%，英国11.2%および9.2%，フランス7.9%および7.8%（*Économie et industrie*，サンゴバン社レター，No.73，1994年３月，p. 6）。

11） J. L Hervey, «The internationalization of Uncle Sam», *Economic Perspectives*, Federal Reserve Bank of Chicago（シカゴ連邦銀行），1986年5-6月，p. 3下欄。

12） D. de Laubier, «Une décennie d'expansion des investissements directs», *Economie internationale*, n° 56，1993年第４四半期，p. 14.

13） M. Beaud, 1989 を見よ。

14） UNCTAD, *Trade and Development Report*, New York, Nations unies, 1986, p. 33. こうした背景で，1981年５月から６月にかけて「景気対策」として，フランスの左翼政権により経済のケインズ的需要喚起策の試みが実現したが，結局部分的には失敗に終わった。M. Beaud, *La Politique économique de la gauche*, 2 vol., Syros, 1983; 1985.

15） UNCTAD, 1986, p. 155.

16） Banque mondiale（世界銀行），*Rapport sur le développement dans le monde*, Washington, 1986, p. 173.

17） この赤字は1987年から1989年にかけて，年約1500億ドルに戻った後，1990年から1993年にかけては2000億ドルから3000億ドルの間に位置した。期間全体では，国民総生

35) Jean Ziegler, *Une Suisse au-dessus de tout soupçon*(Paris: Éd. du Seuil, 1976) を参照。

36) L. Gérardin によれば，アメリカの農業就業人口の割合は，1870年の45%から，1980年には２%に下落した。いわゆる工業に就業する人口は1860年の17%から，1914年から1950年にかけて約35～40%に推移し，その後1980年に23%に減少した。「モノに付随したサービス」に就業する人口は1860年の17%から1980年には28%へと不規則に増加した。情報関連への就業人口は，1870年の５%から1980年の47%に増加した。(*Le Monde,* 1979年６月６日付)。

37) J. Isnard および M. Tatu, in: *Le Monde,* 1980年２月19日付，および P. Lefournier, in *L'Expansion*誌，1980年３月号を参照。

38) P. Fabre, in: *L'Économiste du Tiers Monde*誌，décembre 1979, および P. Lefournier, in: *L'Expansion* 誌，*ibid.* を参照。

39) *M. K. Tolba, Le Monde,* 1980年６月８-９日付から引用。

40) ユネスコに提出された Report of the World Food Council, in *Le Monde,* 1980年７月18日付。

41) M. Beaud, *Le Socialisme à l'éprouve de l'histoire.* を参照。

第７章

1) 本書の初版は６章からなっており，1979-80年に執筆された。当時進行中の諸変化の規模，努力および速度からして1987年の新版 Point Seuil に新たに７章を執筆し，それから初版となった。更に，1990年版で第２版，1994年にはオランダおよび日本語版で第３版，1999年に本書の第４版となった。1987年と1990年では「変化の最中で」，1994年には「歴史的転換点？」，1999年には「世界の大反転の始まりか？」と本７章のタイトルの相次ぐ変更は，現状分析の継続性と同時に深化の反映である。この考察の進展はとりわけ，『ルモンド・ディプロマティック』紙の「世界の大反転」の記事（M. Beaud, «Le basculement du monde», *Le Monde diplomatique,* 1994年10月号, p. 16-17）と単行本 *Le Basculement du monde. De la terre, des hommes et du capitalisme,* La Découverte, 1997（筆宝康之・吉武立雄訳『大反転する世界――地球・人類・資本主義』藤原書店，2002年）の執筆，O・ドルフェスとおよび様々な専門分野の何人かの同僚とともになした，グローバル化についての GENMDEV の共同作品の準備および国際会議「諸経済システムの進化と変化――資本主義と社会主義の比較アプローチ」(CEMI-EHESS およびパリ第７大学 GERME，1998年６月19-20日）における「資本主義，諸社会論理および変革の諸力学」報告の準備を通して実現した。

2) 本章の草稿を見てくれ，有益な所見を私に与えてくれた歴史家の R・ポノーおよび J・シェノー，地理学者 O・ドルフェス，エコノミストの M・フカン，G・ケバジャン，A・ドトレドおよび M・ヴァハビに感謝する。また，本章を数回にわたり読んでくれた。

23) A.-G. Frank, *Capitalism and Underdevelopment in Latin America* (New York: Monthly Review Press, 1962) および *Lumpenbourgoisie: Lumpendevelopment* (New York: Monthly Review Press, 1972); Samir Amin, *Unequal Development* (New York: Monthly Review Press, 1976) and *Acumulation on a World Scale,* 1970, *op. cit.*, も参照。

24) 粗営業利益に占める賃金支払い総額の割合(%)

年度	アメリカ	イギリス	フランス	旧西ドイツ	日本
1960	37.0	36.2	71.0	66.9	100.3
1965	40.0	33.2	61.2	53.6	79.5
1972	30.2	30.6	56.9	43.8	73.0
1978	28.2	24.8	41.3	40.5	49.9

出典) National Accounts of OECD Countries (1950-1978), Vol. 1.

25) S. Terkel, *Working,* p. 261.

26) J. W. Forrester, MIT教授。D. Pignon and J. Querzola. in *Critique de la division du travail* (Paris: Éd. du Seuil, 1973), p. 158.により引用。

27) Kostos Vergopoulos, *Le Capitalisme difforme* (Paris: Anthropos, 1974) を参照。

28) H. Magdoff, *The Age of Imperialism, op. cit.,* p. 117.

29) 数字は *Survey of Current Business,* Serge Latouche, *Critique de l'impérialisme* (Paris: Anthropos, 1979), p. 209から引用。

30) Report of the International Labour Office, Geneva, 1979. 国連の奴隷問題ワーキング・グループの最近の報告では，タイにおける子供の売買およびイタリアにおける50万人の子供の搾取が告発された。*Le Monde,* 1980年8月12・13日付。

31) Samir Amin, *Class and Nation, Historically and in the Current Crisis* (New York: Monthly Review Press, 1980), p. 151. による数字。S. Rubak (*La Classe ouvrière est en expansion permanente* [Paris: Spartacus, 1972]) は世界全体の労働者の数を試算している(単位：100万人)。

	1950年頃	1960年頃
ヨーロッパ（〔旧〕ソ連邦を除く）	54.2	69.5
北アメリカ	23.1	24.2
南米	10.5	12.3
アジア	2.0	2.0
アフリカ	29.6	47.0
〔旧〕ソ連邦	30.6	32.0
合計	150.0	187.0

32) Jean Zieglerが, *Main basse sur l'Afrique* (Paris: Éd. du Seuil, 1978) において提起した"プロトネーション"の概念を参照。

33) 石油を輸出する首長国の一族の富は言うまでもなく，元イラン国王とその一族および南米諸国の支配階級の家族や派閥が築きあげた膨大な富も挙げなければならない。

34) World Bank, *World Development Report,* 1979.

11) S. Terkel, *Working,* p. 265. André Gorz, ed., *The Division of Labor* (Atlantic Highlands, N. J. : Humanities Press, 1976). も参照。

12) Bernard Rosier, *Croissance et Crises capitalistes* (Paris: PUF, 1975); Jean-Marie Chevalier, *La Pauvreté aux États-Unis* (Paris: PUF, 1971); Maurice Parodi, *L'Économie et la Société française de 1945-1970* (Paris: Armand Colin, 1971)を参照。

13) Charles-A. Michalet, *Le Capitalisme mondial* (Paris: PUF, 1976); Christian Palloix, *L'Internationalisation du capital* (Paris: Maspéro, 1973).

14) J.-M. Chevalier, *La Pauvreté* ; Pierre Dockes, *L'Internationale du capital* (Paris: PUF, 1975); P. Allard, M. Beaud, B. Bellon, A. M. Lévy, S. Liénart, *Dictionnaire des groupes industriels et financiers en France* (Paris: Éd. du Seuil, 1978); B. Bellon, *Le Pouvoir financier et l'industrie en France* (Paris: Éd. du Seuil, 1980).を参照。

15) "La Spécificité du modèle allemand," *Statistiques et Études financières,* 1980.

16) 1950-70年の期間に以下の表を作成できる(単位：100万ドル)。

	合計	アメリカの対外収支に与える要因
アメリカの海外投資	115	
──アメリカ本土からの投資	(42)	(−42)
──利潤の再投資ないし進出先での資金調達	(73)	
海外投資からの収入	90	
──アメリカへの還流	(63)	(+63)
──進出先での再投資	(27)	
ライセンス販売等の収入	15	(+15)
海外資産からの純収入合計		(+36)

出典) M. Beaud, B. Bellon, P. François, *Lire le Capitalisme* (Paris: Anthropos, 1976), p. 176; C. Goux, in *Critique de l'économie politique,* no. 2, and *Le Monde diplomatique,* March 1973.
注) 括弧内は小計。

17) Harry Magdoff, *The Age of Imperialism* (New York: Monthly Review Press, 1969), p. 104. に引用。

18) *Ibid*., p. 104-105.

19) Beaud et al., *Lire le Captitalisme;* Jean-Marie Chevalier, *Le Nouvel enjeu pétrolier* (Paris: Calmann-Levy, 1973); Samir Amin, *Accumulation on a World Scale* (New York: Monthly Review Press, 1970); Samir Amin, A. Faire, M. Hussein, et G. Massiah, *La Crise de l'impérialisme* (Paris: Éd. Minuit, 1975); Y. Fitt, A. Fahri, J.-P. Vigier, *La Crise de l'impérialisme et la troisième guerre mondiale* (Paris: Maspéro, 1976)も参照。

20) Michel Beaud, *Socialisme à l'épreuvre du l'histoire* (Paris: Éd. du Seuil, 1980).

21) 前掲書を参照。

22) 1960年，国家集産主義国は先発資本主義諸国全体の商品輸出の3％しか吸収しなかったが，1977年は4％となった。しかし，1976年の先進資本主義諸国は，国家集産主義諸国の工業品輸出の14％を吸収した(World Bank, *World Development Report*, 1979)。さらに集産主義ブロックの対資本主義諸国債務は1980年に780億ドルに達し

4, 5, 6, 7. を参照。

第６章

1） Studs Terkel. *Working*(New York: Panthéon, 1972), p. 221, 225. : 中山容他訳『仕事！』, 晶文社, 邦訳 p. 231-235.

2） *Ibid.,* p. 225. : 邦訳 p. 235.

3） *Ibid.,* p. 259, 257, 258. : 邦訳 p. 261-268.

4） *Ibid.,* p. 2, 3. : 邦訳 p. 39-47.

5） Cepremap, "Approches de l'inflation: l'exemple français", 1977, mimeo, p. 106a; J. H. Lorenzi, O. Pastré, et J. Toledano, *La Crise du XXe siècle*(Paris: Économica, 1980), p. 205. *Économie prospective internationale.* no. 2(April 1980); "La spécificité du modèle allemand", *Statistiques et Études financières,* 1980, p. 9.

6） Colin Clark, *The Conditions of Economic Progress,* 1940, 2nd ed. 1951. この作品は Jean Fourastié によってフランスで広く紹介された。*Le Grand Espoir du XXe siècle*(Paris: PUF, 1980); John Kenneth Galbraith, *The Affluent Society*(Boston: Houghton Mifflin, 1959); Ludwig Erhard, *Prosperity through Competition*(New York: Praeger, 1958).

7） R. F. Harrod はすでに1939年に the *Economic Journal* において "An Essay in Dynamic Theory" を発表し，次に1948年，*Toward a Dynamic Economy* を刊行した。この他，以下を参照せよ。William Fellner, *Trends and Cycles in Economic Activity* (New York: Holt Rinehart, 1956); E. D. Domar, *Essays in the Theory of Economic Growth*(New York and London: Oxford University Press, 1957); N. Kaldor, "A Model of Economic Growth", *Economic Journal*(December 1957). 新古典学派の成長理論の精緻化は R. M. Solow, *The Quartery Journal of Economics,* 所収論文，1956, および *Growth Theory: An Exposition,* 1970. を参照。

8） W. A. Lewis, The *Theory of Economic Growth*(London: Allen & Unwin, 1955); W. W. Rostow, *The Process of Economic Growth*(New York: Norton, 1953), and *The Stages of Economic Growth*(New York: Cambridge University Press, 1960).

9） たとえば，*Newsweek,* November 4, 1968. を参照。

10） 出典と使用した指標は次の通り：Loiseau, Mazier, and Winter, in: R. Boyer and J. Mistral, *Accumulation, Inflation, Crises*(Paris: PUF, 1978), p. 241. (期間当初における総資本ストックに対する総営業利益の割合)から引用; A.-G. Frank(総利潤率); *Économic prospective internationale* no. 1 (January 1980), p. 78-79,(製造業部門の粗マージン率); *Economie prospective internationale* no. 2(April 1980), p. 74, 76(税引き前の固定資本の利潤率で，非金融企業全体を対象); Cepremap, "Approches de l'inflation: l'exemple français", 1977, *op. cit.,* p. 364(総経済収益率).

tion: l'exemple français," 1977, mimeo.〔謄写版〕

48) Louis Lengrand, *Mineur du Nord* (Paris: Éd. du Seuil, 1974), および Daniel Bertaux, *Destins Personnels et Structure de classe* (Paris: PUF, 1977).

49) P. Fridenson, *Histoire des Usines Renault,* および Michel Freyssenet, *La Division capitaliste du travail* (Paris: Savelli, 1977), p. 45.

50) A. Sauvy, *Histoire économique,* t. I; "Croissance sectorielle et accumulation en longue période," *Statistiques et Études financières* 40; R. Boyer, La Crise actuelle: Une mise en perspective historique," Cepremap, *op. cit.*〔謄写版〕

51) A. Sauvy, *Histoire économique,* t. II.

52) J. Lhomme, "Le pouvoir d'achat de l'ouvrier français", *Le mouvement social* (April-June 1968); Sauvy, *Histoire économique,* vol. III. デフレーション期では，労働者の購買力は名目賃金減少に対する激しい抵抗がある場合には上昇する。

53) Nicos Poulantzas, *Facism and Dictatorship* (London: NLB, 1974), p. 190-191.により引用。

54) A. Hitler, *Mein Kampf,* trans. Raynal および Hitchcock (New York: 1940) :『わが闘争』, p. 737.

55) D. Guerin, *Facism: Big Business* (New York: Pathfinder. 1973), p. 79. より引用。

56) すなわち公務員および管理機構の職員層。

57) *Histoire générale du civilisations,* 7 vols. (Paris : PUF, 1953-1956), vol. VII, p. 193. より引用。

58) D. Guerin, *Facism,: Big Business, op. cit.,* p. 67. により引用。

59) J. J. Chevallier, *Les grandes œuvres politiques, de Machiaviel, à nos jours* (Paris: Armand Colin, 1949), p. 369. により引用。

60) N. Poulantzas, *Facism and Dictatorship, op. cit.,* p. 189-90, 287, 260-61, 342.

61) ヨーロッパの工業諸国(イギリス，ドイツ，フランス，イタリア，ベルギー，ルクセンブルク，オランダ，スウェーデン，スイスの9か国)の商品交易条件指数は以下のごとく推移した。1913年を100とした輸入物価指数に対する輸出物価指数の割合は，1920年の96から1929年には109に上昇し，1933年には，138に至った。1937年には124に下落したが。(C. P. Kindleberger, "Industrial Europe's Terms of Trade on Current Account, 1870-1953", *The Economic Journal,* March 1955).

62) フランスでは国内総生産に占める公的支出の割合は，1872年の11%から1920年には33%に達した。1932年には，27%に下落したが，1947年には41%まで上昇し，1953年には，49%に達した。Cepremap, "L'Évolution des dépenses publiques en France (1872-1971)", mimeo.

63) アメリカにおいて就業人口に占めるオフィス労働者の割合は1910年の10%から，1920年には14%，1940年には17%に達した。(L. G. Reynolds, *Labor Economics and Labor Relations* [New York: Prentice Hall, 1949], p. 27).

64) Michel Beaud, *Socialisme à l'épreuve de l'histoire* (Paris: Éd. du Seuil, 1980), chs.

32) A. M. Schlesinger, *The Age of Roosevelt,* 3 vols.(Boston: Houghton Mifflin, 1957-60). を特に参照。

33) Louis R. Franck, *L'Expérience Roosevelt et le milieu social américain*(Paris: Alcan, 1937); and Mario Einaudi, *The Roosevelt Revolution*(New York: Harcourt Brace, 1959). を参照。

34) *The Public Papers and Addresses of Franklin D. Roosevelt*(1937) (New York: Macmillan, 1941), p. 209-11.

35) 組合員数は1933年の300万人から，1936年に470万人，1939年に820万人，1943年に1350万人へと推移した。

36) John M. Keynes, "The Economic Consequences of Mr. Churchill"(1925), in *Essays in Persuasion*(New York: Harcourt Brace, 1932), p. 244, 259.

37) *Ibid.,* p. 259.

38) Werner Sombart, *Der Moderne Kapitalismus*(Munich: 1928).

39) A. C. Pigou, *The Theory of Unemployment*(London: Frank Cass, 1968), p. 252.

40) L. Robbins, *The Great Depression, 1929-1934, op. cit.,* p. 186.

41) John M. Keynes, *General Theory of Employment, Interest and Money*(London: Macmillan, 1973), p. 279.

42) イギリスの海外投資の地域別分布(単位：100万ドル)

	1914年	1938年
ヨーロッパ	1,050	1,750
アメリカ	4,250	2,750
カナダ	2,800	2,700
南米	3,700	4,900
オセアニア	2,200	3,350
アジア	3,550	5,250
アフリカ	2,450	2,150
世界合計	20,000	22,850

出典) Peter Mathias, *The First Industrial Nation*(New York: Scribners, 1970), p. 469.

43) Samir Amin, *Accumulation on a World Scale*(New York: Monthly Review Press, 1974), p.71.

44) C. Coquery-Vidrovitch, ed., *Connaissance du Tiers-Monde,*(Paris: 10/18, 1978), p. 231. から引用。

45) Philippe Bernard, *La Fin d'un monde: 1914-1929*(Paris: Éd. du Seuil, 1975), および Michel Beaud, P. Danjou, et J. David, *Une multinationale française: Pechiney Ugine Kuhlmann*(Paris: Éd. du Seuil, 1975) を参照。

46) The article by T. J. Markovitch in *Cahiers de l'ISEA,* no. 179(novembre 1966). を参照。

47) *Ibid;* J.-J. Carre, P. Dubois, et E. Malinvaud, *La Croissance française*(Paris: Éd. du Seuil, 1972); Alfred Sauvy, *Histoire économique de la France entre les deux guerres,* 3 vols.(Paris: Fayard, 1965-72), vol. I; Cepremap, *"Approches de l'infla-*

6) Dolléans, *Histoire du mouvement ouvrier,* vol. III, *op. cit.,* p. 246.

7) P. Fridenson, *Histoire des Usines Renault* (Paris: Éd. du Seuil, 1972), p. 76. を参照。

8) Alfred Sauvy, *Histoire économique de la France entre les deux guerres,* 3 vols. (Paris: Fayard, 1965-1972), vol. I, p. 442. も参照。

9) 1931年のフーバー・モラトリアムと翌年のローザンヌ会議までの，1921年パリとロンドンでの会議，1924年のドーズ案，1928年のヤング案など国際債務問題解決の試み。

10) J. M. Keynes, *Monetary Reform,* 1924 (New York: St. Martin's, 1972), p. 187.

11) Johan Akerman, *Structures et Cycles écomomiques,* 2 vols. (Paris: PUF, 1957), vol. 2, p. 509. を参照。

12) Charles P. Kindleberger, *The World Depression 1929-1939* (Berkeley: University of California Press, 1973), p. 292.

13) John K. Galbraith, *The Great Crash, 1929* (Boston: Houghton Mifflin, 1972).

14) L. Robbins, *The Great Depression, 1929-1934* (New York: Macmillan, 1934), p. 11.

15) W. G. Harding (1920年 1 月)。Claude Julien, *America's Empire* (New York: Panthéon, 1971), p. 173. により引用。

16) Olivier Pastré, *La Stratégie internationale des groupes financiers américains* (Paris: Économica, 1979), p. 169. を参照。

17) J. Niosi, *La Bourgeoisie canadienne* (Montreal: Boréal Express, 1980), p. 59.

18) H. U. Faulkner, *American Economic History* (New York: Harper & Row, 1960), p. 607.

19) *Ibid.,* p. 613.

20) J. Akerman, *Structures et Cycles économiques, op. cit.,* vol. 2, p. 484.

21) J. H. Lorenzi, O. Pastré, and J. Toledano, *La Crise de XX*[e] *siècle* (Paris: Économica, 1980). を参照。

22) Henry Ford, *My Life and Work* (New York : 1922), p. 87.

23) H. Beynon, *Working for Ford* (Harmondsworth, Middlesex: Penguin, 1973), p. 19.

24) Keith Sward, *The Legend of Henry Ford* (New York: Atheneum, 1948), p. 49.

25) Allan Nevins, *Ford: The Times, the Man, the Company* (New York: Scribners, 1954), p. 518.

26) H. Ford, *My Life and Work, op. cit.,* p. 147.

27) *Ibid.,* p. 142.

28) Galbraith, *The Great Crash, op. cit.,* p. 76, 150. からすべて引用。

29) Julien, *America's Empire,* p. 206. により引用。

30) John K. Galbraith, *The Age of Uncertainty* (Boston: Houghton Mifflin, 1977), p. 213. により引用。

31) 大恐慌については L. Robbins, *The Great Depression, op. cit.,* p. 235, および既出の，Faulkner, Dobb, Julien を参照。

37） N. I. Boukharine, *L'Économie mondiale, op. cit.,* p. 105.

38） J. Marzcewski, *Cahiers de l'ISEA,* no. 163（juillet 1963）, t. 22., p. LXI.

39） Phyllis Deane and William A. Cole, *British Economic Growth*（New York and Cambridge: Cambridge University Press, 1969）, p. 54-56, 216-225.

40） T. J. Markovitch, *Cahier de l'ISEA, no.* 179（novembre, 1966）.

41） Herbert Feis, *Europe: the World's Banker*（1870-1914）, 1930（New York: Kelly, 1961）.

42） A. G. Kenwood and A. L. Lougheed, *The Growth of the International Economy*（London: George Allen & Unwin, 1971）, p. 41.

43） *Ibid.,* p. 42.

44） Н. И. Бухарин （N. I. Boukharine,） *L'Économie mondiale, op. cit.,* p. 40.

45） Cecil Rhodes, in: *Die Neue Zeit,* 1898, No. 1, p. 304. Lénine, *L'Impérialisme, op. cit.,* p. 72 に引用。

46） P. Leroy-Beaulieu, *De la colonisation chez les peuples modernes*（Paris: Guillaumin, 1891）, p. 839, 841.

47） *Ibid.,* p. 842. 圏点は著者（M・ボー）による強調。ただし，Leroy-Beaulieu はその脚注において，「植民地化は，資本に新たな投資先をひらくことによって，利潤の急速な低落を阻止する有力な方策のひとつとなる。しかも，他のどの著者も指摘していないが，それは決してより少ない恩恵のひとつというわけではないのだ」と，主張している。

48） とくに，Claude Julien, *American Empire*（New York: Panthéon, 1971）を参照。

49） J. A. Hobson, *Imperialism: A Study,* 1902,: 矢内原忠雄訳『帝国主義論』, 岩波文庫, Lénine, *L'Imperialisme, op. cit.,* p. 84.に引用。

50） Hilferding, *Das Finanzkapital,* 1910, *op. cit.,* Boukharine, *op. cit.,* p. 107. に引用。

51） Otto Bauer, *Die Neue Zeit*, No. 24, 1913, p. 837, in: P.-P. Rey, *Les Alliances de classes*（Paris: Maspéro, 1973）, p. 140.

第5章

1） Charles de Gaulle, *Le Fil de l'épée*（Paris: Berger-Levrault, 1954）, p. 54-90. : 小野繁訳『剣の刃』葦書房〔ただしここでは同訳によらず訳出した〕。

2） Eduard Dolléans, *Histoire du mouvement ouvrier,* 3 vols.（Paris: Armand Colin, 1936-53）, vol. II, p. 192.

3） *Ibid.,* p. 195.

4） Jean Bron, *Histoire du mouvement ouvrier français,* 3 vols.（Paris: Éd. ouvrières, 1970）, vol. II, p. 146.

5） Confederation Générale du Travailleurs のチラシ, 1913, *Histoire écomomique et sociale de la France,* 6 vols.（Paris: PUF, 1976-1980）, vol. IV, p. 528. において引用。

II, p. 16-17.から引用。

17) Jean Bron, *Histoire du mouvement ouvrier français,* 3 tomes (Paris: Éd. ouvrières, 1970), t.II, p. 43.

18) Jay Gould は,「私は労働者階級の半分を殺すために, 残りの半分を雇い入れることができる」と主張している。in: Marianne Debouzy, *Le Capitalisme sauvage aux États-Unis, 1860-1900* (Paris: Éd. du Seuil, 1970), p. 149.

19) Bernard Edelman, *La Légalisation de la classe ouvrière* (Paris: Bourgeois, 1978), p. 33, 38.

20) P. Leroy-Beaulieu, *Traité d'économie politique,* in: B. Mottez, *Système des salaires et politique patronale* (Paris: CNRS, 1966), p. 122.

21) P. Leroy-Beaulieu, *La question ouvrière au XIXe siècle,* in: *Ibid.,* p. 121.

22) F. W. Taylor, *The Principles of Scientific Management, op. cit.,* p. 23-24.

23) B. Mottez, *Système des salaires, op. cit.,* p. 125.

24) F. W. Taylor, *The Principles of Scientific Management, op. cit.,* p. 117-118.

25) *Ibid.,* p. 43.

26) Н. И. Бухарин (N. I. Boukharine), *L'Économie mondiale et l'Impérialisme,* 1915-1917:『世界経済と帝国主義』, フランス語版 (Paris: Anthoropos, 1969), p. 22.

27) L. Hannah, in: *The Cambridge Economic History of Europe* (New York and Cambridge: Cambridge University Press, 1965), vol.VII, p. 207.

28) Н. И. Бухарин (N. I. Boukharine), *L'Économie mondiale, op. cit.,* p. 58. に引用された Nazarevski 論文参照。

29) *Ibid.,* p. 59. に引用された I. Goldstein 論文参照。

30) В. И. Ленин (V. I. Lénine), *L'Impérialisme, stade suprême du capitalisme,* 1916-1917 (Paris: Éd. du Progrès, 1969), p. 85s: 宇高基輔訳『帝国主義』, 岩波文庫。

31) Frédéric Mauro, *Histoire de l'économie mondiale* (Paris: Sirey, 1971), p. 212.

32) フランスでは, 事業銀行が産業発展への投資に参加しており (パリ＝オランダ銀行, フランス商工銀行など), さらにシュネードル財閥は, 創立された当初のパリ連合銀行を掌握していた。しかし, 巨大預金銀行は, クレディ・リヨネのアンリ・ジェルマン頭取が語った,「産業企業というものは, 最善の注意をはらって経営された場合でも, 預金銀行の投資に不可欠な安全性とは両立しないリスクを負うものだ」という名言が宿す英知を否定していなかった。in: M. Reberioux, *La République radicale ?* (Paris: Éd. du Seuil, 1975), p. 120 に引用。

33) V. I. Lénine, *Impérialisme, op. cit.,* p. 121.: 宇高基輔訳『帝国主義』, 岩波文庫。

34) Rudolf Hilferding, *Das Finanzkapital,* Wien, 1910, trad. russe. 1912, trad. fr. (Paris: Éd. de Minuit, 1970), p. 407: 岡崎次郎訳『金融資本論』, 岩波文庫 (下), 42頁; ed. T. Bottomore (London, Routledge & Kegan Paul, 1981), p. 301.

35) *Ibid.,* p.235.: 同上書岡崎訳, 岩波文庫 (中), 115頁。

36) *Ibid.,* p.326.: 同上書岡崎訳, 岩波文庫 (下), 93頁。

J. Lescure, *Des Crises générales et périodiques de production* (Paris: Sirey, 1923);
〔J. Kitchin, *Cycles and Trends in Economic Factors* (R. Economic Statist, 1923)〕;
Н. Д. Кондратьев (N. D. Kondratieff), *Die langen Wellen der Konjunctur*:『景気変動の長波』, (A. Sozialwiss. Sozialpol., 1926)〕;
A. C. Pigou, *Industrial Fluctuations* (London: Macmillan, 1929);
〔S. S. Kuznets, *Secular Movements in Production and Prices* (1930);
〔J. Schumpeter, *Business Cycles,* 2 vols., 1939:『景気循環論』〕.

2) Oppenheim, in: C. P. Kindleberger, *Manias, Panics and Crashes*, 1978, p. 216, 251 (New York: Basic Books, 1987, p. 226, 251). このほか, M. Flamant et J. Singer-Kerel, *Crises et récessions économiques* (Paris: PUF, 1968), p. 38; Henri Heaton, *Histoire économique de l'Europe* (Paris: Armand Colin, 1952), t. II, p. 241s. も参照。

3) Bouvier, *Le Krach de l'Union générale* (Paris: PUF, 1960), p. 145. に引用。

4) М. И. Туган-Барановский (M. Tugan-Baranowskii), *op. cit.,* 2ᵉéd. 1912, trad. fr. (Paris: Girard, 1913), p. 139.

5) J. Lescure, *Des Crises générales, op. cit.,* p. 474.

6) 統計数字はA. G. Pigou, *Industrial Fluctuations, op. cit.,* p. 385.による。

7) J. Lhomme, "Le pouvoir d'achat de l'ouvrier français au cours d'un siècle: 1840-1940", in: *Le Mouvement social* 誌, avril-juin 1968; J. Singer-Kerel, *Le Coût de la vie en France de 1840 à 1954.*

8) Cepremap, *Aproche d'inflation: l'exemple français*, t. 3 et 4, 1977.

9) 以上は, Roland Marx, *Le Déclin de l'économie britanique: 1870-1929* (Paris: PUF, 1972), p. 8による; A. Siegfried, *La Crise britanique au XXᵉ siècle*も参照せよ。

10) Dan Clawson, *Bureaucracy and the Labour Process* (New York: Monthly Review Press, 1980), p. 211.

11) Frederick W. Taylor, "Testimony before the Special House Committee to Investigate Taylor and Other Systems of Management", in: Clawson, *Bureaucracy, op. cit.,* p. 212.

12) F. W. Taylor, *The Principles of Scientific Management,* 1911 (New York: Norton, 1967), p. 13-14.：上野一郎訳『科学的管理法』, 産業能率短大出版部。

13) J. Kuczynski, *Die Geschichte der Lage der Arbeiter,* in: J. A. Lesourd et C. Gérard, *Histoire économique, XIXᵉ—XXᵉ siècles* (Paris: Armand Colin, 1963), t. I, p. 103. それは単なる歴史的傾向を示すにとどまるけれども, より最近の各国における評価は, これら実質賃金上昇の事実を再確認している。

14) *Encycliques et messages sociaux,* présentés par H. Guitton (Paris: Dalloz, 1948), p. 64.

15) *Ibid.,* p. 63.

16) 以上すべて, *Histoire général du socialisme* (Paris: PUF, 1972), t.II; et Edouard Dolléans, *Histoire du mouvement ouvrier,* 3 tomes (Paris, Armand Colin, 1936-53), t.

1850), 1850:『フランスにおける階級闘争』; *Der achzehnte Brumaire des Louis Bonaparte,* 1852:『ルイ・ボナパルトのブリュメール18日』; *Der Bürgerkrieg in Frankreich,* 1871: 『フランスにおける内乱』. および *Les Adresses du conseil général de l' AIT sur la guerre franco-allemande et sur la guerre civile en France* etc., in *op. cit.* などを参照。

76) K. Marx, *Le Capital, livre I* :『資本論』第1巻第1章, 1867, in: *Marx, Œuvres. Économie* (Paris: Gallimard, La Pléiade, t. I, 1963), p. 561.

77) *Ibid.,* p. 737.

78) *Ibid.,* p. 788.

79) この点については, H. Nadel のきわめて興味深い論文: "Genèse de la conception marxienne du salariat", Université Paris VIII-Vincennes, 1979. を参照せよ。

80) K. Marx, *Le Capital, livre I,* in: Marx, *Œuvres. Économie, op. cit.,* t. I, 1963, *op. cit.,* p. 940.

81) *Le Capital, livre III* (rédigé: 1867-1875, Paris: Éd. sociales), *ibid.,* t. II :『資本論』第2巻, p. 1016.

82) *Le Capital, livre I, ibid.,* t. I :『資本論』第1巻, p. 1081.

83) *Le Capital, livre I, ibid.* :『資本論』第1巻, p. 1148.

84) *Le Capital, livre I, ibid.* :『資本論』第1巻, t.III, p. 88.

85) *Le Capital, livre I, ibid.* :『資本論』第1巻第24章, p. 205.

86) *Le Capital, livre III,* t. VI, *ibid.* :『資本論』第3巻第15章, p. 263.

87) Friedrich Engels, *Socialism: Utopian and Scientific* (New York: International Publishers, 1935), p. 53.

88) とくに, C. Juglar, *Les Crises commerciales et leur retour périodique,* 1861.

89) S. Jevons, *The Theory of Political Economy* 1871: 小泉信三・寺尾琢磨訳『経済学の理論』; et K. Menger, *Grundsätze der Volkswirtschaftlehre,* 1871: 安井琢磨・八木紀一郎訳『国民経済学原理』; L. Walras, *Principes d'une théorie mathématique de l'échange,* 1873, et *Elément d'économie pure,* 1874-1877: 久武雅夫訳『純粋経済学要論』

第4章

1) 世紀転換期をめぐる景気循環論の代表文献:

Clément Juglar, *Les Crises commerciales et leur retour périodique,* 1861. (Paris: Guillaumin, 2e éd. 1889);

Albert Aftalion, *Les Crises périodiques de surproduction* (Paris: M. Rivière, 1913);

M. Tugan-Baranowsky, *Les Crises industrielles en Angleterre,* 1913:『英国恐慌史論』(Paris : Giard, 1913);

W. C. Mitchell, *Business Cycles,* 3 vols, 1913:『景気循環』(New York: 1913);

П. Кропоткин, *La Conquête du pain,* 1892:『パンの略奪』〔非暴力相互扶助〕

他方，改良主義の経済思想の方は多様化する:

J. Sismondi, *Nouveaux principes d'économie politique,* 1819:『経済学新原理』〔小市民社会主義〕

F. List, *Das nationale System der Politischen Ökonomie,* 1841:『経済学の国民的体系』

J. S. Mill, *Principles of Political Economy,* 1848:『経済学原理』

F. Bastiat, *Les Harmonies économiques,* 1849:『経済的調和』

K. Knies, *L'Économie politique envisagée du point de vue historique,* 1851:

C. Juglar, *Les Crises commerciales et leur retour périodique,* 1861: P. G. F. Le Play, *La Réforme sociale,* 1864, et *L'Organisation du travail,* 1870.

61) フランスにおける投票有権者の数は，1830年の直後に90,000人から166,000人へ急激にふえ，1846年には247,000人へと増大した。

62) K. Marx, *Lettre à Weidemeyer,* 5 mars 1852, in: Marx, *Morceaux choisis* (Paris: Gallimard, 1934), 39e éd., 1956, p. 198-9.

63) *Manifeste du parti communiste, op. cit.*, 1848, (Paris: Éd. sociales), 1966, p. 27-28.: 大内兵衛訳『共産党宣言』岩波文庫。

64) K. Marx, *Die deutsche Ideologie,* 1846:『ドイツ・イデオロギー』(Paris: Éd. sociales, 1968), p. 35.

65) K. Marx, *Préface de 1850 aux «Notes critiques sur l'article»*, 1850 in: *Morceaux choisis, op. cit*., p. 87.:〔『経済学批判』の序の草稿〕

66) K. Marx et F. Engels, *Manifeste du parti communiste, op. cit.,* p. 29.

67) *Ibid.,* p. 42.

68) *Ibid.,* p. 39-40.

69) K. Marx, *Contribution à la critique de la Philosophie du droit de Hegel,* 1844: 城塚登訳『ヘーゲル法哲学批判序説』，岩波文庫，in: *Marx, Œuvre philosophiques,* t. I, (Paris: Costes, 1927), p. 102 et 105-106.

70) K. Marx. *Die heilige Familie,* 1845:『聖家族——批判的批判の批判』, in: *Morceaux choisis, op. cit.,* p. 165-66.

71) *Manifeste du parti communiste,* 1848, in *op. cit.,* p. 38-39, 49.:『共産党宣言』

72) K. Marx, *Contribution à la critique de l'économie politique,* 1859, (Paris: Éd. sociales), p. 4 : 向坂逸郎訳『経済学批判』の序言，新潮社，54頁。

73) *Materiaux pour l'économie,* manuscrit de 1861-65. : 高木幸二郎監訳『経済学批判要綱』全5冊，大月書店，in: Marx, *Œuvres Économie* (Paris: Gallimard, La Pléiade), t.II, 1968, p. 404.

74) 理論的業績として，*Théorie de la plus-value, manuscrit de 1861-1865*. K・マルクスの社会主義論としては，*Kritik des Gothaer Programms,* 1875:『ゴータ綱領批判』が必読。

75) K・マルクスのフランス社会分析三部作: *Die Klassenkäpfe in Frankreich* (1848 bis

51) Rioux, *La Révolution industrielle, op. cit.*

52) 当時のヨーロッパにおけるフランスの貿易相手国として，まずイギリスが存在し，ついでドイツ，ベルギー，スイス，イタリア，そしてスペインがこれにつづいた。*Histoire économique et sociale de la France,* 6 tomes (Paris: PUF, 1976-80), t. III, p. 345.

53) R. E. Cameron, *France and the Economic Development of Europe: 1800-1914* (Princeton: Princeton University Press, 1961), p. 92.

54) Frédéric Mauro, *Histoire de l'économie mondiale* (Paris: Sirey, 1971), p. 233.

55) *Histoire générale de civilisations,* 7 tomes (Paris: PUF, 1953-56), t.VI, p. 181に引用。

56) J. P. Rioux, *La Révolution industrielle op. cit.,* p. 176.

57) J. Chatelain and J. Bacot, *Développement du capitalisme et alliances de classes en France* (Grenoble: Ther, 1978), p. 55. に引用。

58) *L'Extinction du Paupérisme,* 1844, in: *ibid.,* t. II, p. 86. ナポレオンIII世は，労働者階級に譲歩したものの，1853年から都市大改造計画をオスマン Haussman に命じて，パリ市内に陸軍が機動演習を展開できる大通り (Bd. Haussman ほか) を開通させている。

59) ともに *Histoire générale des civilisations,* t. VI, p. 78, および t. I, p. 507. から引用。

60) 社会主義思想の代表的文献:

T. Dézamy, *Code de la Communauté,* 1842. Blanqui, *Critique sociale,* 1885.〔新バブーフ主義がかれの思想の特徴——以下同〕

Saint-Simon と C.Fourier については16), 17) を参照。

V. Considérant, *Doctorine sociale,* 1834-1844.〔新フーリエ主義の協同社会思想〕

J. C. Rodbertus, *Revendication des classes laborieuses,* 1837.〔国家社会主義〕

M. Cabet, *Voyage en Icarie,* 1838:『イカリア紀行』〔漸進的ユートピア共有制〕

L. Blanc, *De l'organisation du travail,* 1839:『労働の組織化』〔労働への権利思想〕

C. A. Corbon ほか，*L'Atelie, journal ouvrier,* 1840-1850:〔アトリエ派協同生産〕

P.-J. Proudhon, *Qu'est-ce que la propriété ?* 1840:『所有とは何か』〔社会的相互主義〕

Rheinische Zeitung, dirigée par Marx, 1842-1843:『ライン新聞』

F. Engels, *La Situation de la classe laborieuse en Angleterre,* 1845:『イギリスにおける労働者階級の状態』

Pierre Joseph Proudhon, *Philosophie de la misère,* 1847:『貧困の哲学』

Karl Heinrich Marx, *Misère de la philosophie,* 1847:『哲学の貧困』

Marx-Engels, *Manifest der Kommunistischen Partei,* 1848:『共産党宣言』〔階級闘争〕

M. Bakounine, *Écrits anarchistes,* 1850-76:『連合主義・社会主義・反神学主義』ほか〔行動的集産主義〕

P.-J. Proudhon, *Idée générale de la révolution,* 1851:『十九世紀における革命の一般理念』

K. Marx, *Zur Kritik der politischen Ökonomie,* 1859:『経済学批判』

P.-J. Proudhon, *De la capacité de la classe ouvrière,* 1865:『労働者階級の政治的能力』

K. Marx, *Das Kapital,* vol. I, 1867:『資本論』

& Unwin, 1982), p. 21.

33) *Ibid.,* p. 24-25.

34) Maurice Lévy-Leboyer, *Les Banques européennes et l'industrialisation internationale dans la première moitié du XIX*[e] *siècle* (Paris: PUF, 1964), p. 33-34.

35) J. Marchal et J. Lecaillon, *La Répartition du revenu national,* vol. I (Paris: Génin, 1958), p. 81-82.

36) F. Engels, *The Condition of the Working Class in England, op. cit.,* p. 79-80.

37) 『過去と現在』において，カーライルは，140万人の赤貧窮民 indigents と200万人の拘禁された浮浪民が労役場 Workhouse で強制労働に服した，と報告している。

38) Andrew Ure, *The Philosophy of Manufactures* (London, 1835), p. 20-21.

39) Jean-Pierre Rioux, *La Révolution industrielle : 1780-1880* (Paris: Éd. du Seuil, 1971), p. 170.

40) *Histoire générale du travail, op. cit.,* (Paris; Nouvelle librairie de France, 1962-).

41) *Ibid.,* p. 78, 137.

42) J. P. Rioux, *La Révolution industrielle, op. cit.,* p. 162-163.

43) A. Guépin, *Nantes au XIX*[e] *siècle,* 1825, in: Edouard Dolléans, *Histoire du Mouvement ouvrier* (Paris: Armand Colin, 1936-53), t. I, p. 16-17.

こうした労働者状況については，Villermé（*Tableau de l'état physique et moral des ouvriers employés dans les manufactures de cotton, de laine et de soie,* 1840）のほか，医師，博愛主義者や社会主義者の著作から，より長く引用できる。

44) この点についてはとくに，Barrington Moore, *Social Origins of Dictatorship and Democracy* (Boston: Beacon, 1966) を参照せよ。

45) 本書では，管理事務機構に働く層を命名するのに「ビュレオワジー」bureoisie なる用語を使用する。それは，民間の幹部・管理職 cadre administratif とスタッフ職員 employé，国家官僚機構の内部にあっては，政府高官 grand commis および公務員 fonctionaires を意味している。これらの官僚有産階級の幹部職員層が特定技術をマスターしているときは，これを「テクノ・ビュレオワジー」techno-bureoisie とよぼう。もし，かれらの再生産が，国家において果たすその機能と結合しているばあいには，〈bureoisie d'État〉ないし「国家ビュレオワジー」と記すことにする。

46) Duvergier de Hauranne, in: *Histoire universelle* (Paris: Pléiade, 1958), t. III, p. 517. に引用。

47) Jean Lhomme, *La Grande Bourgeoisie au pouvoir: 1830-1880* (Paris: PUF, 1964), p. 71.

48) Nicos Poulantzas, *Political Power and Social Classes* (London: NLB and Sheed and Ward, 1973), p. 180.

49) Marianne Debouzy, *Le Capitalisme sauvage aux États-Unis: 1860-1900* (Paris: Éd. du Seuil, 1972), p. 32.

50) Bastiat, *Cobden et la Ligue,* 1846, in: Baudin, *Frédéric Bastiat,* p. 58.

16) Saint-Simon, *L'Industrie,* 1817-1818; *Du système industriel,* 1821:『産業体制論』; *Henri de Saint-Simon à Messieurs les ouvriers,* 1821:『労働者諸君へ』; *Nouveau christianisme,* 1825:『新キリスト教』。〔かれの思想の特徴は産業主義・協同社会主義——以下同〕。

17) Charles Fourier, *Théorie des quatre mouvements,* 1808:『四運動の理論』; *Traité de l'association domestique et agricole,* 1822:『家庭的・農業的協同社会概論』; *Le Nouveau monde industriel et sociétaire,* 1829:『産業的共同社会の新世界』; *La Fausse industrie morcelée, répugnante, mensongère, et l'antidote, l'andustrie naturelle, attrayante, véridique,* 1835-1836. を参照。〔楽働ユートピア社会主義〕

18) Robert Owen, *A New View of Society,* 1812-1813:『社会に関する新見解』; *Observations on the effects of the manufacturing system,* 1815; *Report to the County of Lanark,* 1815-1821:『ラナーク州への報告』; *Book of the New Moral World,* 1840; *Lectures on the Rational System of Society,* 1841; *On the Employment of Children in Manufactories,* 1848; *The Life of Robert Owen,* 1857-58:『オウエン自叙伝』cf. Michel Beaud, *Socialisme à l'épreuve de l'histoire,* 1800-1981 (Paris: Éd. du Seuil, 1980), ch. 7 も参照。

19) L. Le Van-Lemesle, "Les Méthodes de promotion de l'économie politique en France au XIXe siècle", in: *Recherches et Travaux, UER d'histoire de Paris I,* décembre, 1977.

20) Jean-Baptiste Say, *Catéchisme d'économie politique,* 1817:『経済学教理問答』, (Paris: Mame, 1970), p. 37, 41, 118. を参照。

21) David Ricardo, *Letters* 1810-1815, in: *The Works and Correspondences of D. Ricardo,* vol.VI, ed. by Piero Sraffa, p. 171.

22) D. Ricardo, *Principles, op. cit.,* p. 93, 110.

23) J.-B. Say, *Catéchisme, op. cit.,* p. 75.

24) D. Ricardo, *Letters* 1819-1821; in: vol. VIII, *ibid.,* p. 171.

25) D. Ricardo, *Principles, op. cit.,* p. 388.

26) *Ibid.,* p. 396.

27) J. Marczewski, *Cahiers de l'ISEA,* no. 163 (juillet, 1965) を参照。

28) T. J. Markovitch, *Cahiers de l'ISEA,* no. 179 (novembre, 1966), p. 287. を参照。

29) *The Cambridge Economic History of Europe* (New York and Cambridge: Cambridge University Press, 1965), vol. VII, p. 141; および Phyllis Deane and William A. Cole, *British Economic Growth,* 1688-1959 (同上刊, 1969), p. 106, 145.

30) A. G. Kenwood and A. L. Lougheed, *The Growth of International Economy: 1820-1960* (Albany: State University of New York Press, 1971), p. 60.

31) Charles Fourier, *Le Nouveau monde industriel et sociétaire,* 1829, in: E. Poisson, *Fourier* (Paris: Alcan, 1932), p. 58-59.

32) Friedrich Engels, *The Condition of the Working Class in England* (London: Allen

第3章

1） William Godwin, *An Enquiry Concerning Political Justice and its Influence on Moral and Happiness,* 1793: 『政治的正義』(加藤一夫抄訳, 春秋社). in: Jean Jaurès, *Histoire socialiste de la Révolution française,* t. IV, p. 516.〔ゴドウィンの社会思想は理性的無政府主義と位置づけられる——訳注〕

2） *Ibid.,* p. 519, 522. ここでの "industry" なる語は, その当時使われていた広義における「活動 activité」ないし「労働 travail」をさす。

3） *Ibid.,* p. 526-527, 531.

4） Thomas Robert Malthus, *Population: The First Essay,* 1798(Ann Arbor : University of Michigan Press, 1959), p. 4-5, 32-34, 33.

5） Thomas Robert Malthus, *An Essay on the Principle of Population,* 1798 (London: John Murray, 1826), p. 33, 34.: 高野岩三郎・大内兵衛訳『人口の原理』, 岩波文庫。

6） *Ibid.,* 1803 ed., p. 531-532.

7） Jean-Baptiste Say, *Traité d'économie politique,* 1803 : 増井幸雄訳『経済学』, 岩波書店。*Cours Complet d'économie politique,* 1828-1829, in: Henri Denis, *Histoire de la pensée économique*(Paris: PUF, 1966), p. 295. を参照。

8） David Ricardo, *On the Principles of Political Economy and Taxation,* 1817 : 小泉信三訳『経済学および課税の諸原理』, 岩波文庫, vol. I. in: *The Works and Correspondence of David Ricardo,* ed. by Piero Sraffa(Cambridge: Cambridge University Press, 1951), p. 105-106.

9） J.-B. Say, *Cours complet, op. cit.,* in: J.-B. Say, *Textes choisis*(Paris: Dalloz, 1953), p. 195.

10） *Ibid.,* p. 194.

11） Préface aux Harmonies économiques, 1845, in: Louis Baudin, *Frédéric Bastiat* (Paris : Dalloz, 1962), p. 24.

12） Frédéric Bastiat, *Jacques Bonhomme,* no. 1, juin 1848, in: *ibid.,* p. 161.

13） Préface aux Harmonies économiques, in : *ibid.,* p. 19.

14） 『水平派宣言』*The Manifesto of the Levellers*(1796) は当時は出版されなかった。何故なら, 平等主義の水平派は, 全体としてつぎの二大スローガンに同意しなかったからである。その第1は,「われらに真実の平等が存在しないかぎり, 必要ならば, すべての芸術は滅びよ」, その第2は,「支配者と支配される者との間の, 嫌悪を催させる……これらの差別は消滅させよ」と説く文言であった。G. M. Bravo, *Les socialistes avant Marx,* t. I(Paris : Maspéro, 1970), p. 65-68. より引用。

15） Saint-Simon, *Lettres d'un habitant de Genève à ses contemporains,* 1803:『ジュネーヴ人への手紙』. *De la réorganisation de la société européenne,* 1814:『ヨーロッパ社会の再組織について』。

72) P. Mantoux, *La Révolution industrielle, op. cit.,* p. 55-56.

73) T. S. Ashton, *The Industrial Revolution,* p. 41-42.

74) P. Mantoux, *La Révolution industrielle, op. cit.,* p. 430.

75) *Ibid.,* p. 391-392.

76) ダービーでは，1717年に年産500-600トンを記録しただけだが，1790年当時になると年間1万トンないし14,000トンも産出した。原料棉花は，その大部分がイングランドで加工され，その生産額は1781年にわずか500万ポンドだったのが，1789年には3300万トンに激増し，さらに1802年にはそれがほぼ倍増して6000万トンに達した。

77) P. Mantoux, *La Révolution industrielle, op. cit.,* p. 419, 468.

78) David Hume, *Essays on Economics*, in : *Wrightings on Economics,* ed. by E. Rotwein (Madison : University of Wisconsin Press, 1955), p. 13.

79) Adam Smith, *Theory of Moral Sentiments,* 1759 (London : 1853), p. 263-264.:水田洋訳『道徳感情論』，筑摩書房。

80) *Ibid.,* p. 264-65.

81) *Ibid.,* p. 265.

82) Adam Smith, *The Wealth of Nations, op. cit.,* 1776 (New York : Modern Library, 1937), p. 651. : 大内兵衛・松川七郎訳『諸国民の富』岩波文庫，他。

83) *Ibid.,* p. 651.

84) *Ibid.,* p. 341.

85) *Ibid.,* p. 344. スミスがフェルミエ（借地農民）の投資について語るとき，のちにかれがそれを批判することになる重農主義的な考え方がそこに再現する。たとえば，「同一額で，農民の資本より大量の生産的労働を始動させる資本は，農業よりほかには存在しない。単に農家ではたらく雇い人 valet だけでなく，耕作用の大家畜 bestiaux de labour もまた，おなじく生産的労働者である。さらに，耕作過程においてもまた，自然は人間とともに労働 travail する。自然が行なう労働は何らかの消費で償われる対価はもたないが，もっとも高給の労働者 workman と同じく，その生産は価値をもつ」としている。

86) *Ibid.,* p. 464.

87) *Ibid.,* p. 347.

88) *Ibid.,* p. 360.

89) *Ibid.,* p. 128.

90) *Ibid.,* p. 122. P. Rosanvallon により *Le Capitalisme utopique,* p. 73 に引用。

91) *Ibid.,* p. 674. P. Rosanvallon により *Le Capitalisme utopique,* p. 86 に引用。

92) Thomas Paine, *Common Sense* (Philadelphia : 1776), p. 1. P. Rosanvallon により *Le Capitalisme utopique,* p. 145-146 に引用。

93) Thomas Paine, *The Rights of Man,* Part. II (London : 1792), p. 7, 10.

94) P. Mantoux, *op. cit.,* p. 412-413に引用。

52) F. Quesnay, *l'Analysie de la formule arithmétique du tableau économique,* 1766, in *ibid.,* p. 793-794.
53) Anne Robert Jacques Turgot, *Réflexions sur la formation et la distribution des riches,* 1766, in : Turgot, *Textes choisis* (Paris : Dalloz, 1947), p. 106.
54) Turgot, *Questions importantes sur le commerce,* 1775, in : *ibid*, p. 261.
55) Turgot, *Réflexions...,* in : Turgot, *ibid.,* p. 261.
56) *Ibid.,* p. 112.
57) *Ibid.,* p. 114.
58) *Ibid.,* p. 116.
59) *Ibid.,* p. 132.
60) Turgot, "Fondation" de *l'Encyclopédie,* 1757 ; in : Turgot, *Textes choisis,* p. 177.
61) Turgot, *Éloge de Vincent de Gournay,* 1759 ; in : *ibid.,* p. 147.
62) こうした思想が適切に表現されているのは以下の著書である。Mercier de la Rivière, *L'Ordre naturel et essentiel des sociétés politiques,* 1767 ; Dupont de Nemours, *De l'origine et des progrès d'une science nouvelle* ; et Bigot de Sainte-Croix, *Essai sur la liberté du commerce et de l'industrie,* 1775.
63) Emile Levasseur, *Histoire des classes ouvrières et de l'industrie en France avant 1789* (Paris : A. Rousseau, 1900-01), t. II, p. 855. に引用。
64) *Histoire économique et sociale de la France* (Paris : PUF, 1976-80), t. III-1, p. 12.
65) Paul Mantoux, *La Révolution industrielle au XVIIIe siècle* (Paris : Génin, 1969), p. 123-125. ; T. S. Ashton, *The Industrial Revolution,* 1760-1830 (New York : Oxford University Press, 1948) も参照。
66) P. Mantoux, *La Révolution industrielle, ibid.,* p. 83-84, 81.
67) T. S. Ashton, *The Industrial Revolution, op. cit.,* p. 131.
68) P. Léon, *Économies et Sociétés pré-industrielles, 1650-1780,* t. II, p. 315.
69) Eric Williams, *Capitalism and Slavery* (New York : Russell and Russell,1961), p. 60-68.
70) *Ibid.,* p. 82. in : Frank, *World Accumulation, op. cit.,* p. 230.
71) Olivier Goldsmith の詩「荒れ果てた村」の一節：

いつものどかに微笑んでいた村，ゆたかに稔った心地よい麦畑
おまえの遊びのときは去り，おまえの魅力もどこかへ消えた
村の小さな森のうえに，ある日暴君の黒い手が重くおそいかかり
ただひとりの工場主が，何もかも根こそぎまるごと奪い去った
略奪者の前でふるえおののき，おびえてあとずさりしながら
村の子供らは故郷を離れ，はるかな遠い彼方の地へ立ち去った
垣根ひとつないこのゆたかな土地を，金持らは互いに奪い合い
いまは荒れ果てた村人の共有地まで，わがものにしていく……
(O. Goldsmith, *The Deserted Village*, London , 1770, p. 15.)

No. 3, 1963, p. 349.

31) A. Lichtenberger, *Le socialisme au XVIII*[e] *siècle* (Paris : Alcan, 1895), p. 147. により引用。

32) J.-J. Rousseau, *Discours..., op. cit.*, in : *1*[er] *et 2*[ème] *Discours*, éd. R. D. Masters (New York : St. Martins, 1964), p. 181.; et in : *Du Contrat social, op. cit.*, p. 92.

33) *Ibid.*, p. 66.

34) Rousseau, "Économie politique" de *l'Encyclopédie*. in : Denis, *Histoire de la Pensée économique*, p. 233.

35) Abbé Mably, *Des droits et des devoirs des citoyens*, 1758. in : *Histoire générale du socialisme* (Paris : PUF, 1972), t. I, p. 243.

36) Abbé Mably, *Doutes proposés aux philosophes économistes sur l'ordre naturel et essentiel de sociétés politiques*, 1768, in : Denis, *Histoire de la pensée économique*, p. 237.

37) *Ibid.*, in : Lichtenberger, *op. cit.*, *Le socialisme*, p. 229.

38) Diderot, *Principes de la philosophie morale*, in : *Histoire générale du socialisme*, t. I, p. 159.

39) Helvétius, *De l'Homme*, 1772, in : *Histoire générale du socialisme*, t. I, p. 161.

40) D' Holbach, *Éthocratie, ou le gouvernement fondé sur la morale*, in : Lichtenberger, *op. cit.*, p. 267.

41) *Histoire philosophique des deux Indes*, 1770, in : M. Leroy, *op. cit.*, *Histoire des idées*, p. 236.

42) Linguet, *Théorie des lois civiles* (Amsterdam : 1767), in : Lichtenberger, *op. cit.*, p. 291-296, 303.

43) Linguet, *Lettre sur la théorie des lois civiles* (Amsterdam : 1770), in : Lichtenberger, *ibid.*, p. 293.

44) Linguet, *Réponse aux docteurs modernes* (London : 1771), in : Lichtenberger, *ibid.*, p. 296-299.

45) Linguet, *Du pain et du blé* (London : 1974), in : Lichtenberger, *ibid.*, p. 300.

46) *Annales*, t. XIII, 1788, in *ibid.*, p. 297 et 302.

47) Voltaire, in : Michel Foucault, *Histoire de la folie à l'âge classique*, p. 63. : 田村俶訳『狂気の歴史』, 新潮社。

48) J.-J. Rousseau, *Discours sur l'origine de l'inégalité parmi les hommes*, 1754 : 本田喜代治・平岡昇訳『人間不平等起源論』, 岩波文庫, 他, in : *Du Contrat social, op. cit.*, p. 75.

49) H. Sée, *op. cit.*, *La France économique...*, p. 34-35.

50) F. Quesnay, "Grains" de *l'Encyclopédie*, 1757 ; in : *François Quesnay et la Physiocratie* (Paris : INED, 1958), t. II, p. 478, 484.

51) F. Quesnay, *"l'Homme"*, in *ibid.*, p. 559.

(Paris : PUF, 1953-1956), t. V, et in : *Histoire universelle,* t. III (Paris : Pléiade, 1958).

16) H. Sée, *La France..., op. cit.,* p. 139.

17) *Les Ecrivains témoins du peuple* (Paris, 1964), p. 67, 89.

18) *Histoire générale des civilisations* (Paris : PUF, 1953-56), t. V, p. 11.

19) フランス啓蒙思想家と代表文献：
Voltaire, *Histoire de Charles XII* (1731); *Lettres philosophiques, ou lettres sur les Anglaises* (1734):『哲学書簡』; *Le Siècle de Louis XIV* (1751), *Essai sur les mœurs* (1756), *Traité sur la tolérance* (1763):『寛容論』; *Dictionnaire philosophique* (1764):『哲学辞典』; Rousseau, *Discours sur les sciences et les arts* (1750):『学問芸術論』; *Discours sur l'origine de l'inégalité* (1754):『人間不平等起源論』; *Lettre à d'Alembert* (1758); *Le Contrat social* (1762):『社会契約論』など。かれらのうちの何人かは，唯物論者ないし無神論者だった。たとえば，La Mettrie, *L'Homme machine* (1747):『人間機械論』; Helvétius, *De l'esprit* (1758):『精神について』; le baron d'Holbach, *Système de la nature* (1770):『自然の体系』; Diderot, *Pensée philosophique* (1746), *Encyclopédie* (1751-72):『百科全書』; Lettre sur les aveugles (1758):『盲人書簡』など。

20) テュルゴーの *Discours sur l'histoire universelle,* 1750からコンドルセの *Esquisse du tableau des progrès de l'esprit humain* までを指す。

21) *Histoire générale des civilisations,* t. V, p. 75.

22) Montesquieu, *L'Esprit des lois* :『法の精神』(1748 ; Éd. Garnier, 1949), t. I, p. 11-13.

23) Maxime Leroy, *Histoire des idées sociales en France* (Paris : Gallimard, 1946), t. I, p. 127-128. に引用。

24) J.-J. Rousseau, *Du Contrat social et autres œuvres* (Paris : Éd. Garnier, 1957), p. 236. この文章にさきだち，ルソーはつぎの一句を，政治指導者は心に銘記すべきだと指摘している。「もしわたしが君主か立法者であるなら，なすべきことについて語るのに時をついやしたりせず，それを不言実行するか，沈黙を守るだろう」。*Ibid.,* p. 235.

25) *Ibid.,* p. 239, 243, et 247.

26) *Ibid.,* p. 249, 273, et 280-281.

27) 「国家は大きくなるほど，そこでの自由は減少する」と，かれは述べる。*Ibid.,* p. 80.

28) Jean-Jacques Chevallier, *op. cit.,* p. 172に引用。

29) その第1群のユートピア派が Morelly, *La Basiliade,* 1753. および *Le Code de la nature,* 1755. である。第2群については，「神はすべての者に生命を与える」――つまり，「貧者を生かすのは富者なり」という考えが，以後何世紀もかけて確立されたのではないだろうか。この観念は，豊かな者が「仕事を与え」「雇用をつくりだす」限り，今日もなお生き残っている。

30) A. Chabert, “Rousseau économiste”, in : *Revue d'histoire économique et sociale* 誌

5） 海外植民地から母国への合法的な砂糖輸入のうち，これら3国は下記の実績を示した。（数字は年間平均，単位は千トン）：

	フランス	イギリス	ポルトガル	合計
1741-45	65	41	34	150
1766-70	78	74	20	193

出典） André-Gunder Frank, *L'Accumulation Mondiale* (1492-1789), p. 212.

6） R. Simonson によれば，1700年から1850年にかけて，ブラジルだけで700万人の奴隷がアフリカから連行されており，Frank Pitman によると，210万人のアフリカ人が1680年から1786年にかけて英国領アメリカ（13の植民地とアンチール諸島）に輸入されている。R. Simonson, *Historia êconomica do Brazil, 1500-1820* (Saõ Paulo : 1962), p. 154 ; in : A.-G. Frank, *World Accumulation*. F. Pitman, *The Development of British West Indies,* 1700-1763 (New Heaven : 1917), p. 67 ; Eric Williams, *Capitalism and Slavery* (New York : Russell and Russell, 1961), p. 33. も参照。

7） Samir Amin, *Impêrialisme et sous-dêvelppement en Afrique* (Paris : Anthropos, 1976), p. 62.

8） 1700-1790年の間に，イギリスの輸出産業は3.8倍も伸長したが，国内むけ産業はわずか1.4%しか成長しなかった。Deane and Cole, *British Economic Growth, op. cit.,* p. 59.

9） 十八世紀のイギリス社会で紅茶を飲む習慣がひろがるにつれて，紅茶の輸入量は数量ベースで70倍にもふくれあがった。とはいえ，値崩れしたため，価格ベースでみるとわずか16倍の増加にすぎなかった。とはいえ，東洋物産を中心とするこうした貿易ブームで，商社の収益率は100%ときには200%にもなることがあった。P. Léon, *Économies et Sociétés, op. cit.,* p. 186. 参照。

10） Postlethwayt, *Britain's Commercial Interest Explained,* 1747, in : H. Sée, *Les Origines du capitalisme moderne,* p. 118.

11） Eric Williams, *op. cit.,* p. 55. によれば，連行された農業奴隷の数は500,000人に達し，北アメリカ南部地方では人口の40%も占めたという。A.-G. Frank, *op. cit.,* p. 180.

12） L. A. Harper, "The Effect of the Navigation Acts on the Thirteen Colonies", in : A.-G. Frank, *World Accumulation, op. cit.,* p. 185. ハーパーの推計では，1776年当時のイギリス船舶の3分の1は植民地で建造されている。

13） M. Vauban, *La Dîme royale,* 1707, in : *Les Ecrivains têmoins du peuple,* 1964, p. 71. この点は，著者が原書で確認した。

14） *Ibid.,* p. 14. 1756年に貴族の数はすべてあわせるとほぼ8万人存在し，その家族数は40万人にのぼる，と Coyer 神父は推計している。一部は貧乏生活をしていたが，貴族層の主要な部分は領地からの収入で安逸にくらしていた。Henri Sée, *La France économique et sociale au XVIIIe siècle* (Paris : Armand Colin, 1925). 地区により差はあるが，貴族らは領地のほぼ11%ないし40%を直轄所有していた。

15） H. Sée, *La France…, ibid.,* p. 36-37. in : *Histoire générale des civilisations.* t. VII

る。

47) P. Deyon, *Le Mercantilisme, op. cit.,* p. 102-103.

48) Boisguilbert, *Le Factum de la France,* 1707, in : H. Denis, *Histoire de la pensée économique, op. cit.,* p. 135-136.

49) 強力で征服的な体質をもつオランダ資本主義は，自由貿易を国策として推進する世界主義 mondialiste の立場に立った。これへの対抗を余儀なくされたイギリス資本主義は，国益防衛の nationaliste として保護貿易主義をとることになる。その結果，イギリスの君主とブルジョワジーは同盟して重商主義政策をうちだすにいたった。そしてこの重商主義政策がひとたび主要な成功をおさめると，今度は自由貿易と自由思想が時代の潮流として登場してくる。これと同じタイプの一連の経過は，半世紀後のフランスにもおとずれてくることになる。

第2章

1) フランスの外国貿易の発展ぶりを，その取引額について確認すると，ルイ14世死後の最初の5年間(1716-20年)の取引額は35年後の5年間(1751-55年)に3.2倍も増大した。さらに，その取引額も20数年後(1778-89年)には倍増している。市場生産の全体に占める外国貿易のシェアは，10%から20ないし25%に拡大したのである。J. Marczewski, "Some Aspects of Economic Growth", in : *Economic Development and Cultural Change,* vol. 9, No. 3, p. 372. 他方，イギリスの外国貿易は1700-09年と1750-59年の50年間に倍増し，さらに後者の期間から1795-1804年の期間にかけて2.6倍の膨張をとげている。Phyllis Deane and William A. Cole, *British Economic Growth 1688-1959* (New York : Cambridge University Press, 1964), p. 48.

2) フランスの市場生産額は，1701-10年と1781-90年の期間にわずか3分の2の拡大をみただけなのに，イギリスの国民所得 revenu national は，固定価格でみると，1688年の5000万ポンドが1770年には1億3400万ポンドになり，1798年には1億3900万ポンドへと2.4倍にも成長している。Paul Bairoch, *Révolution industrielle et sous-dévéloppement* (Paris : CEDES, 1964), p. 271.

3) 物価騰貴がとりわけ顕著だったのはヨーロッパの農産物のばあいであり，「植民地物産」についてはそれほどでもなかった。Cf. Camille E. Labrousse, *Esquisse du mouvement des prix et des revenus en France au XVIIIe siècle* (Paris : Dalloz, 1932). なお，W. Beverige, *Prices and Wages in England from the 12th to the 19th century,* および *Causes and Cures of Unemployment,* 1931 (New York : AMS Press, 1976), も参照。

4) ヨーロッパの人口は十八世紀初頭の1億2000万人から，同世紀末の1億9000万人へと増加した（*Histoire universelle,* t. III, p. 234.）。取引商品の流通総額は，1715年の7億3100万フランから1788年の20億フランへと膨張している。Pierre Léon, *Économies et Sociétés pré-industrielles* (Paris : Armand Colin, 1970), t.II, p. 202.

した。

29) Thomas Mun, *England's Treasure by Foreign Trade*(London, 1664), p. 71-72, 88.

30) J. Hales, *A Discourse of the Commomweal of this Realm of England, op. cit.*, p. 15.

31) Barrington Moore, *Social Origins of Dictatorship and Democracy*(Boston : Beacon, 1966), p. 23.

32) *The Leveller Tracts*, 1647-1653, ed. by William Haller and Godfrey Davies(New York : Columbia University Press, 1944), p. 151-153.

33) *La Lumière brillant dans le Buckinghamshire*, in : *Histoire générale du socialisme*, 3 tomes(Paris : PUF, 1972), t. I, p. 98.

34) 「労働者(workmen)の賃金切り下げ，それを代価とする織物業者の楽しみ，あるいは金持ちの歓喜，そして貧しい民の悲しみ――そこにこそ，イングランドにおけるおおくの織物業者の巧妙さと繊細さが表現される……」in : P. Mantoux, *The Industrial Revolution in the 18th Century*(London, 1928), p. 76-78.

35) Thomas Hobbes, *Léviathan*, 1651. : 水田洋訳『リヴァイアサン』(世界の大思想13)，河出書房。

36) John Locke, *Two Treaties of Government*: 1690, ed. by Peter Laslett(Cambridge : The University Press, 1967), p. 430. : 鵜飼信成訳『市民政府論』岩波文庫。

37) *Ibid.*, p. 351, 354.

38) *Ibid.*, p. 430, 433.

39) Dudley North, *Discourses upon Trade*, 1691, in : H. Denis, *op. cit.* p. 132-133.

40) *Histoire générale des civilisations* (Paris : PUF, 1953-56), t. IV, p. 153.

41) モンクレチアンは「経済学」と「政治学」の切断論を批判して，きわめて明確に関連づけた。「われわれはこの点について，アリストテレスとクセノフォンの見解に反し，主要な部分を全体から切断して経済学を政治学から分離することなどできない，とつよく断言できる。しかも，財の獲得に関する科学は，かれらがそう呼んだように，家政にとってと同じく共和国にとっても共通する学問である」。H. Denis, *Histoire de la pensée économique*, p. 89s. および P. Deyon, *op. cit.*, p. 49s を参照。

42) Richelieu, *Mémoires du cardinal de Richelieu*, 1627, in : Deyon, *Le Mercantilisme, op. cit.*, p. 94-95.

43) コルベールが活躍したこの時期（1663-1685），建築文化の特徴を示す標識として，パリのサン・ドニ門（1673）およびサン・マルタン門（1674）というふたつの「凱旋門」がある。さらに，ルーヴル宮殿の列柱（1667-74）とか，ルイXIV世像のあるヴィクトワール広場（1686）などがその例である。

44) Jean-Baptiste Colbert, *Lettres, mémoires, et instructions*, 1861-82. in : Deyon, *Le Mercantilisme, op. cit.*, p. 100-101.

45) *Histoire universelle, op. cit.*, t. III, p. 142.

46) 「貿易は国家財政の源であり，財政は戦争の活力源である」とコルベールは書いている。たとえば，Samir Amin, *Class and Nation, Historically and in the Current Crisis* (New York : Monthly Review Press, 1980) を参照。

18) Fernand Braudel ; *Civilisation matérielle, Economie et Capitalisme* (Paris : Armand Colin, 1980), t. III, *Le Temps du Monde,* p. 18. : 村上光彦訳『物質文明・経済・資本主義III‐1　世界時間１』みすず書房，1996年。

19) とりわけ，Immanuel Wallerstein と André-Gunder Frank は，『資本論』に依拠してこの立場をとる。「たとえ，最初の資本制的生産の端緒が，散発的にはいちはやく十四―十五世紀の地中海沿岸のいくつかの都市や町々にみいだされるとしても，資本主義時代そのものは十六世紀から開始されるのである」(K. Marx, *Le Capital,* La Pléiade, t. I)。「近代資本主義の年代記は，十六世紀における世界商業と世界市場の創造から開始される」(François Perroux, *Le Capitalisme*)。「資本の近代史は，十六世紀の新旧二つの世界における商業と市場の創造に発する」(A.-G. Frank, *op. cit.*)。

20) M. Crouzet, *Histoire générale des civilisations,* t. IV, p. 153 (Paris : PUF, 1953-56).

21) 年平均の数字。in : P. et H. Chaunu, *Séville et l'Atlantique,* 1959 ; P. Léon, *Économie et Sociétés pré-industrielles* (Paris : Armand Colin, 1970), t. II, p. 32. も参照。

22) しかしながら，十七世紀初頭には数々の芸術的作品が開花した。たとえば，Cervantès (*Don Quixote,* 1605, *New Examples,* 1613) と El Greco (Assumption de la Vierge, 1614) をはじめ，Lope de Vega および Calderón, Velasques, Murillo, などがこれにつづく。

23) *Op. cit., Histoire générale des civilisations,* t. IV, p. 245.

24) 1585年，スペインにより奪取されてアントワープが破壊され没落した結果，おおきな利益をえたのがアムステルダムだったが，アムステルダムへ移ったブルジョワは，ベルギーをとり戻す選択はしなかった。というのも，ひとたびオランダ領になった日に，アントワープが与えるにちがいないベルギーの産業競争力をおそれたからである。Heaton, *op. cit.,* Violet Barber, *Capitalism in Amsterdam in the Seventeenth Century* (Baltimore : Johns Hopkins Press, 1950) をみよ。アムステルダム銀行に関する記述は，*Histoire universelle,* 3 tomes (Paris : Pléiade, 1958), t. III, p. 133-134. を参照。

25) 外国人乗組員は，しばしばイギリス人かフランス人だった。Heaton, *op. cit.* 読者は Heaton のきわめて適切な描写から，これらの艦隊乗務員の状況が，どんなものであったかを想像できる。

26) 東洋物産の内容については，K. Glamman, *Dutch-Asiatic Trade,* in : P. Léon, *op. cit.,* p. 33. を参照。

27) P. Deyon, *Le Mercantilisme, op. cit.,* p. 93-94. に引用。

28) Roland Marx, *L'Angleterre des révolutions* (Paris : Armand Colin, 1971), p. 87. これらの特権と規制に対抗してやがて抗議の声が上がってくる。長期議会において，John Colepeper 卿は，「独占者――それは，国中をはいまわる社会的害虫の大群である……」(Histoire générale des civilisations, t. IV, p. 248) と批判し，怒りの抗弁を展開

Press, 1974), p. 24.：大久保光夫訳『収奪された大地──ラテンアメリカ五百年』, p. 61, 藤原書店, 1991年。

8） A.-G. Frank, *World Accumulation, op. cit.*, p. 42. に引用。

9） この時代の目撃者であるRamon Carande にいわせれば,「スペインという国は, 受け入れた食物をがつがつかみくだくと, ろくに味わいもせず, 偶然歯にのこったパンくず以外はそっくりそのまま, 次の消化器に送り込む口のような国」ということになる。in : A.-G. Frank, *op. cit.*, p. 51.

10） これは農民らが土地から追放された最初の囲い込み運動をさすが, この史実について, トーマス・モアはこう記している。「かれらは, 住み慣れた故郷の荒れ地をあちらこちらとさ迷うが, この先定住できる場所のあてもない。かれらは家財道具を売り払うが, よしその買い手がみつかっても, 只同然の値段でしか売れないだろう。そのなけなしの最後のリアード（銅貨）を使い果してしまえば, かれらに残された選択としては, 他人の財産をぬすんで絞首刑になるか, さもなくば疑いもなく乞食となって放浪するしかない。しかも物乞いなどすれば, 怠惰な浮浪者として投獄されるのがおちだろう。なぜなら, 放浪するだけで働かないそんな無頼漢に, だれも仕事など与えようとはしないからだ。」in : Thomas More, *Utopia,* 1516, trans. H. V. S. Ogden (New York : Appleton-Century-Crofts, 1949) p. 10. Hollinshed によれば, ヘンリーVIII世の統治下では, 7万2000人の浮浪者がムチでうたれ, 投獄された。再犯のばあいはその上で耳の半分をそぎ落され, さらに罪をおかせば絞首刑送りになったという。K. Marx, *Le Capital*, Livre I, 1867, in : Marx, *Œuvres. Économie* (Paris : Gallimard, La Pléiade, 2 tomes, 1963, 1968), t. I, p. 1193.：向坂逸郎訳『資本論』第1巻, 岩波書店。

11） J. Bodin, *Réponse aux paradoxes de M. de Malestroit, touchant l'enchérissement de toutes choses*, 1568. in : J.-Y. Le Branchu, *Ecrits notables sur la monnaie* (Paris : Alcan, 1934), t. I, p. 84. 参照。

12） N. Machiavel, *Le Prince,* 1514.：池田康訳『君主論』中公文庫, 他。

13） P. Deyon, *Le Mercantilisme* (Paris : Flammarion, 1969), p. 19 et s.を参照。

14） *A Compendious, or Brief examination of Certain Ordinary Complaints*（著者不明, 1549年に執筆, 1581年に刊行）. J.-Y. Le Branchu, *op. cit.,* t.II, p. 188 に引用。イギリスのジェントルマン John Hales も同じ考えを, 同年に執筆し発刊したかれの *A Discourse of the Commonweal of this Realm of England* (Cambridge : Cambridge University Press, 1929) で定式化した。

15） *Pour que la monnaie ne sorte pas du royaume,* 1558.

16） T. More, *Utopia, op. cit.*, p. 25.

17）「貢納的生産様式」(mode de production tributaire) においては, 大量の農奴および職人という生産的大衆が階級的に隷属していたので, 支配者は貢納物をとりたてたり, 課税したりすることができた。そのおかげで, 支配者の安楽やときに贅沢が可能になり, 軍備をそなえ, 宗教をコントロールする寡頭政治も容易になったのである。その具体的なケースが, 奴隷制的, 封建制的,〔太古〕アジア的およびアフリカ的な生産様式であれは，社会機構が堅固になるようにと文化がそれに与える支持を全面的に利用してきた。……そして資本主義は支配階級を押さえており，支配階級はそれを防衛することによって自分自身を防衛するのである。」（F. Braudel, 1979, vol. 3, p. 540; Le Livre de poche, p. 787）：村上光彦訳『物質文明・経済・資本主義III-2　世界時間2』みすず書房，1999年，p. 318。

5） I. Wallerstein, 1980.

6） M. Beaud, 1987 で私が体系化したこと。

7） 第7章，408頁以下参照。

8） 第7章，415頁以下。

9） すぐ考えられるのは，F・フクヤマ（F. Fukuyama, 1992）のテーゼである。本書第7章，390頁および M. Beaud, 1997 参照。

10） R. Bonnaud, 1992参照。

11） 本書第7章，388頁および M. Beaud, 1997 参照。

第1章

1） G. Duby, M. Bloch, H. Pirenne などの歴史家以外の著作については，M. Dobb et P. Sweezy, *Du féodalisme au capitalisme : problèmes de la transition.* を参照。

2） たとえば，Herbert Heaton, *Histoire économique de l'Europe*（Paris : Armand Colin, 1952), t. I, p. 194. 同書において Heaton は，かれが「経済の再生」とよぶ時代の出発点を，1450年と位置づけている。

3）「富者は蓄えをもつ。とすれば，貧者が食うや食わずで生活に事欠くとき，金銭になにひとつ不自由せず，餓死から免れている富者が，前貸し分以上の利子つき返済など請求することができるだろうか。そうすることは，空間とは反対に，人間のものでなく神のものであると人々が考えてきた時間に，支払わせることになるだろう」。Georges Bataille, *La Part maudite, Éssai d'économie générale,*（Paris, Éd. de Minuit, 1949 ; rééd. Éd. du Seuil, 1967), p. 166. : 生田耕作訳『呪われた部分――普遍経済学の試み』（ジョルジュ・バタイユ著作集）二見書房。

4） Henri Denis, *Histoire de la pensée économique*（Paris : PUF, 1966), p. 82.

5） Adam Smith, *An Inquiry into the Nature and Causes of the Wealth of Nations*, 1776（New York : Random House, 1937), p. 528-29.: 大内兵衛訳『国富論』，大内・松川訳『諸国民の富』ともに岩波文庫; André-Gunder Frank, *World Accumulation, 1492-1789*（New York : Monthly Review Press, 1978), p. 41. に引用された文章。

6） Heaton, *op. cit.,* p. 197, 208.「ヨーロッパの膨張」とか「地理上の発見の経済的効果」といった分類項目で，Heaton は有益な史料を収集している。

7）「クリストファ・コロンブスの第一回アメリカ航海記――1492年の航海日誌」: Eduardo Galeano, *Open Veins of Latin America*（New York : Monthly Review

原　注

（本書の注は，2010年刊のフランス語第6版を底本とした。英米人等の文献名ほかについては，1984年刊の英語版と1994年刊のオランダ語版も参照した。同じ出典がつづく場合は，初出書の注の最後に，その頁を連記してある。

──訳者）

日本語増補新版への序文

1） Michel Beaud, *Le Basculement du monde. De la Terre, des Hommes et du capitalisme*, La Découverte, 1997; nouvelle éd. 2000：筆宝康之・吉武立雄訳『大反転する世界──地球・人類・資本主義』藤原書店，2002年，を参照。

2） Michel Beaud, *Face au pire des mondes*〔世界最悪の事態を前に〕, Seuil, 2011 を参照。

第6版への注意書き

1） «Pour une économie historique», *Revue économique*, 1950, I, mai, p. 37-44; repris in *Écrits sur l'histoire*, Flammarion, 1969, p. 124-125：「歴史経済学のために」浜名優美監訳『歴史学の野心』ブローデル歴史集成II，藤原書店，2005年，125頁。

第5版序文

1） 偉大なオーストリアの経済学者，自国で財務大臣，銀行家，ハーバード大学教授を歴任し，幾つかの重要な作品を刊行した。

2） J. Schumpeter, 1942; trad. fr. 1951; 1984, p. 89 et 223：〔中山伊知郎・東畑精一訳『資本主義・社会主義・民主主義』東洋経済新報社，1965年，上巻p. 61および中巻p. 1467〕. この序文の参考文献は本書巻末519頁。

3） M. Beaud, 1985.

4） 偉大なるフランスの歴史学者，F・ブローデルは力を込めてそのことを確信した。「最悪の語謬は，資本主義は《経済システム》であって，それ以上のものではない，などといまなお主張することである。じっさいには，それは社会秩序に依存して生き，敵手となったり共犯者となったりしながら，〈国家〉と対等の（あるいはほぼ対等の）力をもっていて，このうえなく厄介な存在なのである。それも，昔からずっと。さらにそスーザン・ストレインジ『国際政治経済学入門――国家と市場』西川潤・佐藤元彦訳，東洋経済新報社，1994 年。
〔302〕THUROW Lester, *The Future of Capitalism*, Londres, Nicholas Brealey, 1996.
レスター・C・サロー『資本主義の未来』山岡洋一・仁平和夫訳，TBS ブリタニカ，1997 年。
〔303〕TOURAINE Alain, *La Société post-industrielle. Naissance d'une société*, Denoël, 1969.
〔304〕TOURAINE Marisol, *Le Bouleversement du monde. Géopolitique du XXIe siècle*, Seuil, 1995.
〔305〕UNCTAD, *World Investment Report 1993*, New York, 1993.
〔306〕VIDAL Jean-François, *Les fluctuations internationales de 1890 à nos jours*, Economica, 1989.
〔307〕VOLLMANN William T., *Pourquoi êtes-vous pauvres ?*, 2007, trad. fr. Actes Sud, 2008.
〔308〕World Commission on Environment and Development, *Our Common Future*, Oxford University Press, Oxford, 1987. Trad. fr. *Notre avenir à tous*, Editions du Fleuve, Montréal, 1988.
環境と開発に関する世界委員会『地球の未来を守るために』環境庁訳，大来佐武郎監修，福武書店，1987 年。
〔309〕ZIEGLER Jean, *La Haine de l'Occident*, Albin Michel, 2008.

〔278〕MADDISON Angus, *L'économie mondiale 1820-1992. Analyses et statistiques*, Centre de développement de l' OCDE, 1995.
アンガス・マディソン『世界経済の成長史 1820 ～ 1992 年――199 ヵ国を対象とする分析と推計』政治経済研究所訳，東洋経済新報社，2000 年。
〔279〕MADDISON Angus, *L'Économie mondiale. Une perspective millénaire*, Centre de développement de l' OCDE, 2001.
アンガス・マディソン『経済統計で見る世界経済 2000 年史』政治経済研究所訳，柏書房，2004 年。
〔280〕MORIN François, *La Finance globale*, http://web.mac.com/fmorintlse/La_finance_globale.html, novembre 2009.
〔281〕NGO MANH-LAN (dir.), *Unreal Growth: Critical Studies in Asian Development*, Hindustan Publishing Corp., Dehli, 2 vol., 1984.
〔282〕OHMAE Kenichi, *La Triade, Emergence d'une stratégie mondiale de l'entreprise*, The Free Press, 1985; trad. fr. Paris, Flammarion, 1985.
〔283〕PAQUOT Thierry, *Ghettos de riches*, Perrin, 2009.
〔284〕PARMENTIER Bruno, *Nourrir l'humanité*, La Découverte, 2007, nouv. éd. 2009.
〔285〕PETIT Pascal, *La Croissance tertiaire*, Economica, 1988.
〔286〕PLIHON, Dominique, *Le Nouveau Capitalisme*, La Découverte, 2003, nouv. Ed. 2009.
〔287〕PNUD - Programme des Nations-Unies pour le développement, Rapport mondial sur le développement humain :
- *1992*, éd. fr. Paris, Économica, 1992.
〔288〕- *2000*, éd. fr. Bruxelles, de Boeck Université, 2000.
〔289〕- *2007/2008*, éd. fr. Paris, La Découverte, 2007.
〔290〕- *2009*, éd. fr. Paris, La Découverte, 2009.
〔291〕POLANYI Karl, *The Great Transformation*, 1944 [Beacon Press, Boston, 1957]; trad. fr. *La Grande transformation*, Gallimard, 1983.
前掲〔51〕。
〔292〕PORAT M., *The Information Economy*, Stanford University Press, 2 vol., 1976.
〔293〕PRADES Jacques dir., *La Technoscience. Les fractures du discours*, L' Harmattan, 1992.
〔294〕*Rapport moral sur l'argent dans le monde en 2001*, AEF/CDC, 2001.
〔295〕REICH Robert, *The Work of Nations*, A. Knopf, New York, 1991; trad. fr. *L'Economie mondialisée*, Dunod, 1993.
〔296〕RICHTA Radovan, [Prague, 1968]; trad. fr. *La Civilisation au carrefour*, Anthropos, 1972; Seuil, 1974.
〔297〕SCHUMPETER Joseph, *Capitalism, Socialism and Democracy*, Allen & Unvin, Londres, 1942; trad. fr. *Capitalisme, socialisme et démocratie*, Payot, 1951 [éd. 1984].
前掲〔12〕。
〔298〕SINGELMANN J., *From Agriculture to Services*, Beverly Hills, Sage, 1978.
〔299〕SIROEN Jean-Marc, *L'Economie mondiale vers l'an 2000*, A. Colin, 1988.
〔300〕STOFFAES Christian, *Fins de mondes*, Ed. Odile Jacob, 1987.
〔301〕STRANGE Susan, *States and Markets An Introduction to International Political Economy*, Pinter Publishers, Londres, 1988.

〔259〕HERMAN Patrick, *Les Nouveaux Esclaves du capitalisme*, Au diable vauvert, 2008.
〔260〕HOBSBAWM Eric J., *Age of Extremes. The Short Twentieth Century 1914-1991*, Michael Joseph, Londres, 1994.
エリック・ホブズボーム『20 世紀の歴史——極端な時代（上・下）』河合秀和訳，三省堂，1996 年。
〔261〕HOTTOIS Gilbert, "Le Règne de l'opératoire", in *PRADES* dir. 1992, 179-96.
〔262〕HOUGHTON J. T., JENKINS G. J. et EPHRAUMS J. J., *Climate Change. The IPCC Scientific Assesment*, Cambridge University Press, 1990.
〔263〕HUNTINGTON Samuel, *Clash of Civilizations and the Remaiking of World Order*, New York, Simon & Schuster, 1996.
サミュエル・ハンチントン『文明の衝突』鈴木主税訳，集英社，1998 年。
〔264〕IEA – International Energy Agency, *Statistics, CO_2 Emissions From Fuei Combustion – Highlights*, http://www.iea.org/, novembre 2009.
〔265〕JACQUEMOT P. et RAFFINOT M., *Accumulation et développement*, L'Harmattan, 1985.
〔266〕JONAS Hans, *Das Prinzip Verantvortung*, Frankfurt a. M., Insel Verlag, 1979 ; trad. fr. *Le Principe responsabilité. Une éthique pour la civilisation technologique*, Cerf, 1990.
ハンス・ヨナス『責任という原理——科学技術文明のための倫理学の試み』加藤尚武訳，東信堂，2000 年。
〔267〕KLEIN Naomi, *La Stratégie du choc*, 2007, trad. fr. Leméac/Actes Sud, 2008.
ナオミ・クライン『ショック・ドクトリン——惨事便乗型資本主義の正体を暴く（上・下）』幾島幸子・村上由見子訳，岩波書店，2011 年。
〔268〕*Le Krach du libéralisme, Manière de voir*, n° 102, décembre 2008-janvier 2009.
〔269〕KRELLE Wilhelm dir., *The Future of the World Economy*, Springer Verlag, Berlin, 1989.
〔270〕KRUGMAN Paul, *The Age of Diminished Expectations. US Economic Policy in the 1990s*, Cambridge, Massachusetts, MIT Press, 1990; nouvelle éd. 1994.
ポール・クルーグマン『クルーグマン教授の経済入門』山形浩生訳，ちくま学芸文庫，2009 年。
〔271〕LHERITEAU M. F., *Le Fond monétaire international et les Pays du Tiers Monde*, PUF, 1986.
〔272〕LIPIETZ Alain, *Mirages et miracles*, La Découverte, 1985.
アラン・リピエッツ『奇跡と幻影——世界的危機と NICS』若森章孝・井上泰夫訳，新評論，1987 年。

（以下の邦訳書も参照——訳者）

アラン・リピエッツ『緑の希望』若森章孝・文子訳，社会評論社，1994 年。
〔273〕LISTON D., REEVES N., *The Invisible Economy*, Londres, Pitman, 1988.
〔274〕MACHLUP Fritz, *The Production and Distribution of Knowledge in the US*, Princeton University Press, 1962.
〔275〕MACHLUP Fritz, *Knowledge: Its Creation, Distribution and Economic Significance*, Princeton University Press, 3 vol., 1980, 1982, 1984.
〔276〕MADDISON Angus, "Growth and Slowdown in Advanced Capitalist Economies", *Journal of Economic Literature*, June 1987, p. 649-698.
〔277〕MADDISON Angus, *Dynamic Forces in Capitalist Development. A Long-Run Comparative View*, Oxford University Press, 1991.

〔229〕CASTEL Robert, *La Montée des incertitudes*, Seuil, 2009.
〔230〕CEPII, *Economie mondiale: la montée des tensions*, Economica, 1983.
〔231〕CEPII, *Economie mondiale 1980-1990: la fracture?*, Economica, 1984.
〔232〕CEPII, *L'Après-dollar*, Economica, 1986.
〔233〕CEPII, *Economie mondiale 1990-2000: l'impératif de croissance*, Economica, 1992.
〔234〕CHESNAIS François, *La Mondialisation du capital*, Syros, 1994.
〔235〕CHOMSKY Noam, *Le Profit avant l'homme*, 1999, trad. fr. Fayard, 2003.
〔236〕*De la chute du mur à l'essor de la Chine, Manière de voir*, n° 107, octobre-novembre 2009.
〔237〕CLARK Colin, *The National Income, 1924-1931*, Londres, Macmillan, 1932.
〔238〕CLARK Colin, *The Conditions of Economic Progress*, Londres, Macmillan, 1940; 3ème éd. 1957; trad. fr., *Les Conditions du progrès économique*, P.U.F., 1960.
〔239〕*Les Contrecoups de la crise, Esprit*, n° 359, novembre 2009.
〔240〕DELAUNAY Jean-Claude, GADREY Jean, *Les Enjeux de la société de service*, FNSP, 1987.
〔241〕DOLLFUS Olivier, *L'Espace-Monde*, Economica, 1994.
〔242〕DRUCKER Peter F., *Post-Capitalist Society*, New York, Harper Business, 1993; éd. 1994.
〔243〕DUMONT René, *Un Monde intolérable (le libéralisme en question)*, Seuil, 1988.
〔244〕*État de la mondialisation 2010, Alternatives internationales*, Hors-série n° 7, décembre 2009.
〔245〕FRÖBEL Folker, HEINRICHS Jürgen, KREYE Otto, *Umbruch in der Weltwirtschaft*, Rowolt, Hambourg, 1986.
〔246〕FUCHS V.-R., *The Service Economy*, New York, NBER, 1968.
〔247〕FUKUYAMA F., *The End of History and the Last Man*, New York, Free Press, 1992; trad. fr., *La Fin de l'histoire et le dernier homme*, Flammarion, 1992.
〔248〕GERSHUNY J., *After Industrial Society. The Emerging Self-Service Economy*, Londres, MacMillan, 1978.
〔249〕GILPIN Robert, *The Political Economy of International Relations*, Princeton University Press, Princeton 1987.
ロバート・ギルピン『世界システムの政治経済学——国際関係の新段階』佐藤誠三郎・竹内透監訳，東洋経済新報社，1990 年。
〔250〕GIRAUD Pierre-Noël, *L'Inégalité du monde. Economie du monde contemporain*, Gallimard Folio, 1996.
〔251〕GOLDFINGER Charles, *La Géofinance*, Seuil, 1986.
〔252〕GOLDFINGER Charles, *L'Utile et le futile. L'économie de l'immatériel*, Odile Jacob, 1994.
〔253〕GOLDFINGER Charles, « La nouvelle logique des services financiers : la cyberfinance et ses défis », in *Rapport moral...*, 2001, p. 51-58.
〔254〕GOMBEAUD Jean-Louis et Maurice DECAILLOT, *Le Retour de la Très Grande Dépression*, Economica, Paris, 1997.
〔255〕GRAS Alain, *Grandeur et dépendance. Sociologie des macro-systèmes techniques*, PUF, 1993.
〔256〕GRAS Alain, *Fragilité de la puissance*, Fayard, 2003.
〔257〕GRJEBINE André (dir.), *Théories de la crise et politiques économiques*, Seuil, 1986.
〔258〕HABERMAS Jürgen, *L'Avenir de la nature humaine*, 2001, trad. fr. Gallimard, 2002.
ユルゲン・ハーバーマス『人間の将来とバイオエシックス』三島憲一訳，法政大学出版局，2012 年。

〔205〕BEAUD Michel, "L' Avènement du système étatiste", *Le Monde diplomatique*, Août 1985.
〔206〕BEAUD Michel, *Le Système national/mondial hiérarchisé (une nouvelle lecture du capitalisme mondial)*, La Découverte, 1987.
〔207〕BEAUD Michel, *L'Economie mondiale dans les année 80*, La Découverte, 1989.
〔208〕BEAUD Michel, "Le Basculement du monde", *Le Monde diplomatique*, octobre 1994, p. 16-7.
〔209〕BEAUD Michel, *Le Basculement du monde. De la Terre, des Hommes et du capitalisme*, La Découverte, 1997.
前掲〔3〕。
〔210〕BEAUD M., BEAUD C. et BOUGUERRA L. dir., *L'État de l'environnement dans le monde*, La Découverte, 1993.
〔211〕BEAUD M. et DOSTALER G., *La Pensée économique depuis Keynes. Historique et dictionnaire des principaux auteurs*, Seuil, 1993; Points-Seuil, 1996.
〔212〕BEAUD Michel, *Journal du basculement du monde*, 2000, La Découverte, nouv. éd., 2001.
〔213〕BENSAUDE-VINCENT Bernadette, *Les Vertiges de la technoscience*, La Découverte, 2009.
〔214〕BLOCK Fred, *Postindustrial Possibilities*, University of California Press, 1990.
〔215〕BONNAUD Robert, *Les Alternances du progrès. Une histoire sans préférences*, Kimé, 1992.
〔216〕BONNAUD Robert, *Les Tournants du XXe siècle. Progrès et régressions*, L' Harmattan, 1992.
〔217〕BONNAUD Robert, *Y a-t-il des Tournants historiques mondiaux?*, Kimé, 1992.
〔218〕BOURGUINAT Henri, *L'Economie mondiale à découvert*, Calmann-Lévy, 1985.
〔219〕BOURGUINAT Henri, *Les Vertiges de la finance internationale*, Economica, 1987.
〔220〕BOURGUINAT Henri, *La Tyrannie des marchés. Essai sur l'économie virtuelle*, Economica, 1995.
〔221〕BOURRELIER P. H. et DIETHRICH Robert, *Le Mobile et la Planète, ou l'enjeu des ressources naturelles*, Economica, 1990.
〔222〕BOYER Robert dir., *Capitalismes fin de siècle*, PUF, 1986.
ロベール・ボワイエ編『世紀末資本主義』山田鋭夫他訳，日本評論社，1988 年。

（以下の邦訳書も参照――訳者）

ロベール・ボワイエ『第二の大転換――EC 統合下のヨーロッパ経済』井上泰夫訳，藤原書店，1992 年。
〔223〕BOYER Robert, DURAND Jean-Pierre, *L'Après-fordisme*, Syros 1993.
〔224〕BOYER Robert, "Les mots et les réalités", in *Mondialisation. Au-delà des mythes*, La Découverte, 1997, p. 13-56.
〔225〕BRAUDEL Fernand, *Civilisation matérielle, économie et capitalisme. XVe-XVIIIe siècle*, 3 vol.: vol. 1, *Les Structures du quotidien*; vol. 2, *Les Jeux de l'échange*; vol. 3, *Colin, 1979; Le livre de poche*, 1993.
前掲〔23〕。
〔226〕BRAUDEL Fernand, *La Dynamique du capitalisme*, Flammarion, 1985.
フェルナン・ブローデル『歴史入門』金塚貞文訳，中公文庫，2009 年。
〔227〕BROWN L., GARDNER G. et HALWEIL B., *Beyond Malthus: Sixteen Dimensions of the Population Problem*, Worldwatch Institute, Washington, 1998.
〔228〕CARFANTAN Jean-Yves, *Le Grand désordre du monde*, Seuil, 1993.

Postwar Experience, 1990; Oxford, Clarendon Press, 1991.
〔182〕MAZIER Jacques, BASLE Maurice, VIDAL Jean-François, *Quand les crises durent*, Économica, 1984.
〔183〕MICHALET Charles-Albert, *Le Capitalisme mondial*, PUF, 1976; nouvelle édition refondue, 1985.
〔184〕POULANTZAS Nicos, *Les Classes sociales dans le capitalisme d'aujourd'hui*, Seuil, 1974.
〔185〕REY Pierre-Philippe, *Les Alliances de classes*, Maspero, 1973.
〔186〕ROSIER Bernard, *Croissances et Crises capitalistes*, PUF, 1975.
〔187〕ROSIER Bernard, DOCKES Pierre, *Rythmes économiques. Crises et changement social, une perspective historique*, La Découverte, 1983.
〔188〕VERGOPOULOS Kostas, *Le Capitalisme difforme*, Anthropos, 1974.
〔189〕WALLERSTEIN Immanuel, *The Capitalist World-Economy*, Cambridge UP et Maison des sciences de l' Homme, 1979.
イマニュエル・ウォーラーステイン『資本主義世界経済』I・藤瀬浩司他訳，II・日南田靜眞訳，名古屋大学出版会，1987 年。
〔190〕ZIEGLER Jean, *Main basse sur l'Afrique*, Seuil, 1978.

6. 現在進行中の変化について

――定期刊行物と年次報告書

〔191〕Banque mondiale, *Rapport sur le développement dans le monde*, Washington, annuel.
世界銀行・国際復興開発銀行共編『世界開発報告』，各年刊。
〔192〕BROWN Lester R. et al., *State of the World*, rapport du Worldwatch Institute, annuel depuis 1984, Norton, New York et Londres.
レスター・R・ブラウン『地球白書』ダイヤモンド社他，各年刊。
〔193〕*L'Etat du monde*, La Découverte, annuel.
〔194〕IFRI, *RAMSES- Rapport annuel mondial sur le système économique et les stratégies*, Economica, annuel.
〔195〕PNUD – Programme des Nations-Unies pour le développement, *Rapport mondial sur le développement humain*, annuel.
〔196〕UNCTAD, *Trade and Development Report*, United Nations, New York, annuel.

――その他の主要著作

〔197〕ACOT Pascal, *Histoire du climat*, Perrin, 2003, éd. 2009.
〔198〕AGLIETTA Michel, *La Crise*, Michalon, 2009.
〔199〕AMIN Samir, *La déconnexion: pour sortir du système mondial*, La Découverte, 1986.
〔200〕ARTUS Patrick et VIRARD Marie-Paule, *Globalisation, le pire est à venir*, La Découverte, 2008.
〔201〕*Atlas de la mondialisation 2008*, PFNSP-Sciences Po, 2008.
〔202〕BADIE Bertrand, SMOUTS Marie-Claude, *Le Retournement du monde. Sociologie de la scène internationale*, FNSP, I992; 2ème éd. 1995.
〔203〕BEAUD Michel, *Le Socialisme à l'épreuve de l'histoire*, Seuil, 1982, nouvelle éd. 1985.
〔204〕BEAUD Michel, *La Politique économique de la Gauche*, 2 vol. Syros, 1983 et 1985.

5. 帝国主義とその危機

〔157〕AGLIETTA Michel, *Régulation et Crises du capitalisme*, Calmann-Lévy, 1976.
ミシェル・アグリエッタ『資本主義のレギュラシオン理論——政治経済学の革新』若森章孝・山田鋭夫・大田一廣・海老塚明訳，大村書店，1989 年。
〔158〕AMIN Samir, *Sous-développement et Dépendances en Afrique noire*, IDEP, 1971.
〔159〕AMIN S., FAIRE A., HUSSEIN M., MASSIAH G., *La Crise de l'impérialisme*, Éditions de Minuit, 1975.
〔160〕BAIROCH Paul, *Le Tiers monde dans l'impasse*, Gallimard, coll. Idées, 1971.
〔161〕BEAUD M., BELLON B., FRANÇOIS P., *Lire le Capitalisme, Sur le capitalisme mondial et sa crise*, Anthropos, 1976.
〔162〕BERGOUNIOUX A. et MANIN B., *La Social-Démocratie, ou le compromis*, PUF, 1979.
〔163〕BOYER R. et Mistral J., *Accumulation, Inflation*, Crises, PUF, 1978.
〔164〕BRUNHOFF Suzanne de, *État et Capital*, Maspero, PUG, 1976.
〔165〕*Connaissance du tiers monde*, publié par Coquery-Vidrovitch C., 10/18, 1977.
〔166〕CORIAT Benjamin, *Science, Technique et Capital*, Seuil, 1976.
〔167〕CORIAT Benjamin, *L'Atelier et le Chronomètre*, Bourgois, 1978.
〔168〕DOCKES Pierre, *L'Internationale du capital*, PUF, 1975.
〔169〕FITT Y., FARHI A., VIGIER J.-P., *La Crise de l'impérialisme et la troisième guerre mondiale*, Maspero, 1976.
〔170〕FREYSSENET Michel, *La Division capitaliste du travail*, Savelli, 1977.
〔171〕GRANOU A., BARON Y., BILLAUDOT B., *Croissance et Crise*, Maspero, 1979.
〔172〕JULIEN Claude, *L'Empire américain*, Grasset, 1968.
クロード・ジュリアン『アメリカとは何か——国境なき帝国の富と繁栄の分析』大井孝・星野昭吉訳，サイマル出版会，1970 年。
〔173〕KENWOOD A. G. et LOUGHEED A. L., *The Growth of international Economy, 1820-1960*, Allen and Unwin, 1971.
A・G・ケンウッド，A・L・ロッキード『国際経済の成長——1820-1960』岡村邦輔他訳，文眞堂，1979 年。
〔174〕LATOUCHE Serge, *Critique de l'Impérialisme*, Anthropos M8, 1979.
〔175〕LICHTHEIM George, *De l'impérialisme* (1971), trad. fr. Calmann-Lévy, 1972.
ジョージ・リヒトハイム『帝国主義』香西純一訳，みすず書房，1980 年。
〔176〕LIPIETZ Alain, *Crise et Inflation, Pourquoi?*, Maspero, 1979.
〔177〕LORENZI J. H., PASTRE O., TOLEDANO J., *La Crise au XXe siècle*, Économica, 1980.
〔178〕MAGDOFF Harry, *L'Âge de l'impérialisme* (1969), trad. fr., Maspero, 1970.
ハリー・マグドフ『現代の帝国主義』小原敬士訳，岩波書店，1977 年。
〔179〕MANDEL Ernest, *Der Spätkapitalismus*, Francfort, Suhrkamp Verlag, 1972; trad. fr. *Le Troisième Âge du capitalisme*, 3 vol., UGE, 1976.
〔180〕MANDEL Ernest, *Long Waves of Capitalist Development. The Marxist Interpretation*, Cambridge University Press; Maison des sciences de l'homme, 1980.
エルネスト・マンデル『資本主義発展の長期波動——ケンブリッジ大学特別講義録』岡田光正訳，柘植書房，1990 年。
〔181〕MARGLIN Stephen A. et SCHOR Juliet B., *The Golden Age of Capitalism. Reinterpreting the*

〔136〕FOHLEN Claude, *L'Industrie textile au temps du second Empire*, Plon, 1956.
〔137〕FOHLEN Claude, *Une affaire de famille au XIXᵉ siècle: Méquillet-Noblot*, Armand Colin, 1955.
〔138〕FONVIELLE Louis, *Évolution et Croissance de l'État français, 1815-1969*, Cahiers de l' ISMEA, AF 13, 1976.
〔139〕*La France et le tiers-monde*, publié par BEAUD M., BERNIS G. de, MASINI J., PUG, 1979.
〔140〕GAUDEMAR Jean-Paul de, *La Mobilisation générale*, Champs urbains, 1979.
〔141〕GILLE Bertrand, *Recherches sur la formation de la grande enterprise capitaliste, 1815-1848*, SEVPEN, 1959.
〔142〕GIRAULT René, *Emprunts russes et Investissements français en Russie*, Armand Colin, 1973.
〔143〕GRANOU André, *La Bourgeoisie financière au pouvoir*, Maspero, 1977.
〔144〕*Histoire économique et sociale de la France*, sous la direction de BRAUDEL F. et LABROUSSE E., 6 vol., PUF, 1976-1980.
〔145〕*Histoire quantitative de l'économie française*, MARCZEWSKI J. et MARKOVITCH T. J., *Cahiers de l'ISEA* 163, 173, 174, 179, 1965-1966.
〔146〕KUISEL Richard F., *Le Capitalisme et l'État en France* (1981), trad. fr., Gallimard, 1984.
〔147〕LEPORS Anicet, *Les Béquilles du capital*, Seuil, 1977.
〔148〕LEVASSEUR E., *Histoire des classes ouvrières et de l'industrie en France*, I, *Avant 1789*, 2 vol., A. Rousseau, 1901; II, *1789-1870*, 2 vol., A. Rousseau, 1903.
〔149〕LÉVY-LEBOYER Maurice, *Les Banques européennes et l'Industrialisation internationale dans la première moitié du XIXᵉ siècle*, PUF, 1964.
〔150〕LHOMME Jean, *La Grande Bourgeoisie au pouvoir, 1830-1880*, PUF, 1964.
ジャン・ロム『権力の座についた大ブルジョアジー——19 世紀フランス社会史論』木崎喜代治訳，岩波書店，1971 年。
〔151〕MORVAN Yves, *La Concentration de l'industrie en France*, Armand, Colin, 1972.
〔152〕*Nouvelle Histoire de la France contemporaine*, 18 vol., Seuil, coll. « Points Histoire ».
〔153〕PARODI Maurice, *L'Économie et la Société française de 1945 à 1970*, Armand Colin, 1971.
〔154〕POIDEVIN Raymond, *Les Relations économiques et financières entre la France et l'Allemagne de 1898 à 1914*, Armand Colin, 1969.
〔155〕SAUVY Alfred, *Histoire économique de la France entre les deux guerres*, 3 vol., Fayard, 1965-1972.
（以下の邦訳書も参照——訳者）

アルフレッド・ソーヴィー『人口の一般理論』岡田実訳，中央大学出版部，1985 年。
〔156〕SÉE Henri, *Histoire économique de la France* (t. I *Le Moyen Age et l'Ancien Régime*; t. 2, *1789-1914*), Armand Colin, 1942.
（以下の書も参照——訳者）

河野健二『フランス現代史』山川出版社，1977 年。

原輝史『フランス資本主義——成立と展開』日本経済評論社，1986 年。

谷川稔『フランス社会運動史——アソシアシオンとサンディカリズム』山川出版社，1983 年。

勝俣誠『現代アフリカ入門』岩波新書，1991 年。

筆宝康之他『現代技術と労働の思想』（第 3 章・フランス労働思想），有斐閣，1995 年。

1983 年。
〔116〕ROSTOW W. W., *Les Étapes de la croissance économique*, Cambridge UP, 1960, trad. fr., Seuil, 1962.
W・W・ロストウ『増補・経済成長の諸段階』木村健康・久保まち子・村上泰亮訳，ダイヤモンド社，1974 年。
〔117〕ROSTOW W. W., *The World Economy, History and Prospect*, University of Texas Press, 1978.
W・W・ロストウ『大転換の時代——世界経済 21 世紀への展望』坂本二郎他訳，ダイヤモンド社，1982 年。
〔118〕SHONFIELD Andrew, *Le Capitalisme d'aujourd'hui, l'État et l'Entreprise* (Oxford, 1965), trad. fr., Gallimard, 1967.
〔119〕ZIEGLER Jean, *Une Suisse au-dessus de tout soupçon*, Seuil, 1976.
ジャン・ジーグレル『驚くべきスイス銀行』上杉聡彦訳，竹内書店新社，1977 年。

4. フランスにおける資本主義

〔120〕ALLARD P., BEAUD M., BELLON B., LEVY A.-M., LIENART S., *Dictionnaire des groupes industriels et financiers en France*, Seuil, 1978.
〔121〕*Approches de l'inflation; l'exemple français, recherche collective du Cepremap*, ronéotypé, 4 vol., 1979.
〔122〕BAUDELOT C., ESTABLET R., MALEMORT J., *La Petite Bourgeoisie en France*, Maspero, 1974.
〔123〕BAUDELOT C., ESTABLET R., TOISIER J., *Qui travaille pour qui?*, Maspero, 1979.
〔124〕BAUMONT Maurice, *L'Essor industriel et l'impérialisme colonial (1878-1904)*, PUF, 1965.
〔125〕BEAUD M., DANJOU P., DAVID J., *Une multinationale française*, Pechiney Ugine Kuhlmann, Seuil, 1975.
〔126〕BELLON Bertrand, *Le Pouvoir financier et l'Industrie en France*, Seuil, 1980.
〔127〕BERGERON Louis, *Les Capitalistes en France 1780-1914*, Archives Gallimard, 1978.
〔128〕BERTAUX Daniel, *Destins personnels et Structure de classe*, PUF, 1977.
〔129〕BOUVIER Jean, *Naissance d'une banque: le Crédit Lyonnais*, Flammarion, 1958.
〔130〕BOUVIER Jean, *Un siècle de banque française*, Hachette, 1973.
（以下の邦訳書も参照——訳者）

ジャン・ブーヴィエ『ロスチャイルド——ヨーロッパ金融界の謎の王国』井上隆一郎訳，河出書房新社，1969 年。

同『フランス帝国主義研究』権上康男・中原嘉子訳，御茶の水書房，1974 年。
〔131〕BRON Jean, *Histoire du mouvement ouvrier français*, Éditions ouvrières, 3 vol. 1970.
〔132〕CAMERON R. E., *France and the Economic Development of Europe, 1800-1914*, Princeton, 1961; trad. fr., *La France et le développement économique de l'Europe*, Seuil, 1971.
〔133〕CARRÉ J.-J., Dubois P., Malinvaud E., *La Croissance française*, Seuil, 1972.
〔134〕CHEVALIER Louis, *Classes laborieuses, Classes dangereuses à Paris dans la première moitié du XIXe siècle*, Plon, 1958.
ルイ・シュヴァリエ『労働階級と危険な階級——19 世紀前半のパリ』喜安朗他訳，みすず書房，1993 年。
〔135〕EDELMAN Bernard, *La Légalisation de la classe ouvrière*, Bourgois, 1978.

du capital. Un siècle d'économie américaine, PUF, 1996.
〔97〕KUZNETS S. (ed), *Economic Growth: Brazil, India, Japan*, Duke UP, 1955.
〔98〕FAULKNER Harold U., *Histoire économique des États-Unis d'Amérique* (1954), trad. fr., 2 vol., PUF, 1958.
ハロルド・U・フォークナー『アメリカ経済史』小原敬士訳，至誠堂，1968 年。
〔99〕FLAMANT M. et SINGER-KEREL J., *Crises et Récessions économiques*, PUF, 1968.
〔100〕GUÉRIN Daniel, *Fascisme et Grand Capital*, Gallimard, 1936; 4e édition, 1945.
〔101〕HOBSBAWM Eric J., *The Pelican Economic History of Britain. From 1750 to the Present Day. Industry and Empire*, 1968; trad. fr., *Histoire économique et sociale de la Grande-Bretagne*, t. 2, *De la révolution industrielle à nos jours*, Seuil, 1977.
〔102〕HOBSBAWM Eric J., *The Age of Capital. 1848-1875*, Weidenfeld and Nicholson, Londres, 1975; trad. fr., *L'Ère du capital. 1848-1875*, Fayard, 1978.
エリック・ホブズボーム『資本の時代 1848-1875（1・2）』柳父圀近ほか訳，みすず書房，1981-1982 年。
〔103〕HOFFMANN W. G., *The Growth of Industrial Economics*, Manchester UP, 1958.
W・G・ホフマン『近代産業発展段階論』長州一二・富山和夫訳，日本評論社，1967 年。
〔104〕KINDLEBERGER C. P., *The World Depression 1929-1939*, California UP, 1973.
C・P・キンドルバーガー『大不況下の世界――1929-1939』石崎昭彦・木村一朗訳，東京大学出版会，1982 年。
〔105〕KINDLEBERGER C. P., *Economic Development*, Mc Graw-Hill, 1977.
C・P・キンドルバーガー『経済発展論』山本登監訳，好学社，改訂版 1981 年。
〔106〕LESOURD J.-A. et GERARD C., *Histoire économique, XIXe-XXe siècle*, 2 vol., Armand Colin, 1963.
〔107〕MADDISON Angus, *Economic Growth in the West*, New York, The Twentieth Century Fund, 1964; trad. fr. *Les Phases du développement capitaliste*, Économica, 1981.
アンガス・マディソン『西欧の経済成長――ヨーロッパと北アメリカの比較研究』松浦保訳，紀伊國屋書店，1965 年。
〔108〕MARX Roland, *Le Déclin de l'économie britannique (1870-1929)*, PUF, 1972.
〔109〕MARX Roland, *La Grande-Bretagne contemporaine, 1890-1963*, Armand Colin, 1973.
〔110〕MATHIAS Peter, *The First Industrial Nation, An Economic History of Britain, 1700-1914*, Methuen, 1969, in *Abstract of British Historical Statistics*, B. R. Mitchell et P. Deane, Cambridge University Press.
ピーター・マサイアス『最初の工業国家――イギリス経済史』小松芳喬監訳，日本評論社，改訂新版 1988 年。
〔111〕MAURO Frédéric, *Histoire de l'économie mondiale*, Sirey, 1971.
〔112〕MORISHIMA Michio, *Why Has Japan Succeeded?: Western Technology and The Japanese Ethos*, Cambridge University Press, 1984; trad. fr. *Capitalisme et confucianisme: l'éthique japonaise et la technologie occidentale*, Flammarion, 1987.
〔113〕NÉRÉ Jacques, *La crise de 1929*, Armand Colin, 1968.
〔114〕PASTRÉ Olivier, *La Stratégie internationale des groupes financiers américains*, Économica, 1979.
〔115〕POULANTZAS Nicos, *Fascisme et Dictature*, Maspero, 1970.
ニコス・プーランツァス『ファシズムと独裁』田中正人訳，社会評論社，1978 年，批評社，

「ヨーロッパ世界経済」の凝集』川北稔訳，名古屋大学出版会，1993 年。
〔74〕MAURO Frédéric, *L'Expansion européenne*, 1600-1870, PUF, 1964.
〔75〕MARX Roland, *L'Angleterre des révolutions*, Armand Colin, 1971.
〔76〕FOUCAULT Michel, *Histoire de la folie à l'âge classique*, Plon, 1961; éd. abrégée, 10/18, 1964.
ミシェル・フーコー『狂気の歴史——古典主義時代における』田村俶訳，1975 年。
〔77〕SÉE Henri, *La France économique et sociale au XVIIIe siècle*, Armand Colin, 1925; nouvelle éd., 1967.
アンリ・セー『フランスの社会構造——18 世紀における』宮崎洋訳，法政大学出版局，1971 年。
〔78〕WEURLESSE Georges, *Le Mouvement physiocratique en France*, F. Alcan, 1910.
〔79〕EPSZTEIN Léon, *L'Économie et la Morale aux débuts du capitalisme industriel en France et en Grande-Bretagne*, Armand Colin, 1966.
〔80〕MANTOUX Paul, *La Révolution industrielle au XVIIIe siècle*, thèse 1906, révisée en 1928, Génin, 1959.
ポール・マントウ『産業革命』徳増栄太郎・井上幸治・遠藤輝明訳，東洋経済新報社，1964 年。
〔81〕ASHTON T. S., *La Révolution industrielle, 1760-1830*, 1950, trad. fr., Plon, 1955.
トーマス・サウスクリス・アシュトン『産業革命』中川敬一郎訳，岩波文庫，1973 年。
〔82〕MARX Roland, *La Révolution industrielle en Grande-Bretagne*, Armand Colin, 1970.
〔83〕RIOUX Jean-Pierre, *La Révolution industrielle, 1780-1880*, Seuil, 1971.
〔84〕VERLEY Patrick, *La Révolution industrielle 1760-1870*, MA Éditions, 1985.
〔85〕NEF John U., *La Naissance de la civilisation industrielle et le Monde contemporain*, Armand Colin, 1954.
ジョン・U・ネフ『工業文明の誕生と現代世界』宮本又次・合田裕作・竹岡敬温訳，未來社，1963 年。
〔86〕BAIROCH Paul, *Révolution industrielle et Sous-développement*, SEDES, 1964.
〔87〕GALBRAITH John Kenneth, *Le Temps des incertitudes* (1977), trad. fr. Gallimard, 1978.
ジョン・K・ガルブレイス『不確実性の時代』都留重人監訳，TBS ブリタニカ，1980 年。
〔88〕ROSANVALLON, Pierre, *Le Capitalisme utopique*, Seuil, 1979.
ピエール・ロザンバロン『ユートピア的資本主義——市場思想から見た近代』長谷俊雄訳，国文社，1990 年。

3. 世界経済における産業資本主義

〔89〕AKERMAN Johan, *Structures et Cycles économiques* (1944), trad. fr., 2 vol., PUF, 1957.
〔90〕BADIA Gilbert, *Histoire de l'Allemagne contemporaine*, 1962.
〔91〕BETTELHEIM Charles, *L'Économie allemande sous le nazisme*, M. Rivière, 1946.
〔92〕CHEVALIER Jean-Marie, *La Structure financière de l'industrie américaine*, Cujas, 1970.
〔93〕CLOUGH S. B., *Histoire économique des États-Unis, 1865-1952*, PUF, 1953.
〔94〕DEANE Ph. et Cole, W. A., *British Economic Growth (1688-1959)*, Cambridge UP, 1962.
〔95〕DEBOUZY Marianne, *Le Capitalisme sauvage aux États-Unis, 1860-1900*, Seuil, 1972.
〔96〕DUMÉNIL Gérard et LEVY Dominique, *The Economics of the Profit Rate. Competition, Crises and Historical Tendencies in Capitalism*, Aldershot, Edward Elgar, 1993; trad. fr., *La Dynamique*

論社，1990 年。
〔59〕STERNBERG Fritz, *Le Conflit du siècle* (1951), trad. fr., Seuil, 1956.
〔60〕WEBER Max, *L'Éthique protestante et l'Esprit du capitalisme* (1904-1905), trad. fr. Plon, 1964.
マックス・ウェーバー『プロテスタンティズムの倫理と資本主義の精神』大塚久雄訳，岩波文庫，改訳版 1989 年。
〔61〕WEBER Max, *Wirtschaftsgeschichte. Abriss der Universalen Sozialund Wirtschaftsgeschichte*, 1923; Berlin, Duncker & Humblot, 1981; trad. fr. Histoire économique. *Esquisse d'une histoire universelle de l'économie et de la société*, Gallimard, 1991.

2. 産業革命まで（各時代局面について）

〔62〕BRAUDEL Fernand, *La Méditerranée et le monde méditerranéen à l'époque de Philippe II*, Armand Colin, 1949.
フェルナン・ブローデル『地中海』全 5 分冊，浜名優美訳，藤原書店，普及版 2004 年。
〔63〕BRAUDEL Fernand, *Civilisation matérielle Économie et Capitalisme (XVe-XVIIIe siècle)*, Armand Colin, 1967.
前掲〔23〕。
〔64〕DOBB M. et SWEEZY P., *Du féodalisme au capitalisme: problèmes de la transition*, trad. fr., Maspero, 1977.
（以下の書も参照――訳者）

山岡亮一・福冨正実編『資本主義への移行論争』三一書房，1963 年。
〔65〕SÉE Henri, *Les Origines du capitalisme moderne*, Armand Colin, 1940.
アンリ・セー『近代資本主義の起源』土屋宗太郎・泉倭雄訳，創元社，1954 年。
〔66〕MARX Karl, *Un chapitre inédit du Capital*, UGE, coll. « 10/18 », 1971.
〔67〕SÉE Henri, *Le XVIe siècle*, PUF, 1934.
〔68〕WALLERSTEIN Immanuel, *Capitalisme et Économie monde 1450-1640*, Flammarion, 1980.
〔69〕WALLERSTEIN Immanuel, *The Modern World-System: Capitalist Agriculture and the Origins of the European World-Economy in the Sixteenthe Century*, Academic Press Inc. N.Y., 1974.
イマニュエル・ウォーラーステイン『近代世界システム』全 2 巻，（第 1 巻の邦訳，『近代世界システム I・II』川北稔訳，岩波書店，1981 年），（第 2 巻の邦訳，『近代世界システム 1600 ～ 1750――重商主義と「ヨーロッパ世界経済」の凝集』川北稔訳，名古屋大学出版会，1993 年）。

（以下の邦訳書も参照――訳者）

イマニュエル・ウォーラーステイン『史的システムとしての資本主義』川北稔訳，岩波書店，1985 年。
〔70〕LÉON Pierre, *Économies et sociétés pré-industrielles*, 2 vol., Armand Colin, 1970.
〔71〕HECKSCHER Eli F., *Mercantilism* (1931) trad. angl., Allen and Unwin, 1935.
〔72〕DEYON Pierre, *Le Mercantilisme*, Flammarion, 1963.
ピエール・デーヨン『重商主義とは何か』神戸大学西洋経済史研究室訳，晃洋書房，1975 年。
〔73〕WALLERSTEIN Immanuel, *Le Mercantilisme et la Consolidation de l'économie monde européen 1600-1750* (1980), trad. fr., Flammarion, 1985.
イマニュエル・ウォーラーステイン『近代世界システム 1600-1750――重商主義と

バーリントン・ムーア Jr.『独裁と民主政治の社会的起源』宮崎隆次他訳，岩波書店，1986 年。
〔48〕NORTH Douglass C., THOMAS Robert Paul, *The Rise of the Western World: A New Economic History*, Cambridge, Cambridge University Press, 1973; trad. fr. *L'Essor du monde occidental*, Flammarion, 1980.
ダグラス・ノース『西欧世界の勃興――新しい経済史の試み』速水融・穐本洋哉訳，ミネルヴァ書房，1980 年／増補版，1994 年
〔49〕NORTH Douglass C., *Institutions, Institutional Change and Economic Performance*, Cambridge University Press, 1990.
ダグラス・ノース『制度・制度変化・経済成果』竹下公視訳，晃洋書房，1994 年。
〔50〕PERROUX François, *Le Capitalisme*, PUF, 1948 et 1960.
フランソワ・ペルー『資本主義』金山康喜訳，白水社，1952 年。

（以下の邦訳書も参照――訳者）

フランソワ・ペルー『経済と社会』岡山隆・堀川マリ子・堀川士良訳，ダイヤモンド社，1962 年。
〔51〕POLANYI Karl, *The Great Transformation* (1944), Beacon Paperback, 1957.
カール・ポラニー『大転換――市場社会の形成と崩壊』吉沢英成・野口建彦・長尾史郎・杉村芳美訳，東洋経済新報社，1975 年。

（以下の邦訳書も参照――訳者）

カール・ポランニー『経済の文明史』玉野井芳郎・平野健一郎編訳，日本経済新聞社，1975 年。
〔52〕POULANTZAS Nicos, *Pouvoir politique et Classes sociales*, Maspero, 1968.
ニコス・プーランツァス『資本主義国家の構造――政治権力と社会階級』第 1 巻・田口富久治・山岸紘一訳，第 2 巻・田口富久治他訳，未來社，1978-81 年。
〔53〕POULANTZAS Nicos, *L'État, le Pouvoir, le Socialisme*, PUF, 1978.
ニコス・プーランツァス『国家・権力・社会主義』田中正人・柳内隆訳，ユニテ，1984 年。

（以下の邦訳書も参照――訳者）

ニコス・プーランツァス『資本の国家』田中正人訳，ユニテ，1983 年。
〔54〕SCHUMPETER Joseph, *Theorie der Wirtschaftlichen Entwicklung*, Leipzig, Dunker et Humblot, 1912; nouvelle éd. révisée, 1926 et 3e éd. inchangée 1930; trad. fr. 1935, *Théorie de l'évolution économique*, Dalloz, avec une introduction de F. Perroux.
前掲〔11〕。
〔55〕SCHUMPETER Joseph, *Capitalisme, Socialisme et Démocratie* (1942), trad. fr., Payot, 1963.
前掲〔12〕。
〔56〕SOMBART Werner, *Die Entstehung der Volkswirtschaft*, Tübingen, 1893.
〔57〕SOMBART Werner, *Der moderne Kapitalismus*, 1re éd. 1902 (2 tomes); 2e éd. 1916 (3 tomes); trad. fr. du 3e tome: *L'Apogée du capitalisme*, Payot, 1932.
ウェルナー・ゾンバルト『近世資本主義』全 2 巻，（第 1 巻の邦訳，『結論・前資本主義経済』『近世資本主義の歴史的基礎』岡崎次郎訳，生活社，1942-43 年，第 2 巻邦訳なし），（第 3 巻 I の邦訳，『高度資本主義 I 』梶山力訳，有斐閣，1940 年）。
〔58〕SOMBART Werner, *Le Bourgeois* (1913), trad. fr. en 1925.
ウェルナー・ゾンバルト『ブルジョア――近代経済人の精神史』金森誠也訳，中央公

〔29〕DOBB Maurice, *Political Economy and Capitalism*, Routledge and Kegan, 1937.
モーリス・ドッブ『政治経済学と資本主義』岡稔訳，岩波書店，1952 年。
〔30〕DOBB Maurice, *Études sur le développement du capitalisme*, Cambridge, 1945; trad. fr., Maspero, 1969.
モーリス・ドッブ『資本主義発展の研究 I ・ II 』京大近代史研究会訳，岩波書店，1945-55 年。
〔31〕DOCKES Pierre, ROSIER Bernard, *L'Histoire ambiguë. Croissance et développement en question*, PUF, 1988.
〔32〕DOLLEANS Édouard, *Histoire du mouvement ouvrier* (t. I, *1830-1871*; t. II, *1871-1936*; t. III, *De 1936 à nos jours*), Armand Colin, 1936, 1946 et 1953.
〔33〕FRANK André Gunder, *L'Accumulation mondiale, 1500-1800*, Calmann-Lévy, 1977.
（以下の邦訳書も参照——訳者）

アンドレ・G・フランク『世界資本主義とラテンアメリカ——ルンペン・プロレタリアートとルンペン的発展』西川潤訳，岩波書店，1978 年。

同『従属的蓄積と低開発』吾郷健二訳，岩波書店，1980 年。

同『世界経済危機の構造』工藤章訳，TBS ブリタニカ，1982 年。
〔34〕HEATON Herbert, *Histoire économique de l'Europe*, 2 vol., Armand Colin, 1952.
〔35〕*Histoire de la science*, sous la direction de DAUMAS M., Bibl. de la Pléiade, 1957.
〔36〕*Histoire générale des civilisations*, sous la direction de CROUZET M., 7 vol., PUF, 1953-1956.
〔37〕*Histoire générale du travail*, sous la direction de PARIAS L.-H., Nouvelle librairie de France, plusieurs volumes, à partir de 1962.
〔38〕*Histoire universelle*, sous la direction de GROUSSET R. et LEON E.-G., Bibl. de la Pléiade, 3 vol., 1958.
〔39〕KENNEDY Paul, *The Rise and Fall of the Great Powers*, Londres, Unwin Hyman, 1988; trad. fr. *Naissance et déclin des grandes puissances*, Payot, 1989.
ポール・ケネディ『決定版　大国の興亡——1500 年から 2000 年までの経済の変遷と軍事闘争』上・下，鈴木主悦訳，草思社，1993 年。
〔40〕LANDES David S., *The Wealth and Poverty of Nations*, New York, W. W. Norton, 1998.
〔41〕LANTZ Pierre, *Valeurs et richesses*, Anthropos, 1977.
〔42〕MADDISON Angus, *Dynamic Forces in Capitalist Development. A Long-Run Comparative View*, Oxford University Press, 1991.
〔43〕MARCUSE Herbert, *L'Homme unidimensionnel* (1964), trad. fr., Édition de Minuit, 1968.
ハーバート・マルクーゼ『一次元的人間』生松敬三・三沢謙一訳，河出書房新社，1980 年。

（以下の邦訳書も参照——訳者）

ハーバート・マルクーゼ『エロス的文明』南博訳，紀伊國屋書店，1958 年。
〔44〕MARX Karl, *Œuvres, Économie, 1847-1880*, Bibl. de la Pléiade, 2 vol., 1963 et 1968.
〔45〕MATHIAS P. et POSTAN M. M. (ed.), *Cambridge Economic History of Europe*, 8 vol., 1970-1978.
〔46〕MATTICK Paul, *Marx et Keynes, Les Limites de l'économie mixte* (1969), trad. fr., Gallimard, 1972.
〔47〕MOORE Barrington Jr., *Les Origines sociales de la dictature et de la démocratie* (1967), trad. fr., Maspero, 1969.

trad. fr. *Capitalisme, socialisme et démocratie*, Payot, 1951; 1984.
ヨーゼフ・シュムペーター『資本主義・社会主義・民主主義』中山伊知郎・東畑精一訳，東洋経済新報社，新装版 1995 年。
〔13〕WALLERSTEIN Immanuel, « Les États dans le vortex institutionnel de l' économie-monde capitaliste », *Revue internationale de sciences sociales*, vol. XXXII, 1980, n° 4, p. 797-805.
〔14〕WEBER Max, « Die protestantische Ethik und der "Geist" des Kapitalismus », 1905, in *Gesammelte Aufsätze zur Religionssoziologie*, Tübingen, Mohr, 1920; trad. fr., *L'Éthique protestante et l'esprit du capitalisme*, Plon, 1964; coll. « Agora », 1990.

1. 歴史における資本主義＝世界経済

〔15〕AMIN Samir, *L'Accumulation à l'échelle mondiale*, Anthropos, 1970.
サミール・アミン『世界的規模における資本蓄積』全 3 巻，野口祐・原田金一郎訳，柘植書房，1979-81 年。
〔16〕AMIN Samir, *Classe et Nation*, Éditions de Minuit, 1979.
サミール・アミン『階級と民族』山崎カヲル訳，新評論，1983 年。
〔17〕ASSELAIN Jean-Charles, *Histoire économique. De la révolution industrielle à la Première Guerre mondiale*, PFNSP & Dalloz, 1985.
〔18〕ASSELAIN Jean-Charles, *Histoire économique du XXe siècle*, vol. 1, *La Montée de l'État (1914-1939)*, vol. 2, *La Réouverture des economies nationales (1939 aux années 1980)*, PFNSP & Dalloz, 1995.
〔19〕BAECHLER Jean, *Le Capitalisme*, vol. 1, *Les Origines*, vol. 2, *L'Économie capitaliste*, Gallimard, 1995.
〔20〕BAIROCH Paul, *De Jéricho à Mexico, Villes et économie dans l'histoire*, Gallimard, 1985.
〔21〕BAIROCH Paul, *Mythes et paradoxes de l'histoire économique*, La Découverte, 1994.
〔22〕BAIROCH Paul, *Victoires et déboires. Histoire économique et sociale du monde du XVIe siècle à nos jours*, 3 vol., Gallimard, 1997.
〔23〕BRAUDEL Fernand, *Civilisation matérielle, Économie et Capitalisme* (t. I, *Structures du quotidien*; t. II, *Les Jeux de l'échange*; t. III, *Le Temps du monde*), Armand Colin, 1979; Le Livre de Poche, 1993.
フェルナン・ブローデル『物質文明・経済・資本主義——15-18 世紀』全 3 巻，「I 日常性の構造」村上光彦訳，「II 交換のはたらき」山本淳一訳，「III 世界時間」村上光彦訳，みすず書房，1985-1999 年。

（以下の邦訳書も参照——訳者）

フェルナン・ブローデル『地中海』（全 5 分冊），浜名優美訳，藤原書店，普及版 2004 年。
〔24〕BRAUDEL Fernand, *La Dynamique du capitalisme*, Flammarion, 1985.
〔25〕BRAUDEL Fernand, *Grammaire des civilisations*, Arthaud, 1987; Paris, Flammarion, 1993.
フェルナン・ブローデル『文明の文法 1・2 世界史講義』松本雅弘訳，みすず書房，1995-1996 年。
〔26〕CHEVALLIER Jean-Jacques, *Les Grandes OEuvres politiques de Machiavel à nos jours*, Armand Colin, 1949.
〔27〕DELEPLACE Ghislain, *Théories du capitalisme: une introduction*, Maspero-PUG, 1979.
〔28〕DENIS Henri, *Histoire de la pensée économique*, PUF, 1966.

参考文献一覧

以下は原書2010年版の参考文献一覧である。著者はこれらの文献について「本書を執筆するために使用した禁煙の主な文献に限られる」と注記しており，この「参考文献一覧」は本書の特定の論点を明確にすることを目的としている。訳書では原書の文献目録に収録されているものの他に，本書の理解に深く関連する書も収録した。——訳者

第5版序文

〔1〕BEAUD Michel, « L'avènement du système étatiste », *Le Monde diplomatique*, août 1985.

〔2〕BEAUD Michel, *Le Système national/mondial hiérarchisé (une nouvelle lecture du capitalisme mondial)*, La Découverte, 1987.

〔3〕BEAUD Michel, *Le Basculement du monde. De la terre, des hommes et du capitalisme*, La Découverte, 1997.
ミシェル・ボー『大反転する世界——地球・人類・資本主義』筆宝康之・吉武立雄訳，藤原書店，2002年。

〔4〕BONNAUD Robert, *Y a-t-il des tournants historiques mondiaux?*, Kimé, 1992.

〔5〕BRAUDEL Fernand, *Civilisation matérielle, économie et capitalisme. XVe-XVIIIe siècle*, vol. 3, *Le Temps du monde*, Armand Colin, 1979.
フェルナン・ブローデル『物質文明・経済・資本主義Ⅲ　世界時間1・2』村上光彦訳，1996・1999年。

〔6〕FUKUYAMA Francis, *The End of History and the Last Man*, New York, Free Press, 1992; trad. fr., *La Fin de l'histoire et le dernier homme*, Flammarion, 1992.

〔7〕MARX Karl, *Le Capital*, livre I (1867) et matériaux pour les livres II et III (1869-1879); trad. fr. in *Œuvres - Économie*, Gallimard, la Pléiade, t. I, 1963, 537-1240 et t. II, 1968, 501-1488.
カール・マルクス『資本論』。

〔8〕PERROUX François, « Esquisse d'une théorie de l'économie dominante », *Économie appliquée*, avril-septembre 1948, p. 243-300.

〔9〕PERROUX François, *Le Capitalisme*, PUF, coll. « Que Sais-je? », 1948; 4e éd. 1960.

〔10〕POLANYI Karl, *The Great Transformation*, 1944; Beacon Press, Boston, 1957; trad. fr. *La Grande Transformation*, Gallimard, 1983.
カール・ポラニー『大転換——市場社会の形成と崩壊』新訳版，野口建彦・栖原学訳，東洋経済新報社，2009年。

〔11〕SCHUMPETER Joseph, *Theorie der Wirtschaftlichen Entwicklung*, Leipzig, Dunker et Humblot, 1912; nouvelle éd. révisée, 1926; 3e éd. inchangée 1930; trad. fr. 1935, *Théorie de l'évolution économique*, Dalloz, avec une introduction de F. Perroux.
ヨーゼフ・シュムペーター『経済発展の理論——企業者利潤・資本・信用・利子および景気の回転に関する一研究』上・下，塩野谷祐一・中山伊知郎・東畑精一訳，岩波文庫，1977・1979年。

〔12〕SCHUMPETER Joseph, *Capitalism, Socialism and Democracy*, Londres, Allen & Unvin, 1942;

図表一覧

わ　行

ら 行

ま　行

や　行

な　行

は　行

さ　行

か　行

事項索引

本書のフランス語版原書には事項索引はない。この事項索引は1984年英語版の索引を基本に，最新版であるオランダ語版も参照して事項が選択されており，日本語版で新たに訳者が追加した事項も多数ある。*を付した事項は訳注からのものであるが，本文の論旨との関連で特に重要と思われる事項として採用した。下位の項目は，事項相互の関連がよく分るように配列したため，必ずしも50音順に配列されてはいない。なお，論旨内容を要約したものも少数ながら事項としてたてており，その言葉が本文中に見いだせない場合もある。→は参照の指示。――訳者

あ行

ワ　行

サ　行

タ　行

ナ　行

人 名 索 引

ア 行

カ 行

著者紹介

ミシェル・ボー（Michel Beaud）

パリ大学名誉教授。1935年フランスアルプスの麓シャンベリーに生まれる。パリ政治学院で法学と政治学，ついで経済学を修めたあとラバトにあるモロッコ銀行に勤めたが，その調査活動を通して第三世界認識を深める。のちCNRS(国立科学研究所)の研究員となり「戦後西ドイツの経済成長論」で経済学の国家博士号を取得，経済学の教授資格試験に合格。1965年からリール大学勤務，その後新設の実験校パリ大学のヴァンセンヌ校勤務を経て，パリ第八大学，パリ第七大学教授を歴任。この間，世界経済の国際シンポジウムを組織したりミッテラン政権の第九次経済計画（1984–1988）でその雇用対策の立案に参加する一方，1983–90年まで「世界経済・第三世界・発展に関する科学的研究者集団」（GENDEV）の代表のほか，1989年から環境庁の「地球環境の危機と風土変化に関する委員会」(ECLAT)の副委員長を務めるなど，世界経済と地球環境や労働関係にまで多彩で精力的な社会活動を展開。

著書は，1980年の原書初版刊行以来，改訂を加えながら版を重ねる本書『資本主義の世界史』のほか，『大反転する世界——地球・人類・資本主義』（邦訳藤原書店，2002年）など多数。

訳者紹介

筆宝康之（ひっぽう・やすゆき）

1937-2016年。東京大学経済学部卒業。北海道大学大学院経済学研究科博士課程修了（経済学博士）。北星学園大学助教授，パリ第一大学客員教授，立正大学教授などを経て，同大学名誉教授。労働経済学，社会経済思想，日仏社会労働史。アジアの経済発展と水資源・環境緑化の研究にも携わった。第6回大内兵衛賞受賞。主著に『日本建設労働論』（御茶の水書房），*The Construction Industry in Japan*（アジア生産性機構），共著に『現代技術と労働の思想』（井野博満他，有斐閣），共訳書に，M・ボー『大反転する世界』（藤原書店）がある。

勝俣 誠（かつまた・まこと）

1946年生まれ。早稲田大学政治経済学部卒業。パリ第一大学博士課程修了（開発経済学博士）。ダカール大学法経学部，モントリオール大学客員教員，明治学院大学国際学部教員および同大学国際平和研究所所長などを経て，現在，明治学院大学名誉教授。著書に，『現代アフリカ入門』『新・現代アフリカ入門』（いずれも岩波書店），『アフリカは本当に貧しいのか――西アフリカで考えたこと』（朝日新聞出版），『脱成長の道――分かち合いの社会を創る』（共編著，コモンズ）など，訳書に，W・アーサー・ルイス『人種問題のなかの経済』（共訳，産業能率大学出版部）『娘と話す 世界の貧困と格差ってなに？』（現代企画室）など。

〈増補新版〉資本主義《しほんしゅぎ》の世界史《せかいし》――1500-2010

1996年6月20日　初版第1刷発行
2015年5月30日　増補新版第1刷発行©
2024年5月20日　増補新版第2刷発行

訳　者　筆宝康之
　　　　勝俣　誠
発行者　藤原良雄
発行所　株式会社　藤原書店

〒162-0041　東京都新宿区早稲田鶴巻町523
電　話　03（5272）0301
FAX　03（5272）0450
振　替　00160-4-17013
info@fujiwara-shoten.co.jp

印刷・製本　新藤慶昌堂印刷

落丁本・乱丁本はお取替えいたします　Printed in Japan
定価はカバーに表示してあります　ISBN978-4-89434-796-0

「西洋中心主義」徹底批判

リオリエント

〔アジア時代のグローバル・エコノミー〕

A・G・フランク
山下範久訳

ウォーラーステイン「近代世界システム」の西洋中心主義を徹底批判し、アジア中心の単一の世界システムの存在を提唱。世界史が同時代的に共有した「近世」像と、そこに展開された世界経済のダイナミズムを明らかにし、全世界で大反響を呼んだ画期作の完訳。

A5上製　六四八頁　五八〇〇円
（二〇〇〇年五月刊）
◇978-4-89434-179-1

ReORIENT　Andre Gunder FRANK

九・一一以後の世界の全体像

今われわれが踏み込みつつある世界は……

〔2000-2050〕

猪口孝編
ウォーラーステイン／加藤博／川勝平太／朱建栄／山田鋭夫

「不安の時代＝晩期近代世界システム」の本質を簡潔・明快に提示するウォーラーステインの〈32命題〉を受けて、日本とアジアの進むべき道、イスラム世界とアメリカ資本主義の現在を気鋭の日本人論客が激論。

四六並製　二四〇頁　二〇〇〇円
（二〇〇二年九月刊）
◇978-4-89434-353-5

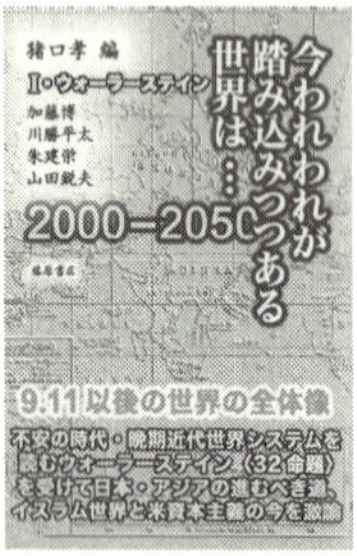

なぜヨーロッパに「資本主義」は誕生したか？

資本主義の起源と「西洋の勃興」

E・ミラン
山下範久訳

中世における中国、インド、北アフリカを比較の視野に収め、「ヨーロッパ中心主義」を周到にしりぞけつつ「資本主義」発生の条件に迫る。ウォーラーステイン、フランク等を批判的に乗り越える野心作。

A5上製　三二八頁　四六〇〇円
（二〇一一年三月刊）
◇978-4-89434-788-5

THE ORIGINS OF CAPITALISM AND THE "RISE OF THE WEST"　Eric MIELANT

無関心と絶望を克服する責任の原理

大反転する世界

〔地球・人類・資本主義〕

M・ボー
筆宝康之・吉武立雄訳

差別的グローバリゼーション、新しい戦争、人口爆発、環境破壊……この危機状況を、人類史的視点から定位。経済・政治・社会・エコロジー・倫理を総合した、学の〝新しいスタイル〟から知性と勇気に満ちた処方箋を呈示。

四六上製　四三二頁　三八〇〇円
（二〇〇二年四月刊）
◇978-4-89434-280-4

LE BASCULEMENT DU MONDE　Michel BEAUD